AMATEUR
BIBLIOTHEK

Klaus Schlenzig

Das Bauplan-Bastel-Buch 2

Militärverlag
der Deutschen Demokratischen Republik

Schlenzig, K.: Bauplan-Bastel-Buch 2. –
3., korrigierte Aufl., – Berlin:
Militärverlag der DDR (VEB), 1988. –
384 S.: 400 Bilder -(Amateurbibliothek)

ISBN 3-327-00565-6

3., korrigierte Auflage 1988

Lizenz-Nr. 5 · LSV 3539
Printed in the German Democratic Republic
Lektor: Steffen Würtenberger
Zeichnungen: Manfred Schulz · Fotos: Verfasser
Typografie: Anne-Katrin Engelstädter
Umschlaggestaltung: Hartwig Hoeftmann
Lichtsatz: INTERDRUCK Graphischer Großbetrieb Leipzig III/18/97
Druck und buchbinderische Weiterverarbeitung:
Druckerei des Ministeriums für Nationale Verteidigung (VEB) – Berlin – 30321-7
Redaktionsschluß der 1. Auflage: 31. 5. 1984
Redaktionsschluß dieser Auflage: 30. 4. 1987
Bestellnummer: 746 686 0
01280

Inhaltsverzeichnis

Vorwort

Acht Jahre nachdem das *Große Bauplan-Bastelbuch* geschrieben worden war, entstand die vorliegende Themensammlung von inzwischen neuentwickelten Bauplanobjekten. Von den etwa 25 Bauplantiteln, die seitdem erschienen sind, ist ungefähr jeder zweite berücksichtigt worden. Das hat seine Gründe, zum einen in thematischen Wiederholungen (ein Bauplan spiegelt das Bauelementeangebot seines Entstehungszeitraums wider), zum anderen in dem 1981 veröffentlichten Buch *Elektronikbasteln im Wohnbereich*, zu dessen Abgrenzung der folgende Abschnitt weitere Auskünfte gibt. Diese Themengruppe konnte also ausgeklammert bleiben. Ein 1983 notwendig gewordener Nachdruck jenes gefragten Titels rechfertigt diese Einschränkung.

Wiederum wurde versucht, durch thematisches Einordnen in besser überschaubare Hauptabschnitte aus dem vorliegenden, als Faltbogen ja starkem Verschleiß unterworfenem Material ein «Handbuch» zu gestalten, das eine Art Projektion interessanter Objekte aus der bunten Vielfalt praktisch nutzbarer Elektronik (zunehmend Mikroelektronik) auf die Situation des Amateurs in den 80er Jahren darstellt. Allgemeiner gültige «Langzeit»-Informationen aus dem Vorläufertitel, zeitgemäß bearbeitet, runden das Buch ab. Dabei konnte mit Mitteln, von denen noch zu sprechen sein wird, die zu erwartende neue Qualität ebenfalls weitgehend erreicht werden.

Vor Redaktionsschluß wurden etwa 50 aktuelle Ergänzungen bzw. Änderungen eingearbeitet. Zum «brandneuen» Stand der Amateurpraxis sei auf die laufend erscheinenden Baupläne verwiesen.

Bauplanobjekte werden im allgemeinen in mehreren Stufen aufgebaut und erprobt. Leiterplatten und Bestückungspläne sind in die Endprüfung eingeschlossen. Meist entsteht vom schon gezeichneten Leiterbild noch eine Kontroll-Leiterplatte im fotomechanischen Verfahren. Bauplanobjekte sind jedoch – wie die meisten Amateurgeräte – selbstverständlich keine «serienreifen» Entwicklungen; fortgeschrittene Leser werden daher, auf ihnen aufbauend, bisweilen zu noch besseren Lösungen gelangen. Auch das Bauelementesortiment unterliegt Veränderungen. Schließlich lassen sich auf dem Wege bis zum gedruckten Fertigprodukt «Bauplan» nie alle Fehlerquellen ausschalten.

Entsprechend ihrer Entstehungszeit sind zahlreiche Bilder noch nach früheren Standards gezeichnet worden. Um neue Fehlerquellen auszuschließen, sind sie meist unverändert (bzw. korrigiert!) übernommen worden.

In der Kombination «langzeitinteressanter» Themen mit dem realen Bauelementefundus – einem Gemisch, das vom Transistor aus den «70ern» bereits bis zum LSI-Schaltkreis der «80er» reicht – und mit interessanten, für die Amateursphäre technologiefreundlichen neueren Realisierungsprinzipien dürfte ein Buch entstanden sein, das seinem Vorgänger im Gebrauchswert wie in der Information mindestens ebenbürtig ist.

Berlin, im Februar 1984 *Klaus Schlenzig*

1. Einleitung

Als diese Zeilen geschrieben wurden, liefen im VEB *Sachsendruck* Plauen gerade die Maschinen an, um den 50. Originalbauplan zu drucken. Baupläne gibt es seit 1964. Ab etwa 1969 entstehen im Durchschnitt drei Titel im Jahr. Sie spiegeln die praktischen Möglichkeiten ihrer Entstehungszeit wider. Darüber hinaus enthalten sie eine Fülle von Anregungen für Objekte, die auch später, mit vielleicht vollkommeneren Mitteln, realisiert werden können.

In ihrer gegenwärtig mit der Mikroelektronik erreichten Stufe läßt sich (ohne Übertreibung) Elektronik nahezu überall praktisch nutzen. Der stürmischen Entwicklung (für neue Schaltkreise rechnet man z. Z. zwischen zwei und vier Jahren Einsatzzeit, bis sie von der nächsten «Generation» abgelöst werden) steht in nur scheinbarem Widerspruch die Tatsache entgegen, daß zahlreiches Bewährte auch nach Jahren noch Interessenten und Nutzer findet. Wir sind keine «Wegwerf»-Gesellschaft. Vernünftiger Umgang mit den von unseren Werktätigen geschaffenen Produkten bedeutet auch dies: Wenn sich eine Wirkung mit vergleichbarem Energieaufwand und in der Aufgabe gerecht werdender Weise mit vorhandenen, von den anderen Gesetzmäßigkeiten unterliegenden (weil exportintensiven) Industrie freigesetzten Materialien erreichen läßt, so ist der Amateur gut beraten, das zu tun. Aber auch viele kleinere, vielleicht nur einmalig benötigte Ratiomittel sollten nicht unbedingt mit hochintegrierten Schaltkreisen hergestellt werden, auf deren Lieferung man als «Randanwender» vielleicht länger warten muß, als der Bau der gesamten Einrichtung dauert, wenn man andere, schon vorhandene Lösungen nur nachzunutzen braucht. Wenn z. B. die *Zentrale Handwerkskammer der DDR* beim *Militärverlag der DDR* 1982 eine möglichst komplette Kollektion aller bisher erschienenen Baupläne anforderte (und bekam), so haben die dort um «vernünftige Ratiomittel» Bemühten (schließlich hat das Wort Ratio ja mit «Vernunft» zu tun!) sicherlich ähnliche Gedanken dazu veranlaßt. Und wenn beim Herausgeber in den vergangenen Jahren mehrfach «elektronikfremde» Betriebe nach bestimmten Bauplänen fragten, die in ihren Automatisierungsvorhaben einsetzbare Geräte enthielten, so unterstreicht das die über das aktuelle Anliegen eines Originalbauplans in seinem Erscheinungszeitraum weit hinausgehende Wirkung seines Inhalts.

Das erste Bauplan-Bastel-Buch wurde bereits 1974 geschrieben und erlebte 1978 eine zweite Auflage. Auch damals konnte ein solches Buch nicht einfach eine «gebundene Bauplan-Sammlung» sein. Es war vielmehr notwendig, jede der nach Gebieten zusammengefaßten Bauanleitungen im Detail zu überprüfen und bisweilen selbst in den inzwischen gewandelten Begriffen zu überarbeiten. Weiterhin wurden selbstverständlich auch die vom Fehlerteufel in einige Baupläne eingebauten kleinen Fallen – nach menschlichem Ermessen nahezu vollständig – beseitigt.

Jenes erste Bauplan-Bastel-Buch enthielt etwa 25 Leiterplatten. Bezogen auf die Anzahl der verarbeiteten Baupläne, ist das aus heutiger Sicht wenig. Die Leiterplattentechnik war dem Amateur erst wenige Jahre davor zugänglich geworden. Einige hoffnungsvolle industrielle Ansätze versprachen ein Spektrum immer wieder einsetzbarer Leiterplatten. Bausteintechnik war das unter den damaligen Bedingungen verheißungsvolle Modewort.

Der fortgeschrittene Amateur konnte sich manches davon nutzbar machen. Als auf die Dauer viel wichtiger aber erwies sich die technologische Selbständigkeit. Zwei Auflagen der «Amateurtechnologie» (1969 und 1976) halfen ihm dabei: 30 Leiterplatten in seiner zweiten Auflage unterstrichen die zunehmende Bedeutung der «Gedruckten Schaltung» auch beim Amateur. Das spiegelte sich auch in den seit den 70er Jahren entstandenen Bauplänen wider. Die «technologische Selbständigkeit» auf dem Wege von der (Leiterplatten-)Baugruppe zum Gerät war weniger geradlinig zu erreichen. Ebenfalls gute Ansätze der Industrie, entstanden innerhalb eines aus der Forderung nach elektronischen Konsumgütern entwickelten Programms, brachten vielfältig kombinierbare Gerüst- und Gehäuseteile aus *Polystyrol*, deren Produktion ebenfalls Ende der 70er Jahre eingestellt wurde, gerade zu dem Zeitpunkt, da die Mikroelektronik in diese Größenordnungen «hineingeschrumpft» war. Die Baupläne jener Jahre waren von den Möglichkeiten geprägt, die sich damit geboten hatten. Der Leser wird das meiste davon im vorliegenden Buch vergeblich wiederzufinden versuchen. Es hat aber keinen Sinn, Bedarf zu wecken für Dinge, die nicht existieren.

Gegenwärtig sind jedenfalls Leiterplattenhalbzeug und Sperrholz wieder die Materialien, die für Amateurgeräte am verläßlichsten zur Verfügung stehen. Aber auch *PVC*-Plattenmaterial ist oft erhältlich. Hinzu kommt das allerdings relativ große Reservoir an Plastbehältern jeder Art. Es galt, sich darauf einzustellen. So wurde im vorliegenden Buch auch jenen bisweilen etwas diffizilen Fragen technologischer Realisierbarkeit entsprechend Platz eingeräumt. Aus dem rationalen Aspekt heraus, daß in nächster Zeit die *Amateurtechnologie* nicht neu herausgegeben werden kann, wurde versucht, die für das Thema Bauplangeräte wichtigsten (und von Angebotsschwankungen möglichst unabhängigen) Informationen zusammenzufassen. Sie wurden von allen über den unmittelbaren Praxisaspekt hinausgehenden Aussagen befreit. Dieses Buch kann also (und braucht es ja auch nicht) jenes andere nicht ersetzen, doch es bedient sich der für das vorliegende Thema nötigen Ergänzungen.

Ein wesentlicher (und äußerst positiver) Aspekt aber unterscheidet dieses «Bauplan-Bastel-Buch 2» von seinem Vorgänger und seinem technologischen «Paten» wesentlich, und dieser Aspekt prägte alle Baupläne vom 37. Titel an. Mit der Feststellung, daß *typofix*-Haftdruckfolie ätzfest sei, und mit der relativ schnellen Reaktion des Herstellers dieser Produkte begann sozusagen das «Zeitalter» der komplett abreibbaren Leiterplatte.

Ob auf diese Weise oder sogar als Foto-Positiv für die Herstellung gleich mehrerer Leiterplatten in Arbeitsgemeinschaften genutzt, hat sich die *typofix-electronic-special*-Folie zum Bauplan einen festen Platz bei vielen Amateuren erworben.

Baupläne ohne Leiterbilder sind heute kaum noch denkbar, und Baupläne ohne gleichzeitig dazu erscheinende *typofix*-Folie hätten nur einen Teil des Gebrauchswerts, den diese glückliche Kombination garantiert.

Somit ist das vorliegende «Bauplan-Bastel-Buch 2» eine Art Leiterplatten-Bastelbuch, jedoch schon nicht mehr einmalig in dieser Ausführung. Das in der 1. Auflage schnell vergriffene Buch

«Elektronikbasteln im Wohnbereich» erprobte dieses Verfahren bereits an diesem im Titel ausgewiesenen Teilgebiet der Bauplanproduktion. Zum Buch wurde eine Mappe mit 6 *typofix*-Folien hergestellt, von denen sich 40 Leiterplatten gewinnen lassen. Die meisten Objekte jenes Buches können damit «per Folie» rationell realisiert werden.

Das «Bauplan-Bastel-Buch 2» weitet nun dieses erfolgreiche Verfahren auf die übrigen Baupläne aus, die im Zeitraum seit dem ersten Bauplan-Bastel-Buch entstanden sind bzw. die in jenem noch nicht mit erfaßt worden waren. Gleichzeitig wurden verständlicherweise die meisten Objekte des «Wohnbereich»-Themas hier ausgespart. Mit seiner 2. Auflage von 1983 dürfte das *Elektronikbasteln im Wohnbereich* inzwischen jeden Interessenten erreicht haben. Neue Entwicklungen auf diesem Gebiet aus dem Bauplanbereich schließlich werden im etwa 1986 erscheinenden Buch «Elektronik für Wohnen und Spiel» (Arbeitstitel) enthalten sein.

Hinweis: Verlag und Autor können keine Haftung übernehmen, wenn wider Erwarten eine Schaltung nicht im gewünschten Sinne funktioniert. Auch kann keine Garantie übernommen werden, daß alle Schaltungen frei von Schutzrechten dritter sind, selbst wenn die Mehrzahl Eigenentwicklungen sind. Eine gewerbliche bzw. industrielle Nutzung von Objekten dieses Buches setzt daher Recherchen des Nutzers voraus.

2. Ein Kapitel «Baupraxis»

Alle Information, die in Bauplänen enthalten ist, hat letztlich ein Ziel: den Leser zu befähigen, Dinge zu bauen, die einen praktischen Nutzen haben sollen. Die «objektbezogenen» Aussagen jedes Bauplans, vor allem Schaltungsbeschreibungen, sollen darüber hinaus Schritt für Schritt beim selbständigen weiteren Eindringen in die Elektronik helfen. So ist es nicht verwunderlich, daß Baupläne vielerorts auch für Arbeitsgemeinschaften nützliche Mittel der «ersten Qualifizierung» in Sachen Elektronik sind. Immer wieder aber steht vor allem der einzelne Amateur vor den Problemen, die bei der Umsetzung von Stromlaufplan und Leiterbild in bestückte Leiterplatte, funktionsfähige Schaltung und schließlich verläßlich arbeitendes Gerät zu bewältigen sind. Wollte jeder Bauplan stets alle diese Details mit erläutern, käme das jeweils spezielle Thema zu kurz. Einige Baupläne gingen aus diesem Grunde stärker auf diese Seite der Baupraxis ein. Im folgenden finden besonders die jüngeren Bauplaninteressenten eine Zusamenstellung dieser Informationen. Sie sind eine durch zahlreiche Ergänzungen aktualisierte Zusammenfassung aus den entsprechenden Bauplänen (vor allem Nr. 51 ist hier stark vertreten, erweitert um Fragen der fotomechanischen Leiterplattenherstellung) und aus dem ersten *Bauplan-Bastel-Buch.* Durch eine konzentrierte, überarbeitete Übernahme aus der seit Jahren vergriffenen *Amateurtechnologie* schließlich wurde dieser Abschnitt durch wichtige Details des Umgangs mit «bauplanspezifischen» Werkstoffen ergänzt. Das entspricht der Notwendigkeit, auch die Fragen des für eine praktische Nutzung entscheidenden Schritts von der Baugruppe zum Gerät, der über ein geeignetes Gehäuse führt, nicht zu vernachlässigen. Abgerundet werden diese für alle Bauplanobjekte wichtigen Grundfragen dann mit Abschnitt 3. und Abschnitt 4., die sich mit den am häufigsten gebrauchten Bauelementen und mit dem Prüfen und «In-Gang-Setzen» der Schaltungen sowie schließlich mit Fehlersuchfragen beschäftigen.

Jede andere als diese Reihenfolge der drei Grundlagenabschnitte hätte ihre Berechtigung. Auch ist es wohl belanglos, ob sie am Anfang oder am Ende dieses Buches stehen. Falsch wäre es lediglich gewesen, auf sie zu verzichten. Ohne diese Basis kann besonders der Anfänger kaum das realisieren, was ihm der Hauptteil dieses Buches bietet, nämlich eine Fülle von interessanten Objekten. Diese wurden aufbereitet durch eine Sammlung von rund 80 Leiterbildern, «gefiltert» und weitgehend von Fehlern befreit durch den vielfachen Nachbau, den der größte Teil von ihnen im Rahmen ihres Ursprungsbauplans erfuhr. Sie wurden ergänzt durch einen erheblichen Teil neuer Leiterbilder, die diese Phase ebenfalls durchlaufen. Alle können durch den Handel vom *Grafischen Spezialbetrieb* Saalfeld als ätzfeste *typofix-electronic-special*-Folien zu den entsprechenden Bauplänen bezogen werden. Eine bessere Basis kann ein *Bauplan-Bastel-Buch* in der Mitte der 80er Jahre kaum haben.

Doch nun zu den Baugrundlagen.

2.1. Werkzeuge und Hilfsmittel der Grundausstattung

Auch ein Bauplanobjekt bedarf im allgemeinen einiger Vorversuche, damit die vorhandenen Bauelemente und ihre Daten auf Eignung in der vorgegebenen Schaltung hin überprüft werden können. Das geschieht an einer «Brettschaltung». Wenn dieser Begriff auch nicht wörtlich zu nehmen ist, kann man sich dennoch eines Grundbretts bedienen, auf dem diese Versuche ablaufen. Einfache Schaltungen können aber schon in «Freiluft»-Verdrahtung zusammengestellt werden. Das bringt jedoch gleichzeitig die größten Gefahrenquellen für die Bauelemente (zufällige Kurzschlüsse) bzw. Unsicherheiten (Wackelkontakte) mit sich. Besonders das Zusammenlöten selbst wird schwierig, sobald an einem Punkt mehr als zwei Anschlüsse zu vereinen sind. Diese Art des schnellen Experiments kommt also eigentlich schon eher dem Fortgeschrittenen zu, der die entsprechende Übersicht über eine solche Schaltung hat und die bei Fehlverbindungen auftretenden Effekte richtig deuten kann. Auch das Zusammenfügen von Bauelementen über Lüsterklemmenleisten hat enge Anwendungsgrenzen, hauptsächlich wegen der vielen dafür ungeeigneten kurzen Anschlüsse der für Leiterplatten vorgesehen Bauelemente.

Am übersichtlichsten und «solidesten» ist für den Anfänger tatsächlich eine Art Brett, das aber heute nicht mehr nur einige Streifen Lötösenleisten und Buchsen trägt, sondern ebenfalls den Eigenarten moderner Bauelemente angepaßt sein muß. Ein Miniplasttransistor z. B. sollte nur steckbar über die drei mittleren Anschlüsse einer 5poligen Transistorfassung in eine solche Anordnung eingefügt werden, und selbstverständlich wird man auch kaum versuchen, einen integrierten Schaltkreis unmittelbar an Lötösen zu führen. Konsequent weitergedacht, führt damit dieses Hilfsmittel zwangsläufig zu einer Art Hybridlösung, bei der das «Brett» (am besten aus Holz, weil dann einfachste Montagemöglichkeiten durch Holzschrauben gegeben sind) mehr die Rolle des Trägers für mehrere Stufen von elektrischen Verbindungselementen hat. Die Bauelemente mit genügend langen Anschlüssen werden von Lötösen abgefangen; für steckbare Bauelemente sind die erforderlichen Fassungen vorzusehen und mit Lötösen zu verbinden; aber auch Lochrasterplatten als Zwischenträger dürften oft Teil einer solchen Versuchsschaltung sein. Das führt schließlich in mindestens zwei Fällen zur Versuchsleiterplatte: bei Schaltungen, die eigentlich nur noch geringe mögliche Änderungen erwarten lassen, weil sie z. B. als Bauplanobjekte vorliegen (Änderungen werden nur durch die Wünsche bzw. die Bauelementeabweichungen beim Anwender hervorgerufen), und bei Versuchen, die Fortgeschrittene mit genügender Schaltungserfahrung durchführen. Als Zwischenlösung sind dafür auch Lötinsel-Rasterplatten (Universalleiterplatten) sehr beliebt. Der Aufbau solcher Leiterplatten ist häufig schon der Endzustand der geplanten Schaltung.

Aus dieser kurzen technologischen Darstellung zum Experimentierstadium lassen sich die wichtigsten Arbeitsmittel des Elektronikamateurs ableiten. Die Positionen folgen, soweit möglich, entsprechend ihrer Dringlichkeit. Das erleichtert die Entscheidung für alle, die sich erst neu einrichten müssen. Alle vorgestellten Arbeitsmittel werden schon jahrelang für die Herstellung von Bauplangeräten genutzt und sind, was die Ausführung betrifft (soweit im Foto wiedergegeben), nur als Beispiel zu werten. Am wichtigsten an dieser Zusammenstellung ist wohl die Tatsache, daß es sich um keine außergewöhnlichen Mittel handelt, sondern oft fast um Gegenstände des täglichen Bedarfs auch auf anderen Gebieten. Zu empfehlen sind (s. Bild 2.1):

– Lötkolben (s. unten) sowie Fadenlöt-

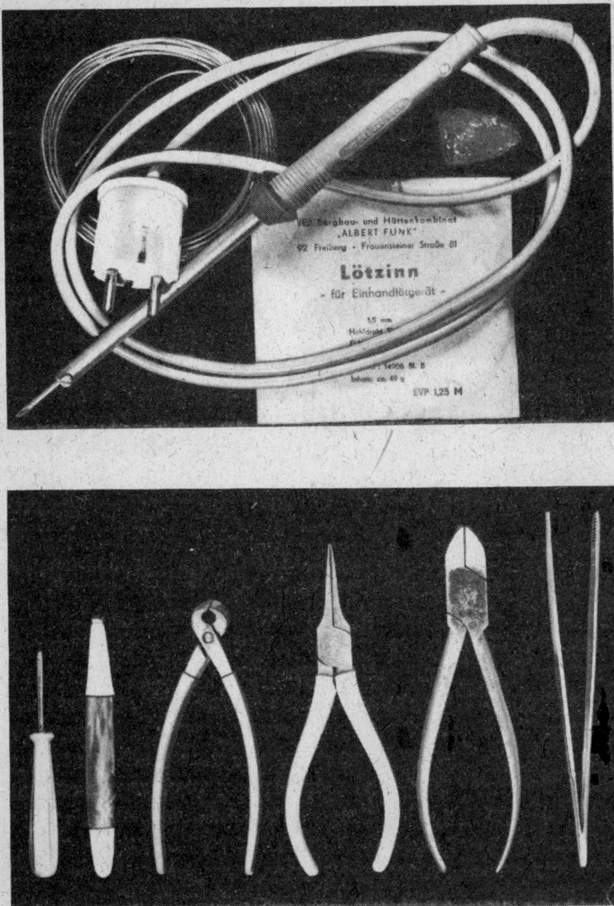

Bild 2.1
Einige bauplangerechte Werkzeuge der Grundausstattung («elektrischer» Teil): a – Lötkolben mit Zinn; b – Schraubendreher, Glashaarpinsel, Seitenschneider, Flach- (Justier-) Zange, Pinzette

zinn (möglichst mit Kolophonium) und ein handelsübliches, säurefreies Flußmittel (z. B. *Löttinktur Nr. 23*), denn die Verbindungen werden am sichersten durch Löten;
- Seitenschneider mittlerer Größe zum Zurechtschneiden der Drahtverbindungen und zum Kürzen der Bauelementeanschlüsse auf die im Einzelfall günstigste Länge (eine alte Schere kann nur Notbehelf sein – für sie bieten sich andere Einsatzmöglichkeiten!);
- Flachzange zum Formen von Drähten und Anschlüssen und allgemein für alle Handgriffe, wo an einem kleinen Angriffspunkt eine größere Kraft erforderlich wird;
- Pinzette zum Festhalten von kleinen Bauelementen und als wichtigstes Hilfsmittel beim Löten, aber auch beim Anbringen von Anschlüssen und Bauelementen in engen Aufbauten;
- Schraubendreher verschiedener Größen, z. B. zum Befestigen von Lötösenstreifen mit Holzschrauben;
- Glashaarpinsel zum Säubern oxydierter Anschlüsse.

Entsprechend dem Stand der Technik beim Amateur konzentrieren sich die Arbeiten dabei auf die Leiterplatte, ihre

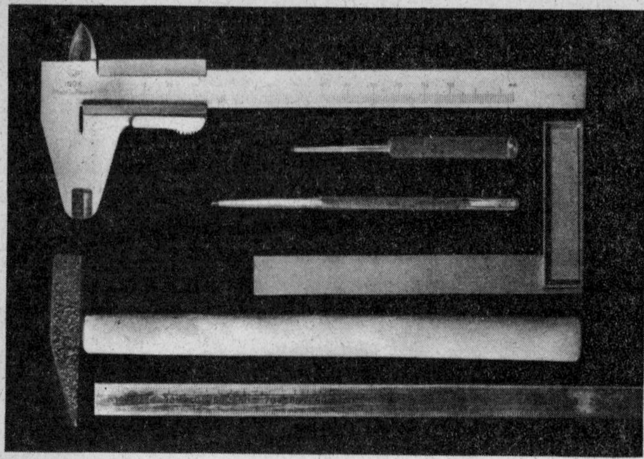

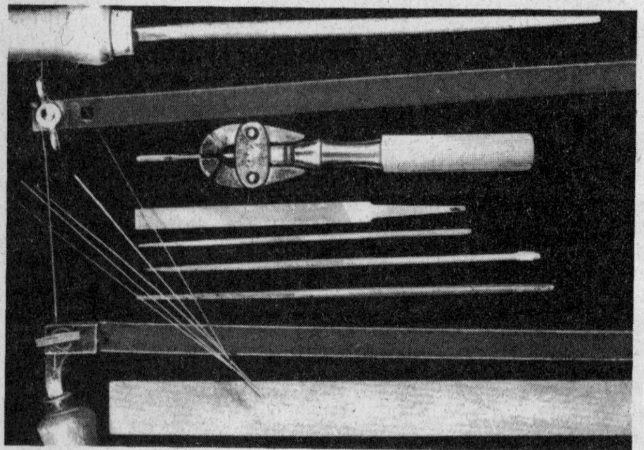

Bild 2.2
Werkzeuge der mechanischen Grundausstattung: a – Meßschieber, Körner, Reißnadel, Winkel, Hammer, Stahlmaß; b – Feilen, Laubsäge, Sägeblätter, Gewindebohrer in Feilkloben

Herstellung, Bestückung und Montage sowie die Verbindungen zu den übrigen Geräteteilen. Je nach Umfang und Masse des Geräts fungiert die Leiterplatte dabei auch als mechanischer Träger allein oder in Verbindung mit Stütz- und Montageelementen. Auch das Gehäuse, ob aus Plast, auf kupferkaschiertem Hartpapier oder als Fertiggehäuse, verlangt – zumindest im Rahmen der Originalbaupläne – nur wenig mehr Werkzeug- und Kraftaufwand. Diese zweite technologische Phase bei der Entstehung eines Bauplangeräts ist durch die Benutzung etwa der folgenden Werkzeuge und Hilfsmittel (in Ergänzung der obengenannten) gekennzeichnet:

- Hilfsmittel für die Herstellung von Leiterplatten: Dazu gehören vor allem die Gegenstände und Chemikalien, mit denen das Zeichnen und Ätzen von Leiterplatten nach dem «Zeichenlackverfahren» möglich ist. Im folgenden Abschnitt werden diese Informationen (konzentriert in Bauplan 51 erschienen) wiedergegeben;
- Laubsäge mit Sägeblättern für Metall, Kunststoff und Holz;
- Feilen unterschiedlicher Formen (rund, flach), Größen und Arten (min-

destens eine mittlere flache Schlichtfeile);
- Körner, Hammer, Reißnadel, Lineal mit Maßstab, rechter Winkel, Schiebelehre (Meßschieber), Bild 2.2, Gewindebohrer;
- Bohrmaschine der folgenden Stufung des Gebrauchswerts (und damit Preises), zunächst mit Bohrern im Durchmesser von 1 mm, 1,3 mm, 2 mm, 2,4 mm, 3 bis 3,2 mm (Handdrillbohrer), Handbohrmaschine, elektrische Handbohrmaschine. Eine elektrische Bohrmaschine auch für den Anfänger steht aus dem VEB Kombinat PIKO Sonneberg mit der preisgünstigen *Hobby-SM1* zur Verfügung.

2.2. *Hobby-SM*-Bohrmaschine

Ohne Bohren kein Bauplanobjekt – diese Schlußfolgerung läßt sich allein schon aus der Existenz der Leiterplatte als «Herzstück» der meisten Bauplangeräte ziehen. Die preiswerte und für Anfänger sehr gut geeignete *Hobby-SM1* aus dem VEB PIKO ist daher ein unentbehrlicher Partner. Diese Bohrmaschine wird im folgenden näher vorgestellt. Man erhält sie in einem ansprechend farbig gestalteten Karton. Im Inneren befinden sich, in Schaumpolystyrol gebettet: Handbohrmaschine mit einer Anschlußschnur, die in kleinen Kabelschuhen endet, zwei Bohrer (Durchmesser im Muster 1,2 und 2,8 mm) und eine Schraubzwinge (Bild 2.3). Mit dieser Zwinge läßt sich die Maschine auch horizontal auf dem Tisch befestigen (Bild 2.4). Die Form der *Hobby-SM1* ist sehr handlich. Der Einschalter befindet sich am Pistolengriff und läßt sich durch einen seitlich im Griff angebrachten Knopf arretieren. Die *Hobby-SM1* darf nur mit Gleichspannung (bis etwa 12 V) betrieben werden. Besonders eignet sich für die Stromversorgung ein Modelleisenbahn-Fahrtransformator (also mit eingebautem Gleichrichter), da man mit ihm durch Verändern der Spannung während des Betriebs eine feinstufige Drehzahländerung erreicht. Für eine kürzere Einsatzdauer stand für die bisher üblichen Flachbatterien ein Batteriekasten zur Verfügung. Beim Anschluß der Maschine ist auf jeden Fall auf die richtige Polarität zu achten. Bei falscher Polung «drückt» die Maschine, statt zu bohren. Ersetzt man die kleinen Kabelschuhe durch einen Handlampenstecker, so kann die *Hobby-SM1* auch aus einer Kfz-Batterie gespeist werden.

Mit einem Eisenbahn-Fahrtransformator als Stromversorgung wurde im Leerlauf bei 12 V ein Strom von 130 mA gemessen (Tabelle 2.1). Bei Betrieb mit den inzwischen veralteten Flachbatterien ergaben sich im Leerlauf folgende Werte:

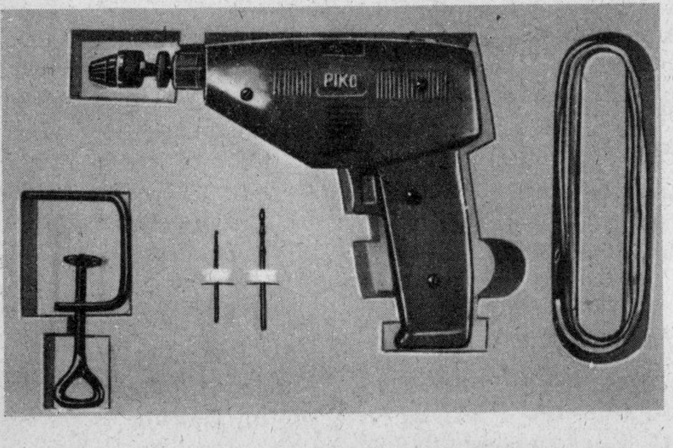

Bild 2.3
PIKO-Bohrmaschine *Hobby-SM:*: preiswert und für Elektronikamateure gut geeignet

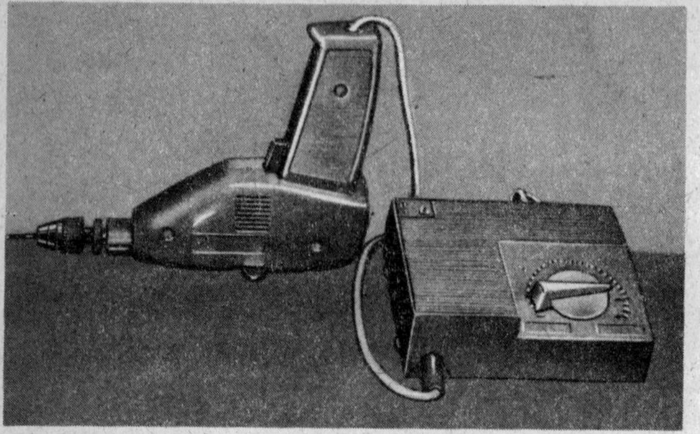

Bild 2.4
Hobby-SM mit Schraubzwinge (gehört zur Maschine) am Tisch befestigt. Speisung ist z. B. aus einem Eisenbahn-Fahrtransformator möglich (Gleichspannung!). Leiterplatte von Hand an den Bohrer heranführen

Tabelle 2.1. Betriebsdaten der *Hobby-SM* bei Speisung aus einem 12-V-Eisenbahn-Fahrtransformator

Bohrer-∅	Spannung	Strom	Material	Bohrdauer
1,2 mm	11 V	200 mA	Polystyrol 2 mm	2 s
	10 V	300 mA	Holz 10 mm	3 s
	10 V	350 mA	Eisen 2 mm	60 s
2,8 mm	10 V	300 mA	Holz 10 mm	20 s
	10 V	300 mA	Eisen 2 mm	120 s

Tabelle 2.2. Betrieb der *Hobby-SM* aus Primärelementen (3 bzw. 6×*R 14* oder *R 20,* früher üblich: 1 bzw. 2×*3 R 12*)

Bohrer-∅	Spannung	Strom	Material	Bohrdauer
1,2 mm	4,35 V	270 mA	Polystyrol 2 mm	4 s
	4,30 V	250 mA	Hartpapier 1,5 mm	12 s
	8,70 V	270 mA	Polystyrol 2 mm	3 s
	8,70 V	280 mA	Hartpapier 1,5 mm	5 s

1 Flachbatterie 4,4 V/80 mA; 2 Flachbatterien: 8,8 V/95 mA (Tabelle 2.2).

Bei größeren Bohrerdurchmessern besteht beim Bohren von Kunststoff die Gefahr, daß sich der Bohrer verhakt. In diesem Fall muß die Bohrmaschine sofort ausgeschaltet werden, da sonst eine Überlastung des Motors eintritt. (Man bedenke, daß ein stillstehender Motor einen sehr großen Strom aufnimmt!)

Die *Hobby-SM1* eignet sich auch als Wickelmaschine, wenn sie mit der Zwinge horizontal auf dem Tisch befestigt wird. Bei entsprechend niedriger Spannung und damit niedriger Drehzahl lassen sich Spulen recht gut wickeln und Drähte verdrillen.

Gegenüber dem handgeführten Bohren – entweder mit der freihändig betriebenen Maschine oder im Sinne von Bild 2.4 mit handgeführter Leiterplatte o. ä. – ist der für die *Hobby-SM1* ebenfalls erhältliche Bohrständer besonders beim Leiterplattenbohren eindeutig im Vorteil (Bild 2.5). Auf Grund seines hohen Plastanteils sind Stabilität und Leichtgängigkeit jedoch nicht ganz ohne Probleme. Erfahrene Heimwerker dürften daher bald einige Verbesserungen anbringen, z. B. bezüglich des Klemmechanismus. Auch das Spannfutter der Maschine kann nicht als kinderleicht angesehen werden. Der Griff zur Wasserpumpenzange löst notfalls dieses Problem. Dennoch muß noch einmal betont werden, daß die *Hobby-SM1* ein äußerst günstiges Verhältnis von Gebrauchswert zu Preis bietet. Auf Dauer wird der an seinen Objekten «gewachsene» Amateur jedoch wohl kaum auf dieser Stufe stehenbleiben. Am besten lassen sich (auch) Leiterplatten selbstverständlich mit einer ausgereiften, am Bohrständer befestigten Heimwerker-Bohrmaschine bearbeiten.

2.3. Einfache Verfahren für die Leiterplattenherstellung

Dieser Abschnitt ist für den Leser in zweierlei Hinsicht von Interesse: Auf der Stufe des reinen Nachbauens von Bauplanobjekten benötigt er alle Hinweise dazu, wie ein in der Literatur dargestelltes Leiterbild mit möglichst wenig Aufwand in die Realität von Kupferfolie und Hartpapier umgesetzt werden kann; später (bei eigenen Entwürfen) lernt er die Informationen zur Gestaltung von Leiterplatten schätzen. Da zwangsläufig jeder Anfänger diese Stufe irgendwann einmal erreicht, erschien es sinnvoll, sie ebenfalls darzustellen. Gegenüber den ersten Leiterplatteninformationen (Bauplan 20) wurde inzwischen mit Bauplan 51 der durch die Verfügbarkeit von *typofix*-Haftdruckfolie in den Programmen *electronic-universal* und *electronic-special* erreichte Stand berücksichtigt. Die folgenden Ausführungen sind eine überarbeitete und ergänzte Fassung dieses Basisbauplans.

Bekanntlich ist eine Leiterplatte ein zweidimensionaler Träger aus Isolierstoff, der (im einfachsten Fall) auf der einen Seite die Bauelemente der Schaltung und auf der anderen die für ihre elektrische Verbindung nötigen Leiterzüge trägt, die meist aus Kupferfolie bestehen. Bauelementeanschlüsse und Leiterzüge sind durch Lötzinn miteinander

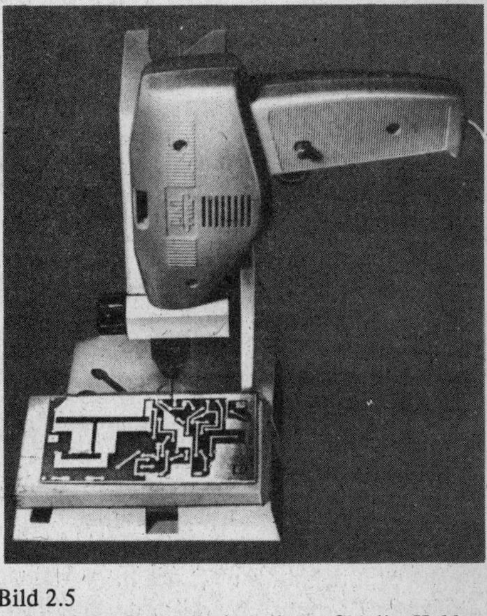

Bild 2.5
Auch einen Bohrständer gibt es für die *Hobby-SM.* Die Plastteile sollte man gut fetten, und die Klemmverbindungen wollen «verständnisvoll» behandelt sein

verbunden. Die rationellen Fertigungsmöglichkeiten eines solchen Gebildes, das nicht nur zu großen Teilen das herkömmliche Chassis ersetzen konnte, sondern gleichzeitig die zeitraubende Arbeit des Verdrahtens auf die des Bestückens und Lötens reduzierte, dürften zu den Hauptgründen für die industrielle Nutzung dieser Technik gezählt haben. Außerdem spielten aber noch solche wichtigen Argumente eine Rolle, wie sie sich in den Begriffen Servicefreundlichkeit, Zuverlässigkeit, Standardisierung u. ä. ausdrücken. Im Wechselspiel mit diesen Faktoren erkannten die Geräteentwickler und -konstrukteure manchen anderen Vorteil: Reproduzierbarkeit der elektrischen Daten, Ausnutzung der Leiterplatte für eine Reihe «gedruckter» Bauelemente (Spulen, Kondensatoren, Steckverbinder), steckbare Bausteine, Modultechnik usw. Unter dem Begriff «rationelle Fertigung» boten sich dem Technologen günstige Bedingungen für Bestückung (bei Großserien sinnvoll automatisierbar!), Tauchlöten, vereinfachte Befestigung (Schrauben werden immer seltener!), automatische Prüfgänge usw. Auch beim Entwurf von Leiterplatten geht man immer mehr zu automatisierten Abläufen über. Der computergestützte Entwurf von Leiterplatten ist heute in der ganzen Welt Stand der Technik; darin besteht eine Wechselwirkung zwischen herkömmlicher Leiterplatte und integrierten Schaltkreisen. Die produktionsintensiven Verfahren des teilautomatischen Sieb- und des vollautomatischen Offsetdrucks für Großserien gelten dagegen schon fast als «klassische» Methoden innerhalb der Leiterplattentechnologien.

Für den Amateur wurde die «Technik der gedruckten Schaltung» u. a. aus den folgenden Gründen interessant: reproduzierbarer Nachbau von Literaturvorlagen und damit (bei fehlerfreiem Arbeiten) hohe Funktionsgarantie, Vereinfachung von Fehlersuche, Wechseln von Bauelementen und Befestigung durch Einstecken und Löten, hohe Stabilität der Schaltung bei kleinem Volumen. Die Übersichtlichkeit einer Schaltung erkauft man sich allerdings durch ein gründliches Hineindenken bei eigenen Entwürfen, denn das oberste Gebot dabei, die Kreuzungsfreiheit, läßt sich anfangs nicht immer einhalten. Dafür gewinnt man nutzbare Erfahrung und kann sich auch in die nach diesen Verfahren entstandenen Geräte leichter hineindenken – bis zur erfolgreichen Reparatur.

Nur wenige spezielle Bauelemente passen nicht auf die Leiterplatte, und das hat auch gute Gründe, sei es aus thermischer oder aus mechanischer Sicht. Viele Bauelemente dagegen sind überhaupt nur noch zusammen mit der Leiterplatte zu verwenden und haben teilweise so hohe Anschlußdichten, daß man schon gut mit der Materie vertraut sein muß, wenn man diese Bauelemente ohne Kurzschlüsse auf der Leiterplatte einsetzen will. Bild 2.6 zeigt typische Beispiele einschließlich einer *flat-pack*-Schaltung mit nur 1,25-mm-Anschlußraster, die leiterseitig (z. B. auf keramischen Leiterplatten in Dickschichttechnik) präzise zu montieren ist. Gegenüber den «klassischen» Leiterplattenstandards mit ihrem 1,3-mm-Loch im 2,5-mm-Raster (Ausnahme 1-mm-Loch und halbiertes Raster) werden bei modernen Bauelementen der Mikroelektronik in Abhängigkeit von den Anschlußdurchmessern kleinere Durchbrüche vorgesehen, die entsprechend dichtere Leiterbilder erlauben (man spricht – je nach Loch- und Leiterzugabstand – von verschiedenen Schwierigkeitsgraden) und manche Grenzen der «ersten Leiterplattengeneration» merklich verschieben.

Es wird wohl immer eine Reihe von Fällen geben, bei denen der Einsatz von Leiterplatten ungünstig oder unsinnig ist. Das betrifft Schaltungen, die z. B. sehr hohe Spannungen verarbeiten oder erzeugen sollen oder bei denen der Frequenzbereich zu speziellen Konstruktionen zwingt. Innerhalb eines Geräts trifft man jedoch auch auf Stellen, wo eine Leiterplatte aus Aufwandsgründen nicht lohnt, weil Anzahl oder Art der Bauelemente einfachere Anordnungen nahelegen. Eine Kombination aus wenigen, speziell geformten oder relativ großen Bauelementen verdrahtet man viel rationeller direkt. Auch bei ersten Versuchen mit begrenzter Bauelementezahl ist freie Verdrahtung oder ein Versuchsbrett durchaus am Platz.

2.3.1. Materialfragen

Das dem Amateur vorwiegend zugängliche Halbzeug besteht aus 1,5 mm dickem Hartpapier mit einer etwa 25 µm dicken Kupferauflage. Ihre Haftfestigkeit genügt den normalen Beanspruchungen, wenn nicht unvernünftig lange und mit zu hoher Löttemperatur gelötet wird. Außerdem sind beim Bestücken bestimmte Grundregeln zu beachten (keine Belastung des Lötauges von der Hartpapierfläche weg, daher Bauelementeanschlüsse bei der Montage entsprechend entlasten). Andererseits gelingt es bei Bedarf, Foliepartien nach Einritzen abzuziehen – eine für den Amateur oft zeitsparende Möglichkeit für die Herstellung einfacher Leitungsmuster. Neben dem einfach kaschierten Hartpapier erhält man bisweilen auch doppelt-, d. h. zweiseitig kaschiertes, das sich u. a. auch vorteilhaft für den Gehäusebau verwenden läßt. Zweiseitige Leiterbilder stellen höhere Anforderungen an den Amateur, werden aber besonders beim Einsatz größerer Mengen integrierter Schaltkreise immer häufiger notwendig. Der Anfänger sollte zunächst genügend Erfahrungen an einseitig kaschiertem Material sammeln, bevor er solche «Zweilagenschaltungen» entwirft. Schließlich gibt es noch spezielles Material mit glasfaserverstärktem Epoxidharzträger, Handelsbezeichnung *Cevausit.* Seine besseren Isolationseigenschaften werden in Anfängerschaltungen kaum benötigt. Deshalb sollte der Amateur davon zunächst keinen Gebrauch machen, da es beim Bearbeiten großen Sägen- und Bohrerverschleiß bringt. Abgesehen vom höheren Preis ist es z. B. für einfache Ritzschaltungen nicht zu empfehlen, da seine Oberflächenstruktur sauberes Ritzen erschwert und die ausgezeichnete Haftung der Folie auch dem gewollten Abziehen recht gut widersteht. Besitzer einer kräftigen Foto-Hebelschere können – etwas Übung vorausgesetzt – dieses Material aber rationell schneiden, statt es zu sägen. Ein kleiner Tip am

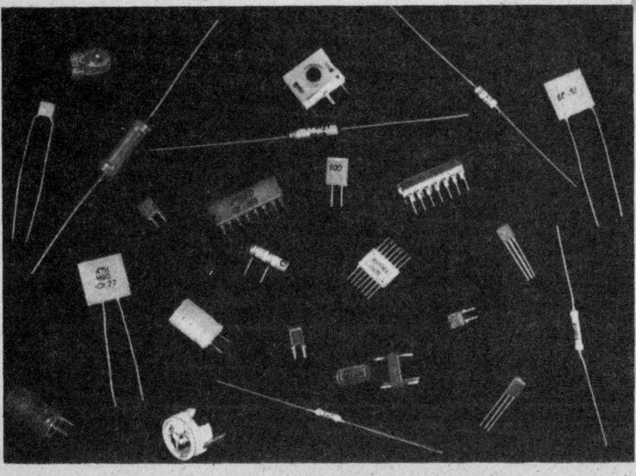

Bild 2.6
Solche Bauelemente sind heute «leiterplattenüblich». Viele tragen Anschlüsse in nur 2,5 mm Abstand

Rande: Die Rauhigkeit der entstehenden Kanten kann man durch Aneinanderreiben der Kanten von zwei *Cevausit*-Stükken leicht glätten. Im übrigen: Einatmen des dabei sowie beim Sägen und Bohren entstehenden Glasstaubs ist zu vermeiden!

Kupferkaschiertes Hartpapier läßt sich mit Laubsäge und auch mit handgetriebener Bohrmaschine gut bearbeiten; eine Ständerbohrmaschine ist allerdings wegen der kleinen Bohrerdurchmesser zweckmäßiger. Auch die Handbohrmaschine sollte man einspannen und die Leiterplatte von Hand führen.

Das kupferkaschierte Halbzeug ist Ausgangsmaterial für die Leiterplatte, die prinzipiell zwei Funktionen erfüllt: Sie trägt die Bauelemente (hält sie mechanisch in ihrer Lage fest, dient also als eine Art modernes Chassis), und sie stellt die Verbindungen zwischen ihnen her. «Verdrahtung» und «Chassis» bilden in Form der Leiterplatte eine Einheit. Die mit Bauelementen bestückte Leiterplatte nennt man gedruckte Schaltung (Bild 2.7). Die Verbindungsstellen zwischen den Bauelementeanschlüssen und

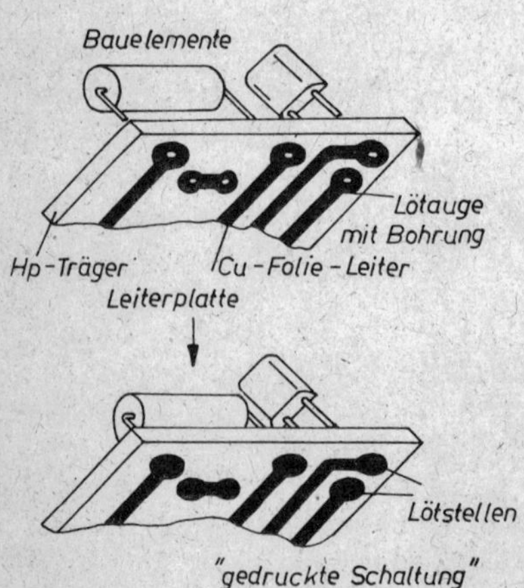

Bild 2.7
Aus der Leiterplatte wird durch Einsetzen und Einlöten der Bauelemente die «gedruckte Schaltung»

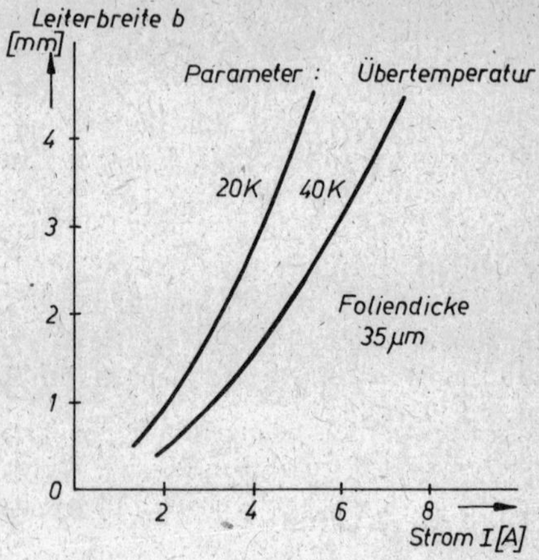

Bild 2.8
Belastbarkeit von 35 µm dicken Folieleitern hinsichtlich einer zulässigen Übertemperatur

dem Leitungsmuster heißen Lötaugen. Sie umschließen das Loch, durch das (von der Bestückungsseite her) der Bauelementeanschluß geführt wird. Kurz über dem Lötauge schneidet man ihn ab und verlötet ihn mit der Folie. Aus mechanischen Gründen und wegen möglicher Toleranzen zwischen Leiterflächen und Löchern kann das Lötauge nicht beliebig klein werden. Auch die Leiterzüge zwischen den Anschlüssen unterliegen bestimmten Forderungen: Ihre kleinste Breite wird nicht nur von den Möglichkeiten des Herstellverfahrens bestimmt, sondern auch von der Belastbarkeit. Der heute nur noch 25 µm dicke Leiter hat nämlich bereits einen merklichen Widerstand; außerdem ist sein Querschnitt ziemlich klein. Wenn aber gegenüber einem runden Leiter gleichen Querschnitts diese Folie auch eine bessere Wärmeabfuhr gewährleistet, muß man doch Grenzwerte beachten, die von den Daten der Schaltung her oft schnell erreicht werden. (Bild 2.8 gibt dazu die notwendigen Informationen, bezogen auf die bisher noch vorwiegend benutzte Folie von 35 µm Dicke – Umrechnen dürfte problemlos sein!)

2.3.2. Herstellverfahren für Leiterplatten (kurze Übersicht)

Je nach geforderten Stückzahlen und Genauigkeitsbedingungen (Leitungszug- und Lötaugendichte, Reproduzierbarkeit – z. B. bei gedruckten Spulen – u. ä.) wählt man eins der in Tabelle 2.3 zusammengestellten und bewerteten Verfahren aus. Mehr zu den verschiedenen Möglichkeiten kann man in der Literatur nachlesen. Im folgenden werden nur die «amateurgerechten» Verfahren näher behandelt, besonders die mit geringem Aufwand (z. B. bleibt Siebdruck unberücksichtigt).

2.3.3. Vom Stromlaufplan zum Leiterbild

2.3.3.1. Grundregeln

Die Leiterplatte trägt ein 2dimensionales Muster leitender Kupferflächen, mit denen die Bauelemente der Schaltung verbunden werden. Es ist daher – außer mit zusätzlichen, isolierten Drähten – nicht möglich, daß sich zwei Leitungen kreuzen können. Das Leiterbild einer einseitig kaschierten Platte läßt keine Kreuzungen zu. Die kreuzungsfreie Auslegung aller nötigen Verbindungen auf der meist vorgegebenen Fläche bildet die Grundforderung beim Entwurf von Leiterbildern auf einseitig kaschiertem Material. Es gehört schon einige Erfahrung dazu, bereits im ersten Entwurfsstadium zu entscheiden, was günstiger ist:

- intensives Durchdenken der Anordnungsmöglichkeiten, zwecks Herstellung einer einseitigen Leiterplatte ohne Kreuzungen;
- Einsatz einiger Kreuzungen über bauelementeseitig angebrachte, z. B. durch Stecklötösen gestützte Drähte zum rationelleren Entwurf, dafür aber mit etwas Mehraufwand beim Bestücken (und Prüfen!) – für den Amateur oft die sinnvollere Variante!
- Verwendung einer zweiseitig kaschierten Platte mit ihren Problemen beim Entwurf (doppelter Aufwand!), bei Herstellung und Bestückung sowie bei ihrer Prüfung (Verfolgen von Leiterzügen!).

Die zur Verfügung stehende Fläche leitet sich aus dem im Gerät vorhandenen Raum und aus dem Platzbedarf der Bauelemente ab. Ihre Kantenmaße sind in der Industrie nach den einschlägigen Standards im Raster von 5 mm oder 10 mm gestaffelt, so daß jede neue Leiterplatte in die universell ausgelegten Fertigungseinrichtungen paßt. Baukastensysteme bringen weitere Formatbeschränkungen, nach denen sich der Amateur aber nur richten muß, wenn er sich weiterer Konstruktionselemente solcher Systeme bedient. (Ein bekanntes Beispiel ist die auch für Amateure noch immer sehr praktische *Zeibina*-Steckverbindung.) Im allgemeinen genügt es den Amateurbelangen, wenn man die Plattenmaße im Raster von 2,5 mm staffelt und die Kanten auf Rasterlinien legt. Bald wird sich aber zeigen, daß – angepaßt an die Gerätevorhaben – wenige Plattenformate für den Eigenbedarf genügen, je nach gewählter Technik (Bauelementeaufwand) und Gehäuseform.

Die langjährigen Bauplanleser kennen z. B. folgende Vorzugsformate, die jeweils bestimmten Komplexitätsgraden der untergebrachten Schaltung – bezogen auf die gegebene Bauelementebasis – entsprachen (Angaben selbstverständlich in Millimetern):

- 20 × 25, 25 × 40: Vorwiegend mit Miniatur-Spezialsteckverbindungen kontaktierte Bausteine der «Transistor-Ära» der 60er und beginnenden 70er Jahre, als die Preise der Halbleiterbauelemente noch die Mehrfachverwendung jeder Leiterplatte nahelegten (*Amateurelektronik*-System), vgl. vor allem Baupläne 13, 16, 19 und das erste *Bauplan-Bastel-Buch*, aber auch für häufig kombinierbare Steckbausteine

Tabelle 2.3. Verfahren zum Herstellen von Leiterplatten

Verfahren	Mögliche Leiterdichte	Produktivität	Anwendung	Technologischer Umfang
Mechanisches Abtragen	klein	sehr klein (außer beim maschinellen Fräsen)	Einzelstücke beim Amateur und im Entwicklungslabor; mit speziellen Einrichtungen auch Serien	sehr klein (außer beim maschinellen Fräsen); kein Ätzen!
Gezeichnete Deckschicht und nachfolgendes Ätzen	mittel	klein	Einzelstücke beim Amateur und im Entwicklungslabor	sehr klein
Ätzfeste *typofix*-Folie	mittel bis hoch	klein		
Fotomechanisches Verfahren (mit Ätzen)	sehr hoch	mittel	Entwicklungslabor, Kleinserien, Amateur (Arbeitsgemeinschaften)	mittel
Siebdruck (mit Ätzen)	mittel	hoch	mittlere Serien, Arbeitsgemeinschaften	mittel
Offsetdruck (mit Ätzen)	hoch	sehr hoch	Großserien	hoch
Additive Verfahren (chemisches Aufbringen von Leiterbahnen)	mittel bis hoch besonders bei durchkontaktierten Löchern	hoch bis sehr hoch	Großserien; wichtiges Detail: Durchkontaktieren (Mehrlagenschaltungen)	sehr hoch

mit niedriger integrierten Schaltkreisen, z. B. zu Lehrzwecken oder Experimenten zur Digitaltechnik, vgl. vor allem Bauplan 37!

- 35 × 80: Bereits mit Lötösen kontaktierte Mehrzweck-Bausteine der komplexeren Phase der Transistortechnik im Rahmen des genannten Systems; beginnender Übergang zum Einsatz integrierter Schaltkreise. (Man vergleiche z. B. den Leistungsverstärker *LVB 1*, vollgepackt mit diskreten Bauelementen, mit dem *LVB 3* gleichen Gebrauchswerts, bestückt mit einem *A 211 D*, beide parallel [wahlweise] vorgestellt im Bauplan 39);
- 40 × 50, 50 × 80: Vielseitig nutzbare Formate sowohl für Anfängerschaltungen mit vorwiegend noch diskreter Bestückung, d. h. mit «klassischen» Einzelbauelementen (siehe Baupläne 41 und 49, in diesem Buch im Abschnitt 5. enthalten) als auch für integrierte Schaltkreise (siehe Baupläne 42, 43, 46, 47; Abschnitte 6., 7. und 8.). Die Verbreiterung gegenüber früheren Formaten erlaubt im allgemeinen in den Ecken Befestigungsbohrungen, so daß sich die Montage der Baugruppe auf einem Träger oder im Gehäuse vereinfacht.

Die Anordnung der Bauelemente erfolgt nach den für die Eigenarten der Schaltung geltenden Gesichtspunkten: Schaltungen mit hoher Gesamtverstärkung erfordern eine gute Entkopplung von Ein- und Ausgang, damit keine Selbsterregung eintritt. Die Bauelemente werden daher weitgehend nach dem Signalweg laut Stromlaufplan angeordnet. Bei der Auslegung der Masseverbindungen strebt man Sternerdung an. Ähnliches gilt für HF-Schaltungen und für solche, die steile Impulse verarbeiten sollen.

Dort kommt der Forderung nach kurzen Leitungen besondere Bedeutung zu, denn jede Leitung wirkt als Induktivität; zwischen zwei parallellaufenden Leitungen bilden sich Kapazitäten aus, die zu Verkopplungen führen, und schließlich hat jeder Folieleiter einen nicht zu vernachlässigenden Widerstand. Über ihn können z. B. galvanische Verkopplungen eintreten, wenn die betreffende Leitung zur Masseführung zweier Stufen gehört, die dadurch unerwünscht aufeinander einwirken. Hier kann zweiseitig kaschiertes Material helfen: Die Bauelementeseite behält – bis auf Freibohrungen für die Bauelementeanschlüsse – ihre Kupferfolie als Massefläche; an Masse liegende Anschlüsse werden beidseitig angelötet.

Jeder Bauelementeanschluß erfordert in der Leiterplatte einen Durchbruch mit umschließendem Lötauge. Beim Einführen von zwei Anschlüssen würden sich bei Reparaturen Schwierigkeiten ergeben. Normalerweise benutzt man das 1-mm-Loch im Raster von 2,5 mm (Bild 2.9); für Anschlußdrähte etwa ab 0,7 mm Durchmesser, Einstellpotentiometer, Lötösen und ältere Bauelemente mit mehreren Anschlüssen (z. B. Relais) sind 1,3 mm erforderlich. Der Amateur geht also am besten vom Durchmesser 1 mm aus und bohrt nur die Löcher auf 1,3 mm auf, für die das erforderlich ist. (Das muß aber schon durch einen entsprechend größeren Lötaugendurchmesser vorbereitet werden!) Als Empfehlung für die Mindestgröße von Lötaugen und für die Möglichkeit, zwischen ihnen zum Erreichen kreuzungsfreier Muster noch wenigstens einen Leiterzug hindurchzuführen, gelten unter den für Bauplanobjekte gegebenen Herstellungsbedingungen die Grenzfälle gemäß Bild 2.10. Die Bauelemente lassen sich auch aus anderen Gründen nicht beliebig dicht anordnen. Unter Berücksichtigung ihrer Größentoleranzen und der Mindestabstände von Biegestellen zum Körper gibt Tabelle 2.4 eine Übersicht über die Lochbilder gebräuchlicher Bauelemente. Diese Zusammenstellung sollte beim Entwurf von Leiterbildern stets herangezogen werden, denn sie erspart unnötiges Probieren. Nur in Ausnahmefällen und mit größter Vorsicht kann ein Anschluß in einem kürzeren Abstand abgebogen werden.

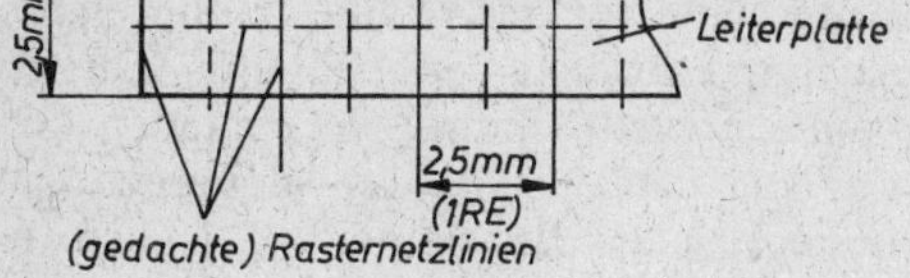

Bild 2.9
In die Kreuzungspunkte dieses gedachten Rasternetzes legt man auf der Leiterplatte die Bohrungen für die Bauelemente (Lochdurchmesser vorwiegend 1 mm, siehe Text; gestrichelt: Sekundärraster 1,25 mm)

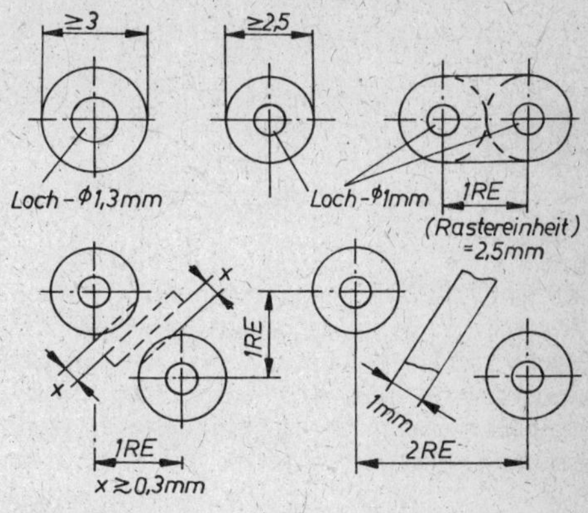

Bild 2.10
Unter Amateurbedingungen übliche Leiterbreiten, Lötaugengrößen und -abstände. Verringert man die Durchmesser der linken Diagonalanordnung auf 1,8 bis 2 mm bzw. schneidet die Kreise entsprechend an, so kann auch dort noch ein schmaler Leiter durchgelegt werden. Mindestabstände > 0,3 mm einhalten!

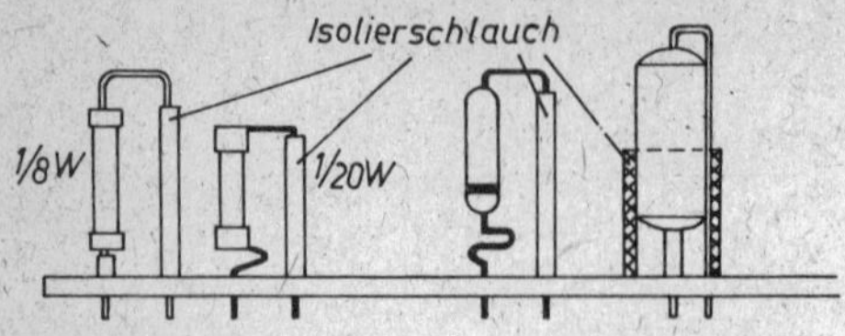

Bild 2.11
Vertikal montierte Bauelemente für ursprünglich liegende Montage bringen große Bestükkungsdichte, aber auch Stabilitäts- (Berührungs-), Prüf- und Reparaturprobleme. Maschinelles Bestücken ist (mindestens) stark erschwert

Besonders Widerstände und Dioden beanspruchen auf diese Weise eine recht große Fläche. Daher ist die stehende Montage beim Amateur, der ja nicht maschinell bestückt, in all den Fällen sinnvoll, bei denen schon durch andere Bauelemente eine größere Bauhöhe gebraucht wird, für die keine extremen Stabilitätsforderungen vorliegen und wo Platz gespart werden muß. Bild 2.11 gibt auch dazu Empfehlungen. Neben der «klassischen» Auslegung des Leiterbildes in Form kreisrunder Lötaugen und schmaler Leiterzüge (für das «Positiv»-Zeichnen des Musters und für Klebeverfahren zur Vorlagengewinnung sowie in der «leiterzugintensiven» Digitaltechnik günstig) benutzt man oft eine Art Trennlinienmuster mit fließenden Übergängen (Bild 2.12). Freigelegt werden dort nur die Umrandungen der voneinander zu trennenden Flächen. Das ergibt ein Maximum an Lötflächen sowie niederohmige Leitungen und minimalen Ätzmittelverbrauch. Praktisch ist es infolge der Abläufe im Ätzbad meist sogar noch mit verminderter Ätzzeit verbunden. Im Interesse dieser Vorteile sollte man daher beim Zeichnen von Deckschichten den etwas größeren Zeitbedarf nicht scheuen. Bei Anwendung des fotomechanischen Verfahrens (Variante mit Negativ-Kopierlack) mit gezeichnetem Negativ erfordert umgekehrt diese Musterart sogar den geringsten Zeichenaufwand, da einfach nur die späteren Trennlinien auf der sonst durchsichtig bleibenden Folie schwarz abgedeckt werden.

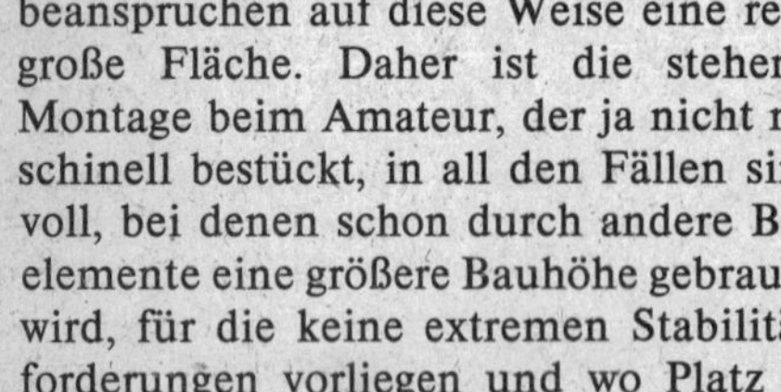

Bild 2.12
Leiterbildformen: a – für gezeichnete Deckschicht und für *typofix*-Bildmontage günstig (sowie industriell für maschinelles Zeichnen); b – große Kupferflächen bringen kleinen Ätzmittelbedarf, sind niederohmig und erlauben HF-günstige Leiterbilder. Als «Trennlinienmuster» gezeichnet ergeben sich einfache Direktnegative für das fotomechanische Verfahren mit Negativlack

Wenig geeignet sind solche Muster allerdings bei höheren Spannungen und unter ungünstigen Umweltbedingungen (Verschmutzung, Feuchte, dadurch leitende Brücken). Beides tritt aber im Arbeitsbereich des Anfängers kaum auf.

2.3.3.2. Der Weg zum Leiterbild

Bleiben die Leiterbilder für Versuchsschaltungen unberücksichtigt, die für den Anfänger nur selten in Frage kommen, so muß zunächst der Stromlaufplan der gewünschten Baugruppe oder des Geräts klar sein, bevor man mit dem Entwurf der Leiterplatte beginnen kann. Daraus ergibt sich die Stückliste der benötigten Bauelemente. Unter mehreren angebotenen Varianten wählt man das «leiterplattenfreundlichste» Bauelement. Das bedeutet: möglichst nur Anschlüsse, die in das Standardloch passen, im Vergleich zu den übrigen Bauelementen günstiges Verhältnis von Breite zu Höhe (Füllgrad der Schaltung!), leichte Auswechselbarkeit bei Reparaturen, kleinstmögliches

Tabelle 2.4. Empfohlene Lötaugenabstände für die gebräuchlichsten Bauelemente (1 RE = 2,5 mm)

liegende Montage	stehende Montage	
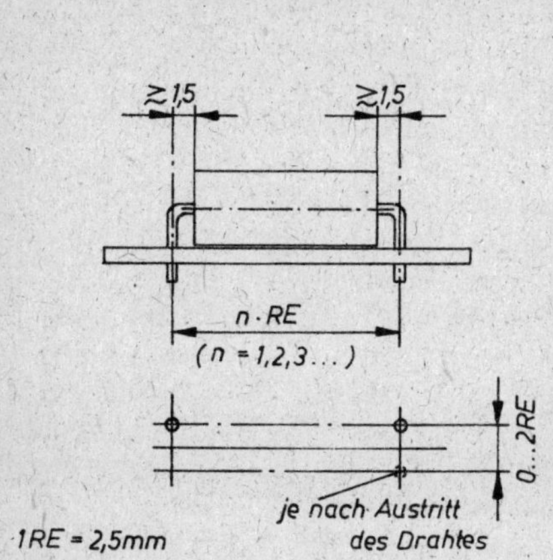	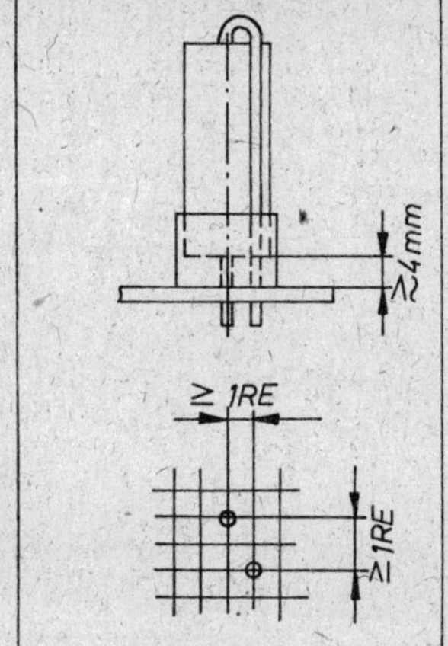	Drahtanschlüsse, allgemein
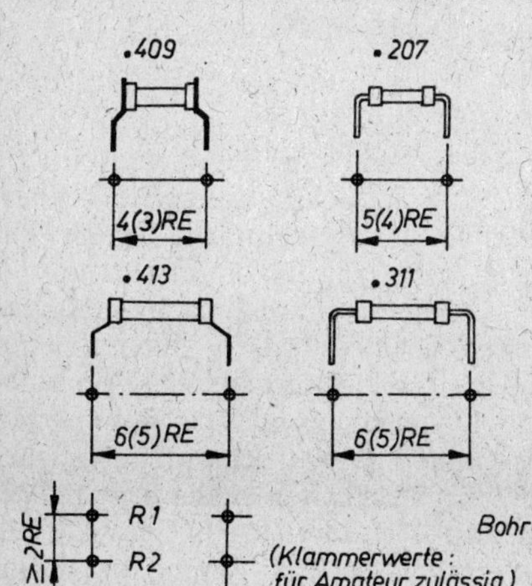	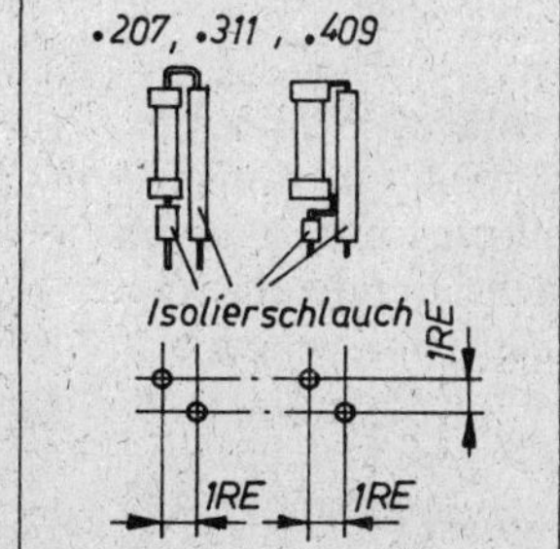	Schichtwiderstände (ältere und neuere Bauformen)
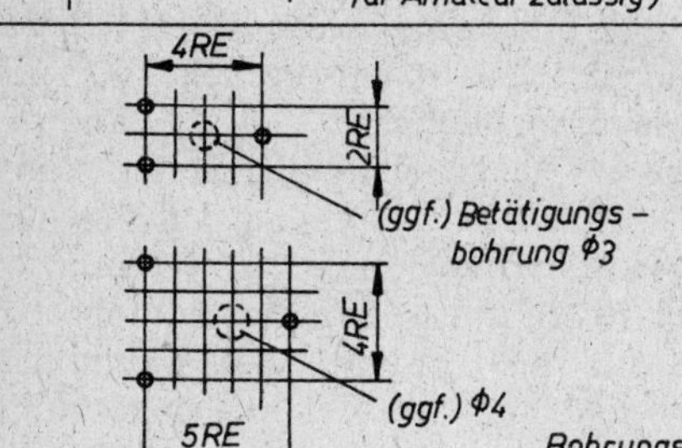	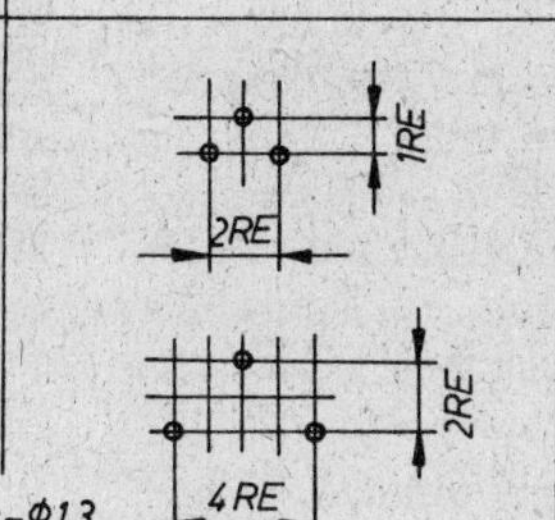	Stellpotentiometer Größe 05 Größe 1
	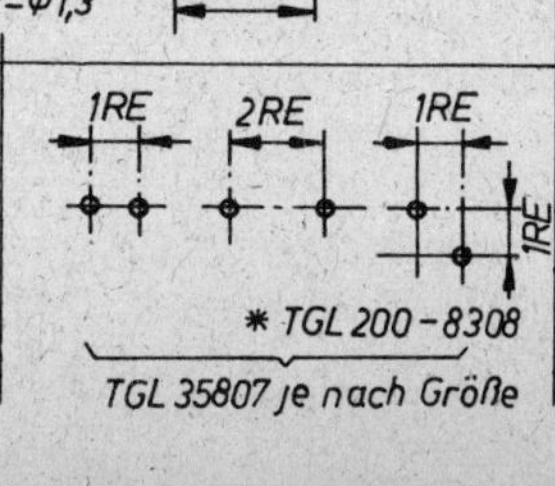	stehende Elektrolytkondensatoren (ältere * und neuere)

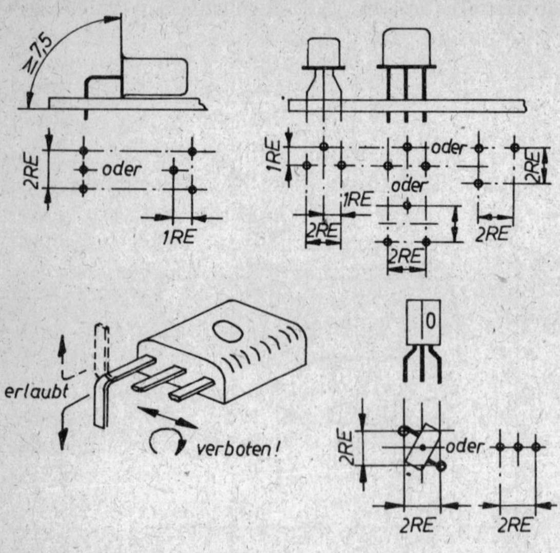

Transistor mit Drahtanschlüssen

Plast-Transistor (links in größerem Maßstab dargestellt)

Volumen, möglichst isolierter Körper (im Interesse dichter Packung, ohne Kurzschlußgefahr bei Berührung mit anderen Bauelementen). Danach ist die zulässige Fläche zu beachten, die vom geplanten Gerät, seinen Proportionen und seinen übrigen Bauelementen abhängt. Große Durchbrüche in der Leiterplatte sollte man vermeiden; dadurch spart man Material, und es ist keine schwierige Bearbeitung notwendig. Vorteilhafter erscheint dann die Aufteilung in einzelne Einheiten, die in sich möglichst elektrisch abgeschlossen sind (Baugruppentechnik) und die man unter Umständen mehrfach einsetzen kann.

Die Fläche kann nicht kleiner werden, als es die Bauelemente zulassen. Man sollte auch nicht versuchen, durch Stapeln mehr zu erreichen. Dadurch wird die Schaltung unübersichtlich und ist schwer zu reparieren.

Liegen alle Bauelemente (oder ihnen äußerlich gleiche) vor, so versucht man, sie gemäß Abschnitt 2.3.3.1. auf der vorgegebenen Fläche unterzubringen. Der folgende Weg hat sich dabei gut bewährt. Er eignet sich zum Einarbeiten in die Materie, z. B. für die «allererste» Leiterplatte, bei der es noch nicht auf die günstigste Aufteilung ankommt und an der man zunächst einmal kreuzungsfreies Denken üben will. Des weiteren kann man ihn für Platten benutzen, die nicht in ein knapp bemessenes Gehäuse passen müssen, und für Versuchsaufbauten, aber auch für Steckkarten einheitlichen Formats, die doch in vielen Fällen nicht besonders dicht bestückt werden, bei denen es aber um flache Bauweise geht. Jeder Stromlaufplan ist entsprechend dem Signalweg so aufgeteilt, daß die Reihenfolge der Bauelemente und Stufen schon die prinzipielle Anordnung auf der Leiterplatte vorwegnimmt. Man erkennt auch sofort, welche Leitungen durchgezogen sind (z. B. Stromversorgung) und daß viele Bauelemente in vertikaler Richtung liegen. Leitungskreuzungen im Stromlaufplan lösen sich daher meist einfach dadurch auf, daß man eine der sich kreuzenden Leitungen so weit verschiebt, bis sie unter einem Bauelement hindurchführt. Diese Darstellungsart würde aller-

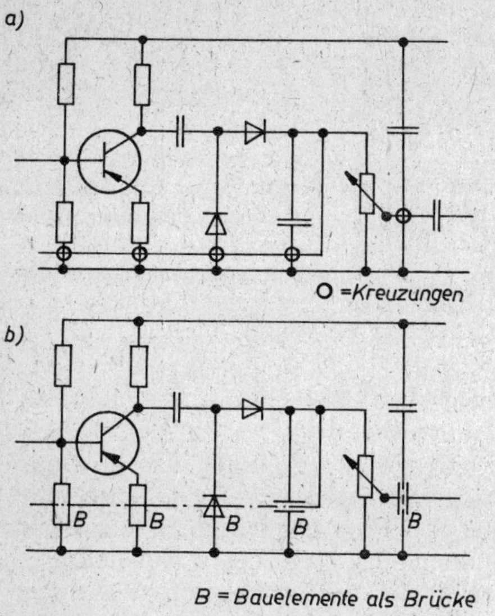

Bild 2.13
Auf diese Weise liest man aus einem Stromlaufplan (a) eine kreuzungsfreie Leitungsführung ab (b)

dings übliche Stromlaufpläne unübersichtlicher werden lassen. Dadurch hat sie erst bei der Umsetzung in den Leiterbildentwurf der Leiterplatte ihre Berechtigung. Bild 2.13 illustriert diesen Weg.

Dieses Ablesen der kreuzungsfreien Verdrahtung vom Stromlaufplan erfordert allerdings ein gewissen Umdenken bezüglich der realen Lage der Bauelemente, denn ihre Symbole geben ja keine Auskunft über ihre tatsächliche Größe (abgesehen von den Werteangaben, aus denen man über die betreffende TGL darauf schließen kann). Daher erinnere man sich der eben gegebenen Empfehlung, daß zunächst alle Bauelemente gegenständlich vorliegen sollten, bevor Leiterbild und Bestückungsplan entworfen werden. Es gelingt nun bei entsprechenden Zugeständnissen an die Leiterplattengröße, ohne allzuviel Denkarbeit und Probieren aus dem Stromlaufplan eine kreuzungsfrei bemusterte Leiterplatte zu entwickeln. Das kann bei kleineren Einheiten ausschließlich auf dem Papier geschehen. (Die Darstellung dieser Schritte findet der Leser weiter unten.) Bei größeren Schaltungen oder dann, wenn Mindestforderungen an die Packungsdichte bestehen, empfiehlt sich eine 3dimensionale Anordnungskontrolle, während der vielleicht einige Bauelemente aus der zunächst liegenden in eine stehende Anordnung überführt werden, weil das für das Gesamtvolumen günstiger erscheint. Aus dieser Kontrolle erkennt man z. B. auch die günstigste Bauelementelage im Gerät, die außerhalb der Leiterplatte liegen (Bedienungs- und Informationsorgane) und die räumlich mit ihr zusammenpassen sollen. Für einen solchen Kontrollaufbau (noch ohne Verdrahtung) eignen sich Lochrasterplatten sehr gut, wie man sie z. B. früher im Format 35 m × 80 mm als Teil des Systems *Komplexe Amateuerelektronik* erhielt. Sie tragen in jedem Punkt des 2,5-mm-Rasters einen 1,3-mm-Durchbruch. Diese Platte läßt sich für Bestückungsversuche voll ausnutzen, wenn man sie z. B. auf eine Polystyrolplatte legt. Die Bauelementeanschlüsse können meist ihre volle Länge behalten, müssen nicht umgebogen werden und finden im Schaumstoff ausgezeichneten Halt (Bild 2.14). Man kann auch (nach einer bestimmten Einarbeitungszeit) sofort mit der aus dem Stromlaufplan erkannten möglichen Anordnung auf einer solchen Rasterplatte beginnen oder schließlich fast ohne sie auskommen. Bei entsprechender Übung wird dann der Entwurf auch von relativ eng bepackten Leiterplatten gelingen, wobei höchstens noch Teile der Anordnung auf einer Lochrasterplatte im Zuge des Entwurfs auf ihre Zulässigkeit hin überprüft werden. Unabhängig von diesen «Erfahrungsstufen» gelten die Empfehlungen für die folgenden Schritte. Sie wurden auf die «mittlere Stufe» abgestimmt, d. h. auf den Fall, daß man mit der Anordnung auf der Lochrasterplatte beginnt. Als nächstes überträgt man die

Bild 2.14
Lochrasterplatte mit Schaumpolystyrol-Unterlage für Anordnungsproben. Die Bauelementeanschlüsse müssen bei ausreichend dikkem Material nicht gekürzt werden

unter Berücksichtigung von Tabelle 2.4 ermittelte Anordnung auf Millimeterpapier. Dort werden alle Anschlußpunkte und die Bauelementeumrisse markiert. Auf Grund der Übernahme von der Lochrasterplatte ergibt sie die Ansicht der Bestückungsseite («Bestückungsplan» – er lag bei der als erste beschriebenen Methode vor!). Die gemäß Stromlaufplan durchnumerierten Bauelemente (man verzichtet am besten auf «R» und «C» usw. und wählt aus Übersichtsgründen durchlaufende Zahlen) werden auf diesem Blatt numeriert. In die Numerierung kann man auch alle anderen Teile einbeziehen, die auf der Leiterplatte Platz finden sollen, z. B. Lötösen, Winkel u. ä. Ein darübergelegtes und befestigtes Blatt Transparentpapier übernimmt diese Information. Man kann auch sofort auf dem Transparentpapier zeichnen, wobei das Millimeterpapier nur als Unterlage zum Auffinden der Rasterpunkte dient (mit Klebestreifen befestigen). Transparentmillimeterpapier eignet sich weniger gut, da das Gittermuster beim Durchsehen erheblich stört. Das Transparentpapier wird nun umgedreht, so daß man auf die spätere Leiterseite blickt. Mit einem Bleistift, der sich gut radieren läßt und nicht schmiert (z. B. «F») versucht man nun, die einzelnen Anschlußpunkte gemäß Stromlaufplan unter Beachtung der Regel in Abschnitt 2.3.3.1. kreuzungsfrei zu verbinden. (Bei der zuerst beschriebenen Methode war diese Arbeit ebenfalls – zumeist im 1. Entwurf – vor der Lochrasterplattenkontrolle beendet!) Bei dieser Arbeit wird sich vielleicht herausstellen, daß nicht alle Bauelemente günstig genug liegen. In solchen Fällen muß man dort neu beginnen. Auch erfahrenen Amateuren gelingt – was das Zeichnen betrifft – eine gute Leiterplatte auf dem Papier meist erst im zweiten Anlauf. Damit aber nicht zuviel Aufwand betrieben werden muß, sollte man gegebenenfalls auch einmal eine Drahtbrücke auf der Bauelementeseite zulassen, die dann wie ein Bauelement zu behandeln ist, also eigene Lötaugen und Bohrungen erhält. Vom auf diese Weise entstandenen Leiterbild-«Skelett» geht man dann – je nach Verfahren – auf die Anfertigung des Negativs für das fotomechanische Verfahren über, oder man benutzt es als Körnerlehre zum Anpunkten der Bohrungsmittelpunkte auf der Kupferfolie der Halbzeugplatte. Die nach dieser Schilderung möglichen und miteinander verflochtenen Wege zum Leiterbild (und dem ihm zugeordneten Bestückungsplan) soll das Schema nach Bild 2.15 noch etwas deutlicher wiedergeben.

Der Autor benutzt für Einseitenplatten meist ein etwas modifiziertes Verfahren, das vielleicht auch manchem entsprechend geübten Leser annehmbar erscheint, und zwar im Entwurfsmaßstab 1 : 1: Benötigt werden lediglich möglichst «blasses» Millimeterpapier, das sich gut radieren läßt; ein Bleistift «B» für Leiterzüge und Lötpunkte und ein Buntstift (Farbkopierstift) für die Beuelementeum-

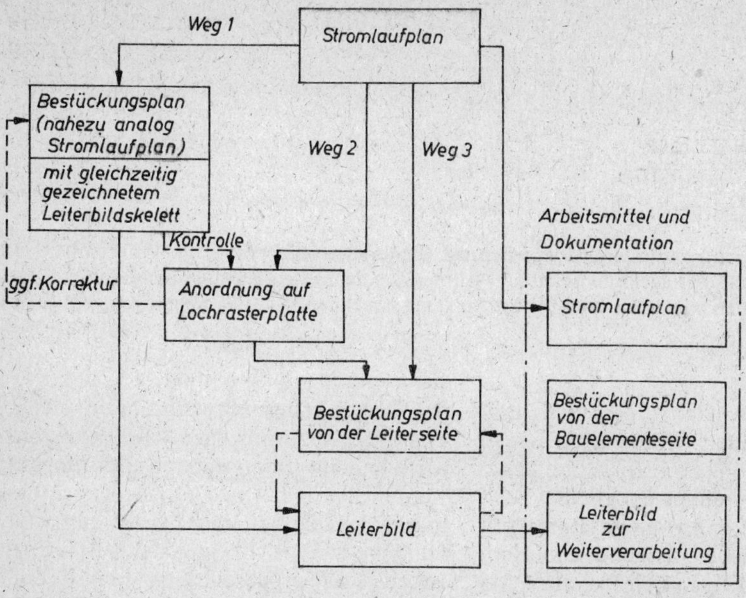

Bild 2.15 Die beschriebenen Wege zum Leiterbild: 1 – Ablesen aus dem Stromlaufplan ähnlich Bild 2.13 ergibt relativ großen Flächenbedarf; 2 – Anordnung auf Lochrasterplatte gestattet Erproben größerer Bauelementedichte; 3 – nach entsprechender Übung gelingt der Entwurf auf Millimeterpapier ohne Zwischenstufen

risse, der sich von der Farbe des Millimeterpapiers gut abhebt und ebenfalls noch brauchbar radieren läßt. Die meist vorgegebenen bzw. von Bauelementezahl und -größe her als möglich eingeschätzten Plattenumrisse werden aufgezeichnet, und mit der «Handvoll» Bauelemente und einer Lochrasterplatte vor Augen beginnt man mit dem Entwurf.

Achtung! Im allgemeinen wird der Amateur mit Blick auf die Leiterseite entwerfen, denn das entspricht der späteren Arbeitsseite bei den mehr oder weniger «direkten» Verfahren. Wird jedoch die Zeichnung des Leiterbilds in irgendeiner Weise für direktes Kopieren auf eine mit Fotolack beschichtete Platte benutzt (undurchsichtige Leiter bei Positivlack, also gezeichnetes Positiv), so zeichnet man besser «seitenverkehrt», mit Blick von der Bauelementeseite aus «durch die Leiterplatte hindurch». Auf diese Weise decken die abgedeckten Flächen auch wirklich randscharf ohne Streulicht. In der Industrie werden aus Fertigungsgründen ebenfalls oft seitenverkehrte Darstellungen gewählt.

Bild 2.16 verdeutlicht, wie das gemeint ist. Man bedenke, daß die heute übliche Anschlußdarstellung, z. B. von integrierten Schaltkreisen, ebenfalls «von oben» geschieht, so daß man sich für Entwürfe von der Leiterseite aus am besten vorher die benötigten Anschlußbilder umzeichnen sollte! Aus all dem folgt: unbedingt alle Entwürfe bezüglich der gewählten Betrachtungsrichtung eindeutig kennzeichnen und die jeweils zutreffenden Bauelementeanschlußbilder benutzen!

Nach Markieren unverrückbarer Punkte (z. B. zur Befestigung oder durch die geforderte Anordnung größerer Bauelemente bedingter Flächen) wird nun der ebenfalls vorliegende Stromlaufplan «von links nach rechts» in gleicher Richtung auf dem Papier abgearbeitet. Den

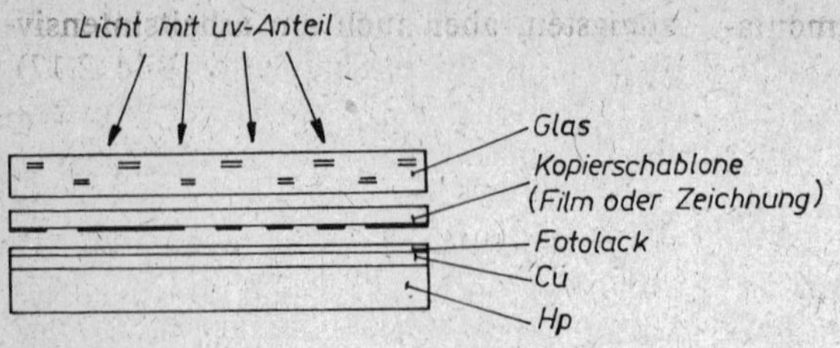

Bild 2.16 So müssen lichtundurchlässige Schicht (Leiterzüge bei Positiv-, Trennlinien bei Negativ-Kopierlack) und Fotolackschicht auf der Kupferfolie der Leiterplatte zueinander liegen, damit randscharf kopiert wird (Darstellung zum besseren Erkennen auseinandergezogen; mit Glasplatte andrücken!)

Anschlußpunkten nach außen (z. B. Eingang, Ausgang, Plus, Minus) ordnet man Stecklötösen zu. Sofern es keine Platzprobleme gibt, werden möglichst auch alle Widerstände und Kondensatoren mit axialen Anschlüssen liegend montiert. Als kleinstes (im Raster bleibendes!) Abbiegemaß kann für Amateurbelange Abbiegen etwa 1 mm vom Bauelementekörper gelten, wenn dadurch keine für das Bauelement unzulässigen Einwirkungen entstehen (mechanisch oder – später, beim Löten – auch thermisch). Ein Widerstand der Baugröße *311* (also größter Durchmesser 3 mm, größte Körperlänge 11 mm) paßt für den Amateur «notfalls» noch ins Rastermaß 12,5 mm, 15 mm sind jedoch zu bevorzugen. Bei den gegenseitigen Abständen dieser oft benutzten Bauelemente ist eine Rastereinheit eigentlich zu knapp, außer, man «zaubert». Die Baugröße *207* (2 mm Durchmesser, 7 mm Länge) ist da günstiger und läßt außerdem 10-mm-Raster zu. Wo aus Beschaffungs- oder Lastgründen der größere Körper eingesetzt werden muß, kann notfalls auf Halbraster ausgewichen werden, also 1,25 m, d. h. 3,75 mm Abstand für zwei Widerstände *311*.

Solche Markierungspunkte exakt zu treffen, legt dann allerdings eine vergrößerte Entwurfszeichnung nahe, von der man aber bei einmalig benötigten Platten nichts hat als Mehrarbeit.

Es empfiehlt sich, nicht unnötig aufzudrücken – Änderungen sind in der ersten Phase kaum zu umgehen. Die Lötaugen-Mittelpunkte (die späteren Bohrungen) werden durch kleine Kreise gut sichtbar markiert. Die Leiterzüge sind zunächst einfache Striche. Entsprechend Bild 2.10 ist aber zu berücksichtigen, wieviel Leiterzüge zwischen zwei Lötaugen je nach deren Abstand realisierbar sind. Stellt man beim ersten Entwurf fest, daß die vorgegebene Fläche doch nicht ausreicht, muß die Konzeption geändert werden: Entweder sind liegende Bauelemente zu stellen (unter Amateurbedingungen meist ohne größere Einschränkungen möglich bzw. zulässig), ein größeres Format zu wählen, oder man muß eine zweite Platte vorsehen (z. B. in Stapelbauweise).

Aber auch bei ausreichendem Platz hat das erste Ergebnis meist noch einige «Kanten». Man scheue sich also ggf. nicht vor Lötbrücken, die farbig eingetragen werden – sinnvollerweise mit einer weiteren Farbe, damit sie sich von den Bauelementekanten besser abheben.

Befriedigt der neue Entwurf, kann man ihn unmittelbar nutzen, wenn nur Einzelplatten benötigt werden. Ein passendes Stück kupferkaschiertes Hartpapier wird dazu z. B. hinter das Millimeterpapier geklebt, und die Bohrpunkte werden als «Markierungsskelett» vorsichtig durchgekörnt (vorher üben!). Es hängt vom weiteren Verfahren ab, was danach geschieht. Für Kleinserien (und auch für eine besser haltbare und später lesbare Dokumentation) empfiehlt es sich, nun zwei «Auszüge» herzustellen: einen für die Leiterseite (bei Einzelstücken der Entwurfsseite entsprechend) und einen für die Bauelemente- oder Bestückungsseite. Die Zuordnung beider kann durch zwei unsymmetrisch außerhalb angebrachte Paßkreuze markiert werden. Beide Auszüge können auf Transparentpapier, aber auch weiterhin auf Millimeterpapier – zusammen mit dem Stromlaufplan und eventuellen späteren Notizen zur Baugruppe – gespeichert werden.

2.3.3.3. Versuchsschaltungen auf Mehrzweckplatten

Im Handel werden aus Industrieposten Mehrzweckleiterplatten angeboten, auf denen sich viele Schaltungen unterschiedlicher Bestimmung aufbauen lassen. Sie eignen sich auch gut für Versuche als moderne «Lötösenleisten». In diesen Fällen ist der Bestückungsplan dem vorgegebenen Muster unterzuordnen. Grundsätzlich versucht man dabei so zu bestücken, daß an den für Änderungen in Frage kommenden Punkten immer noch Löcher und damit Lötaugen in Reserve bleiben. Durchgehende Leitungen eignen sich als Stromzuführung und Masseverbindung.

Die einfachste und auch vielseitigste Platte ist die Streifenleiterplatte. Am freizügigsten, aber auch am arbeitsintensivsten ist die Lötpunkteplatte (Bild 2.17), denn sie erfordert erhebliche Verdrahtungsarbeit auf der Leiterseite. Die Kupferinseln sind eigentlich nur Punkte für die Festlegung der Bauelemente; auf diesen Lötstellen enden alle sie leiterseitig (!) verbindenden Drahtstücke. Man kann an Stelle je einer Insel mit nur einem Durchbruch z. B. 2er- oder 3er-Gruppen anordnen, so daß die Verbindungsdrähte eigene Durchbrüche erhalten und auch isolierstoffseitig, zusammen mit den Bauelementen, verlegt werden können. Das ergibt aber eine verhältnismäßig schwer überschaubare Anordnung. Relativ unübersichtlich ist auch die in Bild 2.17 dargestellte Gittermusterplatte, deren nicht benötigte Brücken herausgekratzt werden müssen. Zwischen Streifenleiter- und Lötpunktmuster liegen die obengenannten Mehrzweckplatten, für die Bild 2.18 einige mögliche Musterstrukturen wiedergibt. Im Vorgriff auf die Möglichkeiten, die inzwischen das *typofix*-Verfahren gebracht hat, sei für solche Strukturen bereits auf die ursprünglich zu den Heften 26 und 27 der Reihe *Der junge Funker* geschaffenen ätzfesten Mehrzweckbilder hingewiesen. Sie sind besonders für Anfänger interessant. Fortgeschrittene werden, wenn sie «schaltungsintensive» Objekte untersuchen, dagegen gern zu Leiterplatten mit IS-Strukturen greifen, die ebenfalls im Handel erhältlich sind.

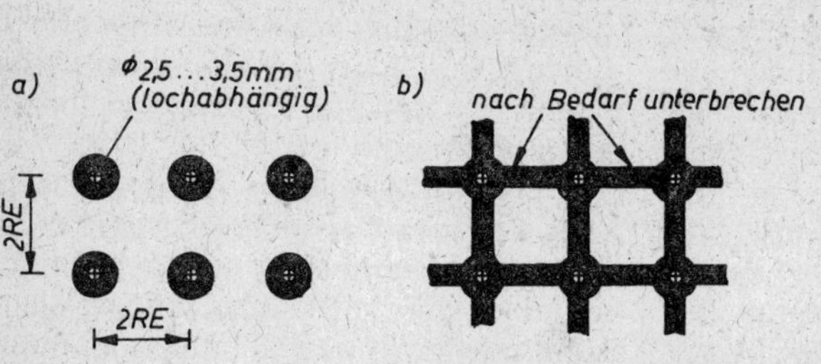

Bild 2.17
Lötpunktplatte (a) und ihr Gegenstück «Gittermuster» (b). Bei (a) sind die nötigen Verbindungen mit Draht herzustellen, bei (b) die überflüssigen Brücken herauszuschälen. Da (b) auch in *typofix* vorliegt, empfiehlt es sich, bereits auf der Folie die nicht benötigten Partien herauszukratzen

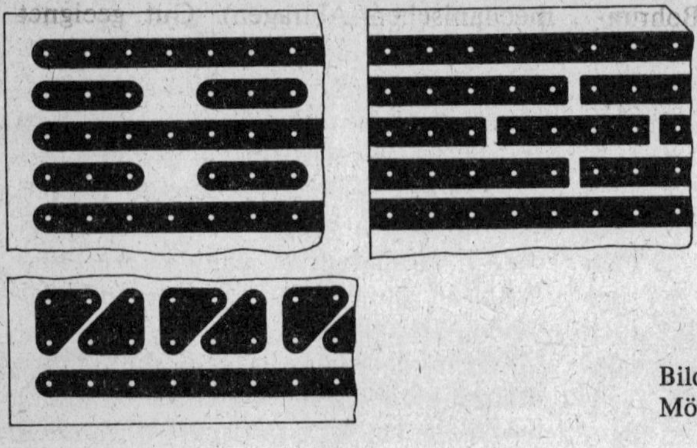

Bild 2.18
Mögliche Mehrzweckplatten-Strukturen

Die Versuchsschaltung auf einer Mehrzweckplatte kann nach erfolgreicher Erprobung zur Ableitung des Musters einer Spezialleiterplatte dienen, auf der die Bauelemente so dicht angeordnet sind, wie es die vom gewünschten Gerät her festliegenden Dimensionen verlangen. Auch auf Mehrzweckplatten, wenn sie einer bestimmten Gruppe von Schaltungen angepaßt werden, kann man allerdings mit relativ kleinem Raum auskommen. Für Anfänger wurden z. B. zum *Polytronic-ABC*-Baukasten gemäß Bauplan 41/49 10 Leiterbilder entwickelt, die sich für etwa 40 Schaltungen eignen (vgl. Abschnitt 5.).

2.3.3.4. Zweiebenen-Leiterplatten

Zweiseitig kaschiertes Material ist besonders dem fortgeschrittenen Amateur zu empfehlen. Neben seinem Einsatz beim Bau von schirmenden Gehäusen, bei denen sich die beidseits mögliche Lötnaht sehr vorteilhaft auf die Gehäusestabilität auswirkt, gibt es grundsätzlich drei Möglichkeiten, Leiterplatten für zweiseitig kaschiertes Material zu entwerfen. Die Möglichkeiten lassen sich teilweise miteinander kombinieren. Die naheliegendste Möglichkeit besteht darin, die eine Seite für das Leiterbild und die andere als Schirmfläche zu benutzen, so daß relativ enge Aufbauten hochverstärkender Schaltungen oder von HF-Anwendungen gelingen. Auf der Bestückungsseite sind um die Bohrungen herum ausreichend große Kreise freizuätzen oder anzusenken, damit kein Schluß mit Bauelementen entsteht. Die Bauelemente müssen auch in allen übrigen Teilen gegen die Kupferfolie isoliert werden. Darin liegt ein Nachteil gegenüber der selbstisolierenden Bauelementeseite bei einseitig kaschiertem Material.

Bei der zweiten Einsatzvariante benutzt man die Bauelementeseite ebenfalls für das Leiterbild und hat auf diese Weise eine wesentlich größere Vielfalt von Verbindungen einschließlich Kreuzungen zur Verfügung, muß sich dafür aber entsprechend länger mit dem Entwurf beschäftigen. Probleme bringen auch das einwandfreie Durchkontaktieren zusammengehöriger Leiter (z. B. über eingelötete und vielleicht noch leicht gestauchte Drahtstückchen, am besten in Löchern von weniger als 1 mm Durchmesser) und die Bauelementeübergänge durch Leiterflächen hindurch. Dort sind wieder Isolierränder um die Löcher herum notwendig.

In der dritten Variante wird sogar beidseitig bestückt. Das sollte man aber nach Möglichkeit vermeiden. Bei der Bearbeitung muß stets auf beiden Seiten gleichzeitig geschützt werden; die Koordinierung beider Seiten bezüglich der Leiterbilder wird über die Lage der beiden

Leiterbildseiten gemeinsamen Bohrungen vorgenommen. Weitere Hinweise für zweiseitige Leiterplatten wurden z. B. in Bauplan 48 am konkreten Objekt gegeben. Bei HF-dichten Kassetten aus zweiseitig kaschiertem Material kann übrigens auf einer Wandinnenfläche das Leiterbild ohne Bohrungen mit aufgelöteten Bauelementen angebracht werden!

2.3.4. Wege zur Leiterplatte

Der Amateur benutzt – je nach Schwierigkeitsgrad und Möglichkeiten – zumindest für Einzelstücke heute hauptsächlich das mechanische Abtragen (nur für einfache Leiterbilder sinnvoll) und das Ätzen einer direkt auf die Kupferfolie aufgebrachten Deckschicht. Die «Klassiker» bedienen sich dabei ausschließlich geeigneten Zeichenwerkzeugs und eines Abdecklackes, während seit einigen Jahren die Verfügbarkeit ätzfester *typofix*-Abreibefolie für Leiterplatten mindestens ein damit kombiniertes Verfahren vorteilhafter erscheinen läßt. In der folgenden Aufstellung wird dem *typofix*-Verfahren wegen seiner inzwischen erlangten, von der fast ständigen Verfügbarkeit der Folien positiv beeinflußten Massenwirksamkeit entsprechender Platz eingeräumt. In Arbeitsgemeinschaften wird man gegebenenfalls auch das fotomechanische Verfahren, oft aber ohne den Umweg über ein fotografisch hergestelltes Negativ, anwenden. Für das fotomechanische Verfahren sollte man bei Erstanwendung möglichst noch weitere Literatur heranziehen.

Grundsätzlich säubert man – unabhängig vom gewählten Verfahren – die Platte vor der Bearbeitung. Das läßt sich mit ATA fein erreichen, doch muß anschließend noch ein Geschirrspülmittel eingesetzt werden. Die Kupferfolie wird dadurch frei von Rückständen; man sollte sie anschließend auf dieser Seite nicht mehr berühren (außer beim rein mechanischen Abtragen). Gut geeignet sind auch synthetische Haushaltschwämme mit Spezialschicht zum Scheuern. Außer bei diesem Schwamm kann es allerdings vorkommen, daß sich auf einer derart gründlich gereinigten und mit einem sauberen Lappen getrockneten Platte nicht besonders gut zeichnen läßt – einige Decklacke laufen dabei breit. Für diesen Fall gibt es mindestens drei Möglichkeiten, die ein Breitlaufen verhindern: Entweder läßt man die Platte nach dem Säubern und Spülen einfach an der Luft trocknen, wodurch sie sich mit einem dünnen, gleichmäßigen Oxidfilm überzieht, oder man taucht sie kurz in stärker verdünntes Ätzmittel und spült dann sofort gründlich ab. Dadurch entsteht eine ganz leichte Rauhigkeit, die dem Zeichenprozeß ebenfalls entgegenkommt. Schließlich hat sich auch die gleichmäßige Bearbeitung mit einem Schleifpapier feinster Körnung gut bewährt. Die Oberfläche ähnelt dann gewissermaßen Zeichenkarton.

2.3.4.1. Mechanisches Abtragen

Die nur 25 bis 35 µm dicke Kupferfolie läßt sich bereits mit einer Rasierklinge oder mit einem scharfen Messer leicht auftrennen, und auch das Abschälen schmaler Streifen bereitet bei Hartpapierträgermaterial wenig Schwierigkeiten. Einfache Leiterbilder, z. B. Streifenleiterplatten, und die Bemusterung von Gehäusen aus kupferkaschiertem Hartpapier (Batteriekontakte, Stromzuführungen) sind über dieses Verfahren relativ schnell zu gewinnen.

Eine schon etwas anspruchsvollere Variante ist das Fräsen mit Hilfe eines Zahnarztbohrers, das auch kompliziertere Muster erlaubt. Für das Herstellen von Trennfugen durch Abschälen hat sich eine alte Ziehfeder für Tusche gut bewährt. Man schleift sie scharf an und klemmt zur Stabilisierung des eingestell-

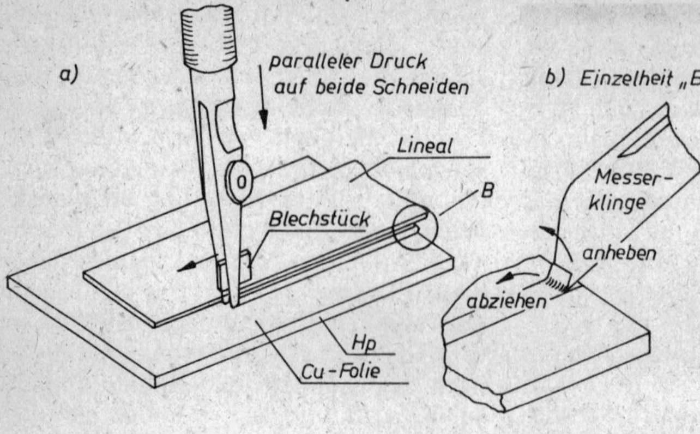

Bild 2.19
Ritzen einer Leiterplatte mit scharfgeschliffener Ziehfeder

ten Abstands dicht hinter die Spitze ein Metallplättchen, das etwa 0,3 bis 0,6 mm dick sein kann. Bei nahezu senkrecht aufgesetzter Feder, deren beide Spitzen gleich lang sein müssen, schneidet man parallel zu einem Lineal bei mäßigem Druck gleichzeitig zwei Trennlinien durch die Folie hindurch und gewinnt sehr schnell einen abschälbaren Foliestreifen (Bild 2.19). Die kleinste Trennfugenbreite wird weniger durch die Möglichkeiten dieser Methode begrenzt als durch die Notwendigkeit, diesen schmalen Streifen dann an seinem Anfang auch wirklich durch die Messerspitze zu erfassen und abzuziehen. Über zwei im Abstand der gewünschten Leiterbreite erzeugte Trennliniendoppelschnitte gewinnt man einen Streifenleiter. Auf diese Weise lassen sich in wenigen Minuten Streifenleiterplatten herstellen, deren Leiter ohne weiteres im einfachen Rastersprung parallel zueinander verlaufen können. Die erforderlichen Bohrungen für die gewünschte Schaltung werden anschließend angebracht. Dazu körnt man vorsichtig durch ein aufgelegtes Blatt Transparentmillimeterpapier die betreffenden Rasterpunkte an. Sauberes Bohren gelingt am besten unter einer elektrischen Tischbohrmaschine, die sich noch für 1-mm- oder 1,3-mm-Bohrer eignet.

Für Querteilungen im Streifenleiter wird die Ziehfeder mit ihren Schneidkanten etwas schräg zur Schnittrichtung gehalten. Auf diese Weise schält man den Streifen sofort mit heraus. Zum Herausschälen längerer Trennfugen nach dem Ritzen wird jedoch ein Messer verwendet, da die Schneide der Ziehfeder sonst einer unnötig großen Beanspruchung unterliegt. Für einen solchen Einsatzfall müßte man sie breiter anschleifen als für das ausschließliche Ritzen, das dadurch aber wieder größere Kraftanstrengungen erfordern würde. Es empfiehlt sich übrigens, nicht unnötig schmale Partien herauszuschälen, da sich sonst beim Löten leicht unerwünschte Zinnbrücken bilden. Außerdem neigen diese schmalen Rillen zum Verschmutzen, so daß sich der Isolationswiderstand zwischen den Leitern merklich verringern kann.

2.3.4.2. Zeichnen einer ätzfesten Deckschicht

Eine nur vom zeichnerischen Geschick und von den verwendeten Mitteln abhängige Leitungsdichte erreicht man mit geeigneten Decklacken und einer, allerdings nicht mehr handelsüblichen, Röhrchenfeder von 0,6 bis 1 mm Öffnung (Bild 2.20) bzw. mit einem *Skribent*-Tuschefüller (Bild 2.21). Diese Schicht wird in Form des gewünschten Leiterbilds aufgetragen; die freibleibenden Kupferpar-

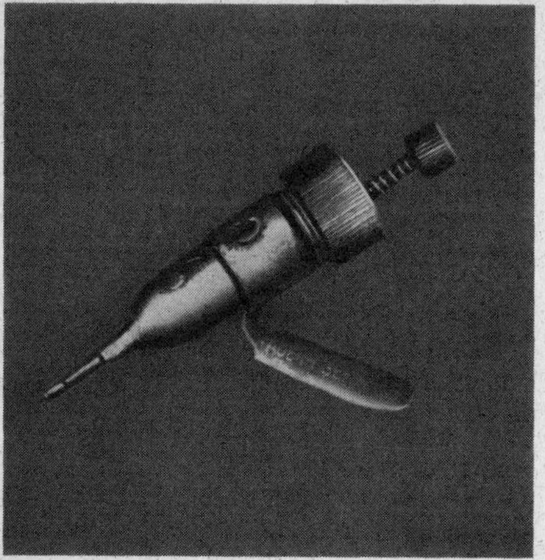

Bild 2.20
Diese Röhrchenfedern gab es in mehreren Durchmessern

tien löst man anschließend in einem Ätzbad heraus. Für das gesamte Verfahren bietet der Amateurhandel den bewährten *Amateur-Ätzsatz* (Bild 2.22) an. Der Satz enthält ätzfesten Abdecklack, der auch zum Schützen der fertigen Platte geeignet ist, und ein Ätzmittel in Form eines weißen Salzes (Ammoniumpersulfat). Infolge der tuscheähnlichen Konsistenz des Lackes läßt er sich gut mit Zieh- und Redisfedern verarbeiten. Für das Ätzbad wird etwa 1 Eßlöffel (den man nicht wieder für Speisen verwenden darf) Ammoniumpersulfat in 150 cm^3 Wasser gelöst. Das Ätzbad sollte man möglichst auf 40 °C halten. Die höhere Temperatur beschleunigt den Ätzvorgang, der sonst immerhin ein bis zwei Stunden betragen kann. Ein Bewegen der Leiterplatte im Ätzbad verkürzt die Ätzzeit kaum. Die anfangs wasserklare Lösung färbt sich mit zunehmendem Kupferanteil immer stärker blau. Verbrauchte Lösung muß zusammen mit viel Wasser in den Ausguß geschüttet werden. Außerdem ist gründlich nachzuspülen. Das Ätzmittel muß

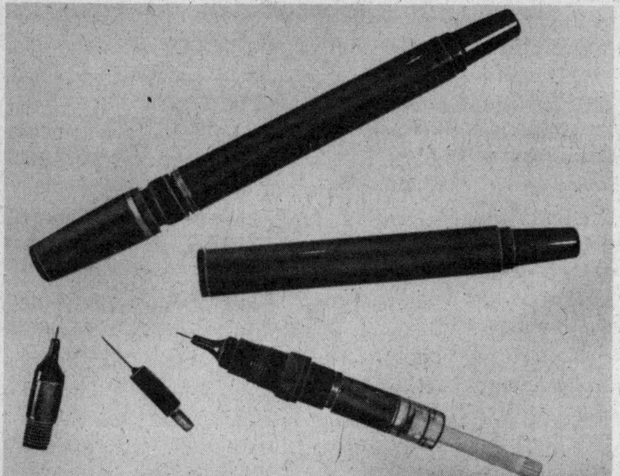

Bild 2.21
Tuschefüller Skribent, erhältlich in den Linienbreiten von 0,2 bis 1,2 mm. Für Leiterplatten mittleren Schwierigkeitsgrads gut geeignet ist die Breite 0,6

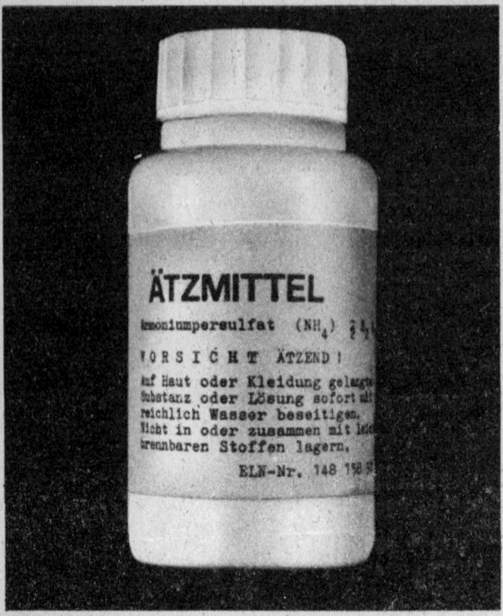

Bild 2.22
In solchen Plastflaschen werden Abdecklack (1×) und Ätzmittel (2×) als Ätzsatz gehandelt

sowohl von Nahrungsmitteln als auch von Kleidungsstücken unbedingt ferngehalten werden. «Profis» ätzen lieber mit Eisen(III)chlorid *($FeCl_3$)*. Damit läßt sich wesentlich schneller ätzen, und man kann es mit einem über die Platte geführten Wattebausch, durch Bewegen und durch Luftzufuhr noch beschleunigen. Allerdings ist beim Umgang mit dieser Substanz, die in kristalliner Form, aber auch als Lösung existiert, sehr große Vorsicht geboten. Besonders die «trockene» Variante löst sich unter großer Wärmeentwicklung in Wasser, so daß man wärmefeste, stabile und nichtmetallische Gefäße braucht; sie greift die Atemwege an und verursacht auf Kleidungsstücken und anderen Gegenständen gelbbraune, fast nie wieder zu entfernende Flecken. Nur sehr erfahrene Amateure sollten daher mit $FeCl_3$ arbeiten und nur dann, wenn sie alle notwendigen Sicherheitsvorkehrungen getroffen haben! Inzwischen ist die industrielle Anwendung solcher Substanzen nur noch in geschlossenen, die Umwelt nicht belastenden Kreisläufen gestattet. Der Amateur erhält daher Eisen(III)-chlorid im Handel nur selten. Von gelegentlich nachlesbaren Patentrezepten mit noch aggressiveren Substanzen ist ohnehin dringend abzuraten, auch ohne die verständlicherweise strengen Regeln der seit einiger Zeit geltenden neuen Giftgesetze. Neben dem im Zeichen- und Ätzsatz enthaltenen Decklack kommen noch Nitrolack, Nagellack oder (sehr brauchbar!) einer der mit etwas in Spiritus gelöster Kopierstiftmine angefärbten, unsensibilisierten Kopierlacke in Frage, die noch vor Jahren häufig für das fotomechanische Verfahren gebraucht wurden (*Potsdamer Kopierlack, Klöco-Lack, Röco-Lack)*. Sie lassen sich ebenfalls ausgezeichnet mit Röhrchenfedern oder im *Skribent*-Tuschefüller verarbeiten.

Wann soll man nun beim direkten Verfahren bohren? Man kann die Leiterplatte entweder noch vor dem Aufbringen des Leiterbilds (die Lötaugen werden dann um die Bohrungen herum gezeichnet, sitzen also immer konzentrisch) oder erst nach dem Ätzen bohren. Werden die Löcher zuerst eingebracht und entfernt man den entstandenen Grat vorsichtig mit feinstem Schleifpapier, so kann man die Lötaugen auch recht sauber auf folgende Weise zeichnen: Die innere Nadel der Skribent-Röhrchenfeder wird in die Bohrung gesteckt und wirkt als Führung für die Ziehfeder, die man nun längs des Bohrungsrandes einmal im Kreis führt.

Aber auch beim späteren Bohren empfiehlt es sich, die Körnerpunkte noch vor dem Zeichnen durch das gezeichnete Leiterbild hindurch auf die Kupferfolie zu übertragen, so daß sie als Markierungen für die Leiterzüge dienen können. Das geht am besten so vor sich: Die kupferkaschierte Hartpapierplatte mit den endgültigen Abmessungen wird mit der Folieseite von hinten auf das Papier gelegt, das die Leiterbildzeichnung trägt. Dabei achte man auf exakte Lage zu den Kanten. Nun sichert man die Platte mit Klebestreifen, dreht um und sticht mit einer Reißnadel o. ä. alle Lötaugenmittelpunkte durch. Auf diese Stellen wird nach Entfernen der Zeichnung der Körner gesetzt. Bei etwas Übung läßt sich ein Arbeitsgang einsparen: Man körnt dann gleich durch das Papier hindurch an. Den richtigen Schlag ermittelt man vorher mit einem geeigneten Hammer an einem Abfallstück. Ein zu starker Schlag führt unter Umständen zum Splittern der Platte, während bei zu geringem Ankörnen der Bohrer verläuft.

Eine «gewaltlose» Körnermethode bietet ein spezieller Stielfeilkloben, in den man einen 1-mm-Bohrer einspannt. Er läßt sich wie ein Drillbohrer drehen, so daß auf der mit einer Reißnadel markierten Stelle bereits nach etwa drei Umdrehungen eine Senke entsteht, die den Bohrer sicher führt. Gut geeignet ist auch ein zum Spitzbohrer umfunktionierter *Boley*-Schraubendreher.

2.3.4.3. *typofix:* perfekte Leiterplatten durch Haftdruckfolie

Seit den erfolgreichen Versuchen von *U. Thews* zum unmittelbaren Einsatz von *typofix*-Abreibefolie für die Herstellung von Leiterplatten entstand eine Reihe von *typofix-electronic-universal*-Blättern mit geraden und gewinkelten Leiterzügen, mit Lötaugen und Lötaugengruppen für die verschiedensten Bauelemente. Parallel dazu wurden seit Bauplan 37 systematisch alle interessierenden Leiterbilder der Baupläne «auf Folie genommen». Sie bilden die Reihe der *typofix*-

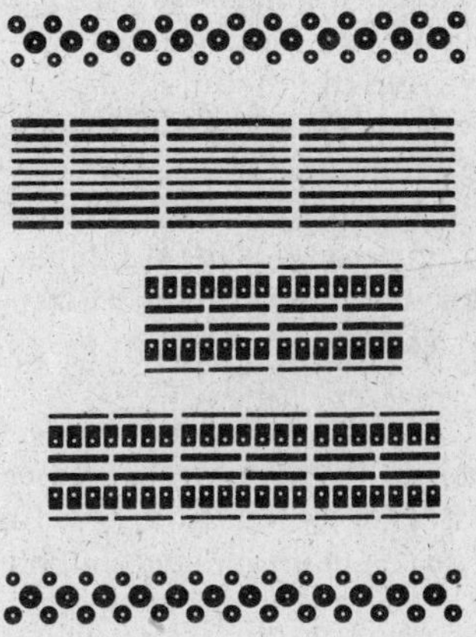

Bild 2.23
a – runde Lötaugen verschiedener Durchmesser, Anschlußgruppen für integrierte Schaltkreise und kurze Leiterbahnen im *typofix-electronic-special*-Blatt zu Bauplan 37;
b – Anschlußgruppen für integrierte Schaltkreise und nach Rasterabständen gestufte kurze Leiterbahnen im *typofix-electronic-special*-Blatt zu Bauplan 46

electronic-special-Blätter. Überlappungen entstanden im Zuge der Entwicklung neuer Leiterplatten kleiner (bauplantypischer) Formate. Die relativ langen Leiterbahnen der Universalfolie lassen sich nicht besonders gut in kleine Stücke teilen, und außer runden Lötaugen boten sich z. B. für Schaltkreise solche größeren Lötflächen in ovaler Struktur an. Diesen Wünschen kommen Gruppen von kurzen Leiterzügen und speziellen Lötaugen innerhalb der *special*-Blätter entgegen. Anfängerspezifische Anordnungen entstanden außerdem für die Hefte 26 und 27 der Reihe *Der junge Funker*. Die Lötaugen verschiedener Durchmesser, die IS-Anschlußgruppen und die kurzen Leiterzuganordnungen im *typofix*-Blatt zu Bauplan 37 eignen sich gut für kombinierte Eigenschöpfungen (Kombinationen von gezeichneten Details und mit Decklack gefüllten Flächen mit rastergenau aufgebrachten *typofix*-Lötaugen sowie kurzen Verbindungsstücken) – vgl. Bild 2.23. Im *typofix*-Blatt zu Bauplan 46 sind größere IS-Gruppen enthalten, die z. B. auch den genauen Einsatz von 24-, 28- oder 40poligen Schaltkreisen gestatten. Die großflächigen Lötaugen im 2,5-mm-Abstand sind günstige Anschlußelemente auch außerhalb solcher Einsatzfälle (s. ebenfalls Bild 2.23). Schließlich enthält das genannte Blatt aber noch eine Reihe kurzer Leiterzugstücke, mit denen man die oft benötigten Verbindungen zwischen zwei Lötaugen im einfachen und im doppelten Rastersprung sowie in diagonalen Anordnungen ohne Kürzen herstellen kann. Diese Elemente haben sich inzwischen ausgezeichnet bewährt.

Eine Leiterplatte aus solchen Elementen entsteht beim Autor meist so (vgl. auch Abschnitt 2.3.4.4.): Auf der gesäuberten Kupferfolie werden einige «Ausgangspunkte» des Leiterbilds markiert, z. B. leichtes Ankörnen durch den Millimeterpapierentwurf hindurch. (Man kann auch alle Punkte ankörnen, aber z. B. bei IS-Gruppen ist die Folie genauer, als es die Übertragung per Körner zuläßt.)

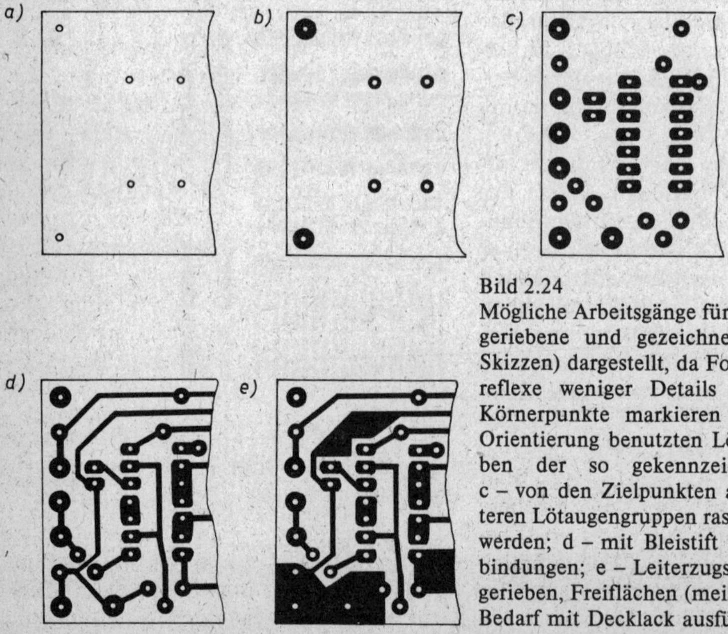

Bild 2.24
Mögliche Arbeitsgänge für eine kombiniert abgeriebene und gezeichnete Leiterplatte (als Skizzen) dargestellt, da Fotos wegen der Foliereflexe weniger Details liefern): a – einige Körnerpunkte markieren die Lage von zur Orientierung benutzten Lötaugen; b – Aufreiben der so gekennzeichneten Lötaugen; c – von den Zielpunkten aus können die weiteren Lötaugengruppen rastergenau abgerieben werden; d – mit Bleistift vorgezeichnete Verbindungen; e – Leiterzugstücken werden aufgerieben, Freiflächen (meist Masseflächen) bei Bedarf mit Decklack ausfüllen

Alle auf diese Weise bereits eindeutig übertragenen Lötaugengruppen werden nun auf die Kupferfolie gebracht. Es lassen sich weitere Punkte des Entwurfs leicht durch den aus der größeren Gesamtfolie herausgeschnittenen Lötaugengruppenteil rastergenau anvisieren und «niederbringen». Danach werden – ggf. nach vorherigem Markieren mit einem weichen Bleistift o. ä. – die Zwischenverbindungen angebracht. Da sich *typofix*-Streifen überlappen dürfen, können längere Leiter aus kürzeren zusammengesetzt werden. Größere Flächen rahmt man nur ein. Dazu eignen sich auch die auf jedem *typofix*-Blatt enthaltenen Randlinien. Diese Flächen füllt man anschließend mit Decklack, z. B. mit Hilfe einer Redisfeder. Auch Schrift kann mit Lack (oder natürlich auch von speziellen *typofix*-Blättern) aufgebracht werden. Ein Beispiel zu diesen Abläufen skizziert Bild 2.24.

Kommen diese Teile von *typofix* dem Wunsch nach eigener Gestaltung entgegen, so hat doch die Mehrzahl der Leser sicherlich den größeren Nutzen durch die vollständig abreibbaren Leiterbilder der Bauplanobjekte. Auch das setzt natürlich Übung voraus. Einige Details dazu, sowohl für *universal* wie für *special* gültig, enthält der nächste Abschnitt. Bei kompletten Leiterbildern ist die beim Abreiben nicht vermeidbare Wölbung der Folie zu berücksichtigen. Ungünstige Handhabung kann zum Reißen einzelner Leiter führen, was sich aber anschließend mit einem kurzen Einzelleiterstückchen leicht reparieren läßt. Man sollte beim Übertragen die kleineren Partien zuerst übertragen. An diesem «Skelett» kann man sich dann auch beim Aufreiben der größeren Leiterbahnen besser orientieren. Eines muß jedoch für jedes *typofix*-Blatt eindeutig festgestellt werden: Saubere Leiterbilder sind nur von sachgemäß behandelten (und gelagerten) Folien erzielbar. Man beachte daher die Lagerhinweise am Rande jeder Folie!

2.3.4.4. Ammoniumpersulfat und *typofix*

Entscheidend für eine erfolgreiche Umsetzung eines Leiterbildes in eine Leiterplatte bei Benutzung von *typofix*-Folie ist der dem Ätzen vorausgehende Arbeitsprozeß. Beim Ätzen selbst sind allerdings einige Randbedingungen zu beachten, die teils auch schon auf Eisen(III)-chlorid zutrafen, teils erst für Ammoniumpersulfat spezifisch sind. Gemeinsam ist beiden Ätzverfahren die Möglichkeit der Beschleunigung des Ätzprozesses durch erhöhte Badtemperatur. Während beim Eisen(III)-chlorid 40 °C empfohlen werden, tritt eine entscheidende Zeitverkürzung beim Ammoniumpersulfat zwischen 60 und 80 °C auf. Doch mit 40 bis 50 °C sind brauchbare Zeiten (bei frischer Lösung 30 min als Erfahrungswert) zu erzielen. 50 °C sind auf Grund entsprechender Versuche auch als oberster Grenzwert für die Verarbeitung von Haftdruckfolie-Leiterbildern zu betrachten. Das mag einer der Gründe für die Bevorzugung von Eisen(III)-chlorid gegenüber Ammoniumpersulfat durch die Anwender gewesen sein.

Kritischer verhält sich Ammoniumpersulfat bezüglich ablösender Kräfte auf Deckschichten beliebiger Art. Mit zunehmender Temperatur (und hauptsächlich bei neuangesetzter Lösung) treten Sauerstoffblasen auf, die auf die Deckschicht mechanisch einwirken. Daher ist besonders eine einwandfreie Kantenhaftung von wesentlicher Bedeutung für die Haltbarkeit der Deckschicht während des Ätzprozesses. Diese Haftung wird jedoch durch die dem Ätzvorgang vorgeschalteten Arbeitsgänge bestimmt. Schließlich hängt die notwendige Dauer der Ätzung auch stark von der Beschaffenheit der unbedeckten Kupferpartien ab. Daher ist die saubere Übertragung der Haftdruckfolie auf die Kupferfläche ohne Abdrücken von Wachs neben dem Vermeiden von Fettspuren eine entscheidende Voraussetzung für die Qualität der Leiterplatte.

Wo sich solche Abdrücke nicht vermeiden ließen (was bei der notwendigerweise stückweisen Verarbeitung von *typofix-electronic-universal* häufiger der Fall sein wird als bei den kompletten Leiterbildern von *typofix-electronic-special*), ist ein sachgemäßes Entfernen dieser Fremdschicht vor dem Ätzen als wesentlicher Arbeitsgang zwischenzuschalten. Dabei hat sich das früher oft empfohlene Waschbenzin mit Wattebausch aus zwei Gründen als problematisch erwiesen: Zum einen wird das Wachs u. U. mehr verteilt als entfernt, zum anderen sind vor allem schmale Leiterzüge stärker gefährdet. Auch Spiritus ist wegen des letztgenannten Umstands weniger zu empfehlen. Selbst konzentrierte Spülmittellösung sollte nicht verwendet werden. In einer Verdünnung von etwa 1:1000 (Spülmittel : Wasser) in saugfähigem weichem Papier (z. B. Papiertaschentuch) läßt es sich jedoch zum Entfernen von Fett- und Wachsspuren gut einsetzen. Zusammengefaßt empfiehlt sich als einer von mehreren möglichen Wegen bei der Verarbeitung von Leiterbildern aus Haftdruckfolie dieser Ablauf:

- Mechanisches Säubern und dabei leichtes (!) Aufrauhen der Kupferschicht mit Schleifpapier feinster Körnung bzw. mit Spezial-Haushaltschwamm; Scheuerputzmittel führen dagegen zu schlecht zu entfernenden, wasserabweisenden Schichten; bei ihrer Verwendung daher besonders gut entfetten, z. B. mit Bürste!
- Entfernen mit Spülmittel oder (und) kurzes Baden in Silberputzmittel (z. B. *Blanka blink*).
- Trocknen mit sauberem, saugfähigem Tuch.
- Aufbringen der Leiterzüge konsequent nur durch Nachziehen der schwarzen Flächen mit Kugelschreiber oder weichem, verrundetem Bleistift.
- Leichtes Andrücken durch die Trägerfolie hindurch auf die Schicht.
- Vorsichtiges, langsames Abheben der Trägerfolie, ggf. hängengebliebene Partien nachreiben (Notwendigkeit von «Vorgeschichte», u. a. der Lagerung der Folie abhängig, Qualitätsfrage).
- Andrücken des Leiterbilds mit der sauberen Fingerkuppe.
- Festes Andrücken («Kantenstabilisierung») des Leiterbilds mit einem Gummirollenquetscher (Fotobedarf), mehrmals kreuz und quer über die Platte geführt.
- Mechanisches Abreiben von Fremdschichten mit weichem, aber festem Papier, in Spülmittellösung angefeuchtet – Haftfestigkeit der Deckschicht berücksichtigen!
- Ätzen in Ammoniumpersulfat, 50 g in 250 cm^3 Wasser von maximal 50 °C gelöst; bei Thermometerkontrolle z. B. unter einer Tischlampe zur weiteren Einhaltung dieser Temperatur.
- Spülen, Kontrolle (ggf. mit Stichel oder Messer Kupferreste entfernen), Abschaben der Deckschicht mit Kante eines Halbzeugstücks,
- Oberfläche z. B. in *Blanka blink* säubern, spülen, mit Tuch trocknen und mit Schutzlack aus dem Ätzsatz dünn überziehen.

2.3.5. Fotomechanisches Verfahren

Für Einzelstücke, wie sie die meisten Amateure brauchen, ist dieses Verfahren zu aufwendig. Liegt allerdings ein kopierfähiges Leiterbild im Maßstab 1:1 vor, z. B. aus der Literatur, so ist es gerade das sinnvollste Verfahren, wenn man seine Arbeitsgänge beherrscht und im Besitz der entsprechenden Chemikalien und Einrichtungen ist. «Profis» und Arbeitsgemeinschaften stehen dabei meist auf einer Stufe.

Während man in früheren Jahren mit (vorwiegend Negativ-) Kopierlacken arbeiten mußte, die nicht ganz ohne Tükken waren, stehen heute sowohl Positiv- als auch Negativlacke zur Verfügung, die sogar für feinste Strukturen geeignet sind. Von ORWO gibt es schon seit längerem einen Positiv-Kopierlack, der allerdings zwei Probleme hat: Er muß im Kühlschrank gelagert werden, und er braucht 0,5prozentige Natronlauge (die man meist nicht so ohne weiteres kaufen kann) zum Entwickeln der belichteten Schicht. Die Entwicklung ist ebenfalls nicht ganz einfach; den richtigen Blick für den richtigen Zeitpunkt des Wieder-Herausnehmens muß man sich erst durch Versuche aneignen. Positivlacke härten ja nicht an den belichteten Stellen aus wie Negativlacke, bei denen die Leiterzüge in der Kopierschablone durchsichtig sind. Vielmehr lassen sich die belichteten Partien (das sind beim Positivlack gerade nicht die späteren Leiter) schneller in Natronlauge lösen als die unbelichtet gebliebenen. Ganz und auf Dauer widerstehen sie ihr aber auch nicht. Grober Richtwert: 2 Minuten Entwicklungszeit. Das hängt aber auch von der Lackdicke ab. Der verfügbare Positivlack ist außerdem leider nach dem Trocknen recht spröde, und kleinste Kratzer (also «Minigrat») auf der Kupferfolie ergeben undichte Stellen, die beim Ätzen zu kaum sichtbaren Haarrissen in den Leitern führen. Wer jedoch die nötige Sorgfalt erreicht und diesen Prozeß häufiger durchführt, zieht Positivlack anderen Sorten vor, u. a. schon wegen der Möglichkeit der Benutzung «direkter» (ohne Kamera gewonnener) Kopierschablonen.

ORWO-Negativlack ist weniger wärmeempfindlich, sollte aber möglichst auch unter 20 °C – also am besten doch im Kühlschrank – aufbewahrt werden. Die Kopierschablone ist – wie der Name sagt – ein Negativ des Leiterbildes mit durchsichtigen Leiterzügen. Stets ist die Reihenfolge Lichtquelle – Träger (z. B. Film) – Deckschicht (belichtete Fotoschicht oder gezeichnete Deckschicht) – Fotolackschicht auf der Leiterplatte einzuhalten, damit scharfe Randkonturen entstehen. Während industriell mit luftleer gepumpten Kopiertaschen aus *Polyäthylen* o. ä. gearbeitet wird, muß der Amateur seine Kopierschablone z. B. mit einer dickeren, an den Rändern noch beschwerten Glasplatte auf die Fotolackschicht pressen. Die Leiterplatte darf also keine Wölbung aufweisen (Anordnung Bild 2.16). Die genannten ORWO-Lacke lassen sich in etwa 4 Minuten mit einer NARVA-*UV-de-Luxe*-Lampe in 20 bis 30 cm Abstand belichten. Dieser Lampentyp wird seit einiger Zeit nicht mehr gefertigt. Andere UV-Strahler könnten zwar diese Lücke schließen, doch kommt man dabei nicht ohne Vorschaltgerät aus. Die zum flächenhaften Andrücken des Negativs auf die Fotoschicht erforderliche Glasplatte bildet jedoch ein Sperrfilter für UV, dessen Wirkung mit abnehmender Wellenlänge und mit wachsender Dicke zunimmt. Nach Expertenaussage kann man daher – gleichgültig, wie weit der Strahler ins Ultraviolette reicht – nur mit den an der Grenze zwischen sichtbarem und unsichtbarem Licht liegenden Frequenzen rechnen. Dieser Anteil des Spektrums wird aber auch z. B. von Fotoleuchten geliefert, also von Lampen, deren Glühfaden sehr stark erhitzt wird.

Ein in der Fotoausrüstung des Autors vorhandener 1000-W-Halogenstrahler erwies sich dabei als brauchbare Alternative zur *UV de Luxe*. Allerdings: Die Wärmeentwicklung ist beträchtlich, so daß beim ersten Test das Negativ «weich» wurde. Ein Ventilator, auf die Platte gerichtet, und größerer Abstand zur Lampe brachten dann gut reproduzierbare Ergebnisse ohne weitere Deformation des Negativs. Die Entfernung geht bekanntlich quadratisch in die erforderliche Belichtungszeit ein. Doppelter Abstand heißt daher vierfache Belichtungszeit gegenüber einem beim ursprünglichen Abstand ermittelten Wert. Dafür hat es der Ventilator aber mit dem Kühlen leichter. Da der obere Grenzwert der benutzten Leuchte bei 5 Minuten für eine Belichtung lag, blieb allerdings für das Variieren nicht allzuviel Spielraum. Dies sind nun die Ergebnisse, die man für andere Lampentypen und Glasplattendicken jeweils neu ermitteln muß:

- Bearbeiten und Säubern der Kupferoberfläche mit einem Haushaltscheuerschwamm, Spülmittel und Kreide, denn der Fotolack verträgt weder Grat noch Rillen im Kupfer!
- Beschichten der getrockneten Platte mit FK 1 durch Pinsel; anschließend Platte senkrecht stellen.
- Glasplatte, 2 mm dick, auf Negativ FU 5, maximales Format 9 × 12, legen, dieses auf die Halbzeugplatte.
- Unterlage aus festem Gummi, darunter Holzbrett.
- Mit starken Gummiringen (Einweckringe) zusammenpressen.
- Filmleuchte FL 1 (VEB *elgawa*, Halogenlampe 1000 W, KB 5 min!).
- Reflektorkopf senkrecht stellen (zulässige Gebrauchslage), sicher aufgestellt parallel in 50 cm Abstand zur Platte (Herstellervorgabe 80 cm bezieht sich auf Fall ohne Zusatzkühlung).
- Im Umkreis von 1 m keine brennbaren fremden Gegenstände; am besten mit Blechplatte arbeiten.
- Kühlung mit Kaltluftstrom durch Tischventilator, seitlich dicht vor Platte und gegen Lampe mit Blech abgeschirmt.
- Belichtungszeit 4,5 min, also dicht unter Maximalzeit.
- Entwicklung etwa 1 min in ORWO-Fotolackentwickler (nicht die Dämpfe einatmen – gilt auch für Beschichten des Lackes!).
- Abbrausen mit kräftigem Wasserstrahl.

Mit diesem Verfahren werden in Ablösung der *UV de Luxe* seit Bauplan 55 die Leiterplattenvorlagen kopiert und damit kontrolliert.

Hinweis: Das Leiterbild tritt beim Entwickeln nach weniger als 1 bis höchstens 2 min stumpf aus dem umgebenden, wieder blanken Kupfer hervor. Beim Abbrausen müssen darauf befindliche Rückstände restlos entfernt werden; entscheidend ist der erste Augenblick. Wegen der Arbeitsschutzprobleme gelten die Informationen für Fotolack vorrangig für Anwender, wo ein im Arbeitsschutz Ausgebildeter die Voraussetzungen für unbedenklichen Umgang mit diesen Materialien prüfen muß, bevor sie angewendet werden dürfen!

Abschließend noch eine ergänzende Bemerkung zum Beschichten unter «Laborbedingungen»: Die einwandfrei (und ohne Kratzer!) gesäuberte und entfettete Platte (Spülmittel benutzen) wird getrocknet und senkrecht in den Fotolack getaucht. Je schneller man sie herauszieht, um so dicker (also auch stabiler) wird die verbleibende Schicht. Nun kann an dunklem Ort (bei Verarbeitung ist schwache Glühlampe mit davor angeordneter gelber Bastelfolie zulässig) in wenigen Minuten mit Infrarot oder Fön (dann aber Staubgefahr für die Schicht!) bis maximal 80 °C getrocknet werden. Beschichtete Platten sind übrigens bei Lagerung im Dunklen auch noch nach Jahren verwendbar!

Ätzen und weitere Verarbeitung entsprechen der üblichen Handhabung. Der Amateur wird die Fotolackschicht meist wieder durch Scheuern entfernen.

2.3.6. Fotovorlagen für das fotomechanische Verfahren

Auch die folgenden Informationen zeigen einen von mehreren möglichen Wegen. Das beschriebene Verfahren wird vom Autor seit langem für die Leiterplattenentwicklung der Originalbaupläne in Verbindung mit ORWO-Negativlack erfolgreich eingesetzt. Die zusammen mit Bauplan 51 entstandenen 1,5fach vergrößerten *typofix*-Lötaugengruppen helfen künftig, diese Arbeiten auch beim selbständig entwerfenden Amateur und vielleicht auch bei Ratio-Vorhaben in der Industrie effektiver zu gestalten.

2.3.6.1. Hilfsmittel

Im Interesse genügender Genauigkeit und guter Randschärfe werden Vorlagen für Leiterplatten vergrößert dargestellt. 2:1 und 4:1 sind industriell üblich. 1,5:1 ist ein guter Kompromiß für Amateurbelange. Ein 1,5fach-Raster zum 2,5-mm-Maschennetz ist jedoch nicht handelsüblich. Daher bietet Bild 2.25 ein solches Entwurfshilfsmittel. Es kann bei seltenem Einsatz direkt benutzt werden. Häufige Leiterplattenentwürfe sollte man dagegen auf darübergelegtem und festgeklammertem Transparentpapier erarbeiten. Damit auch größere Formate möglich sind, wurde dieses Rasterblatt gedruckt. Es läßt sich notfalls herausschneiden und z. B. auf einem Stück Zeichenkarton befestigen.

Das Zeichnen besonders von Lötaugengruppen kann sehr zeitraubend sein und ergibt auch nicht unbedingt die gewünschte Genauigkeit. Wenn auch bei *typofix* systembedingte Eigentoleranzen nicht zu vermeiden sind, so dürften Gruppen von Abreibe-Lötaugen dennoch eine vorteilhafte Alternative sein. Vor allem dann, wenn großflächige und relativ schwierig zu zeichnende Konturen gewünscht werden! Daher entstanden zum Bauplan 51 solche «1,5fach»-Gruppen auf dem *typofix-electronic-special*-Blatt, das außerdem 1:1-Lötaugen und Leiterzuggruppen der von den Bauplänen 37 und 46 her bewährten Art enthält.

2.3.6.2. Ein Weg zur Kopierschablone für das Negativverfahren

Wird das mit der 1,5er Rasterunterlage, mit den 1,5fach-Lötaugengruppen und mit einem Tuschefüller entstandene eigene Leiterbild unter einer Kleinbildkamera reflexionsfrei (!) auf Dokumentenfilm oder auch *NP-15* aufgenommen, so läßt sich davon anschließend ein 1:1-Papierbild gewinnen. Man nehme extrahartes Papier und vergrößere außer genau auf 1:1 noch auf etwa 1 bis 2% größer und kleiner. Das fängt Quellungen des Papiers im Wasser einerseits und davon abweichende Schrumpfungen beim Trocknen andererseits ab. Das am besten maßhaltige Papierbild wird auf Planfilm *FU 5* o. ä. gelegt (Schicht auf Schicht – daher wird bei diesem Verfahren mit Blick auf die Leiterseite gearbeitet!) und nach Beschweren mit einer Glasplatte ebenfalls unter dem Vergrößerungsgerät (ohne eingelegten Film) belichtet. Richtwert bei 20 cm Abstand und 150-W-Lampe mit Blende 3,5 etwa 1 min.

Man kann weiterhin im normalen *E 102*-Papierentwickler arbeiten; das spart spezielle Ansätze. Das gewonnene Negativ ist dicht genug für ORWO-Negativlack und die mit diesem bereits weiter vorn beschriebenen Arbeitsgänge.

2.3.7. Nachbehandeln der Leiterplatte

Gleichgültig, nach welchem Verfahren die Leiterplatte entstanden ist, wird sie mit *ATA fein*, viel Wasser und Geschirrspülmittel gesäubert. Manche Deckschichten lassen sich mit Lösungsmitteln entfernen, aber auch in diesen Fällen sollte man anschließend noch scheuern. Nach dem Spülen reibt man die Folie mit einem sauberen Tuch trocken und bringt sofort lötfähigen Schutzlack auf. Falls dazu nicht der handelsübliche Schutzlack benutzt wird, verwendet man eine möglichst gefilterte Lösung von Kolophonium in Spiritus, die man mit einem Pinsel dünn und gleichmäßig aufträgt (keine Löttinktur verwenden, da sie vielleicht doch nicht völlig frei von aggressiven Bestandteilen ist!). Gute Erfahrungen wurden auch mit Haarlackspray gemacht; diese Methode ist sehr bequem (einfach aufsprühen, trocknet in wenigen Sekunden). Der Lack behindert nicht das spätere Löten, und die Kupferfolie darunter bleibt blank. Das aber ist ja der Haupt-

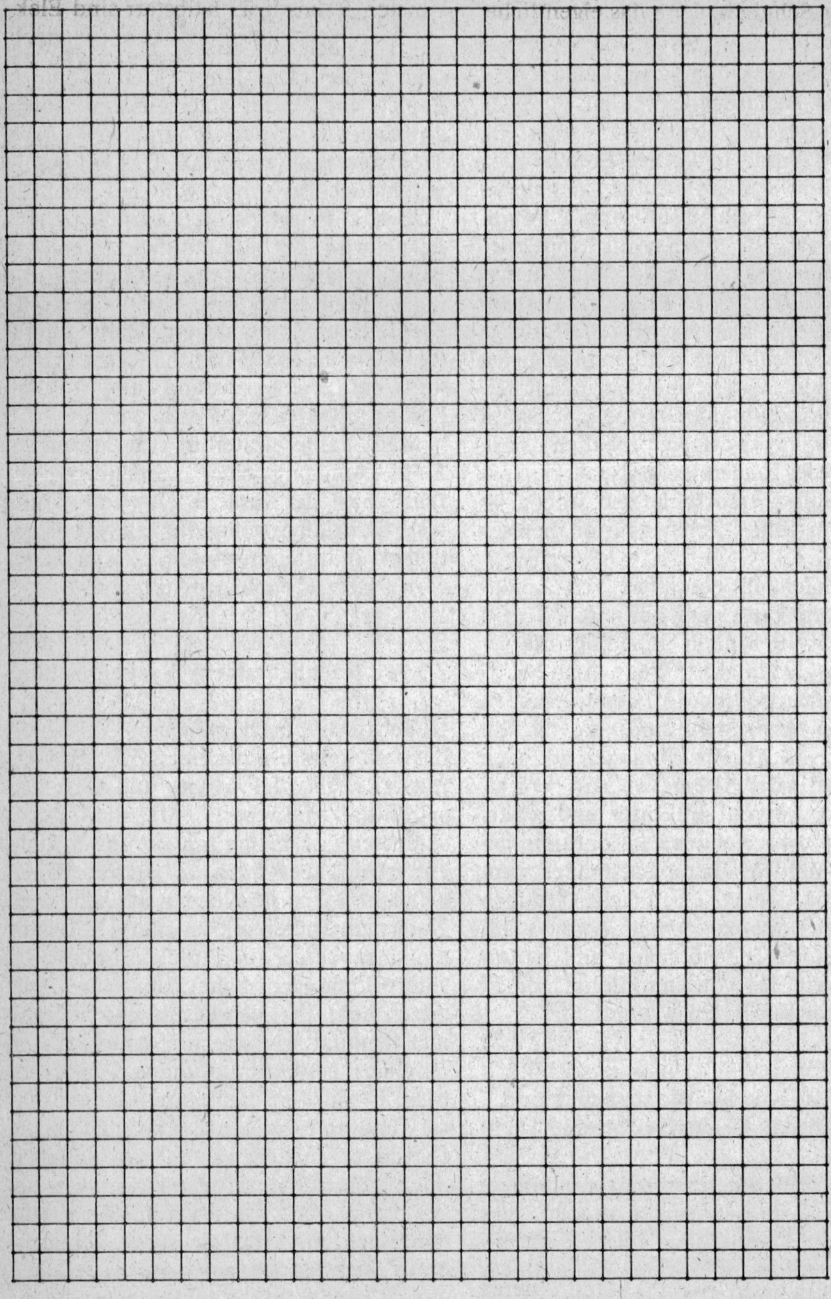

Bild 2.25 Rasternetz im Maßstab 1,5:1 für den Entwurf vergrößerter Leiterbildvorlagen in Verbindung mit 1,5:1-*typofix*-Rasterfolie auf Transparentpapier (vgl. *typofix*-Blatt zum Bauplan 51!)

zweck des Schutzes, denn das eigentliche Flußmittel wird erst beim Bestücken – Lötstelle für Lötstelle – zugesetzt. Bei Kolophoniumüberzug muß man übrigens im Fall einer mechanischen Bearbeitung der fertigen Platte (Konturschneiden nach dem fotomechanischen Verfahren, bei dem die Platte erst nach dem Ätzen die eigentlichen Maße erhält) darauf achten, daß sich die Sägespäne nicht in die Schicht eindrücken, weil dadurch das Löten behindert wird.

2.4. Von der Leiterplatte zur «gedruckten Schaltung»

Nach der klassischen Definition entsteht aus einer Leiterplatte die (elektrisch funktionsfähige) «gedruckte Schaltung», wenn man sie mit allen Bauelementen bestückt hat. Diese Arbeitsgänge sind im folgenden Abschnitt beschrieben.

2.4.1. Bestücken und Löten

Lage und Anordnung der Bauelemente wurden bereits im Abschnitt 2.3.3. festgelegt. Es gilt nun, sie alle auf der Leiterplatte unterzubringen. Da der Amateur kaum tauchlöten wird und auch andere rationelle Industrieverfahren nicht benötigt, kommt er mit der sicheren Methode der Einzelbestückung aus. Für diesen Fall ist folgende Reihenfolge möglich:

- Einsetzen aller Bauelemente, die einen bestimmten mechanischen Aufwand erfordern, wie das Einpressen von Lötösen mit einer stabilen Zange bei bruchsicherem Auflegen der Leiterplatte rings um das betreffende Loch (z. B. auf einem zu einem Spalt geöffneten Schraubstock oder auf einer festen Gummiunterlage).
- Einsetzen der Bauelemente, deren Lage durch starre oder halbstarre Anschlüsse zwangsläufig vorgegeben ist. Als starr gelten z. B. Trimmpotentiometer, Relais u. ä., halbstarr sind Elektrolytkondensatoren u. a. nach TGL 200-8308 und TGL 35 807, da man sie notfalls auch einmal (höher sitzend) etwas schief einbauen kann.
- Einsetzen der Bauelemente, deren Lage infolge ihrer biegsamen Anschlüsse den restlichen verfügbaren Flächen angepaßt werden kann. Das trifft vor allem auf stehend montierte Widerstände und (begrenzt) auf Kondensatoren zu. Die heruntergeführten Drahtanschlüsse sollte man mit Isolierschlauch überziehen. Besonders bei Widerständen empfiehlt sich auch zwischen Körper und unten liegendem Anschluß zur Leiterplatte hin ein bestimmter Abstand, realisiert durch wärmefesten Gewebeschlauch (s. Bild 2.11).

Jedes Bauelement wird sofort eingelötet. Im allgemeinen sind Bauelementeanschlüsse einwandfrei verzinnt und damit bei sachgemäßer Lagerung (am besten in geschlossenen Behältern) auch leicht zu löten. Dennoch sollte man jeden Anschluß vor dem Einsetzen des Bauelements überprüfen, und zwar an der Stelle, die später zur Lötstelle gehört.

Die Lötzeit kann um so kürzer werden, je besser der Anschluß vorbereitet wurde. Für den Amateur bedeutet das, alle Bauelementeanschlüsse kurz vor dem Einbau zu verzinnen, auch wenn sie schon verzinnt waren, Oxid- oder Lackreste werden vorher mit Schmirgelleinen, einem Glasfaserpinsel oder mit dem Taschenmesser entfernt. Dann erhält der Anschluß einen Tropfen säurefreie Löttinktur, wie sie z. B. als *Löttinktur Nr. 23* in kleinen Flaschen im Amateurbedarfshandel angeboten wird. Diese Stelle verzinnt man dann schnell und sauber mit dem Lötkolben, dessen Spitze nach Eintauchen in Flußmittel etwas frisches Zinn aufgenommen hat. Für sauberes Löten sind folgende Bedingungen zu erfüllen: zunderfreie, ausreichend, aber nicht tropfend verzinnte Lötkolbenspitze, deren Zinn mit Flußmittel oxidfrei gehalten wird; Flußmittel auf den zu verzinnenden Anschluß aufbringen. Die Lötkolbenspitze sollte, so oft das nötig ist, gesäubert werden, z. B. durch Abstreifen der verbrannten Flußmittelrückstände an einem Leinenlappen. Zunder beseitigt man im kalten Zustand mit Drahtbürste oder Feile, falls es sich nicht um eine vergütete, zundersichere Spitze handelt. Einige Worte zum Lötkolben selbst: Geeignet sind für Leiterplatten Lötkolben, die zwischen 20 W und 40 W für 220 V und in 10-W- und 20-W-Ausführung als Niederspannungskolben für 6 V, 12 V und 24 V angeboten werden. Eine gewisse Anpassung an die Forderung nach optimaler Löttemperatur (für kurze Lötzeit und damit erträgliche Beanspruchung des Klebers, der die Folie auf der Platte hält) läßt sich bei vielen Lötkolbentypen erreichen, indem man die Eintauchtiefe der Spitze im Heizsystem verringert. Des weiteren kann man in den Lötpausen mit Halbwellenspeisung über eine Siliziumdiode arbeiten. Diese Maßnahme darf jedoch nur der im Umgang mit Netzspannung ausgebildete Amateur anwenden. Ungefährlich, aber auch aufwendiger ist ein Stelltransformator. Die Niederspannungslötkolben lassen sich dagegen durch Anzapfungen an der Niederspannungsseite des Speisetransformators leichter auf die günstige Temperatur bringen. Selbstverständlich kann man auch einen Thyristorsteller bemühen. Schließlich sei auf den neuen Elektroniklötkolben mit Regelschaltung im Griff hingewiesen. Der Lötkolben muß folgende Bedingungen erfüllen: Der bereits sauber verzinnte Draht (etwa 0,8 mm Durchmesser) muß sich mit dem Lötauge (bis etwa 3 mm Durchmesser) innerhalb einer Sekunde zu einer einwandfreien Lötstelle vereinigen lassen, bei der während des Lötvorgangs das Zinn eindeutig den Draht umfließt. Teigige Konsistenz bedeutet zu «schwachen» Lötkolben, zu weit herausgezogene Spitze oder zu niedrige Betriebsspannung. Eine zu hohe Temperatur zeigt sich bereits am Lötkolben dadurch, daß sich das Zinn auf seiner Spitze in kürzester Zeit (in einigen Sekunden) mit einer grauen Haut überzieht bzw. daß beim Löten das Flußmittel verbrennt, statt die Oberflächenspannung des Zinns zu verringern und Oxidhäute zu beseitigen. Bild 2.26 gibt einige Empfehlungen für Lötkolbenspitzen. Bekanntlich geht aber bei jedem Lötvorgang auch etwas Kupfer mit in die Lötstelle ein, so daß sich die Spitze langsam abnutzt. So hat zwar die Gabelform den Vorzug, daß man in einem einzigen Ansatz den Draht rings um das Lötauge und den Anschluß mit Zinn versorgt, doch wird man sie dafür oft nacharbeiten müssen. Die Pyramidenspitze (oder auch der abgeflachte Kegel) erlaubt ein Umfahren des aus dem Lötauge herausragenden Anschlusses, und die Lötzeit wird nur unwesentlich größer. Als bester Kompromiß für einen Mehrzwecklötkolben bleibt die letzte im Bild dargestellte Form. Mit ihr lötet man am günstigsten kurz hintereinander von zwei Seiten. Bei etwas Übung kann man auch so verfahren: Zunächst erhält die künftige Lötstelle samt Bauelementeanschluß wieder einen Tropfen Flußmittel. Dann zieht man aber den Anschluß bis zur Folienkante in das Loch zurück. Die Lötkolbenspitze verzinnt dadurch zunächst flächenhaft das gesamte Lötauge. Unmittelbar danach wird der Anschluß wieder ganz durchgeschoben und dadurch voll vom noch flüssigen Zinn erfaßt. In dem Maße, in dem der Bauelementeanschluß wieder auftaucht, hebt man den Lötkolben ab.

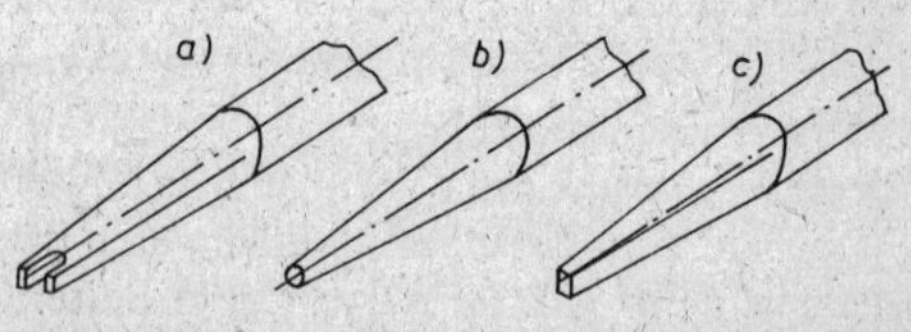

Bild 2.26
Lötkolbenspitzen für Leiterplattenarbeiten: a – Gabel; b – Kegel; c – Pyramidenstumpf

Die Gefahr bei diesem Verfahren besteht darin, daß der Anschluß, wenn er doch einmal bis unter die Folienkante rutscht, das Lötauge beim Wiederdurchschieben infolge des durch die Wärme erweichten Klebers abhebt. Für den Amateur empfiehlt es sich aus ähnlichen Gründen auch nicht, Anschlüsse des besseren Haltes wegen vor dem Löten auf der Leiterplatte umzubiegen. Er hat dann beim eventuell nötigen Auswechseln große Schwierigkeiten. Deshalb drückt man das Bauelement in seine stabile Lage auf der Platte, so daß es später die Folie der Lötstelle nicht von der Plattenoberfläche weg mechanisch belasten kann, denn dadurch reißt sie vielleicht, wie auch beim oben beschriebenen Fehlerfall, ab. Das gilt besonders für schwere oder durch Bedienvorgänge mechanisch belastete Bauelemente.

Nach dem einwandfreien Einsetzen des Bauelements schneidet man die Anschlüsse etwa 1 mm über der Folieseite ab. Anschließend wird in der bereits beschriebenen Weise unter Zugabe eines Tropfens Flußmittel und mit gerade ausreichend frisch verzinntem Lötkolben gelötet.

Leiterplatten mit relativ «flacher» Gesamtbestückung (also z. B. mit Schaltkreisen und vorwiegend liegend angeordneten Bauelementen mit axialen Anschlüssen) können auf folgende Weise rationeller bestückt werden: Nachdem die Leiterplatte fertig ist, beginnt man am besten mit dem Einsetzen der Drahtbrükken; es folgen die Widerstände, dann die Schaltkreise und die Potentiometer, zum Schluß die übrigen Bauelemente. Das erleichtert die Lötarbeiten. Nach Durchstecken der Drahtbrücken z. B. können diese bauelementeseitig gut durch eine feste Gummiplatte o. ä. angedrückt werden. Auf den Tisch gelegt, lassen sich die Enden dann leiterseitig mit dem Seitenschneider kürzen, ohne daß die Brücken bis zum Löten wieder herausrutschen. Die zweite «Andruckebene» wird von den (liegenden) Widerständen gebildet (Größe 2×7 oder 3×11). Jetzt ist eine etwas weichere (z. B. Schaum-)Gummiplatte zum Festhalten günstig. Die Schaltkreise stellen die nächste Etage dar. Auf diese Weise ist die Leiterplatte schnell bestückt. Stecklötösen nicht vergessen!

Bisweilen wünscht man sich bei Arbeiten an Leiterplatten so etwas wie eine «dritte Hand». Dieser Wunsch läßt sich, soweit die Objekte nicht zu schwer sind, recht gut mit einem Tisch-Fotostativ und einer stabilen Wäscheklammer (sonst besser eine Schraubzwinge) erfüllen. Bild 2.27 zeigt eine solche «dritte Hand» im praktischen Einsatz.

2.4.2. Schützen und Prüfen

Damit die fertige Schaltung sauber wirkt, kann man sie leiterseitig mit Spiritus abwaschen. Dabei soll möglichst keine Lösung auf die Bauelementeseite gelangen, denn diese Flecken stören den Gesamteindruck. Anschließend wird die Leiterplatte mit frischem Schutzlack, einer Kolophonium-Spiritus-Lösung oder Haarlack analog Abschnitt 2.3.7. überzogen. Die fertige Einheit muß nun noch einigen Tests unterzogen werden, bevor man sie mit der vollen Betriebsspannung belastet.

An dieser Stelle sei noch die Empfehlung nachgetragen, die Leiterplatte mit einer Lampe zu durchleuchten, so daß sich noch vor dem Bestücken Brücken oder Unterbrechungen erkennen lassen. Mit Fehlstellen muß beim Ätzprozeß infolge fehlerhafter Deckschicht immer gerechnet werden!

Der zweckmäßigste Funktionstest an einer gedruckten Schaltung hängt stark von der Art der Schaltung ab. Auf jeden Fall wird man so vorgehen, daß der Test vorhandene Gefahrenstellen durch falsch eingebaute Bauelemente oder durch Zinnbrücken zeigt. Näheres zu Funktionstests ist im Abschnitt 4. enthalten.

Bild 2.27
Die «dritte Hand» – nützliches Hilfsmittel nicht nur bei Leiterplatten, sondern auch z. B. beim Anlöten von Steckverbindern

2.4.3. Reparaturen an Leiterplatten

Der Grundsatz für Reparaturen an Leiterplatten lautet: Jede mechanische Beanspruchung, die von der Platte weg weist, ist von der Kupferfolie fernzuhalten. Diese Forderung läßt sich vor allem bei umgebogenen Anschlüssen schwer erfüllen. Bei umgebogenen Drähten (überhaupt bei jeder Lötstelle, die geöffnet werden soll) versucht man zunächst, so schnell wie möglich Zinn zu entfernen. Das geschieht stets unter Mitwirkung von Flußmittel auf der Lötstelle. Auch die Lötkolbenspitze wird vorher in Flußmittel getaucht und abgestreift oder abgeschüttelt, so daß sie nur noch ganz dünn verzinnt bleibt, aber oxidfrei ist. Man hält dann die Platte mit der Leiterseite nach unten und zieht dadurch das Zinn von der Lötstelle. Das Flußmittel reduziert dabei die Oberflächenspannung. In schwierigen Fällen und vor allem beim Auslöten integrierter Schaltkreise bedient man sich eines kurzen Stückes Kupfergeflechts von einem Schirmkabel. Es wird mit Flußmittel benetzt und auf die Lötstelle gedrückt. Vom Kolben erwärmt, saugen die Gewebeporen das Zinn aus den Bohrungen, in denen es den Anschluß fest umschlossen hatte. Der Einbau eines neuen Bauelements in die verzinnten Lötaugen bereitet nur dann Schwierigkeiten, wenn sich in den Bohrungen noch Zinn befindet. In diesen Fällen benutzt man einen Eisendraht von etwa 0,8 mm Durchmesser, den man unter Erwärmen mit dem Kolben von der Bauelementeseite vorsichtig durch das Loch schiebt. (Eisen nimmt Zinn schlechter an als Kupfer, läßt sich also besser wieder herausziehen.) Günstig für solche Arbeiten sind eine Rouladennadel aus der Küche oder eine gebrauchte Injektionsnadel. Sie bewährt sich auch schon beim Auslöten besonders von Schaltkreisanschlüssen: unter leichtem Drehen in das flüssige Zinn zwischen Anschluß und Lochwand schieben!

Zweiseitig kaschierte und industriell durchkontaktierte Leiterplatten widerstehen all diesen Methoden (leider) nur allzu gut. Hier hilft nur Spezialwerkzeug (z. B. ein Lötkolbeneinsatz mit IS-Anschlußstruktur der Lötfläche) oder ein kleines, randvolles Tauchlötbad, es sei denn, man zerstört das mit Sicherheit als defekt erkannte Bauelement und entfernt seine Anschlüsse dann einzeln.

2.5. Gehäusefragen und andere mechanische Probleme

Erst durch ein passendes, zweckentsprechendes Gehäuse wird eine prinzipiell funktionierende Schaltung zum praktisch nützlichen Gebrauchsgegenstand. Bisher haben in den Bauplänen spezielle Hinweise für die Verwendung von Holz gefehlt. Wer dafür das nötige Geschick hat, wird diesen Werkstoff, wo immer möglich, einsetzen. Ebenso wie bei Blech bedarf es dazu weiterer Werkzeuge und Fertigkeiten. Die Schwerpunkte bei Bauplangehäusen liegen auf folgenden Gebieten:

- Verwendung industriell hergestellter Behälter (Gehäuse, speziell von Rundfunkempfängern, entweder als Leergehäuse aus Restposten oder – wie im Bauplan 22 – nach Ausbau einer überholten Schaltung; außerdem Plastschachteln, die für andere Zwecke vorgesehen gewesen sind);
- Selbstanfertigung aus Kunststoff-Plattenmaterial (*Polystyrol* oder *PVC hart*) mit entsprechendem Kleber;
- Selbstanfertigung aus kupferkaschiertem Hartpapier;
- Selbstanfertigung aus Sperrholz.

Die Reihenfolge bezieht sich in etwa auf den Arbeitsaufwand, der zwischen Skizze und fertigem Gehäuse liegt. Fertiggehäuse verlangen Anpassen des Inhalts an den Behälter, den es meist nur eine begrenzte Zeit über gibt. Dafür bleibt der Aufwand klein. Prinzipiell lassen sich aber die meisten Bauplangeräte, für die solche fertigen Hüllen verwendet worden sind (z. B. die frühen Baupläne 2, 3 und 10), auch mit selbstgefertigten Gehäusen umkleiden.

Plastdosen (von der Seifenschachtel bis zum Kühlschrankbehälter) können manchmal gute Dienste leisten. Größere oder speziell gestaltete Gehäuse erfordern dagegen stets Selbstanfertigen aus Plattenmaterial. Das thermoplastische *PVC hart*, über dem vom elektrischen Strom erwärmten Widerstandsdraht gebogen, leistet dabei gute Dienste, jedoch braucht man Kleber *PCD 13* oder *PC 15* (Gefahrenklasse A1). *Polystyrol*-Platten sind zwar auf diese Weise nur bedingt thermisch verformbar, dafür gibt es den passenden Lösungsmittelkleber (z. B. *Plastikfix* vom VEB *ASOL-Chemie*). Einzelheiten zum thermischen Biegen von *PVC* seien aus der *Amateurtechnologie* zitiert:

Das thermische Verformen von Kunststoffen durch den Amateur (gezeigt am dafür wohl meist benutzten *PVC*-Plattenmaterial) läßt sich in folgende Methoden untergliedern:

- Erwärmen der gesamten Platte in nahezu kochendem Wasser oder auf einer Heizplatte von maximal etwa 100 °C und anschließendes Biegen. Dabei für großflächige Führung sorgen, da das Material schnell auskühlt und dabei leicht uneben bleibt.
- Erwärmen der gesamten Platte und anschließendes Formen ähnlich dem Ziehen von Metallteilen (Holzform mit Gegenplatte, industriell auch mit Vakuum oder Überdruck).
- Erwärmen nur längs der gewünschten Biegekante mit geheiztem Blech oder durch einen stromdurchflossenen Widerstandsdraht.

Infolge seines geringen Materialeinsatzes und seiner vielseitigen Verwendbarkeit ist das dritte Verfahren für den Amateur am wichtigsten, während das zweite wegen der erforderlichen Formen Arbeitsgemeinschaften vorbehalten bleiben sollte.

Außer den genannten Möglichkeiten für das Biegen einer Fläche verdient noch das Verformen kleinerer Partien Erwähnung, z. B. zum Eindrücken von Nippeln oder zum Anpassen eines Gehäuserahmens an eine bestimmte Kontur. Grundsätzlich gilt bei all diesen Arbeiten:

- Dem Kunststoff ist so viel Wärme zuzuführen, daß er an der gewünschten Stelle plastisch wird, also keine Federwirkung mehr zeigt. Bei längeren Biegelinien ist daher besonders darauf zu achten, daß die Wärmequelle auf der ganzen Länge gleichmäßig anliegt, anderenfalls entsteht eine unruhige Kante mit weißen Partien und großen inneren Spannungen. In solchem Fall muß nochmals erwärmt werden.
- Die Temperatur der Wärmequelle muß

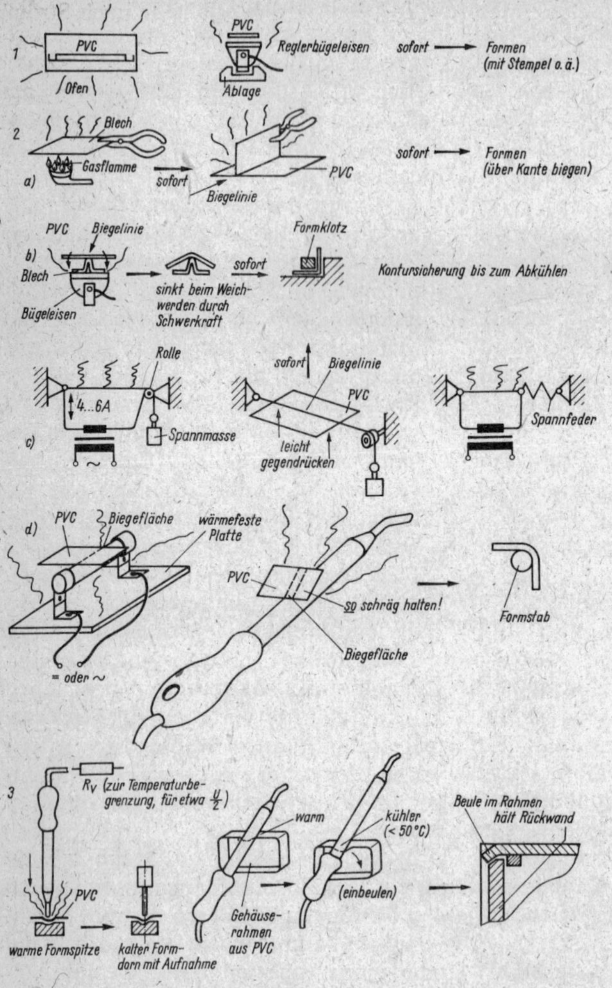

Bild 2.28
Amateurverfahren für das Formen von thermoplastischem Plattenmaterial (vorzugsweise *PVC*, vgl. Text) – nach *Amateurtechnologie*

genügend weit unter der für den Werkstoff kritischen Grenze liegen, bei der er sich zersetzt (*PVC* unter Abgabe stechend riechender, chlorhaltiger Dämpfe), zusammenschrumpft *(Polystyrol)* oder gar abbrennt *(Zelluloid)*.

- Die Wärmekapazität der Quelle bzw. der Wärmeleitwert zwischen ihr und dem Material muß gewährleisten, daß die Anfangstemperatur bei Anlegen des Kunststoffs an dessen Oberfläche und später in seinem Innern so groß bleibt, daß sich das Material überhaupt verformen läßt. Mit für den Elektrotechniker anschaulichen Worten heißt das vereinfacht: Die Leerlauftemperatur der Quelle muß unter der kritischen Temperatur des Kunststoffs bleiben (kein Hochheizen!), und die Klemmentemperatur darf nicht infolge des Innenwiderstands bei Belastung durch den Verbraucher unter die zur Plastifizierung nötige sinken. Dabei spielt noch der Temperaturabfall über dem Übergangswiderstand zum Material hin eine Rolle. Schließlich geht die Leerlauftemperatur infolge der Wärmekapazität der Quelle auch nicht sofort auf die Betriebstemperatur zurück.

Der angestellte Vergleich ist praktisch eine Art Umkehrung des Kühlproblems bei Transistoren, das sich mit einem elektrischen Stromkreis vergleichen läßt.

Nun hat es keinen Sinn, mit Temperaturmessungen und grundsätzlichen Untersuchungen die Daten der eigenen Vorrichtung exakt festlegen zu wollen – dazu fehlen dem Amateur doch meist Mittel und Übersicht. Daher einige Regeln für die Gestaltung solcher Einrichtungen, deren Grenzen man dann am Objekt ermittelt (s. Bild 2.28):

– Erwärmen ganzer Platten. Je nach Größe auf Reglerbügeleisen (Einstellung etwas über Dederon) oder im Gasofen (Vorsicht! Anheizen – Abschalten – Temperaturkontrolle – Einlegen erst unter 130 °C).

– Erwärmen von Biegekanten.

a – Mit vorgeheiztem Blech (seine Kante wird auf das Material gestellt); dieses Verfahren bleibt aber bezüglich des Zustands der Biegelinie sehr unsicher, da keine exakte Temperaturkontrolle möglich ist und sich das Blech schnell abkühlt.

b – Mit dauergeheiztem Blech bzw. Rundmaterial, z. B. am Reglerbügeleisen montiert. Achtung! Brandgefahr beachten!

c – Mit geheiztem Widerstandsdraht. Dieses Verfahren ist das eleganteste; mit 1-mm-Draht lassen sich noch Platten bis 2 mm Dicke erweichen. Notwendige Stromstärke um 4...6 A; Spannung je nach Drahtlänge (wenige Volt; Schutztransformator notwendig).

Außerdem empfiehlt sich ein Wechselstromamperemeter. Der Draht soll glatt und gerade sein. Rückstände von erweichtem Material entfernt man mit einem Holzstück, bevor die nächste Platte angelegt wird. Das Material muß gut angedrückt, ja sogar gegen den Draht gewölbt werden, damit man auch die Mittelpartien erfaßt. Je nach Strom und Plattendicke zwischen 10 und 30 Sekunden abzählen (Erfahrungswerte festlegen). In dieser Zeit wird das Material längs der Biegelinie plastisch und beginnt oft, sich infolge der eigenen Schwere abzusenken. Jetzt ist der Augenblick dafür gekommen, den Formklotz (Eisen günstig) gegen die Fläche zu schieben und beides gegen die Tischkante zu drücken, bis die Biegelinie erkaltet ist. Diese Verformung darf keinen federnden Widerstand vorfinden, sonst besser nochmals erwärmen.

d – Mit elektrischem Heizstab (im einfachsten Fall Lötkolbenhülse, besonders für kurze Biegekanten, da ihre Temperatur in Richtung Griff abnimmt). Die thermisch günstigste Stelle wird durch Versuch festgestellt. Die günstigste Heiztemperatur ermittelt man ebenfalls durch Versuch, sie richtet sich nach dem Werkstoff und auch nach seiner Dicke. Man kann sie (nicht genau) mit dem Abstand von der Wärmequelle oder (exakter) mit einem Stelltransformator einhalten. Andere Heizer sind – je nach gewünschtem Biegeradius – einzelne dünne Lötkolbenpatronen oder Infrarotstäbe. Auch Drahtwiderstände eignen sich – praktische Werte entsprechend verfügbarer Spannung und nach ihrer Belastbarkeit wählen; der Versuch entscheidet. Je enger der Widerstand gewickelt ist, um so günstiger verhält er sich. Solche Körper sind für größere Biegeradien gut geeignet, während man Methode b vorwiegend bei scharfen Kanten anwenden sollte.

– Erwärmen und Verformen kleinerer Bereiche. Dies ist der Fall, wenn in eine Wand aus thermoplastischem Kunststoff eine Erhöhung oder Vertiefung eingeprägt werden soll, vorwiegend zum Einrasten von Gehäuserückwänden, Einschüben usw. Man erkennt in Bild 2.28, daß bei häufig wiederkehrenden Arbeiten dieser Art ein entsprechender Lötkolbeneinsatz zweckmäßig ist. Der Kolben selbst wird nur mit etwa 50...70 % seiner Heizleistung erwärmt (Stelltransformator oder Vorwiderstand benutzen). Der Formkörper muß nach wenigen Sekunden bereits durch die Massse des senkrecht gehaltenen Kolbens (Haltevorrichtung sinnvoll) in das Material einsinken, ohne daß er an ihm kleben bleibt (das entspräche einer zu hohen Temperatur). Unter der Formstelle benötigt man in der Auflage eine entsprechende Vertiefung, in die das Wandstück einlaufen kann. Nach dem Erwärmen sofort ein kaltes Formstück eindrücken und bis zum Erkalten festhalten.

Wandrastungen kann man schon mit dem mittleren Teil des Lötkolbenschafts gut formen; anschließend sofort mit dem hinteren (kühlen) Schaftteil gegendrükken, bis das Material wieder fest ist.

Bei thermoplastischen Stoffen bietet sich für den Amateur schließlich oft noch eine Art thermisches Nieten an, wie Bild 2.29 zeigt. Die Drahtklammer unter leichtem Druck mit Hilfe von Lötkolben und Pinzette in das Material drücken, bis sie unten durchkommt (daher muß das Werkstück dort frei liegen!). Die Temperatur der Klammer wird sofort noch dazu ausgenutzt, daß man sie oben in das Material einlaufen läßt; unten geschieht das nach dem Umbiegen und eventuell neuem Erwärmen ebenfalls. In vielen Fällen genügt es auch, wenn die Klammer gerade so lang ist, daß ihre Schenkel unten gar nicht durchkommen. Für *PVC*-Platten zwischen 1 und 1,5 mm Dicke wählt man Draht von 0,6...0,7 mm Durchmesser, für 1,5- bis 2-mm-Material eignet sich auch 1-mm-Draht. Größere «Treffsicherheit» ergibt sich, wenn die Sollstellen mit einem Bohrer von etwa 1/2...3/4 des Drahtdurchmessers markiert werden.

Soweit für Bauplangeräte interessant, folgen in den entsprechenden Abschnitten noch die nötigen technologischen Detailhinweise für den Gehäusebau.

Zusammengefaßt sei festgestellt: Zuverlässige Klebstellen an Kunststoffmaterial gelingen nur, wenn der richtige Kleber verwendet wird, also für *PVC* ein Kleber, der *PVC* anlöst, und für *Polystyrol* ein Kleber, der die *Polystyrol*-Oberfläche löst. Das erfordert gleichzeitig sauberes Arbeiten, damit die übrige Oberfläche nicht angegriffen wird. «Alleskleber» ist in Wirklichkeit also kein Alleskleber; sein Anwendungsbereich geht jeweils aus der Beschriftung der Verpackung hervor (meist Holz, Papier, Pappe u. ä.).

Ergänzend sind allerdings noch einige Hinweise für die mechanische Bearbeitung der Gehäusematerialien am Platze.

Kupferkaschiertes Hartpapier als Gehäusewerkstoff wird am besten mit Laubsäge und Feile auf die erforderlichen Maße gebracht. Beim Zusammenlöten erweisen sich rechtwinklige Holzklötze als zweckmäßig, da die Lötnaht zum «Zusammenziehen» auf kleinere Winkelöffnungen neigt. Während des Zusammensetzens muß eine Belastung der Klebeschicht Folie – Hartpapier vom Hartpapier weg vermieden werden. Sobald alle Teile zusammengelötet sind, trägt sich das Gehäuse selbst. Manchmal muß man mit einer relativ langen, abgewinkelten Lötkolbenspitze arbeiten, sonst ist nicht jede Ecke zu erreichen. Werden die zu lötenden Kanten nach dem Säubern (z. B. mit Glasfaserpinsel) dünn mit Löttinktur

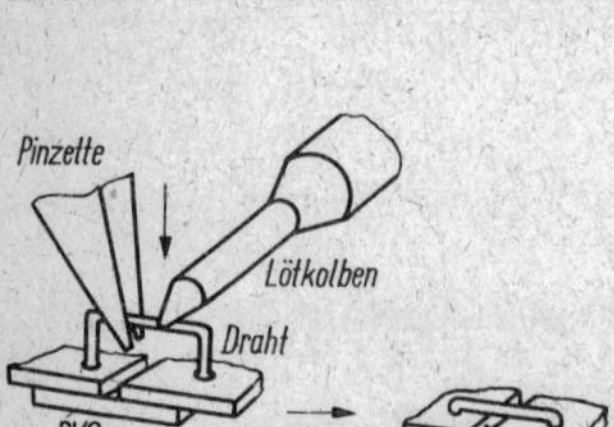

Bild 2.29
Verbinden von – eventuell kleiner vorgebohrten – *PVC*-Platten durch «thermisches Nieten» mit Drahtklammern (Beispiel)

bestrichen, so gelingt es mit gut verzinnter Kolbenspitze, schnell eine saubere, nicht zu dicke Lötnaht zu ziehen. Zum besseren Ausrichten zunächst nur punktweise «heften»!

PVC und *Polystyrol* werden ebenfalls gesägt, jedoch sind dabei die thermoplastischen Eigenschaften zu berücksichtigen. *PVC* bis etwa 2 mm Dicke läßt sich auch gut auf einer Fotoschere trennen. Beim Sägen beider Werkstoffe empfiehlt es sich, das Sägeblatt durch eine Kerze zu ziehen; das verhindert Verschmieren des Blattes beim Sägen durch thermisch erweichtes Material.

Polystyrol ist durch das Angebot an Plastfliesen in verschiedenen Farben (z. B. in den Maßen 120 mm × 120 mm × 2,5 mm) für Bauplanobjekte besonders interessant geworden. Beim Kleben solcher Platten darf kein Tropfen Kleber auf die Oberfläche geraten, da das mindestens stumpfe Stellen gibt. Eine Möglichkeit, die Teile bis zum Festwerden der Klebstellen (und auch gegen Kratzer beim Bearbeiten) zu schützen, besteht im Aufkleben von Zeichenkarton mit wasserlöslichem Kleber, der nach dem Ablösen keine Spuren auf der blanken Oberfläche zurücklassen darf.

Auch beim Bohren ist Vorsicht geboten, zum einen wegen der Wärmeentwicklung (Erweichen, Verkleben, besonders bei stumpfen Bohrern), zum anderen wegen der Gefahr, daß (besonders bei größeren Bohrern) Material herausgerissen wird, weil sich der Bohrer verhakt. Größere Löcher als etwa 4 mm daher am besten langsam von Hand bohren bzw. erweitern!

Abschließend seien noch eine Reihe handwerklicher Hinweise zusammengefaßt wiedergegeben, die aus der bereits erwähnten *Amateurtechnologie* stammen, da dieses Buch höchstens noch in Büchereien verfügbar sein dürfte.

2.5.1. Trennen und Bohren

2.5.1.1. Ritzen

Der Begriff Trennen soll das Aus- oder Absägen, das Schneiden und das Ritzen mit anschließendem Brechen kennzeichnen. In den meisten Fällen werden die Linien der Hauptkonturen rechtwinklig zueinander stehen. Sauberes, genaues Arbeiten setzt daher das exakte Einhalten des rechten Winkels voraus. Einen solchen Winkel, der zum Anreißen und Vergleichen dient, sollte man immer griffbereit haben. Mit Stahlmaß und Meßschieber fällt es dann nicht schwer, die vorgegebenen Maße genau auf das Material zu übertragen. Es hängt von Werkzeug und Werkstoff ab, mit welchen Mitteln man am schnellsten zum Ziel kommt.

Fast ohne Werkzeug gelingt das Trennen glatter Kanten durch Ritzen und Brechen (Ausnutzung der Kerbwirkung). Ein stabiles Messer mit nicht zu spitz zulaufender Klinge, ein passender Schraubendreher oder eine entsprechend angeschliffene Feilenspitze sind geeignete Instrumente (Bild 2.30). Hinzu kommt ein Lineal, das von den Kanten der genannten Werkzeuge nicht angegriffen wird. Bedient man sich öfter dieser Technik,

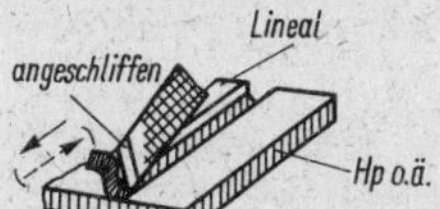

Bild 2.30
Trennen durch Ritzen und Abbrechen

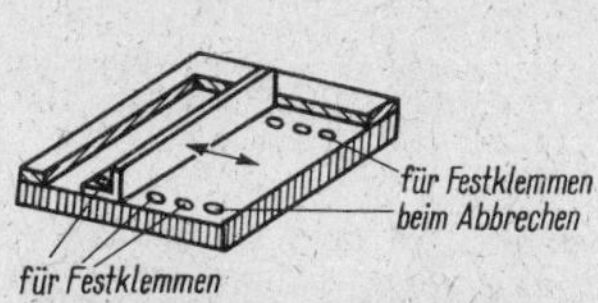

Bild 2.31
Vorschlag für eine Ritzvorrichtung

dann kann eine kleine Vorrichtung nach Bild 2.31 zweckmäßig werden. Sie besteht aus einem ebenen Grundbrett von etwa 10...15 mm Dicke (auch Hartpapier oder Hartgewebe von mindestens 5 mm Dicke sind geeignet), einem darauf befestigten Anschlag im rechten Winkel und einer parallel dazu verschiebbaren, stabilen Schiene. Das Brett muß größer sein als das größte gewünschte Plattenformat.

Die dargestellte Lösung ist nur eine von vielen möglichen. Die Klemmvorrichtung z. B. kann anders gestaltet sein, oder man läßt sie weg und drückt dafür nur das Lineal auf die Platte. Im Beispiel wird das Lineal, damit es auf der Platte fest aufliegt, ohne an den Rändern einzudrücken, jeweils durch untergelegte Führungsstreifen von Materialdicke gestützt. Es empfiehlt sich, das Werkzeug mit nicht zu großem Druck mehrmals in beiden Richtungen am Lineal entlangzuführen. Seitliches Abgleiten läßt sich durch ein zweites Lineal verhindern, das parallel zum ersten mit diesem im Abstand der Werkzeugbreite verbunden wird (Bild 2.32). Vor allem achte man darauf, daß am Plattenrand eine genügend tiefe Kerbe entsteht, denn dort geht die Bruchlinie besonders gern «eigene Wege». Man sollte stets auf beiden Plattenseiten genügend tief ritzen (üben!). Bei dünnen Platten (bis 1 mm, je nach Werkstoffstruktur und -dichte) wird das Ritzen zum Schneiden, wobei schon eine einigermaßen saubere Trennlinie entsteht. Andernfalls sollte man, besonders nach dem Brechen, mit einer Schlichtfeile die Kanten glätten.

Besonders saubere Trennkanten, die

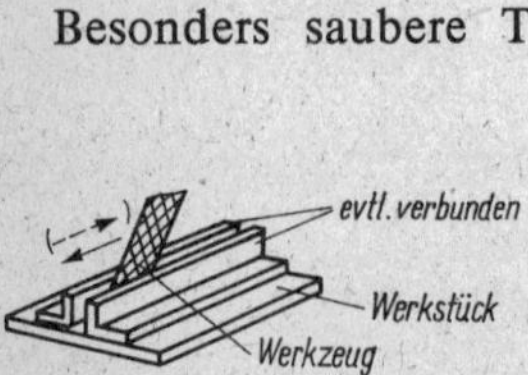

Bild 2.32
Beidseitige Werkzeugführung beim Ritzen (Winkel auf Werkzeugbreite starr verbinden)

meist nicht mehr bearbeitet werden müssen, ergeben sich bei *Piacryl*, das sich in dieser Hinsicht beinahe mit Glas vergleichen läßt. Bei durchsichtigem Material fällt es ohnehin leicht, die Ritzlinien einwandfrei zum Decken zu bringen.

Hartpapier kann infolge seiner Schichtstruktur ein sehr unruhiges Bruchbild zeigen. Daher und wegen der endlichen Kerbbreite darf die Ritzlinie nicht mit der genauen Begrenzungslinie identisch sein. Eine «Zugabe» bis zu einem Millimeter ist notwendig. Das genaue Maß erreicht man anschließend durch Feilen.

Brechen kann man über einer scharfen Tischkante, doch läßt sich die beschriebene Vorrichtung auch nutzen; dazu wird sie am besten mit Schraubzwingen am Tisch befestigt. Die stabile Linealschiene wird deshalb bis zum Trägerplattenrand geschoben und dort längs der Ritzlinie festgeklemmt (dazu sind in der Trägerplatte Bohrungen und Schrauben zweckmäßig). Lineal, Ritzlinie und Plattenkante müssen genau übereinanderstehen, das Lineal muß überall gut anliegen. Die Brechkraft setzt man auf der ganzen Plattenbreite dicht an der Ritzlinie an, bei kleineren Formaten mit der Handkante, bei größeren z. B. durch eine stabile Stahlschiene o. ä. Auf diese Weise wird vermieden, daß das Material zunächst elastisch nachgibt und dann unter Umständen splittert. In dieser Klemmvorrichtung feilt man anschließend auch die Bruchkante glatt.

Die beschriebene Einrichtung kann außer für diese Arbeiten auch noch für andere Zwecke eingesetzt werden; u. a. läßt sie sich zum Kopierrahmen für Leiterplatten ausbauen.

Ritzen ist durchaus kein «Notbehelf». Bei der Herstellung moderner Halbleiterbauelemente z. B. trennt man die Einzelelemente ebenfalls durch Ritzen und Brechen. Ritzen ist auch bei nicht allzu weichen Aluminiumlegierungen möglich. Dabei muß allerdings so tief gekerbt werden, und man hat das Material so kurz festzuhalten und zu brechen, daß die Biegekräfte vorher keine Verformung des Randes hervorrufen können.

Je nach Ritztiefe gelingt das Trennen gut bei Hartpapier (auch mit Kupferfolienauflage); *PVC* und ähnliche Plaste in Tafelform ritzt man besser bis zum Schneiden, da sie beim Brechen infolge ihrer Struktur zum obengenannten Effekt neigen (elastischer Übergang, dann Splittern). *Polystyrol* ist besonders vorsichtig zu handhaben. Der Druck beim Ritzen darf nur sehr gering sein, sonst splittert das Material bereits bei diesem Arbeitsgang. Andererseits ist auch vom Brechen abzuraten, wenn man sich nicht genügend geübt hat. Es kommt also – wenn überhaupt geritzt werden muß – nur das vorsichtige Ritzen bis zum Augenblick des Trennens in Frage. Auch beim Feilen ist große Vorsicht geboten. Bei *Polystyrol* kann man die Kräfte nur in Kantenrichtung ansetzen, sonst splittert es leicht. Wie bei allen thermoplastischen Materialien darf kein zu starker Druck beim Feilen ausgeübt werden, da die entstehende Wärme sonst die bearbeitete Fläche erweicht und sauberes Feilen unmöglich macht.

2.5.1.2. Schneiden

Genügend dünne oder entsprechend elastische Materialien (Papier, Pappe, dünnes Aluminium- und Messingblech bis etwa 0,5 mm, *PVC, Zelluloid*, bedingt *Piacryl* u. ä. ebenfalls bis etwa 0,5 mm – bei kurzen, geraden Schnitten auch bis 1 mm, sonst platzt es in Schnittrichtung oder schräg dazu weiter) kann man mit einer Handschere schneiden. Die beiden Scherenmesser müssen aber eng aneinander entlanggleiten, sonst zieht sich das Material um die Schneidkante herum. Glatte, längere Linien wie beim Ritzen schneidet man am besten mit einer Hebelschere. Solche Einrichtungen sind aus der Metallverarbeitung bekannt, es gibt sie in respektablen Dimensionen. Auf das Material wirken bei einer solchen Schere aber nicht nur Scher-, sondern auch Biegekräfte (Bild 2.33a), die bei der Tafelschere (Bild 2.33b) nicht auftreten. Dort wird maschinell die erforderliche Kraft aufgebracht, die das Material gleichzeitig auf der ganzen Breite trennt.

Bei beiden Scherentypen ist ein guter Niederhalter wichtig, damit die Platte nicht verrutschen kann. Die beim Schneiden auf die Platte wirkenden Kräfte ziehen diese sonst in Richtung Schnittlinie und verursachen krumme Schnitte, unsaubere Schnittkanten oder gar Verwölben oder Splittern der Kanten, je nach Materialeigenschaften und Dicke. Während daher Leiterplatten mit Hartpapierträger auf einer solchen Schere höchstens bei Erwärmung bearbeitet werden können, läßt sich *Cevausit* selbst auf der Fotoschere schneiden. Kleinere Hebelscheren erhält man zu erschwinglichen Preisen z. B. im Fotofachgeschäft. Eine solche Anschaffung lohnt vor allem für gleichzeitige Fotoamateure sowie für viele andere Zwecke, bei denen Papier oder Folie mit sauberen Schnitten rasch auf ein gewünschtes Format gebracht werden soll. Der Autor benutzt meist eine Schere mit maximal 225 mm Schnittlänge (Tischbreite 140 mm). Bei entsprechend gut festgehaltenem Schnittgut gelingt es mit ihr, *PVC* noch bis 1,5 mm Dicke sauber zu schneiden, desgleichen Weißblech (verzinntes Eisenblech) bis 0,5 mm und (mit etwas Übung) Aluminium bis 1 mm; allerdings rollt sich Blech dabei leicht.

Zweckmäßiger und noch preisgünstig ist die nächste Größe dieser «Typen-

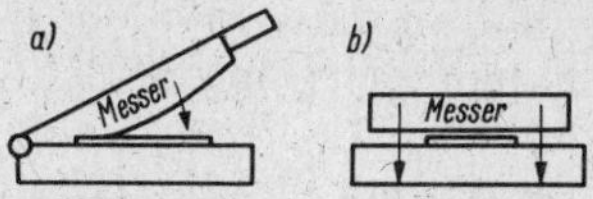

Bild 2.33
a – Hebelschere (z. B. Fotoschere); b – Tafel-Schlagschere bzw. Schnittwerkzeug (Industrie)

reihe». Man sollte die Schere mit einem Niederhalter in der Art nach Bild 2.31 versehen und den oberen Anschlag auf rechten Winkel zur Schnittkante hin überprüfen. Diese Hilfsmittel wird man bald nicht mehr missen wollen.

2.5.1.3. Sägen

Den Belangen des Amateurs entspricht auch in der modernen Gerätetechnik noch immer am besten die «gute alte» Laubsäge. Hartpapier, Bleche von größerer Dicke, als die Schere sie schneidet, *Sprelacart*, Leiterplattenmaterial u. ä. bearbeitet man mit Metallsägeblättern feiner Zähnung; dickeres *PVC, Polystyrol* u. ä. läßt sich auch mit grober Zähnung oder Holzsägeblättern trennen. Bei den thermoplastischen Materialien ist wieder in zwei Richtungen Vorsicht geboten: Sie können einerseits splittern (wenn statt des spanabhebenden Sägeschnitts eine Biegung am Material verursacht wird), sie neigen aber andererseits auch dazu, das Sägeblatt mit angeschmolzenen Spänen (Wärmeentwicklung!) zu verkleben. Die beim Sägen entstehende Wärme kann über das Blatt nicht schnell genug abgeführt werden, so daß die Temperatur den Erweichungspunkt des Materials überschreitet. Langsames (schrittweises) Sägen ist eine Möglichkeit, dem zu begegnen – als wirksamer erweist sich aber oft Kühlen mit Wachs oder Spiritus (ebenfalls für Aluminium zu empfehlen). Zum Splittern neigt auch Hartpapier, doch läßt sich dies durch feingezähnte Metallsägeblätter vermeiden. Die Gefahr besteht vor allem beim letzten Stück der Sägelinie: Bevor die Säge den Rand der Platte erreicht hat, «blättern» die Kräfte von Säge und Niederhaltung bereits den Schichtpreßstoff auseinander. Das läßt sich verhindern, wenn gerade auf diesem letzten Stück dafür gesorgt wird, daß die Plattenteile weder nach oben noch nach unten gedrückt werden können, also mit einer passenden Auflage, die nur einen schmalen Schlitz für die Säge enthält. Die meisten Kunststoffe, mit denen es der Amateur zu tun hat, erfordern bei der spanabhebenden Verformung solche Maßnahmen und (infolge der meist unvollkommmenen Mittel im Vergleich zur Industrie) eine gehörige Portion «Gefühl». Man erwirbt es am sichersten durch Üben an Abfallstücken.

Die Laubsäge wird in den meisten Fällen für die vorgestellten Techniken ausreichen. Sie erlaubt sowohl glatte, gerade Schnitte als auch kompliziertere Konturen. Der Einsatz von Kreissägen ist aus den obengenannten Gründen problematisch. Eine Bügelsäge für Metalle schließlich wird man nur dort benutzen, wo es um größere Dicken beim Abtrennen von Metallen geht (z. B. Achsen u. ä.), oder evtl. zum Trennen schmaler Streifen Plattenmaterial. Dabei setzt man das Blatt auf der ganzen Streifenfläche gleichzeitig an und sägt beidseits nur bis zur Mitte – anderenfalls treten wieder die erwähnten Effekte auf. Für längere Geradschnitte ist ein Blatt aus solcher Säge – mit einem Lappen als Griff umwickelt – gut geeignet.

2.5.1.4. Feilen

Feilen erlernt man ebenso im modernen Unterricht wie Sägen und Bohren. Daher mögen in Verbindung mit den gelegentlichen Einstreuungen an anderen Stellen dieses Buches wieder einige Worte genügen, die sich auf die speziellen Werkstoffe des Amateurs beziehen: Wo immer möglich, spanne man das Werkstück in einen Schraubstock oder eine Schraubzwinge so kurz ein, daß wirklich nur noch die zu bearbeitende Kante frei liegt. Je dünner oder spröder das Material, um so schwieriger wird sonst die Arbeit, um so mehr Ausschuß entsteht. Besonders bei Schichtpreßstoff möglichst nicht senkrecht zur Plattenkante feilen – Auswirkungen sonst wie beim Sägen! Am günstigsten ist ein Strich längs der Kante. Bei kupferkaschiertem Material außerdem nicht in Abheberichtung der Kupferfolie feilen.

PVC läßt sich – wenn nicht zu schnell und nur mit tragbarem Druck verfahren wird – relativ gut bearbeiten. Bei größerem Druck treten ebenfalls thermische Effekte auf. Diese und die Gefahr des Splitterns sind (wie bereits weiter vorn erwähnt) bei *Polystyrol* am größten. Da man dieses Material aber in so vielfältiger Form als Gehäuse-«Rohstoff» erhält, sollte man sich seine zweckmäßige Behandlung durch intensives Üben erarbeiten. Gerade in solchen «Rohgehäusen» ist es oft nötig, Schlitze anzubringen, deren Kanten sauber aussehen müssen. Leicht kann – selbst bei Beachten der anderen Gefahren – die Feile ausrutschen. Dagegen bieten Pappstücke oder stabiler Zeichenkarton wirksamen Schutz. Man klebt sie für die Dauer der Arbeiten mit wasserlöslichem Kleber (Büroleim o. ä.) auf die gefährdeten Flächen. Der Kleber darf die Oberfläche nicht verändern, daher vorher am Abfallstück testen! Alleskleber ist dafür jedenfalls ungeeignet.

2.5.1.5. Bohren

Es dürfte leicht einzusehen sein, daß man die genannten Kunststoffe nicht ankörnen darf, sonst entstehen statt der gewünschten Vertiefung für den Bohrer einige unbrauchbare Splitter aus dem Werkstück. Auch Hartpapier kann leicht platzen, doch ist dem mit etwas Vorsicht (Hammer nur bis 250 g, leichte Schläge) noch beizukommen. Bei Leiterplatten mit geätzten Körnerpunkten entfällt diese Sorge. Der Amateur kommt bei Hartpapier im allgemeinen mit folgender Methode aus: Die Stelle wird mit einem spitzen Gegenstand (Reißnadel o. ä.) durch einen Punkt markiert (das bei späterer Oberflächenbearbeitung übliche Anreißen ist meist nicht möglich). Dieser Punkt ist am einfachsten mit einem spitzen Messer (Spitze im Zentrum einsetzen, eine volle Umdrehung ausführen) zu vertiefen, oder man benutzt einen Bohrer zwischen 1 mm und 1,5 mm Durchmesser, der in der Hand gehalten wird. Dieses Verfahren eignet sich vor allem für das direkte Übertragen von 1:1-Zeichnungen auf Hartpapier oder Kupferfolie. Auch ein zum Spitzbohrer geschliffener Uhrmacherschraubendreher ist gut geeignet.

Erst jetzt wird gebohrt. Früher hatte der Amateur auch bezüglich Bohren keine allzu große Auswahl. Er konnte – wenn er eine elektrisch betriebene Maschine besaß – nur selten die Geschwindigkeit dem Material und dem Bohrerdurchmesser optimal anpassen (je größer, um so langsamer, sonst werden nicht nur die Kräfte «unhaltbar», sondern es kann auch vorkommen, daß der Bohrer durch das Material regelrecht «reißt»).

Inzwischen bietet der Handel Elektronikbohrmaschinen an, und die Amateurliteratur enthält zahlreiche Schaltungen mit Thyristoren, die – je nach Aufwand – das Einstellen der gewünschten Drehzahl oder gar Regelung (Konstanz auch bei wechselnder Last) gestatten.

Größere Löcher als etwa 2 mm sollte man – besonders in bruchempfindlichem Material – in mindestens zwei Arbeitsgängen mit ensprechend gestuften Bohrerdurchmessern bohren. Während das bei der Handbohrmaschine vor allem den Kraftaufwand reduziert, verringert es bei der elektrischen Bohrmaschine die Gefahr, daß die Lochränder ausplatzen. Dünnes Material kann sonst buchstäblich vom Bohrer hochgezogen werden (Schraubeneffekt). Weiterhin darf man auf den Bohrer bzw. auf das Werkstück nicht mehr Druck ausüben, als für das Abheben eines sauberen Spans erforderlich ist. Ein Zuviel bedeutet Drücken (die Lochwand wird unsauber, es entsteht außerdem mehr Wärme), und die letzten

Schichten der Platte (bei Kunststoff) platzen schließlich nach unten aus. Ein solches Loch nennt man «geschossen» – und so wirkt es auch. Davor schützt dann auch eine glatte Unterlage nicht mehr, besonders dann nicht, wenn sich bereits Rückstände vom Bohren auf ihr gesammelt haben, so daß das Werkstück hohl liegt.

Die Erfahrung hat gezeigt: Nicht nur die richtige Unterlage (das gleiche Material, notfalls glattes Holz) ist entscheidend für eine einwandfreie Bohrung, sondern auch das richtige Maß an Kraftaufwand. Außerdem soll der Bohrer sauber angeschliffen sein. Das wieder läßt sich nicht so leicht erkennen. Man sollte daher besser seine Bohrer vielleicht einmal im Jahr einem guten Mechaniker zum Nachschleifen anvertrauen.

Größere Löcher als 5 mm – die Grenze ist vom Material und seiner Dicke abhängig – werden oft besser, wenn man sie «von Hand» fertigstellt. Das heißt: Bohren bis zu dem Durchmesser, den die eigene Maschine (wenn sie keine Regelung enthält) erfahrungsgemäß mit ihrer dann relativ hohen Geschwindigkeit noch ohne Beschädigungen schafft, danach den erforderlichen Bohrer einspannen und bei ausgeschalteter, vom Netz getrennter Maschine mit Hand drehen, wobei das Werkstück selbstverständlich festgehalten wird. So schält man vorsichtig und möglichst von beiden Lochseiten aus, bis die Bohrung fertig ist. Besonders bei *PVC* und *Polystyrol* neigt der Bohrer dabei zum «Einschrauben», daher nicht zu breite Späne schälen! Aussichtslos erscheinende Fälle rettet oft noch die Rundfeile.

Selbstverständlich muß – wie beim Sägen – die Erwärmung der Bohrung (und des Bohrers) beachtet werden. Vor allem in *Polystyrol* entstehen sonst schnell verklebte Bohrer und ausgerissene Löcher. Je größer der Bohrer bei gleicher Umdrehungszahl, um so schneller kann der Schaden entstehen. Also empfiehlt es sich wieder, in Etappen zu bohren. Sofern Bohrer für Aluminium greifbar sind, nehme man diese. Größere Durchbrüche, die man in der Industrie mit Werkzeugen locht oder mit Hilfe des Ausreißers herstellt, muß der Amateur sägen oder mit einem kleinen Bohrer in Form eines markierten Kreises vorbereiten. Schaber (Taschenmesser) und Rundfeile sind dann Hilfsmittel für das Glätten der Konturen.

3. Bauelementefragen

Praktisch keiner der seit Bauplan 1 verwendeten Bauelementetypen – sieht man von der weitgehenden Ablösung des Germaniums als Halbleitermaterial ab – ist bisher überflüssig geworden, wie etwa die Elektronenröhre nach dem «Sieg» des Transistors auch in der Amateursphäre. Ungeheuer viel Neues dagegen steht auch dem Amateur heute zusätzlich zur Verfügung, und die Versuchung ist groß, möglichst immer das Neueste zu benutzen und sich von Bewährtem abzuwenden. Die Zweischneidigkeit einer solchen Entscheidung, fällt man sie «total», wurde bereits in Abschnitt 1. deutlich. Die Argumente müssen hier nicht wiederholt werden.

Fest steht damit, daß in unseren Bauplänen ein beeindruckend breites Bauelementespektrum genutzt wurde und wird und eigentlich zu allem viel gesagt werden müßte. Doch irgendwo liegen auch die Grenzen eines *Bauplan-Bastel-Buches.* Und so, wie wir das Ohmsche Gesetz zwar anwenden, aber nicht jedesmal neu erläutern können, so sollte beim Leser auch ein gewisses Mindestwissen zu den eingesetzten Bauelementen vorhanden sein, erworben durch das Studium anderer Literatur. Das gilt mindestens für die «klassischen» Bauelemente, zu denen heute allerdings neben Widerstand und Kondensator auch Diode und Transistor gehören. Was dennoch zu sagen bleibt, ist einiges teilweise Bauplan-Objekt-Spezifisches, das schon beim ersten *Bauplan-Bastel-Buch* Erwähnung fand.

Beispielsweise genügt in den meisten Fällen bei Widerständen die kleinste handelsübliche Bauform den geringen Belastungen, die in den Schaltungen auftreten. Man muß jedoch gleichzeitig wissen, wann das nicht zutrifft. Die Antwort liegt meist bereits im jeweiligen Bestückungsplan, oder im Stromlaufplan findet sich ein Vermerk.

Ähnlich verhält es sich mit der Auswahl der Kondensatoren. Wegen der Vielfalt der jeweils für bestimmte Einsatzfälle brauchbaren Typen achte man stets auf die Angaben im Bestückungsplan. Abweichungen (etwa der Einsatz eines Elektrolytkondensators an den Stellen, wo ein MKL- oder MKT-Typ angegeben ist) können die Funktion in Frage stellen! Wenn auch der Anteil der integrierten Schaltkreise in den Bauplänen stark zugenommen hat, so bleibt der Transistor dennoch ein oft unentbehrliches Bindeglied (etwa zur Anpassung einer Information an den Eingang eines Schaltkreises oder zur Leistungsausgabe der gewünschten Wirkung). Einige bauplanspezifische Erläuterungen sind also am Platze. Dem Thema «Transistor in der Schaltung» bleibt ein Abschnitt dieses Buches gewidmet, der vor allem für Anfänger bestimmt ist. Das entlastet den vorliegenden Abschnitt.

Das zentrale Bauteil «integrierter Schaltkreis» in all seinen unterschiedlichen Inhalten und Technologien bedarf außer den um das jeweilige Objekt herum gegebenen Hinweisen einer gewissen Mindestinformation zum Umgang, «gemischt» allgemein und typspezifisch.

In Anlehnung an das erste *Bauplan-Bastel-Buch* werden nun die einzelnen Bauelemente der Bauplanobjekte in relativ kurzer Form vorgestellt. Besseres Kennenlernen vor allem ihrer handelsüblichen Bauformen ergibt sich zwanglos bei der Betrachtung der Bestückungspläne und Musterfotos zu den einzelnen Objekten, die den Hauptteil der später folgenden Abschnitte darstellen. Wer – besonders als Anfänger – weitergehende funktionelle Erläuterungen sucht, der findet sie für viele davon in zwei Büchern: der *Transistor- und Schaltkreistechnik* von Fischer/Schlegel aus dem *Militärverlag der DDR* (2. Auflage 1981) und der *Elektronik für Elektromechaniker* von Wahl aus dem VEB *Verlag Technik* (8. Auflage 1982).

Die in den letzten Jahren vorgestellten Bauplanobjekte enthalten neben den obligaten Widerständen, Kondensatoren, Dioden und Transistoren zunehmend mikroelektronische Bauteile, also integrierte Schaltkreise. Lampen zur optischen Information wurden weitgehend durch Lumineszenzbauelemente (Leuchtdioden) abgelöst. Ziffernanzeigen der gleichen Technologie und (als Zwischenlösung) auch noch Gasentladungs-Ziffernanzeigeröhren trugen ebenfalls dazu bei, den Bauplanobjekten neue Gebiete zu erschließen und eine höhere Qualität zu erreichen. Stark in den Hintergrund getreten sind Rundfunkempfängerschaltungen. Das ist sowohl eine Frage des Interesses wie des Bauelementeangebots gewesen. Der Sprung von Anfängerschaltungen (die auch weiterhin sinnvoller Bestandteil von Bauplänen entsprechender Thematik geblieben sind) zu Geräten mit einem an Industrieobjekten meßbaren Gebrauchswert wird immer größer. Es ist nicht der «Großteil» der Bauplanleser, der sich dem gegenwärtig noch aufwendigen Vorhaben z. B. eines hochwertigen Stereo-Heimempfängers unterzieht. Dieser Zustand kann sich demnächst wieder ändern. Als dieses Buch entstand, lagen aber jedenfalls nur wenige geeignet erscheinende Lösungen vor. Die Situation bei den «Selektions»-Bauelementen bedingte dabei, daß teils zufällig greifbare Industrieangebote direkt, teils aber auch selbstgewickelte Eingangs- und ZF-Spulen benutzt werden mußten. Wickelanweisungen finden sich bei den einzelnen Objekten, allgemeine Aussagen zum Thema «Selektion» sind im «Anfänger»-Abschnitt 5. enthalten. Zu den «gewickelten» Bauelementen gehören auch Transformatoren. Für sie trifft ähnliches zu, nur aus anderen Gründen: Als NF-Übertrager werden sie in Bauplänen schon lange nicht mehr eingesetzt – es besteht keine Notwendigkeit mehr auf Grund moderner Schaltungsprinzipien, von Spezialfällen abgesehen. Außerdem sind sie im Handel kaum noch erhältlich (auch keine entsprechenden Wickelkörper und Kernbleche). Netztransformatoren selbst zu wickeln, verbietet sich schließlich für die meisten Leser dieses Buches nicht nur wegen fehlender Kenntnisse, sondern vor allem wegen der strengen Sicherheitsbestimmungen, die dabei einzuhalten sind. Die Herstellung wirklich unbedenklicher Schutz- bzw. Trenntransformatoren ist an langjährige Erfahrung und an die Existenz entsprechender Einrichtungen gebunden. Der Bauplanleser benutzt daher nur zugelassene Industrieprojekte und erbittet bei Netzeingang die Hilfe eines Fachmanns. Doch nun zu den einzelnen Bauelementen.

3.1. Widerstand

Widerstände haben das Kurzzeichen *R* und die Dimension Ohm (Ω). Mit ihnen werden die verschiedenen notwendigen Spannungen bzw. Ströme in der Schaltung aus der Versorgungsspannung gewonnen. Bei anliegender Gleich- oder Wechselspannung fließt in ihnen ein Strom, dessen Stärke sich nach dem Ohmschen Gesetz $I = U/R$ aus angelegter Spannung und Wert des Widerstandes berechnen läßt. Für die Bauplanobjekte genügen im allgemeinen Kohleschichtwiderstände. Je größer sie im Volumen sind, um so höher kann man sie belasten, denn anliegende Spannung und durchfließender Strom erzeugen in ihnen Wärmeleistung: $P = U \cdot I$. Meist genügen die kleinsten Typen, z. B. Baugrößen *2 × 7*, *2 × 9* oder *3 × 11*. Sie sind oft nur mit einem Farbcode gekennzeichnet: Drei Ringe geben den Wert, ein oder zwei weitere die Toleranz an, die hier weniger interessiert. Randnächster Ring: erste Ziffer; zweiter Ring: zweite Ziffer des Wertes; dritter Ring: Zahl der Nullen. Die Farbskale lautet:

Braun	= 1	Blau	= 6
Rot	= 2	Violett	= 7
Orange	= 3	Grau	= 8
Gelb	= 4	Weiß	= 9
Grün	= 5	Schwarz	= 0

Beispiele: Braun = 1, Schwarz = 0, Gelb = 4 ≙ 0000 ergibt 100 000 Ω; d. h. 100 kΩ; Orange = 3, Orange = 3, Braun = 1 ≙ 0 ergibt 330 Ω.

Die Bezeichnungen setzen sich aus einer Kennzahl (z. B. 25) und einer dreistelligen Zahl zusammen, aus der man in etwa die Größe des Widerstandskörpers erkennen kann. Die Angabe 25.311 z. B. besagt, daß mit einem Durchmesser von etwa 3 mm und einer Länge von 11 mm zu rechnen ist. Die zulässige Grenzspannung ist unter anderem von der Länge des Körpers und die erlaubte Verlustleistung von der die Wärme abgebenden Oberfläche abhängig.

Widerstände, bei denen man außen einen beliebigen Teilwert abgreifen kann, heißen Potentiometer oder «Regler» (exakt müßte es «Steller» heißen). Von ihnen gibt es die unterschiedlichsten Ausführungen, den jeweiligen Belastungen und Anwendungsfällen angepaßt, z. B. Knopfpotentiometer in Miniaturausführung, auch mit Schalter, und größere Potentiometer mit 4- oder 6-mm-Achse. Einlötbare Stellpotentiometer der Größen *05* (50 mW) und *1* (100 mW) werden häufig benötigt. Bei ihnen, wie bei allen Schichtpotentiometern, ist folgendes zu beachten: Das Potentiometer verträgt nur einen von der Schleiferstellung abhängigen Bruchteil seiner gesamten zulässigen Leistung, wenn es als Stellwiderstand geschaltet ist. Daher wird am besten mit dem maximalen Schleiferstrom I in Abhängigkeit von zulässiger Verlustleistung und Gesamtwiderstand des Drehwiderstands gerechnet: $I_{max} = \sqrt{P_{zul}/R_{ges}}$. Auf diese Weise berücksichtigt man zum einen, daß bei Einschaltung nur eines Teils der Widerstandsfläche auch entsprechend weniger Wärmeabgabe an die Umgebung erfolgt, und zum anderen die Stromdichte an der Berührungsstelle des Schleifers mit der Schicht. Daher bei Trimmpotentiometern möglichen Maximalstrom in den Anschlagstellungen mit Widerstand begrenzen!

3.2. Kondensator

Kondensatoren haben das Kurzzeichen C und die Dimension Farad (F). Bezüglich der Wertereihen gilt die bei den Widerständen gegebene Erklärung. Die Formen und die Werte dieses grundsätzlich aus zwei voneinander isolierten metallischen Flächen bestehenden Bauelements sind nach dem Einsatzfall und dem Aufbauprinzip verschieden. Hohe zulässige Spannungen bedingen größeres Volumen. Die meisten Bauplanobjekte kommen jedoch mit sehr niedrigen Spannungen aus. Einen Elektrolytkondensator (Elko) wird man nicht in einen Schwingkreis einsetzen; ein Luftkondensator ist wegen der notwendigen Größe für Tonfrequenzkopplung nicht geeignet. Für Gleichstrom stellt der Kondensator einen praktisch unendlich großen Widerstand dar. Bei Wechselstrom ist sein Widerstand umgekehrt proportional der Kapazität C und der Frequenz (= Anzahl der Richtungswechsel des Stromes in der Sekunde), gemessen in Hertz (Hz).

In den Geräten kommen Kunstfolie- oder Keramikkondensatoren für Schwingkreise, spezielle Keramikkondensatoren *(Epsilan)* für die Ableitung von Hochfrequenzströmen und zur Kopplung dieser Spannungen an die aktiven Bauelemente (hier auch Kunstfolie- oder Polyesterkondensatoren) sowie Elektrolytkondensatoren für die Ableitung bzw. Kopplung von Wechselströmen im Hörbereich (Ton- oder Niederfrequenz, NF) in Frage, außer bei hochohmigen Eingängen. Die Größenordnungen: einige 100 pF (pF = Picofarad = 10^{-12} F) in Schwingkreisen für Mittelwelle und einige 10 pF für UKW (bei Keramik sind hierfür geeignete Typen mit rotem, grünem, gelbem oder blauem Lack gekennzeichnet; die Kondensatoren bestehen aus Rohren oder Scheiben); einige 1 000 pF (1 000 pF = 1 nF = 1 Nanofarad = 10^{-9} F) für *Epsilan* (brauner Lack, früher blau, Rohre, Scheiben); einige Mikrofarad (µF = 10^6 pF = 10^{-6} F) für Elektrolytkondensatoren (Aluminiumgehäuse). Im Volumen günstiger als Kunstfoliekondensatoren und mit mittleren Kapazitätswerten (ab 0,1 µF bis zu einigen Mikrofarad) sind Lackfilm- und Metallpapierkondensatoren. In ihrem Wert veränderbare Kondensatoren (zwei sich ineinanderdrehende, aber nicht berührende Plattenpakete) sind meist aus Rundfunkempfängern als Drehkondensatoren (Drehkos) bekannt. Sie dienen dort der Stationswahl. Unter all diesen Kondensatoren nimmt der Elektrolytkondensator eine gewisse Sonderstellung ein. Keramik- und Kunststoffkondensatoren sind mit guter Näherung für Gleichstrom undurchlässig, lassen sich bezüglich ihres Wechselstromwiderstands durch $X_C = 1/(2\pi \cdot f \cdot C)$ bei nicht allzu hohen Frequenzen eindeutig beschreiben und können beliebig gepolt eingesetzt werden, falls nicht Erdkapazitäten hinsichtlich der Lage des Außenbelags eine Rolle spielen. Ihr Dielektrikum hält, je nach Art und Dicke, eine bestimmte Gleichspannung aus, und ein Bruchteil davon (meist etwa 1/4 bis 1/3) ist als Wechselspannungsbelastung zulässig. Elektrolytkondensatoren dagegen zeigen auf Grund ihres Aufbaus zunächst einmal einen (allerdings auch zeit- und temperaturabhängigen) Reststrom, wenn Gleichspannung angelegt wird. Länger gelagerte Exemplare können zunächst ganz erhebliche Werte aufweisen, bis sich die als Dielektrikum wirkende dünne Oxidschicht auf dem Aluminiumwickel wieder formiert hat. Außerdem muß die auf dem Kondensator vermerkte Polung unbedingt eingehalten werden, sonst wird er eventuell unbrauchbar. Spannungen von weniger als etwa 1 V in Gegenrichtung sind allerdings zulässig; solche Fälle treten in manchen Schaltungen – funktionsbedingt – bisweilen auf. Bei Einsatz als Koppel- und Ableitkondensatoren muß man bei höheren Frequenzen außerdem noch mit einem wieder ansteigenden Wechselstromwiderstand rechnen. Bild 3.1 zeigt eine «bauplangerechte» Sammlung von Widerständen und Kondensatoren.

3.3. Spule

Spulen haben das Kurzzeichen *L* und die Dimension Henry (H). Isolierte Drahtwindungen, bei größeren Werten mit speziellen Kernen (heute meist Ferrite), bestreichen – als Drosseln oder in Schwingkreisen eingesetzt – das große Gebiet der tiefsten Niederfrequenz, die schon nicht mehr hörbar ist, bis zu den sehr hohen Frequenzen des UKW-Bereichs. Je höher die Frequenz, um so kleiner ist die Spule, oder um so weniger Windungen weist sie auf. Quadratisch mit der Zahl der Windungen steigt nämlich die Induktivität: $L \sim w^2$. Die Spule, obwohl für Gleichstrom durchlässig (vom niedrigen Gleichstromwiderstand des Drahtes abgesehen), setzt dem Wechselstrom einen um so höheren Widerstand entgegen, je höher dessen Frequenz ist: $X_L = 2\pi f L$.

Ein Kondenstor und eine Spule bilden

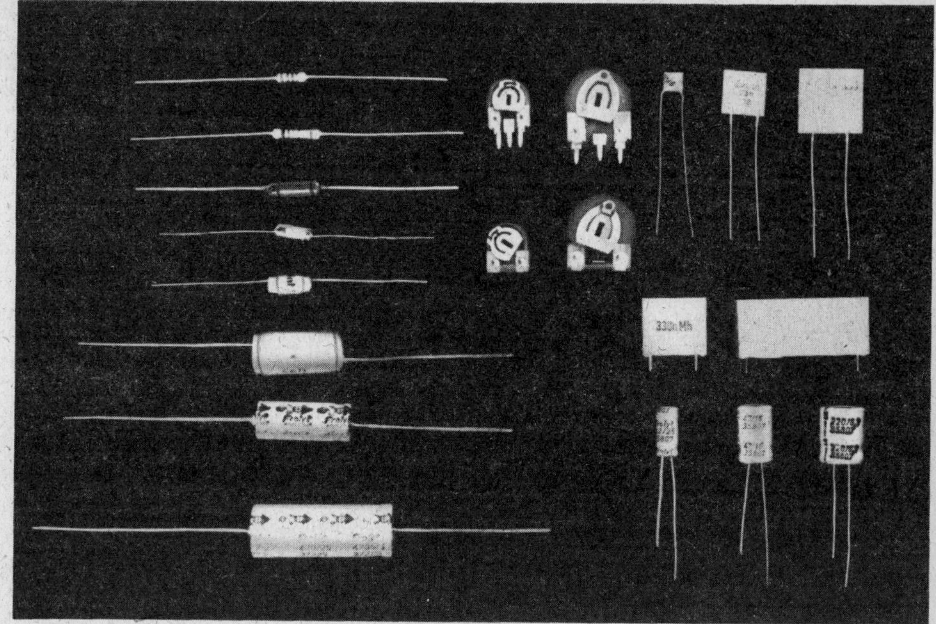

Bild 3.1 «Bauplanübliche» passive Bauelemente: Schichtwiderstände der Baugrößen 207, 311, 412; Schichtdrehwiderstände der Größen 05 und 1, für Betätigung senkrecht (S) oder parallel (P) zur Leiterplatte ausgelegt; Keramik-Scheiben-Kondensatoren mit unterschiedlichen Dielektrika: «schwingkreistaugliche» mit Werten im Pikofarad-Bereich, Ableitkondensatoren *(Epsilan)* im Nanofarad-Bereich; MKL- bzw. MKT-Kondensatoren bis zu einigen Mikrofarad; Elektrolytkondensatoren der aktuellen Sortimente (axial nach TGL 37 225, radial, also für stehende Montage, nach TGL 35 807)

zusammen einen Schwingkreis, der für eine bestimmte Frequenz Resonanz zeigt. Dabei ist Voraussetzung $2\pi f L = 1/(2\pi f C)$. Hierbei sind die Größenordnungen der Induktivitäten: wenige Mikrohenry ($1\,\mu H = 10^{-6}\,H$) in UKW- und Kurzwellenkreisen; etwa 200 µH meist bei Mittelwelle; 2 mH (Millihenry $= 10^{-3}H$) bei Langwelle; einige Henry bei Übertragern (Transformatoren). Übertrager bestehen übrigens aus mindestens zwei gekoppelten Wicklungen. Schickt man in die erste einen Wechselstrom, so baut sich im Kern (Blechpaket oder Ferrit) ein magnetisches Wechselfeld auf, das in der zweiten Wicklung eine Wechselspannung erzeugt, deren Höhe von der ersten Spannung, multipliziert mit dem Windungszahlverhältnis beider Wicklungen, abhängt. Da im gleichen Verhältnis – aber im umgekehrten Sinne – der in einen bestimmten Widerstand geschickte Strom durch einen solchen Übertrager verändert wird, paßt man Widerstände mit Hilfe von Übertragern an Quellen mit anderem Innenwiderstand an. Das geschah früher z. B. in einem Niederfrequenzverstärker zwischen Endstufe und (niederohmigem) Lautsprecher: Der Lautsprecher mit dem Widerstand $R2$, der an $w2$ liegt, transformiert sich auf die Primärseite ($w1$) mit dem Wert $R1 = (w1/w2)^2 R2$. Das Verhältnis $w1/w2$ heißt Übersetzungsverhältnis *ü*. Spannungen werden proportional *ü* übersetzt, Ströme umgekehrt zu *ü*. Hat also die Sekundärwicklung eine um den Faktor *ü* andere Windungszahl, so gilt $U_1 = üU_2$ und $I_1 = I_2/ü$. Je niedriger die Induktivität, um so schlechter werden tiefe Frequenzen übertragen.

Spulenkerne aus Blech (für NF) oder Ferrit (für NF und HF) vervielfachen die Induktivität, d. h., für einen bestimmten Wert braucht man weniger Draht, der Gleichstromwiderstand wird kleiner und die Spule «besser». Je größer der Kern, um so mehr Leistung kann man übertragen. Spezielle Kerne (Ferritstäbe) wirken gleichzeitig als Antenne. Zieht man einen solchen Kern langsam aus der Spule, dann verringert sich ihre Induktivität. So wird die Senderwahl technisch realisiert, wenn die Spule mit einem passenden Kondensator einen Schwingkreis bildet. Entsprechende Wickeltips folgen bei den einzelnen Bauplanobjekten.

Dem Anfänger werden meist keine Induktivitätsmeßeinrichtungen zur Verfügung stehen. Bei unbekannten Spulenkernwerkstoffen hilft dann zunächst nur Probieren, angefangen mit den aus der jeweiligen Bauanleitung gegebenen Richtwerten für die empfohlene Spulenform. Solange es um einfache Empfängerschaltungen geht (z. B. Ferritstabwicklung für Mittelwelle), führt das meist zum Erfolg. Verschiebbare Wicklungen bei Ferritstäben oder Verstellen des Kernes bei Kammerspulen zeigen an, ob Windungen zu- oder abgewickelt werden müssen.

Die Verwendung von Schalenkernen mit aufgedrucktem A_L-Wert erleichtert die Herstellung von Spulen z. B. im Niederfrequenzbereich mit dem richtigen Induktivitätswert. Die für eine bestimmte Induktivität (im Rahmen der zum A_L-Wert angegebenen Toleranzen und bei vollgewickelter Spule, d. h. entsprechender Drahtdicke) erforderliche Windungszahl lautet $w = \sqrt{L/A_L}$. Da der A_L-Wert in 10^{-9} H angegeben wird, muß dieser Faktor mit eingesetzt und auch *L* in H ausgedrückt werden. Beispiel: $A_L = 630$ heißt $630 \cdot 10^{-9}$ H.

3.4. Relais

Auch das Relais hat eine Spule, jedoch kommt es bei seiner Wicklung nicht auf die Bereitstellung eines induktiven Widerstands, sondern auf die Kraftwirkung des durchfließenden Stromes an, mit dessen Hilfe Kontakte geschlossen oder geöffnet werden. Je nach Rückstellfeder, Kontaktausführung und damit auch nach Strombelastbarkeit der Kontakte braucht man bei einer bestimmten Arbeitsspannung mehr oder weniger Strom, d. h. hat die Wicklung einen kleineren oder größeren ohmschen Widerstand.

Die Spuleninduktivität von Relais macht sich meist unangenehm bemerkbar, wenn der durch die Wicklung fließende Strom plötzlich unterbrochen wird. Dann entsteht eine je nach Induktivität und Änderungsgeschwindigkeit des Stromes unter Umständen recht hohe Abschaltspannung, die empfindliche Bauelemente zerstören kann. Gegenmaßnahmen bestehen z. B. in verzögertem Abschalten (Kondensatoren einsetzen!) oder im Einsatz einer Diode, die diese Spannung kurzschließt.

Infolge ihres Aufbaus benötigen Relais einen bestimmten Anzugstrom, können dann aber mit einem kleineren Strom gehalten werden und fallen erst bei einem Bruchteil dieses Haltestroms wieder ab (Ursache: Luftspaltverringerung im magnetischen Kreis beim Anzug!).

3.5. Schalter

Schalter sind gewissermaßen vom Menschen betätigte Relais, denn durch die mechanische Krafteinwirkung werden Stromkreise geschlossen oder geöffnet, und je nach Einsatzfall hat ein solcher Schalter nur einen oder eine ganze Anzahl gleichzeitig zu betätigender Kontakte. Sowohl bei Relais wie bei Schaltern wird vielfach aus mangelnder Sachkenntnis der zulässige Einsatzbereich weit überschritten. Man kann wohl einen Netzschalter in einer einfachen Sprechverbindung einsetzen, nicht aber einen Schwachstrom-Tastenschalter zum Betätigen eines Netzkreises! Ein Fernmelderelais oder ein für HF geeigneter Tastenschalter ist wohl für kleine Ströme und Schaltspannungen ausgezeichnet geeignet, «verklebt» aber rasch, wenn Ströme in der Größenordnung von Ampere über die Kontakte geleitet werden. Dem Anfänger sei daher zweierlei geraten: sich an die zu den Bauplanobjekten genannten Typen oder gleichwertigen Exemplare zu halten oder beim Kauf anzugeben, für welchen Zweck der Schalter vorgesehen ist.

3.6. Lautsprecher

In einigen Bauplanobjekten werden Lautsprecher eingesetzt. Es ist also nützlich, zumindest einige allgemeine Informationen zu den heute nahezu ausschließlich verwendeten permanent-dynamischen Typen zu erfahren. Lautsprecher sind elektroakustische Wandler. Man kann Lautsprecher – typenabhängig mehr oder weniger gut – auch als Mikrofone einsetzen. In den Bauplänen wurde davon bereits mehrfach Gebrauch gemacht. Ein permanent-dynamischer Lautsprecher besteht im wesentlichen aus einer kegelförmigen Membran aus Spezialpapier, die eine niederohmige Schwingspule trägt. Diese Spule taucht in den ringförmigen Luftspalt eines Permanentmagneten ein. Schickt man einen Wechselstrom durch die Spule, so sind das Magnetfeld der Spule und das des Permanentmagneten in der einen Stromrichtung gleichsinnig und in der anderen gegensinnig. Dadurch wird auf die Spule und damit auf die Membran eine stromrichtungsabhängige Kraft ausgeübt, die die elektrischen Schwingungen des Spulenwechselstroms in mechanische Schwingungen der Membran und damit der sie umgebenden Luft umwandelt. Es sind hauptsächlich die mechanischen Eigenschaften dieses Systems, die den übertragbaren Frequenzgang bestimmen. Als Faustregel mag gelten, daß großflächige, «weich» gelagerte Membranen tiefe Töne besser abstrahlen, kleine, «hart» gelagerte dagegen die Höhen bevorzugen. Doch das ist bereits eine starke Vereinfachung. Jedes mechanische System hat wenigstens eine Eigenfrequenz. Diese Tatsache ergibt z.B. bei den kleineren Lautsprechertypen im unteren Frequenzbereich noch eine gewisse Anhebung. Man nutzt solche Erscheinungen aus, wenn es um einen möglichst guten Wirkungsgrad für einen kleineren Frequenzbereich geht. Kleinlautsprecher mit geringem Energiebedarf für einen bestimmten Lautstärkeeindruck sind in dieser Hinsicht eigentlich mehr «breitbandige Resonatoren» für den mittleren Hörbereich. Je stärker die Eigenresonanzen eines Lautsprechers gedämpft werden, um so breiter wird der wiedergegebene Frequenzbereich, um so mehr sinkt aber auch ihr elektroakustischer Wirkungsgrad.

Daher sind für die bekannten, stark gedämpften «Kompaktboxen» von Stereoanlagen z. B. 6 W keine allzu große Leistung, während 6 W, einem üblichen «Mittelton-Lautsprecher» mit Schallwand angeboten, noch auf größere Entfernung ruhestörend wirken können. Die niedrigen Schwingspulenwiderstände permanent-dynamischer Lautsprecher bedingen Anpassungsmaßnahmen an den Ausgang des jeweiligen Verstärkers. Auf dem Lautsprecher ist im allgemeinen die Impedanz vermerkt, z.B. $Z = 4\,\Omega$. Gegenüber dem Gleichstromwiderstand der Spule gilt als Faustregel $R \approx Z/1{,}25$.

Bedenkt man nun, daß eine Leistung von z.B. 0,1 VA aus 10 mA · 10 V (das entspricht 10 V/0,01 A = 1 kΩ Lastwiderstand) ebenso entsteht wie aus 100 mA · 1 V entsprechend 1 V/0,1 A = 10 Ω, so läßt sich bereits erkennen, daß ein mit 4, 6 oder 9 V betriebener Verstärker bei 10 Ω Lastwiderstand wesentlich größere Ströme aufbringen muß als bei 1 kΩ, daß dafür aber bei 10 Ω nur ein kleiner Teil der verfügbaren Spannung über dem Lastwiderstand erscheint. Abschließend sei noch darauf hingewiesen, daß auch der beste Lautsprecher infolge der Gesetzmäßigkeiten der Akustik erst dann seine Eigenschaften voll entfalten kann, wenn er in ein entsprechend dimensioniertes Gehäuse oder in eine Schallwand eingebaut wird, so daß auch die tiefen Frequenzen gut zum Ohr des Zuhörers gelangen. Allerdings ist das manchmal auch nicht erwünscht, z. B. bei Sprechanlagen.

3.7. Halbleiterbauelemente

Gegenüber der Situation des ersten *Bauplan-Bastel-Buches* (pnp-Germanium-Transistoren, Germaniumdioden; npn-Silizium-Transistoren, Siliziumdioden) hat sich das Sortiment sowohl verbessert wie auch erweitert, s. Bild 3.4. Inzwischen braucht man Germaniumbauelemente kaum noch – höchstens vielleicht, weil eine bewährte HF-Schaltung mit ihnen bestückt ist. Hier sollte auch wirklich nur, wenn es sich aus Materialgründen anbietet, ihr Einsatz in Erwägung gezogen werden, keinesfalls aber für neue Projekte. Mindestens die wegen ihrer Größe nicht zu vernachlässigenden Restströme, mit der Temperatur außerdem stark steigend, und die begrenzte maximale Betriebstemperatur an sich sprechen dagegen. Auch das einige Zeit lang akzeptierbare Argument bezüglich der Zonenfolge ist überholt. Nachdem bereits einige Jahre pnp-Siliziumtypen aus stabilen Importlieferungen verfügbar waren, gibt es nun auch ein gutes Sortiment aus Inlandproduktion.

Neben diese «bipolaren» Transistoren trat jedoch schon bald der «unipolare» MOS-Feldeffekttransistor, zunächst als ungeschützte und darum gegen statische Elektrizität (Aufladungen!) sehr empfindliche Ausführung als n-Kanal-Verarmungstyp, später mit p-Kanal-Anreicherungstypen, die zum Teil mit Schutzdioden ausgerüstet waren. Abbilder beider Basistechnologien führten auch zu den «Familien» bipolarer Digital- und Analogschaltungen und unipolarer Digitalschaltkreise.

3.7.1. Zur Wirkungsweise bipolarer Halbleiterbauelemente

Die Wirkungsweise von bipolaren Halbleiterbauelementen beruht auf dem Verhalten des pn-Übergangs. Dieser hat nämlich einen ganz verschiedenen Widerstand, je nachdem, wie die anliegende Spannung gepolt ist. Im Idealfall sperrt er völlig, wenn an der p-Seite negative Spannung liegt, und er ist bei positiver Spannung an der p-Seite geöffnet.

Zwei dicht nebeneinanderliegende pn-Übergänge, z. B. in der Reihenfolge pnp, lassen sich als Verstärker ausnutzen, denn schickt man durch den einen Übergang einen Strom, so vermag dieser bei entsprechend behandelter Mittelzone die «Durchlässigkeit» des anderen Übergangs zu verändern. Jeder der drei Bereiche hat einen Anschluß nach außen. In der Reihenfolge pnp (bzw. npn) nennt man sie Emitter, Basis, Kollektor. Am Kollektor wird in den meisten Anwendungsfällen das verstärkte Signal abgenommen. Eine ideale Diode läßt in Sperrichtung keinen Strom fließen, während sie in Durchlaßrichtung dem Strom keinen Widerstand entgegensetzt. Ein idealer Transistor zeigt erst Kollektorstrom, wenn (bei anliegender Kollektorspannung) eingangsseitig ein Strom fließt. Ideale Bauelemente gibt es jedoch nicht; daher versucht der Hersteller, alles gering zu halten, was der Wunschfunktion zuwiderläuft. Der Anwender dagegen bemüht sich, nachteilige Effekte zu kompensieren. Beides hat ökonomische Grenzen.

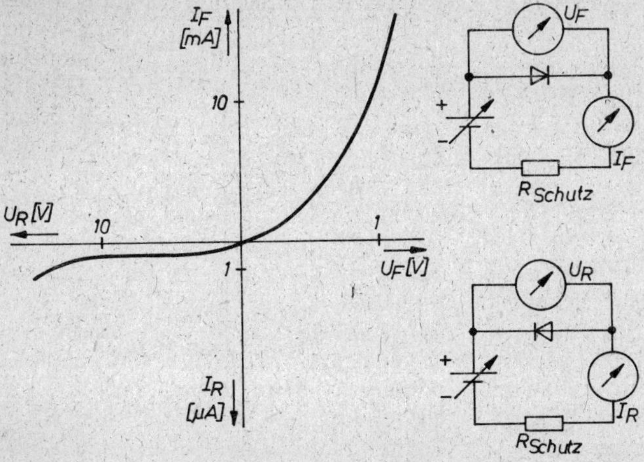

Bild 3.2
Diodenkennlinie in Durchlaß- und Sperrichtung mit typischen Werten für Si-Dioden sowie Schaltungen zu ihrer punktweisen Aufnahme

Man kann ein Bauelement, abhängig von seiner Größe und von der zulässigen Eigentemperatur, mit einer bestimmten Leistung belegen. Eine Diode, bei der in Durchlaßrichtung ein bestimmter Spannungsabfall entsteht, erwärmt sich durch diese Verlustleistung, ausgedrückt durch das Produkt aus Spannungsabfall und Durchlaßstrom. Die Kennlinie einer Diode (Bild 3.2) zeigt, daß diese Leistung vom Durchlaßstrom abhängig ist. Der unerwünschte Sperrstrom der «realen Diode» wiederum verursacht im Produkt mit der wesentlich höheren Sperrspannung ebenfalls eine nicht vernachlässigbare Erwärmung. Man hat also im Einsatz darauf zu achten, daß die Summe beider Leistungen unterhalb der zulässigen bleibt, bzw. man muß die Diode (den Gleichrichter) entsprechend kühlen. Sperrspannung und Durchlaßstrom hängen unmittelbar von den durch die Oberfläche und die Bauform bedingten Wärmeeigenschaften der Diode ab.

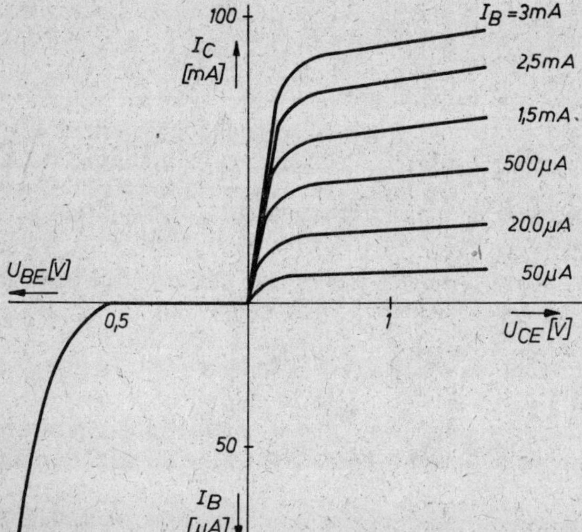

Bild 3.3
Kennlinien bipolarer Transistoren: Ausgangskennlinie rechts oben, Eingangskennlinie links unten mit typischen Werten für Si-Kleinleistungstypen

Auch die Ausgangsdiode des Transistors zeigt einen solchen Sperrstrom, der schon bei einer recht geringen Kollektorspannung unabhängig von dieser ist (ähnlich wie bei der Diode), bis er infolge der Aufheizung durch das Produkt von Sperrstrom und Kollektorspannung immer mehr ansteigt oder auch für zu hohe Kollektorspannungen in einen Durchbruchstrom übergeht. Das Besondere an dem Sperrstrom eines pn-Übergangs ist seine Temperaturabhängigkeit. Erst dadurch kann er, bei den meisten Typen zunächst kaum meßbar, auch bei Siliziumbauelementen in Grenzfällen Probleme bringen. Sein Wert verdoppelt sich etwa je 5 K Temperaturerhöhung. So können auch Nanoampere irgendwann zu spürbaren Mikroampere werden! Je nach Grundschaltung spricht man von den Restströmen I_{CBO} oder I_{CEO}. Der erste tritt in Basisschaltung auf und ist der Sperrstrom der Kollektor-Basis-Diode, der zweite (etwa um den Stromverstärkungsfaktor dieser Schaltungsart größer) in Emitterschaltung. Durch geeignete Maßnahmen (Widerstand zwischen Basis und Emitter) kann man seinen Wert dem der Basisschaltung nähern. Bild 3.3 zeigt das typische Ausgangskennlinienfeld eines modernen Siliziumtransistors, bei dem der Reststrom aus Maßstabsgründen gar nicht mehr darstellbar ist. Im Kollektorstromkreis befindet sich in vielen Fällen ein ohmscher Widerstand. An diesem soll die verstärkte Wechselspannung abfallen. Deren Scheitelwert kann aber nur so groß sein, wie es der Arbeitspunkt bei einer bestimmten Kollektorgleichspannung zuläßt. Dieser soll bei Großsignalaussteuerung in der Mitte des aussteuerbaren Bereichs liegen. Der Bereich wiederum wird nach oben von der Kniespannung (linker Anstieg der Kennlinienschar) begrenzt.

Neben der Ausgangskennlinie ist für das Verständnis des Transistors in der

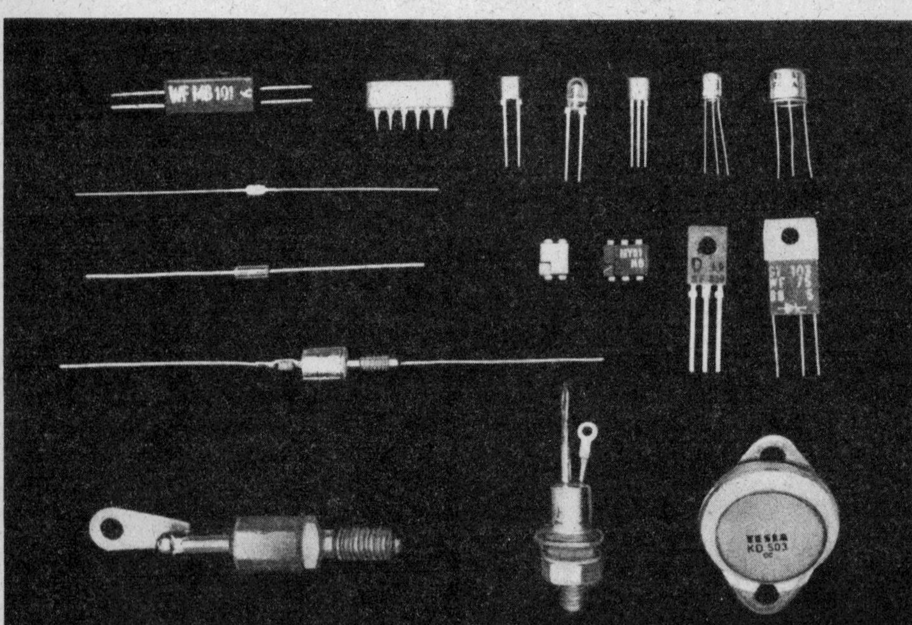

Bild 3.4 Bauformen moderner Halbleiterbauelemente (Dioden, Transistoren, Thyristoren, Triacs)

Schaltung noch die Eingangskennlinie von Bedeutung. Sie entspricht der einer Diode in Durchlaßrichtung. Das heißt, daß ein merklicher Basisstrom (der dann – mit dem Wert der Stromverstärkung multipliziert – als Kollektorstrom auftritt) erst bei einigen hundert Millivolt Basis-Emitter-Spannung fließt. Wechselspannungsverstärkern wird daher – außer in speziellen Koppelschaltungen – über einen Widerstand oder Spannungsteiler (dieser in Verbindung mit einem Widerstand im Emitterzweig) ein Arbeitspunkt durch einen bestimmten Basisstrom gegeben.

Seine Wirkung kann wiederum aus dem Ausgangskennlinienfeld abgelesen werden, indem die Widerstandsgerade des Lastwiderstands eingetragen wird. Auch die Eingangskennlinie ist – ebenso wie der Wert der Stromverstärkung – von der Temperatur abhängig. Um etwa 2 mV/K wird die für einen bestimmten Basisstrom erforderliche Basisspannung bei Temperaturerhöhung geringer. Dieses Effekts bedient man sich gern für Temperaturmeßfühler. In Sperrichtung läßt sich die Basis-Emitter-Strecke bei entsprechender Leistungsbegrenzung durch einen Widerstand bisweilen sogar als Z-Diode nutzen, da diese «kontrollierbar» durchbricht. In normalen Schaltungen muß, z. B. mit einer antiparallel gelegten Diode, ein solcher Durchbruch bei zu hoher Eingangs-Sperrspannung verhindert werden.

3.7.2. Zur Wirkungsweise unipolarer Halbleiterbauelemente

Das soeben beschriebene Eingangsverhalten bipolarer Transistoren ist eines der Charakteristika, durch die man unipolare Transistoren von ihnen unterscheiden kann. Diese Aussage darf aber nicht «absolut» genommen werden. Das bedingen die bei MOSFETs oft vorhandenen Schutzdioden und bei Sperrschicht-FETs die nötigen Maßnahmen für das gewünschte Eingangsverhalten. Letztgenannte bleiben, da in Bauplänen bisher nicht verwendet und auch nur aus Importen verfügbar, hier ausgeklammert.

Metalloxid-Feldeffekttransistoren sind unipolare Bauelemente, denn statt der pn-Übergänge z. B. bei den bipolaren Transistoren durchfließt bei ihnen der (gesteuerte) Strom einen Kanal bestimmter Leitfähigkeit (p- oder n-dotiert, also Löcher oder Elektronen als Ladungsträger) ohne irgendwelche Sperrschichten. Eine gegenüber diesem Kanal durch eine sehr dünne Siliziumoxidschicht isolierte Steuerelektrode beeinflußt die Leitfähigkeit dieses Kanals je nach der an ihr anliegenden Spannung durch den sogenannten Feldeffekt. Daher fließt im Eingangskreis kein Strom – es liegt leistungsfreie Steuerung vor.

Die Steuerelektrode heißt **Gate**, die gemeinsame Elektrode für Ein- und Ausgangskreis ist im allgemeinen das Source **(Quelle)**, und das verstärkte Signal wird am Drain **(Senke)** abgenommen. Somit könnte man (stark vereinfacht) im Vergleich zum normalen Transistor **Gate** (G) – Basis, **Source** (S) – Emitter und **Drain** (D) – Kollektor zuordnen. Dem Trägerkristall selbst muß ebenfalls ein Potential zugeführt werden. Sein Anschluß heißt Bulk (B). Im einfachsten Falle liegt er am **Source**, bei den z. Z. handelsüblichen Typen aber immer an der am wenigsten negativen Betriebsspannung. Der Kanal ist bei den derzeit erhältlichen MOS-Transistoren (außer *SM 103/104*) und -Schaltkreisen p-dotiert und wird durch eine negative Steuerspannung am **Gate** leitfähig. Man nennt sie darum Anreicherungstypen mit p-Kanal. (Daher Symbol für «Ruhezustand»: unterbrochene Linie!) Prinzipiell läßt sich die Flußrichtung des sich ergebenden Stroms im Kanal umkehren. Durch die Zuordnungen G–S Steuerkreis und D–S Ausgangskreis erhält aber im allgemeinen G negative Steuerspannungen und D negative Betriebsspannung.

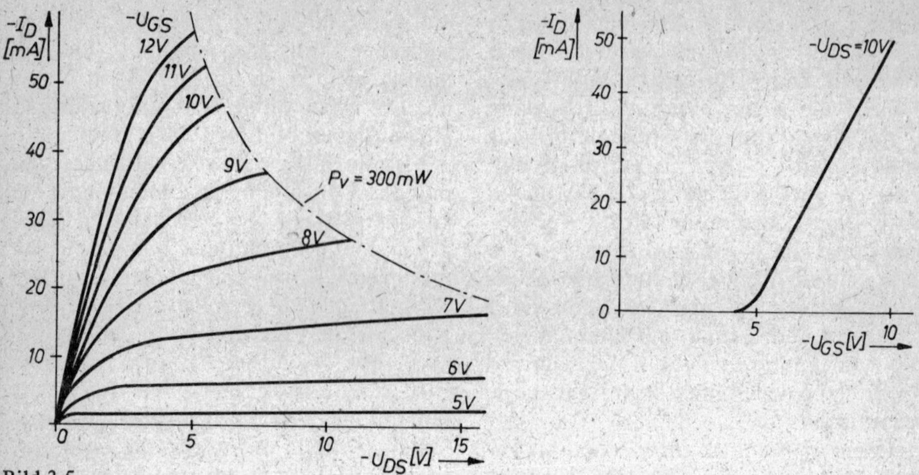

Bild 3.5
Kennlinien unipolarer Transistoren: a – Ausgangskennlinien; b – Eingangs-Ausgangskennlinie (Beispiel: *SMY 52*)

Bild 3.5 zeigt ein typisches Kennlinienfeld eines solchen Transistors, aus dem sich die Besonderheiten dieser Typengruppe erkennen lassen. Neben den p-Kanal-Anreicherungstypen werden auch n-Kanal-Verarmungstypen produziert *(SM 103/104)*. Demgemäß ist die Zuordnung der Polaritäten der Spannungen in den Schaltungen anders.

Durch die Nutzung des Feldeffekts für Digitalschaltkreise hat sich die Bedeutung der Unipolartechnik erheblich vergrößert. Zu solchen Schaltkreisen enthält das vorliegende Buch in Abschnitt 7. eine Reihe von Beispielen. Dort wird auch noch auf einige zum Verständnis nötige Zusammenhänge eingegangen.

3.7.3. Z-Dioden

Z-Dioden nehmen unter den bipolaren Halbleiterbauelementen eine Sonderstellung ein. Je nach der Höhe der Z-Spannung arbeiten sie nach zwei in ihrer Wirkung ähnlichen physikalischen Effekten. Im Ergebnis erhält man Kennlinien gemäß Bild 3.6.

Bei einer bestimmten Sperrspannung wächst der Sperrstrom stark an, ohne daß die Spannung sich noch wesentlich ändert. Bei Erreichen der gestrichelten Linie wird die zulässige Grenzleistung in der Sperrschicht umgesetzt; Überschreiten bedeutet Zerstörung. Die Linie gilt bei entsprechender Kühlfläche; anderenfalls verschiebt sie sich nach oben. Aus der Kennlinie erkennt der Fortgeschrittene Einsatz- und Prüfmöglichkeiten.

Bei der Prüfung Spannung langsam «hochfahren» und Strom laufend beobachten. Bei Erreichen der Z-Spannung am besten nur noch einen niederohmigen Feinsteller benutzen; mit Schutzwiderstand Strom begrenzen. (Schutzwiderstand etwa $[U_{Batt}\text{-}U_Z]/\ I_{max}$; I_{max} ist der Strom, bei dem die Kennlinie die gestrichelte Leistungshyperbel erreicht.) In Schaltungen zur Spannungsstabilisierung, für die Z-Dioden verwendet werden, ist der Vorwiderstand ebenfalls so zu dimensionieren, daß bei Lastausfall höchstens I_{max} fließen kann. Einsatzbereich und Schaltungstechnik der Z-Diode sind sehr vielfältig. Ihr Haupteinsatzgebiet ist die Stabilisierung von Betriebs-

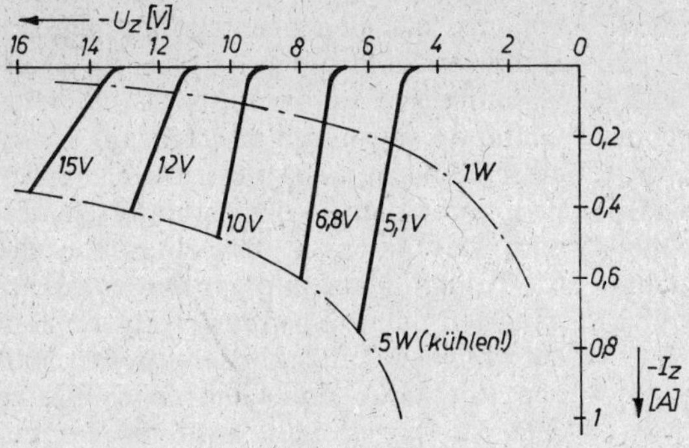

Bild 3.6
Z-Dioden-Kennlinien mit Beispielen (Serie *SZ 600*) und Verlustleistungshyperbeln

spannungen direkt oder in Form von «Referenzspannungsquellen» in Transistorspannungsreglern. Bei der Dimensionierung sind auch die möglichen Schwankungen der Eingangsspannung zu berücksichtigen!

3.7.4. Thyristoren und Triacs

Thyristoren und Triacs sind Leistungsschalter-Bauelemente mit pn-Mehrschicht-Struktur. Über eine Steuerelektrode (Gate) werden Standardtypen mit Strömen von einigen zehn Milliampere bei Steuerspannungen um 3 V in wenigen Mikrosekunden gezündet. Dann kann die Steuerseite abgeschaltet werden. Liegt das System an Gleichspannung, fließt der einmal ausgelöste Strom im Hauptstromkreis durch den dort angeschlossenen Verbraucher ständig. Einige Ampere Dauerstrom sind für solche Typen normal. Unterhalb 50 mA (Richtwert) schaltet das Bauelement jedoch wieder ab. Das geschieht, wenn die Last zu hochohmig ist oder wenn die Spannung im Hauptstromkreis entsprechend absinkt oder sich gar umkehrt. Das heißt: Bei Wechselspannung ist in jeder Periode Neuzünden nötig. Dafür gibt es spezielle Zündschaltungen, um dennoch den Steuerenergiebedarf klein halten zu können. Während nun Thyristoren nur bei positiver Anodenspannung (und bei positivem Steuerimpuls) leiten, bei negativer aber blockieren, leiten Triacs bei periodischer Ansteuerung in beiden Richtungen, wobei die Steuerimpulspolarität höchstens den Zündpunkt, nicht aber die Zündung selbst beeinflußt. Das schafft diesen Bauelementen schaltungstechnisch erheblichen Spielraum. Triacs gibt es leider nur aus Importen; als Bauplanobjekte

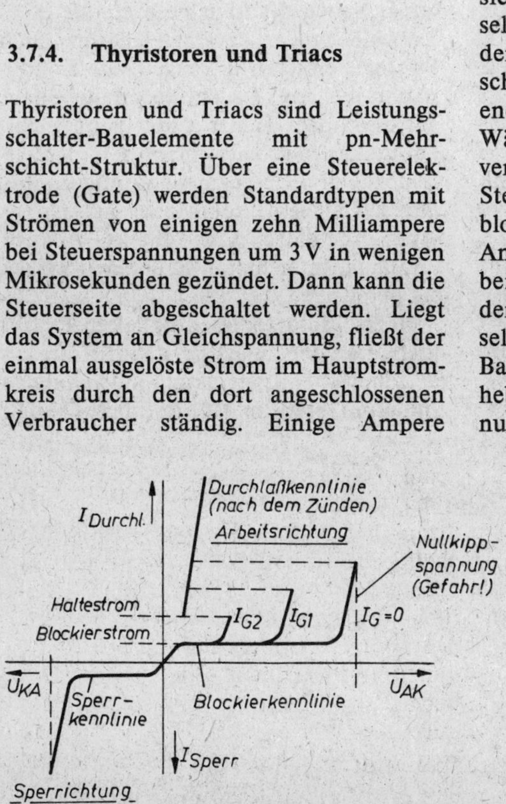

Bild 3.7
Thyristor-Kennlinien

wurden sie daher bisher ausgeklammert. Thyristoren der Inlandreihe *ST 103*, besonders in den preisgünstigen Niederspannungstypen, sind dagegen schon mehrfach in Bauplänen behandelt worden. Daher zeigt Bild 3.7 ihr grundsätzliches Kennlinienverhalten. Durch vorgeschaltete Brückengleichrichter kann ein Thyristor ebenfalls beide Halbwellen einer Wechselspannung schalten.

3.7.5. Festkörper-Anzeigebauelemente

«Klassisches» Anzeigebauelement war die Glühlampe. Hoher Energiebedarf, kleine Lebensdauer (wenn nicht unterhalb ihrer Nennwerte betrieben) und ein bis zum Zehnfachen den Betriebsstrom übersteigender «Kaltstromstoß» waren ihre Nachteile. Nur dort, wo sie ihren Ursprungszweck erfüllen soll, nämlich Licht zu spenden zur Beleuchtung, hat sie daher in Bauplanvorhaben noch Bedeutung. Grenzfälle ergeben sich, wo ein intensives optisches Signal benötigt wird, etwa bei «optischen Klingeln» für Hörgeschädigte oder bei Leuchtbaken zur Verkehrssicherung. Ihre Steuerung übernehmen, wo immer das möglich ist, heute nicht mehr Transistoren, sondern Thyristoren und Triacs.

Gegenüber Glühlampen u. ä. zeichnen sich Lichtemitteranzeigen (Leuchtdioden) durch mehrere positive Eigenschaften aus. Sie sind ebenfalls als bipolare Halbleiterbauelemente anzusehen. Stoffverbindungen auf der Basis des Elements Gallium ergeben am pn-Übergang Lichterscheinungen, wenn sie in Durchlaßrichtung von einem Strom durchflossen werden. Das geschieht bei einer von der Stoffkombination und der Dotierung abhängigen Schwellspannung. Für die handelsüblichen Leuchtdioden in den Farben Rot, Grün und Gelb gelten die in Bild 3.8 dargestellten mittleren Kennlinien. Es gibt also keinen Einschaltstromstoß, und die nötigen Betriebsströme liegen in einem Bereich, den jeder Kleinleistungstransistor schafft. Auch auf «L» liegende TTL-Schaltkreisausgänge vermögen so Leuchtdioden zu treiben.

Unbedingt nötig ist wegen des Diodencharakters dagegen eine Strombegrenzung. Neben der trivialen Methode eines Vorwiderstands kommen dafür auch Stromgeneratoren in Frage. Eine Kombination mehrerer Leuchtdioden auf einem gemeinsamen Träger führt zum Lichtemitter-Anzeigebauelement, z. B. der Ziffernanzeige in 7-Segment-Konfiguration. Diese Bauelemente haben inzwischen eine erhebliche Einsatzbreite erlangt; und auch in mehreren Bauplänen wirken sie bereits mit.

Beim Einsatz dieser Bauelemente ist nicht nur der zulässige Impulsstrom zu beachten (bei Ansteuerung mit schmalen Impulsen, etwa im Multiplexbetrieb, darf

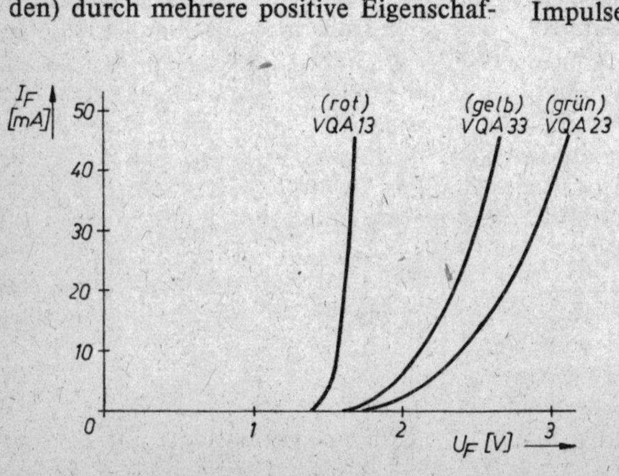

Bild 3.8
Kennlinien von Leuchtdioden

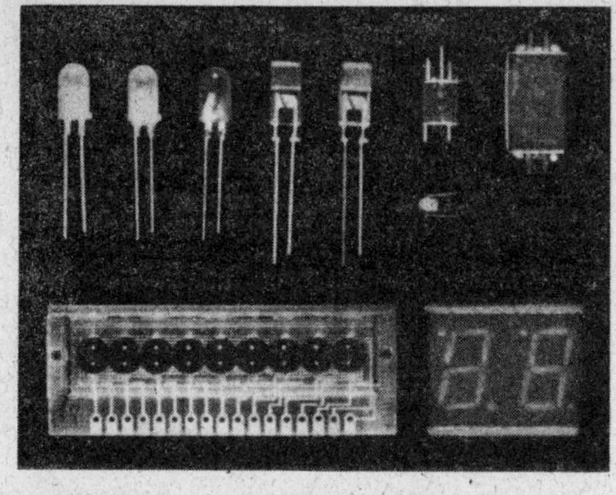

Bild 3.9
Lichtemitter-Anzeigebauelemente

er wesentlich größer sein), sondern man muß auch die Temperaturabhängigkeit der Durchlaßkennlinie sowie die begrenzte Sperrspannung (meist unter 5 V) berücksichtigen. Bild 3.9 zeigt Bauformen von Lichtemitter-Anzeigebauelementen.

3.8. Kaltkatodenanzeigeröhren

Das andere Extrem bei Anzeigebauelementen, die inzwischen veraltete gasgefüllte dekadische Ziffernanzeigeröhre, hatte vorübergehend für den Amateur noch einige Bedeutung. So waren auch ihr zwei Baupläne gewidmet. Ihre Einsatzprobleme liegen bei der hohen nötigen Betriebsspannung (um 200 V, wenn auch nur mit wenigen Milliampere) und bei der Notwendigkeit, Zählinformationen in «1 aus 10» auszugeben. Integrierte Dekoder dafür gibt es jedoch nur aus Importen, und mit Einzeltransistoren zu arbeiten, bedingt relativ hohen Aufwand. Das Prinzip der Ziffernanzeigeröhre besteht darin, daß einer durchsichtigen, aus einem Drahtnetz gebildeten Anode hintereinander die zehn Ziffernsymbole (oder auch andere Zeichen) als Katoden gegenüberstehen. Jede Katode kann einzeln an Masse (Minus) gelegt werden. Das übernehmen die entsprechend spannungsfesten Ausgänge eines 1-aus-10-Dekoders (z. B. *MH 74141*) oder Transistoren vom Typ *SS 202*. In der in den Bauplänen 40 und 44 enthaltenen Digitaluhr gelang es nun durch Einsatz von Schieberegister-Schaltkreisen in Verbindung mit solchen Transistoren, zu einer im Aufwand noch vertretbaren Kombination von Zähler und dekadischer Ausgabe (realisiert durch *D195* und *D174*) zu gelangen.

Im vorliegenden Buch wurde jedoch darauf verzichtet, diese Uhr nochmals vorzustellen. Dagegen erscheint es nicht uninteressant, Ziffernanzeigeröhren etwa in Verbindung mit dem inzwischen auch Amateuren bald zugänglichen CMOS-Dekadenzähler *4017* und mit *SS 202* zu einer «zählenden Anzeige» für Meßgeräte oder Uhren zu kombinieren. Auch der schon erhältliche 4-Bit-zu-1-aus-10-Dekoder *V 4028 D* in CMOS-Technik bietet solch eine Möglichkeit. Jedenfalls fällt damit die Ziffernanzeigeröhre (bedingt) unter jene Bauelemente, die unter Bauplanbedingungen durchaus noch nicht beiseitegelegt werden sollten, auch wenn sie die Industrie längst nicht mehr für Neuentwicklungen benutzt. Unter den gegenwärtigen Bedingungen, denen sich der Amateur bezüglich Beschaffbarkeit (und Preis) moderner großer Lichtemitteranzeigen gegenübersieht, erschien es daher gerechtfertigt, auf die Ausweichmöglichkeiten bei entsprechender Schaltungstechnik zumindest hinzuweisen. Bild 3.10 zeigt aus diesem Grunde die Struktur einer Anzeigeeinheit mit einer üblichen *Z 570 M*, deren Katoden von 10 Miniplasttransistoren *SS 202* aktiviert werden, und die beiden möglichen Ansteuerungen bei «1 aus 10»: emitterseitig, wenn z. B. *D-195*-Steuerung vorliegt (also «aktiv-Low»), basisseitig dagegen von einem CMOS-Dekadenzähler *4017* aus.

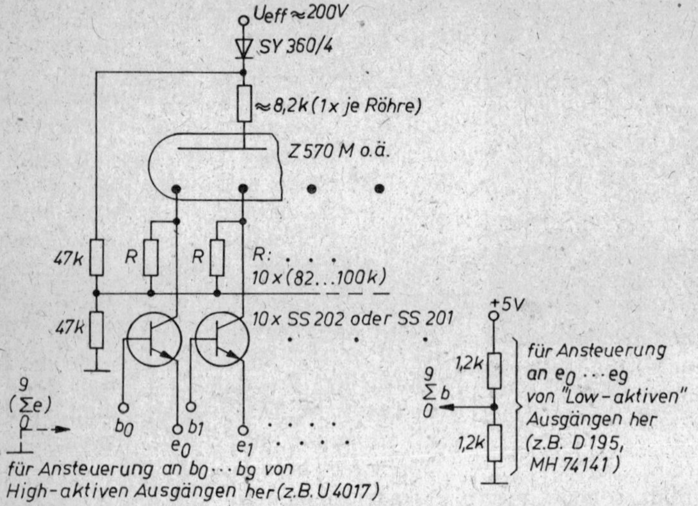

Bild 3.10
Anzeige mit Kaltkatoden-Anzeigeröhre und mit zwei Ansteuermöglichkeiten

3.9. Umgang mit integrierten Schaltkreisen

Mit dem Einsatz integrierter Schaltkreise löst sich der Amateur notwendigerweise von vielem, was die Einzeltransistortechnik noch von ihm verlangte. Die «blackbox»-Methode ist aber gleichzeitig der Ausgangspunkt dafür, in ihrer Wirkung umfangreicher werdende Schaltungen schnell zu übersehen.

Gehäuseform und Anschlußbild sind unentbehrliche Informationen über einen integrierten Schaltkreis. Die Kenntnis der Einzelheiten des «Innenlebens» tritt immer mehr hinter die Frage zurück, welches Ausgangssignal zu erwarten ist, wenn dem Eingang eine definierte Information zugeführt wird. Auch bei der Analogtechnik vollzieht sich der Trend zu einem höheren Integrationsgrad, d. h. zu einer komplexeren Verknüpfung von komplizierten Teilfunktionen auf einem Halbleiterchip. («Analog»: Das Ausgangssignal ist – in gewissen Grenzen – ein getreues Abbild des Eingangssignals; es gibt keine Sprünge.) Selbst für einen gut vorgebildeten Amateur sind solche Innenschaltungen, bis zum einzelnen Funktionselement aufgelöst, meist nicht mehr überschaubar. Deshalb ist es sinnvoll, eine Darstellung in Form eines Übersichtsschaltplans («Blockdarstellung») zu wählen. Bei einfacheren Schaltkreisen wird die Innenschaltung dagegen oft noch mit angegeben. Beide Varianten haben nur informativen Zweck. Bei der weiteren Betrachtung der Anschlußbilder ist zu beachten, daß sie grundsätzlich mit dem Blick auf die Oberseite dargestellt sind. Das hat praktische Gründe und muß vom Amateur beim Leiterplattenentwurf berücksichtigt werden. Nur so ist die Typenbezeichnung lagerichtig lesbar, wobei die Gehäusemarkierung in Form einer Aussparung auf der Oberfläche (Rechteckform, runde und in Zukunft halbrunde Vertiefung) nach links zeigt. Die Eigenschaften und Einsatzbedingungen der einzelnen Typen werden durch die Angabe der Grenz- und Kennwerte beschrieben, Grenzwerte charakterisieren die Betriebsbedingungen, bei denen das Bauelement betrieben werden darf. Ein Über- oder auch Unterschreiten dieser Werte kann das Bauelement sofort zerstören und ist daher unbedingt zu vermeiden.

Kennwerte charakterisieren die Eigenschaften des Bauelements. Sie lassen sich in typspezifischen Meßschaltungen messen und werden in Form von Daten bzw. Kurven dargestellt. Sie unterteilen sich in Garantiewerte (Minimal- bzw. Maximalwerte) und in typische Werte (Mittelwerte, die Exemplarstreuungen unterliegen). Bei der Darstellung der einzelnen Typen werden entsprechende Anwendungshinweise zur Applikation gegeben, die unbedingt beachtet werden müssen.

Beim Umgang mit Halbleiterbauelementen ist darauf zu achten, daß keine äußeren unzulässigen Einflüsse (mechanisch, thermisch o.ä.) direkt oder indirekt auf die Bauelemente einwirken können. Äußere Überbeanspruchungen können dazu führen, daß außer direkten mechanischen Unterbrechungen der zum Kristall führenden Zuleitungen die hermetisch abgeschlossenen Halbleiterbauelemente undicht werden und somit äußere klimatische Einflüsse sofort oder in der Folgezeit auf die Oberfläche einwirken können. Dadurch sind die Bauelemente dann nicht mehr funktionstüchtig.

3.9.1. Einbauhinweise für bipolare Schaltkreise

Beim Einbau der Schaltkreise ist folgendes zu beachten:

- Zug- und Druckkräfte in Richtung der Anschlüsse dürfen 5 N für das gesamte Bauelement sowie bis zu 1 N für jeden einzelnen Anschluß nicht überschreiten. Die Kräfte müssen am Gehäuse großflächig angreifen.
- Torsionskräfte, die auf die Anschlüsse wirken, sind nicht zugelassen.
- Der Winkel der Anschlüsse darf für Schaltkreise im Plastgehäuse nur beim Einbauen innerhalb des Bereichs von 90 bis 105° verändert werden.
- Die Anschlüsse dürfen maximal bis zu den Aufsetzkanten in die Bohrungen der Leiterplatte gesteckt werden.
- Die Schaltkreise sind nicht in der Nähe von wärmeerzeugenden Bauteilen anzuordnen, wenn dabei die zulässigen Grenzwerte der Umgebungstemperatur für den elektrischen Betrieb überschritten werden.

Die Kühlfahnen der älteren Ausführung des *A211D* sind nur zum Zweck des Einbauens in die dafür vorgesehenen Lötschlitze innerhalb eines Winkels zwischen 90 und 105° zu richten. Biegen der Kühlfahnen in die Horizontale ist nicht zulässig. Die Kühlfahnen des *A210D* (E) darf man weder thermisch noch mechanisch belasten. Sie dürfen innerhalb eines Winkels von ±8° gerichtet werden. Ein weiteres Verbiegen aus der Horizontalen ist unzulässig. Auf diesen Kühlfahnen darf man nicht löten. Hinsichtlich der Einbaulage ist bei diesen beiden Typen zu beachten, daß sich der Wärmewiderstand bei Montage auf einer senkrechten Leiterplatte mit waagerechter Lage der Kühlrippen des Schaltkreises und bei der Montage der Bauelemente auf der Unterseite der Leiterplatte um 20% erhöht. Lassen sich diese Einbaulagen nicht vermeiden, muß man entweder die Verlustleistung entsprechend dem um 20% höheren Wärmewiderstand verringern oder die Wärmeabfuhr verbessern.

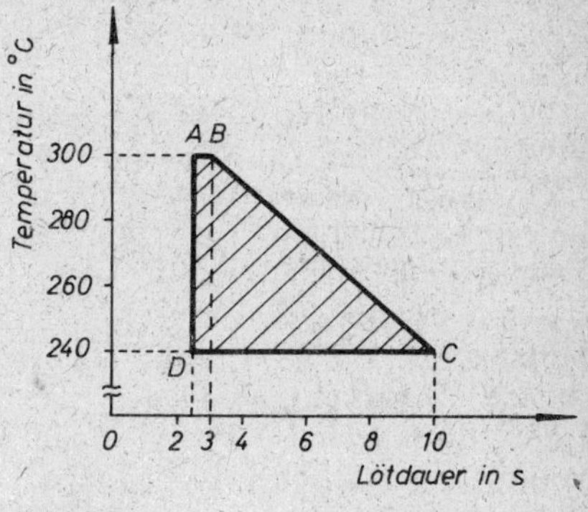

Bild 3.11
Lötdauer und Löttemperatur von Schaltkreisen sind so zu wählen, daß die Schnittpunkte dieser Größen im schraffierten Bereich liegen

Die Lötparameter müssen innerhalb der schraffierten Fläche nach Bild 3.11 liegen. Dabei stellt die obere Grenzkurve ABC die Lötwärmebeständigkeit dar. Der Punkt D ergibt sich aus den Werten der Lötbarkeit. Daraus abgeleitet ergeben sich die Linien AD und DC. Die Löttemperatur ist die Temperatur der Lötkolbenspitze und die Lötdauer die Zeit, in der ein direkter thermischer Kontakt der Lötstelle mit der Wärmequelle (Lötkolben) besteht. Die Anschlüsse der Bauelemente dürfen vor und während des Einbauens nicht verunreinigt werden. Anschlüsse nicht mit bloßen Händen berühren! Der Lötkolben muß ordnungsgemäß geerdet sein; an der Schaltung dürfen also beim Löten auch keine Spannungen anliegen. Die verwendeten Flußmittel sollen nicht korrodierend wirken. Mehrfaches Ein- und Auslöten ist zu vermeiden. Zur Reparatur können die IS jedoch einmalig wiederverwendet werden. Sowohl beim Auslöten als auch bei erneutem Einlöten sind die in den Einbau- und Lötvorschriften angegebenen Werte unbedingt einzuhalten.

3.9.2. Besonderheiten unipolarer Schaltkreise

Die im folgenden genannten Vorsichtsmaßnahmen gelten gleichermaßen für MOS-Transistoren und treffen selbstverständlich sowohl auf die «klassische» Hochvolt-MOS- als auch auf die moderne CMOS-Technik zu, wenn auch inzwischen weiter verbesserte Schutzmaßnahmen unbeabsichtigtes Zerstören dieser Bauelemente immer weniger wahrscheinlich machen.

Bereits vom Hersteller wird durch entsprechende Verpackung vermieden, daß MOS-Bauelemente mit höheren Spannungen, die von statischen Aufladungen stammen, in Berührung kommen. Gefaltete Aluminiumblechstreifen, auf deren erhöhte Teile die Schaltkreise mit ihren beiden Anschlußreihen gesteckt werden, haben sich als brauchbare Aufbewahrungsart erwiesen. Es empfiehlt sich, die Schaltkreise dort bis zum Einsatz zu lassen oder mindestens beim Kauf in Aluminiumfolie zu packen, die vorher mit dem Verpackungsmetall in Kontakt gebracht werden muß (Potentialausgleich des «Umpackers» mit beiden Verpackungen!). Eine leitfähige Arbeitsunterlage, die geerdet ist bzw. mindestens in ständigem Kontakt mit dem steht, der den Schaltkreis schließlich doch aus der Verpackung nehmen und einbauen muß, ist eine Grundforderung für einen bezüglich MOS-Technik unbedenklichen Arbeitsplatz. Isolierende Unterlagen (Kunststoff, Glas, Holz) sind ungeeignet. Der Amateur arbeitet z. B. auf Haushalt-Alufolie, auf einer Blechplatte oder auf kupferkaschiertem Basismaterial. Dadurch, daß man die metallische Schaltkreisverpakkung mit auf diese Unterlage legt, ergibt sich automatisch ein Potentialausgleich. Auch durch zweckmäßige Kleidungsstücke und Sitzmöbel läßt sich viel Schaden verhindern. Man meide Dederon und ähnliche Stoffe, die zu statischen Aufladungen neigen, und wähle z. B. Baumwollkleidung sowie Holzstühle mit normalen Stoffbezügen.

Beim Einsetzen in die Leiterplatte, die vorher ebenfalls mit der «Arbeitsplatz-Masse» in Berührung gebracht worden war, sollte das Berühren der Schaltkreisanschlüsse vermieden werden. Da viele Schaltkreise jedoch – Industriebedingungen nicht widersprechend – etwas nach außen gespreizte Anschlüsse haben, muß man diese vorher in die Sollage bringen, also rechtwinklig nach unten. Dazu legt man nacheinander den Schaltkreis mit jeder Anschlußseite auf die leitende Unterlage und biegt vorsichtig alle Anschlüsse dieser Seite etwas zum Körper hin. Der Lötkolben ist leitend mit der Arbeitsunterlage zu verbinden, wobei sich das vorrangig auf die Spitze selbst bezieht. Zunderschichten können isolieren und zu unkontrollierten Potentialen der Lötkolbenspitze führen, denn statische Aufladungen haben viele Ursachen! Man geht sicher, wenn die Lötkolbenspitze vor dem Löten nochmals kurz mit der Metallunterlage in Berührung gebracht wird.

Bei späteren Arbeiten an der Schaltung stets zuerst alle Eingangsspannungen, danach erst die Betriebsspannung abschalten und Masseanschluß der Schaltung mit Arbeitsfläche verbinden. Bei steckbaren Leiterplatten schließt man bis zum Einsatz alle Stecker untereinander kurz. Bauelemente, die mit Kurzschlußklammern geliefert werden, wie etwa der nicht mit Gateschutzdioden ausgerüstete *SMY60*, müssen diese bis zum Einbau in die Schaltung behalten. Die Summe all dieser Vorsichtsmaßnahmen mag zunächst etwas abschrecken. Wer aber einmal die Vorzüge der MOS-Technik kennengelernt hat – sei es in Form von CMOS- oder von hochintegrierten pMOS-Schaltkreisen –, der unterzieht sich angesichts der erreichbaren Wirkungen gern diesen kleinen Mühen.

3.10. Ökonomischer Einsatz von Bauelementen

Durch das schnelle Wachstum unserer elektronischen Industrie bedingt, kann manchmal der Bedarf der Amateure an Bauelementen nicht immer und überall völlig gedeckt werden. «Gebastelt» wird von den zahlreichen Elektronikamateuren unserer Republik stets und überall in starkem Maße. Eine umfangreiche Amateurelektronikliteratur bringt dazu laufend neue Anregungen. Leider sind diese – von einigen Ausnahmen abgesehen – meist so gehalten, daß sie zu Einzweckschaltungen führen, die man dann oft nicht wieder einsetzt, wenn das Interesse für diese Anwendung vorbei ist oder wenn etwas nicht geklappt hat. Die nächste Publikation, wenn sie ähnliche Bauelemente erfordert, zwingt beim Nachbau zur Demontage. Dabei ist Vorsicht geboten. Systematisch geht man so vor:

Schritt 1. Alles zusammentragen, was aufgebaut ist, aber nicht mehr verwendet wird, z. B. «Brettschaltungen».

Schritt 2. Mit Lötkolben und notfalls Seitenschneider sind vorsichtig alle Bauelemente aus den Schaltungen zu entfernen. Dabei beachte man die Wärmeempfindlichkeit besonders von Elektrolytkondensatoren und biege keinen Anschluß mehr als notwendig. (Bruchgefahr – man weiß nie, wie oft er vorher schon gebogen worden ist!)

Schritt 3. Die gewonnenen Bauelemente werden sortiert und ihre Anschlüsse vorsichtig gerichtet, soweit für den neuen Einsatz erforderlich (dazu den jeweiligen Bestückungsplan beachten). Ein Bauelement läßt sich so lange verwenden, wie man – ohne es thermisch zu beschädigen – seine Anschlüsse mit Schaltdraht entsprechenden Durchmessers verlängern kann. Selbstverständlich muß bei Einbau solcher Bauelemente aufgepaßt werden, daß sich das angesetzte Stück beim Löten nicht unbemerkt löst. Im allgemeinen vermeidet man bekanntlich solches «Anstückeln». Für den Neubau wird die jeweils vom Volumen her noch mögliche Variante aus Bild 3.12 ausgewählt (Reihenfolge vom Sicheren zum Einfachen am Beispiel von axialen Bauelementen). In den meisten Fällen ist außerdem mit Isolierschlauch zu sichern.

Abschließend noch ein Tip: Von Bauelementen beim Bestücken abgeschnittene Drahtenden sammeln – sie eignen sich hervorragend als (gut verzinnte) Drahtbrücken, aber auch bei Gehäusearbeiten in Kunststoff u. ä.!

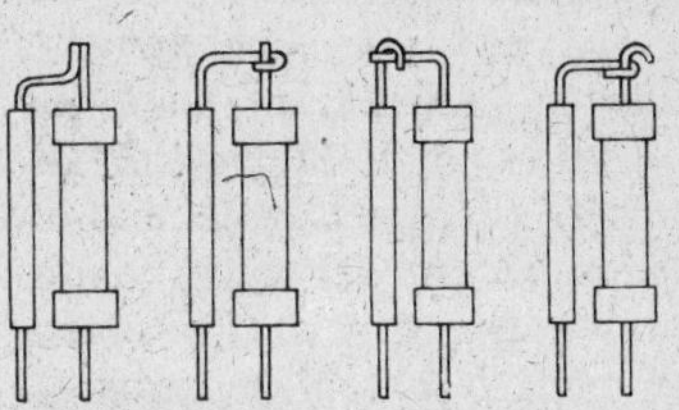

Bild 3.12
Bauelemente-Wiederverwendung

4. Messen und Prüfen

Dieser Abschnitt ist ein typisches Beispiel dafür, wie Bewährtes und «Langlebiges» neben manch sinnvoll Modernisiertem das Profil auch von Bauplanpublikationen bestimmen. Ohne die Informationen, die über Meß- und Prüfmittel aus den verwendeten Bauelementen und den fertigen Schaltungen zu gewinnen sind, kann kein Elektronikpraktiker vernünftig arbeiten. Im Prinzip sollte man jedes Bauelement vor dem Einbau testen, ob es (noch) funktioniert. Solche Tests sind besonders beim Amateur wichtig, der häufig schon benutzte Bauelemente oder solche aus Industrierestposten, Sonderangeboten o. ä. einsetzt. Die fertige Schaltung schließlich – ob bei Inbetriebnahme oder bei der Fehlersuche – gibt ihre Eigenschaften nur preis, wenn man sich dazu entsprechender Meßmittel bedient. Trotz Mikroelektronik sind bei solchen Arbeiten auch heute Zeigerinstrumente noch nicht überflüssig geworden. Die direkte und in gewissen dynamischen Grenzen Änderungen proportional, ohne Abfragezeit-Quantisierung folgende Anzeige (wie bei digitalen Meßgeräten) von Meßwerten ist jenen weit genaueren Meßmethoden dort überlegen, wo der Absolutwert zunächst weniger interessiert als die «Tendenz». In ein gut eingerichtetes Amateurlabor gehören darum heute sowohl analoge wie digitale Meßmittel. Digitale Meßgeräte mit dem *C520D* sind im Bauplan 55 enthalten, der nach Manuskriptabschluß entstanden ist. Im folgenden werden zum Nachschlagen zusammenfassend Analoggeräte behandelt.

4.1. Vielfachmesser im Eigenbau

Der Vielfachmesser mit Zeigerinstrument wird – man übersieht das heute oft – schon wegen der für ihn nicht notwendigen Betriebsenergie nie zum «alten Eisen» gehören. Trotz begrenzten Eingangswiderstands (den ein kleiner mikroelektronischer Vorsatz bei Bedarf – dann natürlich mit Hilfsenergie – durchaus in die Größenordnung von Digitalmeßgeräten bringen kann) und trotz der «altväterlichen» Anzeige, die aber auch gewisse Vorteile hat. Nun ändern sich solche Meßprinzipien im Laufe der Jahre nicht. Bereits im ersten *Bauplan-Bastel-Buch* wurde ein Vielfachmesser beschrieben. Es erschien sinnvoll, seine Beschreibung in diesen Abschnitt mit aufzunehmen. Allerdings mit drei wesentlichen Gebrauchswertsteigerungen. Das betrifft erstens das Bereitstellen einer *typofix*-Folie für eine etwas vereinfachte Leiterplatte in Verbindung mit Bauplan 52. Damit wird auch dieses Gerät leicht nachzubauen sein. Es betrifft zweitens die Variante MOSFET-Volt- und Ohmmeter, die in Bauplan 27 enthalten war und noch nicht ins erste *Bauplan-Bastel-Buch* gelangte. Drittens werden auf Grund der zunehmenden Verfügbarkeit moderner Operationsverstärker möglich gewordene Lösungen mit einem Drehspulinstrument vorgestellt, die in Verbindung mit diesem Bauplan-Vielfachmesser genutzt werden können (auch durch all die Leser, die ihn schon früher gebaut haben!).

Es spielt keine grundsätzliche Rolle,

ob das für jenes Muster benutzte Präzisionsmeßwerk aus einem Sonderangebot gegenwärtig noch greifbar ist. Damit verschieben sich höchstens die Proportionen der Gehäuseaufteilung, die im Falle eines solchen teilweise flexiblen Inhalts ohnehin dem Leser überlassen werden muß. Am besten geeignet ist ein 50-µA-Instrument oder ein empfindlicheres. Doch auch mit 100-µA-Meßwerken lassen sich gute Vielfachmesser aufbauen. Auf Grund der nicht überschaubaren Materialsituation scheint es geraten, die nötigen Grundlagen nochmals ausführlich wiederzugeben.

4.1.1. Eigenschaften von Drehspulinstrumenten

Für einen (analogen) Vielfachmesser kommt nur ein Drehspulmeßwerk in Frage. Ob es sich um ein solches handelt, erkennt man neben einigen anderen Angaben aus den Eintragungen im Skalenblatt (Bild 4.1). (Auf die Fragen der Genauigkeitsklassen und der zu erwartenden Anzeigefehler wird nicht näher eingegangen; je kleiner diese Zahl, um so genauer das Instrument.) Die für uns wichtigste Information sind die am Skalenende eingetragenen Ziffern. Sofern es sich nicht um ein bereits geeichtes Instrument handelt, gibt dieser Wert den Vollausschlag in Mikroampere oder in

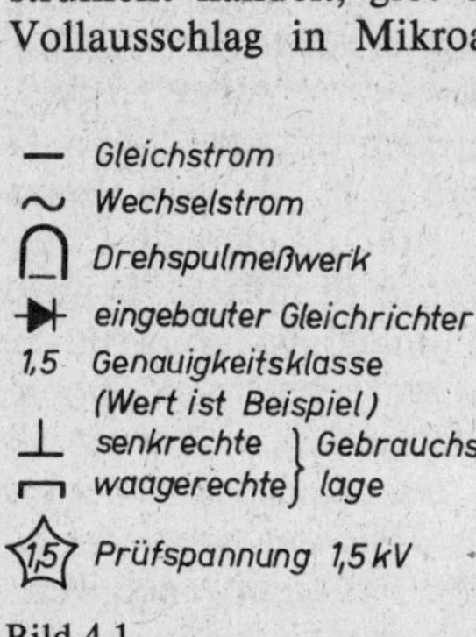

Bild 4.1
Symbole auf dem Skalenblatt eines Meßinstruments

Milliampere an, je nach Eintragung auf dem Skalenblatt. Für den geplanten Vielfachmesser ist als oberer Grenzwert 100 µA anzusehen, was einer «Stromdämmung» von 10 kΩ/V entspricht. Besser sind 50-µA-Instrumente (20 kΩ/V). Gelegentlich erhält man auch solche mit 60 µA-Vollausschlag, was 16,66... kΩ/V entspricht. Damit läßt sich nicht gut rechnen. Das nimmt man bei 30-µA-Meßwerken schon eher in Kauf, denn immerhin gestatten sie 33,33... kΩ/V. 25 µA bedeuten 40 kΩ/V. Empfindlichere wird man kaum im Handel finden, bzw. ihr Preis liegt so hoch, daß man günstiger einen kompletten Vielfachmesser kauft. 100 kΩ/V lassen sich schließlich erst mit einem 10-µA-Instrument erzielen oder auf eine andere Art, nämlich mit Meßverstärker. Dazu später mehr!

Neben dem Vollausschlagwert geht in die Konstruktion des Vielfachmessers noch entscheidend die angegebene Gebrauchslage ein. Ein für vertikale Montage vorgesehenes Meßwerk wird infolge der Masseverteilung bei der für Vielfachmesser gebräuchlichen liegenden Anordnung einen höheren Meßfehler haben als den angegebenen. Ob das Instrument mit Spitzenlagerung oder Spannband ausgestattet ist, interessiert dagegen weniger; meist haben Spannbandinstrumente eine höhere elektrische Empfindlichkeit, sind aber etwas stoßempfindlicher. Günstig wirkt sich die fehlende Lagerreibung aus. Drehspulinstrumente enthalten einen etwas «entarteten» Hufeisenmagneten mit meist einem Eisenkern (es gibt auch umgekehrt sogenannte Kernmagnettypen). Im homogenen Feld des Luftspalts zwischen Magnet und innerem Kern befindet sich eine Spule aus äußerst dünnem Draht (zumindest bei empfindlichen Meßwerken; bei Amperemetern handelt es sich um wenige Windungen dickeren Drahtes) mit einem Widerstand in der Größenordnung Kiloohm. Die Spule wurde auf einen Aluminiumrahmen gewickelt, so daß sich eine magnetische

Bremse ergibt, wenn sie sich bewegt. Diese Dämpfung verhindert ungünstiges mechanisches Pendeln beim Ausschlag. (Bei Transport schließt man zum mechanischen Schutz der beweglichen Teile mit gleicher Wirkung die Instrumentenklemmen kurz.) Das bei Stromfluß durch die Spule entstehende Magnetfeld ergibt in Zusammenwirkung mit dem Feld des Permanentmagneten eine Drehbewegung für die Spule, der eine federnde Rückstellung entgegenwirkt. Sie besteht bei spitzengelagerten Drehspulen aus zwei Spiralfedern, die gleichzeitig der Stromzuführung dienen, während bei Spannbandinstrumenten die Spannbänder die Funktion der Rückstellung übernehmen. Zusätzlich enthält das Meßwerk eine von außen zugängliche Schraube für den mechanischen Nullpunkt, den man vor Inbetriebnahme einstellen muß. Im übrigen sind Meßwerke gegen Verschmutzung des engen Luftspalts bzw. der Lagerstellen dicht gekapselt. Besonders Eisenspäne würden das Meßwerk sonst sehr schnell außer Betrieb setzen. Man nehme also davon Abstand, es zu öffnen, außer in Ausnahmefällen, z.B. beim Anbringen einer anderen Skale (und dann nur bei entsprechender Sachkenntnis und Vorsicht).

Starke äußere Magnetfelder können die Anzeige von Drehspulmeßwerken erheblich fälschen; ebenso vermögen elektrostatische Aufladungen der Scheibe den Zeiger in einer Stellung festzuhalten. Letzteres beseitigt man durch Anhauchen der Scheibe. Bei manchen Meßwerken findet man den Vermerk «Richtige Anzeige erst bei Einbau in mindestens 2 mm dickes Eisenblech». Solche Instrumente vermeide man für Vielfachmesser nach Möglichkeit. Sie sind im allgemeinen für senkrechten Einbau vorgesehen.

Der Magnet des Meßwerks unterliegt einer bestimmten Alterung. Der Hersteller trägt dem bereits durch Voraltern Rechnung. Manchmal läßt sich ein «nachgehendes» Instrument – wenn gar nichts anderes übrigbleibt – unter Verschlechterung der Genauigkeit durch Lösen des magnetischen Nebenschlusses (falls vorhanden) und Neuaufsetzen wieder etwas empfindlicher machen, denn ein solcher Nebenschluß besteht z.B. aus einem dreieckigen Stück Eisenblech. Das gilt aber nur als Notbehelf. Im übrigen sollten Eingriffe unterbleiben. Die Ausnahme besteht darin, daß man bei einem Vielfachmeßinstrument kaum mit der Mikroampereskale des Meßwerks oder gar mit einer neutralen Eichskale auskommt. Besonders bei Einbau von Wechselstrom- und -spannungsmeßbereichen benötigt das Instrument eine auf die Gleichrichtercharakteristik zugeschnittene 2. Skale. An dieser Stelle sei nachgetragen, daß man Drehspulmeßwerke nur mit Gleichstrom speisen kann. Bei Wechselstrom würde der Zeiger höchstens zittern. Wechselstrommessungen erfordern also Gleichrichten, was weitere Meßfehler, verringerten Eingangswiderstand und eben eine weitere Skale bedeutet.

Anzeigefehler ergeben sich auch, wenn das Instrument bei extremen Temperaturen betrieben wird, denn die Kupferspule hat einen temperaturabhängigen Widerstand. Das wirkt sich aber praktisch für den Amateur kaum aus, da er zum einen selten unter anderen Bedingungen als bei Zimmertemperatur messen wird und da zum anderen der Temperaturgang mit zunehmendem Vorwiderstand immer weniger stört (sofern die Vorwiderstände einen geringeren Temperaturwert haben). Da diese Anleitung zu keinem Präzisionsgerät führen muß, sondern zu einem amateurgerechten Hilfsmittel, braucht man sich nicht unbedingt beim ersten Eigenbau darum zu kümmern. Selbstverständlich wird niemand Thermistoren als Vorwiderstände zur Bereichserweiterung einsetzen, während sie der Spezialist allenfalls zu einer gut ausgewogenen Temperaturkompensation heranzieht.

Man darf vom Instrument nicht mehr Genauigkeit erwarten, als in der betreffenden Klasse vorgeschrieben ist. Dabei gilt infolge der Art der Fehlerdefinition (Anzeigefehler in Prozent des Vollausschlags), daß man möglichst immer im letzten Drittel des Skalenbereichs messen sollte. Ausnahmen gelten z. B. dann, wenn bei Übergang auf den nächsthöheren Bereich die innenwiderstandsbedingte Meßwertfälschung gesenkt werden muß (s. weiter unten). Angenommen, der Leser hat ein seinen Vorstellungen nahekommendes Meßwerk* erworben. Im schlimmsten Fall trägt es nur eine Eichskale, so daß die Daten noch ermittelt werden müssen. Dazu braucht man allerdings ein Vergleichsinstrument möglichst guter Genauigkeit. Mit Hilfe einer Strom- und einer Spannungsmessung lassen sich gemäß Bild 4.2 Strom- und Spannungsbedarf bei Vollausschlag, aus dem Quotienten *U/I* der Widerstand R_i des Meßwerks und aus R_i/U die «Stromdämmung» in Ω/V ermitteln. Diese Messungen wird allerdings meist der Besitzer des genauen Instruments selbst durchführen wollen, damit wirklich nichts passieren kann. Selbstverständlich beginnt man immer bei der niedrigsten Einstellung des Potentiometers und dreht ganz vorsichtig hoch, bis genau Vollausschlag erreicht ist. Bei neutralen Eichskalen empfiehlt sich – ebenso wie im Fall völlig weißer Skalenblätter –, eine Reihe von Meßpunkten zu ermitteln. Bei unbeschrifteter Skale hilft dabei z. B. Polarkoordinaten-Millimeterpapier. Man muß nur wissen, welchen Winkel der Zeiger überstreichen soll. Das werden meist 70 bis 80 Winkelgrade sein. Anfangs- und Endwert müssen in gleichen Abständen von den federnden Zeigeranschlägen liegen. Vorsicht auf jeden Fall vor Überlastung sowohl des unbekannten wie des Vergleichsinstruments! Gerade dann, wenn beide sehr unterschiedliche Bereiche haben (was man ja anfangs nicht wissen kann), achtet man leicht nur auf das falsche, und das andere wird inzwischen zerstört oder in seiner Genauigkeit beeinträchtigt.

Liegt dagegen ein Meßwerk vor, das offensichtlich noch nicht beschaltet ist, also außen keine Neben- oder Vorwiderstände enthält, so kann man sich zunächst nach der Stromangabe richten. Auch in diesem Fall ist aber die Messung sicherer. Die Spannung muß zur Ermittlung des Innenwiderstands ohnehin mit gemessen werden. Als Richtwert gilt: Instrumente im Mikroamperebereich haben einen Spannungsbedarf von (größenordnungsmäßig) 100 mV und einen Innenwiderstand, der mit wachsendem Stromvollausschlag entsprechend sinkt (Richtwert also für 100 µA: etwa 1 kΩ).

4.1.2. Messen von Strom und Spannung

Wohl der kleinste Teil der anfallenden Meßaufgaben wird sich darauf beziehen, die Spannung einer Batterie oder einer anderen Stromquelle geringen Innenwiderstands oder Ströme in Kreisen mit sehr hohem Innenwiderstand zu messen.

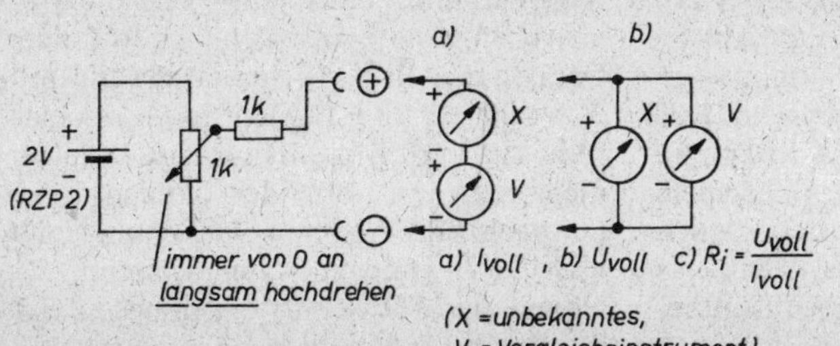

Bild 4.2
Ermitteln der Daten
eines Meßwerks

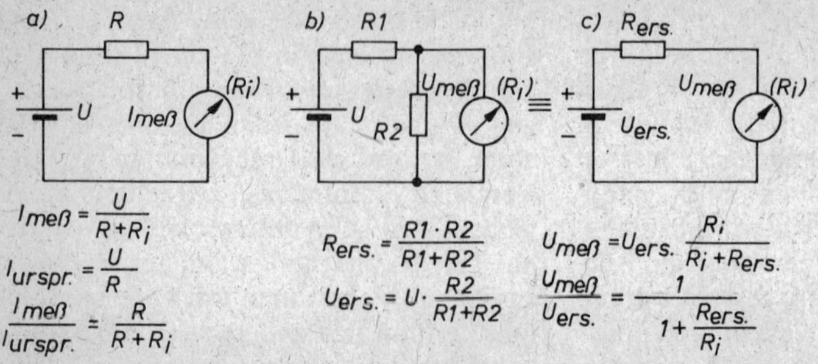

Bild 4.3 «Systematische» Meßfehler infolge des Innenwiderstands von Meßinstrumenten: a – Strommessung; b – Spannungsmessung; c – Ersatzschaltung zu b

Diese beiden Extreme wurden an den Anfang der folgenden Betrachtungen gestellt, weil die fühlbarsten Fehlmessungen und damit Fehleinschätzungen nicht von den allgemein doch relativ kleinen Anzeigefehlern der Meßinstrumente herrühren, sondern in der Mißachtung der Daten von Schaltung und Meßinstrumenten begründet sind. Der Schritt vom Nachbauen zum richtig angewendeten Messen ist der Schritt vom Basteln zu dem, was einen wirklichen Amateur auszeichnet: über die Kenntnis der wichtigsten Zusammenhänge, die Erfassung der gegebenen Situation und die aus einer zweckmäßigen Messung gefolgerte Aufgabenstellung für den nächsten Arbeitsgang schließlich zu einem funktionsfähigen Gerät auf der Basis «gewußt, wie» zu gelangen.

Das in den Stromkreis nach Bild 4.3a eingefügte Amperemeter stört mit seinem Innenwiderstand die bisherigen Verhältnisse ähnlich wie das die Schaltung nach Bild 4.3b belastende Voltmeter.

Im Fall a kann jetzt nicht mehr der ursprüngliche Strom fließen, sondern nur ein um das Verhältnis $R/(R + R_i)$ kleinerer. Folgerung: Die kleinste Fälschung ergibt sich bei $R_i = 0$ oder, mit anderen Worten, der Widerstand eines Strommessers soll im Verhältnis zum Widerstand des Stromkreises so klein wie möglich sein. In der Praxis reicht es, wenn das Verhältnis R/R_i z. B. in die Größenordnung von 100 kommt.

Im Fall b schaltet sich der Widerstand R_i des Voltmeters dem Widerstand R_2 parallel, über dem die Spannung gemessen werden soll. Der Gesamtspannungsabfall muß daher bei entsprechend hohem Innenwiderstand R_i der weiteren Schaltung kleiner werden.

Gemäß Bild 4.3c erkennt man wiederum eine einfache Gesetzmäßigkeit: Die ohne Instrument an den Klemmen des aktiven Zweipols erscheinende Leerlaufspannung U_{ers} verringert sich durch den Teiler $R_i/(R_{ers} + R_i)$, sobald das Instrument mit dem Innenwiderstand R_i angeschlossen wird. Für die Grenzwertbetrachtung übersichtlicher ist dieser Ausdruck in der Form $1/[(R_{ers}/R_i) + 1]$, der für $R_i \rightarrow \infty$ wegen $R_{ers}/R_i \rightarrow 0$ gegen 1 geht. Bei unendlichem Innenwiderstand wird also das Voltmeter die Leerlaufspannung des Zweipols anzeigen, in allen anderen Fällen weniger. Auch für diesen Fall reicht meist das Verhältnis von 1:100, nur muß jetzt R_i der größere von beiden Werten sein.

In den meisten Fällen gelingt es in der Amateurpraxis, ein solches Verhältnis zu erreichen. Das ergibt sich aus folgender Überlegung: Ein 100-µA-Meßwerk mit $R_i = 1000\ \Omega$ und 100 mV Vollausschlag steht zur Verfügung. Es belastet in seiner ursprünglichen Form den aktiven Zweipol nach Bild 4.3c mit $1000\ \Omega$ und mißt daher nur genügend genau, wenn R_{ers} kleiner als $10\ \Omega$ ist. Als Strommesser eingesetzt, muß R entsprechend Bild 4.3a mindestens 100 kΩ groß sein, wenn der Meßfehler unbemerkt bleiben bzw. in den Instrumentenfehlern untergehen soll. Ein Fall nach Bild 4.3c mit den Daten 0,1 V für die «Batterie» und 10 Ω für den Widerstand tritt praktisch durchaus auf, z. B. im Emitterkreis von gegengekoppelten Transistorstufen. Höhere Widerstände sind aber im allgemeinen auch mit höheren auftretenden Spannungen gekoppelt. Dabei würde jedoch das Meßwerk Vollausschlag zeigen und unter Umständen zerstört werden, wenn man seinen Spannungsbereich nicht erweitern könnte. Die Meßbereichserweiterung ist ganz einfach entsprechend Bild 4.4 auszuführen. Bild 4.4 zeigt die Grundschaltung für die Meßbereichserweiterung im Sinne von Vielfachmessern. Man beachte, daß für einen Meßbereich von z. B. 1 V (oder einen günstigen glatten Wert, den die Skalenteilung anbietet) für die Berechnung des Vorwiderstands der Spannungsbedarf des Meßwerks selbst abzuziehen ist. Als empfindlichsten Spannungsmeßbereich kann man den Instrumentenvollausschlag selbst benutzen. Bei in Mikroampere geeichten Instrumenten wird aber der Spannungsbedarf nicht immer einen glatten, möglichst sogar der Teilung entsprechenden Spannungswert haben, wie oben im Fall von 100 μA/100 mV angenommen. Daher muß ein Vorwiderstand für den nächsthöheren glatten Wert eingefügt werden. Bild 4.4 gibt die nötigen Hinweise einschließlich der Bemessungsgleichung. Ob von diesem neuen «Ersatzmeßwerk» aus gemäß Bild 4.5 oder vom ursprünglichen

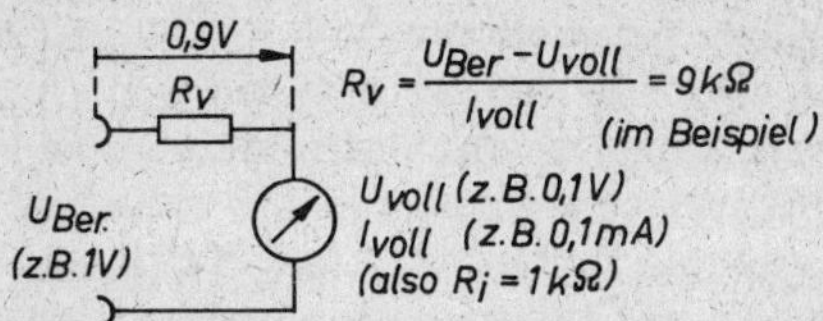

Bild 4.4
Grundschaltung für die Bereichserweiterung beim Spannungsmessen

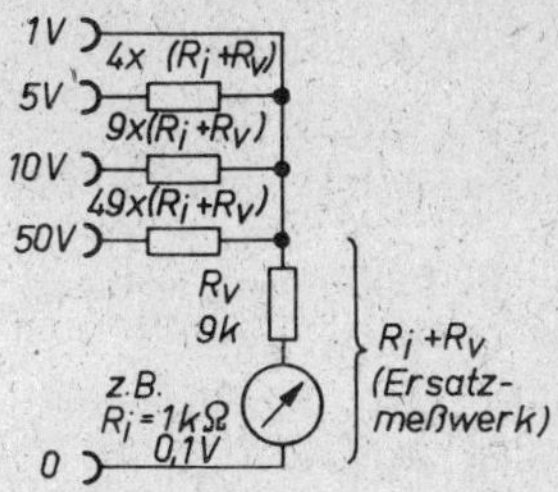

Bild 4.5
«Ersatzmeßwerk» für glatten Spannungswert bei Vollausschlag

her die Widerstände für die anderen Bereiche festgelegt werden, das richtet sich nach den Bereichen, den für jeden der beiden Fälle erforderlichen Widerstandswerten und der Frage, nach welcher Konzeption sie leichter zu erhalten sind. Der andere Extremfall zu Bild 4.5 ist in diesem Sinne die Schaltung nach Bild 4.6. Manchmal kann es sogar vorkommen, daß man (vor allem bei älteren Meßwerken, die z. B. ursprünglich in ihrer Anwendung geshuntet waren) den Vollausschlag auf einen glatten Stromwert bringen muß. Im ganzen wird das Instrument dadurch etwas unempfindlicher, doch hat man den Vorteil eines glatten Vollausschlagwerts. Bild 4.7 gibt dazu Hinweise.

Zur Messung höherer Ströme muß der Teil des Stroms, der den Eigenbedarf des Instruments übersteigt, an diesem vorbeigeleitet werden. Das geschieht mit ent-

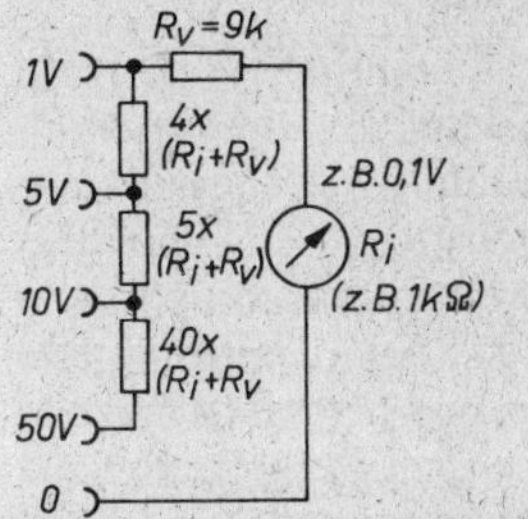

Bild 4.6
Andere Möglichkeit für das Erweitern der Spannungsbereiche

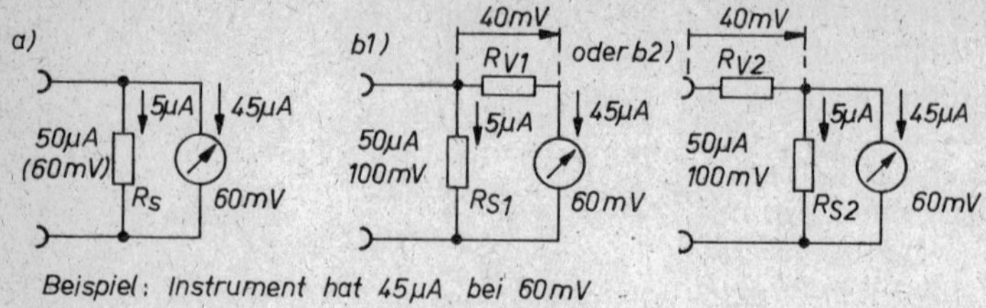

Bild 4.7 Anpassen eines Instruments mit ungünstigem Stromwert für Vollausschlag: a – an einen glatten Stromwert; b – an einen glatten Strom- und Spannungswert (zwei Möglichkeiten – als Übung kann man sich die Formel selbst ableiten!)

sprechend gewählten Parallelwiderständen, auch «Shunts» genannt. Nach den Regeln des elektrischen Stromkreises verhalten sich in einer Parallelschaltung die Ströme umgekehrt wie die Widerstände, durch die sie fließen. Soll also z. B. der Strommeßbereich auf das Doppelte des Instrumentenvollausschlags erweitert werden, dann muß durch den Parallelwiderstand noch einmal der Instrumentenstrom fließen; da an beiden die gleiche Spannung liegt, ist in diesem Fall also der Shunt so groß wie der Innenwiderstand des Instruments.

Bild 4.8 gibt über die Dimensionierung von Parallelwiderständen für beliebige Ströme Auskunft. Die Problematik bei Vielfachmessern liegt in den Strommeßbereichen einmal in der möglichen Gefährdung des Meßwerks bei unzweckmäßiger Anordnung des Umschalters und zum anderen bei den höheren Strömen in möglichen veränderlichen Übergangswiderständen des Schalters, ebenfalls wieder unter der Voraussetzung einer ungünstigen Anordnung. Bild 4.9 zeigt die beiden möglichen Fälle – der Fall a ist der ungünstigere. Wird bei ihm nämlich (z. B. bei Bereichswechsel) der Parallelschluß unterbrochen, so befindet sich das Meßwerk allein im meist sehr niederohmigen Stromkreis, dessen Spannung weit über der liegt, die das Instrument verträgt. Das heißt, jetzt fließt durch seine empfindliche Spule ein sehr hoher Strom, der die Spule oder auch die Zuleitungsfedern zum Durchbrennen bringt. Zwar kann man der Gefahr einer solchen Überlastung mit Hilfe der in Abschnitt 4.1.3. besprochenen Maßnahmen (s. unten) begegnen, man sollte aber schon wegen des Einflusses der Kontaktwiderstände Schaltung b bevorzugen, auch wenn ihre Berechnung zunächst etwas ungünstiger erscheint. Beispiel: Soll ein Strom von 1 A gemessen werden und hat das Instrument einen Spannungsbedarf von 0,1 V, so muß der Gesamtwiderstand des Strommessers in diesem Bereich 0,1 V/1 A = 0,1 Ω sein. Der Kontaktwiderstand (Materialwiderstand plus Übergangswiderstand) auch eines guten Schalters liegt bei wenigstens 5 bis 10 mΩ, kann also 10% des Shunts betragen. Je nach Kontaktdruck (z. B. Ermüdungsgrad der Feder) schwankt er dann zwischen z. B. 10 mΩ und 30 mΩ und damit um etwa 20% des Meßwiderstands. Im Fall b dagegen liegt dieser zusätzliche, unsichere Widerstand nicht im Meßkreis, sondern davor. Dieser Widerstand beein-

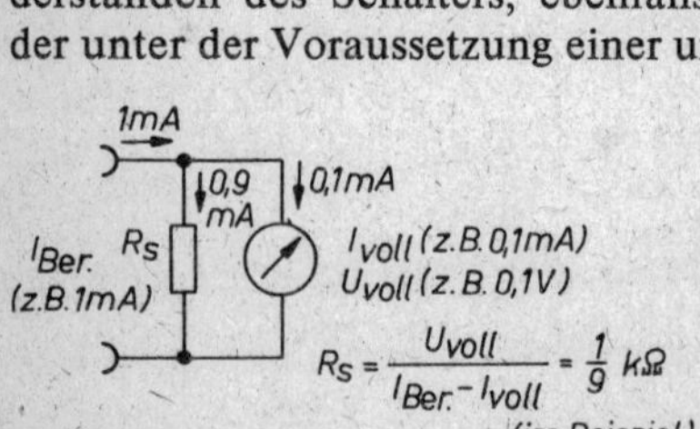

Bild 4.8
Grundschaltung zum Berechnen der Shunts (Parallelwiderstände zum Erweitern des Strommeßbereichs)

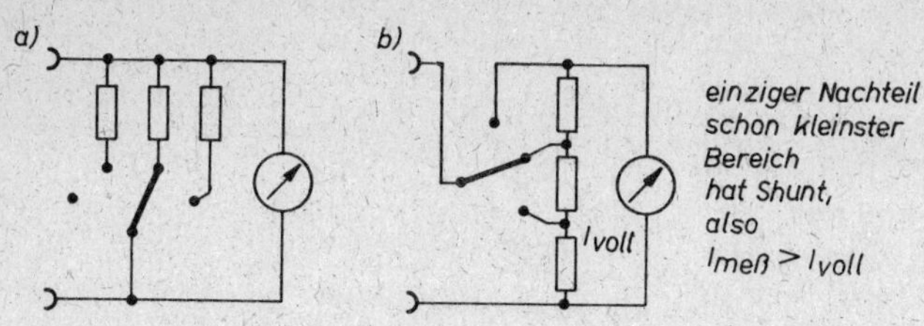

Bild 4.9
Schalteranordnung für umschaltbare Strommeßbereiche: a – ungünstig; b – günstig

flußt die Messung also nicht, es sei denn, der gesamte Widerstand des Stromkreises, in dem gemessen wird, würde nur in dieser Größenordnung liegen. Das bedeutete aber ohnehin eine Strommessung, die infolge des ungünstigen Verhältnisses von Innenwiderstand des aktiven Zweipols und Widerstand des Strommessers unzulässige Fehler liefert.

Die Berechnung der Bereichswiderstände im Fall b scheint außerdem auch nur schwieriger, als sie es ist. Es wirkt nur der jeweils eingeschaltete Teilwiderstand als Shunt und der übrige als Vorwiderstand. Man muß ihn also, exakt gesehen, bei der Shuntberechnung berücksichtigen. Aus Bild 4.10 ist der Rechnungsgang für ein Beispiel zu ersehen.

Die Messung von Gleichspannungen und Gleichströmen bildet in der Bauplanpraxis den Hauptteil aller Meßaufgaben. Oft läßt sich sogar noch das Auftrennen der Stromkreise umgehen, wenn Ströme etwa im Sinne des Beispiels von Bild 4.11 zu messen sind. Man reduziert sie auf eine Spannungsmessung und errechnet den Strom aus dem bekannten Widerstand, über dem die gemessene Spannung abfällt. Das hat außer dem Vorteil, daß nicht aufgetrennt werden muß, noch den Nutzen, daß – solange dieser Widerstand wieder viel kleiner als der des Meßinstruments im eingeschalteten Bereich ist – der ungestörte Kreis gemessen wird. Es stört dabei meist auch wenig, daß der eingebaute Widerstand toleranzbehaftet ist, da es meist nur um die Ermittlung eines zulässigen Arbeitspunktbereichs geht. Darüber hinaus muß man bei Strommessungen – wie schon angedeutet – ggf. berücksichtigen, daß durch das Einschleifen des Instrumentenwiderstands ein kleinerer als der «ungestörte» Strom fließt bzw. daß bei Spannungsmessungen die wirkliche Spannung größer ist. Welchen Strom man beim Messen einer Spannung dem Meßkreis «entzieht», das läßt sich leicht an der Skale ablesen, wenn sie weiterhin die ursprünglich vorhandenen Eintragungen enthält, also meist eine Mikroampereskale. Der exakte Spannungsbedarf ergibt sich auf

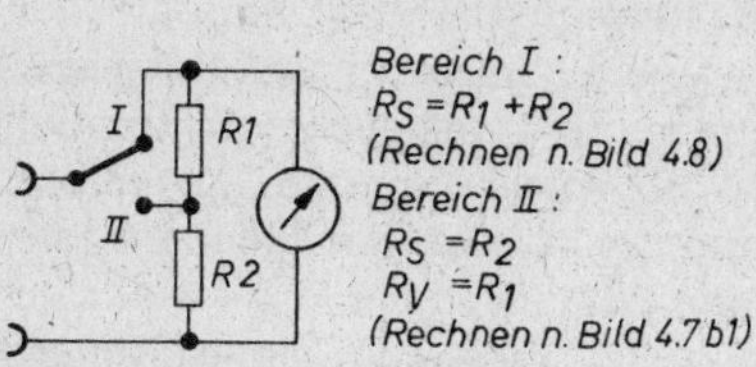

Bild 4.10
Shuntberechnung für Bild 4.9b, Prinzip (I: Rechnen nach Bild 4.8, II: Rechnen nach Bild 4.7b1)

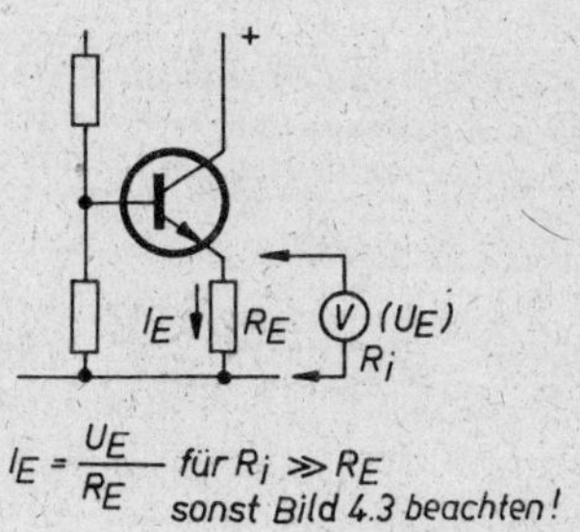

Bild 4.11
Strommessung in Schaltungen ohne Auftrennen des Kreises: Spannung messen und rechnen. Ist R_i nicht wesentlich größer als R_E, dann Bild 4.3 beachten!

Grund der Shuntberechnung im Fall von Bild 4.9b. Bisweilen werden in den Bauplänen aber auch Wechselspannungen (meist von Netzfrequenz, also 50 Hz) zu messen sein. Wechselspannungs- und Wechselstrommeßbereiche in einem selbstgebauten Vielfachmesser haben aber leider keine besonders hohe Genauigkeit. Auch die zeitliche Inkonstanz des Meßergebnisses ist relativ hoch. Das liegt hauptsächlich an den notwendigen Gleichrichtern, denn Drehspulmeßwerke sind nur für Gleichstrom geeignet. Den geringsten Eigenspannungsbedarf haben Germaniumgleichrichter, jedoch auch eine recht hohe Temperaturabhängigkeit. Außerdem unterliegen sie zeitabhängigen Datenänderungen. Industriell begegnet man diesen Unvollkommenheiten durch Voraltern sowie durch Vorwiderstände mit positiven Temperaturkoeffizienten (TK – der TK des Durchlaßwiderstands von Ge-Gleichrichtern ist bekanntlich negativ). Dennoch empfiehlt sich eine etwa jährliche Überprüfung der Anzeigegenauigkeit, die meist eine Klasse schlechter liegt als in den Gleichstrombereichen. Bei Defekten wird man außerdem nicht einfach einen neuen Gleichrichter einsetzen können, weil die Kennlinien der Paare oder gar Quartette zueinander passen müssen. Allerdings wird dieser Einfluß durch die u. a. wegen der Temperaturkompensation eingesetzten Widerstände gemindert. Meist findet man darum heute die Halbbrückenschaltung in Vielfachmessern, wie sie Bild 4.12 im Unterschied zur Graetz-Brücke nach Bild 4.13 zeigt.

Gleichrichter und Vorwiderstände bedeuten erhöhten Leistungsbedarf für einen bestimmten Ausschlag, so daß umgerechnet die resultierende Stromdämmung geringer wird. Beispielsweise geht sie von 20 kΩ/V beim *Vielfachmesser III* auf 4 kΩ/V in den Wechselspannungsbereichen zurück. Das bedeutet, daß man die für die Gleichspannungs- und Gleichstrombereiche benutzten Bereichs-

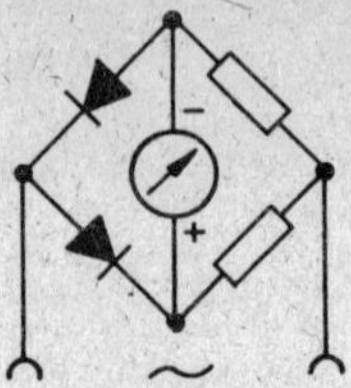

Bild 4.12
Meßgleichrichter: Halbbrücke

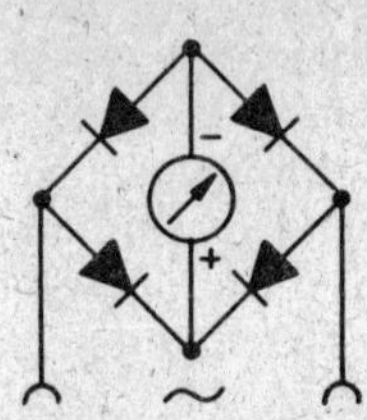

Bild 4.13
Meßgleichrichter: Graetz-Brücke

widerstände nicht ohne weiteres auch für Wechselstrommessungen verwenden kann. Daß das bei entsprechender Anpassung des Komplexes «Wechselstromanzeige» mit Hilfe weiterer Widerstände doch möglich ist, wenn entsprechend weniger Widerstände der Kette benutzt werden, zeigt Bild 4.14 am Beispiel des ebengenannten *Vielfachmessers III*.

Die Messung von Wechselspannungen und -strömen mit Drehspulvielfachmessern unterliegt noch weiteren Beschränkungen. Ohne Beweis sei gesagt, daß Drehspulmeßwerke den arithmetischen Mittelwert eines pulsierenden Gleichstroms anzeigen. Da man aber allgemein mit Effektivwerten arbeitet, sind die Skalen von Vielfachmessern in Effektivwerten geeicht. Es kann also zwischen beiden nur für eine bestimmte Kurvenform ein bestimmter Zusammenhang bestehen. Man benutzt daher für das Eichen von Vielfachmessern sinusförmigen Wechselstrom. Bei allen anderen Kurvenformen ergeben sich mehr oder weniger starke, positiv oder negativ gerichtete Abweichungen (Bild 4.15). Es kann deshalb

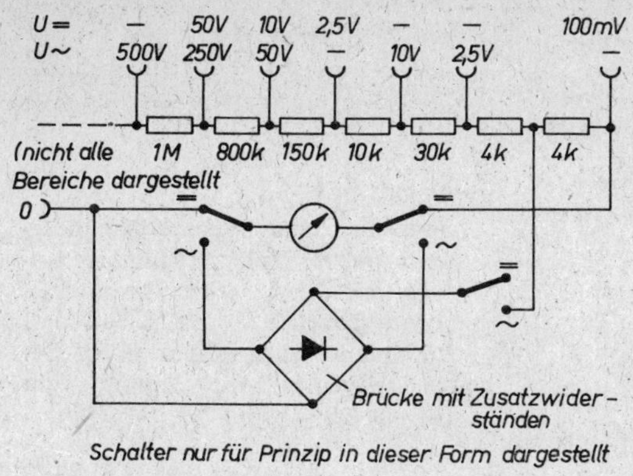

Bild 4.14
Wechselspannungsmessung über einen Teil der Widerstandskette der Gleichspannungsbereiche (Beispiel: *Vielfachmesser III*)

vorkommen, daß das Instrument fast nichts anzeigt, obwohl an der Meßstelle einige hundert Volt liegen – nur eben in Form einer Folge von Nadelimpulsen, deren arithmetischer Mittelwert sehr klein ist. Schließlich sei noch darauf hingewiesen, daß man bei Wechselspannungsmessungen kaum ohne eine 2. Skale auskommt, selbst bei großen Vorwiderständen nicht. Stets wird im Anfangsbereich infolge der dort großen Krümmung der Gleichrichterkennlinie eine Zusammendrängung entstehen, der man durch Aufnahme einer 2. Skale Rechnung tragen muß. Diese Skale nimmt man mit sinusförmigem Wechselstrom in Verbindung

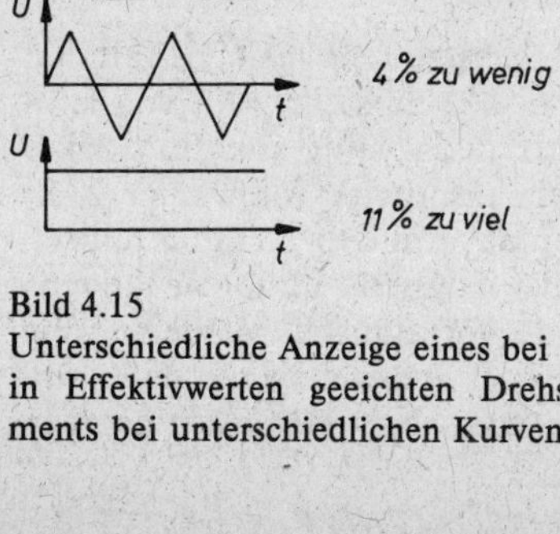

Bild 4.15
Unterschiedliche Anzeige eines bei Sinusform in Effektivwerten geeichten Drehspulinstruments bei unterschiedlichen Kurvenformen

mit einem möglichst genauen Vergleichsinstrument auf. Auch in dieser Hinsicht ist also der Anfänger benachteiligt, wenn er seinen Vielfachmesser mit Wechselspannungsbereichen versehen will.

Wenn es nur darum geht, z. B. die Sekundärspannungen von Netztransformatoren zu messen, wird daher ein anderer Weg vorgeschlagen, der meist für die Praxis ausreichend gute Ergebnisse liefert. Man benutzt die Gleichspannungsbereiche und einen Spitzenspannungsvorsatz (Bild 4.16). Solange die zu messende Spannung der Sinusform nahekommt, was bei Netztransformatoren angenommen werden darf, besteht der feste Zusammenhang $U_{eff} = 0{,}707 \cdot U_{Spitze}$. Unter Vernachlässigung des relativ kleinen Schwellspannungswerts der Germaniumdioden bei den zuletzt noch fließenden geringen Strömen mißt der Vielfachmesser die Spitzenspannung dann, wenn das Produkt aus seinem Bereichswiderstand und dem Kondensator des Spitzenspannungsvorsatzes viel größer ist (z. B. 50mal) als der Kehrwert der Frequenz der zu messenden Spannung: $R \cdot C \gg 1/f$.

Die Frequenz spielt übrigens bei der Zuverlässigkeit des Meßwerts von Vielfachmessern eine erhebliche Rolle. Meist kann man den Gesamtaufbau nicht so auslegen, daß nicht irgendwann die Schaltkapazitäten erhebliche Nebenschlüsse bewirken. Die Eigenkapazität

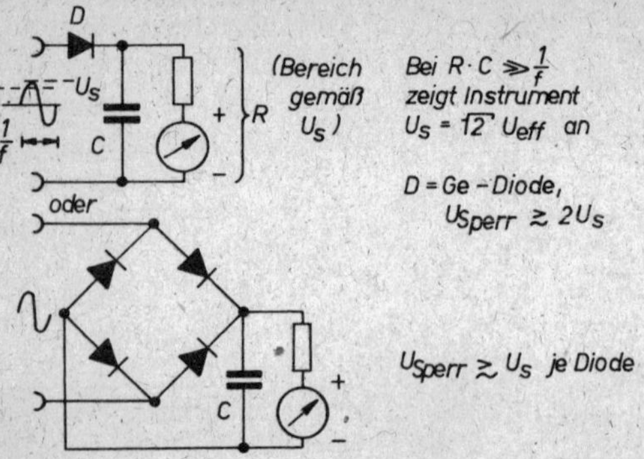

Bild 4.16
Feststellen eines Wechselspannungswerts über Spitzenspannungsmessung mit Gleichspannungsvoltmeter (2 Möglichkeiten – im 1. Fall darf zur Quelle keine Kapazität in Serie liegen!); für Sinus gilt $U_{eff} = 0{,}707 \cdot U_{Spitze}$

von Germaniumgleichrichtern liegt dagegen um mehrere Größenordnungen unter der früher benutzter Kupferoxidulgleichrichter, so daß man heute im allgemeinen bis 10 kHz mit vertretbarem Fehler messen kann. Für höhere Frequenzen stehen Spezialgeräte zur Verfügung, die aber über das hinausgehen, was der Leser am Anfang seiner Bastelpraxis braucht.

Nach diesen Ausführungen zu den Wechselspannungsmessungen mit Drehspulmeßwerken drängt sich die Frage auf, warum man dann nicht Vielfachmesser baut, die z. B. ein Weicheiseninstrument enthalten, das sich unmittelbar sowohl für Gleich- wie für Wechselgrößen eignet. Die Antwort ist einfach. Der Nachteil liegt im Energiebedarf für eine bestimmte Anzeige. Zwischen Drehspulmeßwerk, Drehspulmeßwerk mit Gleichrichtervorsatz und Weicheiseninstrument besteht dabei das Verhältnis 1 : 50 : 1000. Genaue Messungen des Effektivwerts bei

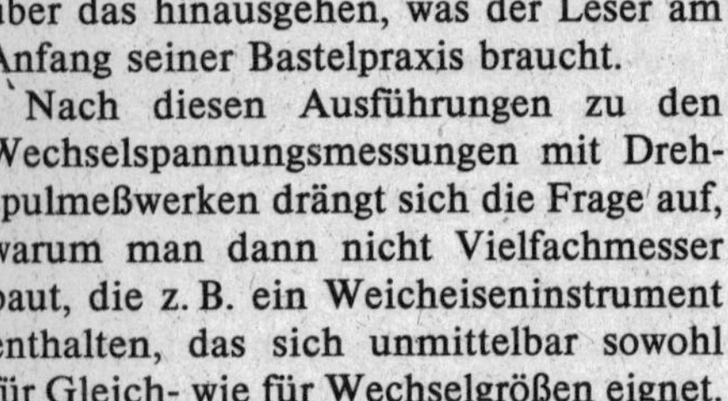

Bild 4.17
Typische Skale eines einfachen Ohmmeters nach dargestelltem Prinzip

beliebigen Kurvenformen lassen sich mit Thermokreuzen ermöglichen, die aber sehr überlastungsempfindlich sind und nur relativ kleine Spannungen abgeben (Ausnutzung der Thermoelektrizität).

Neben der Messung von Strömen und Spannungen soll ein Vielfachmesser möglichst auch noch die überschlägige Messung von Widerständen gestatten. Das geschieht im allgemeinen dadurch, daß für eine definierte Batteriespannung der Strom durch den unbekannten Widerstand als Maß seiner Größe angezeigt wird. Der Vielfachmesser trägt eine entsprechende Skale, die meist noch durch einen oder zwei Faktoren bei Einschalten eines 2. oder 3. Widerstandsmeßbereichs erweitert wird. Gemäß $R = U/I$ sind kleinen Widerständen große und großen Widerständen kleine Ausschläge zugeordnet. Wie Bild 4.17 erkennen läßt, verläuft die Skale stark nichtlinear (hyperbolisch) und hat bei der Hälfte des Vollausschlags einen Skalenwert, der dem inneren Widerstand der Ohmmeterschaltung entspricht.

Die einfachste mögliche Schaltung, wie sie Bild 4.17 darstellt, geht von konstanter Batteriespannung aus. Für kleine Genauigkeitsansprüche kann man z. B. einen Kleinakkumulator *RZP 2* einsetzen. Damit wenigstens keine «negativen» Widerstände vorgetäuscht werden, sollte man mit einem Stellwiderstand dafür sorgen, daß man bei kurzgeschlossenen

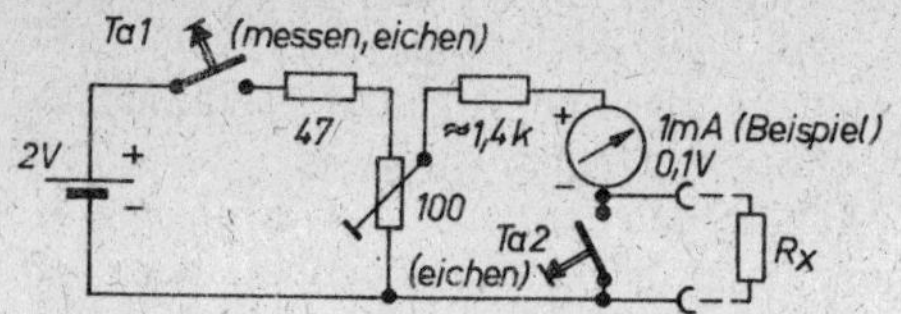

Bild 4.18
Nachstellen der Quellspannung des Ohmmeters über Spannungsteiler

Meßklemmen über die Nutzungsdauer des Akkumulators hinweg stets auf «0 Ω» (≙ Vollausschlag) einstellen kann.

Einen zweiten Weg zeigt Bild 4.18. Man braucht dafür eine zusätzliche Meßtaste, damit der Akkumulator (oder das Trockenelement) nicht während der Betriebspausen versehentlich am Teiler bleibt. Der einstellbare Teiler bewirkt, daß batteriealterungsbedingtes Absinken der Spannung kompensiert werden kann. Mit den Regeln der Zweipoltheorie Vertraute erkennen jedoch, daß man zwar auf eine konstantbleibende «Ersatz-Urspannung» einstellen kann, der Innenwiderstand dieser Quelle dabei aber nicht konstant bleibt. Ihn muß man aber zum Vorwiderstand und zum Meßinstrumentenwiderstand zurechnen, wenn der Meßbereich festgelegt wird. Daher ist darauf zu achten, daß die Änderungen dieses einstellbaren Teils, gemessen am Gesamtwiderstand, klein genug bleiben, z.B. 2 bis 5%. Der dritte mögliche Weg wurde beim bereits mehrfach erwähnten *Vielfachmesser III* beschritten. Dabei spart man die zusätzliche Taste. Auch in diesem Fall verändert sich beim Nachstellen auf Vollausschlag bei kurzgeschlossenen Meßklemmen der Gesamtwiderstand, und es wurde daher im ebengenannten Sinne dafür gesorgt, daß die Änderung in vertretbaren Grenzen bleibt. Die Vollausschlageinstellung bei geänderter Batteriespannung erfolgt gemäß Bild 4.19 durch einen einstellbaren Nebenwiderstand parallel zum Meßwerk. Das kommt dem in einfachen Ohmmetern angewendeten Verfahren nahe, durch einen einstellbaren magnetischen Nebenschluß die Meßwerkempfindlichkeit selbst zu verändern.

4.1.3. Überlastungsgeschützter Vielfachmesser

Dieser Vielfachmesser ist als Orientierungshilfe für eigene Varianten zu betrachten. Jeder Leser wird sich an Hand der abgeleiteten Beziehungen für abweichende Meßwerkdaten alle erforderlichen Werte errechnen können, ohne daß die folgenden Ausführungen allzu abstrakt gehalten sind.

4.1.3.1. Entscheidungen zu Schaltung und Bereichswahl

Als Bauplanhilfe soll dieser Vielfachmesser hauptsächlich Gleichspannungen im Niederspannungsbereich messen. In den meisten Fällen wird ein oberster Bereich von *50 V* genügen. *100 V, 500 V* oder gar *1 000 V* lassen sich zwar noch relativ leicht anfügen, doch muß man dann schon recht große Sicherheitsabstände auf der Leiterplatte beachten und auch sonst dafür sorgen, daß keine bei der Messung spannungsführenden Teile von außen berührt werden können. Im vorgestellten Muster wurden die Buchsen *500 V* und *1 000 V* daher nur vorgesehen, um für orientierende Messungen im Be-

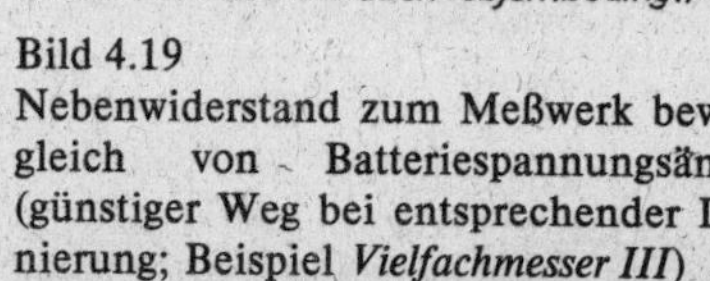

Bild 4.19
Nebenwiderstand zum Meßwerk bewirkt Ausgleich von Batteriespannungsänderungen (günstiger Weg bei entsprechender Dimensionierung; Beispiel *Vielfachmesser III*)

reich bis etwa *100 V* eine Anzeigemöglichkeit mit höherem Eingangswiderstand zur Verfügung zu haben. Will man generell (z. B. als Servicetechniker) mit solchen Spannungen arbeiten, so muß die Leiterplatte anders gestaltet werden, und auch das Gehäuse ist entsprechend zu überprüfen. Diese Richtlinien sind ausgebildeten Technikern bekannt; Bauplanlesern wird dagegen der Umgang mit höheren Spannungen abgeraten, da ein Bauplan kaum alle erforderlichen Regeln bringen kann und die meisten Bauplanleser keine Fachleute sind.

Auch Gleichströme sind bei Bauplanvorhaben oft zu messen. Dabei ist man an einem möglichst kleinen Eigenspannungsbedarf des Vielfachmessers interessiert. Infolge der im nächsten Abschnitt beschriebenen Schutzschaltung muß in dieser Hinsicht ein Kompromiß geschlossen werden; dafür lassen sich die Meßwiderstände günstiger auslegen. Wechselspannungs- und Wechselstrommessungen kommen in Bauplänen seltener vor. Über ihre Problematik wurde schon eingangs gesprochen. Dennoch soll nicht ganz darauf verzichtet werden; der Vielfachmesser erhält wenigstens 1 bis 2 Spannungs- und 1 bis 2 Strombereiche. Sie werden so angefügt, daß man sie getrennt eichen kann. Der Vielfachmesser wird dadurch nicht wesentlich komplizierter. Die Bereiche liegen so, daß dem hauptsächlichen Einsatzfall (aus dem Netz gewonnene Niederspannung über Schutztransformator) Rechnung getragen wird.

Schließlich enthält das Mustergerät noch zwei Widerstandsmeßbereiche. Im allgemeinen wählt man die einzelnen Bereiche eines Vielfachmessers mit einem Drehschalter, der wenigstens zwei Ebenen oder zwei getrennte Schleifer hat. Dieser Schalter muß sowohl für die höchste auftretende Spannung als auch für den größten Meßstrom geeignet sein. Des weiteren fordert man aber auch bei kleinsten Meßströmen noch einwandfreie Kontaktgabe. Gut geeignet sind z. B. *Febana*-Typen, soweit es die Spannungen zulassen. Die Hersteller von Vielfachmessern benutzen meist Eigenkonstruktionen. Für den beschriebenen Vielfachmesser bot sich ein anderer Weg an, der durchaus üblich ist. Es handelt sich um die Kombination eines Betriebsartenschalters mit einer der Anzahl der Bereiche entsprechenden Anzahl von Buchsen. Die Bereichswahl erfolgt durch Umstekken der Prüfschnüre. Es hat sich gezeigt, daß dabei weit weniger Fehler unterlaufen als an Buchsen, die für alle Bereiche gelten, wobei mit einem Drehschalter gewählt wird. Ein weiterer Vorteil ergibt sich bei der im Bauplanmuster benutzten Schaltung dadurch, daß das Instrument mit Einschränkungen gleichzeitig für Strom- und Spannungsmessungen einge-

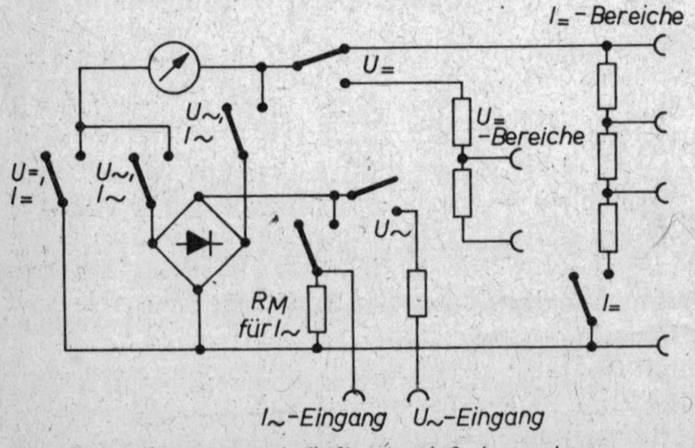

Bild 4.20
Ein Vielfachmesser dieser Art gestattet bei gemeinsamem Nullanschluß gleichzeitiges Anschließen von 4 Meßstellen. Die Meßwerte werden über Schalter abgefragt

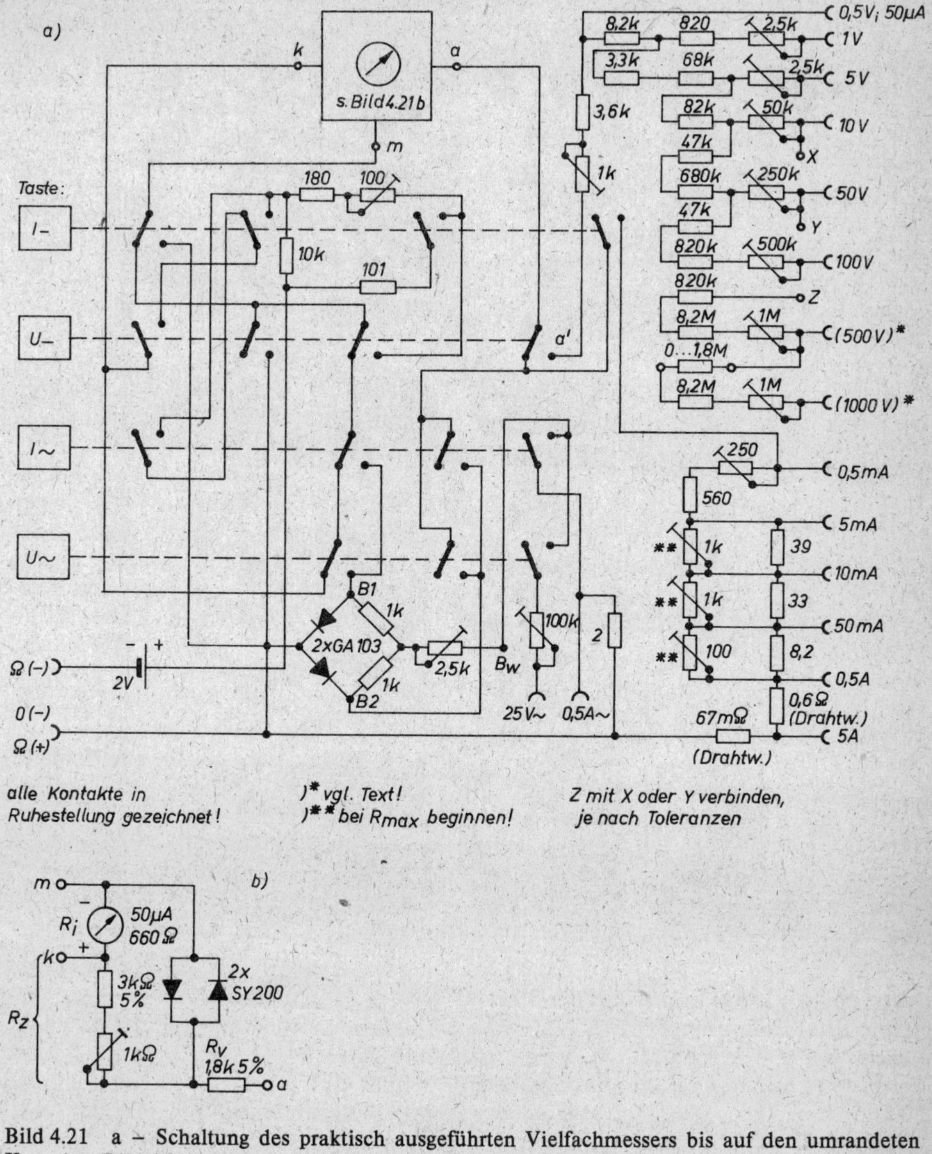

Bild 4.21 a – Schaltung des praktisch ausgeführten Vielfachmessers bis auf den umrandeten Komplex (Bild 4.21b), genaue Kontaktzuordnung s. Bild 4.21g; b – gesamte Schutzschaltung mit 2 antiparallelgeschalteten Dioden und Zusatzwiderständen; c – Leiterbild des Vielfachmessers (Grundplatte); d – Bestückungsplan der Gesamtplatte mit Anschlüssen zu Tastenschalter und Instrument (Einstellung des Shunts für *R*-Messungen von außen mit Schraubendreher!); e – Leiterbild der «Hilfsplatte» für Wechselstrom und -spannung. (Bei Einbau kann die Verdrahtung der Tasten $I_{\sim}$ und $U_{\sim}$ teilweise entfallen, s. Bild 4.21g!); f – Bestückungsplan zu e; g – Tastenschalterverdrahtung. Im Ruhezustand wird das Instrument automatisch zur Schonung der beweglichen Teile kurzgeschlossen; h – Ansicht der Leiterseite des Mustergeräts; i – Blick auf die Bauelementeseite; k, l, m – Ansichten des Geräts

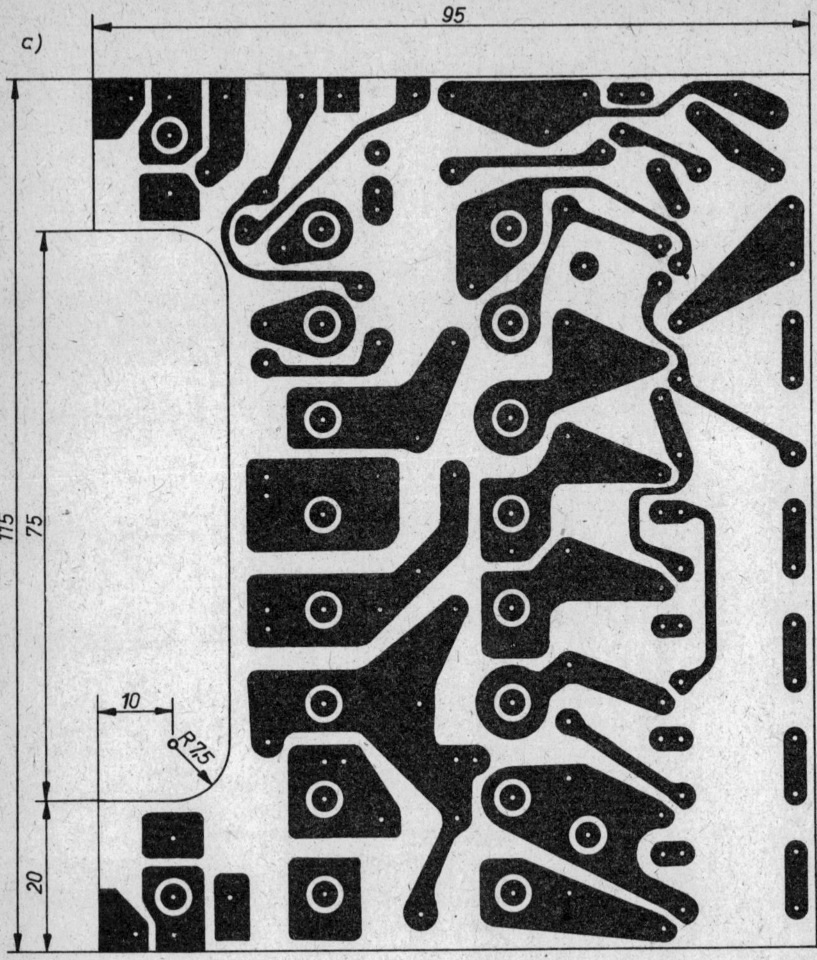

«Bild 4.21c»

setzt werden kann. Dabei wird der Stromkreis der Strommessung nicht unterbrochen, wenn man gerade die Spannung mißt. Durch Druck auf die entsprechende Taste fragt man den interessierenden Meßwert ab. Die Einschränkung für diesen komplexen Einsatzfall liegt in der gemeinsamen 0-Buchse für alle Bereiche. Bild 4.20 zeigt einen zulässigen Meßfall.

Die auf diese Weise modifizierte Aufgabe für Bereichswahl des Vielfachmessers wurde mit 18 Telefonbuchsen und einem abhängig schaltenden 4-Tasten-Schalter gelöst. Bei Widerstandsmessungen muß man zwei Tasten gemeinsam drücken, in allen anderen Fällen genügt eine Taste.

Bild 4.21 zeigt die Gesamtschaltung des Vielfachmessers. Einzelheiten folgen unter 4.1.3. Das Instrument wurde innerhalb eines Vierecks dargestellt, dessen Innenschaltung Gegenstand des folgenden Abschnitts ist. Es handelt sich um die Schutzschaltung, die man aber nicht unbedingt übernehmen muß. In diesem Fall sind die Bereichswiderstände neu zu berechnen, und man erhält bei Strommessung einen kleineren Eigenspannungsbe-

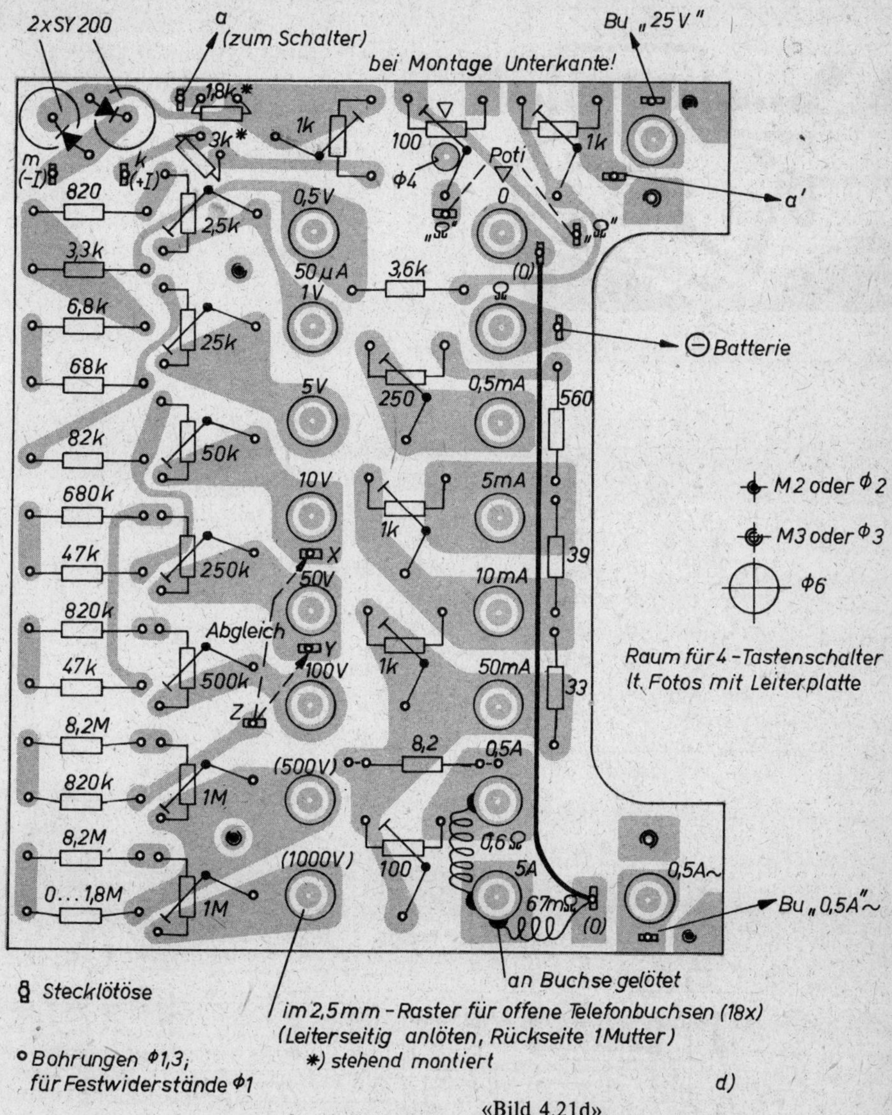

«Bild 4.21d»

darf der Schaltung. Dennoch dürften aber die Vorteile einer Schutzschaltung überwiegen, besonders bei teuren Meßwerken.

4.1.3.2. Schutzschaltung

Die Schutzschaltung soll das Instrument vor Zerstörung durch falsche Bereichswahl, Falschpolung, Anschluß von hoher Wechselspannung an kleine Gleichspannungsbereiche (dann vibriert der Zeiger nur, man merkt es also nicht sofort) usw. schützen. Dabei ist ein gewisser Kompromiß zwischen Überlastungsfähigkeit und Eigenspannungsbedarf erforderlich: Je höher der durch die Schutzschaltung bedingte Eigenspannungsbedarf, um so we-

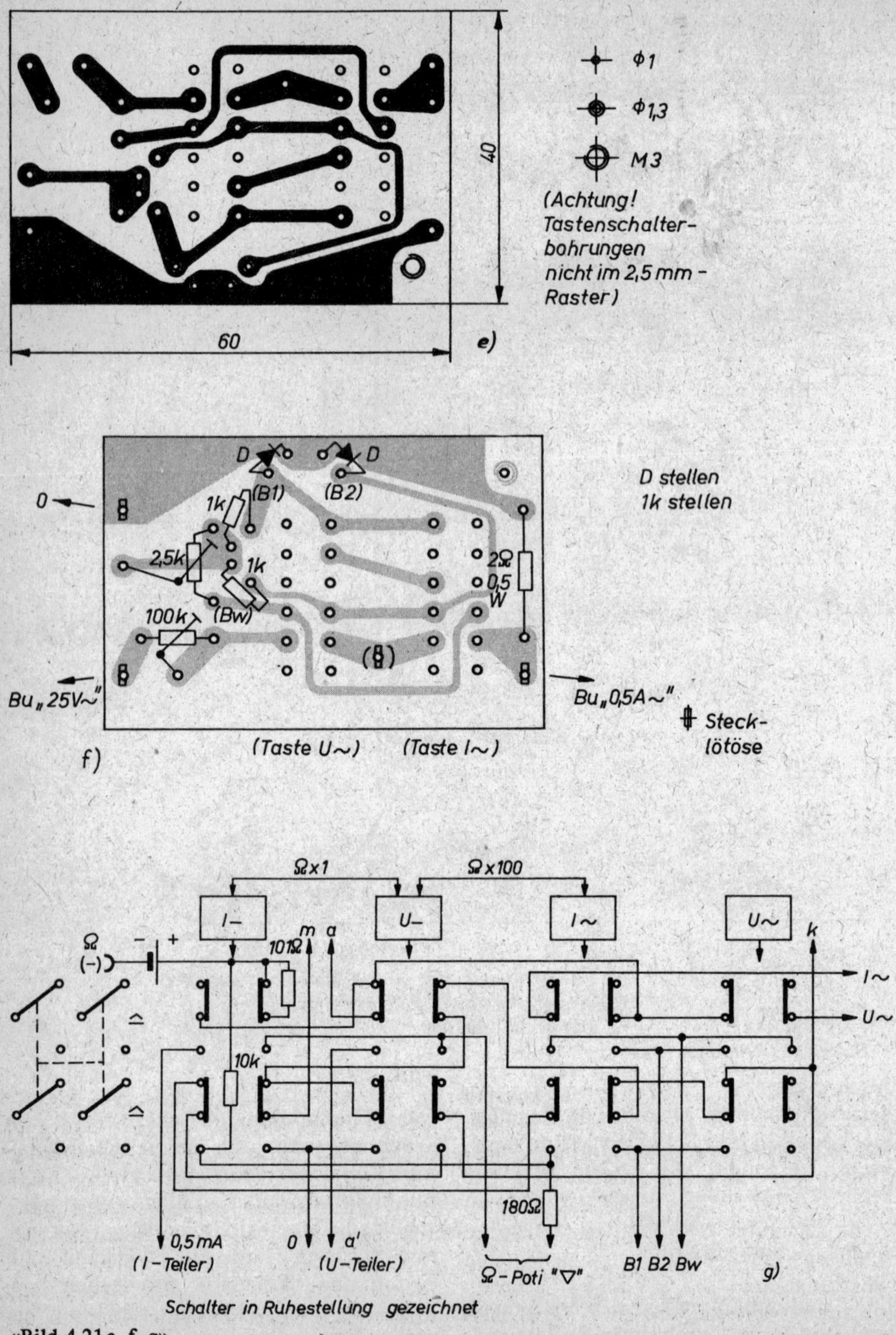

Φ1
Φ1,3
M3
(Achtung! Tastenschalterbohrungen nicht im 2,5 mm - Raster)
40
60
e)
D
D
(B1)
(B2)
D stellen
1k stellen
0
1k
2,5k
1k
2Ω 0,5 W
100k
(Bw)
Bu „25V~"
Bu „0,5A~"
Steck-lötöse
(Taste U~)
(Taste I~)
f)
Ωx1
Ωx100
I–
U–
I~
U~
Ω (–)
m
a
101Ω
k
I~
U~
10k
180Ω
0,5mA (I-Teiler)
0
a'
(U-Teiler)
Ω - Poti "▽"
B1 B2 Bw
g)
Schalter in Ruhestellung gezeichnet

«Bild 4.21e, f, g»

«Bild 4.21h, i»

niger wird das Instrument im Störungsfall über seinen Vollausschlag hinaus belastet. Zu hohe Eingangsspannung ist aber für die Strommessung von Nachteil. Die (infolge ihrer unterhalb der Schwellspannung gegenüber dem Instrumentenstrom genügend kleinen Ströme) gut geeigneten Siliziumdioden haben einen Schwellspannungswert von etwa 0,5 V. Erst oberhalb dieser Spannung fließt also ein Strom, der dadurch schon bei kleiner Spannungserhöhung rasch zunimmt (Bild 4.22). Gemäß Bild 4.21b werden nun zum Absichern beider Stromrichtungen dem Instrument zwei Siliziumdioden antiparallelgeschaltet. Das Instrument erhält außerdem noch einen Vorwiderstand R_z, mit dem ein für das Instrument noch vertretbarer Überstrom über R_i und R_z die Diodenschwellspannung U_D erzeugt. Bei

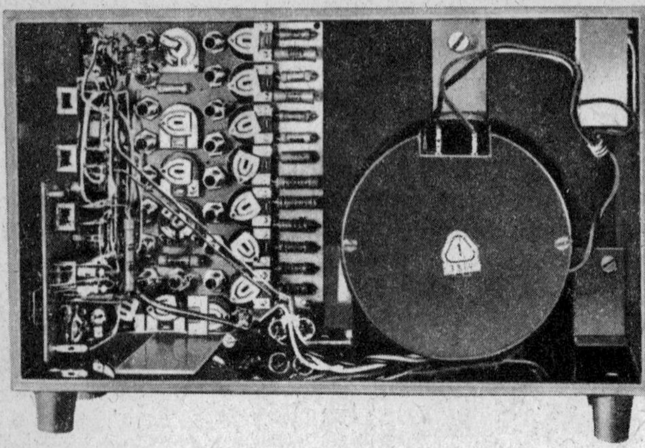

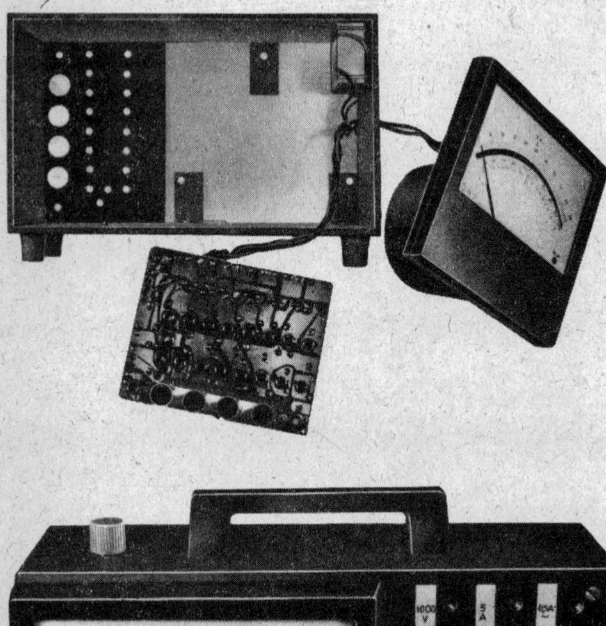

«Bild 4.21k, l, m»

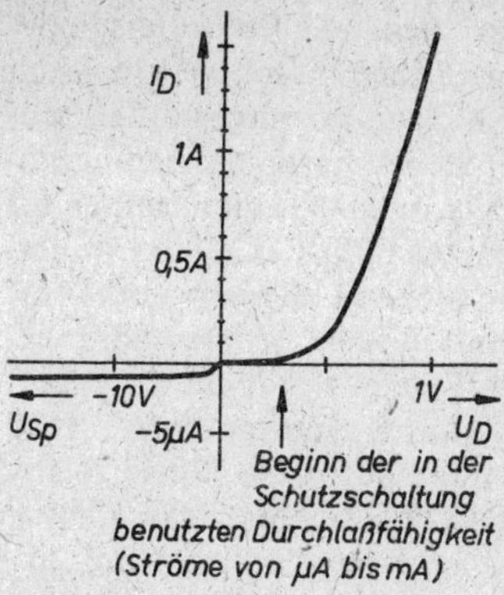

Bild 4.22
Kennlinie einer zum Schutz des Instruments geeigneten Si-Diode. Sie ist auf kleinstmöglichen Sperrstrom hin für eine Spannung auszusuchen, die etwas oberhalb des Spannungsbedarfs des Instruments einschließlich seines Zusatzwiderstands liegt

weiterer Stromerhöhung übernehmen die Dioden je nach Stromrichtung den Zuwachs. Vor der gesamten Schaltung bewirkt der Widerstand R_v, daß bei maximaler zu erwartender Spannung der mögliche Strom nicht größer wird, als ihn die Diode verträgt.

Die Dioden sucht man so aus, daß sie weniger als 1 % des Meßstroms abzweigen, wenn das Instrument gerade Vollausschlag zeigt. Das läßt sich leicht durch Ab- und Zuschalten einzelner Dioden bei auf I_{max} eingestelltem Instrumentenstrom ermitteln. Im Bereich unbeeinflußter Anzeige gilt $I_{max} \cdot (R_i + R_z) < U_D$. Der für das Mustergerät zugelassene Überstrom ist ein Kompromiß zwischen einem möglichst kleinen Spannungsbedarf für Strommessungen und dem, was das Instrument noch verträgt. Dafür gilt mit Überlastungsfaktor *ü*: $ü \cdot I_{max} \cdot (R_i + R_z) \gtrsim U_D$ (für I_{max}). Den Vorwiderstand R_V dimensioniert man nach der maximal im Fehlerfall falsch angelegten Spannung. Sie dürfte nicht größer sein als die, für die der Vielfachmesser eingerichtet wurde, im Höchstfall (bei Beachtung der in 4.1.3.1. gegebenen Hinweise) also 1000 V. Für die Berechnung wird nicht der maximal zulässige Diodenstrom benutzt, weil bei ihm U_D größer als angesetzt ist, so daß der Instrumentenstrom weiter steigt. Bei der *SY 200* oder der moderneren *SY 360* rechnet man daher für I_{Dmax} mit 0,5 A. Bei entsprechend harter Quelle gilt $R_V \gtrsim \frac{1000\,V}{I_{Dmax}}$. R_V müßte nun theoretisch 500 W aushalten. Das ist natürlich Unsinn, denn einmal treten beim Amateur (es sei denn beim Funkamateur) keine so «harten» Quellen auf, und zum anderen, wenn es geschähe, ist ein durchgebrannter Widerstand immer noch wesentlich billiger als ein Instrument. Außerdem kann man zusätzlich noch eine Feinsicherung in der Größenordnung von 50 mA einfügen, wenn man sichergehen will.

Die für das vorhandene Meßwerk mit den Daten $I_{max} = 50\,\mu A$, $R_i = 600\,\Omega$, $U_{max} = 33\,mV$ dimensionierte Schaltung nach Bild 4.21b benötigt an ihren Klemmen für Vollausschlag 0,3 V. Wegen der Verwendung toleranzbehafteter Widerstände innerhalb des Instrumentenpfads nimmt man die Einstellung mit dem Stellwiderstand vor. Würde man ihn zum Schutzwiderstand zuschalten, so müßte durch ihn im Fehlerfall ein unzulässig hoher Strom fließen; denn die Belastbarkeit seines Schleiferkontakts ergibt sich nur aus $I_{zul} = \sqrt{\frac{P}{R_{ges}}}$, das sind bei 0,1 W und 1 kΩ nur 10 mA. Damit wird der Überstrom im Fehlerfall etwas von der Toleranz der verwendeten Widerstände abhängig.

Die gesamte Schutzschaltung wird nun so eingestellt, daß das Instrument Vollausschlag zeigt, wenn an der gesamten Schaltung genau 0,3 V stehen. Zur Eichung ist ein möglichst genaues Hilfsinstrument zu benutzen. Man betrachtet wegen des Abgleichs R_z und R_V gemeinsam und rechnet $R_z + R_V = \frac{U_{ges}}{I_{max}} - R_i$

oder im vorliegenden Fall $R_z + R_V = 5{,}34\,k\Omega$. R_z ermittelt man aus R_V über $R_{zmax} = 5{,}34\,k\Omega - R_{Vmin} \cdot R_{Vmin}$ ist der infolge der aufgedruckten Toleranz kleinste mögliche reale Wert von R_V. Wie sich nachträglich leicht überprüfen läßt, muß R_V ein mit 5 % oder besser tolerierter Typ sein, wenn man einen 1,8-kΩ-Widerstand benutzt und R_z zu einem «handelsüblichen» Teil einstellbar macht: R_{zmax} ergibt sich zu $5{,}34\,k\Omega - 1{,}71\,k\Omega = 3{,}63\,k\Omega$. Damit nicht ein unnötig großer Abgleichbereich überstrichen wird, wählt man ein 1-kΩ-Potentiometer. Sein Widerstand ist aber mit ±20 % toleriert, so daß $R_{zmax} = 0{,}8\,k\Omega + 3\,k\Omega \pm$ Toleranz wird. Damit auf jeden Fall noch 3,62 kΩ erreicht werden, darf der 3-kΩ-Widerstand ebenfalls nur ein 5-%-Typ sein, wie man leicht ausrechnen kann. Das genügt dann auch dem ungünstigsten Fall. Bei positiven Toleranzen beider Widerstände und kleinstem Stellwiderstand (= 0) ergibt sich $3{,}15\,k\Omega + 1{,}89\,k\Omega = 5{,}04\,k\Omega$, was noch mit Sicherheit unter dem zu erreichenden Wert von 5,34 kΩ liegt. Damit genügt die Schutzschaltung bezüglich der Toleranzen den Abgleichbedingungen, ohne daß unnötig genaue Widerstände erforderlich sind.

Dieses Beispiel einer Toleranzrechnung unter Verwendung handelsüblicher, also toleranzbehafteter Widerstände, zeigt die Problematik der toleranzunempfindlichen Schaltungsberechnung für den «schlechtesten (denkbaren) Fall», unter Technikern auch «worst case» genannt. Je genauere Widerstände man zur Verfügung hat, um so weniger braucht der Stellwiderstand auszugleichen. Das ist für eine erwünschte gute Langzeitkonstanz sehr wichtig, denn die ungeschützten Kohleschichten von Stellpotentiometern und die mit begrenztem Druck aufliegenden Schleifer unterliegen einer weit stärkeren zeitbedingten Widerstandsänderung als lackierte Festwiderstände. Die Hersteller von Vielfachmessern benutzen daher möglichst auch nur entsprechend genaue Festwiderstände, die für den Amateur selten erhältlich sind. Daher wurden im vorgestellten Modell überall Stellwiderstände herangezogen, allerdings möglichst nur immer für einen begrenzten Teil des Gesamtwiderstands. Entsprechend diesem Verhältnis geht der Einfluß der Widerstandsänderung auf das Ergebnis zurück. Eine jährlich einmal durchgeführte Überprüfung dürfte aber auch auf diese Weise relativ gute Eigenschaften sichern. Das gilt vor allem für die im folgenden Abschnitt abgeleiteten Dimensionierungshinweise.

4.1.3.3. Gesamtschaltung

Die aus Bild 4.21a und Bild 4.21b (entspricht dem umrandeten Teil von Bild 4.21a) bereits bekannte Gesamtschaltung zeigt Eingänge für U_- in den Stufen *0,5 V; 1 V; 5 V; 10 V; 50 V; 100 V; (500 V)* und *(1 000 V)*. Die beiden eingeklammerten Bereiche dienen im Muster aus Sicherheitsgründen, wie schon erläutert, nur zum Messen kleinerer Spannungen bei erforderlichen höheren Eingangswiderständen (Indikatorzwecke). Immerhin bedeuten *1 000 V* bei 20 kΩ/V 20 MΩ Eingangswiderstand, und *100 V* kann man auf der großen Skale des Musters in diesem Bereich noch gut erkennen. Beliebige Vorwiderstände für die Spannungsmeßbereiche berechnet man jeweils einfach so, daß die Differenz von U_M für Vollausschlag und Spannungsbedarf U_{Iges} des Anschlußpunktes (Instrument ohne Schutzschaltung: 33 mV im Mustergerät, mit Schutzschaltung 0,3 V) gebildet und durch den Instrumentenstrombedarf I_I für Vollausschlag dividiert wird: $R_{Mi} = \frac{U_{Mi} - U_{Iges}}{I_I}$; R in Ω, U in V, I in A. Der Buchstabe i bezeichnet den jeweiligen Bereich. Da für die folgenden Bereiche ab *0,5 V* von diesem Punkt ausgegangen wird, ist U_{Iges} nur für den 1. Bereich 0,3 V und für die folgenden 0,5 V. Übrigens dient der 0,5-V-Bereich auch zur Strommessung bis 50 µA, da bei den Strommeßbereichen systembedingt von einem höheren Grundwert ausgegangen wird. Näheres folgt in Abschnitt 4.1.4.

Bei Gleichstrom erkennt man die Stufen *0,5 mA; 5 mA; 10 mA; 0,5 A; 5 A.* Der 50-µA-Bereich ist mit dem 0,5-V-Bereich identisch. Widerstände lassen sich etwa zwischen 10 Ω und 5 kΩ (10 kΩ) messen (Bereich «x1») und bei «x100» zwischen etwa 1 kΩ und 500 kΩ (1 MΩ), sofern man die Skale so weit nach unten (entspricht den größten Widerständen) eicht und die großen Ablesefehler in Kauf nimmt. In Skalenmitte liegt jeweils der Wert für den Innenwiderstand. Für Wechselstrom wurden die Buchsen 50 mA~ und 500 mA~ vorgesehen und für Wechselspannung die Buchse 25 V~. Im Muster ist sogar nur eine Wechselstrombuchse eingebaut, doch kann man leicht z. B. auf die 1000-V-Buchse verzichten und sie für Wechselstrom umschalten. Der Fortgeschrittene kann natürlich noch weitere Bereiche einfügen bzw. dafür Gleichspannungsbereiche fortlassen. Auch ein Tastkopf mit eingebauten Widerständen ist denkbar. Zur Gleichrichtung dient eine Halbbrücke mit zwei gepaarten Dioden und zwei Widerständen.

4.1.4. Dimensionierung des Mustergeräts

4.1.4.1. Spannungsmeßbereiche

Die Grundformel für die Berechnung wurde bereits unter 4.1.3.3. gegeben. Der Spannungsteiler baut auf den beiden Grundwerten 0,3 V und 0,5 V auf und kann daher abgeglichen werden, wenn diese beiden Werte genau stimmen. Teilweise wurden Bereichswiderstände auch für andere Bereiche mit herangezogen, und zwar stets im Sinne der schon erläuterten Toleranzbetrachtung. Dadurch kommt man fast überall mit Widerstandstoleranzen von 10 % für die Festwiderstände aus. Da der Stellwiderstandshub in den obersten Bereichen aber nicht ausreichen würde, wenn man nicht zu große Stellwiderstände benutzen will, wird z. B. die 500-V-Widerstandskette wahlweise an die 50-V- oder an die 10-V-Kette angelötet. Beim 1000-V-Bereich läßt sich ein Teil des Widerstands auswechseln (0 bis 1,8 MΩ).

Nach Einstellen der Werte 0,3 V und 0,5 V (Schutzschaltung und 1. Bereich) wird – wieder mit Hilfe eines guten Vergleichsspannungsmessers und einer einstellbaren Gleichspannungsquelle – von unten nach oben jeweils in den Bereichen genau Vollausschlag bei Nennspannung eingestellt. Achtung! Vor Beginn der Eichung muß der Zeiger des Instruments mit der von vorn zugänglichen Schraube genau auf 0 eingestellt werden (mechanischer Nullpunkt)!

4.1.4.2. Gleichstrombereiche

Die Gleichstrommeßbereiche erfordern ebenfalls Einstellbarkeit. Das funktioniert mit handelsüblichen Stellwiderständen noch bis zum Teilwiderstand 6 Ω; dort (Bereich 50 mA) wird das Potentiometer parallelgeschaltet und darf darum nie auf 0 stehen. Man beginnt daher etwa in Mittelstellung. Für 0,5 A und für 5 A braucht man selbstgewickelte Widerstände, am besten aus Konstantandraht, damit die strombedingte Erwärmung (etwa 1,7 W bei 5 A) den Wert möglichst wenig beeinflußt. Für diese beiden Bereiche nimmt man notfalls eine gewisse Toleranz in Kauf, die auf dem Instrument vermerkt werden kann, wenn die vorhandene Drahtdicke eine für einen Feinabgleich zu kurze Drahtlänge ergeben sollte. Man gleicht sie so ab, daß, von einer größeren Länge beginnend, vorsichtig stückchenweise abgeschnitten wird. Dabei ist die verzinnte Länge kurz zu halten, da die Zinnhaut den Widerstandswert verringert. Vor dem Verzinnen muß die Drahtoberfläche mit Schmirgelleinen gut gesäubert werden; man verzinnt in reichlich Löttinktur, denn das Material ist nicht besonders «lötfreudig». Abgeglichen wird vom größten I-Bereich aus.

Das Kontaktproblem wird durch die Buchsenanschlüsse auf einfache Weise gelöst. Die Shunts bilden eine Kette, so daß der Strom vom entsprechenden Abgriff über den zwischen ihm und der 0-Buchse liegenden Widerstand fließt. Ein geringerer Teil (bei Vollausschlag im Mustergerät 50 µA) gelangt aber erst über den Umweg Buchse – oberer Teilwiderstand – Instrument zur 0-Buchse, und dieser Strom ruft die Anzeige hervor. Das heißt: Die jeweilige Bereichsbuchse bildet den «Knotenpunkt», in den hinein der gesamte zu messende Strom fließt, und von diesem Knoten aus teilt er sich in einen Strom durch das Instrument und in einen (größeren) durch den Shunt (Bild 4.23). Daher ist bei Strommessung wie folgt zu dimensionieren: Für Vollausschlag muß der Strom durch den Shunt eine Spannung in Höhe von $U_I + I_I \cdot R_{To}$ erzeugen (U_I, I_I: Werte für Vollausschlag des Instruments einschließlich Schutzschaltung; für Mustergerät also 0,3 V und 50 µA). Dafür steht der Strom $I_M - I_I$ zur Verfügung, wenn I_M der Meßstrom für

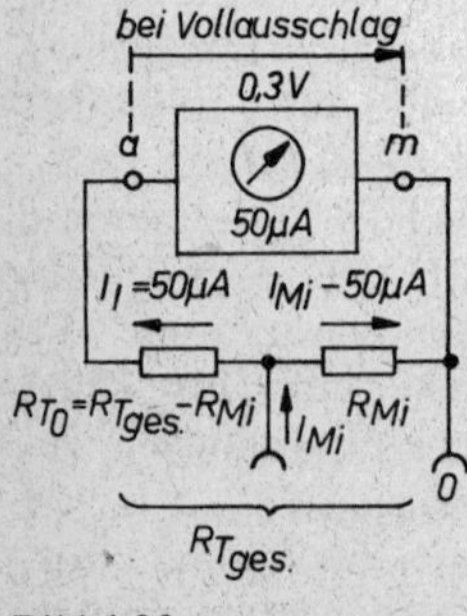

Bild 4.23
Mit dieser Knotenpunktbetrachtung wird die «Shuntkette» berechnet

Vollausschlag laut Buchsenbeschriftung ist. R_{To} bezeichnet den Gesamtwert des Widerstands der Shuntkette zwischen Buchse und Instrument («oberer Widerstand»).

Zunächst muß man festlegen, welcher kleinste Strom mit der Shuntkette gemessen werden soll. Da 50 µA Vollausschlag über die Spannungsmesserseite erfaßt werden, genügt es, mit 500 µA zu beginnen. Nur dieser Bereich kommt also tatsächlich mit 0,3 V aus ($R_{To} = 0$), während alle anderen $I_I \cdot R_{To}$ mehr Spannung für Vollausschlag erfordern. Im Interesse einer möglichst kleinen Gesamtspannung geht man also von einem nicht zu großen Shunt aus, d. h. von einem nicht unnötig niedrigen untersten Bereich.

Man beginnt mit der Berechnung des Shuntgesamtwerts: $R_{Tges} = \frac{U_I}{I_M - I_I}$, für das Muster heißt das $R_{Tges} = \frac{0{,}3\,V}{500\,\mu A - 50\,\mu A}$ und ergibt 667 Ω. Für beliebige Bereiche gilt dann mit Bild 4.23 der Ansatz $(I_{Mi} - I_I) \cdot R_{Mi} = U_I + I_I (R_{Tges} - R_{Mi})$.

Darin bezeichnet R_{Mi} den Gesamtwert des zwischen Meßbuchse «i» und 0-Buchse liegenden Widerstands für den Strombereich I_{Mi}, während R_{Tges} der soeben ausgerechnete gesamte Shunt ist, der R_{Mi} enthält. Die Differenz $R_{Tges} - R_{Mi}$ entspricht dem oben benutzten Ausdruck R_{To}. Durch Umstellen ergibt sich schließlich $R_{Mi} = \frac{U_I + I_I \cdot R_{Tges}}{I_{Mi}}$ und mit den Werten des Musters $R_{Mi} = \frac{333{,}35}{I_{Mi}}$; R in Ω, I in mA.

Damit erhält man für die einzelnen Widerstandswerte zwischen der jeweiligen Buchse und 0 diese Zuordnung:

Bereich I_{Mi}	0,5 mA 5 mA 10 mA 50 mA 0,5 A 5 A 0-Buchse
Widerstand R_{Mi}	667 Ω 66,7 Ω

	33,4 Ω	6,67 Ω
	0,667 Ω	0,067 Ω
Teilwiderstände	600 Ω	33,3 Ω
zwischen den	≈26,7 Ω	≈6 Ω
Buchsen	600 mΩ	67 mΩ.

Unter Berücksichtigung von Widerständen mit 10 % Toleranz empfehlen sich folgende Kombinationen:
67 mΩ und 600 mΩ aus Konstantandraht wickeln;
6 Ω aus 8,2 Ω ±10 % mit 100-Ω-Stellwiderstand parallel;
26,7 Ω z. B. aus 33 Ω ±10 % mit 1-kΩ-Stellwiderstand parallel;
33,3 Ω aus 39 Ω ±10 % mit 1-kΩ-Stellwiderstand parallel;
600 Ω aus 560 Ω ±10 % mit 220-Ω-Stellwiderstand in Serie (wie im Mustergerät) oder 820 Ω ±10 % mit 10-kΩ-Stellwiderstand parallel.

4.1.4.3. Widerstandsmessung

Das Ohmmeterprinzip geht bereits aus Bild 4.19 hervor. Im Mustergerät wirkt ein 2-V-Kleinakkumulator *RZP 2* als relativ spannungskonstante Quelle. Nach ihm wurde die Schaltung dimensioniert. In Mittelstellung sollen 10 kΩ («x100») bzw. 100 Ω angezeigt werden («x1»). Das bedeutet bei einem möglichen Spannungshub des Akkumulators (über die gesamte Nutzungsdauer gesehen) von 2,2 bis 1,8 V einen Strom zwischen 0,22 mA und 0,18 mA im Bereich «x100». Das Instrument muß also geshuntet werden; mit dem Shunt stellt man bei Kurzschluß der R_x-Klemmen unter allen Betriebsverhältnissen (U_{max} bis U_{min}) Vollausschlag entsprechend «0 Ω» ein. Diesen Shunt legt man unmittelbar zum Meßwerk parallel. Das gewährleistet die geringste Abweichung des Gesamtwiderstands im Meßkreis, denn es soll ja stets gelten: Halber Ausschlag zeigt R_{iges} an, d. h., $R_x = R_{iges}$ für $I = \frac{I_{max}}{2}$ im Meßkreis. Höhere oder niedrigere Batteriespannung berücksichtigt man bezüglich der Anzeige durch den variablen Shunt parallel zum Meßwerk, wobei sich R_{iges} möglichst wenig ändern soll. Das bedeutet auch konstante Anzeigepunkte, nur der Meßstrom selbst (der durch R_x und R_i fließt) ändert sich mit U_{Batt}. Der Shunt variiert also im gleichen Sinne den Strommeßbereich der Kombination Instrument parallel R_{sh} derart, daß wieder die gleichen Ausschläge zu den R-Markierungen der Skale gehören. Man stellt daher so ein, daß der gesamte Strommesser bei 2,2 V 220 µA Ausschlag hat $\left(I_{max} = \frac{U_{max}}{R_i\,(\approx \text{konst})}\right)$ und bei 1,8 V 180 µA.

Tatsächlich variiert natürlich R_{iges} etwas, nämlich um (Bereich «x100») $\Delta R = \frac{U_I}{I_{min}} - \frac{U_I}{I_{max}}$, das sind bei $U_I = 33$ mV im Muster aber nur 0,33 %. Würde man also in der Parallelschaltung die Schutzschaltungswiderstände bis zum Punkt 0,3 V mit einbeziehen, so ergäbe sich bereits ein Fehler von 3 %! Daher wird der Shunt bei R-Messung an k-m entsprechend Bild 4.23 angeschlossen, wie aus Bild 4.21 hervorgeht.

Zunächst ermittelt man die Shuntwerte für maximale und für minimale Batteriespannung: Bei 33 mV Vollausschlag des Musterinstruments und 180 bis 220 µA Gesamtstrom bei der R-Messung wird ein Shunt von $\frac{33\text{ mV}}{(220-50)\,\mu\text{A}}$ bis $\frac{33\text{ mV}}{(180-50)\,\mu\text{A}}$ (in kΩ) benötigt. Man setzt ihn aus einem Festwiderstand und einem Drehwiderstand zusammen. Unter Berücksichtigung der Toleranzen liefert eine Serienschaltung von 180 Ω ±5 % mit einem 100-Ω-Potentiometer einen gerade noch ausreichenden Stellbereich. Der Stellwiderstand ist von außen zugänglich (Schraubendreher oder kleiner Knopf); geeicht wird auf Vollausschlag bei mit Prüfschnur kurzgeschlossener Ω-Buchse (gegen 0-Buchse), wenn kein Platz für eine Taste zur Verfügung steht. (Im Muster würde sie in die obere Deckplatte passen.)

R_V wird für Nennspannung ausgerechnet: Der Strommesser hat einschließlich Shunt bei 200 µA und 33 mV einen Widerstand von 165 Ω. Bis 10 kΩ bleiben also noch 9,835 kΩ. Man realisiert sie z. B. mit 9,1 kΩ 5 % in Serie mit einem 2,2-kΩ-Potentiometer oder sucht wie im Muster einen im Wert genügend günstigen 10-kΩ-Festwiderstand aus (z. B. 10 kΩ 2 %). Er liegt aus Schaltverknüpfungsgründen bei *R*-Messungen direkt an «k» des Instruments. Würde man bei *R*-Messungen also an höhere Spannungen geraten, so wäre das Instrument wieder gefährdet. Man kann aber den 10-kΩ-Widerstand aufteilen und mit 2 Siliziumdioden analog der beschriebenen Schutzschaltung auch eine solche einsetzen, die bei Widerstandsmessungen wirksam ist. Allerdings dürfte die Gefahr der Fehlbedienung in den Widerstandsbereichen infolge der Buchsenlage und der Notwendigkeit, zwei Tasten zu drücken, klein sein. Für die Einstellung auf genau 10 kΩ kann man sich einen genauen 10-kΩ-Widerstand besorgen (z. B. Stellpotentiometer 22 kΩ an genauem Ohmmeter abgleichen) und mit ihm als R_x am 1-kΩ-Stellwiderstand auf genau 50 % Skalenausschlag einstellen ($U_{Batt} = 2$ V, Stellwiderstand Mittelstellung). Es lassen sich nun *R*-Skalenwerte ausrechnen, entsprechend $I = \frac{U_{Batt}}{R_i + R_x}$ oder für Nennwerte $I = \frac{2\,\text{V}}{10\,\text{k}\Omega + R_x}$, d. h., man setzt glatte R_x-Werte ein und berücksichtigt die Skalenteilung mit $I_{max} = 0{,}2$ mA (das sind im Muster 50 Skalenteile) für $R_x = 0$ bis $I = 0$ für $R_x = \infty$ sowie $R_x = R_i = 10$ kΩ für $I = I_{max}/2$. Einsetzen weiterer Werte für R_x ergibt den bekannten hyperbolischen Skalenverlauf, der sich am Bereichsanfang in Richtung kleiner Zeigerausschläge (d. h. wachsender R_x) stark zusammendrängt. Man wird also kaum weiter eichen als bis z. B. 5 % Ausschlag oder im vorliegenden Fall bis etwa 0,8 MΩ; 1 MΩ dürfte gerade noch zu «ahnen» sein. Ebensogut kann man natürlich glatte, genau bekannte Widerstandswerte zur Eichung benutzen. Auch sie lassen sich leicht über ein Potentiometer an einem anderen, genauen Ohmmeter einstellen. Im übrigen sei noch ein Hinweis gestattet: Infolge der Übereinkunft, die beiden Bereiche mit «x1» und «x100» zu bezeichnen, ist am Punkt 10 kΩ der Wert 100 Ω einzutragen und bei 1 MΩ, falls bis dorthin geeicht wird, 10 kΩ.

Der Bereich «x1» selbst erfordert einen Innenwiderstand von 100 Ω. Im Meßkreis fließen also jetzt maximal 20 mA. Läßt man 1 % Unsicherheit zu, so genügt es, einfach dem gesamten Instrumentenkreis hinter der Batterie einen genauen 100-Ω-Widerstand parallelzuschalten. Genauer gilt $R_i = 10\,\text{k}\Omega // R_{«x1»}$ d. h., man müßte 120 Ω ±10 % mit einem 4,7-kΩ-Stellwiderstand parallelschalten. Mit einem «fremdgeeichten» 100-Ω-Widerstand als R_x wird dann wieder auf 50 % Skalenwert am 4,7-kΩ-Potentiometer eingestellt ($U_{Batt} = 2$ V, Shunt am Instrument Mittelstellung). Der unbekannte Widerstand sollte – besonders im Bereich «x1» – nur für die Dauer der Messung angeschlossen bleiben, denn immerhin fließen bei «x1» maximal 20 mA. Aus diesem Grund wird auch die Eichung bei Verwendung von Normalwiderständen im Bereich «x100» vorgenommen, wo bei Vollausschlag nur 0,2 mA fließen.

Für die Ohmskale kann außerhalb des Instruments ein Kartonstreifen vorbereitet werden, den man z. B. gemäß Bild 4.24 über Polarkoordinaten-Millimeterpapier (ggf. mit Winkelmesser selbst angefertigt) auf die (im Muster) 50 Skalenteile bezieht und unterhalb der vorgegebenen Skale befestigt. Man klebt sie aber erst an, wenn man auf diesem Hilfsblatt auch die Wechselstromskale angebracht hat (s. unten). Fotoamateure zeichnen die

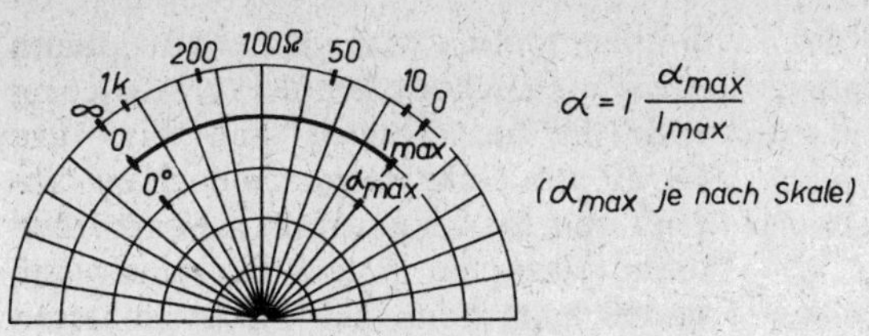

Bild 4.24
Polarkoordinatenpapier als Hilfsmittel zum Übertragen der berechneten Skalen bezüglich der Grundskale

Skale auf Transparentpapier mit Tusche und fertigen eine Kontaktkopie an. Das ergibt weiße Marken auf schwarzem Grund. Eine vergrößerte Tuschvorlage, fotografiert und wieder im richtigen Maßstab auf Fotopapier kopiert, bereitet wesentlich mehr Arbeit, ergibt aber schwarze Marken auf weißem Grund. Im Muster wurde die Skale unmittelbar mit Bleistift beschriftet – man braucht dazu eine ruhige Hand. Radieren ist möglich.

Ein modernes Ohmmeter mit linearer Skale und mit Operationsverstärker folgt in Abschnitt 4.1.7.5.

4.1.4.4. Wechselstrom und Wechselspannung

Diese Bereiche werden entsprechend Bild 4.25 mit Hilfe eines Vergleichsinstruments und eines Niederspannungs-Schutztransformators geeicht. Damit umgeht man einen Rechnungsgang, der infolge der Nichtlinearitäten der Gleichrichter besonders am Skalenanfang doch keine genauen Werte liefern würde.

Die Wechselstrommessung bezieht sich auf einen Spannungsbedarf von 1 V. Das erschien als gerade noch sinnvoller Kompromiß zwischen Einfluß der Dioden und Skalenverlauf. Betrachtet man Bild 4.26, so erkennt man den Einfluß der Diodenkennlinie (Darstellung bezieht sich auf Einweggleichrichtung). Im Arbeitswiderstand ist das Meßwerk enthalten. Steht also über der Kombination gerade 1 V, dann teilt sich diese Spannung entsprechend dem Schnittpunkt der Widerstandsgeraden mit der Diodenkennlinie auf Diode und Widerstand auf. Das ist der Vollausschlagfall. Für ihn gilt also $R = \dfrac{1\,\text{V} - U_D}{I_D}$. Für kleinere Spannungen verschiebt sich die R-Gerade parallel, denn sie muß immer auf der Abszisse bei der anliegenden Spannung beginnen. Der Schnittpunkt auf der Diodenkennlinie wandert dabei weiter nach unten. Damit entfällt jetzt ein größerer Anteil der Spannung auf die Diode, so daß $\dfrac{U_{Rv}}{R}$ kleiner wird, als wenn die Dio-

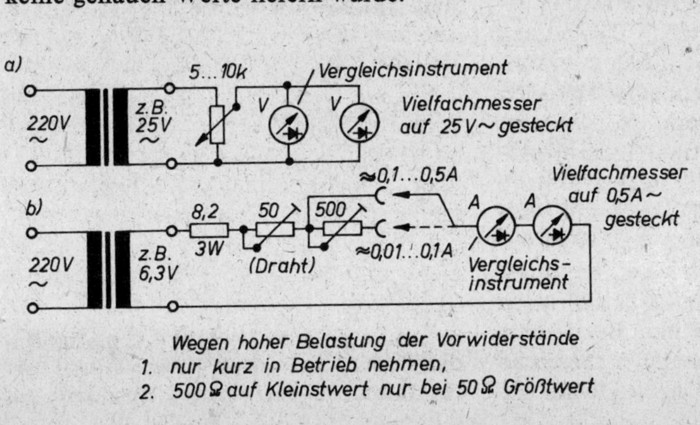

Bild 4.25
Eichen der a – Wechselspannungsbereiche und b – Wechselstrombereiche mit Transformator und Vergleichsinstrument

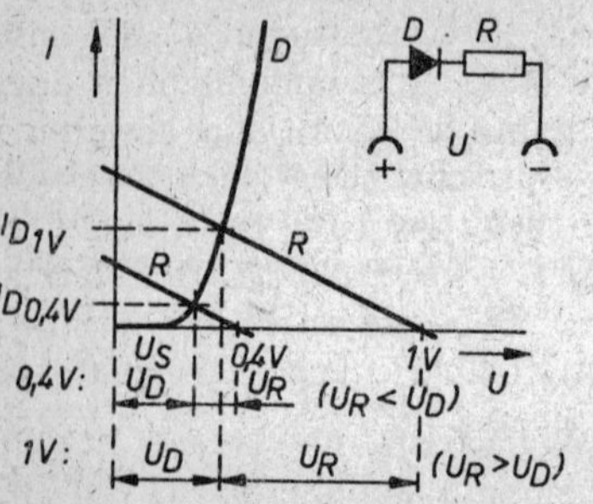

Bild 4.26
Spannungsverteilung in einem Meßbereich mit Einweggleichrichtung für unterschiedliche Eingangsspannungen (zwei Fälle dargestellt)

denkennlinie eine Gerade wäre. Schließlich erreicht man einen Punkt, bei dem (theoretisch) gar kein Strom mehr fließt, obwohl noch U_{Schwell} der Diode an Diode plus *R* liegt. Ergebnis: Am unteren Skalenende sind die Werte stärker zusammengedrängt als oben, und in der Nähe des Nullpunkts kann man gar nicht mehr messen. Da die Schwellspannung von Germaniumdioden wesentlich niedriger liegt als bei Siliziumdioden, werden sie heute trotz größerer Sperrströme (die das Ergebnis ebenfalls verfälschen) noch als Meßgleichrichter benutzt.

Wegen des Diodensperrstroms kann man im übrigen auch nicht die volle Stromempfindlichkeit des Instruments ausnutzen, sondern muß in Widerständen einen Teil der sonst zur Messung benutzten Energie umsetzen. Die beiden Halbbrückenwiderstände durch zwei weitere Dioden zu ersetzen empfiehlt sich auch nicht, da es schwierig ist, möglichst gleiche Kennlinien zu finden. Im Ergebnis all dieser Tatsachen weisen übliche Vielfachmesser mit 20 kΩ/V in den Gleichspannungsbereichen bei Wechselspannung nur 2 bis 4 kΩ/V auf. Bei unserer vereinfachten Lösung ist es allerdings nicht nötig, einen genauen Bezugswert einzuhalten, da die wenigen Bereiche einzeln geeicht werden. Man muß nur die Größenordnung bezüglich der möglichen Meßkreisfälschung kennen.

Bei 1 V Spannungsbedarf braucht man für 50 mA einen Gesamtwiderstand von 20 Ω und für 0,5 A von 2 Ω. Das können unmittelbar die Werte der Meßwiderstände sein, denn bei der empfohlenen Dimensionierung fällt der Brückeneingangswiderstand kaum noch ins Gewicht, der diesen Widerständen parallel liegt. Man gewinnt diese Widerstände in der bekannten Weise. Das Instrument wird direkt aus der Halbbrücke gespeist, wobei die in Bild 4.27 dargestellten Verhältnisse gegeben sind. In jeder Halbwelle der anliegenden Spannung wirkt hinter der gerade geöffneten Diode die Serienschaltung eines Halbbrückenwiderstands mit dem Instrument und dem Abgleichwiderstand; der andere Halbbrückenwiderstand liegt mit Instrument und erstem Widerstand parallel.

Der Skalenverlauf der Strommeßbereiche wird also von den Dioden merklich beeinflußt, da die höchste zur Verfügung stehende Spannung nur 1 V beträgt. Weniger kritisch ist das bei der Spannungsmessung im Bereich 25 V, denn jetzt macht 1 V nur 1/25 des Bereichs aus, und die Nichtlinearität bezieht sich damit vorwiegend auf den unteren Skalenbereich. Das kann man ggf. vernachlässigen und damit den Abgleich des Wechselspannungsbereichs 25 V auf Vollausschlag der normalen Skale hin vornehmen. Im Muster wurde 1 V als 0,85 V

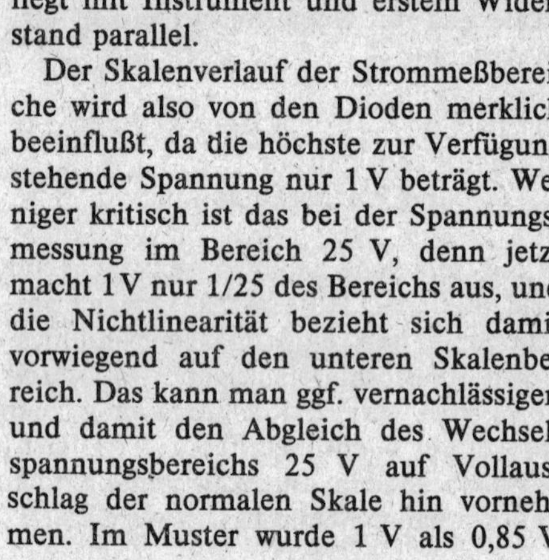

Bild 4.27
Strompfad in der Halbbrücke für eine der beiden Richtungen des Wechselstroms: Stets liegt dem Instrument ein Widerstand parallel

angezeigt, 2 V aber bereits als 1,85 V. Schon 3 V brachten nahezu Deckung mit glatten Skalenwerten (2,95 V Anzeige). Die Wechselstrom- und die Wechselspannungsbereiche sind nicht auf der Hauptleiterplatte untergebracht. Man kann also den Vielfachmesser zunächst nur für Gleichstrom, Gleichspannung und Widerstand aufbauen und diese Bereiche später in «Verdrahtungstechnik» zwischen den auf der Leiterplatte schon vorgesehenen Buchsen und dem Tastenschalter vornehmen, eventuell mit Hilfe einer zweiten Leiterplatte, siehe Bild 4.21 (e und f). Man beachte dazu auch die spezielle Lösung in Bauplan 52, für die es eine eigene *typofix*-Folie gibt!

4.1.5. Aufbaubeispiel

Das Instrument des Mustergeräts hat relativ große Abmessungen (120 mm × 130 mm Frontfläche). Das Gehäuse wurde diesem Format angepaßt. Es besteht aus 4 bis 5 mm dickem Hartpapier (es kann auch *PVC* oder Sperrholz sein). Die Platten wurden nach Bild 4.28 zusammengesetzt, mit 1-mm-Drahtstückchen in 1-mm-Bohrungen verstiftet und vorher mit *EP 11*-Kleber bestrichen. Vor

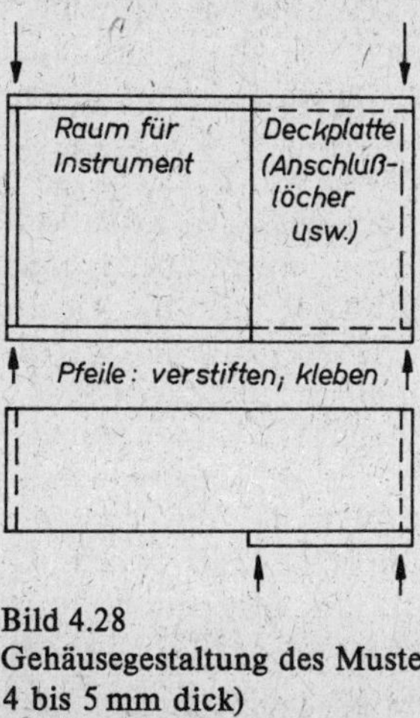

Bild 4.28
Gehäusegestaltung des Musters (Hp oder *PVC*, 4 bis 5 mm dick)

Auftragen des Klebers sind die Klebeflächen mit feinem Schmirgelleinen anzurauhen, damit die den Kleber abweisende Preßhaut verschwindet. Nach 24 h Aushärtezeit setzt man das Instrument mit Hilfe von Blechwinkeln ein. Der Platz neben dem Meßwerk wurde so bemessen, daß die beschriebene «Grundausstattung» auf eine Leiterplatte dieser Fläche paßt (vgl. die Bemerkungen zur Unterbringung der Wechselstrombereiche!). Bild 4.21 c zeigt die nach Bild 4.21 a entworfene Leiterplatte. Sie wird gemäß Bild 4.21 d bestückt und wirkt im Zusammenhang mit der aus Bild 4.21 g hervorgegangenen Schalterverdrahtung (Leiterplatte: Bild 4.21 e und 4.21 f)! Die Verbindungsstellen (auf der Leiterplatte über Lötösen) wurden auf beiden Bildern gekennzeichnet. Der Tastenschalter wird auf der Leiterplatte befestigt. Die Vorderwand des Gehäuses ist mit Bohrungen entsprechend der Lage von Tasten und Buchsen auf der Leiterplatte zu versehen. Das Gehäuse wird durch eine eingepaßte Rückwand geschlossen. Es dürfte nicht schwerfallen, beim Nachbau mit Hilfe von Abstandsröhrchen und entsprechend langen Senkschrauben die Leiterplatte an passenden Stellen zu befestigen, wie auch in der Leiterplattenzeichnung angedeutet.

In das Gehäuse passen selbstverständlich auch kleinere Instrumente, doch wirkt das Gesamtbild dann weniger gut. Man zieht in diesem Fall die Frontplatte über das gesamte Gehäuse (wegen der Leiterplattengröße wird man die Höhe nicht verändern) und versieht sie mit einem Durchbruch für das kleinere Instrument. Dabei bedenke man, daß im Muster die Leiterplatte noch unter den Frontrahmen reicht! Darüber hinaus würde ein kleineres Instrument Fläche frei machen, die z. B. weitere Buchsen für Wechselspannungen und Wechselströme aufnehmen könnte. Das vorgegebene Instrument war für senkrechte Gebrauchslage vorgesehen, so daß die aus Tuben-

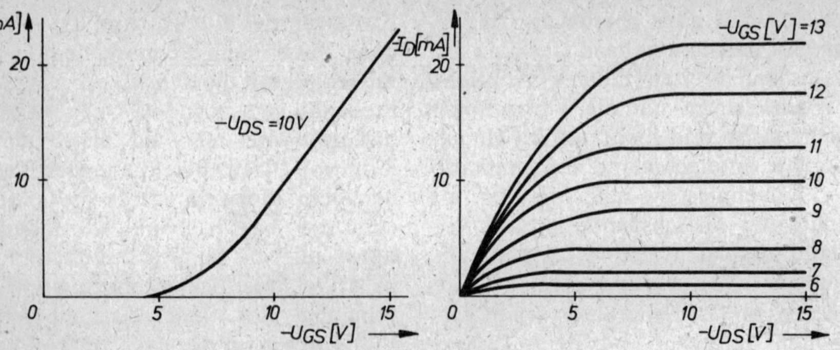

Bild 4.29 Kennlinien eines MOSFET *SMY 51* (p-Kanal-Anreicherungstyp)

verschlüssen gewonnenen Füße an die entsprechende Rahmenseite geschraubt wurden. Bei waagerechter Lage befestigt man sie an der Rückwand. Das Gehäuse läßt sich, wenn man es gründlich entfettet und ggf. leicht angerauht hat, mit Autolack aus der Spraydose in einer beliebigen Farbe spritzen, vorausgesetzt, man zieht nicht die Materialoberfläche selbst als Oberfläche vor. Für die Beschriftung der Buchsen und des Schalters gibt es mehrere Möglichkeiten: direktes Beschriften, Fotopapier über Transparent-Kontaktabzug (Tuscheoriginal auf Transparent) oder als Aufnahme und Kopie einer vergrößerten Vorlage. Diese kann man dann auch auf Planfilm kopieren und erhält eine ansprechend wirkende Vorderfläche. Die *typofix*-Folie zu Bauplan 52 enthält auch Beschriftungselemente.

4.1.6. MOSFET-Vielfachmesser-Zusatz

Mit einem Verstärker kann eine beträchtliche Erhöhung des Eingangswiderstands von Spannungsmessern erreicht werden, d. h., man benötigt, bezogen auf ein bestimmtes Instrument, nur noch einen Bruchteil des sonst erforderlichen Stroms. Verständlicherweise braucht ein solcher Verstärker eine Speisespannung. Das ist der eine Nachteil, der von den Vorteilen der «stromarmen» Messung meist aufgewogen wird. Der andere Nachteil liegt in der Notwendigkeit, zeitlich oder von den Umgebungsbedingungen (Temperatur, Betriebsspannung) abhängige Anzeigeschwankungen abzufangen bzw. das Gerät entsprechend nachzustimmen. Solche Einflüsse verringern sich in Schaltungen, bei denen zwei gleichartige «aktive» Elemente (früher Röhren, s. Röhrenvoltmeter, später bipolare Transistoren, dann Feldeffekttransistoren, heute zunehmend durch Operationsverstärker abgelöst) in einer symmetrischen Schaltung eingesetzt werden. Gleichgerichtete Änderungen kompensieren sich dann weitgehend, es sei denn, die Exemplare haben unterschiedlich starke Abhängigkeiten. In dieser Hinsicht sind zwei Halbleiterbauelemente, die auf einem gemeinsamen «Substrat» untergebracht sind, günstiger als Einzelbauelemente. Der Doppel-Metalloxid-Silizium-Feldeffekttransistor («Doppel-MOSFET») *SMY 51* gehört zu diesen Bauelementen. Obwohl für die Digitaltechnik geschaffen, zeigte sich bei Tests an einer Reihe von Exemplaren, daß er gut für «driftarme» (d. h. ihre Zeigernullage nur wenig ändernde) Voltmeter geeignet ist. Die nächste Stufe für ein solches Gerät

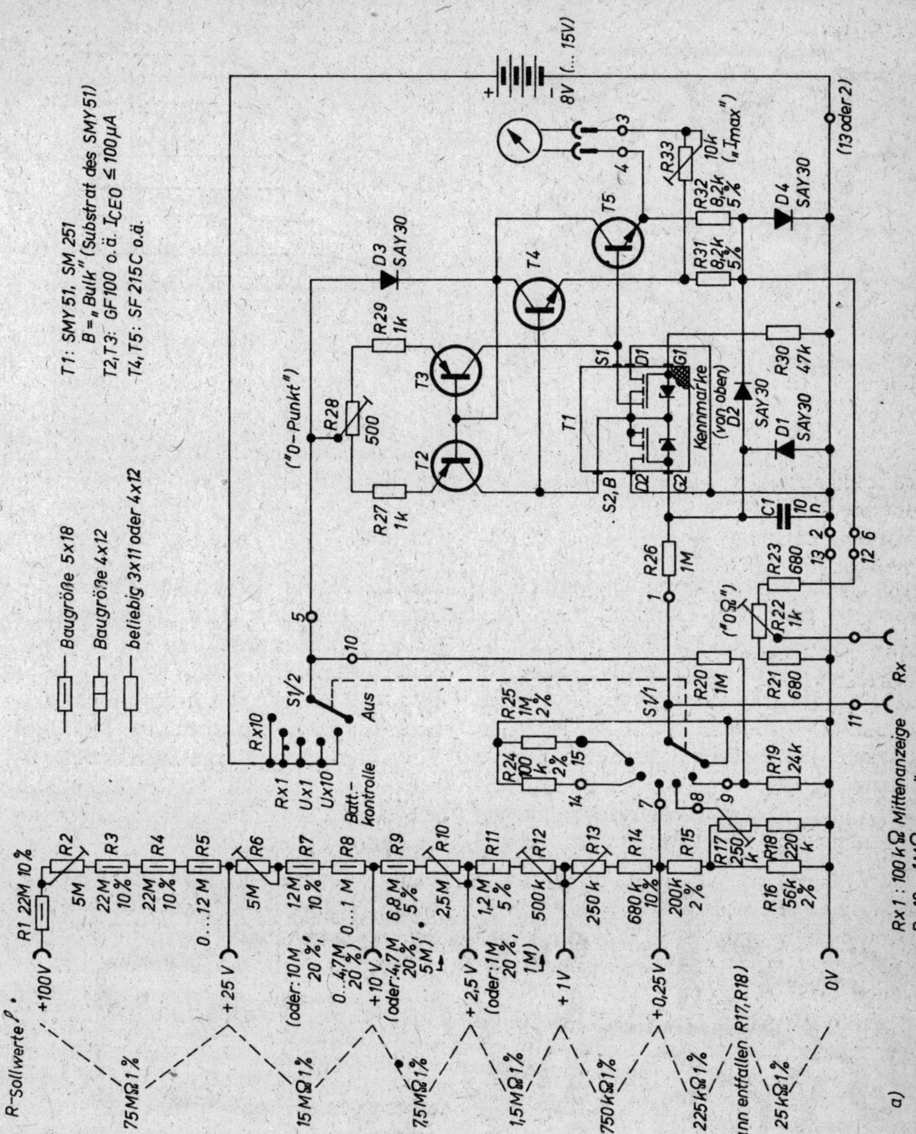

Bild 4.30 a – MOSFET-Volt- und Ohmmeter, 1 MΩ/V, Vollausschlag 0,25 V im kleinsten Bereich, über Umschalten auf 100 kΩ/V bis 1 000 V Vollausschlag geeignet (bei entsprechendem Aufbau bezüglich Spannung!), Mittelanzeige in den beiden Widerstandsbereichen 100 kΩ und 1 MΩ, Betriebsspannung etwa 7 bis 15 V, Stromaufnahme ≲ 2 mA. Instrument mit Plus an 3 anschließen. Bei Übergang auf moderne Si-pnp-Transistoren (z. B. *2 × SC 307*) für T 2, T 3 in Serie zu D 3 zweite *SAY 30* schalten (D 5 im Text)!; b – Leiterbild zum «aktiven» Teil von a, noch für Ge-pnp-Transistoren; c – Bestückungsplan; d – Leiterbild der Teilerplatte zu a mit Buchsen; e – Bestückungsplan; f – Ansicht einer Musterplatte zu c; g – Ansicht einer Musterplatte zu e

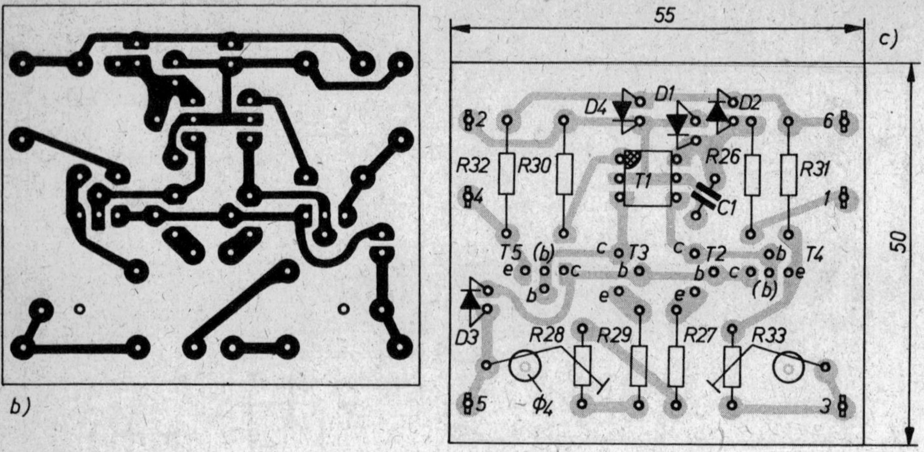

«Bild 4.30b, c, d»

Stecklötöse SAY 30 von oben

besteht im Einsatz eines Operationsverstärkers mit hochohmigen Eingängen (vgl. Abschnitt 4.1.7.!). Der *SMY 51* ist ein p-Kanal-Anreicherungstyp. Das bedeutet: Der vom **Gate** gesteuerte Kanal ist zunächst nichtleitend, auch wenn an **Drain** (D) eine gegen **Source** (S) negative Spannung (wie vorgeschrieben) angelegt wird. Erst bei einer negativen Spannung von mehr als 5 V (an Basteltypen wurden bis zu 7,5 V festgestellt) beginnt ein Strom von S nach D zu fließen («technische» Stromrichtung, die von Plus nach Minus rechnet). Die Kennlinien in Bild 4.29 machen das noch einmal deutlich. In dem beschriebenen MOSFET-Voltmeter wird der Transistor in einer Art betrieben, die der Kollektorschaltung ähnlich ist, d. h., der Ausgangskreis liegt an **Source**.

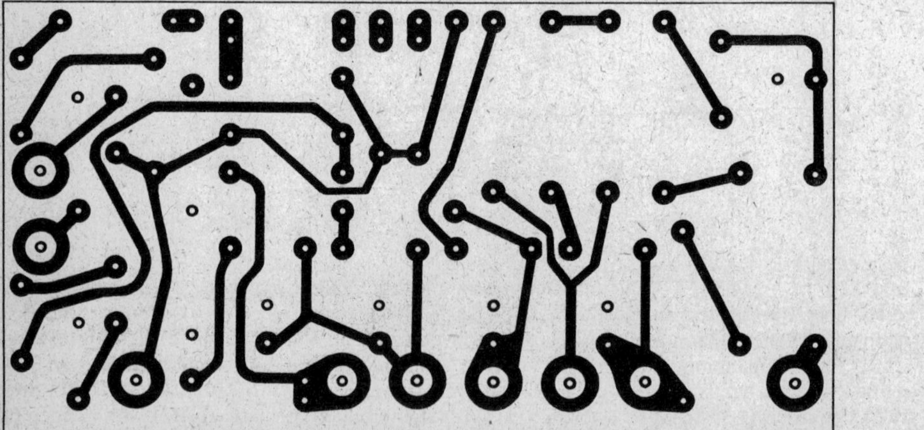

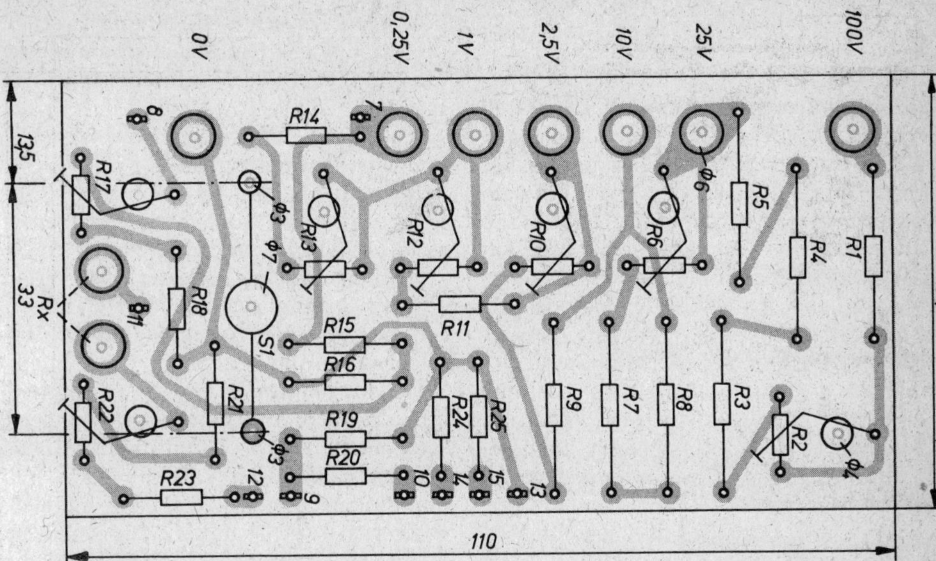

e)

Stecklötöse
Löcher für Potis ϕ1,3
übrige Bohrungen ϕ1
(bzw. bei R mit Fahnenanschluß
ϕ1,3…1,5; Fahnen beschneiden)

«Bild 4.30e, f»

4.1.6.1. Schaltung und Einstellhinweise

Das Voltmeter mit Ohmmeterteil (Bild 4.30a) besteht aus den Baugruppen Eingangsteiler mit Betriebsartenschalter (mit Einschalter kombiniert) und dem eigentlichen Voltmeterteil, an dessen Ausgang ein möglichst empfindliches Meßwerk kleinen Strom- und Spannungsbedarfs anzuschließen ist. Das 50-μA-Meßwerk des vorn beschriebenen «passiven» Vielfachmessers ist dafür gut geeignet (U_{voll} ohne Schutzschaltung nur 33 mV). Prinzipiell können bei Änderung der beiden 8,2-kΩ-Widerstände auf kleinere Werte bei erhöhter Stromaufnahme aus der Batterie auch Instrumente bis zu z. B. 1 mA Strombedarf angeschlossen werden, und höhere Eingangsspannungen als etwa 180 mV bedeuten höheren Vollausschlagwert im untersten Bereich (z. B. nur 0,5 V statt 0,25 V erreichbar).

Das Voltmeter enthält eingangsseitig eine Schutzschaltung, die den MOSFET schützt, gleichzeitig aber auch die Belastung des Instruments bei Übersteuerung in zulässigen Grenzen hält. Das Prinzip entspricht dem des oben bereits beschriebenen Instrumentenschutzes im «passiven» Vielfachmesser. Der MOSFET enthält ebenfalls schon integrierte Schutzdioden, die aber hauptsächlich die früher oft verhängnisvolle Empfindlichkeit älterer MOSFETs (z. B. *SM 103/SM 104*) gegen statische Aufladungen beseitigen sollen. Ihr maximal zulässiger Flußstrom beträgt nur 0,1 mA! In der vorliegenden Schaltung heißt das Schutz des Transistors bis U_{max} = 100 V. Die außen zugeschalteten Dioden schützen also gegen größere Spannungen und damit größere Ströme durch die Dioden bei falscher Bereichswahl und arbeiten mit dem 1-MΩ-Eingangswiderstand zusammen, der außerdem mit dem 10-nF-Kondensator einen Tiefpaß gegen unerwünschte Wechselspannungen («Brumm» usw.) bildet. Solange im vorgesehenen Bereich gemessen wird, ist dieser Pfad praktisch «stromlos», denn beim MOSFET liegt ja reine Spannungssteuerung vor. Damit das bei den vorgegebenen Meßspannungen bezüglich der Schutzdioden auch gewährleistet ist, empfiehlt es sich, die (relativ preiswert erhältlichen) Plastdioden in folgender Weise auszusuchen: Zunächst wird das Gerät ohne D1 und D2 in Betrieb genommen. Dann werden zunächst für D2 probeweise einige Dioden nacheinander eingesetzt. Man benutzt das Exemplar, bei dem sich der Nullpunkt mög-

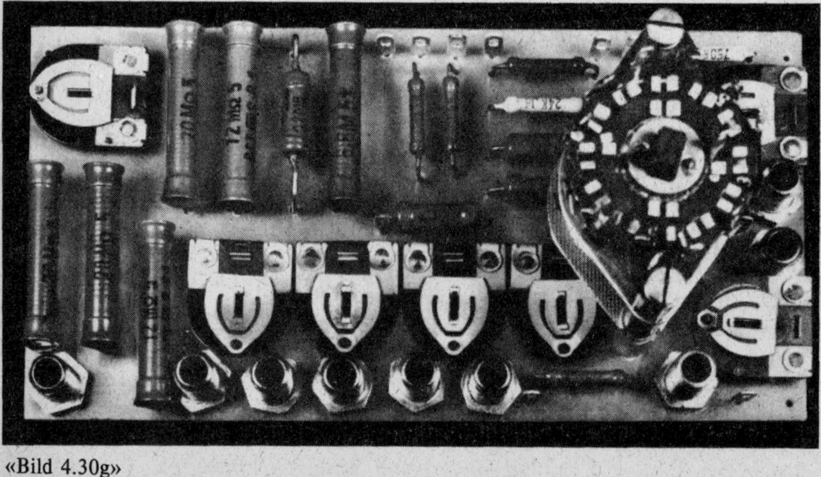

«Bild 4.30g»

lichst gar nicht verändert. Eine solche Diode wird auch für D1 gewählt. (Bitte nicht «D1» als Anschluß an T1 mit «D1» als Diode verwechseln!)

Die Spannungsmessung erfolgt am Eingang G2 des Doppel-MOSFET *SMY 51* (T1) gegen 0. G1 liegt praktisch (über *R*30) an 0.

Der linke Teil von T1 wirkt nun als steuerbarer Widerstand, der seinen Wert in Abhängigkeit von der anliegenden Gatespannung ändert. Der rechte Teil, der sich auf dem gleichen Träger aus Silizium befindet («Substrat»), hat im allgemeinen auch nahezu gleiche Eigenschaften wie der linke Teil. Temperatureinflüsse, die z. B. den Widerstandswert des linken Kanals ändern, ändern damit auch den des rechten in gleicher Weise. Da die Ausgänge beider Zweige in einer Art Brückenschaltung verknüpft sind, ergibt sich, daß gleichsinnige Änderungen beider Kanäle im Instrument nicht wirken. T1 bildet einen Impedanzwandler, dessen Sourceströme von den Stromgeneratoren T2 und T3 konstantgehalten werden. Dadurch bildet sich die Steuerspannung über die Widerstandsänderung des S-D-Kanals als analoge Ausgangsspannung ab (Faktor etwa 0,75). T2 und T3 sind gewissermaßen sehr hochohmige Arbeitswiderstände. D3 und D5 (in Serie zu D3 bei Si-pnp) oder eine *VQA 15* (TK günstiger) bestimmen die Basisspannung der beiden pnp-Transistoren, gegen Plus gemessen. Der Strom durch D3 und D5 ist infolge der Speisung über T4 und T5 in weiten Grenzen von der Betriebsspannung unabhängig (im Mustergerät zwischen 6 und 15 V). T4 und T5 entlasten als Emitterfolger den Impedanzwandler T1 gegenüber dem angeschlossenen Instrument. Schließlich liefern sie noch an D4 eine Spannung von etwa 0,6 V, die die Schutzdiode D2 für die «normalen» Meßspannungswerte sperrt. Sie wird außerdem – entsprechend geteilt – als Spannung für das Ohmmeter benutzt. Gegenüber den – beschaffungsbedingt – in Bauplan 27 noch eingesetzten Germanium-pnp-Transistoren können heute pnp-Siliziumtypen benutzt werden. Das bedingte die nötige Erhöhung der Basisspannung mit der zusätzlichen Diode D5.

Der Nullpunktabgleich erfolgt am 500-Ω-Potentiometer bei Eingang an Masse. Sollte das nicht gelingen, so liegt ein weniger geeignetes Exemplar vor. (Dieser Fall trat allerdings bei den Versuchen zu dieser Schaltung nicht auf.) Man müßte dann einen Teil der Spannung von D4 an das gegen 0 liegende Gate führen und eventuell den gesamten Doppel-MOSFET umdrehen (also z. B. von der Leiterseite aus anlöten). Der Vollausschlagabgleich am 10-kΩ-Stellwiderstand setzt eine genaue Eingangsspannung von 0,25 V am Eingangsteiler voraus. Man wird also auf diesen erstmaligen Vergleich mit einem genauen Instrument (das niederohmig sein darf) nicht verzichten können. In dieser Weise werden dann von unten nach oben alle anderen Bereiche verglichen und eingestellt. (Der Stellwiderstand für I_{max} und alle bereits abgeglichenen Potentiometer dürfen dabei nicht mehr verändert werden!). Der Betriebsartumschalter, in der 1. Schaltstellung auf «Aus», gestattet in Stellung «Batterie» deren Kontrolle. (Grenzmarke für die Batteriespannung anbringen, bei der gerade ein Zeigerrückgang bei einer konstant anliegenden Meßspannung feststellbar ist.) In Stellung «x10» gilt ein Eingangswiderstand von 100 kΩ/V und damit der 10fache Spannungsbedarf an den einzelnen Meßbuchsen; größter Vollausschlag bei Buchse «100 V» ist dann 1 000 V. In Stellung «x1» gilt als kleinster Bereich 250 mV Vollausschlag (bei 1 MΩ/V in allen Bereichen). Die beiden Ohmmeterbereiche beziehen sich jeweils auf Zeigermittelstellung (vgl. die Anleitung zum «passiven» Vielfachmesser, Skalenteilung genau wie dort ermitteln). Die beiden Bereiche schließen mit guter Überlappung nach oben hin an den «passiven» Vielfachmesser an. Eichung erfolgt ebenfalls wie dort: bei kurzgeschlossenen R_x-Klemmen mit dem 1-kΩ-Potentiometer Zeiger auf 0 stellen; vorher sollte der Nullpunkt des Geräts überprüft werden!

4.1.6.2. Aufbau

Der Vorteil des vorher beschriebenen Vielfachmessers liegt – abgesehen vom Ohmmeterteil – in seiner Wartungsfreiheit. Man wird sich daher ein solches Gerät sicherlich meist vor einem MOSFET-Voltmeter bauen, zumal sehr viele Betriebsmessungen keinen extrem hohen Eingangswiderstand brauchen. Daher wurde die MOSFET-Variante als Zusatz konzipiert, der das Anzeigeinstrument des Vielfachmessers mitbenutzt. (Selbstverständlich kann die Schaltung nach Bild 4.30a auch ein eigenes Instrument erhalten. Man baut dann das Ganze z. B. so wie den «passiven» Vielfachmesser entsprechend der Beschreibung.)

Bei den Leiterplatten sind folgende Dinge zu beachten: Isolationsströme und Kriechstrecken. Die Ströme spielen dabei eine Rolle, weil sie bei den hohen Eingangswiderständen des *SMY 51* Potentialfälschungen am Gate verursachen können, und die Kriechstrecken sind bei der Auslegung des 1000-V-Eingangs (sofern er vorgesehen wird – vgl. die Aussagen beim «passiven» Vielfachmesser) von Bedeutung. Gegen Isolationsströme hilft gründliches Wässern nach dem Ätzen. Außerdem sollten die Bohrungen erst nachträglich angebracht werden, und die Leiterplatte ist zunächst allseitig etwa 10 mm größer als im Endzustand vorzusehen. Das in den Rand eingedrungene Ätzmittel fällt dann beim Konturensägen automatisch ab. *Cevausit* statt Hartpapier ist als Trägermaterial zu empfehlen. Die für den 1000-V-Bereich erforderlichen Kriech- und Luftstrecken bedingen einen größeren Abstand der 1000-V-Buchse von anderen Leitungszügen und eine entsprechende Anordnung der Widerstände. Im Muster war das infolge des vorgegebenen Volumens etwas problematisch. Statt des 1000-V-Anschlusses kann jedoch auch mit einem entsprechend isolierten Tastkopf gearbeitet werden, der die Widerstände enthält, die zwischen letzter und vorletzter Buchse liegen und den man in die vorletzte Buchse einsteckt. Man beachte, daß die Anzeige «1000 V» ohnehin aus der für 100 V durch Umschalten des Teilers auf 100 kΩ/V gewonnen wird. Die Notwendigkeit, bis 1000 V zu messen, tritt beim Amateur auch nur selten auf. Anfänger sollten daher den 250-V-Bereich als höchsten ansehen (25-V-Buchse, Teiler auf «x10») bzw. den 1000-V-Bereich nur etwa bis 500 V ausnutzen (der oberen Grenze von «normalen» älteren Geräten mit Röhrenbestükkung). Die Bilder 4.30b und 4.30d zeigen die Leiterbilder, die Bilder 4.30c und 4.30e die Bestückungspläne der beiden Leiterplatten. Die Teilerplatte trägt den Betriebsartschalter, einen 1-Ebenen-Schalter mit 2 × 6 Stufen von *Febana*.

4.1.7. Zeigermeßgeräte mit Operationsverstärkern

Durch neuere Entwicklungen des Kombinats Mikroelektronik werden Operationsverstärker zunehmend interessanter, auch für den Amateur. Zu diesen Entwicklungen zählen die BIFET-Operationsverstärker *B 080* bis *B 084* und eine Palette von Universaltypen. Mit ihnen können in Verbindung mit einem Zeigerinstrument interessante Meßgeräte für Spannung, Strom und Widerstand realisiert werden. Doch schon mit dem *A 109 D* (Basteltyp *R 109 D*) sind recht brauchbare Geräte möglich, wenn man die höhere Mindestbetriebsspannung akzeptiert. Diese Prinzipien lassen sich dann mit modernen Typen wiederholen. Dazu braucht man zunächst ein Minimum an OPV-Grundlagen.

4.1.7.1. Das Wichtigste zu Operationsverstärkern

Die folgenden Ausführungen enthalten vorrangig Informationen, die sich auf die danach beschriebenen Bauobjekte beziehen. Einsatzbereiche, Erscheinungsformen und technische Parameter des heute erhältlichen Spektrums an Operationsverstärkern sind so umfangreich und vielschichtig, daß sie inzwischen ganze Bücher füllen. Auf Grund seiner verständlichen Darstellungsweise sei dazu z. B. das Buch *Analoge Schaltungen* aus dem *Militärverlag der DDR* empfohlen, verfaßt von einem Autorenkollektiv, erschienen 1979.

Der an Transistorverstärker gewöhnte Amateur muß einige Umdenkarbeit leisten und sich an eine Reihe (meist vorteilhafter) Eigenschaften gewöhnen, die aber Mindestkenntnisse über das verlangen, was dabei falsch gemacht werden kann. Tieferes Eindringen setzt auf jeden Fall voraus, daß man sich in die erwähnte weitere Literatur vertieft.

Einen Operationsverstärker stellt man als ein mit der Spitze nach rechts zeigendes Dreieck dar. An dieser Spitze liegt sein Ausgang. Die linke Seite enthält 2 (!) Eingänge. So findet man dieses Bauelement in vielen Stromlaufplänen. Wie z. B. bei Digitalschaltkreisen, so gibt man vielfach die Stromversorgungsanschlüsse nicht mit an. Im Gegensatz zu jenen muß man aber wissen, daß Operationsverstärker meist (und bezüglich des Schaltungsverständnisses und ihrer Eigenschaften auch am übersichtlichsten) mit zwei gleichgroßen, aber entgegengesetzt gepolten Spannungen versorgt werden, deren Mittelpunkt als Schaltungsmasse benutzt wird. Man beachte: Nicht der Operationsverstärker selbst ist mit dieser Masse verbunden, aber in seinem Innern «spiegelt» sich auf Grund seines in großen Teilen und in der «Eingangs-Ausgangs-Wirkung» symmetrischen Aufbaus ebenfalls alles an dieser «Spannungs-Null-Linie»!

Ein erster Blick auf die in den Katalogen meist enthaltenen Innenschaltungen läßt (zu Recht) vermuten, daß Operationsverstärker eine außerordentlich hohe Verstärkung anbieten. Werte zwischen 20 000 und 100 000 sind durchaus üblich. Allerdings fällt die Verstärkung mit zunehmender Frequenz sehr schnell ab, oft schon bei wenigen Hertz! Wie man dieses Verhalten vernünftig beherrscht (und welche vorteilhaften Eigenschaften durch diese hohen Ursprungswerte erreichbar sind), das wird sich noch zeigen.

Ein zweiter Blick auf die Innenschaltung läßt erkennen, daß die beiden Eingänge in einen sogenannten Differenzverstärker führen (Bild 4.31). Das sind in der Grundform zwei Transistoren, deren Emitter an einem gemeinsamen Widerstand liegen und von denen ein Kollektor (oder auch beide) das Signal weitergeben.

Legt man eine Steuerspannung an die Basis eines dieser Transistoren, so reagiert der Kollektor auf eine Erhöhung dieser Spannung mit einem Absinken seines Ausgangspotentials und umgekehrt. Man nennt diesen Eingang daher den invertierenden Eingang (Symbol: [−]). Der andere Transistor liefert für den Ausgang das an seiner Basis liegende Signal zunächst an den gemeinsamen Emitterwiderstand, ist also (im Gegensatz zum er-

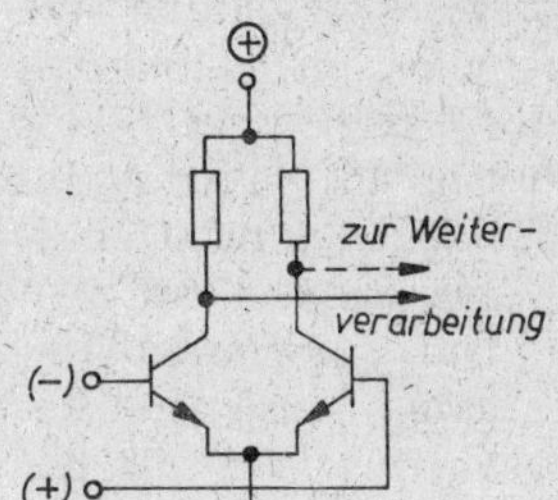

Bild 4.31
Übliche Eingangsstufe eines integrierten OPVs: ein Differenzverstärker

sten) nicht in Emitter-, sondern in Kollektorschaltung wirksam. Am Emitterwiderstand steht dann für den Ausgangstransistor eine Steuerspannung, die diesen in Basisschaltung erreicht. (Zum besseren Erkennen dieses Vorgangs lege man den invertierenden Eingang dazu in Gedanken an Masse!) Kollektor- und Basisschaltung liefern aber beide am Ausgang zum Eingang gleichphasige Signale. Daher ist dieser Eingang der nichtinvertierende (Symbol: [+]). Symmetrische Betriebsspannung und entsprechende Innenschaltung sorgen nun dafür, daß der Operationsverstärker im Ruhezustand sowohl an seinen Eingängen wie am Ausgang kein von Masse abweichendes Potential hat. Auf Grund der extrem hohen Verstärkung des ganzen Gebildes führen aber bereits sehr kleine Eingangsspannungen zwischen den beiden Eingängen zur Vollaussteuerung des Operationsverstärkers, dessen Ausgangswiderstand übrigens meist recht klein ist (ideal 0, praktisch 10 bis 150 Ω).

Beispiel: Betriebsspannung ±10 V (d.h. +10 V und −10 V gegen Masse), Verstärkung 10 000. Dann bedeutet eine Eingangsspannungsdifferenz von 1 mV, daß der Verstärkerausgang voll an die von der Polarität der Eingangsspannung am entsprechenden Eingang bestimmte Betriebsspannung «fährt» – sofern nicht auf Grund der Ausgangskreisgestaltung eine (gewisse) Restspannung im Voltbereich bleibt. Ein idealer Operationsverstärker führt also am Ausgang 0 V Betriebsspannung, wenn seine Eingänge nicht angesteuert werden. Auch dann, wenn man beide verbindet und gemeinsam (im «Gleichtakt» sozusagen) ansteuert, ändert sich daran fast nichts. Man sagt, der OPV hat eine hohe Differenz-, aber eine sehr geringe Gleichtaktverstärkung. Real reagiert der Ausgang infolge unvermeidbarer Unsymmetrien doch etwas, jedoch im allgemeinen mit weniger als z. B. 1/10 000 des Wertes, den man bei gewollter (Einzel-) Ansteuerung erreicht. Soll

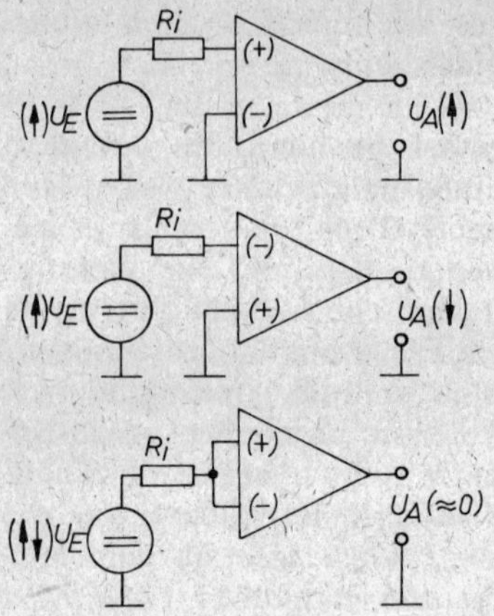

Bild 4.32
So reagiert ein OPV auf die Änderungsrichtung einer Eingangsspannung am Ausgang

nun die Ausgangsspannung die gleiche Richtungsänderung wie die Eingangsspannung haben, wird der nichtinvertierende Eingang angesteuert, und den invertierenden legt man an Masse. So ergibt sich ein nichtinvertierender Verstärker, im umgekehrten Fall ein invertierender (Bild 4.32). Die Pfeile an U_e und U_a zeigen die jeweilige Richtung der Spannungsänderung an. Zum Vergleich wurde der Gleichtaktfall mit dargestellt.

Der Steuerkreis mit seinem Innenwiderstand liegt nun also zwischen gesteuertem Eingang und Masse. Das hat aber zur Folge, daß der typen-, exemplar- und temperaturabhängige (wenn auch schon bei bipolaren OPV's recht kleine), aber zur Funktion bipolarer OPV's nötige

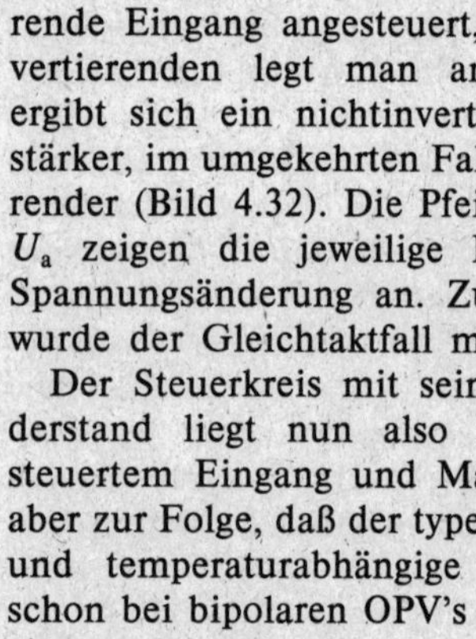

Bild 4.33
Zur Wirkung der Eingangsruheströme bei bipolaren OPV

Eingangsruhestrom («Bias-Strom») über diesem Widerstand eine Spannung abfallen läßt. Als Folge ergibt sich am Ausgang eine Restspannung, die außerdem temperaturabhängig ist. Bei diesen «herkömmlichen» OPVs (die noch keinen Feldeffekteingang haben) ist zwischen den nicht zum Steuern benutzten Eingang und Masse ebenfalls ein Widerstand zu legen (Bild 4.33).

Der an den nichtinvertierenden Eingang gegen Masse zu schaltende Widerstand soll die gleiche Größe haben wie der, den der invertierende «in die Schaltung hineinsieht». Dann entsteht an ihm die gleiche Fehlspannung, und die beschriebenen nachteiligen Effekte heben sich auf, sofern die Ruheströme beider Eingänge gleich sind. In den meisten OPV-Schaltungen wird man solche Maßnahmen erkennen. Je nach Widerstandsbeschaltung sind dabei also auch Parallelschaltungen zu berücksichtigen, auf deren Gesamtwert hin dann angepaßt werden muß. Nun sind aber die beiden Ruheströme nicht völlig gleich. Ihre Differenz, als Offsetstrom bezeichnet, verschiebt daher den Ausgang aus dem Nullpunkt. Hinzu kommt (und das leider auch bei den praktisch von Eingangsstrom freien, extrem hochohmigen FET-Eingängen etwa der neuen *B 080*-Serie) eine weitere Eigenschaft des «realen» OPV – seine sogenannte Offsetspannung. Das heißt: Auch sie bewirkt, daß selbst bei nicht angesteuerten, an Masse gelegten Eingängen die Ausgangsspannung meist doch nicht exakt auf Null liegt, sondern davon abweicht – unter Umständen beträchtlich! In den Datenblättern wird dafür meist ein typischer und ein Größtwert angegeben. Genannt wird der Spannungswert, der einer Eingangsspannung entspricht, mit der (sozusagen in «Gegenrichtung») der Ausgang auf Null gebracht werden kann. Gleiches gilt für den Offsetstrom. Komfortable OPVs haben nun dafür zwei Abgleicheingänge, die man mit den Endpunkten eines mit Schleifer gegen Masse oder gegen eine der Betriebsspannungen zu schaltenden Potentiometers zu verbinden hat (Bild 4.34). Bei den übrigen Typen muß man die Korrektur an dem jeweils dafür laut Gesamtschaltung geeigneten Eingang vornehmen. Beim *A 109* kann auch einer der Frequenzkompensationseingänge dafür mit genutzt werden (vgl. Bild 4.34c). Man kann mit dieser Maßnahme natürlich im Sinne eines Nullpunktabgleichs auch die eingangsstromabhängigen Verschiebungen ausgleichen, zumindest in einem kleinen Temperaturbereich. Die Temperaturabhängigkeit der Offsetspannung ist am kleinsten, wenn bestimmte Maximalwerte in den Widerständen der äußeren Beschaltung nicht überschritten werden, d. h. für ganz bestimmte Widerstandswerte vor den Eingängen (Größenordnung 10 kΩ).

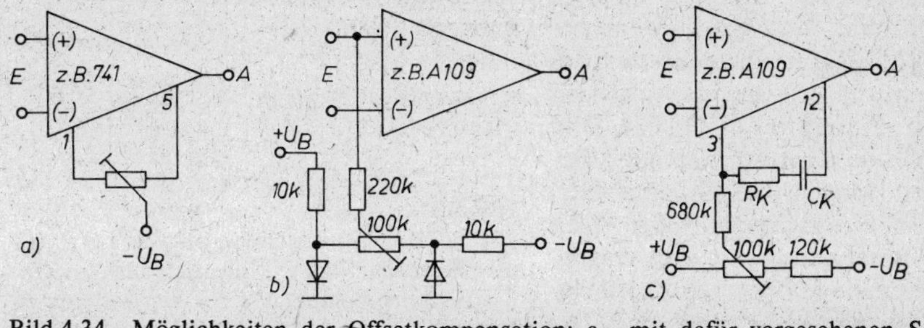

Bild 4.34 Möglichkeiten der Offsetkompensation; a – mit dafür vorgesehenen Schaltkreisanschlüssen; b – eingangsseitig (unter Beachten der Widerstandsbedingungen im Eingangskreis!); c – spezielle Möglichkeiten beim *A 109*

Kehrt man nun wieder zur «idealen» Betrachtungsweise zurück, so hat der OPV keinen Eingangsstrom, unendliche Verstärkung, keinerlei Offset und keinen Ausgangswiderstand. Die extrem hohe Verstärkung ist aber eben im Realfall nur durch gewollte Verringerung zu bändigen, und meist erfordert ja die konkrete Anwendung auch nur ganz definierte, begrenzte Verstärkungen. Höchstens in Spezialfällen (z. B. empfindliche Komparatoren) wird man sie nicht oder nur wenig verringern. An dieser Stelle ein wichtiger Hinweis. Die hohe interne Verstärkung hat einen nachteiligen Effekt: OPVs können leicht auf höheren Frequenzen in Selbsterregung kommen, gerade im Falle äußerer Beschaltung vom Ausgang zum Eingang und so kleinen Betriebsverstärkungen. Gegenkopplung wird mit wachsender Frequenz durch Phasendrehungen im OPV zur Mitkopplung! Gegen solche Schwierigkeiten hat man daher viele Typen schon intern frequenzkompensiert. Andere, bei denen in speziellen Anwendungen mit einer großen Bandbreite operiert wird, lassen sich extern durch *C*- oder *RC*-Beschaltung (die Typenblätter sagen dazu Näheres) gewünscht beeinflussen. Als praktische Erfahrung sei schon jetzt vorausgeschickt: Wer vergißt, diese Beschaltung anzubringen, wenn sie der Typ vorschreibt, der wird erst durch oszillografisches Betrachten hinter die Ursache von Effekten kommen, die sonst auch in Gleichspannungsmeßaufgaben durch Selbsterregung auftreten können.

Wie stellt man nun die gewünschte Verstärkung ein? Dazu bedient sich der Schaltungsentwickler einer «OPV-spezifischen» Betrachtungsweise. Gemäß Bild 4.35a liege der nichtinvertierende Eingang an Null (Masse). Bei (in Näherung) idealen OPV-Eigenschaften führt dann infolge der Beschaltung mit dem Gegenkopplungswiderstand $R2$ auch der invertierende Eingang dieses Potential. Die am Vorwiderstand liegende (kleine) Eingangsspannung U_E treibt also, wenn ihr zweiter Anschluß ebenfalls an Masse liegt, durch $R1$ den Strom $U_E/R1$ in Richtung «virtuelle» Masse am invertierenden Eingang. Ein idealer OPV hat nun keinen Eingangsstrom. Daher kann dieser Strom von einer entsprechend großen, umgekehrt gerichteten Ausgangsspannung über $R2$ kompensiert werden. Ist $R2$ z. B. 100mal so groß wie $R1$, dann wird am Ausgang eine Spannung benötigt, die 100mal der Eingangsspannung entspricht, damit diese Knotenpunktforderung ($I_1 = -I_2$) zustande kommt. Und genauso verhält sich der OPV: Die Ausgangsspannung nimmt bei Anlegen einer Eingangsspannung an $R1$ den Wert $-U_E \cdot \frac{R2}{R1}$ an. Umgekehrt wird beim nichtinvertierenden Verstärker nach Bild 4.35b $U_A = U_E\left(1 + \frac{R_2}{R_1}\right)$. Beides funktio-

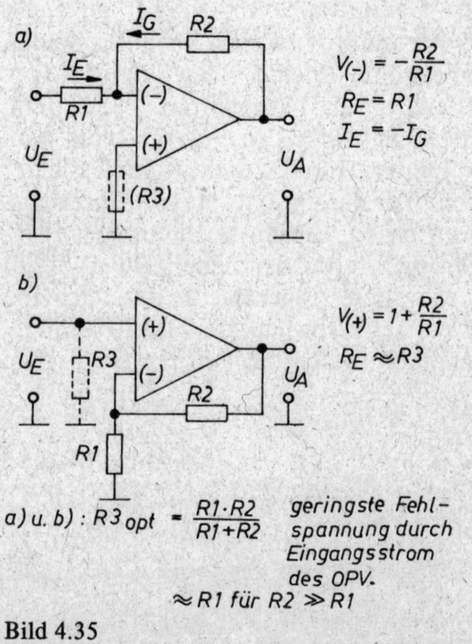

Bild 4.35
Die beiden Grundschaltungen von OPV und ihre Eigenschaften: a – invertierender Verstärker (Gegenkopplung geht auf den gesteuerten Eingang!); b – nichtinvertierender Verstärker (Gegenkopplungseingang nicht mit Schaltungseingang identisch)

niert linear, solange U_A genügend weit unter der jeweiligen Betriebsspannung bleibt. Steigt U_E über diesen kritischen Wert an, kann U_A nicht mehr folgen, und der invertierende Eingang nimmt bei Bild 4.35a eine von Null verschiedene Spannung an! Bei Bild 4.35b wird die Spannung an ihm von der am nichtinvertierenden Eingang verschieden. In einem solchen Bereich soll man den OPV selbstverständlich normalerweise nicht betreiben. Richtig gefährlich wird es glücklicherweise bei den meisten Typen aber erst, wenn die Eingangsspannung einige Volt (meist wenigstens z. B. 5 V) übersteigt (Datenblätter beachten!). Für solche Fälle braucht man eine Schutzbeschaltung, z. B. einen Vorwiderstand und zwei antiparallel zwischen den Eingängen liegende Dioden.

Der Fall einer von Null deutlich verschiedenen Ausgangsspannung ist natürlich auch sofort gegeben, wenn $R2$ fehlt, also mit ∞ angesetzt werden kann. Es läßt sich auch so betrachten, daß der Ausgang auf jeden Fall versucht, über $R2$ den Eingangsstrom «aufzufangen». Das gelingt ihm aber bei $R2 \approx \infty$ selbstverständlich nicht, obwohl er bis zur möglichen Sättigung in Richtung der von der Polarität der Eingangsspannung gerade zutreffenden Betriebsspannungsseite «fährt». (Manche Typen bleiben in solcher Betriebsart unter bestimmten Schaltungsvoraussetzungen sogar hängen – man nennt das «latch up». Es ist durch Schaltungsmaßnahmen dafür zu sorgen, daß das nicht eintritt – vgl. Bild 4.36 als Beispiel für den *A 109* in Spannungsfolgerschaltung, d. h. V = 1.) So genügen bereits Spannungen in der Größenordnung von Millivolt, um den Ausgang an den jeweiligen «Anschlag» zu bringen. Man nutzt das bei Komparatoren aus, wo schon kleinste Eingangsspannungsdifferenzen ausgewertet werden sollen. In solchen Fällen wird auch zusätzlich u. U. mit positiver Rückkopplung gearbeitet (R vom Ausgang zum nichtinvertierenden Eingang). Der Eingangswiderstand des nichtinvertierenden Verstärkers nach Bild 4.35b ist zwar ohne $R3 \approx R1$ extrem hoch, aber dann um den Preis einer hohen Fehlerspannung (außer bei kleinem R_i der Steuerquelle!), wenn der für den Eingangsstrom bipolarer OPVs doch nötige Widerstand $R3$ nach Masse viel größer als $R1$ gewählt würde. Hier helfen erst BIFETs weiter!

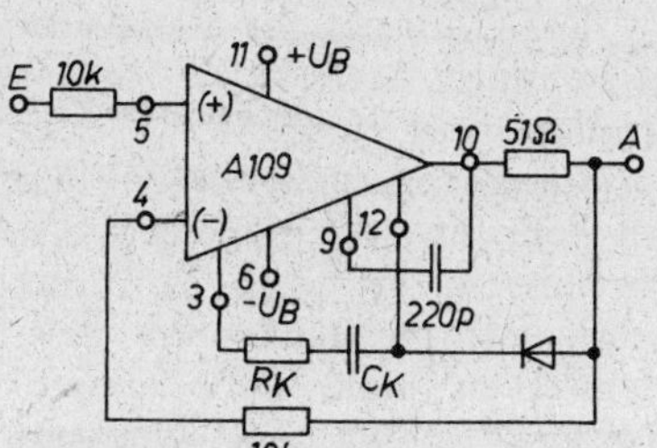

Bild 4.36
So läßt sich z. B. beim *A 109* in Spannungsfolgerschaltung «latch up» vermeiden (Diode vom Ausgang zum Anschluß *12*)

Die Grundschaltung nach Bild 4.35a hat, wie man sieht, einen relativ kleinen Eingangswiderstand. Man kann ihn nicht beliebig vergrößern. Bei einer bestimmten gewünschten Verstärkung ließe sich mit größeren Werten von $R2$ und $R1$ wieder das gleiche Verhältnis einstellen. Übliche bipolare Operationsverstärker haben jedoch auf Grund ihrer «realen» Eingänge (Eingangsstrom nicht ideal gleich Null) dann zunehmend ungünstiger werdende Betriebseigenschaften, besonders hinsichtlich Temperatur. Darauf wurde bereits weiter vorn hingewiesen. Am günstigsten bezüglich des gesamten Temperaturverhaltens ist es, die Werte der Widerstandsbeschaltung bei gegebenen Werten von Eingangsoffsetstrom I_{IO} und Eingangsoffsetspannung U_{IO} so zu wählen: $R1//R2 \leq U_{IO}/I_{IO}$. Für z. B. $I_{IO} = 100\,\text{nA}$ und $U_{IO} = 1\,\text{mV}$ erhält man $10\,\text{k}\Omega$ als (noch günstigen) Wert der Parallelschaltung. Anknüpfend an die weiter vorn skizzierten Verhältnisse bezüglich Eingangsruheströmen, wählt man vor dem nichtinvertierenden Eingang einen Widerstand $R3$, der dieser Parallelschaltung von $R1$ und $R2$ entsprechen soll (vgl. Bild 4.35). Moderne Operationsverstärker mit extrem hochohmigen FET-Eingängen haben im Zimmertemperaturbereich vernachlässigbar kleine Eingangsströme. Ein Vorwiderstand vor dem nichtinvertierenden Eingang ist hier lediglich als Schutzmaßnahme zu betrachten. Die Begrenzung auf ($R1//R2$)-Werte um 10 kΩ entfällt damit ebenfalls. So haben solche OPVs – abgesehen von der bleibenden Notwendigkeit eines Offsetspannungsabgleichs und seiner Temperaturprobleme – für moderne Meßschaltungen hohen Eingangswiderstands eine besondere Bedeutung. Das wird im folgenden mit genutzt. Im Gegensatz zur Einspeisung in den relativ niederohmigen invertierenden Eingang wird beim nichtinvertierenden Verstärker der andere (im Schaltzeichen mit + symbolisierte) Eingang benutzt (Bild 4.35b).

Wäre nicht der bei bipolaren OPVs aus erläuterten Gründen nötige Widerstand nach Masse (der noch dazu als Tribut an die Wirkung des temperaturabhängigen Eingangsstroms einen niedrig begrenzten Wert hat), so könnte man an diesem Eingang mit äußerst hohen Eingangswiderständen rechnen. Der aus den Datenblättern ablesbare Eingangswiderstand des OPV (z. B. 100 kΩ) multipliziert sich dann mit dem Quotienten aus (ebenfalls dem Datenblatt entnehmbarer) Leerlaufverstärkung (z. B. 50000) und der eingestellten «Schleifenverstärkung» (z. B. 100), und das Ergebnis ist der Eingangswiderstand des nichtinvertierenden OPV, im Beispiel also 50 MΩ. Diese Betrachtung wird nur wirksam, wenn die Signalquelle ein kleines R_i hat (Ideal 0), so daß im Grunde $R3$ dann trotz dieses Eingangswiderstands in Serie zu (+) zu legen wäre. Die geringe Belastung, die ein hochohmiger Eingang für eine ebenfalls hochohmige Quelle darstellt, kommt hier erst bei Wechselspannungsanwendungen voll zur Geltung. Man vergleiche dazu die Erläuterung zum nachfolgenden Bild 4.37!

Die Verstärkung der nichtinvertierenden Schaltung wird genau wie bei der invertierenden eingestellt, nämlich über einen Gegenkopplungswiderstand $R2$ vom Ausgang zum invertierenden Eingang. Da jetzt aber der Widerstand $R1$ nicht zwischen der Eingangsspannung und «virtueller Masse» liegt, sondern gegen Masse, ergeben sich etwas andere Verhältnisse. Die Ausgangsspannung teilt sich über $R2$ und $R1$. Ihr Wert pegelt sich so ein, daß wieder die Spannung beider Eingänge gleich wird (also die Differenzspannung zwischen den Eingängen 0 ist). Das bedeutet $U_E = U_{R1}$. Für $R2 = 0$ ist die Verstärkung gleich 1, denn nun liegt an beiden Eingängen wie am Ausgang der Wert der Eingangsspannung: am nichtinvertierenden Eingang vom Objekt her, am Ausgang, weil der nun ohne Widerstand mit dem invertierenden Eingang verbunden ist und weil dieser Eingang im «Normalbetrieb» die gleiche Spannung führt wie der gesteuerte Eingang (eben eine Eigenschaft des OPV).

Für den realen Betriebsfall eines Meßverstärkers möge nun ein Meßwerk am Ausgang für Vollausschlag 1 V benötigen. Dann braucht man bei V = 100 am Eingang (nur) 10 mV. Wird nun der aus Nullpunkt- und Temperaturgründen etwa $R1//R2$ entsprechende $R3$ (z. B. 10 kΩ) gegen Masse eingefügt, so entsprechen 10 mV an ihm – auf übliche Meßinstrumentebetrachtung bezogen – einer Stromdämmung von 10 kΩ/10 mV oder 1 MΩ/V. Mit einem solchen Wert aber kann man wohl für ein Voltmeter schon sehr zufrieden sein – er ist 10- bis 20mal so hoch wie der mit teuren 25- bzw. 50-μA-Meßwerken ohne OPV erreichbare! (Übrigens ergibt der Quotient 10 mV/10 kΩ = 1 μA, und das wäre dann der Strom, mit dem das Meßobjekt bei Vollausschlag [nur] belastet würde.) 10 mV als Vollausschlag-Eingangswert sind allerdings meßtechnisch meist nicht zu empfehlen, denn z. B. Rauschen und die eben doch noch bleibenden Temperatureffekte stören bei kleineren Anzeigewerten das Ergebnis oft merklich. Aber auch 100 kΩ/V sind schon meist ein recht akzeptabler Wert, realisiert mit z. B. V = 10 und U_E = 100 mV an 10 kΩ für Vollausschlag.

Ergänzend sei noch kurz auf das Betriebsspannungsverhalten eingegangen. Moderne OPVs haben teilweise einen recht großen möglichen Betriebsspannungsbereich. Dennoch ist es nötig, sie – besonders in Meßaufgaben – einem möglichst kleinen Spannungshub auszusetzen. Das folgt aus ihrer Empfindlichkeit gegenüber Änderungen der Betriebsspannung. Als praktisches Beispiel sei der Wert 50 µV/V genannt. Er sagt aus, daß sich ein Volt Betriebsspannungsänderung auf die Ausgangsspannung so auswirkt wie ein Eingangsspannungsänderung von 50 µV bei der gerade gewählten Verstärkung über die Gegenkopplungsbeschaltung. Je kleiner also die eingestellte Verstärkung, um so geringer ist auch die Auswirkung dieses Hubs. Das gilt übrigens für alle auf die Eingänge bezogenen Angaben. So kommt es, daß man in vielen praktischen Schaltungen einen Teil der in diesem Abschnitt beschriebenen

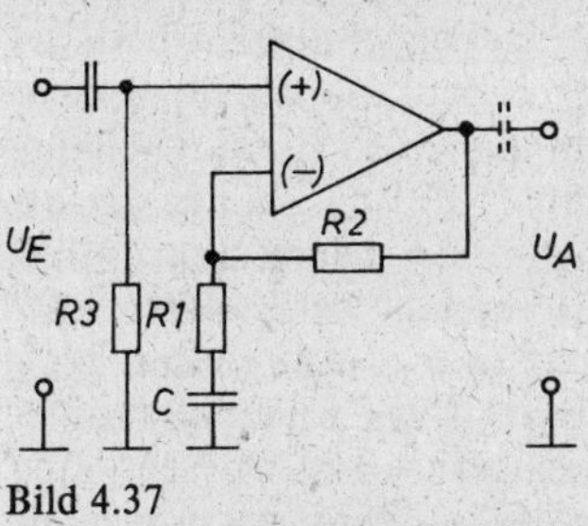

Bild 4.37
Dieser Verstärker ist gleichspannungsseitig voll gegengekoppelt ($V = 1$) und hat entsprechend kleine Offsetreaktion am Ausgang. Daher darf $R3$ ($\approx R2$) hier wesentlich größer sein als sonst. Die Wechselspannungsverstärkung wird wieder durch $R2/R1$ bestimmt, solange $1/|\omega C| \ll R1$

Schaltungseinzelheiten vermißt, die zur Verringerung solcher Abhängigkeiten empfohlen werden (vgl. auch Bild 4.37!).

Bild 4.37 zeigt im Vorgriff auf Abschnitt 6. eine für NF-Verstärker übliche Maßnahme: Die Wechselspannungsverstärkung wird durch die Teilung zwischen $R2$ und $R1$ eingestellt. Da jedoch der Gleichstrompfad durch $R1$ wegen C unterbrochen ist (damit besteht eine untere Grenzfrequenz für die Verstärkung), gilt für die Gleichspannungsverstärkung der Wert 1, denn dafür ist $R1$ (wegen C) als «∞» anzusehen. Alle Offset- und Betriebsspannungseinflüsse wirken sich also auf den Gleichspannungsarbeitspunkt der Ausgangspannung kaum noch aus! Damit wählt man für $R3$ zweckmäßig den Wert von $R2$. 1 MΩ sind in solchen Fällen noch durchaus zu vertreten, besonders, wenn mit C ausgekoppelt wird.

4.1.7.2. «Goldene» OPV-Regeln

Bereits vor einigen Jahren stellte D. Lancaster in der Zeitschrift *radio electronics* innerhalb eines größeren, vorrangig dem *741* gewidmeten Beitrags eine Reihe von praktischen Umgangstips für OPVs auf, die im folgenden wegen der konzentrierten Aussage sinngemäß zusammengefaßt und teilweise ergänzt wiedergegeben werden sollen:

1. Ein OPV wird meist mit starker Rückkopplung betrieben. Ist sie negativ (also Gegenkopplung), so bestimmt das Verhältnis der Rückkopplungs- zur Eingangsimpedanz (im einfachsten Falle zweier Widerstände) das Verhalten der Schaltung.
2. Ein OPV muß, wenn er exakt arbeiten soll, im interessierenden Frequenzbereich eine wesentlich höhere Verstärkung ohne Beschaltung («open loop gain», oft nicht ganz zutreffend «Leerlaufverstärkung» genannt) haben als die, die man benötigt und einstellt.

3. Für Einsatzfälle, die keine hohe Genauigkeit erfordern (5 bis 10 % Fehler), soll die Verstärkung des unbeschalteten OPV bei der höchsten interessierenden Frequenz wenigstens noch 10mal so hoch wie die eingestellte Verstärkung sein. Für den *741* werden als damit noch mögliche Richtwerte genannt: Verstärkung 10 bei 10 kHz und 1 bei 100 kHz.
4. OPVs werden oft mit symmetrischer Betriebsspannung betrieben, während ihre zulässige Eingangsspannung niedriger ist. Daher kann man dann die negative Spannung nicht an Masse legen und eingangsseitig eine ebenfalls an Masse liegende Quelle anschließen.
5. Positive Rückkopplung (vom Ausgang auf den nichtinvertierenden Eingang) taugt nur für Schaltzwecke, z. B. in Komparatoren.
6. Negative Rückkopplung (vom Ausgang auf den invertierenden Eingang) ergibt lineares Betriebsverhalten. Solange die «unbeschaltete» Verstärkung genügend weit über der beschalteten liegt, wird die Betriebsverstärkung nur durch die Beschaltung bestimmt, ausgedrückt durch das Verhältnis der beiden Impedanzen.
7. Bei negativer Rückkopplung (Gegenkopplung) ist die Eingangsimpedanz des nichtinvertierenden Eingangs normalerweise sehr hoch. Die Eingangsimpedanz des invertierenden Eingangs dagegen ist extrem niedrig; dieser Eingang wird «virtuelle Masse» genannt. (Der nichtinvertierende Eingang liegt dabei an Masse.)
8. Es ist unbedingt ein Gleichstrompfad für die beiden Eingangsströme vorzusehen. Das kann durch Widerstände oder Spulen nach Masse geschehen, über den Innenwiderstand der Signalquelle bei Gleichstromkopplung!, vom Ausgang her durch (Rückkopplung) oder auch von einer anderen Bezugsspannung. Ein *741* z. B. benötigt etwa 0,1 μA in jeden Eingang.
9. Ein üblicher bipolarer OPV hat eine auf den Eingang bezogene Offsetspannung von einigen Millivolt. Sie wird wie ein normales Eingangs(nutz)signal verarbeitet. Sie kann, wenn sie stört, für eine bestimmte Temperatur kompensiert werden. Was an Offsetspannung bleibt, bestimmt den akzeptablen Mindestwert für Gleichspannungseingangssignale.
10. Die am Ausgang wirksame Offsetspannung entspricht dem Produkt aus Eingangsoffsetspannung und eingestellter Verstärkung («beschaltete» Verstärkung, meist als «Schleifenverstärkung» bezeichnet).
11. Die Impedanzen (im Gleichstromfall die Widerstände), die für die Eingangsströme nötig sind, sollten etwa gleiche Werte haben, besonders bei hohen Verstärkungen oder großen Widerstandswerten. Der Eingangsoffsetstrom kann durch Abgleich eines der beiden Widerstände gegenüber dem anderen kompensiert werden. Während z. B. bei 100 kΩ für den *741* bereits erhebliche Offsetprobleme auftreten, spielt die Wirkung des Offsetstroms bei z. B. nur 1 kΩ keine Rolle mehr.
12. Jeder gegengekoppelte OPV benötigt Frequenzkompensationsmaßnahmen. Dabei gilt, daß die Schwingneigung um so größer wird, je kleiner die extern eingestellte Verstärkung ist. OPVs, die bereits intern frequenzkompensiert sind (wie etwa der *741*), sind dafür relativ «langsam» (ausgedrückt durch das Verhältnis der Ausgangsspannungsänderung zur dazu erforderlichen Zeit, wenn der Eingang einen «Spannungssprung» erhält – «slew rate»).
13. Die «slew rate» bestimmt das Ausgangsgroßsignalverhalten bei hohen Frequenzen. Der *741* z. B. hat 0,5 V/

µs, es gibt aber auch Typen mit 50 V/µs und mehr!

14. Das Eingangsrauschen begrenzt den Eingangssignalpegel für ein gefordertes Signal-Rausch-Verhältnis. So hat der *741* 10 µV Rauschspannung, bezogen auf den Eingang bei 100 kHz Bandbreite. (Im allgemeinen ist das Rauschen proportional der Quadratwurzel aus der Bandbreite. Schmalbandverstärker lassen also geringere Eingangsspannungen zu.)

Zusammenfassend das Wichtigste noch einmal:

- Der OPV wird (im allgemeinen) gegengekoppelt.
- Der (bipolare) OPV braucht Gleichstrompfade für beide Eingänge.
- Der (beschaltete) OPV darf nur bis zu Frequenzen betrieben werden, bei denen die Schleifenverstärkung höchstens 1/10 derjenigen der offenen Schleife entspricht.

4.1.7.3. Analoge Volt- und Amperemeter mit Operationsverstärkern

Bild 4.38 zeigt die am leichtesten zu verstehende Schaltung eines Voltmeters mit OPV (Versorgungsspannungsanschlüsse und Kompensationsmaßnahmen nicht dargestellt): Entsprechend der mit *R*1 und *R*2 eingestellten Verstärkung V = 1 + *R*2/*R*1 des nichtinvertierenden

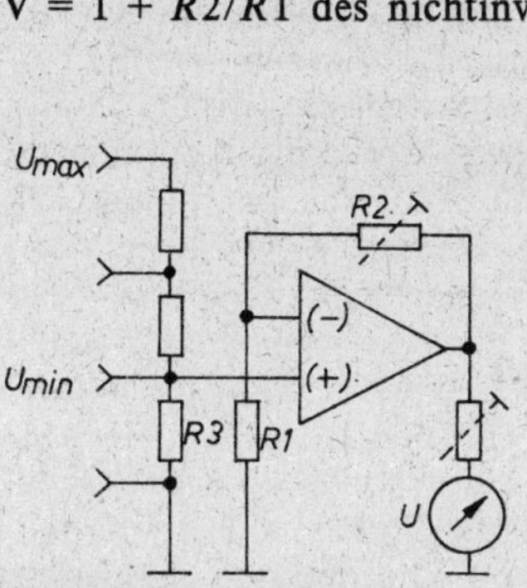

Bild 4.38
Verbreitete Art eines OPV-Voltmeters

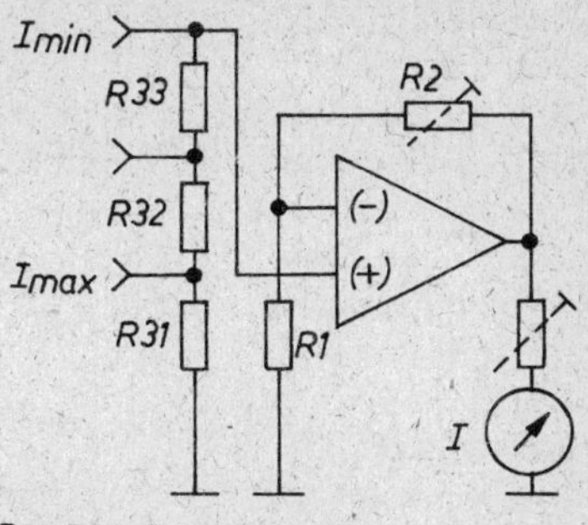

Bild 4.39
Amperemeter nach dem Prinzip von Bild 4.38

Verstärkers erscheint am Ausgang die z. B. auf den 10fachen Wert erhöhte und «impedanzgewandelte» Meßspannung, die über einen Spannungsteiler am Eingang aus der Spannung des Meßobjekts abgeleitet wurde. Das als Voltmeter geschaltete Meßinstrument zeigt diese Spannung an. Je geringer sein Eigenstrombedarf, um so weniger ist mit fälschenden Einflüssen infolge der realen Eigenschaften des verwendeten OPV zu rechnen. Der Abgleich auf Vollausschlag bei z. B. 100 mV am Meßwiderstand *R*3 kann entweder am Instrumentenvorwiderstand (wenn das Instrument fest mit dem OPV verbunden ist) oder am Gegenkopplungswiderstand (z. B., wenn ein schon vorhandener Vielfachmesser genutzt wird) vorgenommen werden. Der Vorwiderstand (bzw. der am vorhandenen Vielfachmesser einzustellende Spannungsbereich) sollte so hoch gewählt werden, wie es der OPV-Aussteuerbereich bei gegebener Betriebsspannung zuläßt. Nur dann bleiben die durch den hohen TK der Kupferwicklung des Meßwerks bedingten Temperaturfehler klein (Stromsteuerung des Instruments!). Ergänzend zeigt Bild 4.39 eine nach dem gleichen Schaltungsprinzip funktionierende Strommesserschaltung. Günstig ist wieder der relativ geringe Spannungsbedarf für Vollausschlag. Das Instrument ist

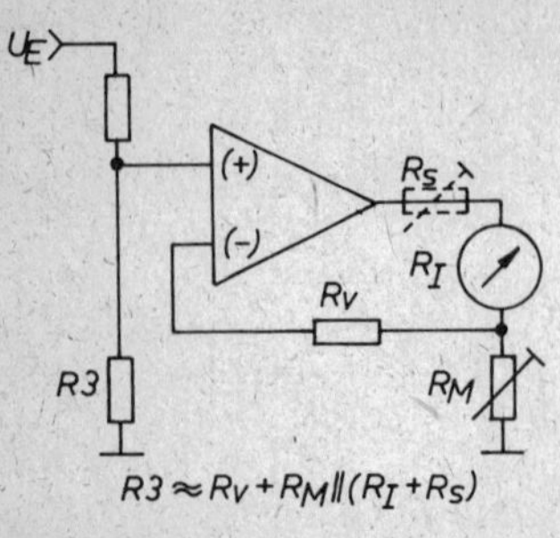

Bild 4.40
Im Gerät benutztes Meßprinzip: Instrument zeigt den Strom an, der zur Herstellung der Bedingung $U_{(+)} = U_{(-)}$ durch R_M fließen muß. $R3 \approx R_V + [R_M//(R_i + R)]$

wiederum als Voltmeter geschaltet – es mißt den (verstärkten) Spannungsabfall über dem im Meßkreis liegenden niederohmigen Widerstand.

Diese beiden Schaltungen wurden darum nur so kurz dargestellt, weil es eine sinnvollere Lösung gibt. Ihr Prinzip findet sich z. B. im Beitrag von K.-H. Bläsing zur 2. Lieferung der *Schaltungssammlung für den Amateur* aus dem Jahre 1979 (Bild 4.40). Hier wird – in weiten Grenzen unabhängig vom Spannungsbedarf des Anzeigeinstruments und damit auch von Cu-TK-Fragen unberührt – der vom OPV in den Gegenkopplungszweig gespeiste Strom gemessen. Dieser Strom ruft an R_M eine Spannung hervor, die mit R_M bezüglich des gewünschten Vollausschlags (abhängig also auch vom Strombedarf des Instruments) eingestellt werden kann. Die am nichtinvertierenden Eingang anliegende zu messende Spannung wird durch die Gegenkopplung vom OPV auch am invertierenden Eingang erzeugt, damit wieder die Forderung erfüllt ist, daß beide Eingänge gleiche Spannung führen (also $U_{diff} \approx 0$). Da R_M im allgemeinen relativ niederohmig sein wird (instrumentenbedingt), «ergänzt» R_V den für den Eingangsruhestromausgleich zum untersten Spannungsteilerwiderstand R_3 nötigen Wert. Gemäß vorausgegangener Überlegungen gehe man bei einem bipolaren OPV dabei mit der für Vollausschlag nötigen Eingangsspannung nicht unnötig niedrig (Beispiel: 100 mV). Wird $R3$ wieder z. B. zu 10 kΩ gewählt, so ergibt sich eine Stromdämmung von 100 kΩ/V. Da an R_M für Vollausschlag nun auch 100 mV entstehen müssen, erhält man für R_M bei einem 50-µA-Instrument einen Wert von 100 mV/50 µA = 2 kΩ. In ausreichender Näherung kann R_V dann ein 8,2-kΩ-Standardwert sein. Angesichts der Tatsache, daß der Gesamtwiderstand des Schaltungsteils zwischen Ausgang und R_M nur von der Betriebsspannung und dem benötigten Anzeigestrom begrenzt wird, lassen sich zwei Dinge tun. Eines ist nötig, das andere interessant. Nötig wird es sein, das Instrument zu schützen.

Denn: Die anliegende Meßspannung kann durchaus die Größe der Betriebsspannung erreichen. (Daß im Interesse der OPV-Eingänge an ihnen dabei nicht mehr als die laut Datenblatt zulässige Spannung erscheint, dafür muß man eingangsseitig mit zwei Dioden sorgen, die im Sinne der Gesamtschaltung eingefügt werden, siehe unten.) Der OPV wird in solchem Falle voll ausgefahren, liefert also an den Instrumentenzweig einen viel zu hohen Strom. Praktisch liegt nun fast die gesamte Betriebsspannung am Meßzweig. Ein Meßwerk ohne Vorwiderstand würde trotz begrenzter Stromergiebigkeit des OPV-Ausgangs dadurch mit Sicherheit zerstört. Schon die bereits weiter vorn in diesem Abschnitt beschriebene Schutzschaltung für das Instrument löst das Problem. Wer also diesen bereits vorgestellten Vielfachmesser gebaut hat, braucht nun nur noch den 50-µA-Bereich anzuwählen und kann das (geschützte) Instrument unbedenklich in den Ausgangskreis «einschleifen». Der «Belastete» ist jetzt der OPV selbst. Glücklicherweise sind die meisten modernen Typen kurzschlußfest. Es schadet jedoch nichts (und das Meßprinzip läßt es zu), wenn dennoch ein Begrenzungswiderstand eingebaut wird. Sorgfältig dimensioniert, vermag er – in gewissen Betriebsspannungsgrenzen – dann sogar von sich aus ungeschützte Meßwerke vor der Zerstörung zu bewahren. Der Begrenzungswiderstand muß noch bei der kleinsten Betriebsspannung den Vollausschlagwert zulassen. Die größte zulässige Betriebsspannung ergibt sich dann aus dem Überlastungsfaktor, den der Hersteller für das Meßwerk zuläßt. Demgegenüber kann man also auch einen Vorwiderstand wählen, der den Maximaldauerstrom des OPV bei höchster Betriebsspannung auf den zulässigen Wert begrenzt, und die weiter vorn beschriebene Diodenschutzmaßnahme vorsehen, mit der das Meßwerk stets zuverlässig geschützt ist.

Die zweite Maßnahme im Ausgangskreis hat ebenfalls mit Dioden zu tun. Vier von ihnen, zur Graetz-Brücke zusammengeschaltet, bilden bekanntlich einen «Vollweg»-Gleichrichter.

Nach Bild 4.41 zeigt ein an sie angeschlossenes Instrument stets einen positiven Ausschlag, gleichgültig, wie die Eingangsspannung gepolt ist. Daß man auf diesen bequemen Umgang beim normalen Vielfachmesser dennoch verzichtet, liegt an der «toten Zone» um den Nullpunkt der Meßspannung herum, hervorgerufen durch die Mindestspannung, von der an eine Diode erst leitet (und hier sind sogar zwei in Serie geschaltet!).

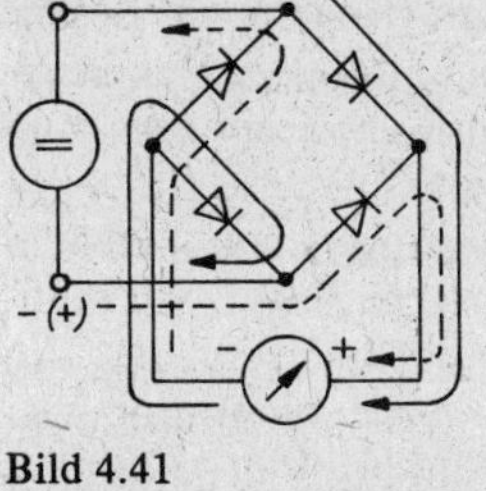

Bild 4.41
«Umpolautomatik» spart Umklemmen bei Spannungen unterschiedlicher Polarität

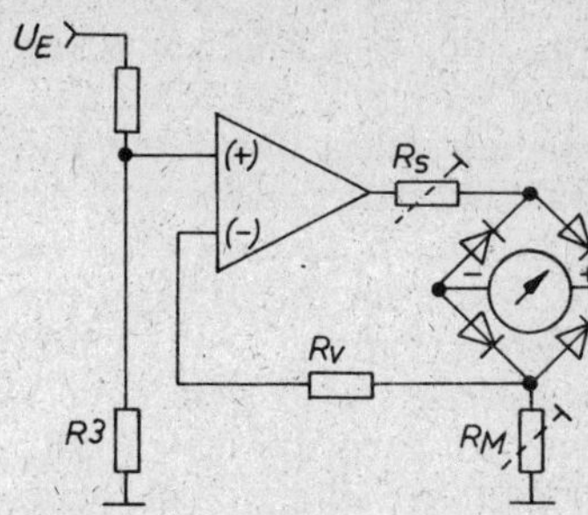

Bild 4.42
Spannungsmesser nach den Prinzipien von Bild 4.40 und Bild 4.41. Für Wechselspannung nur zusätzliches Korrekturglied nötig, s. Bild 4.46

Außerdem ergibt sich auch vom Beginn der Zeigerbewegung an noch eine nichtlineare Skale infolge des von der anliegenden Spannung (bzw. dem Durchlaßstrom) abhängigen Diodenwiderstands.

Anders in unserer Schaltung mit OPV (Bild 4.42): Auf Grund seines «inneren Zwangs» bemüht sich der OPV nur darum (und das schon bei Eingangsspannungen im Millivoltbereich!), die Bedingung $U_{(+)} = U_{(-)}$ an den Eingängen herzustellen. Lediglich der Spannungsbedarf zwischen seinem Ausgang und dem Punkt R_M/invertierender Eingang erhöht sich. Das aber ist für die sich nun anschließende weitere («Komfort»-)Maßnahme sogar vorteilhaft. Wenn auch bei Batteriebetrieb etwas weniger günstig (dort ggf. Taste einfügen und bei Bedarf einschalten), so ist doch in solchem Falle eine Polaritätsanzeige für die Richtung der gerade anliegenden Meßspannung sinnvoll. Durch die Taste verändert sich aber die OPV-Verstärkung. Anderenfalls erkauft man sich den Vorteil, die Prüfspitzen nicht umwechseln zu müssen, mit «Polaritäts-Blindheit». Ein zweiter OPV liefert mit minimaler äußerer Beschaltung den nötigen Zusatz. Wiederum je nach Energiebetrachtungen werden in seinen Ausgangskreis entweder eine einzige Leuchtdiode (dann in Serie mit einer Schutzdiode, da LEDs nur wenig Sperrspannung vertragen) oder zwei antiparallelgeschaltete gelegt. Im ersten Fall zeigt man wahlweise nur positive oder negative Polarität durch Leuchten an, im zweiten Fall beide, am besten sogar mit unterschiedlichen Farben. Der nichtinvertierende Eingang des zweiten OPV wird mit dem Ausgang des ersten OPV verbunden. Dort erscheinen, noch bevor sich der Zeiger des Instruments überhaupt wesentlich bewegt, bereits Spannungen in der Größenordnung von 0,5 V, genug, um den zweiten OPV in die Sättigung zu fahren. Die Schaltung nach Bild 4.43 enthält einen *B631D*. Dieser Typ hat einen recht hohen zulässigen Ausgangsstrom, der für eine Leuchtdiode ausreicht. Verwendet man Miniaturtypen und baut sie etwas versenkt in das Gehäuse ein, so werden diese auch bei Tageslicht noch erkannt, wenn nur wenige Milliampere Durchlaßstrom fließen. Die Ansprechempfindlichkeit dieser Schaltung ist so hoch, daß mit ihr sogar recht «feinfühlig» der Nullpunktabgleich weit genauer als durch Beobachten des (sich jetzt ohnehin nur zwischen 0 und positivem Anschlag bewegenden) Instrumentenzeigers vorgenommen werden kann. Dabei erwies sich als sinnvoll, die Verstärkung des Indikator-OPV durch die im Bild erkennbare Gegenkopplung zu verringern. Auf diese Weise bleiben auch alle offsetbedingten Verschiebungen unterhalb des für Ansprechen einer Leuchtdiode kritischen Werts. Schon 30 mV Eingangsspannung genügten dagegen dem Indikator für eine eindeutige Polaritätsinformation, und auch der Nullpunktabgleich des vor ihm liegenden Meßverstärkers wird dadurch sehr «feinfühlig».

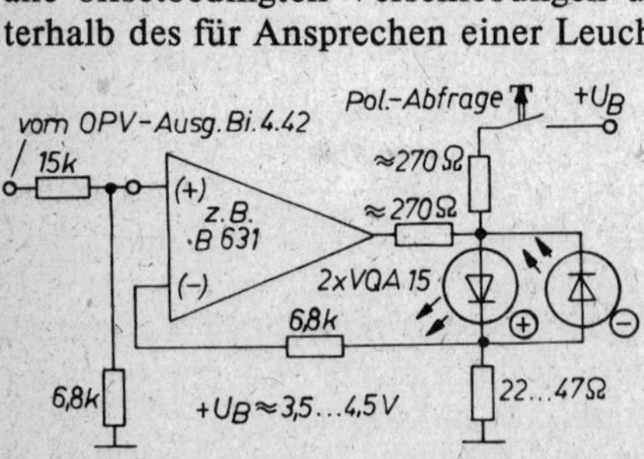

Bild 4.43
Polaritätsindikator, Beispiel. Minus-LED nur bei Bedarf einsetzen, dann 2. Schalterkontakt sinnvoll

Die Gesamtschaltung des Geräts nach Bild 4.44 wurde an eine Betriebsspannung von 2 × 4 bis 4,5 V angepaßt. Die gestrichelt dargestellten Kondensatoren verringern die Empfindlichkeit gegen Störwechselspannungen (Netzbrumm u. ä.). Da der *B 631 D* einen offenen Kollektorausgang hat und daher mit einem Widerstand beschaltet werden muß (durch den zudem noch ein Mindeststrom von 2,5 mA fließen soll), ergeben sich die eingetragenen Werte. Für den OPV des Voltmeterteils selbst ist jeder Typ geeignet, der mit dieser Betriebsspannung noch arbeitet und einen Gegentaktausgang aufweist. In der Versuchsschaltung wurde z. B. ein *741* benutzt. Auf OPVs dieser Art bezieht sich auch der Nullpunktabgleich. Je nach Typ dürfen die eventuell nötigen Frequenzkompensationsglieder nicht vergessen werden! Auch dieses Gerät ist seit der Verfügbarkeit der BIFET-OPVs der Reihe *B 080 D* bis *B 084 D* wesentlich zu verbessern. (Bei ihrem Einsatz sollte aber dann eine höhere Betriebsspannung gewählt werden.) Das betrifft den Voltmeterteil. Die praktisch fehlenden Eingangsströme gestatten es, die von Digitalvoltmetern her bekannte Art der Eingangsschaltung mit konstantem (und dabei sehr hohem!) Eingangswiderstand anzuwenden. Bild 4.45 zeigt das nach diesem Prinzip veränderte Voltmeter. Der Meßwert kann wieder «schalterfrei» im Sinne des vorn beschriebenen Vielfachmessers in die Schaltung eingegeben werden. Auch Strommessung ist möglich, ebenfalls wieder über eine Buchsenzeile. Die Leiterplatte dafür wurde nicht mit wiedergegeben. Man wird sie dem gewählten Gehäuse anpassen.

Wechselstrom- und Wechselspan-

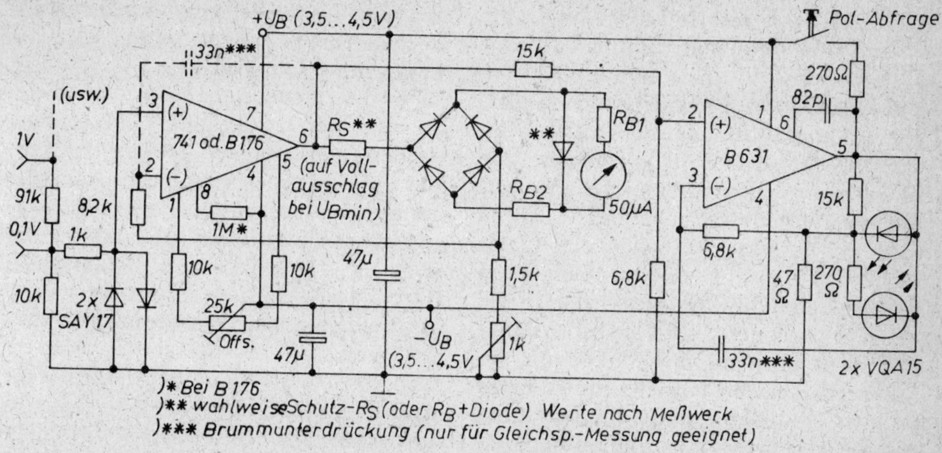

Bild 4.44 Analogvoltmetermodul für kleine Betriebsspannung. Hinweis für Bild 4.43 beachten!

nungsmessungen bei tiefen Frequenzen bietet die Schaltung fast ohne zusätzliche Maßnahmen an. Lediglich eine Korrektur von R_M um den Faktor 1,11 ist nötig, damit das auf den arithmetischen Mittelwert der meist zu messenden Sinuszüge reagierende Instrument den Effektivwert anzeigt (vgl. Abschnitt 4.1.7.4.). Auf die Wiedergabe sei in diesem Rahmen verzichtet. Der nötige Trennkondensator zur Messung von Wechselspannung allein (z. B. Brummspannung am Ladekondensator, wenn auch mit Fehler durch andere Kurvenform) kann relativ klein sein. Wollte man Wechselstrom von einem Gleichstromanteil trennen, würden die niedrigen Meßwiderstandswerte bei dieser Schaltungsgestaltung hohe *C*-Werte erfordern. Der Fall eines dem Gleichstrom überlagerten Wechselstroms ist aber selten zu messen, so daß man auf ein *C* bei Strommessung verzichten kann. Der zu messende Wechselstrom fließt dann ebenfalls nur durch die Meßwiderstände. Bei 100 mV Vollausschlag spielen außerdem – besonders beim *R 109 D* – die von den Eingangsfehlströmen bedingten Fehler bereits eine merkliche Rolle. Sie zu minimieren legte schließlich die in Bild 4.46 (siehe dort) gestrichelt eingetragene Variante des zweifachen Nullpunktabgleichs nahe.

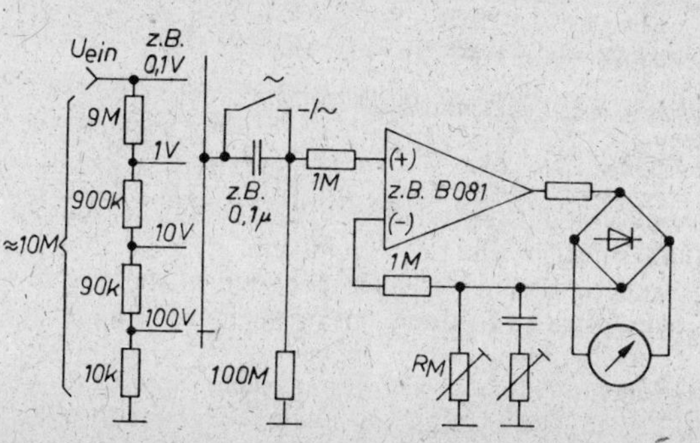

Bild 4.45 Verbesserter Eingangsteil mit BIFET-OPV (R_E = 10 MΩ in allen Bereichen)

4.1.7.4. «Ortsfestes» 100-kΩ/V-Volt- und Amperemeter mit *A 109 D*

Viele Einzelheiten aus dem vorangegangenen Abschnitt finden sich in dieser Lösung wieder (Bild 4.46a), zunächst nur für wenige Spannungsbereiche angelegt. Sie hat Vorteile, solange der *A 109 D* (oder der Basteltyp *R 109 D*) noch leichter zu beschaffen ist als einer der genannten moderneren Typen. Davon rührt auch die «1-OPV-Variante», denn selbstverständlich ist es günstiger, die Funktionen von Meßverstärker und Polaritätsindikator zu trennen. Nur dann kann die Belastung des Meßverstärkers – vor allem bei kleinem nötigen Meßstrom – klein genug gehalten werden. Je mehr Strom man dem OPV-Ausgang abfordert, um so niedriger wird nämlich seine interne Verstärkung, und je näher man seinen Aussteuerungsgrenzen kommt, um so stärker wird die Abweichung vom Linearen.

Für die Amateurpraxis erwies sich das im folgenden vorgestellte Gerät jedoch als recht gut geeignet. Es erreicht bzw. übertrifft auf jeden Fall die Eingangsdaten der empfindlichsten Zeigermeßwerkgeräte ohne Verstärker (100 kΩ/V). Im kleinsten Meßbereich (Vollausschlag 100 mV) ist allerdings zu beachten, daß der Meßpunkt dann mit dem relativ kleinen Wert von 10 kΩ belastet wird. Je nach Skalenteilung ist gegenüber einer «sparsamen», aber groben Bereichsstufung eine feinere Stufung zu empfehlen (z. B. 1 – 5 – 10 usw. oder 3 – 6 – 30 bei günstiger Skalenbeschriftung bzw. Rechnung, aber bessere Stufung 1 – 2,5 – 10 bzw. 1 – 3 – 10).

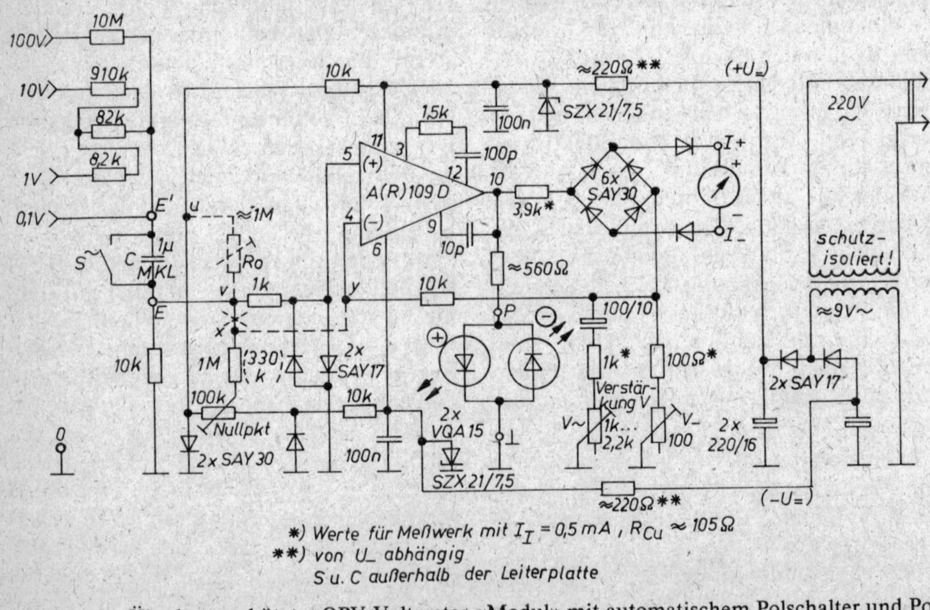

Bild 4.46 Überlastgeschützter OPV-Voltmeter-«Modul» mit automatischem Polschalter und Polaritätsanzeige, zunächst für nur 3 Spannungsmeßbereiche: a – Stromlaufplan; b – Leiterbild; c – Bestückungsplan. Gestrichelte Änderungen verbessern Verhalten bei kleinen Meßspannungen: E gegen Masse kurzschließen, Nullpunkt einstellen, E öffnen, mit R_o wieder auf Null abgleichen.
Bei dieser Änderung wird 1 MΩ zu 330 kΩ (oberen Anschluß neben x einlöten); an u und v (E) anlöten, bei x-y Brücke einsetzen

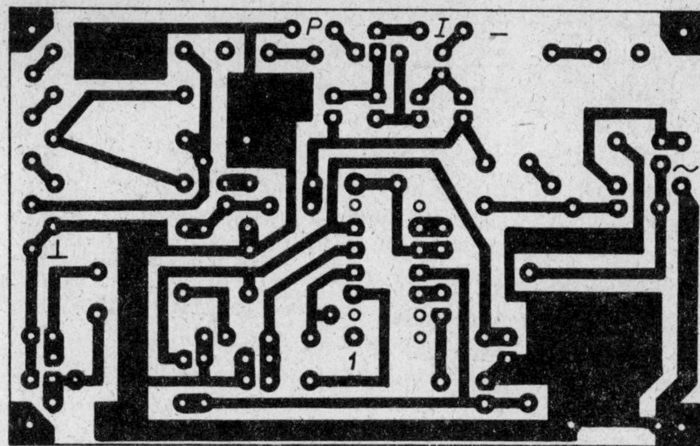

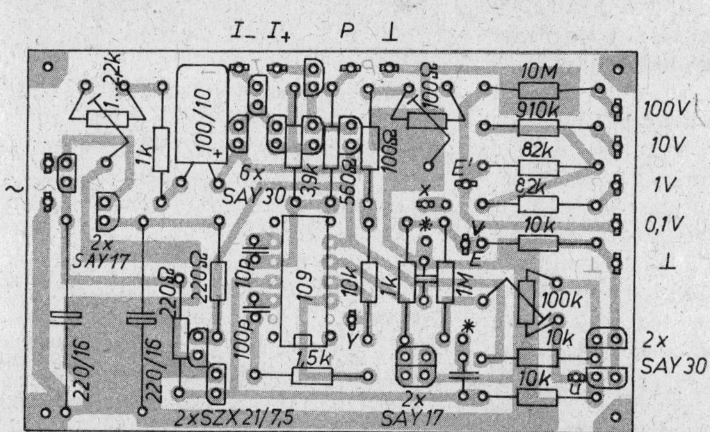

*) 47... 100n; Anschlüsse je nach Typ

Da der *A 109 D* ohnehin mit größeren Spannungen betrieben werden muß, wurde Netzanschluß mit Stabilisierung der Betriebsspannung vorgesehen. Das erleichtert auch die Schutzmaßnahme für das Instrument. Es genügt, bei eingangsseitiger Übersteuerung (direkt am Ausgang des *A 109 D* steht dann nahezu die Betriebsspannung in der jeweiligen Richtung!) den Vorwiderstand so einzustellen, daß der Zeiger den mechanischen Anschlag erreicht. Bei Batteriebetrieb müßte das bei U_{min} geschehen, so daß für U_{max} eine Überlastung um U_{max}/U_{min} entstehen würde. Gemäß üblicher Batteriebereichsregel mit $U_{min} \approx 0{,}6\ U_{max}$ wäre die etwa 1,5fache Überlastung des Meßwerks bei Anlegen einer zu hohen Eingangsspannung aber ebenfalls noch zu vertreten.

Eingangsseitig wird der *A 109 D* durch den Vorwiderstand auch im «direkten» Bereich und durch die beiden antiparallel gegen Masse geschalteten Dioden zuverlässig geschützt. Die beiden 10-kΩ-Widerstände (der eine als unterster Meßteilerwiderstand, der andere als Ausgleich im Rückkopplungszweig) sorgen für kleinen I_{Offset}, und die verbleibende Wirkung der Offsetspannung läßt sich am Nullpunktpotentiometer «ausblenden».

Dazu und zur Polaritätsanzeige sind die beiden Miniaturleuchtdioden vorgesehen, die wieder sinnvollerweise versenkt montiert werden. Um ihnen bei Einhaltung der dem *A 109 D* zumutbaren Höchstbelastung einen ausreichenden Strom schon bei nahezu noch nicht erkennbarem Zeigerausschlag zuzuführen, wird der OPV mit einem relativ großen Bruchteil seiner Betriebsspannung als Ausgangsspannung betrieben. Die Verstärkung im Indikatorteil ist also recht hoch. Das wird durch den vom Meßwerk abhängigen Schutzwiderstand, durch die Dioden der Graetz-Brücke und zusätzlich durch die beiden Dioden in Serie mit dem Meßwerk bewirkt. (An dieser Stelle fließt ja der Strom stets nur in einer Richtung, während vor der Brücke der gleiche Effekt je zwei antiparallele Dioden erfordern würde!) Im Mustergerät fand ein robustes 600-µA-Meßwerk mit $R_\mathrm{I} \approx 105\ \Omega$ Verwendung, bei dem zwecks einfacherer Dimensionierung nur bis 500 µA Ausschlag gerechnet wurde. (Vollausschlag real bei $U_\mathrm{ein} = 120$ mV im empfindlichsten Bereich.) Im Gegenkopplungszweig liegt dem «normalen» R_M aus Fest- und Stellwiderstand noch eine zweite Kombination, über C angekoppelt, parallel. Sie wird nach Abgleich des Gleichspannungsvollausschlags bei einer bekannten Wechselspannung am Eingang auf Effektivwertanzeige des realen Werts abgeglichen. (Der Widerstand hat dann den 9,00316fachen Wert von R_M!) Das berücksichtigt die Tatsache, daß Drehspulmeßwerke den Mittelwert anzeigen, während Wechselspannungen in Effektivwerten angegeben werden. Um den Faktor 1,11 muß daher die Anzeigespannung erhöht werden, wenn man von Sinusform der Spannung ausgeht. Das geschieht durch Verringern des für Wechselspannung wirksamen R_M. Dadurch ergibt erst ein höherer Strom wieder den gleichen Spannungswert für die Gegenkopplung. Wegen des benutzten relativ unempfindlichen Meßwerks (dennoch erreicht das Gerät 100 kΩ/V!) muß der Koppelkondensator ziemlich große Kapazität haben, damit sich sein Wechselstromwiderstand erst wesentlich unterhalb von 50 Hz bemerkbar macht.

Man mißt nun selbstverständlich zunächst ein «Gemisch», wenn eine «verbrummte» Gleichspannung, etwa von einem Ladekondensator, anliegt. Interessiert die Brummspannung allein (wenn sie auch nicht sinusförmig ist, so daß Meßfehler nicht zu vermeiden sind), so wird durch Öffnen des Schalters über dem im Eingangsteiler liegenden Kondensator auf reine Wechselspannungsmessung umgeschaltet. Für Strommessung erschien diese Trennung weder erforderlich (meist werden entweder «reine» Gleich- oder «reine» Wechselströme zu messen sein) noch sinnvoll. Da die Strommeßwiderstände relativ klein sind, müßte für tiefe Frequenzen C außerordentlich hoch werden!

Die obere Frequenzgrenze des Geräts ist relativ niedrig. Das liegt an den bereits erwähnten Eigenarten im Frequenzgang des OPV bezüglich des Verhältnisses von interner zu extern eingestellter Verstärkung. Für die letztgenannte muß man aber berücksichtigen, daß zwar an R_M diese Verstärkung 1 ist, daß «davor» jedoch eine erheblich höhere Spannung als U_M nötig ist, damit die Anzeige arbeitet. Schließlich liefern auch Aufbau und Spannungsteiler noch «frequenzbeschneidende» Beiträge. Es empfiehlt sich daher, den zulässigen Frequenzbereich des Selbstbaugeräts einmalig mit einem geeichten Tongenerator (in allen Meßbereichen!) zu ermitteln. Das Mustergerät arbeitet noch bei 80 kHz ohne frequenzbedingte Fehler.

Das Gerät läßt sich trotz Netzversorgung recht handlich aufbauen. Bild 4.46b zeigt das Leiterbild und Bild 4.46c den zugehörigen Bestückungsplan für die «Einfach»-Dimensionierung des Eingangsteilers. Werden feinere Unterteilungen gewünscht, so kann man die drei auf der Leiterplatte enthaltenen Bereiche mit entsprechend gestuften Widerständen

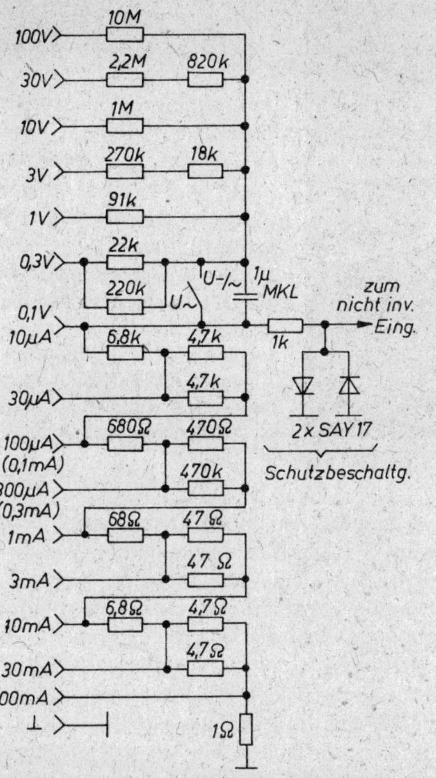

Bild 4.47
Erweiterter Eingangsteil zu Bild 4.46a für Spannungs- und Strommessung mit feinerer Stufung. Der untere Teilerzweig (Strombereiche) ersetzt 10 kΩ zwischen E und Masse auf der Modulplatte!

versehen und außen weitere zufügen. Das geschieht entweder auf einer Hilfsplatte, die auch gleich die Eingangsbuchsen tragen kann, oder am Drehschalter, wenn man einen solchen der billigeren Buchsenlösung vorzieht. Die Zusammenschaltung der Widerstände ergab sich übrigens aus dem Bestreben, mit Standardwerten auszukommen. Bei größeren Abweichungen können leiterseitig leicht Serien- oder Parallelwiderstände eingefügt werden. Die Lösung nach Bild 4.46 mit wenigen Spannungsbereichen liegt eigentlich weit unter den Möglichkeiten des Geräts. Daher wurde gemäß Bild 4.47 der Eingangsteiler auf die von der Skale des vorhandenen Meßwerks her mögliche, feinere Stufung mit zwei Multiplikatoren erweitert, nämlich «x1» und «x3». Die Skale zeigt dann bei Vollausschlag 120 mV; 360 mV; 1,2 V usw. an. Aus Gründen einfacherer Beschriftung wurden die Stufungen mit 100 mV; 300 mV; 1 V usw. bezeichnet, was sich also auf die bei 83 % Vollausschlag liegende 100er-Marke bezieht. Neu gegenüber Bild 4.46a ist die Aufteilung des Widerstands zwischen (+) und Masse zu Zwecken der Strommessung. Da der Eingangsstrom des OPV in diesen Bereichen praktisch vernachlässigt werden kann, ist die Serienschaltung weiterer Widerstände zwischen dem Punkt, wo die zu messende Spannung entsteht, und dem (+)Eingang ohne wesentliche Bedeutung. (Beim weiter vorn beschriebenen «passiven» Zeigerinstrument war das anders!) Speist man z. B. im «untersten» Bereich (der dem größten meßbaren Strom entspricht) 100 mA ein, so werden die dort entstehenden 100 mV Meßspannung ohne größeren Fehler auch am (+)Eingang erscheinen. Die Darstellung der Stromeingänge durch Buchsen statt durch einen Eingangsschalter entspricht der gewählten Ausführung. Das in den Fotos (s.u.) ausgewiesene Gerät wird äußerst handlich, wenn tatsächlich – wie auch schon beim vorn beschriebenen Zeigerinstrument ohne Verstärker – jedem Meßbereich eine Buchse zugeordnet wird. Das relativ kleine, vorhandene Meßwerk wäre allerdings neben einem Tableau von fast 20 normalen Telefonbuchsen optisch nicht vorteilhaft zur Geltung gekommen. Nun gibt es aber im Handel bisweilen Mehrfachsteckverbinder, deren Kontakte aus 1-mm-Buchsen auf der anderen Seite bestehen. 1-mm-Steckerstifte kann man außerdem aus alten Röhrensockeln gewinnen, und im Handel gab es lange Zeit solche Stifte einzeln.

Die Frontplatte des Musters wurde nun

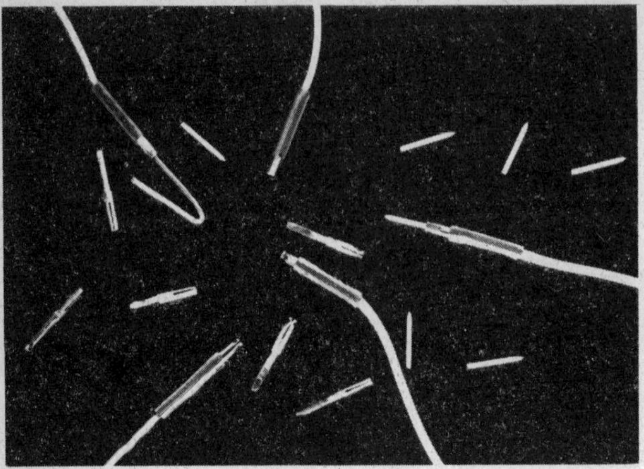

Bild 4.48
a – Miniatur-Prüfschnüre für das OPV-Multimeter und die Kontakteinzelteile (mit 1-mm-Federbronzedraht ist Übergang auf Telefonbuchsen möglich); b – Einzelheit «*Simeto*-Schalterbefestigung»

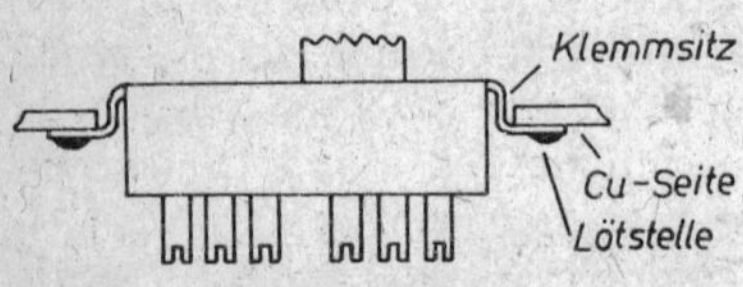

als reine Blende ausgeführt, die neben der Skalenöffnung und dem Schalterschlitz (Umschaltung von Gleichspannung plus Wechselspannung bzw. -strom auf Wechselspannung allein) noch für jeden Bereich eine Bohrung des von der 1-mm-Buchse geforderten Durchmessers hat. Massebuchsen nicht vergessen! Die Prüfschnüre enden in je einer solchen Buchse, gemäß Bild 4.48a mit der Litze der Prüfschnur durch übergezogenen Isolierschlauch knicksicher verbunden. (Bild 4.48b zeigt noch das Detail «Simetoschalter-Befestigung in der Montageplatte».) Hinter der Frontplatte liegt in wenigen Millimetern Abstand die eigentliche Montageplatte. Sie besteht aus einseitig kupferkaschiertem Hartpapier und trägt im 7,5-mm-Rastersprung die 1-mm-Anschlußstifte der Meßbereiche. Diese Platte braucht nicht geätzt zu werden – Ritzen und Herausschälen machen sich hier sehr gut. Der Raum zwischen Montageplatte und dahinter parallel senkrecht stehender OPV-Leiterplatte erwies sich nun als für die Aufnahme der weitgehend aus (allerdings ausgemessenen) Standardwerten zusammengesetzten Bereichswiderstände geeignet. Auch sie können auf recht einfachen Leiterplatten montiert werden. Daher entstanden sie für das Mustergerät ebenfalls als Ritzleiterplatten (Bild 4.49). Man lötet sie senkrecht auf die Montageplatte auf, so daß ihre Leiterflächen auf die zugeordneten Steckerpunkte treffen. Das ergibt einen übersichtlich bleibenden, raumsparenden Aufbau. Zur Verstärkerplatte führen von diesem Widerstandsteiler nur zwei Leitungen: Masse und die vom «*I*/*U*-Knotenpunkt». Man muß sie aber unbedingt verdrillen. Auf der Verstärkerplatte sind statt des bisherigen (einfachen) Teilers nur der 1-kΩ-Vorwiderstand und die zugehörige Diodenschutzschaltung enthalten. Die Unterscheidung Gleichspannung/Wechselspannung entsteht dadurch, daß zwischen Strom- und Spannungsplatte ein 1-μF-MKL-Kondensator liegt, dessen Anschlüsse mit dem Simetoschalter auf der Montageplatte bei Bedarf kurzgeschlossen werden. Auch die Leitung von da zum Schalter muß verdrillt werden. Eine «Minimalverdrahtung» auf der Montageplatte verbindet die aus Beschriftungsgründen doppelt vorhandenen Buchsen «0,1 mA» und «100 μA». Sie

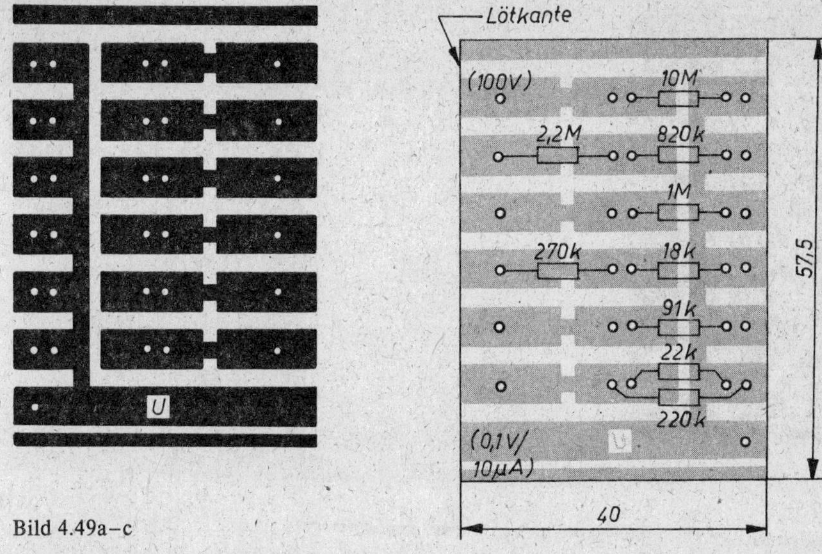

Bild 4.49a–c

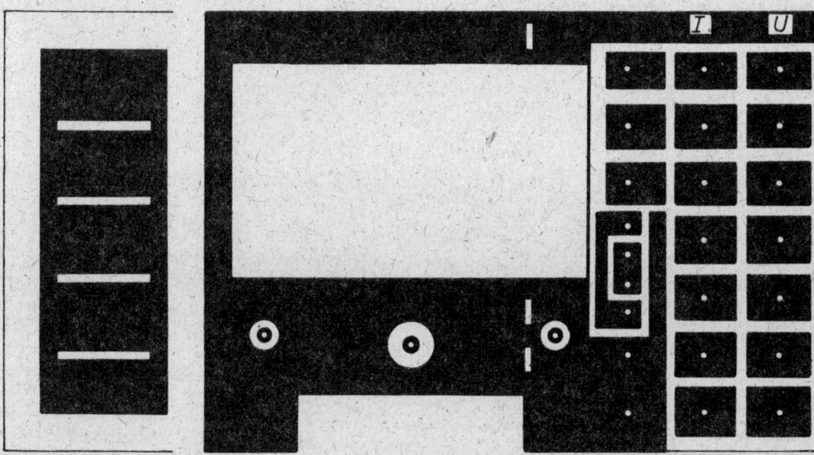

sind mit der Buchse «100 mV» über den Kondensator gekoppelt bzw. werden vom Schalter galvanisch verbunden. Darauf ist beim Gebrauch zu achten.

Von der Verstärkerleiterplatte führen drei weitere, ebenfalls verdrillte Leitungspaare zum Instrument, zur Wechselniederspannung (beim Fachmann eingebauter Transformator, sonst Steckanschluß zu externem, gekapseltem Klingeltransformator!) und zu den mit auf der Montageplatte montierten Polaritäts-Indikator-Leuchtdioden. Auf keinen Fall darf man dabei die Masseleitungen vom Eingang und vom Leuchtdiodenpaar zur Einsparung vereinen. «Unerklärliche» Zeigerausschläge ohne anliegende Spannung haben ihre Ursache in sonst entstehender

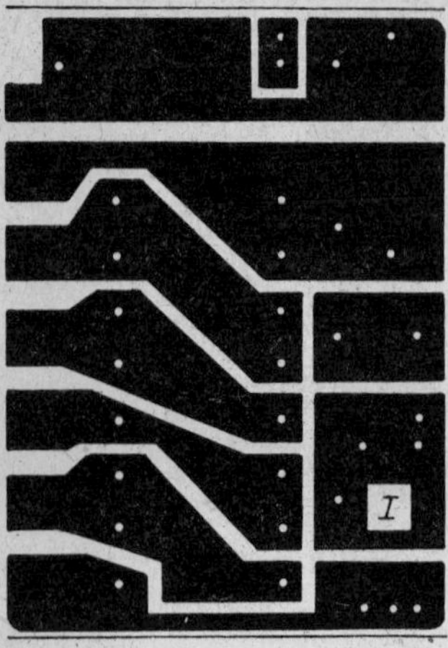

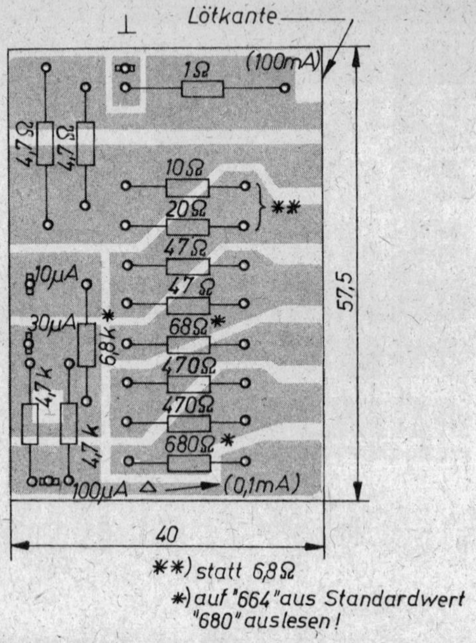

Bild 4.49
Einfache Leiterplatten für die Meßbereiche und für die Montageplatte, Engstellen je nach nötigen Kombinationen trennen: a – Spannungsmeßbereiche; b – Strommeßbereiche; c – Montageplatte; d – Bestückung für a; e – Bestückung für b (Beispiel); f – Frontplatten-«Print» für den Fall, daß ein Meßwerk der im Beispiel benutzten Größe verwendet wird

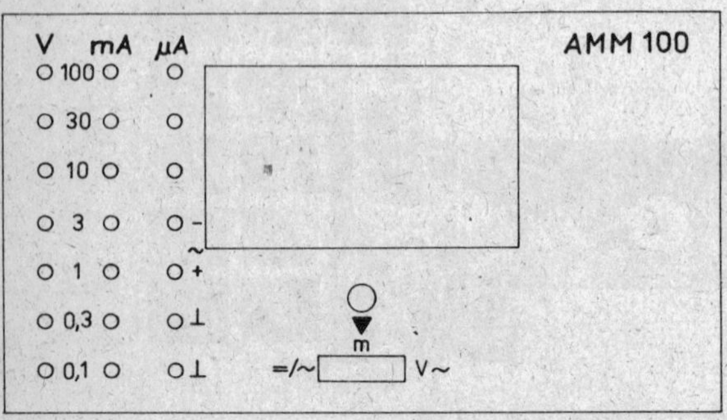

Rückkopplung. Der Gehäuserahmen ist mit den Masseflächen der Verstärkerplatte zu verbinden. Das ergibt sich automatisch, wenn die Bauskizzen und der Text dazu beachtet werden. Man beachte auch, daß der Einschub keine unbeabsichtigte Masseberührung hat –ggf. Gehäuse innen mit Klebefolie auskleiden. Bauskizzen ohne detaillierte Maßangaben zu diesem OPV-Volt- und Amperemeter sind in Bild 4.50 zusammengefaßt. Die tatsächliche Gesamtgestaltung hängt davon ab, ob die gleiche Meßwerkgröße zur Verfügung steht oder ob die in ihren Maßen vorgegebenen Leiterplatten in ein größeres Gerät eingefügt werden. Statt der gezeigten Miniaturanschlüsse kann man ja auch Stecklötösen einsetzen und

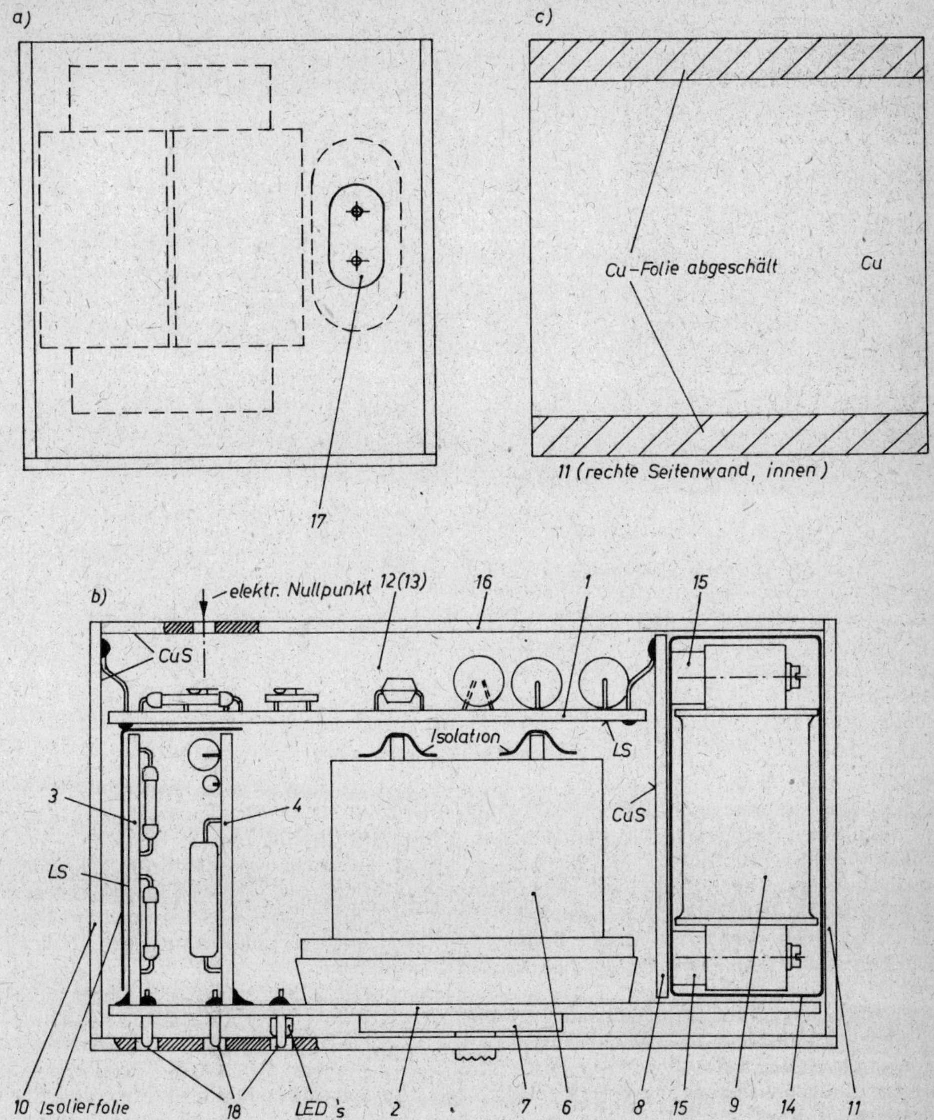

Bild 4.50
Bauskizzen zum OPV-Vielfachmesser bei Einsatz eines Meßwerks der Größe 48 × 52 (Maße ergeben sich aus den genannten Teile-Bildern):
1 – Voltmeter-Modul; 2 – Montageplatte mit Anschlußstiften (Folieseite innen, s. Bild 4.49); 3 – Platte «Spannungsbereiche» (s. Bild 4.41a + d); 4 – Platte «Strombereiche» (s. Bild 4.49b + e); 5 – Frontplatte (Folieseite außen, s. Bild 4.49f); 6 – Drehspulmeßwerk (Blendrahmen abgenommen); 7 – *Simeto*-Umschalter Gleich- und Wechselspannung (-Strom) auf Wechselspannung (s. Bild 4.48b); 8 – Trennwand (in Rahmen gelötet, nach Transformatorseite isoliert!); 9 – Trenntransformator (Netz- und 9-V-Seite auf getrennten Spulen; auf 15 geschraubt), sonst Raum für 2 × 9-V-Batterie bzw. Niederspannungsbuchse; 10 – linke Seitenwand (ohne Durch-

d)

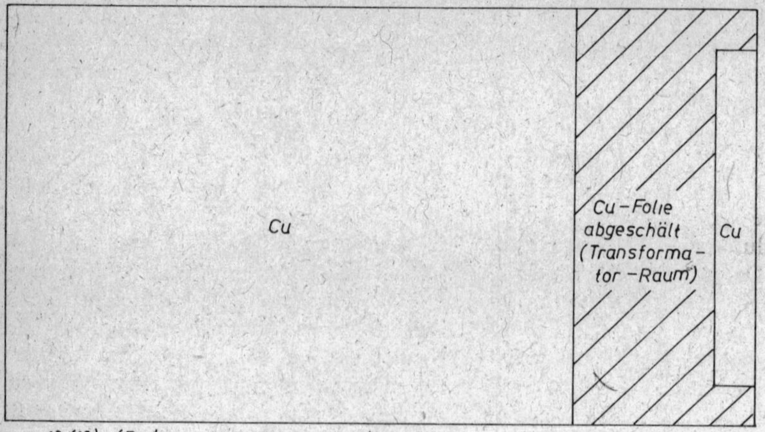

12 (13) (Boden- bzw. Deckplatte, innen)

CuS = Cu-Seite
LS = Leiterseite

e)

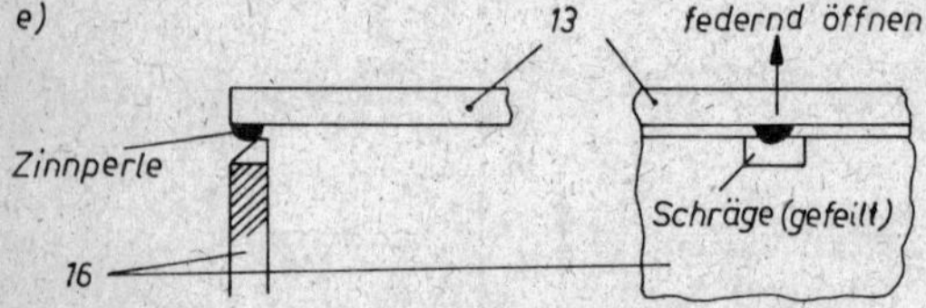

bruch, Kupferseite innen); 11 – rechte Seitenwand (mit Buchsendurchbruch, Kupferfolie bis auf dargestellte Partien abgeschält, vgl. Bild 4.50c); 12 – Bodenplatte; 13 – Deckplatte (entfernt), bei 12 und 13 Kupferfolie im Transformatorraum bis auf dargestellte Partien abgeschält, vgl. Bild 4.50d; 14 – zusätzliche Isolierfolie (bzw. Isolierstoffumhüllung; muß allseitig auch alle Plattenfugen überdecken!; 15 – Gewindeklotz (2×, je 2× Gewinde), auf 8 geklebt; 16 – Rückwand, z. B. nach Bild 4.50e einknöpfbar (Kupferfolie innen, wie bei 12 und 13 teilweise abgeschält; 17 – Netzbuchse (an 8 befestigt); 18 – Bohrungen in Montage- und Frontplatte mit 1-mm-Bohrer gemeinsam anbringen, dann Frontplatte entsprechend benutzten Steckverbinderbuchsen aufbohren.

Fest verbundene Teile: Einschub mit 2...7 (gelötet, geschraubt); Gehäuserahmen mit 8...15 (Rahmen durch Innennähte gelötet). Verbinden von Front- und Montageplatte (entgegen Fotos, dort nur verstiftet) besser über 3-mm-Abstandsrollen und Meßwerk-Befestigungsschrauben (gesenkt), Einschubhalterung durch Gewindeklotz zwischen Schalter und Anschlußstifte von Bodenseite aus. Herstellen der Netzteilvariante nur bei entsprechenden Fachkenntnissen! Kupferfolienbegrenzung ist nur zusätzliche Sicherheit (zu kleine Kriechstrecken!); Netzvariante mechanisch zusätzlich stabilisieren, am besten durch *PVC*-Mantel. Unter Bodenplatte beliebig Fußleisten ankleben von ihnen aus auf Telefonbuchsen oder auf einen Schalter übergehen.

Mit den Sicherheitsbestimmungen Vertraute können einen 2-Schenkel-Transformator benutzen, der auf dem einen Schenkel die Netzwicklung trägt und auf dem anderen die Sekundärwicklung. Beide sind außerdem durch eine Hartpapierplatte voneinander getrennt. Die Netzanschlußbuchse liegt unter der Netzwicklung. Der gesamte Primärteil ist spannungsfest (Richtwert 3 kV!) vom übrigen Gerät zu trennen. (Die Bilder enthalten noch nicht alle Sicherheitsmaßnahmen, sondern zeigen nur eine mögliche Anordnung!) Diese Einheit läßt sich z. B. auch mit Epoxidharz umhüllen, wobei die Netzbuchse beim Einbetten nach oben zu drehen ist! Die Mehrzahl der Bauplanleser gehört jedoch nicht zu derart ausgebildeten Fachleuten. Sie dürfen daher (!) nur eine Niederspannungsbuchse anbringen und speisen mit etwa 9 V Wechselspannung aus einem dafür zugelassenen, sicher gekapselten Transformator. Auf Grund der geringen Belastung kann das auch ein 6-V-/0,5-A-Klingeltransformator sein, dessen Leerlaufspannung nach Gleichrichten für unsere Zwecke genügend hoch liegt. Die Fotos in Bild 4.51 vermitteln Eindrücke von der Netzvariante dieses handlichen Voltmeters. Sein Format gestattet gleichermaßen ortsfesten Einbau in eine «Gerätewand» am Arbeitsplatz wie mobile Nutzung im Netzbereich. Die lagebedingten Anzeige-

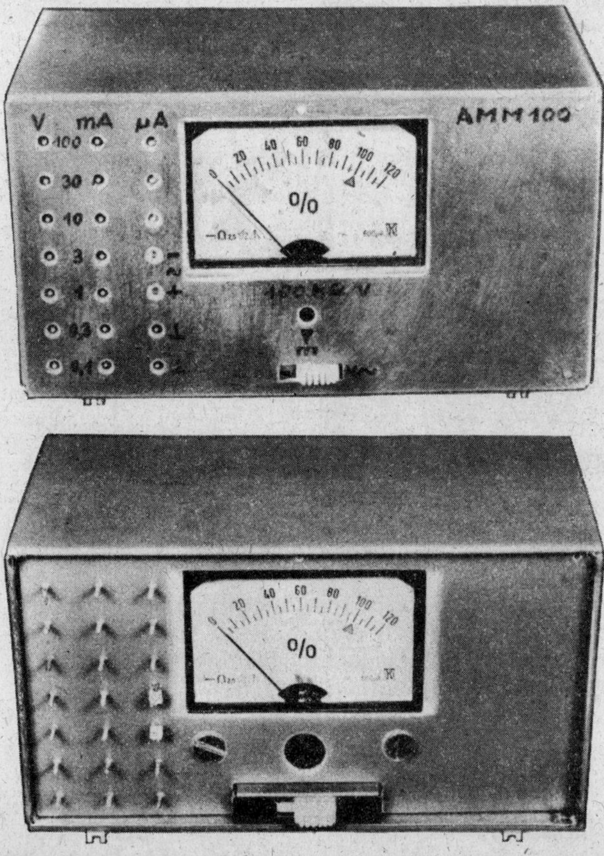

Bild 4.51
Ansichten des Mustergeräts

Bild 4.51c

Bild 4.51d

fehler bei anderer als vom Meßwerk vorgegebener Gebrauchslage werden nur selten von Bedeutung sein, wenn die Arbeitslage einmal davon abweicht. In die «Netzkammer» passen übrigens auch zwei kleine 9-V-Batterien für mobile Kurzzeitmessungen. Wenn also dieser Raum wegen Niederspannungsspeisung leer bleibt, kann der Nutzungsspielraum so noch erweitert werden.

Es wurde darauf verzichtet, dieses Gerät für größere Ströme als 100 mA auszubauen. 100 mV Vollausschlag bedeuten für z. B. 10 A nur 10 mΩ bei jedoch nur 1 W Belastung dieses Widerstands. Solche Widerstände erfordern dicken Widerstandsdraht (vgl. die Vielfachmesser-Erläuterungen!) und großflächige Kontaktierung. Man legt sie besser direkt in den Meßkreis und mißt dort die auftretende Spannung.

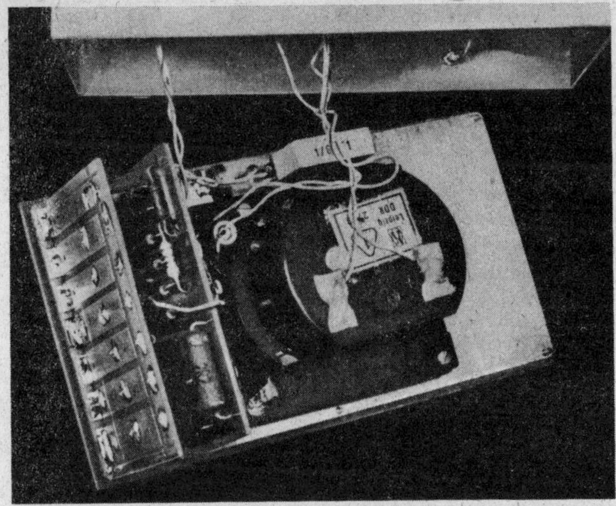

Bild 4.51e, f, g

4.1.7.5. Lineares Ohmmeter mit BIFET-Operationsverstärker

Während bei bipolaren Operationsverstärkern hinsichtlich ihrer Eingangsstromeinflüsse stets relativ enge Grenzen für die Beschaltung gegeben sind, kann mit einem modernen BIFET-OPV, wie dem *B081D* o.ä., freizügiger operiert werden. Die Schaltung nach Bild 4.52 geht vom Prinzip der Verstärkungseinstellung durch Gegenkopplung aus und benutzt den unbekannten Widerstand als *R*2. Als nur gelegentlich bzw. kurzzeitig eingesetztes Gerät (Hauptanwendung: Kontrolle jedes Widerstands vor dem Einbau – das spart später langwierige Fehlersuche!) kann dieses Ohmmeter aus einer externen Quelle gespeist werden. Die Mindestspannung wird durch den OPV-Typ bestimmt. Angesichts der günstigen Preise für OPVs ist ein «Einzweck»-Aufbau wieder gerechtfertigt. Man kann ihn sowohl an ein Meßwerk (z.B. 50-μA-Instrument) wie im beschriebenen Vielfachmesser mit entsprechendem Vorwiderstand als auch an ein Digitalvoltmeter anschließen. In diesem Falle wird ein Meßwiderstand statt des Instruments mit Vorwiderstand angeschlossen. Von einer Z-Diode zur Vorstabilisierung wird eine Leuchtdiode gespeist, die als (Referenz-)Steuerspannungsquelle wirkt. Der Strom durch sie ist dadurch von der Betriebsspannung weitgehend unabhängig. Sofern die Einrichtung im Zimmertemperaturbereich arbeitet, ändern sich damit diese Bezugsspannungen kaum. Der Strom durch diese Quelle muß jedoch gegenüber dem vom Meßwerk kommenden groß genug sein, damit dieser zusätzliche, vom Meßobjekt bestimmte Strom nicht die Referenzspannung der Leuchtdiode erhöht. Diese Spannung liegt nun am nichtinvertierenden Eingang des OPV. Sie wird von ihm gemäß $U_A = U_E\left(\frac{R_X}{R_M} + 1\right)$ verstärkt. Für $R_X = 0$ ist

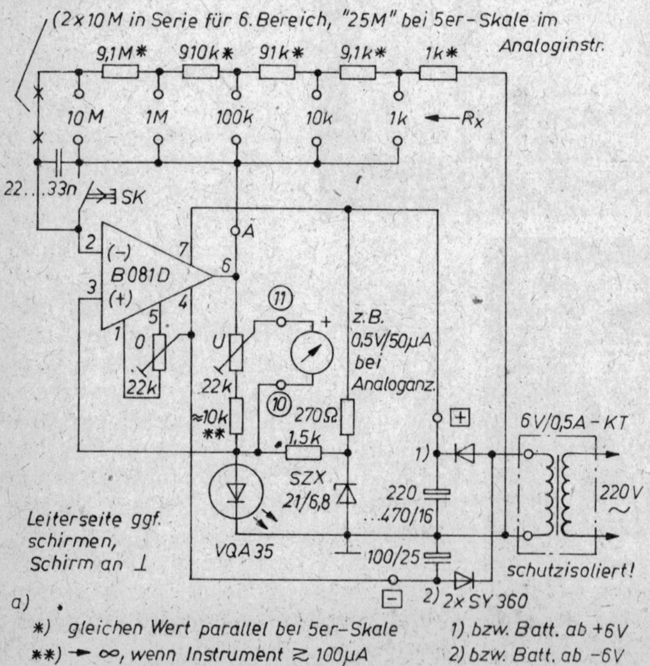

Bild 4.52
a – Stromlaufplan für lineares Ohmmeter (statt R_V im Text – U-Teiler im Bild); b – Leiterbild zur «neutralen Verwendung» (keine Bindung an bestimmte Meßwerkgröße); c – Bestückungsplan

also U_A am OPV-Ausgang gleich U_E; für $R_X = R_M$ gilt $U_A = 2\ U_E$. Das Meßwerk (oder der Meßwiderstand eines bezüglich Stromversorgung von dieser Einrichtung unabhängigen AD-Wandlers eines Digitalvoltmeters) erhält damit für $R_x = 0$ keine und für $R_X = R_M$ eine Spannung, deren Wert der steuernden Referenzspannung entspricht. Das ist der Fall, weil der nichtinvertierende Eingang für den Anzeigekreis als Bezugspunkt gewählt wurde. Steht z.B. ein 50-µA-Meßwerk zur Verfügung und ist $U_{ref} = 1{,}7$ V, so hat der gesamte Meßkreis ($R_i + R_V$) den Widerstandswert 34 kΩ. Je größer das Verhältnis von R_V zu R_i, um so weniger gehen Änderungen des Instrumenten-Kupferwiderstands in die Messung ein.

Es kommt im übrigen nicht auf die absolute Höhe der Referenzspannung an. Mit dem Widerstand R_v kann das ausgeglichen werden.

Der Anzeigekreis muß aber von Anfang an «stabil» sein. Das heißt: Wird kein eigenes Meßwerk dafür gebunden, muß der Vielfachmesser, an den angeschlossen werden soll, feststehen. Auf sein 50-µA-Meßwerk (oder auch 100 µA) ist also R_V anzupassen. Dem Vollausschlagabgleich über R_V hat der Nullpunktabgleich der Offsetspannung vorauszugehen. Dazu schließt man die R_X-Klemmen kurz.

Das Meßprinzip hat einen Nachteil: Bei offenem R_X geht V gegen ideal unendlich, praktisch aber wenigstens auf Werte über 10^4. Der Ausgang liefert damit je nach OPV-Typ nahezu die Batteriespannung mit einem niedrigen Innenwiderstand.

Bei 9 V wird das Instrument etwa mit dem Vierfachen seines Vollausschlagwerts überlastet. Das spielt keine Rolle, wenn wieder von der bereits empfohlenen Schutzschaltung im Vielfachmesser Gebrauch gemacht wurde. Auch bei eigenem Meßwerk für das Ohmmeter ist es nicht schwer, diese Maßnahme durch Aufteilen von R_V und Diodeneinbau vorzusehen.

Der «Abschluß» des invertierenden Eingangs mit Widerständen bis in den Megaohmbereich (Meßschalter mit R_M-Sprüngen von 10:1 ist sinnvoll für eine gut ablesbare Skale, Grundwert je nach Skalenteilung: z. B. 5 MΩ bei 5er-Teilung) bringt normalerweise das Problem der noch dazu stark temperaturabhängigen Eingangsströme. Beide Eingänge bezüglich ihrer Auswirkung zu symmetrieren, ist bei dem gewählten Prinzip auch nicht möglich. Den Ausweg brachte einer der neuen Operationsverstärker mit FET-Eingang. Diese störenden Ströme liegen bei ihm so niedrig, daß sie die praktische Messung nicht mehr beeinflussen. Der Einfluß der Offsetspannung ist ebenfalls gering, da die (gegengekoppelte) Verstärkung mit R_X von 0 bis R_M nur zwischen 1 und 2 liegt. Die temperaturabhängige Nullpunktverschiebung durch Offseteinflüsse ist vor der Messung zu kontrollieren und mit dem Nullpunktpotentiometer zu beheben. Aus U_{Ref}/I_{Amax} errechnet sich der kleinste Meßbereichswiderstand, unterhalb dessen die Anzeige nicht mehr linear ist. Es ergibt sich daraus, daß dann der Operationsverstärker in den Gegenkopplungszweig mehr Strom liefern muß, als von seinen Daten her ohne zusätzliche Fehler in der Anzeige (verminderte Verstärkung, schließlich Sättigung!) möglich ist. Insofern stößt man mit dem BIFET-OPV bald an eine untere Grenze, während er sie gerade nach oben hin zu erweitern gestattete. Rechnet man z. B. mit 5 mA für I_{Amax}, so können etwas mehr als 330 Ω als unterster Gesamtwiderstandswert angesetzt werden. Sinnvollerweise wird man also bei einem Instrument mit 5er-Teilung als kleinsten Meßbereichswiderstand 500 Ω wählen und erhält $R_X = 500\,\Omega$ als Vollausschlagswert. Praktisch können infolge der linearen Teilung dann noch Widerstände bis etwa 10 Ω herab erkannt werden. Die üblichen Standardwerte (beispielsweise 47 Ω und 68 Ω) sind damit bereits gut zu unterscheiden.

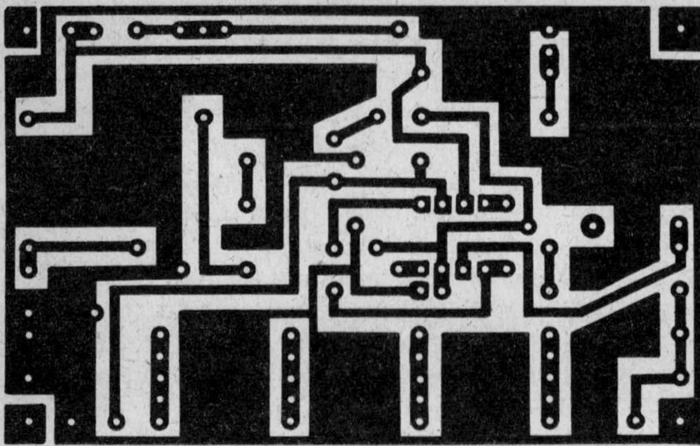

Bild 4.52b, c

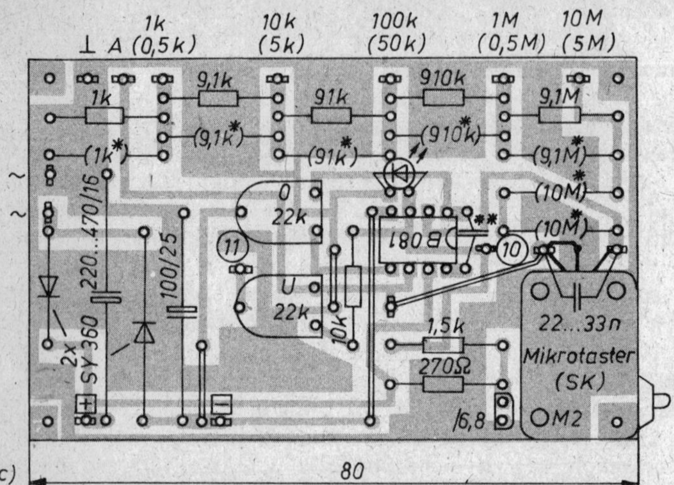

)* *bei Analoginstrument mit 5er Skale*

)** *bei B080D statt B081D (18pF)*

Für die Ohmmeterschaltung nach Bild 4.52a entstand eine Leiterplatte gemäß Bild 4.52b, die nach Bild 4.52c zu bestükken ist. Die Lösung kommt auf Grund der extrem hochohmigen Eingänge wieder ohne Schalter aus, wenn R_X in der in Bild 4.52a dargestellten Weise an Abgriffe von R_M geschaltet wird, z. B. über Prüfschnüre. Für «Serienmessungen» ist dagegen ein Umschalter sinnvoller. In diesem Falle lassen sich die Einzelwiderstände besser bezüglich U_{Ref} abgleichen. Schnelles Arbeiten bei Serienmessungen ist dann möglich, wenn R_X z. B. an umgekehrt montierte Bürstenstecker angeschlossen wird.

Die Leiterplatte gestattet, wie auch der Stromlaufplan erkennen läßt, optimale Auslegung sowohl für Skalen, die Zehnerteilung ausweisen (und damit auch Anschluß an ein Digitalvoltmeter!), wie auch für solche mit Fünferteilung. Beide Male kommt man mit Standardwerten aus, die allerdings genau ausgemessen sein sollten. Notfalls schaltet man z. B. einem 1-MΩ-Widerstand 10 MΩ parallel, um 910 kΩ besser zu erreichen.

4.2. Transistortester für bipolare Transistoren

Es gibt viele Möglichkeiten, Transistoren auf ihre Funktion hin zu testen. Oft geschieht das auch bereits in einer Teilschaltung, die dem vorgesehenen Einsatzzweck entspricht. Für HF-Zwecke ist diese Methode allen anderen vorzuziehen. Will man dagegen vorerst hauptsächlich Auskunft über *«Tod oder Leben»* haben, so genügt ein Test zur Gleichstromverstärkung.

Im folgenden werden ein «klassisches» Verfahren kurz vorgestellt und ein schaltkreisbestückter, dennoch aber relativ einfacher und dabei sehr brauchbarer Stromverstärkungstester beschrieben. Diese Informationen stammen aus Bauplan 49. Da bipolare Transistoren derzeit gegenüber unipolaren («FETs») in der Bauplanpraxis überwiegen, wurde auf eine Erweiterung für solche Typen verzichtet. Es hätte den Tester unnötig komplizierter gemacht. Bei Bedarf können aus einer Einsatzschaltung (vgl. Abschnitt 4.1.) bzw. aus Erläuterungen zu diesen Typen (vgl. Abschnitte 3.) Prüfmöglichkeiten abgeleitet werden.

Bipolare Transistoren haben drei Zonen unterschiedlicher Leitfähigkeit: npn bei den hier benutzten Siliziumtransistoren, pnp bei den noch immer und oft sehr preiswert erhältlichen älteren Germaniumtransistoren aus DDR-Produktion. Es gibt aber ebenso npn-Germanium- und pnp-Siliziumtypen. Der Aufwand für ihre Prüfung hängt von den Notwendigkeiten ab. Höchste Stufe des Prüfens ist Messen unter definierten Bedingungen. Je nach Typ gibt der Hersteller für die garantierten Werte bestimmte Voraussetzungen an. Das Wichtigste ist der Arbeitspunkt. Vergleichbare Stromverstärkungswerte in Emitterschaltung (β, als «Großsignal»-Verstärkung auch B genannt) erhält man nur, wenn bei gleichem Kollektorstrom (I_C) gemessen wird, denn je nach Typ kann die Stromverstärkung (also das Verhältnis von Ausgangs- zu Eingangsstrom des Transistors) bei unterschiedlichen Strömen stark schwanken. Sie hat meist irgendwo in der Mitte des zulässigen Kollektorstrombereichs ihr Maximum. Modernste Typen (z. B. *SC237* bis *SC239*) bieten bereits bei Kollektorströmen im Mikroamperebereich recht gute Werte; Kleinleistungstypen wie *SF126* bis *SF128* dagegen erreichen oft erst oberhalb 10 mA «typische» Werte. Auf die Feinheiten zwischen Klein- und Großsignalverstärkung und die Unterschiede zwischen Gleich- und Wechselstromverstärkung muß in diesem Zusammenhang nicht näher eingegangen werden. Auch sei nur festgestellt, daß «β» zwar exakt als Kleinsignalverhältnis definiert, meist aber ohne spürbaren Fehler als I_C/I_B gemessen wird ($I_C = I_E - I_B$).

4.2.1. Das «klassische» *Transivar-Prinzip*

Übliche «klassische» Tester wie das *Transivar 1* gestatteten die Messung der Gleichstromverstärkung β bei 1 mA Kollektorstrom. Das Prinzip geht aus Bild 4.53 hervor. Das erfordert ein empfindliches Meßwerk, denn schon für $\beta = 333$, einen heute durchaus üblichen Wert, fließt ein I_B von nur 3 µA, den man auf dem («von rechts nach links» mit steigenden β-Werten geeichten) Meßwerk noch ablesen können muß! Nun war es früher für den Amateur von weit größerer Bedeutung, genaue β-Werte zu ermitteln, z. B. für das Paaren bei Endstufen (wobei auch der Wert der sich für den Arbeitspunkt einstellenden Basis-Emitter-Spannung über der Eingangsdiode interessierte!). In der entgegengesetzten Richtung bewegten sich «digitale» Testprinzipien, bei denen nur die Stromverstärkungsgruppe überprüft wurde, wie sie der

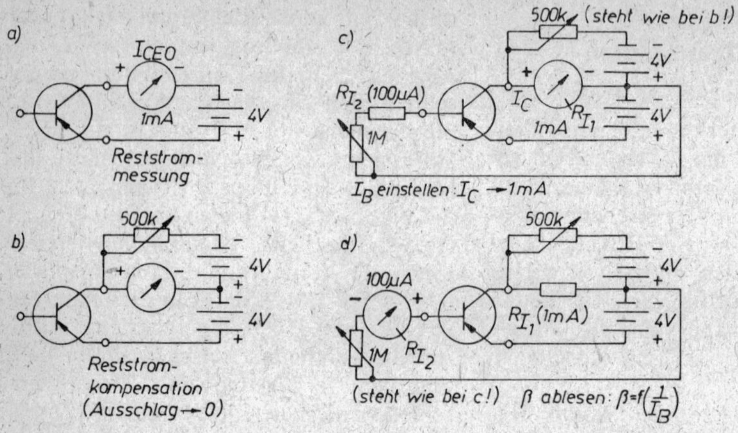

Bild 4.53 *Transivar*-Prinzip (gebräuchlicher Transistortester mit Drehspulmeßinstrument); a bis d siehe Text!

Hersteller ebenfalls nur aufdruckt. Zwischen der heute nicht mehr gebräuchlichen Gruppe *A* und der Gruppe *F* staffeln sich von Gruppe zu Gruppe die β-Werte (überlappend) jeweils etwa im Verhältnis 1:2 bis 2,5. So kann mit 6 Buchstaben ein Bereich von etwa 20 bis rund 1000 erfaßt werden. Im Grunde interessiert ja meist auch weniger der genaue Wert als die Größenordnung, mit der man bei einem derart großen möglichen Bereich beim vorliegenden Exemplar zu rechnen hat. Dabei sollte jedoch aus genannten Gründen mindestens von einem vergleichbaren Arbeitspunkt ausgegangen werden. Für eine solche Aufgabe kann man zunächst das schon dargestellte *Transivar*-Prinzip benutzen: Einstellen von I_C = konst. (z. B. 1 mA) mit Kontrolle durch das Meßinstrument. Umschalten des Instruments in den Basiskreis und Anzeige des für I_C eingestellten nötigen Basisstroms, wobei der Meßwerk-Vollausschlagstrom die minimale Stromverstärkung anzeigt – bei 50 µA also 20. Beim Zeigerausschlag 25 µA liegt dann $\beta = 40$, 5 µA entsprechen $\beta = 200$ usw.

Meßwerke für 50 µA Vollausschlag sind aber teuer und empfindlich. Man wird möglichst einen – wenn vorhandenen – Vielfachmesser mit 20 kΩ/V (das bedeutet 50 µA im empfindlichsten Strombereich, vgl. Abschnitt 4.1.) bei Bedarf für diese Aufgabe heranziehen, also nur einen Zusatz bauen. Im Zeitalter der Mikroelektronik gibt es jedoch integrierte Schaltkreise, die auch für solche Testaufgaben geeignet sind.

4.2.2. Schwellwertanzeige-Prinzip

Noch 1980/81 war preisgünstig der Kameraschaltkreis *A 902 D* erhältlich. Er wurde inzwischen durch einen verbesserten Typ, den *A 302 D*, ersetzt. Beide sind Schwellwertschalter mit geringem Eigenstrombedarf, und beide sind für das «Herzstück» eines Transistortesters geeignet, dessen Prinzip Bild 4.54 zeigt.

Im Bauplan 46 sind z. B. Schaltungsbeispiele mit dem *A 902 D* enthalten (vgl. auch Abschnitt 8.). Ihre Brauchbarkeit und damit die der auf *typofix* gespeicherten Leiterbilder für den *A 302 D* wurden inzwischen getestet.

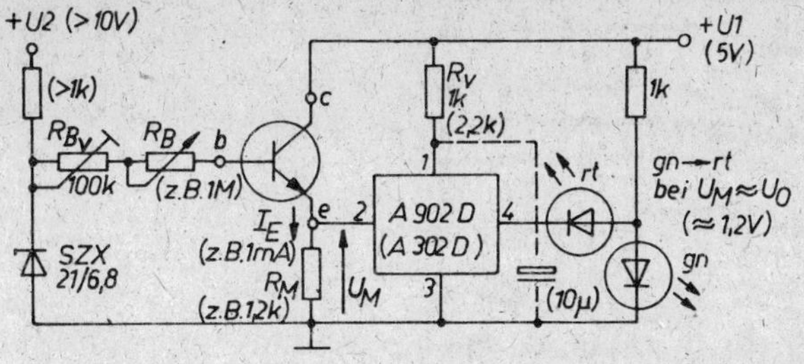

Bild 4.54
Prinzip eines Transistortesters mit Anzeige bei Erreichen des vorgegebenen Arbeitspunkts; Ablesen von β an Potentiometerskale; nur für npn-Typen dargestellt

4.2.3. Gesamtstromlaufplan für npn- und pnp-Transistoren

Das in Bild 4.54 dargestellte Prinzip erlaubt die Einstellung gewünschter Arbeitspunktströme durch optische Anzeige. Sofern die Umgebungstemperatur im Zimmertemperaturbereich bleibt, kann man sich auf Grund der in der Gesamtschaltung (Bild 4.55a) enthaltenen Stabilisierungsmaßnahmen auf den Ansprechschwellwert recht gut verlassen. Die Hysterese wurde wie in Bauplan 46 (vgl. Abschnitt 8.) durch den Widerstand R_V in der Versorgungsleitung des Schaltkreises anwendungsgerecht eingeengt. Sein Wert darf beim *A 302 D* bis 2,2 kΩ betragen, während beim älteren *A 902 D* mehr als 1 kΩ nicht sinnvoll ist. Es empfiehlt sich, die Umschaltschwellen des Exemplars möglichst genau zu ermitteln, denn danach richtet sich der Wert des vom Eingang nach Masse zu schaltenden Meßwiderstands. Dieser Widerstand hat

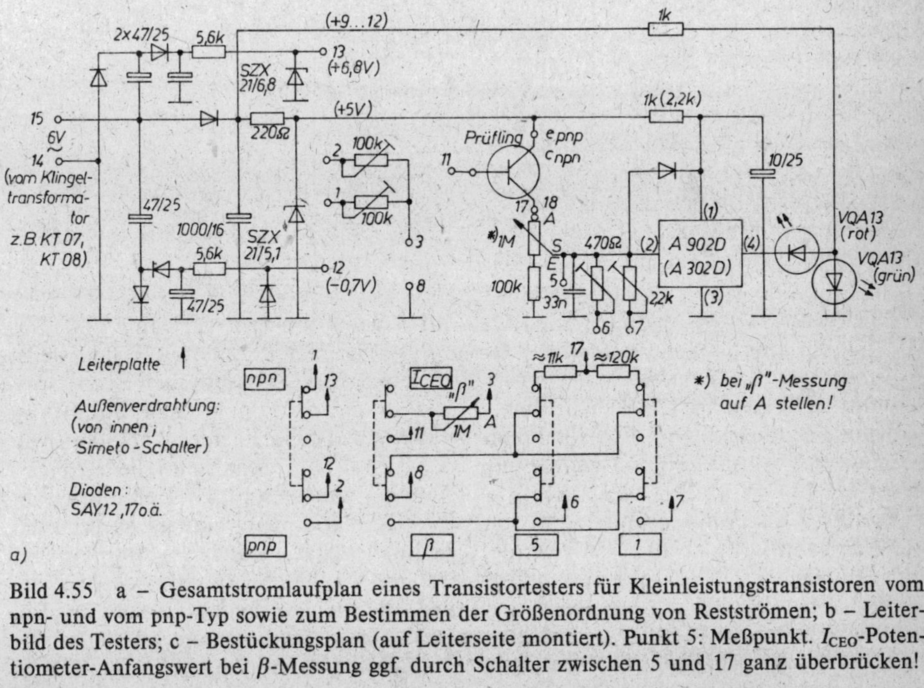

Bild 4.55 a – Gesamtstromlaufplan eines Transistortesters für Kleinleistungstransistoren vom npn- und vom pnp-Typ sowie zum Bestimmen der Größenordnung von Restströmen; b – Leiterbild des Testers; c – Bestückungsplan (auf Leiterseite montiert). Punkt 5: Meßpunkt. I_{CEO}-Potentiometer-Anfangswert bei *β*-Messung ggf. durch Schalter zwischen 5 und 17 ganz überbrücken!

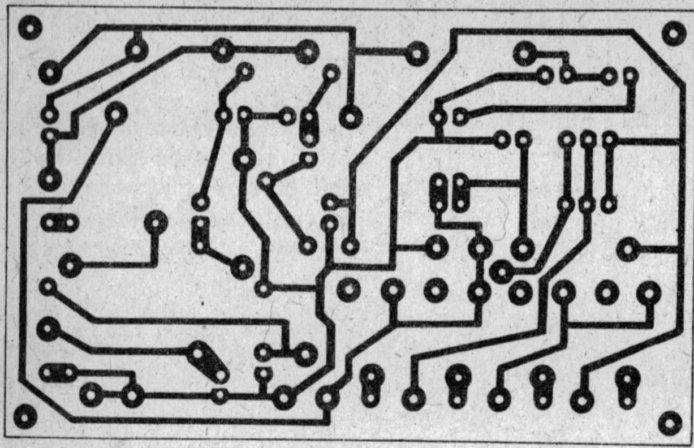

b)

Bild 4.55b, c

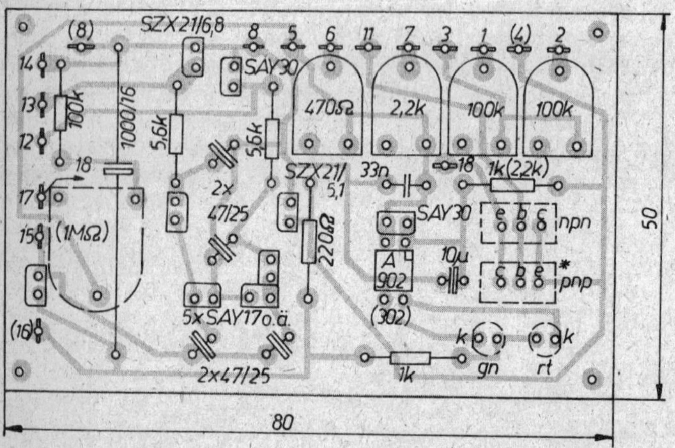

c)

*) kann entfallen

in der Grundausführung für 1 mA Arbeitspunkt einen Nennwert (in kΩ) $R_M = 0{,}5\,(U_{U_o} + U_{U_u})$. o und u sollen obere und untere Umschaltschwelle bedeuten – je enger sie, abhängig von R_V, liegen, um so günstiger ist später die Handhabung des Gerätes. Im Muster ergab sich ein mittlerer Umschaltspannungswert von 1,2 V, so daß R_M zu 1,2 kΩ gewählt wurde. Für den Nachbau günstiger ist der umgekehrte Weg: Da der Spannungsbereich der Umschaltschwelle in der vorliegenden Schaltung recht klein ist, baut man für R_M ein zunächst auf Mitte gestelltes 2,2-kΩ-Stellpotentiometer ein und speist über ein 10-kΩ-Potentiometer von +5 V her in diesen Punkt einen Strom von 1 mA ein. Durch leichtes Verändern von R_M wird die Schaltschwelle erreicht. Durch wechselseitige Korrektur am 10-kΩ-Potentiometer und an R_M wird der dadurch etwas veränderte Strom wieder auf 1 mA gebracht. Das Umschalten zeigen die beiden Leuchtdioden an: Rot heißt untere, Grün obere Schwelle. Die Leuchtdioden dürfen nicht vertauscht werden, denn ihre unterschiedlichen (farbabhängigen) Durchlaßspannungen setzen voraus, daß dieses Anzeigeprinzip am *A 302 (902) D* sauber funktioniert. Wie schon erwähnt, erreicht vor allem die häufig eingesetzte Typenreihe *SF 126* bis *SF 128* erst bei höheren Strömen ihre Nennstromverstärkungswerte. Dazu, gleichzeitig aber zur Erweiterung des Meßbereichs nach oben ohne größere «Klimmzüge» auf der Basisseite, wurde als recht brauchbarer Kompromiß ein zweiter Meßwiderstand (470-Ω-Potentiometer), umschaltbar zum ersten, eingesetzt. Das bedeutet zunächst auf 5 mA in beschriebener Weise einstellbaren Arbeitspunkt. Bei gleichem möglichem Bereich der Einstellung des Basisstroms lassen sich in dieser Stellung aber Stromverstärkungswerte vom 5fachen des 1-mA-Bereichs ermitteln. Betrachtet man Bild 4.55a nun basisseitig, so liegt dort der einstellbare «Anzeigewiderstand» R_B. Reproduzierbare Widerstandseinstellungen ergeben sich an einem solchen Potentiometer mindestens in einem Bereich von etwa 1:15. (Aus Volumengründen wurde die Größe 2 benutzt; größere Typen arbeiten für unser Prinzip noch «solider»!) Ein einstellbarer Begrenzungswiderstand läßt Bereichskorrekturen bezüglich der realen Z-Diodenspannung im Speisekreis und des Maximalwerts von R_B zu; er sollte aber nicht bis Null gestellt werden (ggf. etwa 4,7 kΩ Festwiderstand vorschalten).

Der Prüfling – zunächst sollen nur gemäß Bild 4.54 npn-Typen als die gebräuchlichsten betrachtet werden – liegt kollektorseitig an einer auf etwa 5 V stabilisierten Spannung, die auch über R_V den Schaltkreis versorgt. Zum Schutz seines Eingangs vor Spannungen, die den Wert an Anschluß 2 um mehr als etwa 0,5 V übersteigen, liegt zwischen dem Eingang (2) und Anschluß 1 eine beliebige Siliziumplanardiode. Im Normalbetrieb ist sie gesperrt. (Derartige Schutzschaltungen enthalten heute bereits viele Schaltkreise intern, z. B. solche in CMOS-Technik.) Der Emitter des npn-Prüflings liegt am Eingang des Schaltkreises und damit über R_M an Masse. Erst bei etwa 1,2 V, dem Umschaltpunkt, werden die Spannungsverhältnisse im Basiskreis interessant. Mit einer 6,8-V-Z-Diode als Quelle für den Basisstrom über den bis maximal 1 MΩ einstellbaren R_B, der Anzeigespannung von etwa 1,2 V und einer mittleren Basis-Emitter-Spannung U_{BE} von 0,5 V ergibt sich bei U_Z = 6,8 V eine Spannung über R_B von 6,8 – (1,2 + 0,5) V, gleich 5,1 V. Dieser Wert unterliegt den von U_Z, U_{BE} und U_U bedingten Toleranzen. Für Testzwecke im Amateurbereich sind diese Toleranzen tragbar, zumal sie durch den einstellbaren Vorwiderstand zumindest etwas eingeengt werden können. Außerdem ist es möglich (und durchaus sinnvoll), beim späteren Kalibrieren der *R*-Skale nicht rein rechnerisch, sondern meßtechnisch zu verfahren: R_B hat ja ebenfalls erhebliche Toleranzen (s. Vorwiderstand!), und eine einmalige Messung einiger repräsentativer Basisstromwerte mit einem Spektrum vorhandener Transistoren vermag alle diese Unsicherheiten weitgehend zu beseitigen. Sofern vorher 1 mA, bezogen auf R_M, genügend genau eingestellt worden ist, wirkt nun die Schaltung bereits als Indikator dafür. Ein Mikroamperemeter, zum Kalibrieren in den Basiskreis gelegt, gibt Auskunft über den Basisstromwert, bei dem das jeweilige Transistorexemplar 1 mA Kollektor- (hier genauer Emitter-) Strom erreicht. Allerdings sollte in diesem Falle später, nach Entfernen dieses Meßinstruments, in den Basiskreis ein Festwiderstand von der Größe seines Innenwiderstands eingefügt werden, sonst ist das Kalibrieren nicht exakt! Beim Arbeitspunkt 1 mA liefert der gemessene Basisstrom I_B in Mikroampere über die einfache Rechnung $\beta = 1\,000/I_B$ den Wert der Stromverstärkung. Bei 5 V und 1 MΩ sind nominell mindestens 5 µA zu erwarten, also wird $\beta_{max} = 200$. Bei einem Stellverhältnis von ungefähr 1:15 (auch abhängig vom Vorwiderstand!) liegt damit β_{min} bei etwa 13,3. Wird auf 5 mA umgeschaltet, gilt einfach $\beta \times 5$ als Meßwert. Miniplasttransistoren ergeben bei beiden Arbeitspunkten recht gut übereinstimmende Werte, ein *SF 126* dagegen wird z. B. bei 5 mA ein höheres β anzeigen. Hier ist demnach der Transistortyp die Ursache, während das Gerät richtig gearbeitet hat!

Auf Grund der Formel $\beta = 1\,000/I_B$ (bzw. $5\,000/I_B$) ergibt sich über den von $I_B = \Delta U/R_B$ bestimmten Basisstromwert die lineare Abhängigkeit $\beta = f(R_B + R_{Bv})$, also linear vom Drehwinkel bei linearer Potentiometerkennlinie. Sofern man sich mit den dabei nichterfaßten Unsicherheiten zufriedengibt, genügt ein solches rein «mechanisches» Kalibrieren, das man bezüglich Genauigkeit durch die beschriebene «Transistorkalibrierung mit Vorwiderstandsnachstellen» jederzeit verbessern kann. Da auch die Abweichungen der Potentiometerkennlinie selbst meist tragbar blieben, läßt sich die in Bild 4.56 wiedergegebenen Skale innerhalb der Frontplattenbeschriftung direkt verwenden. Sie bezieht sich auf einen mittleren R_V von 50 kΩ. Das gesamte Frontplattenbild liegt auch als *typofix*-Folie zum Bauplan 49 vor. Daher kann man die Frontplatte sogar aus kupferkaschiertem Hartpapier herstellen und nach Aufreiben der *typofix*-Folie ätzen!

In Richtung größerer Genauigkeit vermag der Vorwiderstand zu hohe U_Z- und (oder) zu kleine R_B-Werte auszugleichen, allerdings bei bezüglich Anfangsbereich veränderter Skalenteilung. Ist der Grundwert von R_B aber von vornherein zu groß, müßte der Wert von U_Z erhöht werden, entweder durch eine 7,5-V-Z-Diode oder durch Serienschaltung einer Siliziumdiode in Durchlaßrichtung (npn-Seite des Testers).

Wie mißt man nun pnp-Typen? Ihr Angebot auch in Siliziumtechnik wächst; neben *KT 326* und *KT 3107* aus der

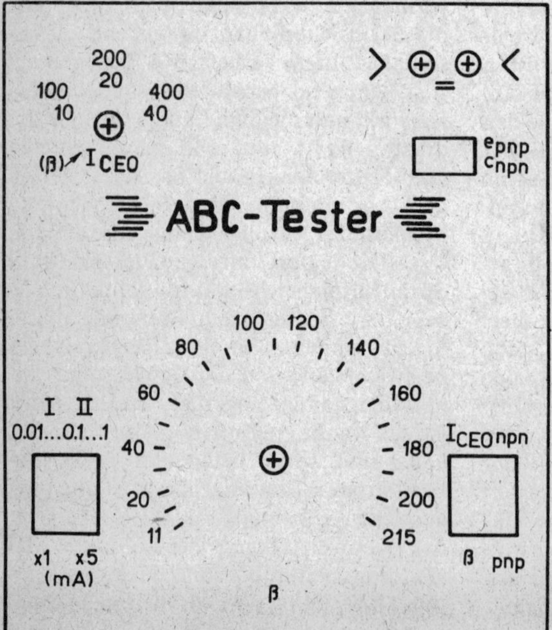

Bild 4.56
Frontplattengestaltung des Testers (verkleinert, da auch als «*typofix*»-Blatt vorliegend!) mit Skale für das Basispotentiometer mit den Voraussetzungen $\Delta U = 5$ V, $R_{Bges} = 1$ MΩ

UdSSR und den ČSSR-Typen *KF 517*, *KFY 16* und *KFY 18* stehen als erste DDR-pnp-Siliziumtransistoren auch *SC307* bis *SC309* zur Verfügung. Bis auf Ausnahmefälle besteht also künftig kaum noch die Notwendigkeit, Germanium-Kleinleistungstransistoren mit ihrem meist unangenehmen Reststrom einzusetzen. Es sei denn, man erhält sie noch extrem billig, oder die kleine Basis-Emitter-Spannung wird benötigt. Der Tester ist auf Grund seines Anzeigeprinzips hier etwas überfordert. Beim «Transivar»-Prinzip läßt sich der Reststrom aus der Messung «ausklammern», in unserem Gerät täuscht er höheres β vor. Ein kleiner Meßzusatz, der sich mit den ohnehin benötigten Schaltern bei Bedarf «anwählen» läßt, bietet aber zumindest eine Testmöglichkeit für die Größenordnung dieses störenden Stroms, der sich im übrigen beim Erwärmen (Anfassen!) des Prüflings schnell erhöht.

Das Messen von pnp-Transistoren ohne störenden Reststrom (intakte Silizium-Kleinleistungstransistoren haben weit weniger als 1 µA!) wird bis auf einen kleinen Unterschied genauso wie bei npn-Typen vorgenommen. Jetzt liegt nämlich der Kollektor am Schaltkreiseingang, während der Emitter an +5 V liegt. Für die Basisstromeinspeisung stehen daher exakt nur (5 V – U_{BE}) zur Verfügung, wenn von Masse her eingespeist wird. Will man weiterhin von Nennwerten im Meßkreis ausgehen können, ist also eine negative Spannung mit etwa dem Wert von U_{BE} erforderlich. Sie läßt sich mit einer Gleichrichterstrecke mit negativer Ausgangsspannung gewinnen, der eine Stabilisierungsschaltung aus Vorwiderstand und einer in Durchlaßrichtung geschalteten Siliziumdiode folgt. Im Vorgriff auf Abschnitt 4.2.5. sei auf folgendes verwiesen: Für diese negative Spannung reicht im Falle des Testers eine Einweggleichrichtung. Die auf der Leiterplatte enthaltene Verdopplerschaltung erhöht jedoch den Gebrauchswert der linken Plattenhälfte. Sie kann dadurch nämlich auch allein als 3fach-Spannungsquelle kleinerer Leistung benutzt werden, z. B. zum Betrieb von Operationsverstärkern mit symmetrischer Betriebsspannung (wenn der Nutzungsbereich des Geräts erweitert werden soll!) und gleichzeitig für eine TTL-Schaltung. Die Vorwiderstände vor den Z-Dioden (statt der «Durchlaßdiode» ist dann im negativen Zweig ebenfalls eine 6,8-V-Z-Diode einzusetzen) werden bei Bedarf verringert.

4.2.4. Transistoren mit Reststrom

Ein Silizium-Kleinleistungstransistor ist bereits als «verdächtig» anzusehen, wenn er bei Zimmertemperatur und 5 V Kollektorspannung mehr als 1 µA Reststrom führt. Mit einem gemäß Gesamtschaltung eingesetzten 1-MΩ-Potentiometer (es muß bei der β-Messung immer «ganz oben» stehen, also auf Linksanschlag!) kann bei offenem Meßwiderstand 1 µA gerade noch angezeigt werden. Durch Zuschalten der von den Meßwiderstandsschaltern eingeschleiften beiden in Stellung I_{CEO} wirksamen Widerstände kann auf etwa 10 bis 40 bzw. 100 bis 400 µA Anzeigebereich erweitert werden. Die Eigenart dieser vom Kompromiß an Umschaltern und weiteren Bauelementen diktierten Maßnahme bedingt eine Anzeigelücke zwischen 40 und 100 µA bei vorliegender Dimensionierung und eine Grenze, die 400 µA und Unendlich zusammenrücken läßt. Heute sollte man jedoch ohnehin nur noch Germaniumtransistoren benutzen, die wesentlich unter 400 µA bleiben, und eine Unterscheidung, ob weniger als 40 oder mehr als 100 µA (außerdem noch temperaturabhängig) fließen, dürfte ausreichend sein. Auf die Verfälschung der Anzeige bei der β-Messung im Falle höherer Restströme wurde schon hingewiesen. Im 1-mA-Arbeitspunkt beansprucht 0,5 mA Rest-

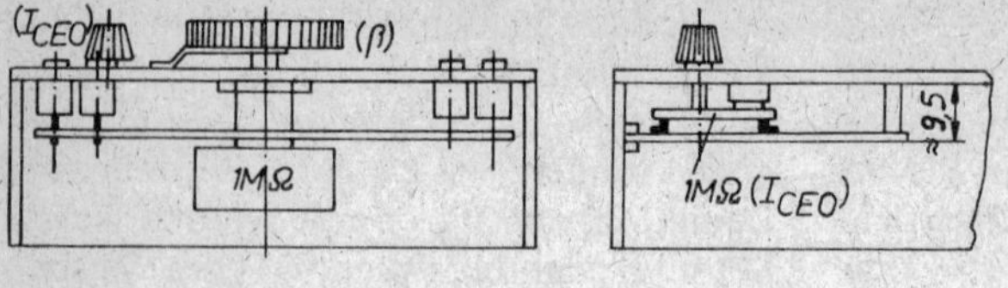

Bild 4.57
Gehäuse zum Tester (nur wesentlichste Einzelheiten dargestellt)

strom schon die Hälfte der Skale, bei 5 mA aber nur noch 10 %. Allerdings kann dann auch nur oberhalb von $\beta \approx 60$ vernünftig gemessen werden.

4.2.5. Aufbau

Für die in Bild 4.55a dargestellte Schaltung wurde die Leiterplatte nach Bild 4.55b entworfen. Bild 4.55c zeigt den Bestückungsplan. Sie befindet sich zusammen mit dem Frontplattenschriftbild einschließlich Potentiometerskalen auf dem zum Bauplan 49 gehörenden *typofix-electronic-special*-Blatt «ABC-Transistortester». Für ein Gehäuse aus *Polystyrol*- oder *PVC*-Platten von etwa 2 mm Dicke gibt Bild 4.57 Bauinformationen. Das für den Reststrom benutzte Potentiometer (man kann es, wenn keine Germaniumtypen gemessen werden, auch weglassen – A und S dann überbrücken!) ist ein Stellpotentiometer der Größe 1, das senkrecht zur Leiterplatte zu betätigen ist. Das dazu nötige Bedienteil läßt sich aus einem M3-Gewindebolzen gemäß Bild 4.58 selbst herstellen. Das Potentiometer wird wie Transistorfassung und Leuchtdioden leiterseitig montiert. Die zweite Transistorfassung ist in der vorliegenden Ausführung im Grunde unnötig und kann weggelassen werden, da die Zonenfolge einfach durch Umdrehen des jeweiligen Transistors berücksichtigt werden kann. Bild 4.59 zeigt Ansichten des ersten Mustergeräts. Bei Abweichungen gelten Bestückungsplan und *typofix*-Folie der endgültigen Ausführung.

4.2.6. Bedienung

Da der Tester nicht ständig benutzt wird, aber sofort betriebsbereit sein soll, wird er am günstigsten von einem Klingeltransformator über eine Zuleitung gespeist. Dabei leuchtet zunächst die rote Leuchtdiode auf. Nun steckt man den Prüfling in die 5polige Transistorfassung, deren beide äußere Kontaktpaare jeweils parallelgeschaltet sind. So lassen sich Miniplasttypen ebenso leicht einstecken wie größere Transistoren. Für pnp-Typen ist im Mustergerät der Emitter rechts, für npn-Typen links einzuführen. Den übrigen Ablauf erlernt man schnell: Reststrompotentiometer (falls vorhanden) auf Linksanschlag. Das wird, da Germaniumtypen nur noch selten zu messen sein werden, ohnehin meist der Fall sein. Am Schalter rechts außen Zonenfolge wählen: npn oder pnp. Am Schalter rechts innen auf I_{CEO} schalten, falls Gut-Schlecht-Test gewünscht oder Germaniumtyp ge-

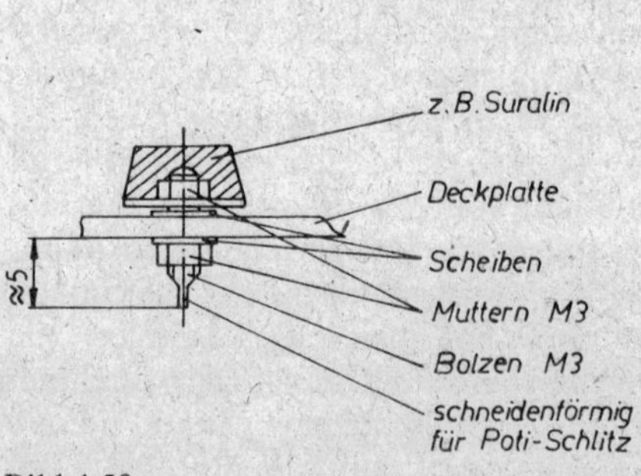

Bild 4.58
Bedienteil des Reststrompotentiometers (bei Bedarf): M3-Schraubbolzen, angefeilt wie Schraubendreherspitze, mit kleinem Drehknopf (isolieren, sonst wird Anzeige durch Berühren beeinflußt!)

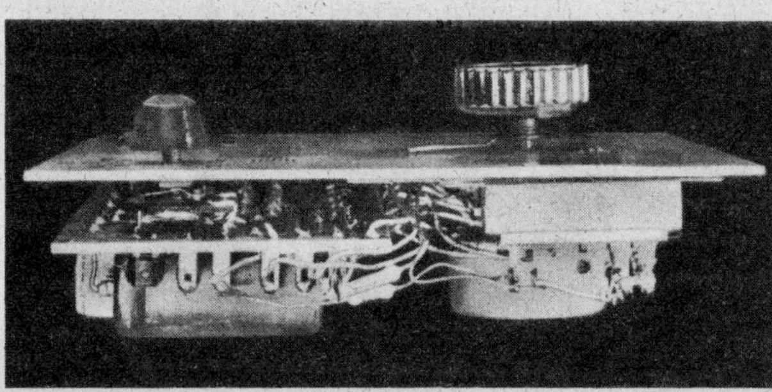

Bild 4.59
Ansichten des Mustergeräts (Versuchsaufbau)
a; b; c

testet wird. Linkes Schalterpaar zunächst nach unten schalten. Bleibt die Anzeige auf Rot, ist der Reststrom geringer als 1 μA, geht sie auf Grün, zunächst auf 0,01 bis 0,1 schalten und Reststrompotentiometer (links oben) nach rechts drehen. Bleibt Grün oder erscheint Rot erst dicht vor Rechtsanschlag, auf 0,1 bis 1 schalten und langsam zurückdrehen. Kommt Grün bereits nach geringer Linksdrehung, sollte man auf diesen Transistor verzichten. Nun stellt man das Reststrompotentiometer wieder auf Linksanschlag. Ab hier beginnt der bei Siliziumtransistoren im allgemeinen nur nötige Teil des Tests. Links 1 mA oder 5 mA Arbeitspunkt wählen, rechts auf β schalten und β-Drehknopf betätigen: nach rechts, solange Grün, nach links, falls Rot angezeigt wird. Rot schon bei Linksanschlag heißt zu niedriges β (das ist in Stellung 5 mA häufiger der Fall), Grün noch bei Rechtsanschlag zeigt zu hohes β an (tritt meist bei Stellung 1 mA auf). Durch Umschalten des Arbeitspunktes kann, wie beschrieben, zwischen β von etwa 13 bis 200 (1 mA) und etwa $5 \times 13 = 65$ bis $5 \times 200 = 1\,000$ gewählt werden. Beim Muster konnte auf Grund entsprechenden Abgleichs noch zwischen 11 und 215 gemessen werden, worauf sich auch die Skale bezieht.

Linksanschlag bei Rot ist sozusagen «kein Transistor». Rechtsanschlag sowie 5 mA bei Grün bedeutet dagegen – sofern der Reststromtest mit Rot auch noch bei 1 µA bestanden worden war – ein β von über 1000. Das ist aber derzeit noch nicht so häufig.

4.3. (*R*-)*C*-(*L*-)Meßbrücke

Das folgende Objekt wurde vorrangig zum Feststellen der Werte von Kondensatoren gebaut. Es prüft damit in gewissem Sinne auch ihre Funktionstüchtigkeit. Verwischte Bezeichnungen oder ausgebaute Exemplare können gleichermaßen Anlaß zu einem solchen Test sein. Darüber hinaus bietet die Brückenmethode die interessante Möglichkeit, Werte für den Bau entsprechender Geräte in relativ engen Toleranzgrenzen (mindestens im Vergleich zum eingebauten oder im Spezialfall ebenfalls nur vorübergehend angeschlossen «Normal») auszulesen.

4.3.1. Prinzip

Das Brückenprinzip sei zunächst kurz am Beispiel des Messens ohmscher Widerstände wiederholt: Nach Bild 4.60 vergleicht man die Spannungen über einem bekannten und dem unbekannten Widerstand und bildet zusammen mit einem Potentiometer ein solches Verhältnis, daß beide Spannungen gleich groß werden. Dann ist die «Brückendiagonale» spannungsfrei, was sich mit einem Meßwerk nachweisen läßt. Für die Knopfstellung des (linearen!) Potentiometers gilt dann, wenn man zunächst den ganzen Drehbereich in 10 gleiche Teile von 0 über 0,1 usw. bis 1 geteilt hat (das sind die «a»-Werte), $R_X = b \cdot R_N$ mit $a = \frac{1}{1 + 1/b}$.

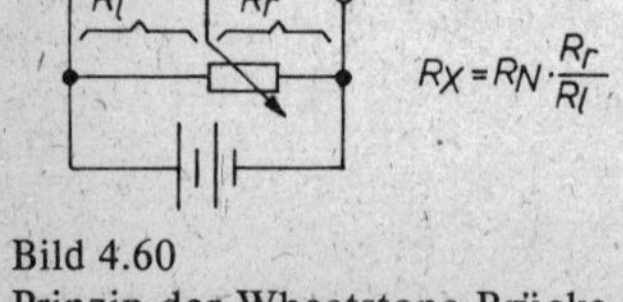

Bild 4.60
Prinzip der Wheatstone-Brücke

Für b setzt man glatte Werte im Bereich von 0,1 bis 10 ein, die über der a-Hilfsskale als endgültige Skale eingetragen werden. b = 1 ist Skalenmitte, in der Nähe von b = 0,1 und b = 10 drängen sich die Werte; dort ist nicht mehr sehr gut abzulesen. Steht nun der Zeiger bei einem eingesetzten Vergleichswiderstand von R_N = 10 kΩ als Beispiel auf b = 3, wenn die Diagonale spannungsfrei ist, dann hat der unbekannte Widerstand R_X den Wert $R_X = 3 \cdot R_N = 3 \cdot 10$ kΩ. Dem großen möglichen Bereich des Widerstandssortiments trägt man mit steck- oder umschaltbaren Vergleichswiderständen Rechnung. Je höher die Werte, um so weniger Strom steht für das Instrument zur Verfügung. Man müßte dann die Brückenspannung erhöhen (solange dadurch nicht gemäß $P = U^2/R$ das Potentiometer *R* überlastet wird), ein empfindliches, teures Meßwerk oder einen Meßverstärker benutzen.

4.3.2. Wechselspannungsspeisung

Das menschliche Ohr ist bekanntlich sehr empfindlich gegenüber Schallschwingungen. Darum läßt sich die Brücke vorteilhaft mit tonfrequenter Wechselspannung speisen. Statt des Instruments kommt ein hochohmiger Kopfhörer in die Brückendiagonale (Bild 4.61). Statt der Batterie wird eine Tonfrequenzquelle genügender Belastbarkeit angeschlossen. Das kann zunächst ein einfacher RC-Multivibrator mit zwei Transistoren sein. Dort, wo der Ton nahezu verschwindet (links und rechts davon wird er wieder lauter), ist die Brücke abgeglichen, und die obengenannte Formel gilt.

Kondensatoren und Spulen sind Wechselspannungswiderstände. Legt man nun

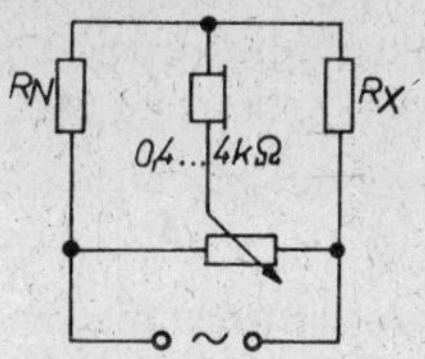

Bild 4.61
Mit Tonfrequenz wird die Brücke empfindlicher

einen Kondensator in den Vergleichszweig und den anderen in den Meßzweig, so ist das Ergebnis zunächst vielleicht nicht ganz überzeugend. Das liegt dann an den Oberwellen des Multivibrators oder an zu kleinen *C*-Werten unter 100 pF, wo sich bereits Schaltungskapazitäten störend bemerkbar machen können. Der Kondensator hat einen frequenzabhängigen Wechselstromwiderstand. Wird die Brücke für den Grundwert der Schwingung abgeglichen, so können Anteile der Oberwellen immer noch in den Hörer gelangen. Beim Versuch, Spulen zu messen, ist das besonders ungünstig, da magnetische Verkopplungen auftreten können. Außerdem stört der ohmsche Widerstand des Drahtes, den man in industriellen Meßbrücken getrennt abgleicht.

Eine sinusförmige Schwingung hat keine Oberwellen. Also wird die Messung besser beherrschbar, das Minimum wird sauber. Ein Generator läßt sich leicht aus einem billigen NF-Bastelschaltkreis gewinnen (Bild 4.62). Am Stellpotentiometer wird bei größter zu erwartender Belastung (R_X kurzschließen, kleinsten R_N bzw. größten C_N einschalten) so eingestellt, daß gerade eine stabile Schwingung, im Kopfhörer kontrolliert, entsteht. Dieser Generator läßt sich auch für Prüfzwecke einsetzen. Dafür hat er noch eine sehr günstige Eigenschaft: Seine Ausgangsspannung bleibt in weiten Grenzen fast unabhängig von der Betriebsspannung.

(Das gilt aber nur bei konstanter Belastung, die bei der Brücke nicht vorliegt; daher der Vorwiderstand von 220 Ω zur Brücke hin!) Schließlich kann mit einem relativ niedrigen Ausgangswiderstand gerechnet werden. Das gestattet noch die Messung verhältnismäßig großer Kondensatoren (also mit kleinem Wechselstromwiderstand).

4.3.3. Brückenverstärker

Den Grenzen dieser Meßmethode kommt man wesentlich näher, wenn die Brückenspannung verstärkt wird. Für kleine Kapazitäten hat das aber nur Sinn, wenn der gesamte Aufbau kapazitätsarm und dabei möglichst symmetrisch (bezüglich unver-

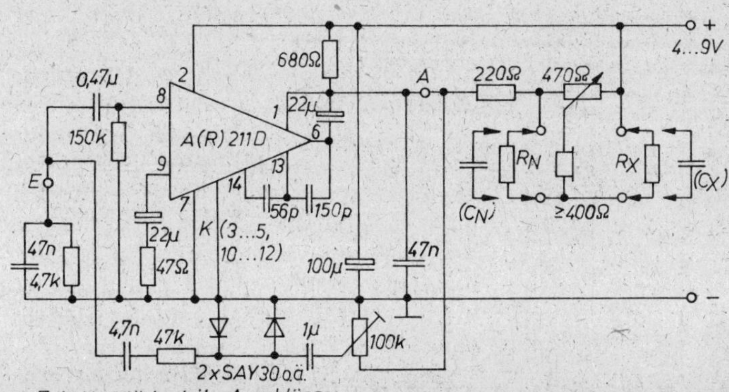

Bild 4.62
Meßbrücke für *R* und *C* mit IS-Generator

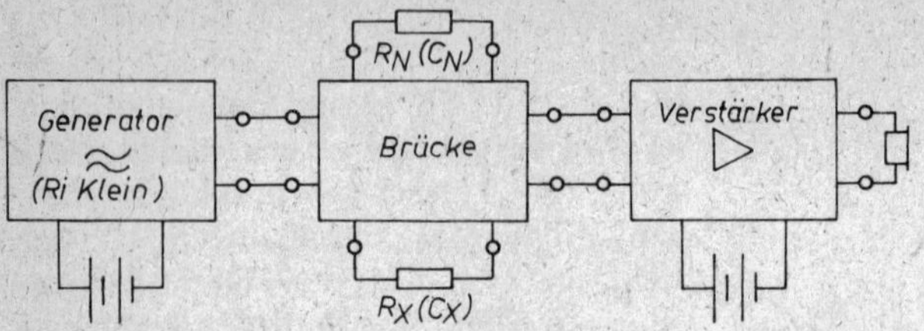

Bild 4.63
Ein Brückenverstärker macht die Tonfrequenz-Meßbrücke noch empfindlicher

meidbarer Kapazitäten) ausgeführt wird. Da nun der Generator an der einen, der Verstärker mit Hörer aber an der anderen Brückendiagonale liegt, sollte man auch die beiden Spannungsquellen gut voneinander trennen. Als am sinnvollsten für dieses nicht ständig benutzte Gerät erwies sich die völlige Trennung von Generator und Brücke mit Verstärker (Bild 4.63). Wird für letztgenannten nun noch ein moderner Operationsverstärker mit großem Betriebsspannungsbereich vorgesehen, so kann seine Speisespannungsquelle z. B. aus 2 × 2 bzw. 2 × 3 V bestehen. Dafür gibt es einige Batterievarianten, z. B. zwei Taschenlampenakkumulatoren oder vier *R6*-Zellen. Der Betriebsstrom wird kaum mehr als 2 bis 3 mA betragen, lange Lebensdauer der Batterien ist also gesichert. Bild 4.64 zeigt eine zweckmäßige Lösung für diesen Verstärker, der recht wirksam den bei Brücken unvermeidlichen hohen Spannungshub begrenzt. Das ist zur Vermeidung von Hörschäden unbedingt erforderlich. Es soll ja einerseits in der Nähe des Tonminimums hoch verstärkt werden, andererseits soll aber bei verstimmter Brücke keine unzumutbar hohe Lautstärke entstehen. Eine «tote Zone» in der Gegenkopplung löst das Problem im Bereich kleiner und mittlerer Eingangsspannungen. Es wird so eingestellt, daß die Lautstärke bei etwas verstimmter Brücke noch nicht lästig wird, daß aber in der Nähe des Minimums auch bei kleinen Eingangsspannungen (z. B. gegeben bei großen Kapazitäten) noch ausreichend Tonamplitude entsteht. Sinkt nun die verstärkte Spannung, weil die Eingangsspannung klein wird (Minimumnähe!), merklich ab, geht infolge des Diodenknicks im Gegenkopplungszweig die verstärkungsmindernde Gegenkopplung stark zurück. So werden kleine Spannungen höher verstärkt und bleiben gut hörbar. Für mittlere bis hohe Eingangsspannungen wurde zusätzlich eine ausgangs-

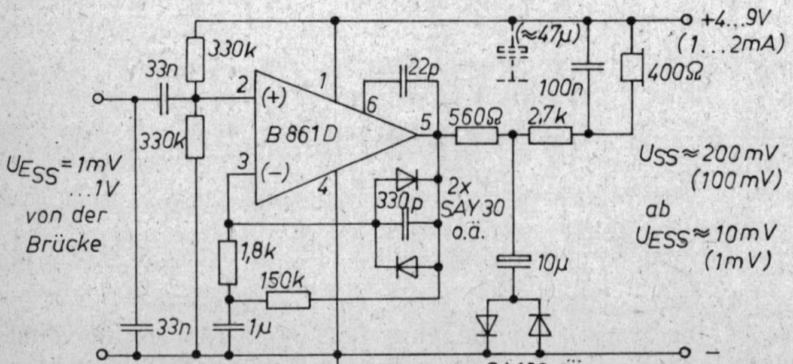

Bild 4.64
Brückenverstärker mit «Billig-OPV» und wirksamer Amplitudenbegrenzung. Die Brücke kann wieder mit dem IS-Generator nach Bild 4.62 gespeist werden (getrennte Stromversorgung vorsehen!)

seitige Begrenzung vorgesehen, für die zwei alte Ge-Dioden gerade richtig sind. Die erreichten Werte wurden im Stromlaufplan eingetragen. Für die Brücke empfiehlt sich folgende Bereichsumschaltung: Über einen *Simeto*-Schalter wird zweipolig (!) entweder ein 100-pF-Normalkondensator eingeschaltet (damit kleinste noch feststellbare Kapazität etwa 10 pF) oder die Außenbuchse. Der kleinste Meßbereich wird also von außen kaum beeinflußt. Ab 1-nF-Normal-*C* spielen die baubedingten Kapazitäten keine so große Rolle mehr. Sie können im Gehäuse mit untergebracht werden und lassen sich einzeln mit einer einzigen kurzen Verbindungsleitung anschließen. Die zweite Seite bleibt ständig (aber erst über den *Simeto*-Schalter!) angeschlossen. Durch diese Maßnahme können nun in die ja an sich «neutrale» Brücke auch noch Normalwiderstände oder sogar Normalinduktivitäten eingefügt werden. Eine Induktivität richtig zu messen setzt allerdings Kenntnis voraus, wie sich äußere Einflüsse auf sie auswirken können. Das sind zum einen alle Metallflächen – sie erhöhen die Verluste – und zum anderen ferromagnetische Stoffe wie Eisen. Das führt zu einer Veränderung von *L* und erhöht ebenfalls die Spulenverluste. Da diese Verluste aber als ein Wirkwiderstand in die Spule «hineingedacht» werden können, läuft das auf eine Änderung des im Vergleich zu einer «Normal-Induktivität» einzustellenden Brückenminimums hinaus. Auch «schlechte» Kapazitäten (z. B. mit Reststrom behaftete Elektrolytkondensatoren) lassen nicht zu, daß der Amateur exakt ihren «wahren» Wert ermittelt. Auf Grund der Phasenveränderung der am Prüfling entstehenden Spannung, wenn zu *C* oder *L* ein *R* kommt, verschiebt und «trübt» sich das Minimum. Industrieerzeugnisse berücksichtigen das durch einstellbare Korrekturglieder. Für den Amateurgebrauch erwies sich die beschriebene Brücke aber als in großen Grenzen gut geeignet, besonders eben dann, wenn doch im Grunde «ähnliche» Bauelemente miteinander verglichen werden. So konnte z. B. noch mit einem 2200-µF-Kondensator ein deutliches Minimum an «glaubwürdiger» Stelle ausgemacht werden. Als ein zweites Exemplar dieses Nennwerts kaum 50 µF anzeigte, erwies sich das als ein durch lange spannungslose Lagerung aufgetretener Effekt. Einige Minuten Formieren mit Nennspannung brachten wieder in Näherung den Nennwert bei Brückentonfrequenz.

4.4. Diodentester

Dioden gehören heute zu den Bauelementen, die auch der Amateur in großen Mengen verarbeitet. Dazu hat sicherlich das bisweilen recht gute Angebot preiswerter Siliziumplanardioden beigetragen. Nach Möglichkeit wurden für die Baupläne dabei Leiterbilder entwickelt, die den Einsatz der Bauform mit kurzen, starren Anschlüssen in 2,5-mm-Mittenabstand gestatten.

Ob eine bereits verwendete oder aus einer Leiterplatte stammende Diode noch ihre Grundfunktion erfüllt, darüber vermag schon ein einfacher Test Auskunft zu geben.

Gleichrichterdioden unterscheiden sich schon durch die Bauform von solchen «Allgebrauchstypen». Abgesehen von den etwa durch *SAY 12, SAY 17* u. ä. gegebenen Grenzfällen ist meist in den Bauplanobjekten nur mit wenigen Milliampere Durchlaßstrom und einigen Volt Sperrspannung zu rechnen. Der im folgenden beschriebene «Schnelltester» aus Bauplan 33 hat sich daher schon seit langem ausgezeichnet in der täglichen Praxis bewährt.

Wie Bild 4.65 zeigt, bedarf der Tester wohl kaum einer Leiterplatte. Ein Klingeltransformator stellt die nötige Prüfspannung bereit. Bestechend ist die Mög-

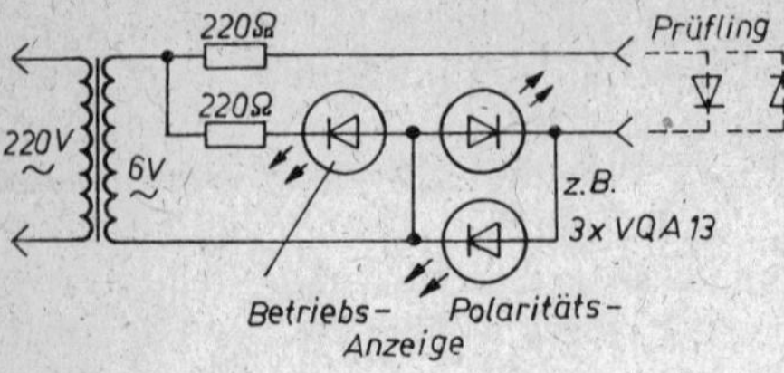

Bild 4.65
Diodentester mit LED-Anzeige

lichkeit, sein Gehäuse gleich als Hülle des Gesamtgeräts zu nutzen (Bild 4.66). Wiederum darf das aber nur der, der die Sicherheitsregeln genau kennt. Innen muß jedenfalls gewährleistet sein, daß auch nicht in einem Fehlerfall sich lösende Drähte eine Konstellation eintreten lassen, daß von der Primärwicklung her zum Sekundärkreis Spannung durchschlagen kann (heute wird dabei Sicherheit bis > 3 kV verlangt!). Der Vorwiderstand der Baugröße *3 × 11* und die beiden Indikatorleuchtdioden lassen sich ebensogut auch auf dem Gehäuse unterbringen, dann z. B. auf einer aufgeklebten kleinen Hartpapierplatte. Für die Prüflinge genügen zwei steife Drähte, gegen die ihre Anschlüsse gedrückt werden. Komfortabler sind auf der Platte montierte Bürstenstecker. Die kurzen Anschlüsse von Planardioden in Plastgehäuse erfordern noch 2 in 2,5 mm Abstand angebrachte Anschlußdrähte. Die beiden antiparallel geschalteten Leuchtdioden schützen sich selbst vor zu hohen Sperrspannungen, denn eine von beiden leitet ja stets. So kann bezüglich der Anschlußklemmen jede Leuchtdiode mit dem Diodensymbol in der zutreffenden Anschlußlage versehen werden. Leuchten beide, ist die Diode defekt (Durchgang); sie ist ebenfalls nicht funktionsfähig, wenn keine leuchtet («Leerlauf»). Da der Spitzenwert der Transformatorspannung im Quasi-Leerlauf durchaus 10 V erreichen kann, werden Z-Dioden bis zu diesem Wert beide Leuchtdioden ansprechen lassen, allerdings mit unterschiedlicher Helligkeit. Der Vorwiderstand ist so bemessen, daß praktisch jede übliche Diode getestet werden kann, ohne Schaden zu nehmen. Das Überprüfen von Transistorstrecken ist schon problematischer, da bekanntlich Silizium-Planar-Typen eine relativ niedrige Basis-Emitter-Sperrspannung aufweisen. Man müßte dann noch eine normale Diode in Serie schalten, um z. B. bei einem fraglichen Typ zu testen, ob er die Zonenfolge npn oder pnp hat!

Bild 4.66
Der Tester kann im Gehäuse eines Klingeltransformators untergebracht werden (Sicherheitsfragen beachten!)

4.5. Logiktester

Ebenfalls aus Bauplan 33 stammt die Schaltung nach Bild 4.67 (eine von vielen möglichen!), mit der sich in TTL-Schaltungen Logikpegel überprüfen lassen. Bild 4.68 zeigt die einzelnen Anzeige-

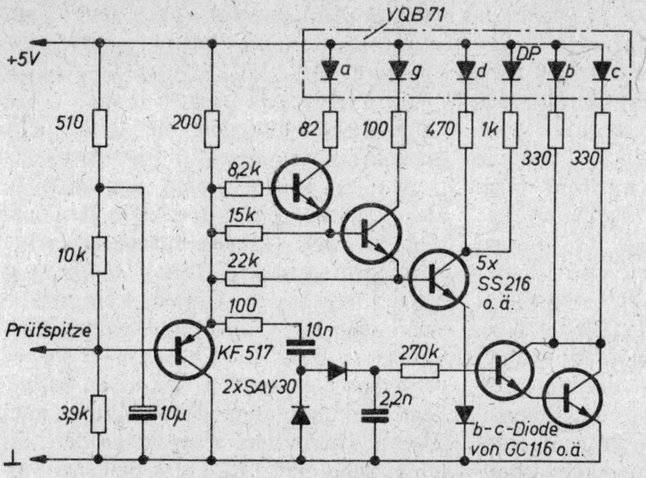

Bild 4.67
Logiktester für TTL-Schaltungen. Er untersucht 6 mögliche Zustände

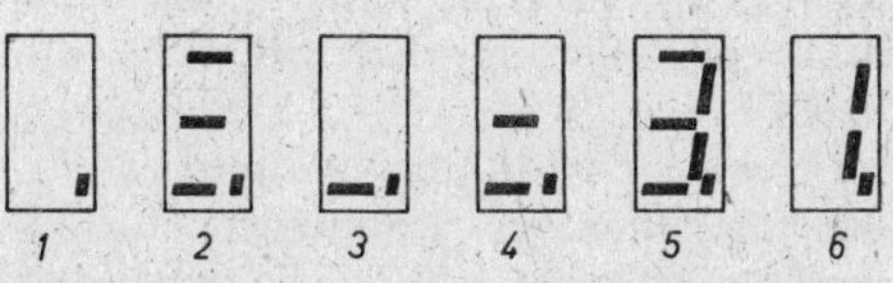

Bild 4.68
Die einzelnen Anzeigefälle des Testers:
1 – Low (und Betriebsspannungsanzeige am Dezimalpunkt); 2 – High; 3 – 0,7...1,4 V;
4 – 1,4...2,1 V (bzw. offener Eingang);
5 – Pulse mit hohem positivem Anteil;
6 – Pulse mit hohem «Null-Anteil»

fälle. Dieser Stift wird sicherlich nur von erfahrenen Amateuren benötigt und gebaut. Es mag daher der Hinweis genügen, daß u. U. einige Widerstände von den angegebenen Werten etwas abweichen können. Die Werte wurden am Objekt so variiert, daß die gewünschte Wirkung bei den vorgegebenen Pegeln zustande kommt. Man beachte, daß für die Diode im Fußpunkt der Transistorkaskade eine «steile» Ge-Diode aus der BC-Strecke eines Ge-NF-Transistors benutzt wird, da

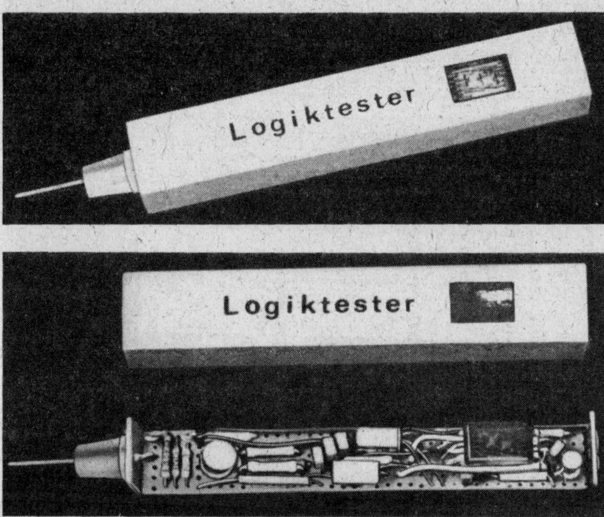

Bild 4.69
Ansichten des Logiktesters auf Lochrasterplatte und in kupferkaschiertem Gehäuse, mit *typofix* beschriftet

die Flußspannung einer 1-A-Si-Diode gegenüber den B-E-Spannungen der Transistoren und bezüglich der vorgegebenen Spannungen zu hoch liegt. Im Einsatz wird der Tester mit der Versorgungsspannung der TTL-Schaltung 2polig über eine flexible Schnur verbunden. Wenn auch für diese Schaltung auf eine Leiterplatte verzichtet wurde, so liegt das diesmal daran, daß man einen solchen Tester möglichst handlich gestalten möchte. Das läuft dann z. B. – wie im Muster nach Bild 4.69 – auf die Kombination einer Lochrasterplatte mit Teilverdrahtung hinaus. Das Gehäuse besteht aus kupferkaschiertem Hartpapier. Die Prüfspitze des Musters wurde durch einen Zahnpastatubenverschluß versteift.

4.6. Spannungswächter

Als weitere vielseitig einsetzbare Schaltungen der Prüftechnik sind die folgenden anzusehen, die ebenfalls aus Bauplan 33 stammen. Für sie wurden kleine und darum leicht in entsprechenden größeren Objekten nachrüstbare Leiterplatten entwickelt. Für die Anordnung beachte man die von den Bauelementen verursachte Erwärmung.

Für die im folgenden beschriebene kombinierte Unter- und Überspannungsanzeige z. B. erreicht die gesamte Bausteinverlustleistung bei 14 V Betriebsspannung fast 1 W.

In Verbindung mit Z-Diodenteilern können Leuchtdioden die tatsächliche Lage einer Spannung in einem vorgegebenen Spannungsbereich anzeigen. In der Schaltung nach Bild 4.70a geschieht das für ein 12-V-Bordnetz mit einer Nennspannung von 14,4 V (Normalanzeige) sowie den Grenzwerten «Überspannung» (≳15,1 V) und «Unterspannung» (z. B. ≲13,7 V). Diese Hysterese wird von den beiden Si-Dioden festgelegt. Stromaufnahme der Schaltung: etwa 50 mA. Besonders günstig dürften für diese Schaltung LEDs verschiedener Farben sein. Bild 4.70b gibt für die Schaltung ein Leiterbild wieder. Bestückt wird nach Bild 4.70c.

Wenn eine Information über das Unterschreiten einer Spannung genügt, so empfiehlt sich eine Schaltung nach Bild 4.71a, dort ausgelegt für die Kontrolle eines 6-V-Akkumulators. Solange dessen Spannung genügend hoch ist, fließt durch den Z-Diodenteiler Strom, und T1 ist geöffnet, T2 also gesperrt. Sobald $U_b - U_Z < U_{BEmin}$ (die für T1 benötigte Basismindestspannung), wird T1 gesperrt, und die Leuchtdiode beginnt intensiv zu leuchten. Bild 4.71b zeigt das Leiterbild der, wieder im Format

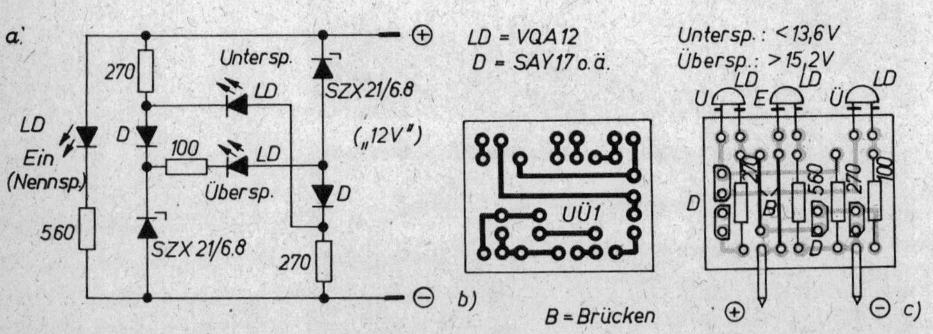

Bild 4.70
a – Spannungswächter für 12-V-Anlage mit den 3 Zustandsanzeigen Überspannung, Nennspannung (Normalanzeige), Unterspannung; b – Leiterbild; c – Bestückungsplan

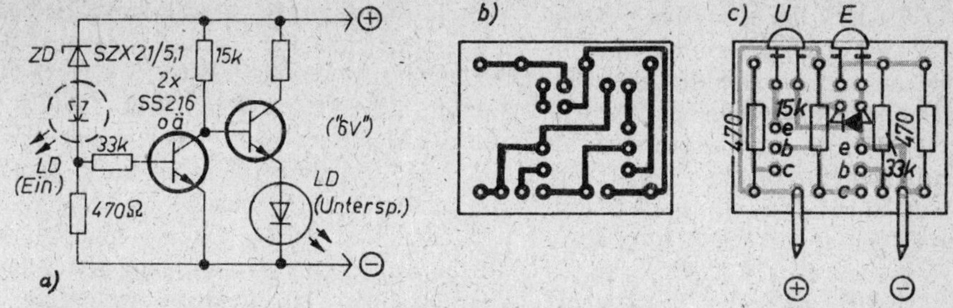

Bild 4.71
a – Unterspannungsanzeige für 6-V-Akkumulator; b – Leiterbild; c – Bestückungsplan

20 mm × 25 mm gehaltenen Leiterplatte, die (wie auch die nach Bild 4.70) steckbar ausgeführt werden kann. Sie ist nach Bild 4.71c zu bestücken.

Der Polaritäts- und Spannungsprüfer nach Bild 4.72a zeigt die Anwesenheit und die Polarität von Spannungen etwa im Bereich von 4 bis 30 V an. Er läßt sich als Prüfstift oder als Modul aufbauen. Die beiden Schaltungsteile sind symmetrisch zueinander. Jeweils die bezüglich der angelegten Spannung in Flußrichtung geschaltete Paralleldiode schließt den Schaltungsteil kurz, der die gegenteilige Polarität anzeigt. Die beiden Transistoren jeder Seite wirken als Stromgenerator. Der dem Anschluß nähere bestimmt mit seiner Basis-Emitter-Spannung U_{BE} den Strom durch den 33-Ω-Widerstand; denn wenn die Spannung am Widerstand weiter steigen will, leitet dieser Transistor – da er dann weiter geöffnet wird – einen Teil des vom 8,2-kΩ-Widerstand eingespeisten Basisstroms des oberen Transistors ab, so daß der Strom durch den 33-Ω-Widerstand (und damit der durch die im Kollektorzweig liegende LED) begrenzt wird. Bei $U_{BE} \approx 0{,}66$ V und $R = 33\ \Omega$ erhält man $I_{LED} \approx 20$ mA. Die obere Spannungsgrenze der Anordnung wird durch die die LEDs steuernden Transistoren bezüglich Grenzspannung und Verlustleistung bestimmt. (Beispiel: 600 mW sind mit 20 mA und $U_{prüf} = 30\ V + U_{LED} + U_{BE1}$ erreicht.) Für T2 ist ein Mindest-β von etwa 100 erfor-

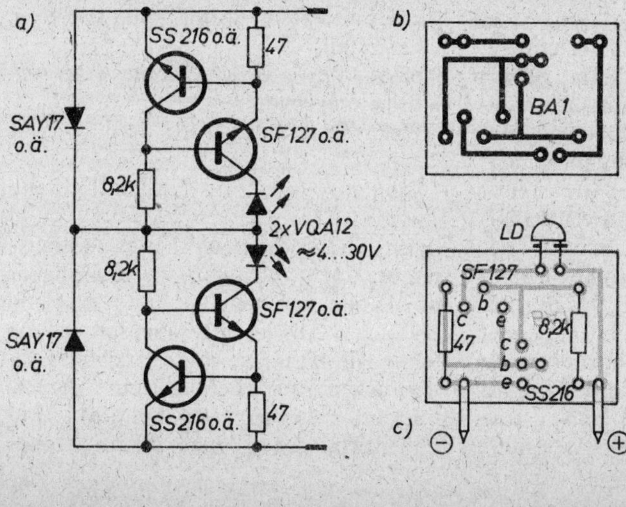

Bild 4.72
a – Polaritäts- und Spannungsprüfer für etwa 4 bis 30 V; b – Leiterbild für eine Schaltungshälfte (als Betriebsanzeige für großen Spannungsbereich geeignet); c – Bestückungsplan

derlich, wenn die LED schon bei der von U_{LED}, U_{BE1} und $U_{CERest2}$ bestimmten Mindestprüfspannung hell leuchten soll. Unter Verwendung nur einer Schaltungshälfte gelangt man – gewissermaßen als «Nachtrag» zu den einfachen Betriebsanzeigen – zu einem Modul, der ohne Änderungen in Geräte mit Versorgungsspannungen zwischen etwa 4 V und 30 V als Dauerlichtbetriebsanzeige eingesteckt werden kann. Für ihn wurde daher gemäß Bild 4.72b ein Leiterbild entworfen; bestückt wird nach Bild 4.72c.

4.7. Baugruppenprüfungen

Der Amateur sieht sich zwei Gruppen von Selbstbauobjekten gegenüber: nachgebauten und selbstentwickelten. Bei den ersten befindet er sich in der Situation eines Prüffeldmechanikers: Es gilt, ein bereits durch mehrere Entwicklungsstufen «gereiftes» Exemplar einer Serie mit im voraus erkannten Eigenschaften «zum Leben zu erwecken». Dennoch stimmt das nicht hundertprozentig. In der Industrie entsteht ein solches Produkt doch nach immerhin (wenigstens!) einigen Monaten intensiver kollektiver Arbeit. Es durchläuft einige Musterbau- und Teststadien und geht erst dann, gesichert durch ebenfalls mehrfach geprüfte Konstruktionsunterlagen, in die Serie. Ein Amateur dagegen, der sein selbstentwickeltes Gerät (das oft nur einmal gebaut wird, schon aus Aufwandgründen) publiziert, damit es andere nachbauen können, bietet dadurch gewissermaßen mehr die Beschreibung eines «Labormusters». Er kann meist gar nicht alle Eventualitäten übersehen, die zwischen seinem Bericht und dem endlichen Nachbau beim Anwender auftreten können. Das beginnt beim übersehenen Druckfehler und endet beim vom Zeichner vielleicht nicht ganz exakt übertragenen Leiterbild. Und selbst bei unseren Bauplänen, in denen eine «Prüfschleife» eingebaut ist (Herstellung einer Testleiterplatte von der zum Druck vorgesehenen endgültigen Zeichnung!), können noch Einzelheiten übersehen werden. Das betrifft dann z. B. Details, die die Gesamtfunktion noch nicht stören, aber (mindestens) nicht mehr dem Stromlaufplan entsprechen.

Sicher sind solche Effekte nicht die Regel. Auf jeden Fall sollte man aber vor dem Nachbau von Literaturobjekten aufmerksam lesen, das Erläuterte zu verstehen versuchen und sich in den Stromlaufplan hineindenken.

Diese Seite wiederum fällt leichter, wenn man das Gerät (die Baugruppe) von vornherein selbst entwickelt hat. Dafür befindet man sich aber eben nun in der «Schöpferrolle» und hat alle eigenen Denkfehler auch selbst zu erkennen. Nicht ganz erst zu nehmen ist dabei die alte Entwicklerregel: Funktioniert eine Schaltung auf Anhieb, so sollte man sie vorsichtshalber völlig auseinandernehmen und noch mal neu aufbauen ...

Zusammengefaßt: Prüfen kann man nur das mit Erfolg, dessen Funktion man auch genügend überschaut.

Bevor aber eine neue Schaltung zum ersten Mal mit der Speisespannung verbunden wird, ist alles nochmals kritisch optisch zu überprüfen. Es gibt ja so vieles, was man falsch gemacht haben kann – zum Beispiel:

- die Leiterplatte wurde spiegelbildlich hergestellt,
- einer oder alle Schaltkreise sind verkehrt eingebaut,
- Elektrolytkondensatoren sind verpolt,
- Dioden zeigen in die falsche Richtung usw.

Sicherlich tritt das (kaum) alles gleichzeitig auf. Aber völlig sicher ist man davor nie. Hinzu kommen dann noch solche schon im Abschnitt 2. angesprochenen Fehler wie Haarrisse in Leiterzügen oder Lötbrücken (oder auch haarfeine Kupferbrücken zwischen den Leitern). Und schließlich denke man daran: Jedes

Bauelement kann defekt sein! Doch dem vorzubeugen, kommen ja bereits einige der vorangegangenen Abschnitte entgegen.

Hat man nun «nach bestem Wissen und Gewissen» nichts (mehr) zu entdekken, so wird die Schaltung erst einmal vorsichtig «an Spannung gewöhnt»: Der Industriepraktiker hat dafür seinen Stelltransformator. Inzwischen werden solche Hilfsmittel auch schon im Einzelhandel angeboten. Wir können uns aber – objektspezifisch – auch anders helfen. Dabei sind Geräte oder Baugruppen mit Wechselspannungseingang (vorwiegend z. B. von 6 bis 9 V Wechselspannung aus einem Transformator) zunächst hinter dem Gleichrichter mit Gleichspannung zu versorgen, also z. B. am Ladekondensator.

Die zu erwartende Stromaufnahme bei Nennspannung sollte man bereits kennen. Sofern Richtung Versorgungsspannung überall Widerstände zwischengeschaltet sind, kann die Stromaufnahme selbst bei Fehlern in den hinter diesen Widerständen liegenden Schaltungsteilen einen bestimmten Grenzwert nicht überschreiten. Er entspricht dem Quotienten aus der Betriebsspannung und der Parallelschaltung aller dieser Widerstände. «Normale» Verhältnisse sind gegeben, wenn – ganz grob – etwa die Hälfte davon tatsächlich fließt. Das ist z. B. beim «klassischen» Transistorvorverstärker mit Kollektorwiderständen der Fall, wo die Schaltung meist auf Kollektorspannungswerte eingestellt wird, die der halben Betriebsspannung entsprechen. Diese Betrachtung setzt allerdings bereits voraus, daß z. B. diese Widerstände auch ihre Sollwerte haben und daß nicht bereits am Speiseeingang ein Kurzschluß vorliegt. Ein verpolter Elektrolytkondensator z. B. kann sich dabei bis zur Explosion erwärmen! Nach Bild 4.73 legt man daher zunächst möglichst nicht nur eine wesentlich kleinere als die vorgesehene Betriebsspannung an, sondern sieht einen nach dem zu erwartenden Strom dimensionierten Vorwiderstand vor. Ganz komfortabel ist für viele Zwecke im Bereich unterhalb von etwa 200 mA Nennstrom und bis etwa 10 V Betriebsspannung ein Drahtdrehwiderstand von 50 Ω mit etwa 10 W Belastbarkeit. Bei Drehwiderständen ist darauf zu achten, daß der maximale Schleiferstrom den Wert $I = \sqrt{P/R}$ nicht übersteigt. Da ein Begrenzungswiderstand den Spielraum für die Betriebsspannung einengen würde, achte man am nachgeschalteten Strommesser auf Einhaltung dieses Grenzwerts. Im Grunde ist die Schaltung nach Bild 4.73 ein relativ primitives Netzgerät, bei dem nicht viel «sterben» kann. Man muß sich nur angewöhnen, dieses Prüfmittel (wie ja auch einen Stelltransformator!) stets von 0 aus zu betreiben, also Potentiometer auf Linksanschlag. In den Ausgangskreis gehört auf jeden Fall ein möglichst überlastungsgeschützter Strommesser, der bei etwa 0,5 A Vollausschlag haben sollte. Hinter ihm wird noch ein Siebkondensator vorgesehen, damit die Quelle für die angeschlossene Schaltung keinen zu hohen Wechselstromwiderstand darstellt. Sonst kann es nämlich zu Selbsterregungserscheinungen kommen, für die der Prüfling gar nichts kann und die im Normalbetrieb auch nicht auftreten!

Das Netzgerät sollte, wenn oft mit (kleineren) TTL-Schaltungen experimentiert wird, übrigens auch noch einen Z-Diodengeschützten 5-V-Ausgang haben, wie im Bild bereits vorgesehen. Vielen Zwecken genügt im übrigen auch als Speisequelle ein 1-A-Klingeltransformator mit 6 V Nennspannung. Bei kleineren Belastungen liegt die gleichgerichtete Spannung einerseits wesentlich höher (z. B. bei 9 V), andererseits tritt bei größerer Belastung durch den *Streutransformatoreffekt* eine hier sehr willkommene Leistungsbegrenzung ein (vgl. Abschnitt 9.). Die Z-Diode braucht dann kein so großes Kühlblech wie bei einem Transformator, bei dem auch bei 0,5 A Last noch immer

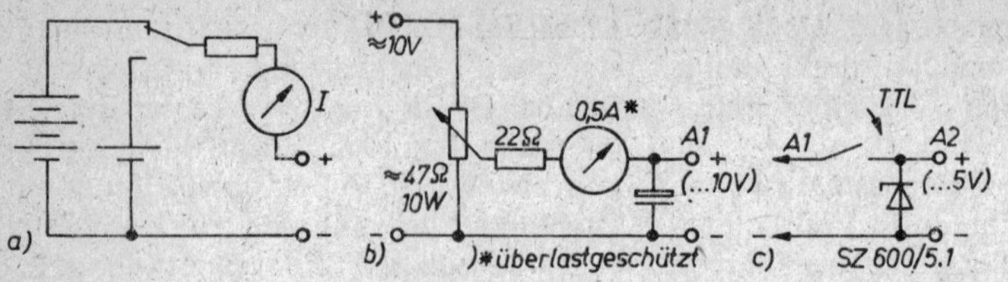

Bild 4.73 Vorsichtsmaßnahmen bei erster Inbetriebnahme einer Baugruppe: a – Vorwiderstand und (zunächst) kleinere Spannung; b – langsames «Hochfahren» an genügend belastbarem Drahtwiderstand; c – 5,1-V-Z-Diode am TTL-Ausgang

mit fast voller Nennspannung (z. B. 10 V am Lade-*C*) gerechnet werden muß. Bei 10 V vor dem Z-Dioden-Widerstand (im Gerät 22 Ω) wird die Z-Diode bei kleiner Belastung durch die Schaltung mit etwa 1,25 W beansprucht. Ein Aluminiumkühlblech von 1,5 bis 2 mm Dicke und 6 bis 8 cm Kantenlänge ist daher angemessen.

Die Ausgangsklemmen zur Schaltung hin sind mit einem Spannungsmesser zu überwachen, denn besonders bei Defekten im Prüfling oder auch einfach bei höherer Stromaufnahme ist ja die Spannung an diesem Punkt kleiner als im Leerlauffall.

Es empfiehlt sich, unter Beachtung des Strommessers zunächst nur etwa 1,5 V Betriebsspannung einzustellen. In diesem Zustand kann man z. B. an Basis-Emitter-Strecken bereits kontrollieren (und das besonders günstig mit dem in diesem Abschnitt beschriebenen OPV-Voltmeter!), ob sie in der richtigen Polarität versorgt werden. Zeigt ein genügend hochohmiges Voltmeter über der Basis-Emitter-Strecke eines npn-Typs dabei mehr als 0,7 V (z. B. 1 V), so hat diese Spannung entweder verkehrte Polarität, oder der Transistor ist nicht richtig eingelötet.

Mit solchen Tests lassen sich an einer Schaltung bereits zahlreiche Erkenntnisse gewinnen, wenn es ihr Gesamtwert nahelegt, derartig vorsichtig heranzugehen. Bei weiterem Erhöhen der Betriebsspannung entscheidet sich dann, ob man (zu hoher oder auch manchmal fast kein Strom!) Fehler suchen oder schließlich Nennbetrieb mit Sollspannung herstellen kann. Richtig gefährlich wird es jetzt überall dort, wo keine größeren strombegrenzenden Widerstände im Stromkreis enthalten sind. Das trifft z. B. auf Endstufen zu, aber auch auf die meisten integrierten Schaltkreise. Ihre Betriebsspannungsanschlüsse werden im allgemeinen direkt mit Betriebsspannung verbunden. Hat nun z. B. ein Gatter einen Ausgangskurzschluß, so hängt es ganz vom Typ ab, wie lange der Schaltkreis das überlebt. Da bei unterhalb der Nennspannung betriebenen Digitalschaltkreisen (besonders bei TTL) aber z. B. leicht hochfrequente Schwingerscheinungen im Übergangsbereich zwischen «L» und «H» auftreten können, ist eine Analyse einer solchen Schaltung auf Funktionstüchtigkeit bei erster Inbetriebnahme leider keine in wenigen Worten zu beschreibende Tätigkeit. Doch irgendwo muß schließlich auch die Gewissenhaftigkeit der vorher geleisteten Bau- und Prüfarbeit wirksam werden. Insofern läßt sich sagen, daß meist weniger passieren wird, als diese Ausführungen wohl vermuten lassen. Und glücklicherweise steigen ja die Erfahrungen meist schneller als die Komplexität der Schaltungen, die man sich vornimmt.

5. Anfängerelektronik mit Transistoren

Gegenüber dem ersten *Bauplan-Bastel-Buch* hat sich der Schwerpunkt beim Einsatz aktiver Bauelemente eindeutig zur Mikroelektronik verschoben. Integrierte Schaltungen dominieren auch bei den Bauplänen ab Nr. 37, wo immer das Vorteile brachte und sobald sie erhältlich waren.

Dennoch gelingt der Einstieg in die Elektronik – wenn es zum Verständnis über das Experiment geht – besser mit einfacher Halbleitertechnik, also mit Einzeltransistoren. Hier ist jeder Punkt der Schaltung zugänglich, läßt sich von außen beeinflussen und steht für Messungen zur Verfügung. Der Effekte gibt es genug, die sich bereits mit einem oder mehreren Transistoren und einigen weiteren Bauelementen erzielen lassen.

Der Zielgruppe der Bauplananfänger im weitesten Sinne, der Unterstützung von Elektronikarbeitsgemeinschaften und allen, die gern mit einfacheren Schaltungen experimentieren, wurde Bauplan 41 gewidmet. In seiner veränderten Fassung als Nr. 49 erhielt er durch den nun in Abschnitt 4. enthaltenen Transistortester ergänzend ein sinnvolles Hilfsmittel. Der dafür aus Platzgründen nicht mehr mit erfaßte Empfängerabschnitt wird im vorliegenden Rahmen wieder mit berücksichtigt. «Anfängerempfänger» in ihrer einfachsten Art sind heute kaum noch als Zielobjekte des Gerätebaus zu verstehen. An keinen anderen gut überschaubaren, schnell zu realisierenden und sozusagen ständig mit Signalen zu versorgenden Schaltungen kann derart viel an Praxis und Erfahrung erworben werden wie an dieser Urform der Rundfunkempfänger – ohne Mischen von Frequenzen, ohne automatische Regelung und ohne hier vorerst unnötig komplizierende Schaltungstechnik. Dafür wird man mit einfacher HF-Technik vertraut – vom Aufnehmen des Signals über seine Demodulation und damit Hörbarmachung bis zu einfacher Meßtechnik. (Schließlich kann man schon mit einem Diodenempfänger Induktivitäten messen!) All das schien es wert, wieder aus dem Bauplan in dieses Buch übernommen zu werden. Manches fand sich auch schon in seinem Vorgänger, und in der Broschüre «Empfänger für Anfänger» (Reihe *Der junge Funker*, Band 28) wurde der Versuch einer Zusammenfassung unternommen. Den Schritt zum Komplexeren mit «höherem Gebrauchswert» bietet das vorliegende Buch dann u. a. auf der Basis von Bauplan 42 im Abschnitt 7.

Der Abschnitt «Anfängerelektronik» ist also eine Art Querschnitt, sozusagen das Buch im Buche, die Vorstufe zum Einstieg in die komplizierteren, aber dadurch auch vielfach interessanteren Objekte jüngerer Baupläne.

Er ist aber auch für jene bestimmt, die für ein kleines Problem schnell eine passende Lösung suchen. Für beide Gruppen sind die bis zur Leiterplatte gestalteten Schaltungseinheiten gedacht, deren Anfertigung durch die Kopplung mit entsprechenden *typofix-electronic-special*-Abreibebögen wiederum fast zum Spiel wird. Spielend in die Materie eindringen sollen auch die Teilnehmer in den zahlreichen Elektronikarbeitsgemeinschaften an unseren Schulen, die vielleicht schon mit dem *Polytronic-ABC*-Baukastensystem und mit seinen mehr als 70 Versuchen ihre ersten Kenntnisse gesammelt haben. Der diesem Abschnitt zugrunde liegende Bauplan entstand in Anlehnung an das genannte System. Das sichert leichtes Verstehen, das Vorhandensein einer soliden Experimentierbasis und Unabhängigkeit von Leiterplattenproduzenten.

Der Sinn, eine erprobte Schaltung – im Baukasten notwendigerweise nur «flüchtig» vorhanden – auf einer Leiterplatte «einzufrieren», hat zwei Aspekte: Zum einen steht die als zweckmäßig erkannte Grundschaltung ständig zur Verfügung, z. B. zur Verknüpfung mit weiteren Schaltungseinheiten oder in Baukastenversuchen komplexerer Art. Zum anderen lassen sich zahlreiche kleine Aufgaben in Schule und Patenbetrieb, aber auch zu Hause mit solchen Bausteinen elegant lösen. Für beide Zwecke erschien es günstig, mit nicht zu kleinen Standardformaten zu arbeiten, um gerade dem Anfänger nicht durch unnötige Kompaktheit zusätzliche Einarbeitungsprobleme zu schaffen. Außerdem ist es (später) Fortgeschrittenen so leichter möglich, Änderungen (Bauelementewerte) oder Verbesserungen bzw. Erweiterungen anzubringen. So wurde z. B. auch nicht immer streng nach der Baukastenvorgabe dimensioniert. Man bedenke den begrenzten Bauelementevorrat eines Baukastens gegenüber der «optimierungsfreundlichen» Freizügigkeit beim Selbstbau! Die Formatgröße wurde auch auf die Maße der *typofix*-Folie abgestimmt, was zu deren optimaler Ausnutzung führt.

In Verbindung mit einfach zu handhabenden Ätzsätzen, die im Handel angeboten werden oder auch an den Schulen vorhanden sind, ergibt sich damit sowohl für jeden ständigen als auch für den «Gelegenheits»-Hobbyelektroniker die Möglichkeit, elektronische Problemstellungen sauber und zuverlässig zu lösen.

Im folgenden werden zu diesem *Polytronic*-Teil des Abschnitts 5. mit Stromlaufplan, kurzer Funktionserläuterung, Leiterbild und Bestückungsplan ausgewählte Baukastenschaltungen – ggf. zweckentsprechend variiert – zum Nachbau mit Hilfe von *typofix-electronic-special*-Folie (oder auch mit Decklack gezeichnet) vorgestellt. Sie können zunächst (baukastenüblich) aus Batterien betrieben werden, doch wird auch eine transformatorgespeiste Stromversorgungseinheit beschrieben. Zur Erhöhung der Freizügigkeit beim Nachbau sind viele der Leiterbilder für mehrere Schaltungen geeignet. Man kann also nach Notwendigkeit über ihre Bestückung entscheiden; gebohrt werden dann immer nur die lt. Bestückungsplan nötigen Löcher. Beim Entwurf wurde versucht, mit möglichst wenig «Blindelementen» (Drahtbrücken und frei bleibende Lötaugen) auszukommen, denn das verwirrt besonders den Anfänger. Eindeutige Auskunft über die Belegung zum jeweils benutzten Beispiel gibt stets der Bestückungsplan.

5.1. *ABC*-Schalter und -Wächter

5.1.1. Verzögerungsschalter

Wenn im Theater das Licht langsam dunkler wird oder wenn die Modellbahn vor einem Haltesignal langsam zum Stehen kommt, sind heute meist automatische Verzögerungsschalter im Spiel. Zu den Grundkenntnissen der Transistortechnik gehört das Wissen um den Begriff «Stromverstärkung». Für den Anfang reicht dies: Die Kollektor-Emitter-Strecke eines Transistors läßt (fast) keinen Strom fließen, solange die Basis-Emitter-Strecke keinen Strom erhält. Fließt solch ein Strom, hat der I_C einen um den Faktor B höheren Wert als I_B. Die Basis-Emitter-Strecke hat den Charakter einer Diode. Sie braucht eine Mindestdurchlaßspannung, bevor sie leitet. Für Siliziumtransistoren sind das 0,6 bis 0,7 V, Germaniumtransistoren leiten schon ab etwa 0,2 V. Das Ohmsche Gesetz, auf die Berechnung von I_B angewendet, stimmt also nur, wenn man diese Spannung von der Batteriespannung abzieht.

So fließt von der Stromquelle mit der Spannung U_B nur der Strom $\frac{U_B - U_{BE}}{R_V}$ in die Basis-Emitter-Strecke, wenn R_V der Widerstand zwischen U_B und der Basis ist. Im vorliegenden Fall (Bild 5.1a) ist der Transistor ein nach seiner Leitfähigkeitszonenfolge genannter npn-Typ. Er braucht an Basis und Kollektor positive Betriebsspannungen, bezogen auf den Emitter als gemeinsame Elektrode. Fließt Kollektorstrom, so bleibt am Transistor eine Restspannung, auch bei noch so hohem Basisstrom. In diesem Bereich ist der Transistor «gesättigt». Über einem Widerstand zwischen U_B und Kollektor wird also stets weniger als U_B zu messen sein. Dieser Widerstand ist in Bild 5.1 eine Kleinglühlampe. Ihren Kaltstromstoß (6- bis 8facher Nennstrom für kurze Zeit beim Einschalten) muß der Transistor aushalten. Für eine 4-V-Lampe mit 50 mA oder für eine 3,8-V-Lampe mit 70 mA reicht ein SF-Typ mit 500 mA Kollektorstrom mit Sicherheit aus. Wird durch entsprechend begrenzten Basisstrom verhindert, daß der Transistor mehr als seinen zulässigen Kollektorhöchststrom durchläßt, so besteht eine zusätzliche Sicherheit. Allerdings ist zu bedenken, daß U_{BE} mit wachsender Temperatur um etwa 2 mV/K sinkt, so daß $U_B - U_{BE}$ und damit I_B wächst, während gleichzeitig auch B sowohl mit der Temperatur als auch (in einem gewissen Bereich) mit dem Kollektorstrom I_C wächst. Der Nennbasisstrom in der vorgestellten Schaltung beträgt etwa 0,4 mA, wenn $R_V \approx 10\,k\Omega$ und $U_B = 4{,}5$ V. «Etwa» bedeutet, daß die Widerstände zulässige Toleranzen (10 oder 20 % des Nennwerts) haben und daß die wirkliche Klemmenspannung z. B. einer noch vielfach üblichen Flachbatterie bei Belastung und abhängig von Alter und Entladezustand unter 4,5 V liegt. Will man sie z. B. bis 3 V ausnutzen, so muß für 70 mA Kollektorstrom wegen $I_{B\min} = \frac{(3 - 0{,}6)}{10}$ mA die Stromverstärkung des Transistors für 70 mA/$I_{B\min}$ betragen, also etwa 290. Dazu benötigt man z. B. einen *SF 126 E*, denn Gruppe *E* heißt Stromverstärkung 224 bis 560 (Wert bezieht sich allerdings exakt auf eine Kollektorspannung von 2 V bei 50 mA Kollektorstrom). Da Gruppe *D* – überlappend – bis 280 reicht, tut es notfalls auch ein gutes *D*-Exemplar. Real fließen bei 3 V (minus einige hundert Millivolt Kollektorrest-

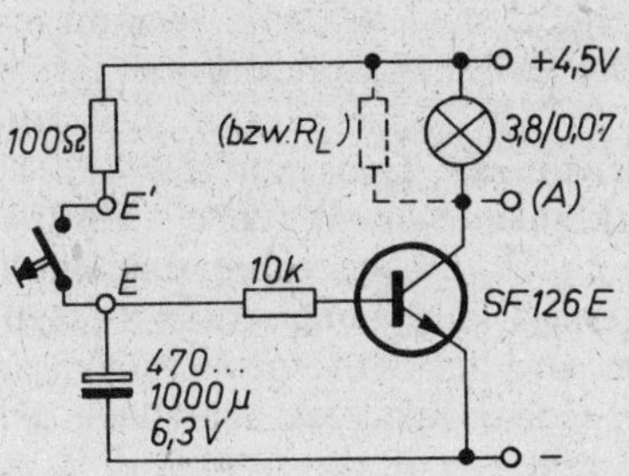

a)

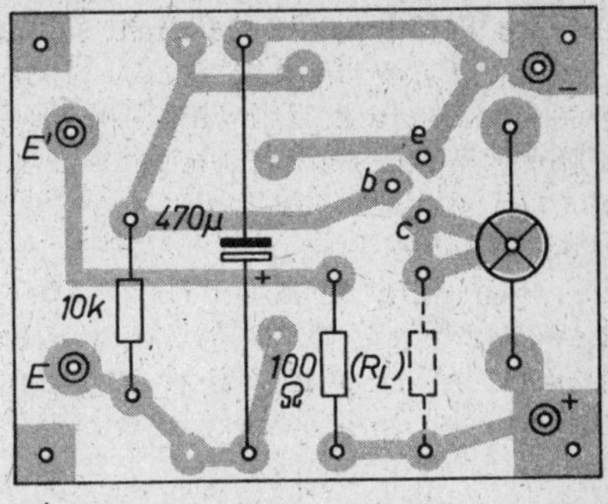

b)

Bild 5.1
a – Stromlaufplan Verzögerungsschalter (R_L statt Lampe, z. B. 220 Ω); b – Bestückungsplan zur Leiterplatte 01 für a

spannung) aber weniger als 70 mA durch die Lampe. Sie glimmt noch bei etwa 30 mA, der Typ 4 V/0,05 A aus dem Baukasten sogar bis 20 mA herab. In diesem Bereich wirkt sich ein entsprechender Basisstrom noch sichtbar aus.

Der Verzögerungsbaustein reagiert beim Einschalten des Basiskreises nur unmerklich «verzögert». Die Lampe leuchtet nahezu sofort auf. Öffnet man diesen Stromkreis jedoch, so durchläuft sie deutlich erkennbar einen Bereich immer kleiner werdender Helligkeit bis zum Verlöschen. Daß ein Kondensator elektrische Ladungen speichern kann, ist aus den Baukasteninformationen oder aus dem Unterricht bekannt. Beim Einschalten fließt daher zunächst ein kurzer Ladestromstoß, der nur durch den 100-Ω-Widerstand begrenzt wird und damit eine Anfangsspitze von $U_B/100\,\Omega$ hat. Nach etwa $3\,RC$ ($\tau = R \cdot C$ ist die Zeitkonstante) ist er nahezu abgeklungen, denn die Entladung verläuft nach einer e-Funktion. Danach fließt nur noch der Basisstrom des Transistors. Da ein Elektrolytkondensator meist eine wesentlich über dem Nennwert liegende Kapazität hat (z. B. bis 50%), ist die Zeitspanne erheblich größer als errechnet. Das gilt auch für die Entladung. Die Toleranzen der Widerstände dagegen sind kleiner; am häufigsten werden solche mit ±10% Abweichung benutzt. Die errechnete Zeit von $3 \cdot 100 \cdot 470 \cdot 10^{-6}$ s, etwa 0,14 s, macht sich auch darum kaum bemerkbar, weil bereits bei einer Kondensatorspannung von etwa 1,8 V an ein genügend hoher Basisstrom erreicht ist, so daß die Lampe gut erkennbar zu leuchten beginnt. Gegenüber dem Baukastenversuch sind die Ergebnisse auf der vorliegenden Leiterplatte eindrucksvoller, denn erstens kann man, da beliebig wählbar, den oberen Grenzwert des Basiswiderstands einsetzen, bei dem der Transistor noch genügend geöffnet wird, und zweitens ist der im Baukasten enthaltene Transistortyp (z. B. *SC 206*) für Lampenansteuerung etwas überfordert. Er hat bei diesen Strömen bereits eine recht hohe Sättigungsspannung (u. U. mehr als 2 V, der verwendete Typ dagegen zeigt bei 50 mA weniger als 100 mV!), und seine Stromverstärkung liegt bei 50 mA schon erheblich unter dem Nennwert (bei diesem Typ bei nur 2 mA festgelegt). Schließlich kann die Leiterplatte sogar noch einen 1 000-µF-Kondensator fassen. All das führt dazu, daß beim Auftrennen des Basiskreises die Lampe noch wenigstens etwa 8 s lang zunächst hell, dann schnell dunkler werdend leuchtet. Denkt man sich statt der Lampe z. B. ein Relais ähnlichen Widerstandswerts und mit einem Abfallstrom von z. B. 10 mA, so können mit diesem noch wesentlich größere Zeiten erreicht werden. Die Leiterplatte für diesen Verzögerungsschalter ist die Nr. 01 (siehe *typofix*-Blatt bzw. Aufstellung am Ende dieses Abschnitts!); sie wird nach Bild 5.1b bestückt. Die beiden Eingangsanschlüsse können direkt von einem Schalter, aber auch indirekt von einer anderen Schaltung aus angesteuert werden (z. B. von einem Relais, einer Transistorstrecke aus einer getrennt versorgten Baugruppe, ja sogar von einem im Hellen sehr niederohmigen Fotowiderstand). Als weiteren Einsatzfall kann man sich die verzögerte Alarmgabe beim Öffnen einer Tür o. ä. denken: Ein aus einem anderen Versuch stammender Tongenerator, dessen Stromversorgungsanschlüsse zwischen Kollektor und Emitter unserer Baugruppe liegen, erhält erst Strom, wenn der Transistor sperrt. Wer den Mechanismus kennt, schließt die Tür nach dem Öffnen noch während der Verzögerungszeit wieder oder betätigt einen versteckt angebrachten (nichtrastenden) Unterbrecherschalter, der aber auch als Taste parallel zu *C* angeschlossen sein kann. Das verzögerte Signal (nach dem Abschalten des Basiskreises steigt die Kollektorspannung nach der Verzögerungszeit von weniger als 0,5 V auf die volle Batteriespannung) steht am Ausgang zur Verfügung, auch wenn statt der Glühlampe ein Widerstand eingesetzt wird, für den ebenfalls Lötaugen vorgesehen wurden. Sein Wert kann höher als der Lampenwiderstand liegen. Mit z. B. 330 Ω ergibt sich ein für die Ansteuerung von Digitalschaltungen (TTL-Technik) geeigneter Zeitschalter, dessen Zustände «L» und «H» über einen Trigger den Schaltbedingungen von Logikschaltungen (kurze Übergangszeiten) angepaßt werden können.

5.1.2. Kurzzeitschalter

Wenn nach Schließen eines Schalters eine Lampe zunächst aufleuchtet, kurze Zeit später aber schon wieder verlischt, muß es sich nicht um einen «Wackelkontakt» handeln! Ein in den Basisstromkreis geschalteter Kondensator und einige Widerstände sorgen dafür, daß für beliebige Zwecke eine vom Menschen unabhängige Zeit lang ein Strom im Kollektorzweig fließt, gleichgültig, wie lange man die «Steuertaste» (Bild 5.2a) noch drückt. Ein kurzer Knopfdruck, und schon arbeitet die Schaltung selbsttätig. Solche Effekte nutzt man u. a. sowohl beim Treppenhaus-Minutenlicht wie bei der elektronischen Kameraauslösung,

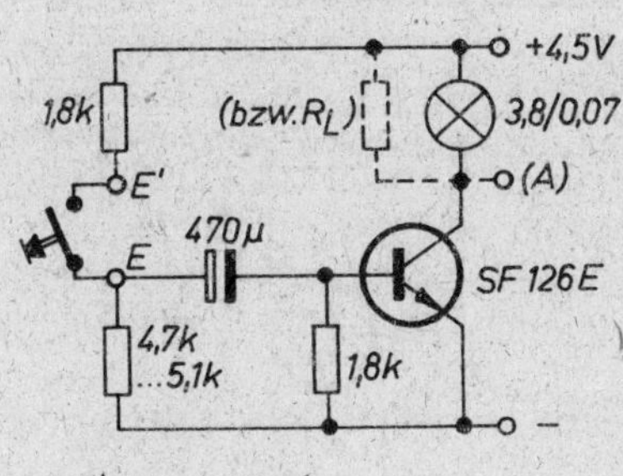

a)

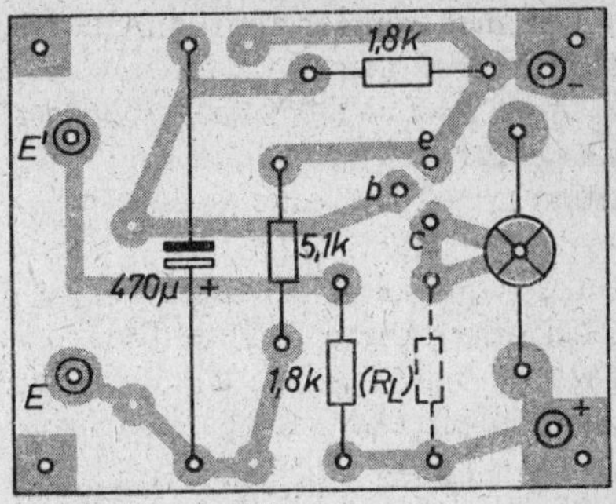

b)

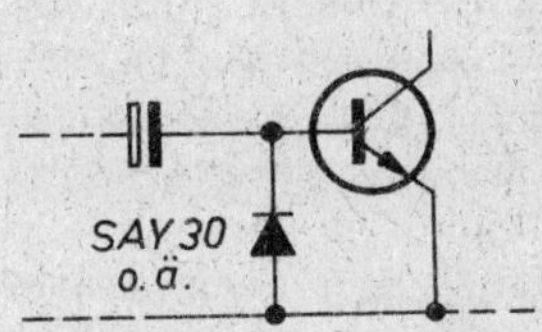

c)

Bild 5.2
a – Kurzzeitschalter (R_L wie Bild 5.1a); b – Bestückung zur Leiterplatte 01 für a; c – Begrenzungsdiode bei höheren Betriebsspannungen (Schaltungsausschnitt von a)

z. B. über ein Relais im Ausgangskreis. Schließlich läßt sich in ähnlicher Weise auch die Wohnungsklingel «behandeln». Wird auch hier die Lampe in der Baugruppe durch ein Relais ersetzt, so kann das jeden ungeduldig Einlaß Begehrenden beruhigen, denn so lange er auch den Klingelknopf drückt – es kommt nur ein kurzes Signal zustande. Um neu zu starten, muß man schon einmal den Finger vom Klingelknopf nehmen, so lange, bis sich der Kondensator über die beiden Widerstände genügend weit entladen hat. Es läuft nämlich dies ab: Knopf drücken – der durch den oberen 1,8-kΩ-Widerstand bestimmte Gesamtstrom wird um so stärker auf den 5,1-kΩ-Widerstand verzweigt, je höher der Kondensator aufgeladen ist. Am Verbindungspunkt kann maximal die Spannung

$U_E = U_B \cdot \frac{5,1\ k\Omega}{(1,8 + 5,1)\ k\Omega}$ entstehen. Ist sie erreicht, fließt durch den Kondensator kein Strom mehr. Ohne den oberen Widerstand würde die Spannung zwar bis U_B ansteigen, aber sehr viel schneller, denn dieser Widerstand bestimmt zusammen mit dem Kondensator dessen Aufladezeit. Der untere Widerstand wiederum ist für das «Erholen» der Schaltung nach Loslassen der Taste zuständig. $\tau = 470 \cdot 10^{-6} \cdot (5{,}1 + 1{,}8) \cdot 10^3$ s lautet die Zeitkonstante der Kondensatorentladung. Achtung! Dieser Strom fließt in umgekehrter Richtung, so daß über der Basis-Emitter-Strecke anfangs die Spannung $U_E \cdot \frac{1{,}8\ k\Omega}{(1{,}8 + 5{,}1)\ k\Omega}$ steht. Daher darf die Schaltung – abgesehen von der durch die Lampe gegebenen Grenze – mit keiner so hohen Spannung betrieben werden, daß sich an der Basis mehr als (typenabhängig) 6 bis 7 V Sperrspannung ergeben, sonst bricht die Basis durch. Eine mit dem «Pfeil» nach oben parallel zur Basis-Emitter-Strecke gelegte Diode wirkt hier Wunder. Mit ihr statt des unteren 1,8-kΩ-Widerstands begrenzt man nicht nur die Sperrspannung auf etwa 0,6 V, sondern verkürzt sogar noch die Erholzeit der Schaltung (Bild 5.2c). Diese interessante Schaltung läßt sich auf der gleichen Leiterplatte wie für Abschnitt 5.1. (Nr. 01) aufbauen, nur bestückt man sie nach Bild 5.2b. Aus den Erläuterungen und aus einem Vergleich mit Abschnitt 5.1.1. wird deutlich, daß der Wertespielraum der eingesetzten Widerstände relativ klein ist, sonst ergibt sich entweder eine zu kurze Leuchtzeit oder eine zu lange Erholzeit, oder die Lampe leuchtet nur schwach. Wer weiterdenkt, kann jedoch sinngemäß mit dem im nächsten Abschnitt gewählten Prinzip auch diese Schaltung aufbereiten!

5.1.3. Langzeitschalter

Die mit der Schaltung nach Abschnitt 5.1.1. erreichbaren Zeiten für das verzögerte Abschalten der Lampe (oder – allgemeiner – der «Last») waren noch recht bescheiden. Das lag, wenn man für den Kondensatorwert vor allem aus Volumengründen einen vernünftigen oberen Grenzwert wählte, vor allem an der Stromverstärkung des Transistors. Der Widerstand zwischen Kondensator und Basis durfte also nicht zu groß werden, sonst blieb die Lampe dunkel. Die Schaltung nach Bild 5.3a enthält zwei Transistoren. Der (verstärkte) Strom des ersten ist der Basisstrom für den zweiten. Damit gilt für die gesamte Stromverstärkung $B = B_1 \cdot B_2$. Bei z. B. je 200 ergibt sich theoretisch 40 000! Also könnte der Widerstand bei (vereinfacht) gleichen B-Werten B-mal so groß sein wie bei Abschnitt 5.1.1., und entsprechend diesem Faktor wäre die Leuchtzeit länger. Daß diese Betrachtung nicht ganz zutrifft, hat mehrere Gründe, zunächst diesen: Die Serienschaltung zweier Basis-Emitter-Strecken verringert die verfügbare Spannung U_R für $I_B = U_R/R_V$ auf $U_B - 2\,U_{BE}$. Außerdem liegt aber noch die Lampe im zweiten Emitterkreis und nicht wie in Abschnitt 5.1.1. im Kollektorkreis. Die Spannung über ihr ist ebenfalls von U_B abzuziehen. Allerdings stellt sich ein gewisses Gleichgewicht ein: Hoher Basisstrom bedeutet hohen Lampenstrom und damit höhere Spannung an der Lampe; also weniger Spannungsdifferenz über dem Vorwiderstand und damit eine Begrenzung des Basisstroms. In diesem Rahmen sei auf weitergehende mathematische Ableitungen verzichtet – sie wer-

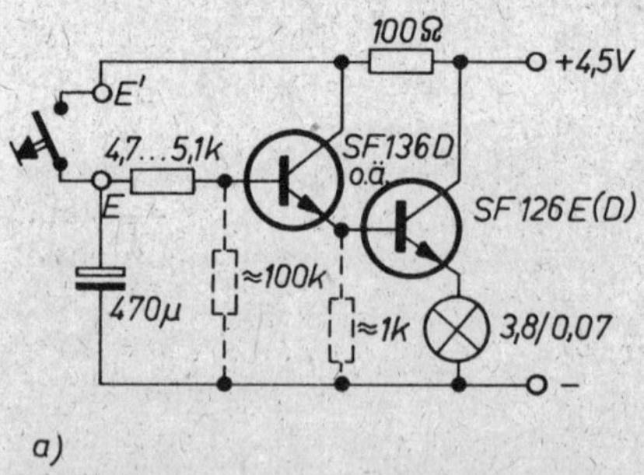

Bild 5.3
a – Langzeitschalter, Variante 1; b – Bestükkung zu Platte 02 für a

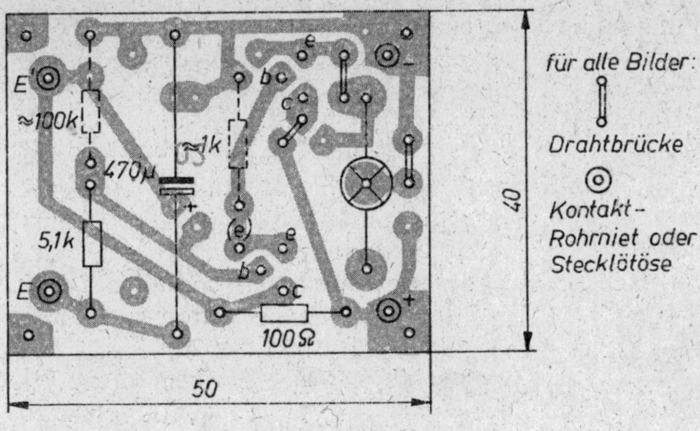

b)

den infolge der Abhängigkeit des Lampenwiderstands vom Lampenstrom etwas unübersichtlich. Übersichtlichere Verhältnisse ergeben sich bei Einfügen der Lampe wie nach Abschnitt 5.1.1. Jetzt ist tatsächlich nur die Spannung der beiden Basis-Emitter-Strecken von U_C abzuziehen, wenn man die über dem Vorwiderstand verfügbare Spannung errechnen will. Dieser Widerstand erhält – da die Wirkung des Lampenwiderstands im Basiskreis jetzt wieder entfällt – seine alte Bedeutung nach Abschnitt 5.1.1. als einziger strombegrenzender Widerstand im Basiskreis. Da sich die Stromverstärkungswerte beider Transistoren in dieser Schaltungsart wieder multiplizieren ($B_{ges} = B_1 \cdot B_2$), wird nur noch ein um B des vorgeschalteten Transistors geringerer Basisstrom (I_B/B_1) gebraucht, um I_{La} fließen zu lassen. Damit darf R fast um den Faktor B_1 größer sein als in Abschnitt 5.1.1. («fast», weil $U_C - 2\,U_{BE}$ gilt!). Diese zweite Variante des Langzeitschalters wurde in Bild 5.4a dargestellt. Für beide gilt das kombinierte *typofix*-Leiterbild Nr. 02. Es wird durch entsprechend unterschiedlich eingesetzte Drahtbrücken für beide Varianten aufbereitet (Bild 5.3b und Bild 5.4b). Ebensogut kann man die Leiterplatte auch durch Aufreiben kurzer Leitungsstückchen aus einem *typofix-universal*-Blatt schon vor dem Ätzen der gewünschten Variante anpassen und spart damit Bohrungen und Brücken. Auch diese Schaltung läßt sich ein- und ausgangsseitig ähnlich ihren Vorgängern vielfältig in größere Schaltungskomplexe einfügen. Sie ist jedoch schon für sich allein recht interessant. Da sich einige Minuten Leuchtzeit ergeben, kann man sie z. B. als automatisch verlöschendes «Einschlaflicht» oder als Minutenbeleuchtung einsetzen.

Die gestrichelt eingezeichneten Widerstände sind nur für Transistoren mit merklichem Reststrom nötig; man kann also auf diese Leiterplatte auch billige ältere Germaniumtransistoren setzen. Die Polarität von U_B und C ist dabei umzudrehen, da sie im allgemeinen die Zonenfolge pnp haben. Diese Widerstände setzen allerdings die Leuchtzeit herab. Dafür wird der Kondensator aber auch unter $2\,U_{BE}$ entladen.

5.1.4. Schwellwertschalter

Das ist die allgemeinere Bezeichnung für eine Gruppe von Schaltungen, bei denen sich am Ausgang (mehr oder weniger) sprunghaft der Zustand ändert (z. B. Lampe dunkel auf Lampe hell und umgekehrt), wenn die Eingangsgröße beliebig

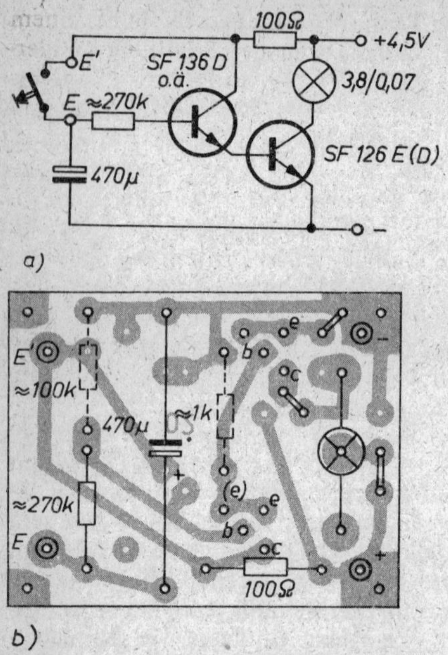

Bild 5.4
a – Langzeitschalter, Variante 2; b – Bestückung zu Platte 02 für a

langsam einen schaltungsabhängigen Grenzwert über- oder unterschreitet. Am bekanntesten ist der sogenannte Schmitt-Trigger (triggern heißt auslösen). Ein schneller Übergang zwischen «Aus» und «Ein» bewahrt z. B. den Ausgangstransistor vor größerer Wärmebelastung, die auftritt, wenn er noch nicht ganz durchgeschaltet ist, so daß das Produkt *I* · *U* in ihm zu höherer Wärmeentwicklung führt. Eine eindrucksvolle Anwendung solcher Schwellwertschalter ist das automatische Schalten einer Beleuchtung, wenn die Außenhelligkeit einen bestimmten Wert erreicht hat. Daß im Übergangsbereich bei kleinen Änderungen in beiden Richtungen ständig umgeschaltet wird, verhindert die meist schon durch die Schaltung gegebene «Hysterese»: Einschalten erfolgt erst, wenn der Steuerwert den Ausschaltwert wieder merklich über- oder unterschritten hat. Man erreicht ein solches

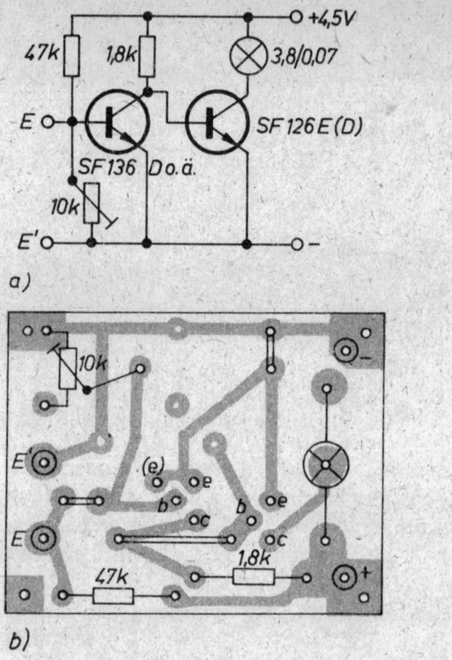

Bild 5.5
a – «unvollkommener» Schwellwertschalter. Eingang E für Steuerung von außen über Schutzwiderstand von etwa 1 kΩ (dann entfällt 47 kΩ); b – Bestückung zu Platte 03 für a

Schaltverhalten nur unvollkommen, wenn nach Bild 5.5a lediglich durch große Gesamtverstärkung dieser Zwischenbereich nur klein ist. Dieser Versuch soll auch vielmehr zeigen, wie eine solche Transistorkombination – im Unterschied zum vorigen Abschnitt – wirkt: Wird der erste Transistor durch Basisstrom geöffnet, entzieht er dem zweiten den Basisstrom, und dieser schließt. Die Lampe leuchtet also, wenn der Eingang eine kleinere Spannung als die für T1 erforderliche Basisspannung erhält! Der zusätzliche Widerstand in Bild 5.6a verbessert das Verhalten der Schaltung entscheidend. Nun besteht keine Gefahr mehr, daß für einen ganz bestimmten Einstellpunkt der zweite Transistor gerade «halb» geöffnet ist und damit warm

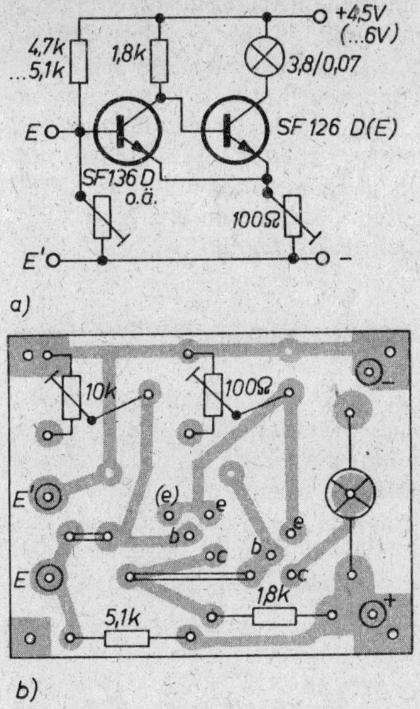

Bild 5.6
a – entscheidende Verbesserung durch gemeinsamen Emitterwiderstand. E wiederum für mögliche Außensteuerung über etwa 1 kΩ, wobei 47 kΩ wieder entfällt. Diode mit Spitze nach unten parallel zu 100 Ω verringert Hysterese, also den Abstand der Spannungswerte zwischen Ein- und Ausschalter; b – Bestükkung zu Platte 03 für a (linker Steller 10 kΩ)

werden kann (bei zu kleinem Kollektorwiderstand könnte er dabei überlastet werden). Beide Emitterströme fließen über den gemeinsamen Stellwiderstand. Für einen bestimmten Wert der Eingangsspannung (von höheren Werten her) nimmt die Leitfähigkeit von T1 ab, so daß T2 Basisstrom erhält. Dieser ergibt – entsprechend verstärkt – über dem gemeinsamen Widerstand eine Gegenspannung für die Eingangsspannung, so daß sich der Basisstrom für T1 verringert. T1 leitet dadurch noch weniger, und T2 übernimmt fast schlagartig den gesamten Basisstrom, der vorher Kollektorstrom von T1 war. Das alles geschieht bei einem durch die Daten der Schaltung (Widerstandswerte, Transistordaten, Betriebsspannung) festgelegten Wert. Es gibt keinen «schleichenden» Übergang (vorausgesetzt, T1 erhält seine Steuerspannung nicht von einer Spannungsquelle mit zu hohem Innenwiderstand!). Da durch T2 ein größerer Kollektorstrom fließt als vorher durch T1 – man beachte die Widerstandsverhältnisse –, muß nun die Eingangsspannung wesentlich höher werden, bevor wieder für T1 genügend Basisspannung (Eingangsspannung minus Spannung über gemeinsamem Widerstand) zur Verfügung steht. Das ist die bereits erwähnte Hysterese. Das Verhalten der Schaltung wird durch die Ergänzung nach Bild 5.7a noch verbessert, denn jetzt muß die Kollektorspannung von T1 nicht so weit absinken (also der Steuerstrom für T1 nicht so groß werden) wie vorher. Durch die Spannungsteilung für die Basis von T2 hat T1 noch eine höhere Kollektorspannung, wenn die Basisspannung von T2 bereits infolge des Spannungsteilers unter den Schwellwert gesunken ist. Bild 5.7a enthält gleichzeitig eine praktische Anwendung des Schmitt-Triggers, die große Verbreitung u. a. als automatisches Parklicht für Kraftfahrzeuge gefunden hat: Der Widerstand von Plus zur Basis von T1 ist ein Fotowiderstand. Solange es hell genug ist, hält er T1 geöffnet und damit T2 geschlossen. Die Lampe bleibt dunkel, und die Stromaufnahme der Schaltung ist klein. Unterhalb einer Mindestaußenhelligkeit, die bei voll eingeschaltetem 10-kΩ-Widerstand (Empfindlichkeitssteller) am niedrigsten ist, leuchtet die Lampe auf. Wird es wieder etwas heller, so verlischt sie ebenso plötzlich. Eine interessante Nebenanwendung hat diese Schaltung als Warnblinker, der sich erst im Dunkeln selbsttätig einschaltet und damit z. B. Baustellen oder andere Gefahrenherde auffällig markieren kann. Während man beim Parklicht (selbstverständlich) keinesfalls das

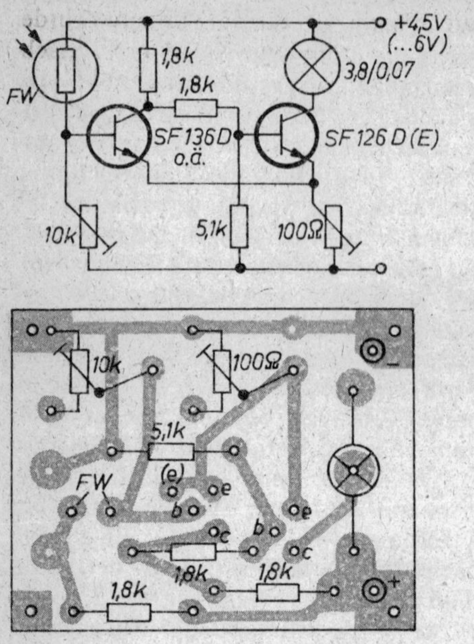

b)

Bild 5.7
a – weiter verbesserter Schwellwertschalter als Dämmerungsschalter (Parklicht, Flurlicht u. ä.). Auch hier Diode parallel oder statt 100 Ω günstig; b – Bestückung zu Platte 03 für a

eingeschaltete Licht auf den Fotowiderstand fallen lassen darf, wird das beim Warnblinker bewußt getan. Lampe und Fotowiderstand sind dazu in einem bestimmten Abstand voneinander anzuordnen, den man erproben muß. Nun bekommt die Schaltung periodisches «Kippverhalten», wobei Lampen- und Fotowiderstandsträgheit dafür sorgen, daß sich ein mehr oder weniger temperamentvolles Blinken ergibt, das außerdem von der noch vorhandenen Umgebungs-«Resthelligkeit» beeinflußt wird. Während auf der Leiterplatte vorher der Fotowiderstand durch ein Stück Pappe von der Lampe abzuschirmen war, dreht man ihn für diese Anwendung sogar in Richtung zur Lampe. Für alle drei vorgestellten Schaltungsvarianten (wovon die erste nur experimentelle Bedeutung hat) gilt das *typofix*-Leiterbild Nr. 03. Die Bestückungsvarianten werden gemäß Bild 5.5b, Bild 5.6b und Bild 5.7b vorgenommen.

An dieser Stelle sei der Hinweis auf Abschnitt 4. gestattet, wo im Transistortester ein integrierter Schwellwertschalter, ein typisches Bauelement der Mikroelektronik, eingesetzt wird.

5.1.5. Lichtschranken

In Anlehnung an Abschnitt 5.1.4. lassen sich weitere Einsatzfälle ableiten. Für die Anwendung nach Bild 5.8a genügt bereits ein einfacher Schwellwertschalter ohne Kippverhalten, weil die Helligkeit der den Fotowiderstand beleuchtenden Lampe genügend hoch gewählt werden

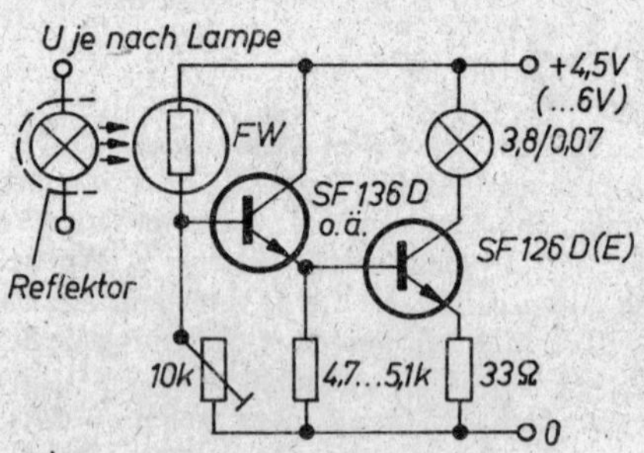

a)

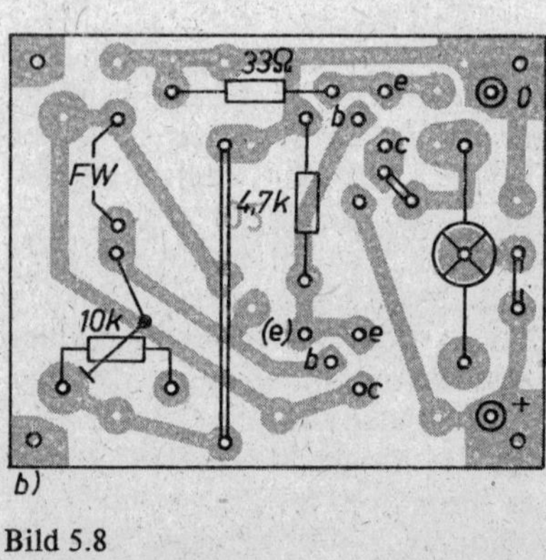

b)

Bild 5.8
a – einfache Lichtschranke («hell bei hell»); b – Bestückung zu Platte 02 für a

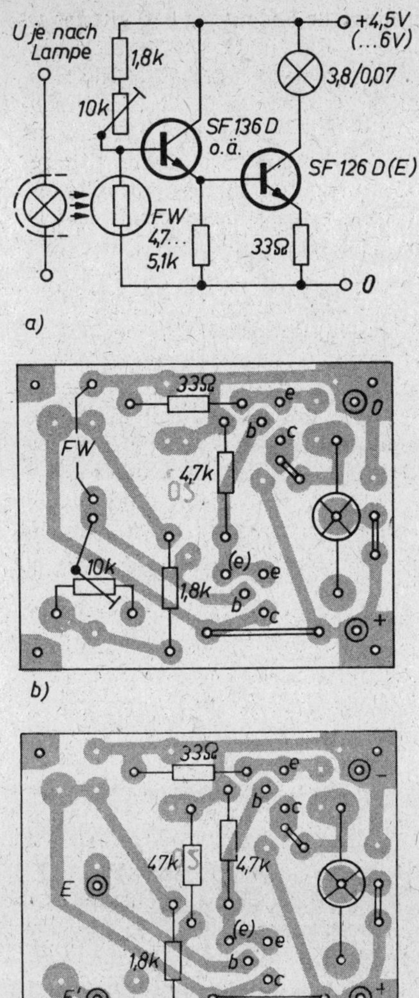

Bild 5.9
a – Lichtschranke «hell bei dunkel»; b – Bestückung zu Platte 02 für a; c – Bestückung zu Platte 02 für Feuchtemelder

kann. Beim Unterbrechen des Lichtstrahls durch eine Person oder einen (z. B. zu zählenden) anderen Körper ist wiederum der Sprung zu höheren Widerstandswerten hoch genug. Damit wird der ungünstige Bereich der Schaltung schnell durchfahren. In dieser Variante wurde statt der Verbindung Kollektor T1 nach Basis T2 die schon aus Abschnitt 5.1.3. bekannte Schaltung (Emitter T1 nach Basis T2) verwendet. Dadurch leuchtet die Lampe, solange der Fotowiderstand beleuchtet wird (und das 10-kΩ-Potentiometer einen genügend hohen Widerstand hat), und verlischt beim Unterbrechen des Lichtstrahls. Somit ist diese Schaltung auch ein «Lichtmelder». Als Leiterplatte kann die des Langzeitschalters (Bild 5.3a bzw. Bild 5.4a, Nr. 02) verwendet werden, wenn man sie nach Bild 5.8b bestückt. Statt der Lampe können mit einem Relais wieder beliebige Vorgänge ausgelöst werden, oder ein Zählwerk registriert die Menge der Objekte, die den Strahl in einer vorgegebenen Zeitspanne unterbrochen haben. Einfaches Vertauschen von Empfindlichkeitsstellwiderstand und Fotowiderstand sowie Einfügen eines Schutzwiderstands (wenn der Stellwiderstand auf Kleinstwert gedreht wird, zerstört man sonst den Transistor!) ergeben eine Lichtschranke mit umgekehrtem Verhalten (Bild 5.9a). Jetzt leuchtet die Lampe immer (nur) dann, wenn der Lichtstrahl unterbrochen wird. Als Leiterplatte eignet sich ein Exemplar der bereits im vorigen Beispiel benutzten; auch einfaches Umrüsten ist möglich (Bild 5.9b).

Als Lichtschrankenempfänger läßt sich selbstverständlich auch die Parklichtschaltung nach Abschnitt 5.1.4. einsetzen. Für die Lichtquelle benutzt man im Dauerbetrieb am besten eine von einem Klingeltransformator gespeiste 6-V-Lampe im Reflektorgehäuse einer Taschenlampe mit einstellbarer Lichtfleckgröße.

5.1.6. Feuchtemelder

An den Lichtstrahlempfänger nach Bild 5.8a kann statt des Fotowiderstands auch eine zweiadrige Leitung angeschlossen werden, die in zwei Elektroden endet. Dafür eignen sich Graphitstäbe aus Taschenlampenbatterien, denn an ihren Metallkappen kann gelötet werden. Überzieht man diese Metallfläche anschließend mit einem Schutzlack, so stehen gegen Korrosion unempfindliche Feuchtefühler zur Verfügung, zwischen denen Strom nur dann fließt, wenn sie in eine leitende Flüssigkeit tauchen. Das kann Leitungswasser sein, aber auch feuchtes Erdreich. Der Verstärker reagiert auf diesen Steuerstrom damit, daß die Lampe aufleuchtet. So kann also z. B. der Füllstand der Badewanne beim Auffüllen kontrolliert werden: Wenn die Lampe leuchtet, ist die Wasserzufuhr zu unterbrechen! Eine solche Schaltung kann auch ein Magnetventil steuern, das dann selbsttätig geschlossen wird. Wegen ihrer großen Ähnlichkeit mit einer der soeben besprochenen Lichtschrankenschaltungen kann wiederum die Leiterplatte Nr. 02 benutzt werden (Bestückung: Bild 5.9c); auf die nochmalige Wiedergabe der Schaltung wurde verzichtet.

5.1.7. Lichtmelder mit Speicherverhalten

Wenn in einem dunklen Raum auch nur kurzzeitig Licht einfällt, kann das u. U. nachteilige Folgen haben. Wurde darin z. B. lichtempfindliches Material gelagert, so zeigt erst ein Test durch Entwikkeln einer Probe dieses Mißgeschick an. Nutzt man den sonst beim Schmitt-Trigger nach Abschnitt 5.1.4. unerwünschten Effekt bei zu hohem Innenwiderstand der Steuerquelle aus, so vermag die Schaltung nach Bild 5.10a diese Panne sofort zu signalisieren: Einmaliger kurzer Lichteinfall schaltet die (natürlich außerhalb angebrachte) Signallampe an; sie bleibt hell, auch wenn es im Raum wieder dunkel wird. Erst kurzes Betätigen der «Löschtaste» stellt den alten Zustand wieder her. Der günstigste Wert des Stell-

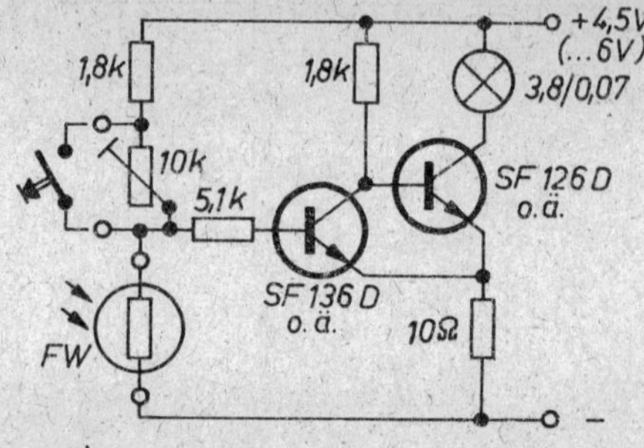

a)

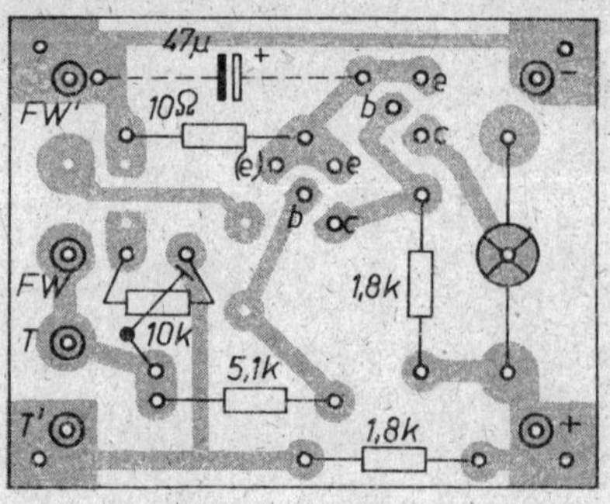

b)

Bild 5.10
a – Lichtmelder mit Speicherverhalten;
b – Bestückung zu Platte 04 für a

widerstands ist durch Versuch zu ermitteln. Man gehe vom Maximalwert aus. Eine Leiterplatte für dieses und das in Abschnitt 5.1.8. folgende Beispiel gewinnt man aus der *typofix*-Folie Nr. 04. Der Lichtmelder ist gemäß Bild 5.10b zu bestücken. Der Fotowiderstand (oder die Lampe) und der Taster müssen extern angeschlossen werden, je nach Lage des Überwachungsortes.

5.1.8. Schallmelder mit Speicherverhalten

Auf der gleichen Leiterplatte wie in Abschnitt 5.1.7. läßt sich dieser Schallmelder nach Bild 5.11a unterbringen, der das erste Auftreten eines genügend lauten

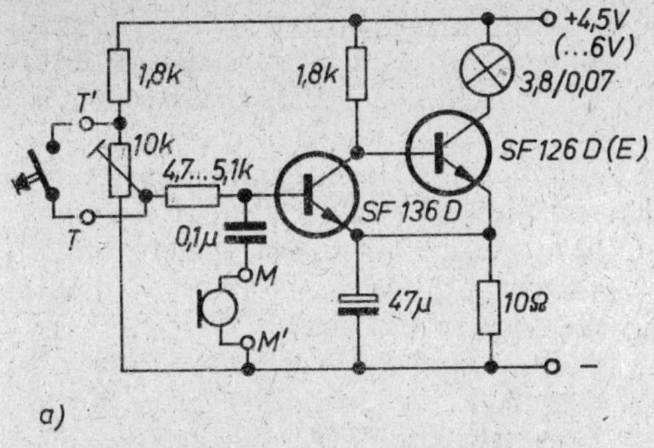

Bild 5.11
a – Schallmelder mit Speicherverhalten;
b – Bestückung zu Platte 04 für a

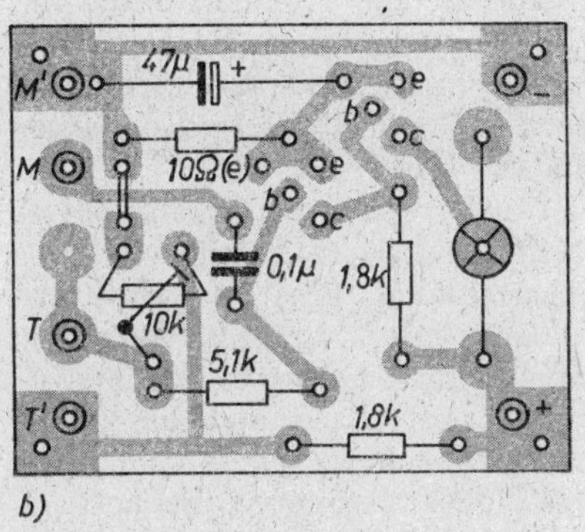

Geräuschs durch bleibendes Leuchten der Signallampe anzeigt. Wieder wird der spezielle Effekt des Schmitt-Triggers bei großem Widerstand der Speisequelle (das ist das Widerstandsnetzwerk zwischen der Basis und der Betriebsspannung) ausgenutzt.

Die Schaltung muß zunächst ohne Mikrofon eingestellt werden, und zwar so: Schleifer des 10-kΩ-Stellwiderstands nach Minus hin so weit verstellen, bis die Lampe gerade leuchtet, dann etwas zurückstellen und Lampe mit Taster wieder löschen. Nun wird das Mikrofon angeschlossen. Wie im Baukastenversuch, so eignet sich auch für Daueranwendungen eine hochohmige Kopfhörerkapsel gut, da sie bei Auftreffen einer ausreichenden Schallamplitude einen genügend hohen Signalpegel liefert. Diese Wechselspannung überlagert sich der dicht über dem Abschaltwert eingestellten Basisvorspannung von T1, so daß dieser kurzzeitig gesperrt wird. Den Rest übernimmt das Triggerverhalten der Schaltung: T2 wird leitend, dadurch sperrt T1 zuverlässig, und die Lampe leuchtet bis zum Betätigen der Löschtaste. Wegen der Notwendigkeit, den Schaltpunkt relativ genau einstellen zu müssen, da nur eine kleine Signalamplitude auftritt, ist die Schaltung thermisch nicht stabil. Man bedenke, daß die Basisschwellspannung eines Transistors mit steigender Temperatur um etwa 2 mV/K sinkt. Man kann jedoch den Eingriffspunkt mit einer Schallquelle höherer Spannung verbinden, z. B. mit dem Ausgang einer NF-Verstärkerstufe. Dann läßt sich ein größerer Sicherheitsbereich einstellen, und gleichzeitig wächst noch die Empfindlichkeit für schwächere Schallsignale.

Die Leiterplatte Nr. 04 ist nach Bild 5.11b zu bestücken. Das Mikrofon wird über eine Leitung angeschlossen.

5.2. *ABC*-Digitalschaltungen

Jede Unterteilung hat ihre Mängel, so auch diese. «Digital» im übertragenen Sinne von «Ein» und «Aus» ohne Zwischenzustände charakterisiert ja auch schon das Ausgangsverhalten elektronischer Schalter. Die vorliegende Klassifizierung sollte vordergründig deutlich machen, daß es sich hier um einige Schaltungen handelt, die zu den häufig benutzten Grundschaltungen der Digitaltechnik zählen und heute normalerweise als integrierte Einheiten bzw. als Teilschaltungen digitaler Schaltkreise genutzt werden. (Der bistabile Multivibrator z. B. ist als kleinste Speicherzelle hochintegrierter Speicherschaltkreise ein wichtiges Funktionselement.)

Über den Transistorversuch gewinnt man auch für diese Schaltungen ein gewisses «Vorverständnis».

5.2.1. Astabiler Multivibrator als Blinker

Die Schaltungen A 27 und B 16 des *Polytronic-ABC* haben dabei auf Grund ihrer relativ kritischen Einstellung wieder mehr experimentellen Charakter. Zuverlässig arbeitet dagegen ohne besondere Einstellmaßnahmen der astabile Multivibrator nach Bild 5.12a. Voraussetzung ist allerdings, daß die Basiswiderstände bestimmte Höchstwerte nicht überschreiten. Sie sind durch die Stromverstärkungen und die Werte der Kollektorwiderstände gegeben. Man sollte $R_B = 0{,}8 \cdot B \cdot R_C$ nicht überschreiten, bei $R_C = 1\,\mathrm{k\Omega}$ und $B = 100$ also $80\,\mathrm{k\Omega}$. Anderenfalls wird der Transistor in der Durchlaßphase nicht völlig geöffnet. Die Blinkfrequenz kann besonders wegen der großen Toleranzen von Elektrolytkondensatoren nur überschlägig berechnet werden. Für die Schwingungsdauer einer Schwingung gilt etwa $T = 0{,}7 \cdot (C1R1 + C2R2)$. Die Schaltung beginnt sofort nach dem Einschalten zu blinken, denn der Einschaltstrom findet stets einen der beiden Transistoren als den schneller leitenden vor. Im «eingeschwungenen» Zustand läuft periodisch dies ab: Helle Lampe heißt, daß T2 gerade leitet, also niedrige Kollektorspannung. Beim Übergang in diesen Zustand liegt *C*1 mit seiner (gegen die Basis negativen) Spannung praktisch gegen Minus an der Basis von T1 und sperrt diesen. *R*1 lädt nun *C*1 so lange um, bis die Basis wieder etwa +0,6 V erhält und T1 in den leitenden Zustand bringt. Damit wird jetzt *C*2 zur Sperrspannungsquelle für T2, nachdem er zunächst über den leitend werdenden T1 nur einen Teil des Basisstroms von T1 abgeleitet hat. Die Kollektorspannung von T2 steigt dabei, so daß über *C*1 an die Basis von T2 ein zusätzlicher Strom gelangt, der ihn weiter öffnet. Damit kippt die Schaltung in den Zustand «Lampe aus». Er dauert so lange, bis sich nun *C*2 über *R*2 gegenüber der Basis von T2 auf etwa 0,6 V aufgeladen hat usw. Für diesen vielseitig einsetzbaren Blinker, dessen Blink- und Leuchtzeiten durch Wahl entsprechender *C*-Werte stark variiert werden können, wurde die Leiterplatte Nr. 05 entworfen, die nach Bild 5.12b zu bestücken ist.

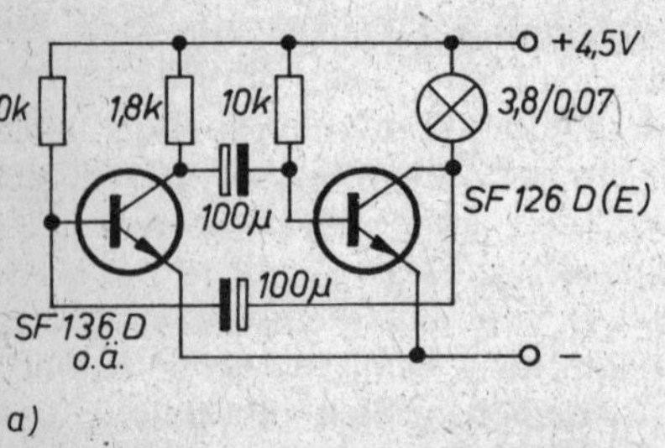

a)

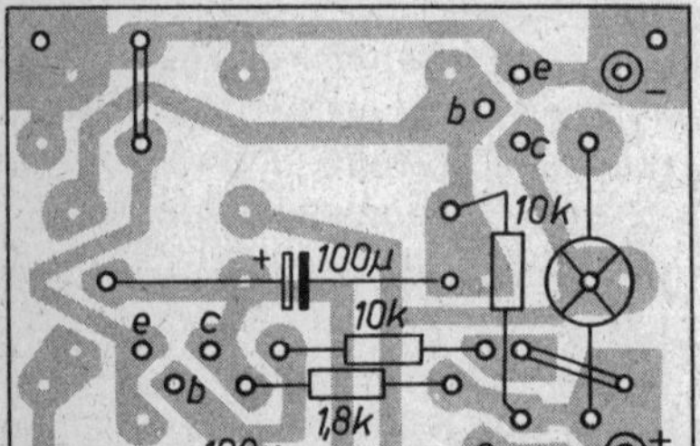

b)

Bild 5.12
a – astabiler Multivibrator als Blinker (*C*1: unterer, *C*2: oberer Kondensator je 100 µF; *R*1: linker, *R*2: rechter 10 kΩ; T1: links, T2: rechts); b – Bestückung zu Platte 05 für a

5.2.2. Astabiler Multivibrator als lichtgesteuerter Tongenerator

Der weite mögliche Frequenzbereich des in Abschnitt 5.2.1. vorgestellten Multivibrators erlaubt es auch, Signale im Hörbereich zu erzeugen. Fügt man in die Schaltung noch einen Fotowiderstand ein, so ergibt sich ein lichtgesteuerter Signalgenerator (Bild 5.13a). Er arbeitet bei dieser Beschaltung nur bei ausreichender Helligkeit, läßt sich also u. a. als akustischer Lichtmelder einsetzen. Der induktive Widerstand des Kopfhörers beeinflußt das Verhalten des Generators, da in einer Induktivität der Strom bei Anlegen einer Spannung nicht sofort seinen Endwert erreicht, der dann nur noch vom ohmschen Widerstand der Spule abhängt. Das bedeutet eine vom Rechenwert verschiedene Schwingfrequenz und eine Kurvenform der Schwingung, die deutlich vom Rechteck eines reinen *RC*-Multivibrators abweicht. Der günstigste Arbeitspunkt des zweiten Transistors und damit der Gesamtschaltung, was das Schwingverhalten betrifft, wird mit dem Widerstand (etwa 100 kΩ) nach Gehör eingestellt. Der Fotowiderstand ist etwa der gewünschten Ansprechhelligkeit auszusetzen. Wird statt des Fotowiderstands eine Taste angeschlossen, so kann man mit dieser Schaltung auch Morsen üben. Günstiger (wegen der Stromaufnahme) ist dann aber Tasten der Betriebsspannung; die Anschlüsse des Fotowiderstands werden dabei ständig überbrückt. Der Tongenerator kann auf der Leiterplatte Nr. 05 untergebracht werden, wenn diese nach Bild 5.13b bestückt wird.

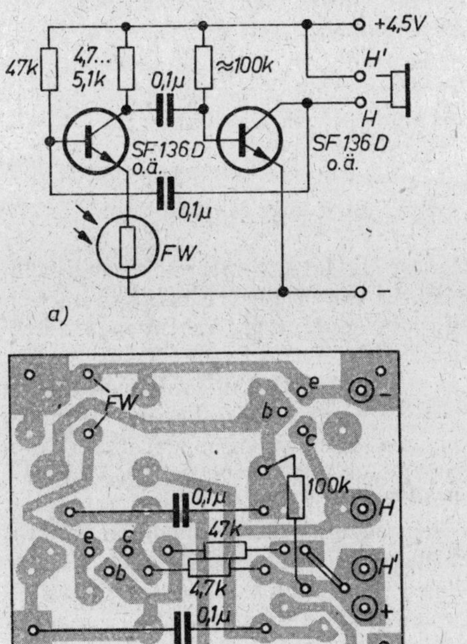

Bild 5.13
a – lichtgesteuerter Tongenerator; b – Bestükkung zu Platte 05 für a

5.2.3. Monostabiler Multivibrator

Der astabile Multivibrator nach Abschnitt 5.2.1. und Abschnitt 5.2.2. bleibt abwechselnd jeweils eine bestimmte Zeit in jedem der beiden möglichen Zustände, die durch die Lampe angezeigt werden. Die Zeit für jede Phase wird von den beiden *RC*-Kombinationen an den Basisanschlüssen der Transistoren bestimmt. Die Schaltung nach Bild 5.14a enthält nur eine *RC*-Kombination, die andere Basis ist «galvanisch» mit dem Kollektor des anderen Transistors verbunden. Daraus ergibt sich, daß die Schaltung nur für einen der Zustände, die sie einnehmen kann, unstabil ist. Im anderen Zustand dagegen verharrt sie stabil. Dieses Verhalten nennt man monostabil. Es zeigt sich also: Im (stabilen) Ruhezustand ist der Kondensator *C* etwa auf $U_B - U_{BE}$ aufgeladen. T1 erhält über seinen Basisvorwiderstand Strom und leitet. Dadurch ist T2 gesperrt, so daß also an seinem Kollektor die volle Batteriespannung U_B steht. Schon ein kurzer Druck auf die Taste bewirkt, daß T1 sperrt. Damit öffnet

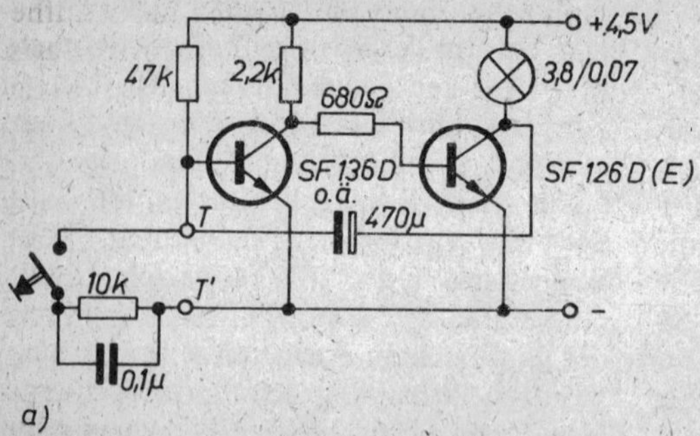

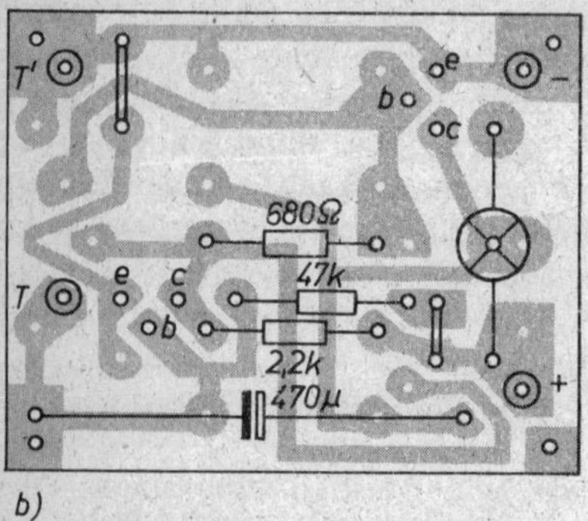

Bild 5.14
a – monostabiler Multivibrator (*C* hier 470 µF; T1: links, T2: rechts); b – Bestückung zu Platte 05 für a

T2, sein Kollektorpotential sinkt auf einen kleinen Wert (Sättigungsspannung), die Lampe leuchtet, und die Spannung des Kondensators liegt nun, vermindert um die Sättigungsspannung von T2, als Sperrspannung an der Basis von T1. Das ist der unstabile Zustand der Schaltung, denn nun lädt sich *C* zunächst über den Basisvorwiderstand von T1 so weit auf, bis T1 wieder leitend wird. Er entzieht damit T2 Basisstrom, und dessen Kollektorspannung steigt. Damit wird aber nun über *C* ein in die Basis von T1 fließender Ausgleichsstrom hervorgerufen, der T1 schnell ganz öffnet. Der Ruhezustand der Schaltung ist wieder erreicht, bei dem die Lampe dunkel ist. Ihre Hellzeit hängt von *C* und vom Basisvorwiderstand von T1 ab. Dieser Widerstand hat einen oberen Grenzwert, denn der von ihm bestimmte Basisstrom muß so groß sein, daß T1 in der stabilen Lage genügend leitet, um T2 zu sperren. Die Ähnlichkeit der Schaltung mit der des astabilen Multivibrators erlaubt es, sie auf der gleichen Leiterplatte (Nr. 05) zu realisieren. Daraus ergibt sich der Bestükkungsplan nach Bild 5.14b.

Gegenüber dem Baukastenversuch wird T1 über einen Kondensator gesperrt. Damit ist die Hellzeit unabhängig von der Betätigungszeit der Taste. Anderenfalls würde bei zu lange gedrückter Taste *C* erheblich entladen werden, so daß T1 schneller wieder geöffnet ist.

5.2.4. Bistabiler Multivibrator

Es wurde bereits mehrfach festgestellt, daß die durch einen ausreichend hohen Basisstrom leitfähig gewordene Kollektor-Emitter-Strecke eines Transistors in der Lage ist, die Basis-Emitter-Spannung eines zweiten Transistors auf einen so kleinen Wert zu bringen, daß dieser Transistor sperrt. Wenn man diese Verknüpfung «über Kreuz» anbringt, so sperrt also stets einer der beiden Transistoren, während der andere geöffnet ist. Welcher einen bestimmten Zustand einnimmt, wenn die Betriebsspannung angelegt wird, bestimmt der Zufall. Einer ist immer etwas schneller als der andere. Man kann das bei Bedarf mit kleinem Zusatzaufwand definiert beeinflussen, z. B. durch einen Kondensator, der die eine Basisspannung langsamer steigen läßt als

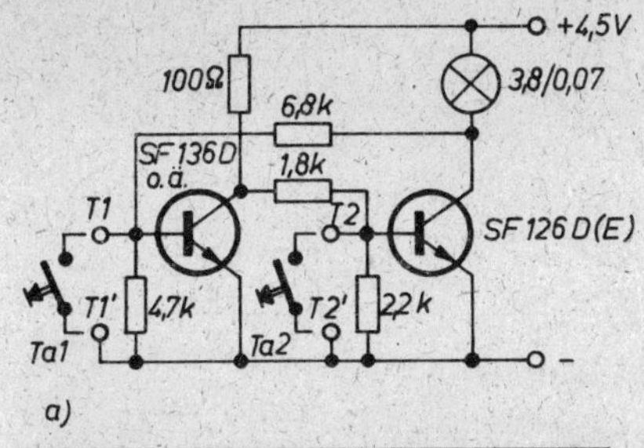

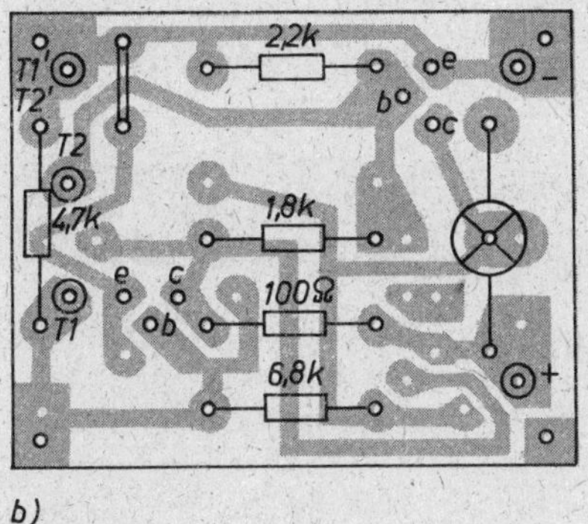

Bild 5.15
a – bistabiler Multivibrator (Bezeichnungen T1 und T2 gelten sowohl für die Tastenanschlüsse wie für die Transistoren); b – Bestückung zu Platte 05 für a

die andere. Da eine solche Schaltung nach Bild 5.15a zwei mögliche stabile Zustände hat, heißt sie bistabiler Multivibrator. Man kann nun jeden der beiden Basisanschlüsse herausführen und wahlweise kurz mit Minus verbinden. Verändern wird sich aber nur etwas, wenn man die Basis des gerade geöffneten Transistors trifft. Das ist z. B. T1, wenn die Lampe dunkel ist, denn dann entzieht T1 dem Transistor T2 den Basisstrom. Sperrt man T1 auf diese Weise kurzzeitig, so übernimmt die Basis von T2 den Strom über den Kollektorwiderstand von T1 und den Vorwiderstand und bringt T2 in den leitenden Zustand. Damit leuchtet die Lampe. Da T2 nun für den Strom geöffnet ist, steht an seinem Kollektor nur noch wenig Spannung. Das bedeutet weiterhin Sperren von T2, auch nach Aufheben der Masseverbindung seiner Basis. Sie reagiert auch auf kein erneutes Berühren mehr. Anders jetzt die Basis von T2: Vorher ohne Reaktion, läßt eine auch nur kurzzeitige Verbindung zwischen ihr und Masse die Lampe wieder verlöschen. Das bleibt dann auch beliebig lange so, da jetzt für T2 die gleichen Sperrverhältnisse gegeben sind wie zuvor für T1. Dieser erhält nun von der auf einen Wert nahe der Batteriespannung (Lampen-*R* viel kleiner als übriger Widerstand!) angestiegenen Kollektorspannung Öffnungsstrom. Die Widerstandswerte weichen von denen des Baukastenexperiments ab, denn bei jenem war die recht hohe Sättigungsspannung von T2 bei Lampenstrom zu berücksichtigen, die vor allem im ersten Moment durch den hohen Lampenkaltstromstoß noch wesentlich größer ist als im «stationären» Betrieb. Durch die günstigere Transistortypenwahl erübrigt sich auf der Leiterplatte eine Einstellung durch Potentiometer, so daß das Leiterbild Nr. 05 für den astabilen und für den monostabilen Multivibrator auch hier verwendet werden kann. Bestückt wird jetzt nach Bild 5.15b.

Große praktische Bedeutung hat der bistabile Multivibrator in der Digitaltechnik als kleinste Speicherzelle erlangt

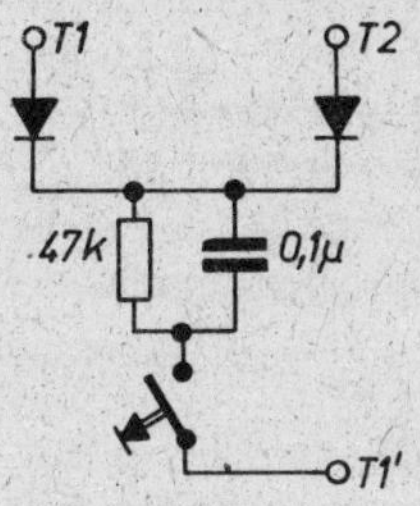

Bild 5.16
Ansteuerung des bistabilen Multivibrators über einen Schalter. Die Diodenschwellspannung muß kleiner als die Basis-Emitter-Spannung sein; über 6,8 kΩ und 1,8 kΩ in Bild 5.15a je 0,1 μF legen; Vorwiderstand 47 Ω vor Lampe nötig, da 6 V Betriebsspannung

(Flip-Flop, neuerdings auch Trigger genannt); er ist auch Bestandteil von Frequenzteilern u. ä. Die inzwischen längst durch integrierte Schaltungen (vgl. Bauplan 37 – *Digitalmosaik* und Abschnitt 7.) abgelöste Transistorschaltung läßt sich für solche Zwecke meist vorteilhafter durch Impulse steuern. Dann genügt für die Steuerung beider Zustände ein Eingang. Ein kurzer negativ (gegen Minus) laufender Impuls sperrt die jeweils «aktive» Basis. Der nächste Impuls steuert dann den anderen Transistor usw. Die Schaltung muß dazu allerdings nach Bild 5.16 ergänzt werden.

5.3. *ABC*-NF-Verstärker

Bisher wurde vorwiegend das Verhalten von Transistoren im Schalterbetrieb behandelt. Sie waren entweder ein- oder ausgeschaltet; der Übergangsbereich war dagegen im allgemeinen unerwünscht. Im folgenden interessiert der Betrieb des Transistors bei einem «Arbeitspunkt» zwischen Sperren und völligem Leiten. Das hat einige Wirkungen: Vor allem können jetzt kleine Spannungsänderungen, über einen Kondensator in die Basis eingekoppelt, den Kollektorstrom beeinflussen, ohne erst die Basisschwellspannung überwinden zu müssen. Das besorgt jetzt ein Widerstand genügender Größe, der in die Basis einen gerade günstigen Strom einspeist, damit z. B. am Kollektor eine Spannung in der Größenordnung von $U_B/2$ entsteht. Die Schaltung nach Bild 5.17a erfüllt diese Bedingung bei $R_B = \frac{2\,R_C}{U_B} \cdot \beta \cdot (\frac{U_B}{2} - U_{BE})$. Abweichungen von $U_B/2$ sind besonders bei Kleinsignalverstärkern ohne Bedeutung. Ein über den Eingangskondensator in die Basis eingespeister Wechselstrom (für diesen ist C ja durchlässig) erscheint, um β verstärkt, im Kollektorkreis und ergibt dort die Wechselspannung $\beta \cdot I_{B\sim} \cdot R_C$. (Der Eingangsstrom selbst ist größer, da

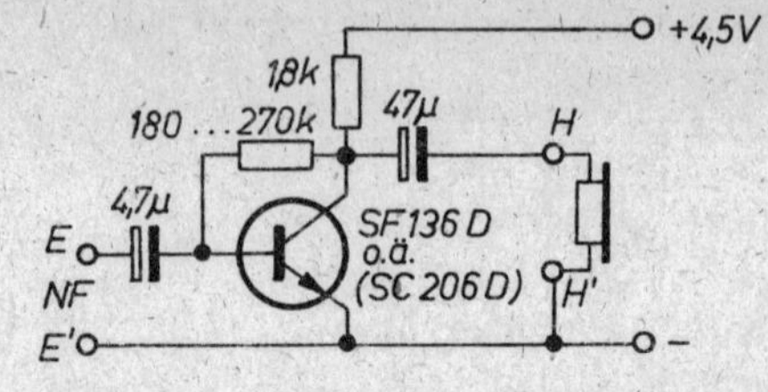

a)

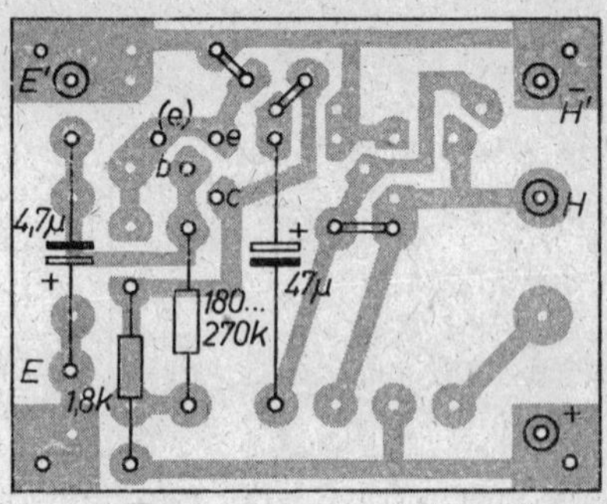

b)

Bild 5.17
a – 1stufiger NF-Verstärker (R_B = 180 bis 270 kΩ, R_C = 1,8 kΩ, U_B = 4,5 V); b – Bestükkung zu Platte 06 für a

er sich auf Basis und Widerstand zum Kollektor hin aufteilt.) Solange die verstärkte Wechselspannung wesentlich kleiner als $U_B/2$ bleibt und der Steuerstrom von einer Quelle mit $R_i > R_E$ stammt, ist die Verstärkung verzerrungsarm. Der gesamte Eingangswechselstrom wird von der zu verstärkenden Wechselspannung, dem Innenwiderstand der Wechselstromquelle und dem Eingangswiderstand R_E der gegengekoppelten Transistorschaltung bestimmt: $I_{E\sim} = U_\sim/(R_i + R_E)$. In der vorgestellten Schaltung trägt aber der Basiswiderstand, da er vom Kollektor her den Basisarbeitspunktstrom zuführt, zur Verringerung des Eingangswiderstands bei. Dadurch wird die erreichbare Verstärkung zwar kleiner, aber diese «Gegenkopplung» sorgt auch dafür, daß der Arbeitspunkt weniger von Exemplardaten und Temperatur abhängt als bei Zuführung von Plus direkt. Denn: Falls z. B. U_C steigen will, steigt auch I_B, so daß I_C wächst und über R_C wieder U_C verringert. Daß die gesamte Spannungsverstärkung kleiner ist, als zunächst erwartet, liegt auch an der Belastung des Ausgangs: Dem R_C ist nämlich über den Auskoppelkondensator noch «wechselspannungsmäßig» der Lastwiderstand parallelgeschaltet, im Beispiel der Kopfhörer mit seinen 2 kΩ. Für den Anfang mögen diese Informationen genügen; entsprechend weiterführende Literatur wird der Anfänger, mit den Erfahrungen dieser Versuche als Ausgangspunkt, ohnehin bald lesen wollen.

Woher stammen die zu verstärkenden Signale? Von allen Wechselstromquellen, die man sich denken kann; je nachdem, was zu verstärken ist: Mikrofon, Plattenspieler-Tonabnehmer (unter Beachtung des hohen Quellwiderstands), Empfängereingangsteile usw. Der erste Versuch beschränkt sich darauf, auch an den Eingang eine Hörkapsel anzuschließen, die dann als Mikrofon wirkt. Für diesen bereits vielfältig einsetzbaren einfachen Verstärker und für die folgenden Beispiele entstand das *typofix*-Leiterbild Nr. 06. Die Leiterplatte wird für diesen Verstärker nach Bild 5.17b bestückt.

Eine zweite Stufe erhöht die Verstärkung beträchtlich – unter Berücksichtigung der Lastwiderstände um den Faktor der Verstärkung der zweiten Stufe. Für eine Stufenverstärkung von 33 z. B. würde sich bei zwei Stufen eine Gesamtspannungsverstärkung von $33 \cdot 33 \approx 1\,000$ ergeben! Nun legt man allerdings diese Stufen je nach Signalamplitude und Lastwiderstand unterschiedlich aus. Für das Beispiel nach Bild 5.18a wurde im Baukastenversuch z. B. zunächst noch ein Spannungsteiler für die Basis des zweiten Transistors benutzt. Da er direkt an Plus liegt, folgt der Arbeitspunkt jeder Temperaturänderung, und auch die Einstellung der Widerstände ist kritisch. Für die Leiterplatte wurde daher in der ersten Stufe gegengekoppelt, was allerdings einen kleineren Verstärkungsfaktor ergibt. Der zusätzliche Widerstand von Basis nach Masse entlädt den Koppelkondensator, der bei größeren Aussteuerungen durch die Basis-Emitter-Diode geladen wird. Als praktisches Beispiel für den Einsatz dieser bereits relativ hoch verstärkenden Baugruppe, deren Bestückung für die Leiterplatte Nr. 06 gemäß Bild 5.18b vorgenommen wird, nennt die Baukastenanleitung einen Telefonmithörverstärker. Als Fangspule reicht bereits ein mit einigen hundert Windungen Kupferlackdraht bewickelter Ferritstab; noch wirksamer ist ein altes Rund- oder Flachrelais, von dem der Anker entfernt wurde. Die Spule ist an einer zu erprobenden Stelle des Telefons anzuordnen. Am besten wählt man

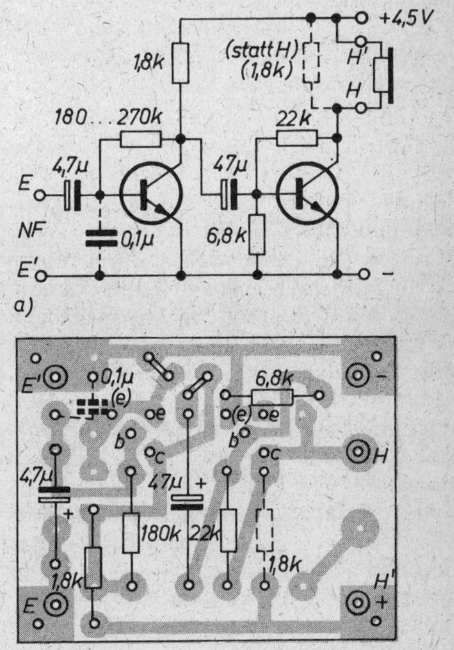

Bild 5.18
a – 2stufiger NF-Verstärker, 2 Emitterstufen (Texthinweis bezüglich HF beachten!); b – Bestückung zu Platte 06 für a

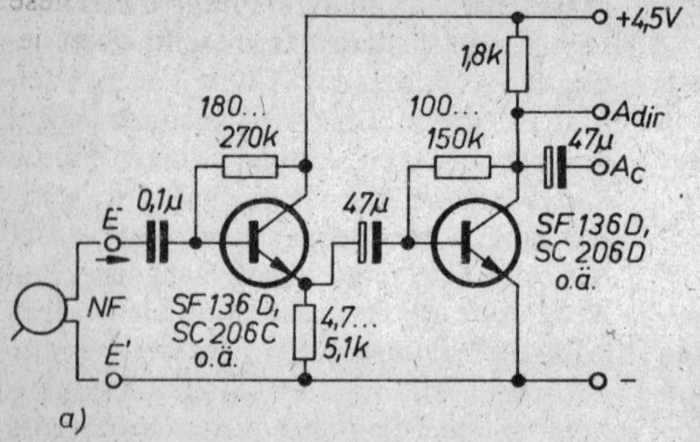

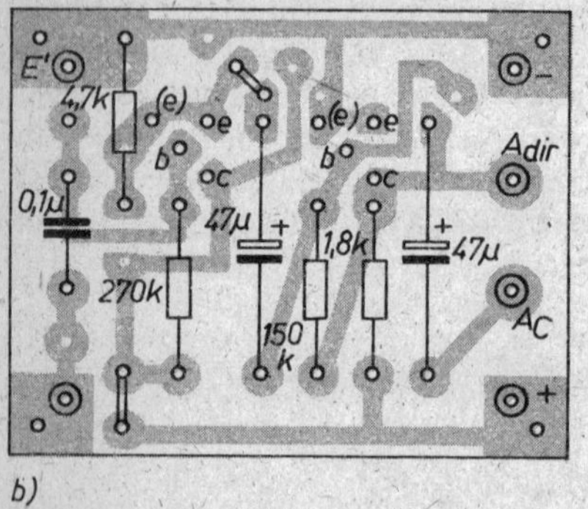

Bild 5.19
a – 2stufiger NF-Verstärker, erste Stufe in Kollektorschaltung (hoher Eingangswiderstand); b – Bestückung zu Platte 06 für a

für die Versuche eine automatische Ansage an, z. B. den Wetterbericht. Zwei Hinweise zu dieser Schaltung sind wichtig: In Sendernähe können Rundfunksender stören. Die hohe Grenzfrequenz der Transistoren kann außerdem zur HF-Selbsterregung führen. Beide Effekte beseitigt je ein kleiner Scheibenkondensator von etwa 220 pF zwischen Basis und Kollektor jedes Transistors, leiterseitig angelötet.

Der Eingangswiderstand der beiden Verstärker liegt im Kiloohmbereich. An hochohmige Quellen kann man sie nur anschließen, wenn es nicht stört, daß deren Klemmenspannung dabei erheblich zusammenbricht. Nach Bild 5.19a dagegen erhält man einen Eingangswiderstand, der etwa dem Produkt aus Stromverstärkung und (gesamtem) Widerstand im Emitterzweig entspricht. Dieser Widerstand ist hier die Parallelschaltung des ohmschen Widerstands mit dem Eingangswiderstand der nächsten Stufe. Angenommen, das sei etwa 1 kΩ, dann ergibt sich $R_E = \beta \cdot 10^3$, also mit $\beta = 100$ z. B. 100 kΩ; allerdings liegen dazu noch 180 bis 270 kΩ Basisvorwiderstand parallel, was etwa 68 kΩ ergibt. Das ist für hochohmige Quellen meist schon eine akzeptabel geringe Belastung (Beispiel: Anschluß an Kristalltonabnehmer oder hochohmigen Ausgang anderer Plattenspieler). Daß die Spannungsverstärkung der Stufe jetzt weniger als 1 beträgt, stört meist nicht, da die Ausgangsspannung solcher Quellen im allgemeinen bereits bei einigen hundert Millivolt liegt. Die Bestückung der Leiterplatte von Nr. 06 für Bild 5.19a geht aus Bild 5.19b hervor. Hochohmige Quellen über Schirmkabel anschließen!

5.4. *ABC*-Signalgeber

5.4.1. *LC*-Tongenerator

Das Resonanzprinzip – bekannt aus dem Physikunterricht – ist für Empfang und Trennung von Rundfunksendern von entsprechender Bedeutung. Mit einem solchen Schwingkreis aus *L* und *C* lassen sich, wenn beide groß genug sind, auch hörbare Schwingungen erzeugen. Bild 5.20a nutzt die Induktivität der Kopfhörerkapsel aus. Die Kreiskapazität wurde unterteilt. 2 × 0,1 µF in Serie er-

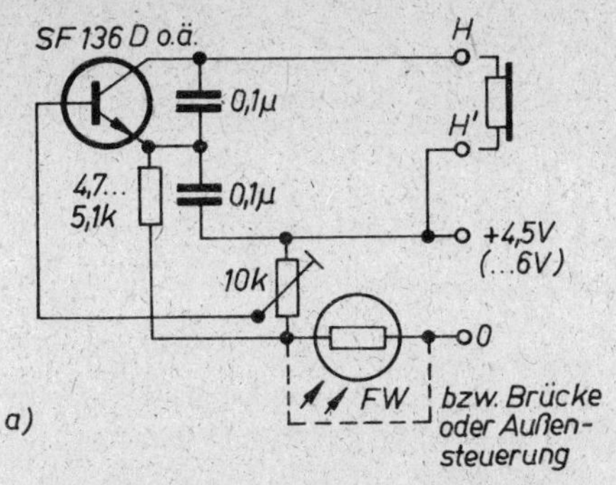

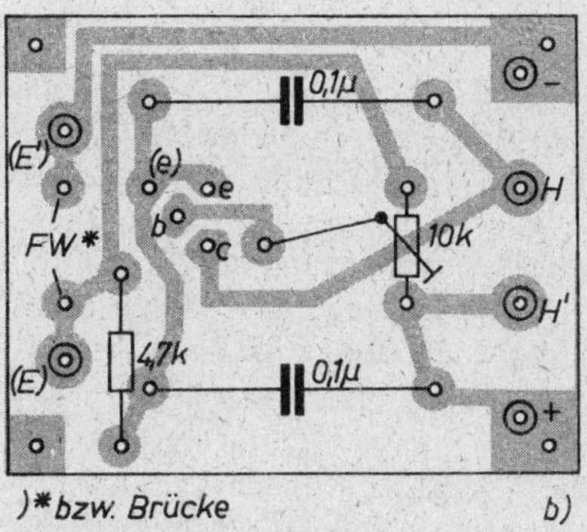

Bild 5.20
a – *LC*-Tongenerator (Ausnutzen der Hörerinduktivität), wahlweise lichtgesteuert (Null ist Minuspol der Batterie); b – Bestückung zu Platte 08 für a

gibt 50 nF als wirksames *C*. Der Verbindungspunkt beider Kondensatoren ist für unsere Schaltung sehr wichtig. Dadurch wird der Basis-Emitter-Strecke bei entsprechend günstig eingestelltem Arbeitspunkt (das Potentiometer muß zunächst eine Basisspannung oberhalb des Schwellwerts liefern) Energie aus dem Schwingkreis im richtigen Sinne zurückgeführt. Eine kleine Änderung des Stroms im Kollektorkreis, z. B. beim Einstellen des Potentiometers über den Basisstrom erzeugt, führt wieder zu einer Basisstromänderung im richtigen Sinne, wird verstärkt usw. Der Generator schwingt dadurch auf einer von *L* und *C* bestimmten hörbaren Frequenz. Diese Erklärung ist stark vereinfacht, zeigt jedoch u. a., daß es auf die richtige Einstellung des Potentiometers ankommt, damit man etwas hört. Denn auch die Höhe der Betriebsspannung ist für den Einsatzpunkt von Bedeutung. Das wird in der Variante «lichtgesteuerter Tongenerator» (in Bild 5.20a bereits mit eingetragen) ausgenutzt. Bei einer bestimmten Helligkeit setzen die Schwingungen ein. Durch Einfügen des Fotowiderstands wurde hier eine andere Möglichkeit eines akustischen Lichtmelders realisiert. Für beide Schaltungen gilt die Leiterplatte Nr. 08, die nach Bild 5.20b bestückt wird (ebenfalls wieder wahlweise mit oder ohne Fotowiderstand, je nach Einsatzzweck als Melder oder als Tongenerator für Prüfzwecke, für Morseübungen usw.).

5.4.2. Zweiklanghupe

Bei dieser Schaltung (Bild 5.21a) wird ausgenutzt, daß auch der Kollektorwiderstand bei vom Normalwert abweichender Größe auf die Frequenz eines astabilen Multivibrators Einfluß hat. Bei Schließen und Öffnen des Schalters hört man unterschiedliche Töne. Gegenüber der Baukastenschaltung wurde eine Endstufe für Lautsprecherbetrieb angefügt; die Lautstärke ist vom Wert des Emitterwiderstands abhängig. Bei Inbetriebnahme Potentiometer auf Maximum stellen, ggf. mit Taste starten. Wird diese Schaltung mit einem astabilen Multivibrator genügend kleiner Frequenz gekoppelt (z. B. über ein Relais in dessen Ausgang), so kann der Ton automatisch den Klang eines Signalhorns annehmen. Bild 5.21b zeigt für die Leiterplatte Nr. 09 den Bestückungsplan dieses Bausteins.

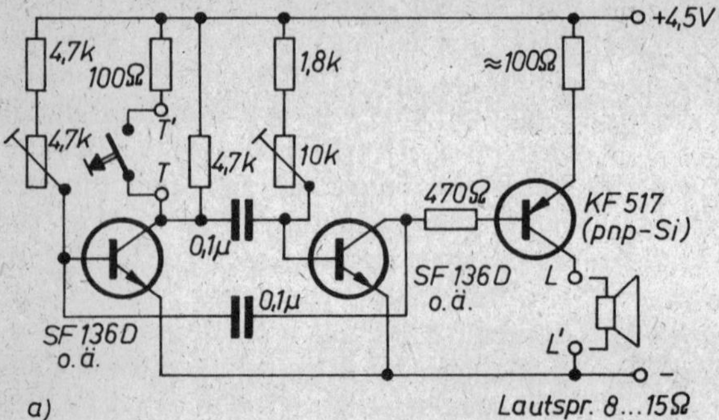

Bild 5.21
a – Zweiklanghupe, handgeschaltet; b – Bestückung zu Platte 09 für a

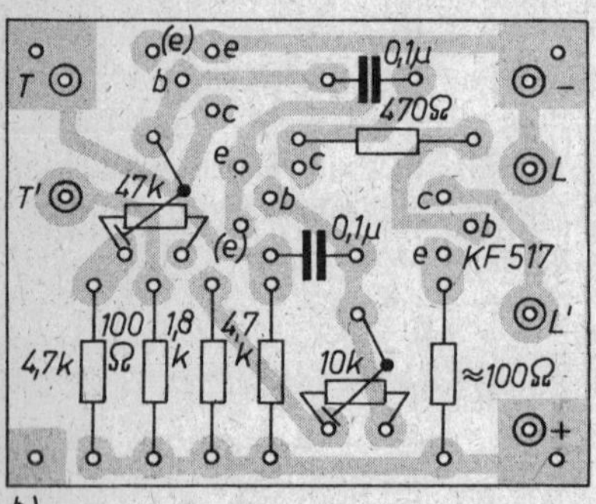

Grund, daß an den 4,5-V-Ausgang ein Vorlastwiderstand von 680 Ω bis 1 kΩ angeschlossen werden sollte. Der Vorwiderstand der Z-Diode wirkt mit dem Transformatorinnenwiderstand zusammen und ergibt in der Z-Diode auch bei Leerlauf nicht mehr als die zulässige Leistung.

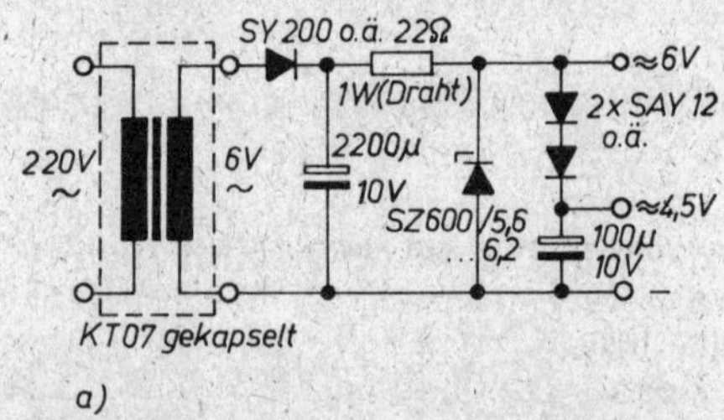

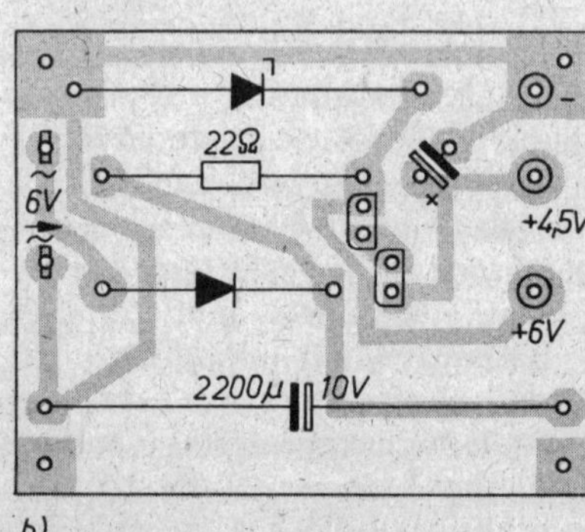

Bild 5.22
a – einfaches, stabilisiertes Netzteil für die Versuche und für Dauereinsatz, an 4,5-V-Ausgang Vorlast etwa 680 Ω bis 1 kΩ anschließen (vgl. Text); b – Bestückung zu Platte 10 für a

5.5. *ABC*-Stromversorgung

Eine für erste Versuche ausreichende 4,5-V-Batterie ist bei längerem Betrieb bald erschöpft. Für Dauereinsatz empfiehlt sich ein kleines Netzteil. Nach Bild 5.22a kann ein 6-V-Klingeltransformator die relativ geringen Ströme (100 mA werden kaum überschritten, auch bei zwei Einheiten an einem Netzteil) leicht bereitstellen. Die zunächst etwas ungewöhnlich wirkende Schaltung wird verständlich, wenn man bedenkt, daß ein nahe Leerlauf betriebener 6-V-Klingeltransformator wesentlich mehr als 6 V liefert. Am Kondensator entsteht ohne Last der Scheitelwert von $U_{eff} \cdot \sqrt{2}$. Die Gleichrichter reduzieren ihn mit ihrer Durchlaßspannung nur wenig, da sie bei kleinem Strom noch wesentlich weniger als 0,6 V benötigen. Das ist der

Die beiden Dioden (eine, wenn eine 5,1-V-Z-Diode vorhanden ist, zwei bei SZ 600/5,6 bzw. 6,2) reduzieren die Ausgangsspannung um jeweils etwa 0,6 V, so daß man im gegebenen Lastbereich wieder ungefähr 4,5 V erhält. Unmittelbar mit der Z-Diodenspannung und ohne weitere Dioden kann die Baukastenbestückung betrieben werden, da dort 6 V gefordert werden (zur Erinnerung: große Sättigungsspannung der dort verwendeten Miniplasttransistoren). Die Leiterplatte Nr. 10 war auf dem *typofix*-Blatt fehlerhaft, im Bauplan aber schon richtig. Das neugestaltete *typofix*-Blatt enthält jetzt das richtige Muster. Mit der Bestükkung nach Bild 5.22b ist diese Platte eine wirtschaftliche Quelle nicht nur für das Experimentiersystem.

5.6. Einfache Empfänger für Mittelwelle

In einfachen Empfängern sind folgende Baustufen zu unterscheiden:

- Signaleingang (Antenne) – Eingangsschwingkreis aus Spule und Kondensator, wobei der Spulenkern, wenn Ferritstab, gleichzeitig Antenne ist;
- Demodulation durch Diode oder Transistor – Trennen der hörbaren NF von der unhörbaren hochfrequenten Senderwelle; um die Empfindlichkeit zu erhöhen, eventuell durch Rückkoppeln den Eingangskreis entdämpfen;
- Verstärkung der Niederfrequenz durch Transistoren (oder Schaltkreis);
- Umsetzung in akustische Schwingung über Endstufe und Lautsprecher.

Zur Kopplung des Signals von Stufe zu Stufe benutzt man: von der Antenne (sofern außer Ferritstab notwendig) zum Schwingkreis einen Keramikkondensator von wenigen Picofarad, vom Kreis zum ersten Transistor eine Koppelwicklung oder Anzapfung und einen Keramik- oder Kunstfoliekondensator von einigen hundert bis 1 000 pF, in der NF Elektrolytkondensatoren von einigen Mikrofarad, in der Empfängerendstufe der 60er Jahre einen Übertrager zur Anpassung an den niederohmigen Lautsprecher (8 Ω), in der modernen «eisenlosen» (auch in der integrierten) Endstufe einen Elektrolytkondensator von mehreren 100 bis 1 000 µF. Jede Stufe soll nur den vorgesehenen Frequenzbereich verarbeiten und noch dazu nur aus den zugelassenen Quellen. Deshalb leiten als Siebkondensatoren eingesetzte Epsilan-Keramikkondensatoren die HF-Reste hinter der Gleichrichtung nach dem gemeinsamen Nullpotential (Masse) ab. Die ersten NF-Stufen sollen von der Endstufe her nicht über den Batterie-Innenwiderstand beeinflußt werden (Schwingerscheinungen, Knurren usw.). Daher siebt man auch die

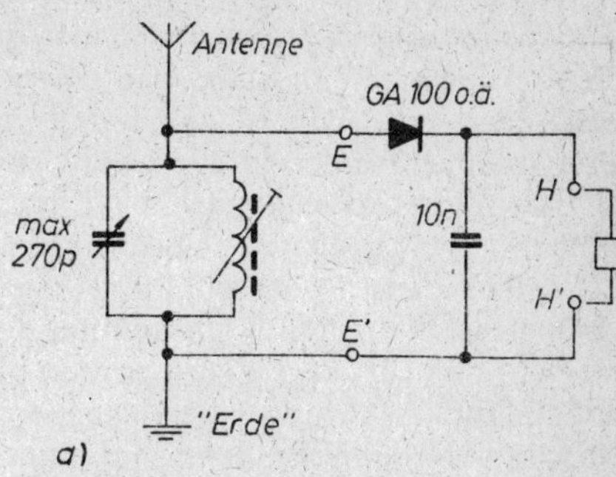

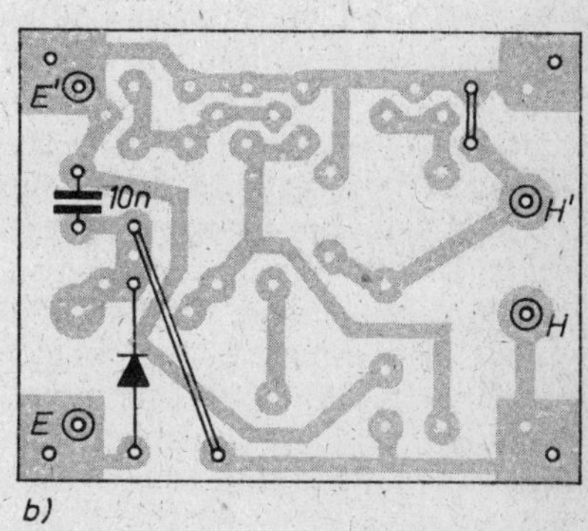

Bild 5.23
a – einfachste Empfängerstufe, die nach
b – auf Leiterplatte 07 aufgebaut wurde

Gleichspannungszuführung zu den ersten Stufen mit einem Widerstand und einem nachgeschalteten Elektrolytkondensator.

Für Anfänger wurden in Anlehnung an den Baukasten *Polytronic-ABC* auf der mehrfach verwendbaren Leiterplatte Nr. 07 (siehe Ende des Abschnitts) einige Empfängerschaltungen zusammengestellt. Aus den für diese Platte entworfenen Schaltungen bringen die folgenden Abschnitte vier typische Beispiele. Beim ersten Beispiel ist sie noch fast leer. Wikkelt man auf einen Ferritstab eng nebeneinander 80 bis 90 Wdg. Kupferlackdraht (Durchmesser etwa 0,4 mm) und legt sie mit Klebband fest, so hat man Spule und Antenne in einem. Ihre wirksame Antennenhöhe ist aber nicht sehr groß, und so empfiehlt sich mindestens für Bild 5.23 eine zusätzliche Antenne (wenigstens einige Meter Draht, frei aufgehängt) und Erde (Wasserleitung u. ä.). Damit sinkt allerdings auch die Trennschärfe. Die Schwingkreisteile werden, da ihre Maße von der örtlichen Beschaffungslage abhängen, außen angeschlossen. Eine Kunststoff- oder Hartpapiermontageplatte ist dafür sinnvoll.

5.6.1. HF-Gleichrichtung mit Diode

Die einfache Schaltung nach Bild 5.23a muß nicht unbedingt eine Leiterplatte erhalten. Allerdings sind die Bauelemente dadurch zuverlässig montiert.

Eine solche (wohl die älteste) Empfangsschaltung bringt nur bescheidene Ergebnisse. In einer Gegend mit mehreren starken Mittelwellenstationen hört man außerdem meist alle gleichzeitig. Wenn auch oft schon ein in Zimmerhöhe (und Fensternähe!) ausgespannter Draht in Verbindung mit einem Erdanschluß ausreichende Empfangsspannungen liefert, so vermag der durch die übrige Schaltung stark bedämpfte Kreis doch kaum noch ausreichend zu sieben. Geht man von der Annahme aus, daß durch diese Schaltung z. B. ein am Kreis wirksamer Resonanzwiderstand von 3 kΩ zustande kommt (bei direkter Ankopplung an den Kreis ist es sogar noch weniger!), so ergibt sich z. B. mit $L = 200\,\mu\text{H}$ eine Betriebsbandbreite von $B = 10^6/Q$ in Hz mit $Q = \dfrac{3 \cdot 10^3}{2\pi \cdot 10^6 \cdot 2 \cdot 10^{-4}} = 2{,}39$, folglich $B = 420$ kHz, d. h., der Kreis liefert bei Abstimmung auf 1 MHz alles, was zwischen 790 kHz und 1,21 MHz mit genügender Spannung zu empfangen ist.

Daher wird man auch mit Abstimmen nicht allzuviel ausrichten können, wenn zwei Sender in 100 oder 200 kHz Abstand «einfallen». Mit einer Koppelwicklung von z. B. $0{,}2\,w_{\text{Kreis}}$ sieht das schon besser aus. Nun stehen zwar nur noch 20% der am Kreis entstehenden Senderspannung für die Gleichrichtung zur Verfügung, aber diese Spannung ist höher, weil die angenommene Last von 3 kΩ jetzt mit $1{:}5^2$ in den Kreis transformiert wird, d. h. mit 75 kΩ. Nun zeigt sich bereits, wie gut die Schwingkreisspule ist, und es wird auch sinnvoll, für eine geringe Bedämpfung durch den «Generator» Antenne zu sorgen (z. B. ebenfalls mit einer Koppelwicklung oder mit einem im Verhältnis zur Kreiskapazität kleinen Koppelkondensator, etwa 10 bis 27 pF). Auch das vermindert zwar die Kreisspannung, erhöht jedoch die von der Betriebsgüte bestimmte Trennschärfe. Ohne Berücksichtigung der Antennenwirkung auf den Kreis ergibt sich nun eine Bandbreite, in deren Berechnung bereits der Leerlauf-Resonanzwiderstand mit einfließt. Er ließe sich durch definiertes Bedämpfen mit bekannten Widerständen und Messen der Resonanzspannung ermitteln, doch darauf wird hier verzichtet. Mit der Annahme, daß der transformierte Lastwiderstand und der Leerlauf-Resonanzwiderstand zusammen z. B. 60 kΩ ergeben, wird nun Q 20mal so groß wie vorher, also etwa 48. Das ergibt ein B von nur 21 kHz, und ein solcher Wert reicht für die Schaltung völlig aus. Jetzt kann

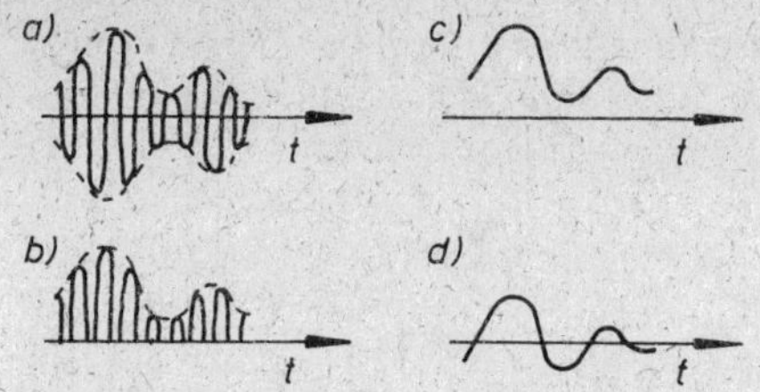

Bild 5.24
Vorgang der «Demodulation»: a – HF-Schwingung mit NF moduliert (Hüllkurve!); b – Diode läßt nur eine Halbwelle durch; c – Kondensator «glättet» (Kurzschluß für HF, Aufladen auf der NF entsprechenden Mittelwert); d – NF-Schwingung hinter Auskoppelkondensator

im Wechselspiel zwischen Koppelwicklungserhöhung und Überprüfung der erzielten Ausgangsspannung sowie der verbleibenden Trennschärfe der Empfänger den örtlichen Verhältnissen und der jeweiligen Antenne angepaßt werden. Man sieht – auch ein Diodenempfänger (früher «Detektor», «Entdecker») kann ganz schön üben! Die Wirkungen sind an ihm jedenfalls viel besser zu erkennen als in komplizierten Schaltungen. Was passiert aber eigentlich zwischen Schwingkreis und Kopfhörer?

Bei der Amplitudenmodulation wird die «Nachricht» von den in den Seitenbändern enthaltenen Frequenzen als Spannungsänderungen übertragen. Diese Spannungsänderungen entsprechen den aufmodulierten niederfrequenten Schwingungen. Das am Schwingkreis entstehende Spannungsgemisch ist symmetrisch zur Zeitachse, d. h., die NF-Schwingung ist sowohl «oben» als auch «unten» enthalten. Für einen niederfrequenten Schallwandler (Kopfhörer, Lautsprecher) läßt sie sich aber erst verwerten, wenn man nur eine Seite weiterverarbeitet. Die Voraussetzung dazu liefert eine Diode. Die modulierte HF nach Bild 5.24a erscheint an einem Arbeitswiderstand hinter der Diode gemäß Bild 5.24b. Diese hochfrequenten «Halbwellen» sind aber noch nicht geeignet, den «langsamen» Kopfhörer zu bewegen. Der Kondensator parallel zum Hörer «glättet» sie zu einem Kurvenzug, der ein Abbild der senderseitigen NF-Modulation darstellt (Bild 5.24c). Wird statt des Kopfhörers ein Widerstand angeschlossen und die NF-Spannung einer Verstärkerstufe zugeführt, trennt man zweckmäßig den Gleichspannungsanteil durch einen Koppelkondensator ab (Bild 5.24d). Die geringe Empfindlichkeit eines solchen Detektorempfängers resultiert vor allem aus der Diodenkennlinie. Erst bei einigen hundert Millivolt kommt eine vernünftige Gleichrichtung zustande (bei Germaniumdioden eher als bei Siliziumdioden); zu kleine modulierte HF-Spannungen liefern nur geringe und noch dazu stärker verzerrte NF-Spannungen. Eine Hochfrequenzverstärkerstufe vor dem Gleichrichter verbessert diese Verhältnisse entscheidend. Sie hat aber auch ihre Probleme: Der Transistor muß bei diesen Frequenzen möglichst rückwirkungsfrei verstärken, sonst greift die verstärkte Schwingung in den Eingangskreis ein (was auch durch magnetische Kopplung von Kern zu Kern passieren kann!) und führt zu Schwingerscheinungen. Beim Abstimmen über das gesamte Band wäre es optimal, auch den Ausgang mit abzustimmen. Das erfordert aber zwei möglichst gleichlaufende Drehkondensatorpakete und gleiche Kreiseigenschaften; Abgleich ist unumgänglich. Daher wird in weniger anspruchsvollen Empfängern der Ausgangskreis nicht abgestimmt, sondern so gestaltet, daß sich die an ihm verfügbare Spannung möglichst im empfangenen Frequenzbereich nur wenig ändert. In der Nähe starker Mittelwellensender wird eine solche HF-Vorstufe schnell fragwürdig. Was sie nicht tun soll, bewirkt bereits die HF-Stufe: Die großen Senderspannungen werden schon in ihr zum Teil gleichgerichtet, und das auch bei Empfang in der Frequenz benachbarter Stationen. Außerdem mischen sich diese Sender in der ersten Stufe, und ein einwandfreier Empfang ist nicht mehr möglich.

Industriell eingesetzte HF-Stufen regelt man daher in ihrer Eingangsempfindlichkeit gemäß der vom empfangenen Sender gewonnenen gleichgerichteten Spannung, die als «Regelspannung» auf die HF-Stufe zurückgeführt wird.

5.6.2. HF-Gleichrichtung mit Transistor

Mit den gleichen Variationsmöglichkeiten wie bei den Versuchen in Abschnitt 5.6.1. läßt sich mit der Schaltung nach Bild 5.25a experimentieren.

Bild 5.25b zeigt den ebenfalls noch recht einfachen Bestückungsplan für die

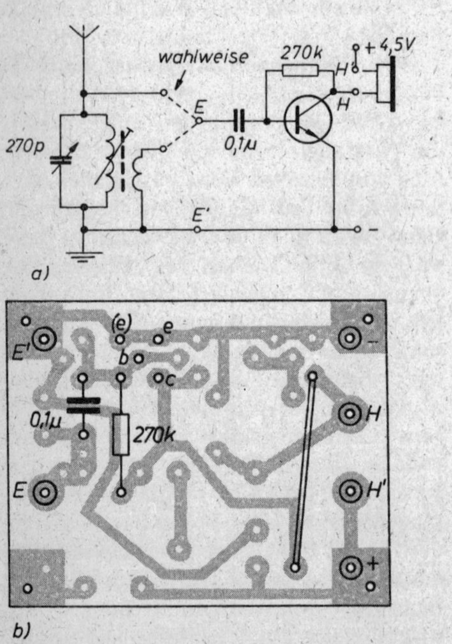

Bild 5.25
a – HF-Gleichrichtung mit Transistor; b – auf Leiterplatte 07 realisiert

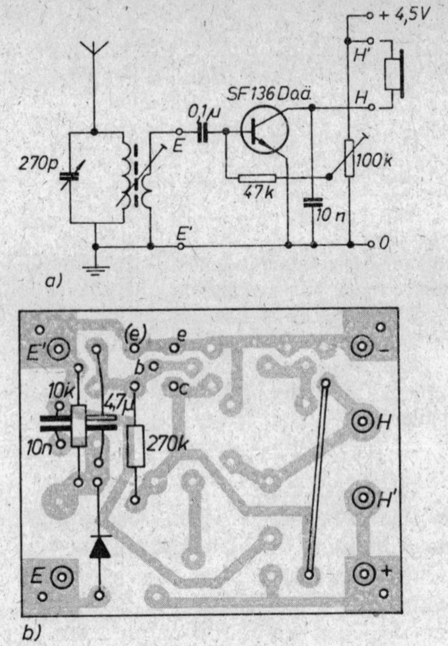

Bild 5.26
Diodenvorspannung verbessert Empfangseigenschaften: a – Stromlaufplan; b – Realisierung auf Leiterplatte 07

Experimentierplatte Nr. 07 aus der *typofix*-Folie *Elektronik-ABC*.

Die Eingangsdiode des Transistors wirkt als Gleichrichter, und die an ihr entstehende NF steht am Kollektor verstärkt für den Kopfhörer zur Verfügung. In einer verbesserten Variante wird die Diode durch eine veränderbare Basisspannung etwas in Öffnungsrichtung vorgespannt. Bei einem bestimmten, auch von der Senderspannung abhängigen Einstellwert am Trimmpotentiometer wird die Wiedergabelautstärke am größten. Bild 5.26a zeigt diese Schaltung; bestückt wird nach Bild 5.26b.

Die Möglichkeiten sowohl der Experimentierplatte als auch dieser Empfängerschaltung sind bei Einsatz einer NF-Verstärkerstufe gemäß Bild 5.27a (Bestükkung: Bild 5.27b) etwa ausgeschöpft.

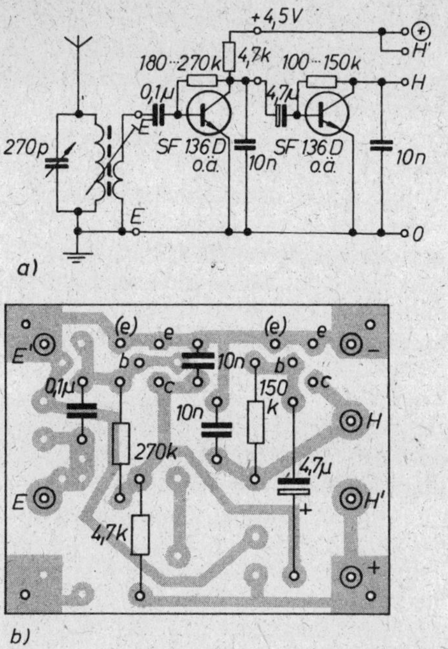

Bild 5.27
Empfänger mit *NF*-Stufe: a – Stromlaufplan; b – Realisierung auf Leiterplatte 07

5.6.3. Audion mit Rückkopplung

Empfängerschaltungen, die den Transistor zur Gleichrichtung und zur Verstärkung ausnutzen, nennt man Audionempfänger («audio» – lateinisch: «ich höre»). Alle Möglichkeiten einer solchen Stufe nimmt man wahr, wenn außer Gleichrichtung und NF-Verstärkung auch noch die HF-Verstärkung ausgenutzt wird. Das Entdämpfen eines Schwingkreises kann die Empfindlichkeit eines solchen einfachen Empfängers beträchtlich steigern. Man führt dazu gerade so viel HF-Energie auf den Schwingkreis zurück, daß seine eigenen Verluste und die durch das Ankoppeln der Schaltung verursachten nahezu ausgeglichen werden. Treibt man die Sache zu weit, so «rächt» sich das Audion zunächst durch rigoroses Beschneiden der höherfrequenten NF-Anteile (zu kleine Bandbreite, «Kellertöne»!) und schließlich durch Selbsterregung. Das ist aber streng verboten! Wenn auch heute infolge der Mittelwellensenderdichte und -leistung kaum noch jemand ein rückgekoppeltes Audion an einer Hochantenne betreiben wird, sondern meist nur mit einem kleinen Ferritstab als Ankopplung an das Senderfeld, so können von einer solchen Schaltung doch für andere Empfänger störende Schwingungen ausgehen. Das aber fällt unter die Bestimmungen zu Bau und Betreiben von Sendern, die berechtigterweise sehr streng sind. Nur eben die Tatsache, daß ein schwingendes Audion mit Ferritstab von 8 mm Durchmesser und 100 mm Länge auf Mittelwelle kaum weiter als in einem in der Nähe stehenden Kofferempfänger bemerkt wird, schützt den Anfänger vor Schwierigkeiten mit dem Gesetz.

In diesem Sinne ist eine HF-Vorstufe zum Trennen von Antenne und schwingendem «Innenleben» eines Empfängers notwendig und darum auf Kurzwelle, der eigentlichen «Spielwiese» z. B. künftiger Nachrichtensoldaten innerhalb der GST-Ausbildung, auch allgemein üblich. Das Audion muß außerdem entsprechend abgeschirmt werden. Die Reichweiten auch kleinster Sender, mit einer entsprechend abgestimmten Antenne betrieben, können in diesem Frequenzbereich «weltweit» sein!

Eine seit langem bewährte, wenn auch nicht unbedingt die empfindlichste Audionschaltung hat ihren Ursprung im Originalbauplan 1. Im Vorgriff auf noch folgende Abschnitte (im Interesse einer geschlossenen Darstellung des Geräts, zu dem es seit Bauplan 42 eine *typofix*-Folie gibt!) wird im Beispiel dieses Buches bereits ein NF-Schaltkreis eingesetzt. Die wenigen externen Bauelemente sind, wenn Taschenempfängerqualität genügt, Elektrolytkondensatoren der *TGL 35 807*, einige Keramikscheiben und Widerstände der Größe *3 × 11* oder *2 × 7.* Im Audion gibt der Anfänger einem robusten Miniplasttransistor gegenüber empfindlicheren MOSFET-Typen den Vorrang. Ein Kleinpotentiometer mit Schalter, ein Miniaturdrehkondensator und ein Maniferstab *8 × 100* ergänzen das Gerät. Selbstverständlich kann man auch die im ersten *Bauplan-Bastel-Buch* beschriebene Induktivitätsbestimmung des ursprünglichen *Start* verwenden. Das Ganze ist auf einer Leiterplatte schnell untergebracht und kann damit in die alte Gehäuseform eingebaut werden.

5.6.3.1. Stromlaufplan

Nach Bild 5.28a handelt es sich um ein in Emitterschaltung arbeitendes Audion mit einigen Maßnahmen für einen weichen, «ziehfreien» Rückkopplungseinsatz, dessen NF-Ausgangsspannung einem *A/R 211 D* zugeführt wird. Als Betriebsspannung wurden 6 bis 9 V gewählt. Die untere Grenze ergibt sich dabei weniger durch die Batterieerschöpfung als durch die exemplarabhängige Mindestspannung des *R 211 D.* Das Audion selbst arbeitet noch mit Betriebsspannungen von weniger als 1 V. Durch den genannten Spannungsbereich ist es möglich, eine einknöpfbare 9–V–Batterie zu benutzen (für Neuentwicklungen nicht mehr zulässig!). Die Lebensdauer- und Lagererfahrungen solcher Batterien sind zwar – typenabhängig – recht unterschiedlich. Bei dem geringen Ruhestrombedarf des Geräts (Muster: 4 mA) und dem «Zimmerlautstärkebedarf» von nur etwa 10 mA ist jedoch eine solche Batterie durchaus geeignet. Ihr großer Vorteil besteht in der zuverlässigen und dennoch schnell lösbaren Kontaktierung. Mit einer alten Batterie als Ausgangspunkt verfügt man auch über die geräteseitigen Kontakte. Achtung! Eine eventuelle Polaritätsprägung bezieht sich auf die Batterie – für die Geräteanschlüsse gilt genau das Gegenteil!

Eine überaus ökonomische Alternative bietet ein wiederaufladbarer Nickel-Cadmium-Akkumulator *(7Д–01)* aus der UdSSR (Ladung: 14 Stunden mit 10 mA). Allerdings erfordert er ein geringfügig größeres Gehäuse, bedingt durch Maße und Formen von Lautsprecher und Leiterplatte (s. Abschnitt 9.).

Für das Audion wurde die bewährte Wicklungskombination nach Bild 5.29 gewählt. Man beachte die bei gleichem Wickelsinn erforderliche vertauschte An-

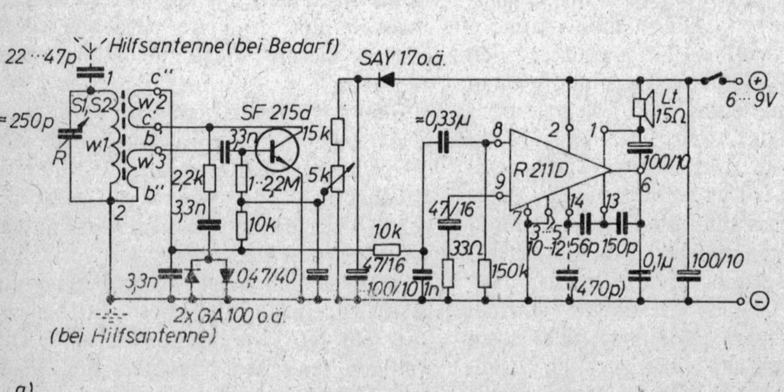

Bild 5.28 Moderner Audionempfänger, a – Stromlaufplan; b – Leiterbild; c – Bestückungsplan; d – Musterplatte

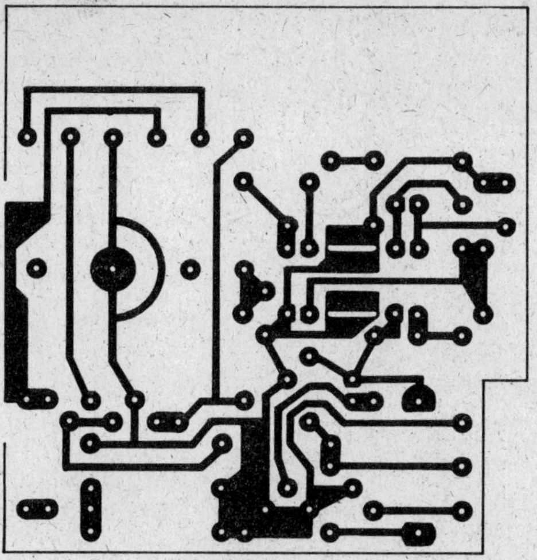

b)

Bild 5.28b, c

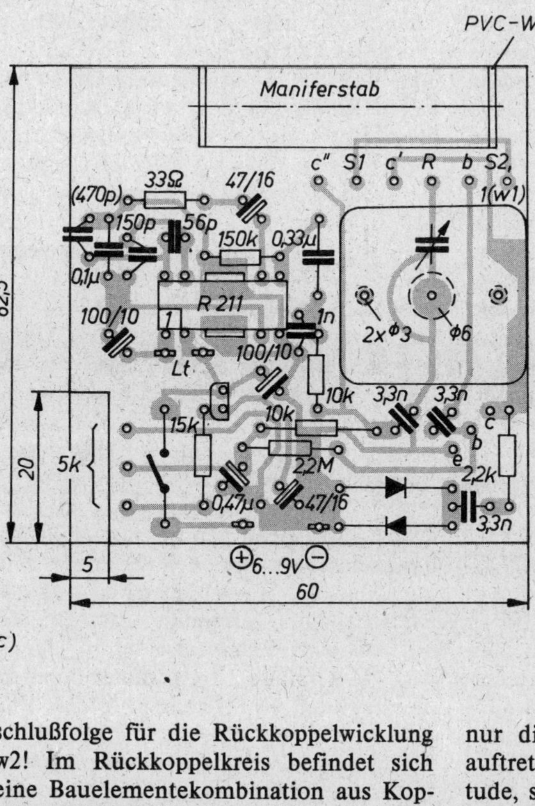

c)

schlußfolge für die Rückkoppelwicklung w2! Im Rückkoppelkreis befindet sich eine Bauelementekombination aus Koppelkapazität, Dämpfungswiderstand und «Schwellwertdioden». Sie begrenzt nicht nur die beim Rückkoppeleinsatz sonst auftretende große Schwingungsamplitude, sondern ergibt infolge der Diodenkennlinien einen weichen Rückkoppeleinsatz. Von der Wirksamkeit der Maß-

Bild 5.28d

nahme überzeugt man sich am besten durch vorübergehendes Öffnen dieses Strompfades. Die Rückkopplung wird durch Verschieben des Arbeitspunktes des *SF 215* eingestellt. Die gleichzeitige und gleichsinnige Änderung von Basis- und Kollektorspannung trägt ebenfalls zu den günstigen Einstelleigenschaften dieser Schaltung bei. Am Schleifer des Potentiometers sorgt ein Elektrolytkondensator dafür, daß störende Kratzgeräusche unterdrückt werden. Selbst beim unteren Anschlag, wenn also Basis- und Kollektorspannung den Wert Null erreichen, wird man meist stärkere Ortssender noch leise hören. Daran sind die dann als Gleichrichter ohne Verstärkerwirkung arbeitenden pn-Übergänge im Transistor in Verbindung mit der hohen Verstärkung des *R 211 D* schuld.

Die Ankopplung der im Audion entstehenden NF an den Eingang des *R 211 D* enthält ein unbedingt nötiges *RC*–Glied. Es verhindert das Eindringen von HF in den NF-Teil, wo diese unerwünschten Störspannungen zu verzerrter Wiedergabe führen würden. Gegen ähnliche Effekte hat sich auch der 470-pF-Kondensator von *14* nach Masse am Schaltkreis als sinnvoll erwiesen.

Die Versorgungsspannung des Audions wird gegen NF-Selbsterregung durch eine Dioden-Kondensator-Kombination gesiebt. Die Diode an Stelle des sonst üblichen Widerstands verhindert Rückentladung des Kondensators in die Endstufe hinein, wenn in dieser kurzzeitig ein höherer Strom gebraucht wird. Die übrige Beschaltung des NF-Teils entspricht im wesentlichen den zum *A/R 211 D* gegebenen Applikationsunterlagen (vgl. Abschnitt 6.). In den Abendstunden erweist sich das Gerät als recht empfindlicher Empfänger für weiter entfernte Stationen, besonders im oberen Teil der Mittelwelle. In diesem Fall lohnt sich eine kleine Hilfsantenne, über etwa 22 pF an das obere Kreisende angeschlossen. Ihre Länge und ihre Lage (z. B. Zentralheizung als Antenne!) sind mit Fingerspitzengefühl zu wählen, damit nicht am Ende die hohe Feldstärke des oder der Ortssender einen störungsarmen Empfang schwacher Stationen verhindert oder verschlechtert. In schlechter mit Mittelwellensendern versorgten Gebieten hat sich übrigens eine wegen der vorgegebenen Leiterplatte in «3dimensionaler» Verdrahtung einzufügende kleine Verstärkerstufe mit einem *SC 236* o. ä. bewährt, die zwischen Potentiometerschleifer und *R 211*–Eingang gelegt wurde. Echte «Wellenjäger» werden ohnehin mit Kopfhörern arbeiten. Sie stören dadurch

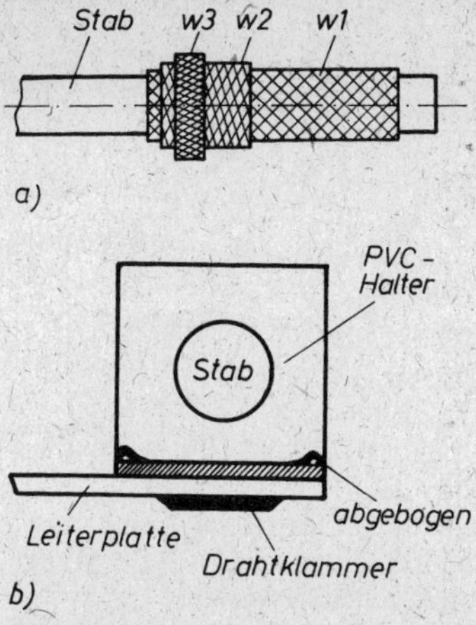

Bild 5.29
a – bewährte Ausführung der Maniferstabwicklungen, Stab, 8 × 100, bei Bedarf verschiebbar, *w*1 etwa 80 Wdg., HF-Litze 10 × 0,05 o. ä., *w*2 18 Wdg., *w*3 8 Wdg., je CuL-Draht ∅ 0,3; *w*1 bis *w*3 mit Alleskleber dünn festgelegt; b – Befestigung des Maniferstabs auf der Leiterplatte über 0,8-mm-Draht

einerseits ihre Umgebung nicht, und andererseits können auch leise einfallende Stationen noch gut wahrgenommen werden. Eine Variation des Eingangskreises in Richtung Kurzwelle ist dabei dem Fortgeschrittenen durchaus zu empfehlen. Man sollte aber auch auf dafür geeignetes Antennenstabmaterial zurückgreifen oder von vornherein mit einem antennengekoppelten Spuleneingang arbeiten und für diesen Fall auf Ferritstabempfang verzichten. Ergänzender Hinweis: Ein etwa 3,3-nF-*Polystyrol*-Kondensator und Abstimmen am Stab ergeben Langwellenempfang!

5.6.3.2. Bauempfehlungen

Wichtigstes Detail beim Nachbau ist selbstverständlich die Leiterplatte. Bild 5.28b befindet sich auch auf der ätzfesten *typofix-electronic-special*-Folie zu Bauplan 42. Bestückt wird nach Bild 5.28c. Bild 5.28d zeigt den Mustermodul. Das Leiterbild entspricht noch der früheren Bauform des *A/R 211 D*, für deren Kühlflügel Schlitze nötig waren. Es dürfte nicht schwerfallen, drei *typofix*-Lötaugen im 2,5er Rastersprung über die Schlitze zu reiben, wenn statt dessen die 14beinige Bauform eingesetzt werden soll.

Als augenfälligste Auswirkung der modernen Bauelemente ergab sich gegenüber dem Modell aus dem ersten *Bauplan-Bastel-Buch* die Möglichkeit, einen Miniaturdrehkondensator mit parallelgeschalteten Paketen auf der Leiterplatte unterzubringen. Läßt man ihn weg, so ist er durch etwa 330 pF (Polystyrolkondensator) zu ersetzen. Dann muß – wie damals bei *Start 1* – durch Verschieben des Maniferstabs in der Wicklung abgestimmt werden.

Bei der Ausführung mit Drehkondensator wurde der aus *PVC* gebogene Stabhalter nicht mehr angeschraubt, sondern einfach mit zwei Drahtklammern auf der Leiterplatte festgehalten. Diese Einzelheit (nicht dargestellt, ein ebenfalls an der Leiterplatte befestigtes Abstandsstück aus *Polystyrol*, damit die Abstimmscheibe im Gehäuse frei beweglich bleibt) ist aus Bild 5.29b zu erkennen. Die Abstimmscheibe wird aus einer *Polystyrol*–Platte gesägt und mit eingefeilten Kerben versehen. Dadurch ist sie «griffiger», denn sie ragt nur wenig seitlich aus dem Gehäuse heraus. Alle verwendeten *Polystyrol*-Teile, also auch das Gehäuse selbst, entstanden aus verschiedenfarbigen Plastwandfliesen, wie sie inzwischen wieder (Manuskriptzeitpunkt) in vielen Farben als 120 mm × 120 mm große, etwa 2,8 mm dicke *Polystyrol*-Platten im Handel sind. Ebenfalls nicht mehr geschraubt, sondern über steife 1-mm-Drähte bzw. Stecklötösen angelötet wurden die Schalteranschlüsse des ohnehin nicht mehr ganz neuen Rückkopplungspotentiometers. Für dieses Bauelement ist der Ausschnitt am Leiterplattenrand

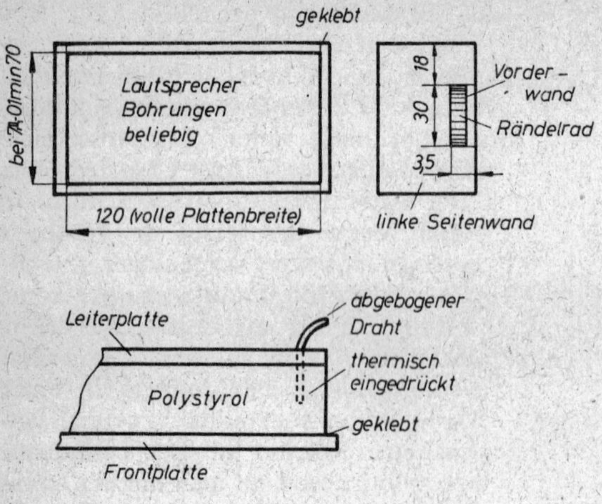

Bild 5.30
Gehäusekonstruktion (Plastwandfliesen, mit Plastikfix o. ä. Polystyrolkleber geklebt)

von 5 × 20 mm² erforderlich. Die Lage dieses Potentiometers entspricht der im *Start 1.* Allerdings wurde die Anordnung im Gesamtgerät wegen der Zugänglichkeit der Abstimmanzeige geändert. (Andere Anordnungsmöglichkeiten sind denkbar.) Der Empfängermodul kann, am besten mit entsprechend gekürztem Maniferstab, auch ausschließlich für Kopfhörerbetrieb gekapselt werden. Dann muß das so verkleinerte Gehäuse außer dem Modul nur noch die Batterie aufnehmen. Auf Grund der Maße der verwendeten *Polystyrol*-Platten von 120 mm × 120 mm liegt die größte mögliche Innenbreite fest. Bei nicht allzu enger Anordnung von Leiterplatten, Lautsprecher und Batterie ergeben sich eine äußere Bauhöhe von 80 mm und eine Tiefe von etwa 35 mm. Dabei gleitet die Rückwand noch zwischen die Wände. Einziger Durchbruch ist etwa in der Mitte ein Schlitz für den Rändelknopf des Potentiometers. Aus Bild 5.30 erkennt man Gehäuseeinzelheiten. Die leiterplattenseitige Seitenwand erhält vor dem Zusammenkleben noch die dargestellte Aussparung für die Rändelscheibe des Drehkondensators. Damit diese Scheibe beim Linksanschlag nicht die M2,5-Senkschraube lockert, mit der sie befestigt ist, klebt man gemäß Bild 5.31 ein *Polystyrol*–Plättchen neben die Schraubenbohrung, so daß dieses Plättchen formschlüssig an der abgeflachten Seite der Drehkondensatorachse anliegt.

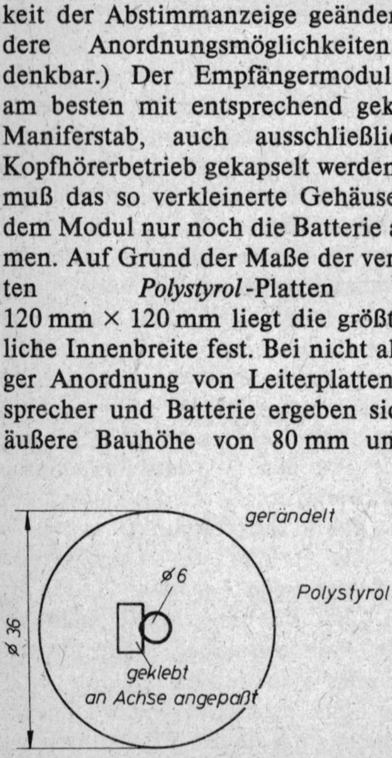

Bild 5.31
Verdrehungssicherung an der Abstimmscheibe

Im Gehäuse kann die Leiterplatte auf Grund der in Bild 5.30 dargestellten Maßnahme zuverlässig und doch leicht lösbar befestigt werden: In die Stirnseite des 3 mm dicken *Polystyrol*-Trägerstreifens werden Schaltdrahtstücke von 0,8 mm Durchmesser thermisch eingedrückt. Sie greifen in entsprechende Randbohrungen der Leiterplatte und werden oberhalb der Platte schräg abgebogen. Ähnlich sind Lautsprecher und Rückwand zu befestigen (Bild 5.32). Die Rückwand ist nach innen auf Lautsprecher, Maniferstabhalter und nach Bedarf

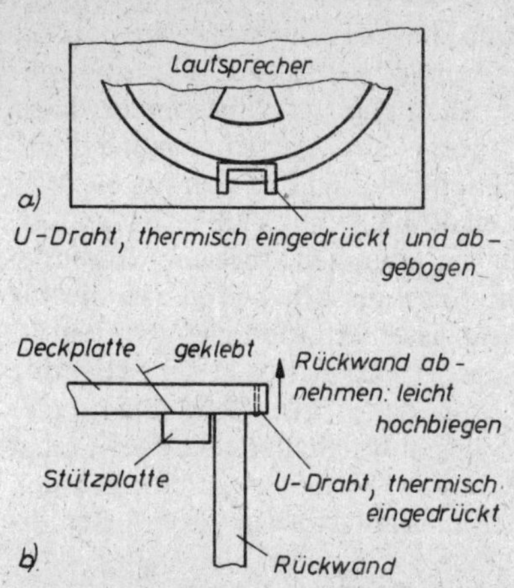

Bild 5.32
Befestigung von a – Lautsprecher und b – Rückwand durch thermisch eingedrückte Drahtstücke

eingeklebte *Polystyrol*-Streifen gestützt. Wenn sie bei Batteriewechsel abgehoben werden muß, hebt man die Rückwand in der Mitte etwas federnd nach oben, so daß der dort ebenfalls thermisch eingedrückte Draht die Rückwand freigibt (vgl. Bild 5.32). Bild 5.33 zeigt eine Innenansicht des Mustergeräts.

5.6.3.3. Bedienung

Ein Audion erfordert Fingerspitzengefühl, wenn seine Möglichkeiten voll ausgeschöpft werden sollen. Je besser sich dabei die Rückkopplung einstellen läßt, um so leichter gelingt es. Dicht vor Schwingeinsatz ist zwar der empfindlichste Punkt, doch gleichzeitig bewirkt die Entdämpfung des Schwingkreises auch eine merkliche Höhenbeschneidung. Daß man ein Audion nicht als Sender betreiben darf (also im «Pfeifbereich» jenseits des Schwingeinsatzpunktes), wurde bereits eindringlich erläutert. Bei stärkeren Stationen wird man aber meist im Interesse der Wiedergabequalität (und auch schon wegen der Möglichkeit, damit die Lautstärke zu verringern) das Potentiometer noch weiter zurückdrehen. Den Sender sucht man am besten zweihändig. Schließlich ist bei Anschluß einer Hilfsantenne (nur wenige Meter Draht etwa in Zimmerhöhe!) eine von der Handkapazität bedingte Verstimmung zu berücksichtigen, die dann am besten mit einem erdseitigen Draht als «Gegengewicht» kompensiert wird. Für diese Betriebsart sind neben der bedarfsweise eingebauten Ohrhörerbuchse (nicht dargestellt) noch Buchsen für Antenne und Erde vorzusehen, z. B. in einer der Seitenwände oder in der Deckplatte. Im allgemeinen wird man darauf aber verzichten können.

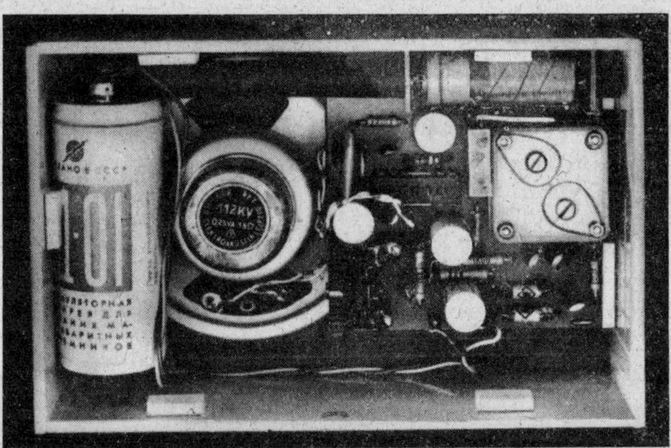

Bild 5.33
Innenansicht des Geräts

5.6.4. MOSFET-Audion

Der unbestreitbare Vorzug von MOS-Feldeffekttransistoren besteht in ihrem praktisch leistungsfrei steuerbaren Eingang. Der Schwingkreis wird höchstens durch die kleine Gatekapazität belastet. Es liegt nahe, diesen Transistor für einen einfachen Empfänger zu nutzen.

Die n-Kanal-Verarmungs-MOSFET *SM 103* und *SM 104* gehören meist zum Handelsangebot, auch als preiswerte Bastelware. Ihre besonderen Eigenschaften bieten Vorteile, bedingen aber auch eine gewisse Vorsicht bei der Handhabung. Die äußerst dünne Isolation der Steuerelektrode schlägt bereits bei elektrostatisch entstandenen Spannungen kleinster Energie durch, wie sie der menschliche Körper durch Reibung in Kunststoffkleidung oder auf synthetischen Sitzmöbeln annehmen kann. Diese MOSFETs wurden früher mit untereinander kurzgeschlossenen Anschlüssen ausgeliefert (z. B. mit Zinnbrücken), später dagegen in Leitgummi gesteckt. Erster Arbeitsgang vor Entfernen einer solchen Brücke sollte daher das Durchfädeln eines dünnen blanken Drahtes durch die Anschlüsse sein, der erst bei Inbetriebnahme herausgezogen wird. Ein mit dem Lötkolben (am besten ein transformatorgespeistes Niederspannungsmodell) verbundenes Stück kupferkaschierten Halbzeugs als Arbeitsfläche sowie das häufige Berühren dieser Platte sind neben einem gegen Reibungsaufladungen unempfindlichen Sitzmöbel und passender Kleidung geeignete Vorsichtsmaßnahmen. Schließlich empfiehlt es sich für die Versuchsschaltung, eine 5polige Transistorfassung zu benutzen. Ihre drei innenliegenden Anschlüsse haben genau die für den Transistor erforderlichen Abstände. Erst wenn der Transistor in der Schaltung steckt und damit das Gate (die in der Mitte liegende Steuerelektrode) nicht mehr «in der Luft hängt», zieht man den Kurzschlußdraht zwischen den Anschlüssen heraus.

Der Feldeffekttransistor besitzt nicht nur die Vorteile der Elektronenröhre bezüglich leistungsloser Steuerung, sondern er erlaubt, das Grundprinzip der leistungslosen Steuerung schon bei Betriebsspannungen von wenigen Volt zu nutzen. Das bedeutet: Es entfallen Anpaßmaßnahmen. Das spart eine Wicklung oder Bauelemente. Außerdem steht die volle Resonanzspannung des Schwingkreises für die Steuerung des Transistors zur Verfügung, ohne daß dabei die für die Trennschärfe entscheidende Bandbreite des Schwingkreises durch einen niedrigen Eingangswiderstand des Transistors verbreitert würde. Somit kann in gewissen Grenzen auch ein Nachteil der genannten MOSFETs kompensiert werden – ihre geringe Steilheit von nur etwa 1 bis 1,5 mA/V. (Das

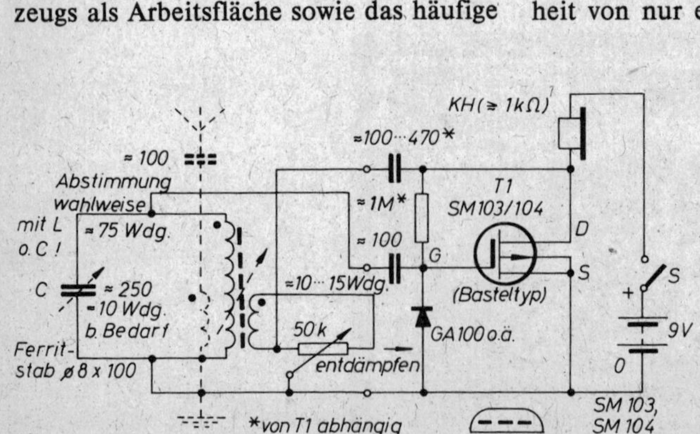

Bild 5.34
MOSFET-Audion für MW-Sender-Nahbereich

heißt, daß 1 V Steuerspannungsänderung höchstens 1,5 mA Stromänderung im Ausgangskreis ergeben.).

Die Schaltung nach Bild 5.34 wurde bewußt einfach gehalten. Sie läßt einerseits Analogien zum Röhrenaudion erkennen, hat aber andererseits einige Besonderheiten, die sich aus den unterschiedlichen Wirkmechanismen ergeben. So liegt parallel zur Gate-Source-Strecke eine HF-Demodulatordiode, ein Germaniumtyp, da die genannten Elektroden nicht als «Gitter-Katoden-Gleichrichter» im Röhrensinne geeignet sind. Die Polarität der Diode wird durch die übrige Schaltung bestimmt. Der Sperrstrom der Diode wirkt gleichzeitig als eine Art «Gitterableitwiderstand». Der Widerstand zwischen Drain und Gate verbessert die Eigenschaften der Schaltung bezüglich eines weicheren Rückkopplungseinsatzes mit geringer «Ziehneigung». Die Diode und damit das Gate erhalten auf diese Weise eine Vorspannung von etwa 0,1 V. Ein höherer Widerstand zwischen D und G führt zwar zu einer gewissen Verbesserung des Demodulationsgrades, gleichzeitig wird die Rückkopplung aber auch härter. *SM 103* und *SM 104* sind selbstleitende MOSFETs. Ihr Ausgangsstrom wird erst bei einer entsprechend großen negativen Gatespannung zu Null. Der sich in dieser Schaltung einstellende Arbeitspunkt ist daher exemplarabhängig, und nicht jedes Bastelexemplar ist gleich gut geeignet. Aus dem sicherlich meist vorhandenen Sortiment einiger dieser billigen Bauelemente sucht man daher den günstigsten bezüglich Rückkoppelbarkeit und Demodulationseigenschaften aus. Der Ausgangsstrom sollte bei 2 bis 3 mA liegen. Für die zu diesem Zweck weniger gut geeigneten Exemplare gibt es noch genügend interessante Anwendungen in anderen Schaltungen, wie Zeitschalter, Sensortasten, Dämpfungssteller usw. Von neun vorhandenen Bastel-MOSFETs waren z. B. fünf für diese Schaltung sofort geeignet, zwei weitere konnten durch Verringern des Drainwiderstands in Bild 5.35a auf 1 kΩ ebenfalls zum Schwingen gebracht werden. Schlechter geeignete Exemplare hatten einen höheren Strombedarf. In der Nähe des Ortssenders ge-

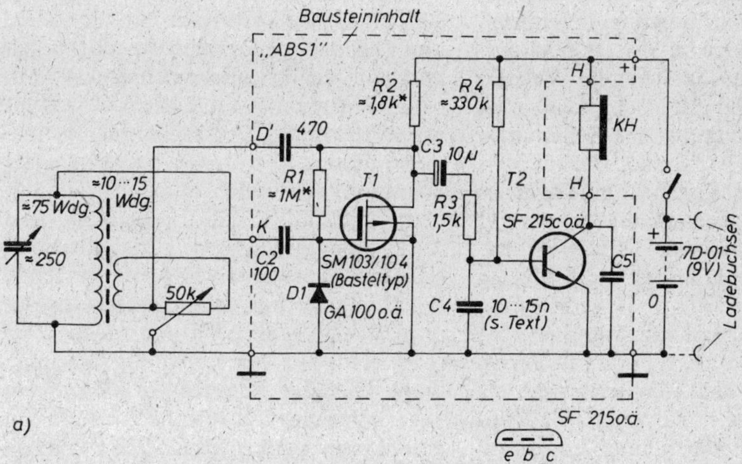

Bild 5.35 a – MOSFET-Audion mit NF-Stufe für Empfang über Ferritstab, gestrichelt: Baustein nach Bild 5.35b...d; b – Leiterbild; c – Bestückungsseite; d – Bausteinmuster. Durch geringfügig geändertes Leiterbild der ersten Musterplatte liegt *C*4 an der Basis; *C*5 wurde nicht benötigt

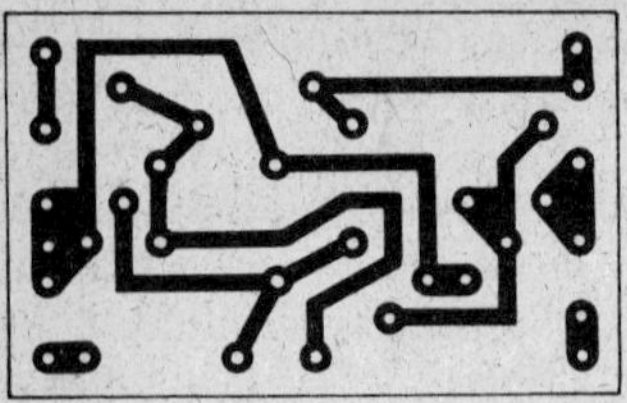

b)

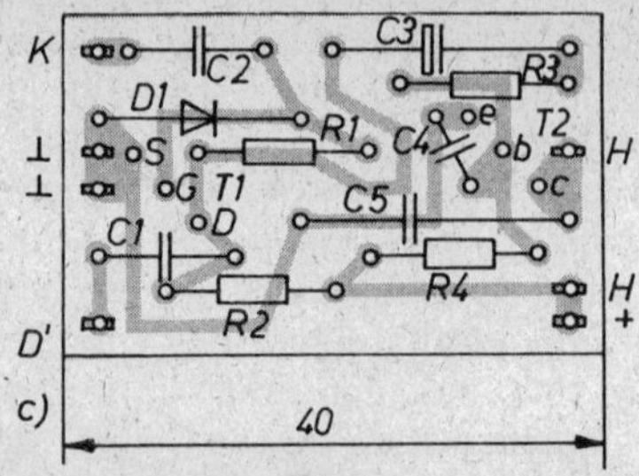

c)

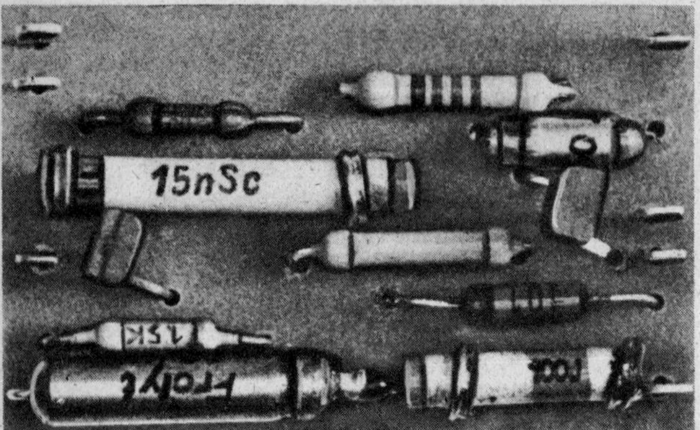

Bild 5.35b, c, d

nügt Ferritstabempfang. Eine lose angekoppelte kleine Wurfantenne verbessert den Empfang merklich. Durch entsprechende Kreisdimensionierung ließen sich dabei auch stärkere KW-Stationen aufnehmen. Eine nachgeschaltete Verstärkerstufe nach Bild 5.35a empfiehlt sich zur vollen Ausnutzung der Schaltungsmöglichkeiten. Der Entkopplungswiderstand zur Basis ist dabei für eine saubere Rückkopplung zu empfehlen, während der Keramikkondensator, der die HF-Reste kurzschließt, besser erst am Kollektor angeschlossen wird. (*C*5, Wert wie *C*4).

Jetzt empfängt man auf Mittelwelle bei günstiger Empfangslage nur über Ferritstab sowohl mit verschiebbarem Stab als Abstimmungsmittel wie auch – günstiger – schon mit einem kleinen Foliedrehkondensator für Mittelwelle oft bereits mehrere Stationen. Eine Antenne wie bei Bild 5.34 zu erproben lohnt auch für diese Schaltung. Der hohe Eingangswiderstand der MOSFET-Stufe erfordert die von Röhrenverstärkern bekannten Maßnahmen gegen Brummeinstreuungen, also kurze Leitungen zwischen Gate und den angeschlossenen Bauelementen und ein schirmendes «Chassis». Man baut die Bedienteile daher am besten auf einen Streifen kupferkaschierten Hartpapiers, dessen Kupferfolie mit Minus der Schaltung verbunden wird. Die Leiterplatte nach Bild 5.35b (Bestückung: Bild 5.35c), die gemäß Bild 5.35a mit einer NF-Stufe versehen wurde, ist zwischen Potentiometer und Drehkondensator mit angelöteten steifen Drahtstücken zu montieren. Für den Kopfhörer sieht man typenabhängige Buchsen vor, von denen aus auch eine Lautsprecherendstufe angeschlossen werden kann. Der Ferritstab wird mit seiner auf ein Papprohr verschiebbar gewickelten Spule z. B. mit einem *PVC*-Winkel etwa einen Spulendurchmesser weit von schirmenden Teilen entfernt an der Trägerplatte angebracht. Die Wickeldaten gehen aus den Bildern 5.34 und 5.35a hervor. Das Gerät kann mit einer Trägerplatte als Boden in einen Behälter aus ebenfalls kupferkaschiertem Hartpapier gesetzt werden, der damit das «Innenleben» schirmend umschließt. Allerdings müssen die Kupferflächen parallel zum Ferritstab so aufgetrennt werden, daß keine dämpfende Kurzschlußwindung entsteht. Als Batterie empfiehlt sich wieder die nachladbare *7Д–01* aus der UdSSR.

5.6.5. Spulen für Schwingkreise

Als Nachtrag zu diesen Anregungen für einfache Empfänger folgt eine kleine Arbeitshilfe. Während das Angebot an Schwingkreiskondensatoren begrenzt und überschaubar ist, sucht der Interessent oft vergeblich nach der passenden Spule für sein Problem. Es gibt zwar ein relativ breites Sortiment «bewickelter Bauelemente», angefangen von Teilen für Mittel- und Kurzwellenempfänger bis hin zu Filtern für Fernsehempfänger. Auch einige Sorten Ferritstäbe sind im Angebot. Das Problem besteht jedoch meist in der Frage, welche Daten die Kerne dieser Spulen haben und für welchen Frequenzbereich sie geeignet sind. Auf die letzte Frage wird man zumindest durch die ursprüngliche Bestimmung der Spule (des Filters) eine ungefähre Antwort erhalten. Offen bleibt meist, wieviel Windungen für den gewünschten Zweck nötig sind, denn ein Induktivitätsmeßgerät wird nicht gerade zur Anfängerausrüstung gehören. Auch in Arbeitsgemeinschaften ist es nicht unbedingt vorhanden. Am Beispiel eines Ferritstabs sei deshalb im folgenden ein praktikabler Weg zur Kernbestimmung erläutert. Für den angestrebten Zweck genügt lackisolierter Volldraht, Durchmesser etwa 0,3 bis 0,4 mm. Davon werden eng aneinander 100 Wdg. auf den Kern gewickelt. Die Enden legt man mit Klebstreifen oder Heftpflaster fest. Zwischen Kern und Wicklung kommt vorher noch eine dünne Pappröhre. Dadurch läßt sich die Spule verschieben. Außerdem benötigt man noch einen Kunstfolie- oder Keramikkondensator (kein *Epsilan!*) von 220 oder 470 pF mit möglichst kleiner Toleranz (5 %) und eine Detektorschaltung mit Verstärker im Sinne der beschriebenen Schaltungen, die mit etwa 15 Wdg. (auf das eine Spulenende gewikkelt) an den Schwingkreis gekoppelt wird. Für den Verstärker reichen – je nach örtlichen Bedingungen – meist zwei Stufen. Bei Bedarf ist über eine geringe Kapazität (z. B. 10 pF) eine kleine Hilfsantenne anzukoppeln. Die Frequenz des stärksten Mittelwellenortssenders ist wohl immer bekannt. Durch Verschieben des Ferritstabs in der Spule und im Vergleich mit einem Rundfunkempfänger wird er gesucht. Ein Teil der Windungen ragt jetzt über den Stab hinaus. Diese werden abgewickelt und abgeschnitten. Vom neuen Ende entfernt man die Isolation und lötet es an. Nun wird der Ferritstab so weit in die Spule hineingeschoben, bis der Ortssender wieder erscheint. Die übriggebliebenen Windungen sind die Rechengrundlage für den «Kernfaktor» *K*. (Sollte übrigens der Sender mit 220 pF nicht zu finden sein, weil er zu «tief» liegt, dann 470 pF benutzen!) Es gilt $L = K \cdot w^2$ oder $K = L/w^2 \cdot L$ wiederum ergibt sich nach der umgestellten Thomsonschen Schwingungsgleichung aus $L = \frac{1}{4\pi^2 \cdot f^2 \cdot C}$

Beispiel: $f = 1\,\text{MHz}$, $w = 60$, $C = 220\,\text{pF}$. Die Induktivität ist dann $L \approx 115 \cdot 10^{-6}\,\text{H}$ und damit $K = 0{,}032 \cdot 10^{-6}\,\text{H}$. Hat man nun für seinen Erstlingsempfänger einen schönen großen Luftdrehkondensator mit $C_{max} = 500\,\text{pF}$ erworben, so ergibt sich das bei C_{max} für $f_{min} = 510\,\text{kHz}$ nötige L zu etwa $195 \cdot 10^{-6}\,\text{H}$. Das bedeutet im Beispiel $w = \sqrt{L/K} = 78$ Wdg. Hinweis: Für sehr kleine oder sehr große Windungszahlen gegenüber der Testwindungszahl wird die Rechnung nicht mehr ganz zutreffen. Zwei inzwischen in den Handel gelangte Bausätze «Miniaturfilterspulen» für AM und FM mit beigefügten Kenndaten erleichtern das Wickeln von Filterspulen.

5.6.6. Überlagerungsempfang («Super»)

Als eine überleitende Information von diesen «Grundlagengeräten» auf solche mit modernen integrierten Schaltkreisen sind die folgenden Ausführungen zu betrachten.

Ein Rundfunkempfänger soll im allgemeinen in einem bestimmten Frequenzbereich auf alle Sender abstimmbar sein. Je nach Empfindlichkeit und Trennschärfe gelingt dies unterschiedlich gut. Die Empfindlichkeit eines Geräts hängt ab von der Anzahl der Verstärkerstufen, hauptsächlich im HF-Teil, während die Trennschärfe durch die sogenannten Selektionsmittel bestimmt wird. Im Rundfunkgerät sind das Schwingkreise aus Spule (Induktivität) und Kondensator (Kapazität) oder auch keramische Filter (Piezofilter). In einem bestimmten Frequenzbereich abstimmen, heißt den oder die Schwingkreise des Geräts auf die Frequenz des gewünschten Senders einstellen. Da beim Super mindestens zwei Kreise auf jeweils bestimmte Frequenzen abzustimmen sind, wird die L-Abstimmung zu einem mechanischen Gleichlaufproblem. Die Industrie bietet daher für diesen Fall Zweifachdrehkondensatoren. (In den höherfrequenten Bereichen, so auf UKW, werden sie zunehmend durch Kapazitätsdioden abgelöst.) Den Kapazitätsbereichen sind die Spulen nach der Thomsonschen Schwingungsgleichung anzupassen. Je mehr Kreise, um so besser die Selektion, d. h. die Trennschärfe des Geräts. Ohne entsprechend erhöhte Verstärkung bedeutet das aber gleichzeitig einen Verlust an Empfindlichkeit, da in den verschiedenen Schwingkreisen ein Teil der empfangenen Energie verlorengeht. Wollte man nun alle diese Schwingkreise auch noch abstimmen, würden die dafür notwendigen Mehrfach-Drehkondensatoren recht groß und teuer. Auch der Gleichlauf wäre schwierig zu erreichen, und schließlich ändern sich die Eigenschaften eines Verstärkers mit der angebotenen Frequenz (bei Transistoren z. B. kann nach «oben» hin die Verstärkung abnehmen). Eine Geradeausverstärkung verursachte über mehrere Stufen bei entsprechendem Verstärkungsfaktor leicht Selbsterregung. Denn: Hat ein Verstärker eine Gesamtverstärkung von 1000, so ergibt bereits 1/1000 der Ausgangsenergie (phasenrichtig auf den Eingang zurückgeführt) Selbsterregung. Besonders bei hohen Frequenzen genügen dazu schon kleine (unbeabsichtigte) Kapazitäten in der Schaltung. Aus Gründen des mechanischen Aufwands und des elektrischen Verhaltens ist es also sinnvoll, einen anderen Weg zu beschreiten. Am besten beherrschen läßt sich noch ein sauber und zweckmäßig aufgebauter Verstärker für eine einzige Frequenz (genauer: für ein schmales Frequenzband), die dann nicht mehr geändert wird. Das Problem liegt nun darin, dennoch auf viele Sender eines viel breiteren Bandes einzeln abstimmen zu können. Zu diesem Zweck erhält der Empfänger einen kleinen «Sender», der aber nicht nach außen strahlen darf, weil das andere Geräte stören würde. Dieser Sender, Oszillator genannt, schwingt auf einer Frequenz f_o, die um den Betrag der Frequenz f_z des festabgestimmten Verstärkers (des Zwischenfrequenzverstärkers oder kurz ZF-Verstärkers) von der gewünschten Eingangsfrequenz f_e entfernt liegt (bei Mittelwelle auf jeden Fall darüber, sonst käme der f_o-Bereichsanfang zu niedrig). Der Eingangskreis wird dabei weiterhin auf f_e abgestimmt. In der Mischstufe überlagert man beide Frequenzen (Überlagerung = Superposition, daher der Name «Super»)

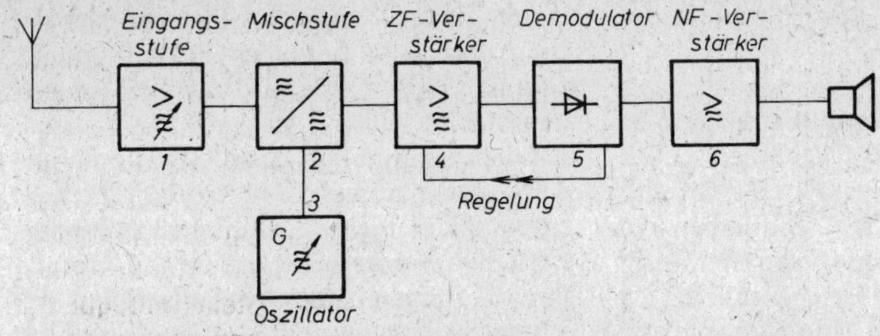

Bild 5.36 Übersichtsplan eines AM-Supers

und siebt die dabei unter anderem entstehende f_z aus: $f_z = f_o - f_e$. Für alle sonst noch entstehenden neuen Frequenzen muß der ZF-Verstärker genügend unempfindlich sein.

Auf Erscheinungen, die bei starken Sendern anderer Frequenzbereiche auftreten können (meist weitere Mischprodukte), wird nicht eingegangen; dies ist erst für die Fortgeschrittenen von Interesse. Bild 5.36 zeigt den Übersichtsschaltplan eines Geräts, das die beschriebenen Bedingungen erfüllt.

Einfache Geräte fassen (1), (2) und (3) in einem einzigen Transistor zusammen: HF-Stufe mit abgestimmtem Eingangskreis, Erzeugung der abstimmbaren Oszillatorfrequenz und Mischung. (4) stellt den ZF–Verstärker dar. In (5) wird demoduliert (Trennung der gewünschten hörbaren Tonschwingungen, der «Modulation», vom HF-Träger). (6) deutet den NF-Verstärker an, an dessen Ausgang der Lautsprecher liegt. Die am Eingang liegende Antenne ist bei Taschengeräten für Mittelwelle selbstverständlich ein Ferritstab. Die große Gesamtverstärkung eines Supers und die geforderten guten Empfangseigenschaften gegenüber einem «Einkreiser» bedingten Regelungsmaßnahmen, damit zwischen schwachen und stark einfallenden Sendern ausgangsseitig keine großen Lautstärkeunterschiede auftreten. Ihre Wirksamkeit zeigt sich besonders abends, auch als Ausgleich auftretender Feldstärkeschwankungen, wenn – atmosphärisch bedingt – weit entfernte Sender empfangen werden. Beherrscht man jedoch eine solche Regelung nicht (zum Teil ein meßtechnisches Problem), so verschlechtern sich unter Umständen die Geräteeigenschaften.

Bei dieser automatischen Regelung wird die Gesamtverstärkung des Geräts oder die Verstärkung einer seiner Stufen in dem Maße herabgesetzt, in dem die Antenne mehr Senderenergie liefert. Starke Sender werden weniger verstärkt, bei schwachen Sendern «regelt der Verstärker auf». Solange noch Verstärkungsreserve vorhanden ist, fängt diese Schaltung auch Feldstärkeschwankungen ab.

In der Röhrentechnik gab es spezielle «Regelröhren», die dies sehr gut bewirkten. Auch bei Transistoren hat man dafür besonders geeignete Typen entwickelt. Sie reagieren auf entsprechende Änderungen des Basispotentials und damit des Kollektorstroms in gewissen Grenzen mit einer Verstärkungsänderung. Diese Probleme sind durch integrierte Schaltkreise für den Anwender wesentlich verringert worden. In der Bauplanreihe wird daher kein in «diskreter» Schaltungstechnik realisierter Super mehr vorgestellt werden. Der Empfängerschaltkreis *A 244 D* (Basteltyp: *R 244 D*) ist heute im Bereich bis 30 MHz jeder Eigenlösung vorzuziehen (vgl. Abschnitt 6.). Der *A 283 D* erlaubt inzwischen ein «Einchip-Gerät».

5.6.7. Zeitschalter für Taschenempfänger

Zu den noch immer vorteilhaften und besonders von Anfängern gebauten Objekten mit Transistoren gehören Zeitschalter für spezielle Einsatzfälle. Sie haben den großen Vorteil, in den Betriebspausen (nachdem sie sich selbst abgeschaltet haben) praktisch keinen Ruhestrom zu beanspruchen. Steht man z. B. vor der Entscheidung, etwa einen Schwellwert-Schaltkreis vom Typ *A 302 D* einzusetzen oder das Problem mit Transistoren zu lösen, ist die Frage nach dem Ruhestrombedarf wichtige Entscheidungshilfe.

Die bewußt einfach gehaltene Schaltung nach Bild 5.37a hat keine Sprungcharakteristik. Doch wird der Bereich, in dem der verfügbare Ausgangsstrom abzunehmen beginnt und dann (etwa) zu Null wird, relativ schnell durchlaufen. Die wenigen Bauelemente lassen sich auf einer Leiterplatte unterbringen, die auf Grund ihres geringen Schwierigkeitsgrades in Ritztechnik hergestellt werden kann. In dieser Form wurde sie als Anwendungsbeispiel für dieses umweltfreundliche Verfahren in den Bauplan 51 aufgenommen (Bild 5.37b, Bestückung nach Bild 5.37c).

Das Muster befindet sich in einem Ex-

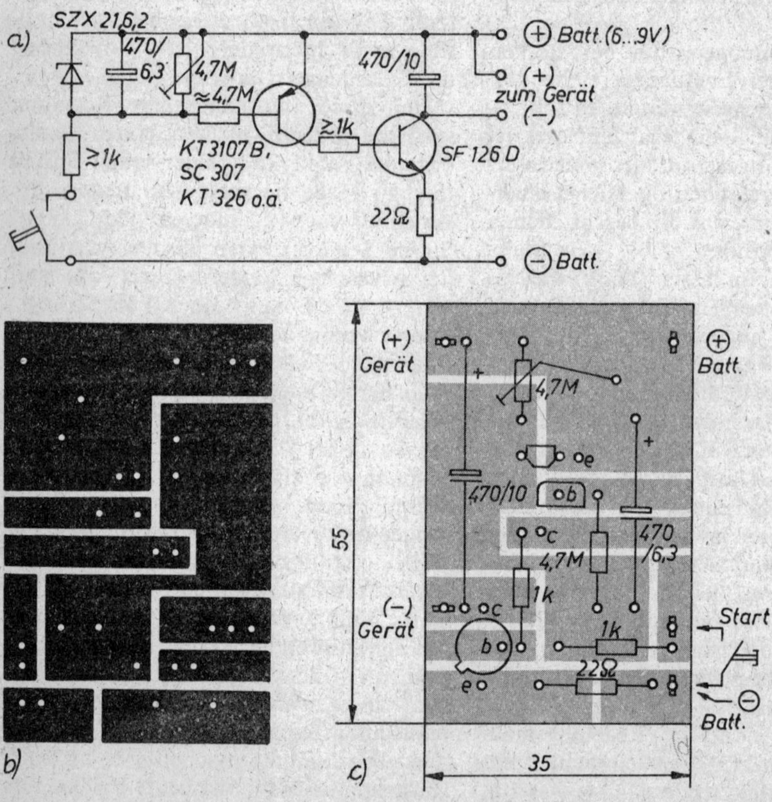

Bild 5.37 a – einfacher Zeitschalter geringen Eigenstrombedarfs, dimensioniert zum Einbau in 9-V-Transistorempfänger mit pnp-Transistoren für automatisches Abschalten nach etwa 30 Minuten Betriebszeit; b – für Ritztechnik geeignetes Leiterbild zu a; c – Bestückungsplan

emplar des früher weitverbreiteten Taschenempfängers *Sternchen.* Es paßt aber auch (für andere Zwecke) in die Hülle einer Streichholzschachtel. *Sternchen* war bekanntlich, wie viele ältere Taschenempfänger, mit pnp-Germaniumtransistoren bestückt. Die 9-V-Batterie wurde durch einen wiederaufladbaren 8,4-V-Knopfzellenakkumulator ersetzt. Zwischen 9 V und 6 V liegt also der Betriebsbereich des Empfängers. Für anspruchslose «Einschlafmusik» lassen sich solche «Oldtimer» noch immer gut nutzen. Mit einem Zeitschalter für etwa 30 min Spieldauer ergibt sich erst in größeren Zeitabständen die Notwendigkeit des Nachladens, was sonst am nächsten Tag erforderlich wäre. Und Tiefentladen bekommt keinem Akkumulator! Die im allgemeinen geringe erforderliche Einschlaflautstärke bedeutet bei 9-V-Modellen typisch meist etwa 5 mA Stromaufnahme. Schon mit Basisströmen weit unter 1 mA ist daher der Epitaxie-Planartransistor in der «Endstufe» des Zeitschalters bis auf etwa 0,1 V Restspannung geöffnet. Der Widerstand von 22 Ω im Emitterzweig begrenzt den Ladestromstoß des Entkopplungskondensators am Geräteeingang auf zulässige Werte. Dieser Kondensator vermindert eine Verschlechterung der Wiedergabe bei kleiner werdender Betriebsspannung (kurz vor dem Abschalten). Der erste Transistor, da er im Grenzfall um 100 µA Kollektorstrom aufbringen muß, benötigt bei einer Stromverstärkung von 200 oder mehr praktisch nur einige hundert Nanoampere Basisstrom. Sie werden über den mit etwa 4,7 MΩ angegebenen Vorwiderstand bereitgestellt, solange der Kondensator am Eingang noch genügend Spannung führt. Je nach Stromverstärkungen und Gerätestrom muß dieser Widerstand vielleicht noch etwas verkleinert werden (z. B. auf 2,2 MΩ). Da ein Kreis aus *C*, *R* und Basis-Emitter-Strecke allein im Grenzbereich infolge der Diodenkennlinie den Transistor im Verlauf der Kondensatorentladung nur sehr langsam völlig sperrt, was die Batterie unnötig lange belastet, wurde dem reichlicher dimensionierten Kondensator ein (einstellbarer) Entladewiderstand parallelgeschaltet. Bis auf den genannten Grenzbereich kann er (für $U_C \gg U_{BE}$) zusammen mit dem Vorwiderstand als Parallelschaltung «R_p» (bezüglich des Entladevorgangs) aufgefaßt werden. Damit lautet die Näherungsrechnung für die Zeit: $t = R_p \cdot C \cdot [\ln U_{ZD} - \ln U_{min}]$. Dabei bedenke man, daß *C* gegenüber dem Nennwert um 50%, aber auch um −20% abweichen kann! Die Z-Diode stellt zum einen sicher, daß die ermittelte (gewünschte und eingestellte) Betriebszeit – in dieser Dimensionierung sind auf Grund der geringen Selbstentladung moderner Elektrolytkondensatoren etwa 30 min unschwer zu erreichen – auch bei alternder Batterie in etwa konstant bleibt. Zum anderen erlaubt sie den Einsatz eines platzgünstigen 6,3-V-Typs. Unstabilisiert ließe sich anfangs eine längere Zeit erreichen, die dann aber täglich kürzer würde.

Die Leiterplatte wird im Gerät über dem Akkumulator angebracht. Man startet den vorher bereits an seinem Schalter eingeschalteten Empfänger durch kurzes Betätigen der Taste, für die sich ein Mikrotaster gut eignet. Er läßt sich zwischen Batterie- und Geräteboden montieren.

Bezüglich der mit dem Stromkreis aus *C*, *R* und Transistorausgang erreichbaren Öffnungszeiten für den Transistor herrschen oft Unklarheiten. Schuld sind die durch die e-Funktion nicht sofort abschätzbare Zeitgleichung und die folgende Überlegung: Dem Transistor muß ein bestimmter, von der übrigen Schaltung und ihren Daten (geforderter Ausgangsstrom) abhängiger Mindestbasisstrom zugeführt werden. Bis zu dem Zeitpunkt, da er abnehmend erreicht wird, arbeitet die Schaltung im Sollzustand.

Wählt man nun den Widerstand sehr hoch, soweit I_{min} noch gewährleistet ist, liegt der Anfangsstrom bereits relativ nahe bei I_{min}. Verringert man R, so ist die Zeitkonstante $C \cdot R$ zwar kleiner, aber I_{min} kommt noch bei kleineren Werten der Kondensatorspannung zustande. Zur Orientierung wurde daher auf einem programmierbaren Taschenrechner eine Kurve $t = f(R)$ für vorgegebene Randbedingungen ermittelt. Es zeigte sich, daß für Bedingungen, die denen im vorliegenden Muster vergleichbar waren, bei einer Änderung des Widerstands um den Faktor 2 um das R-Optimum herum nur etwa 10% Zeitvariation zu erwarten sind. Mit den hier nicht näher interessierenden Beispielbedingungen lag R_{opt} bei 1,5 MΩ, während sowohl 1 MΩ wie 2 MΩ die gleiche Aktivzeit ergaben. Sie aber unterschied sich von der erreichbaren Maximalzeit nur um etwa 10%. Unterhalb von 1 MΩ und oberhalb von 2 MΩ wurde der Abfall naturgemäß zunehmend steiler. Werte für R schließlich, die über dem Grenzwiderstand für I_{min} liegen, sind irreal ($t = 0$).

5.7. *ABC*–Leiterplatten

Die zu Beginn dieses Abschnitts und für die einfachen Empfängerexperimente benutzten Leiterbilder 01 bis 10 wurden zur Information nachfolgend zusammengefaßt. Für sie gibt es, wie schon erwähnt, die beiden *typofix-electronic-special*-Blätter zu Bauplan 41/49. (Nr. 10 nur vom neuen Blatt zu Bauplan 49 benutzen, da in der Folie zu Bauplan 41 Fehler!)

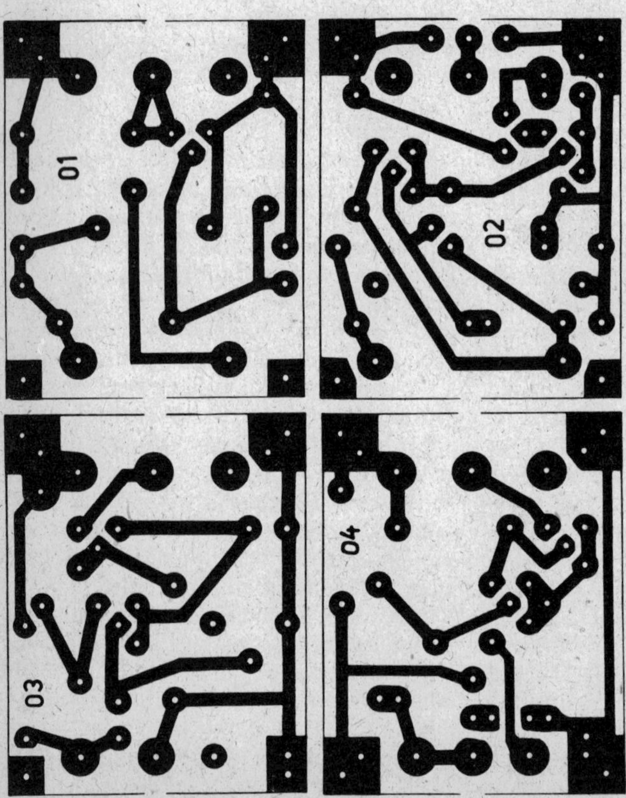

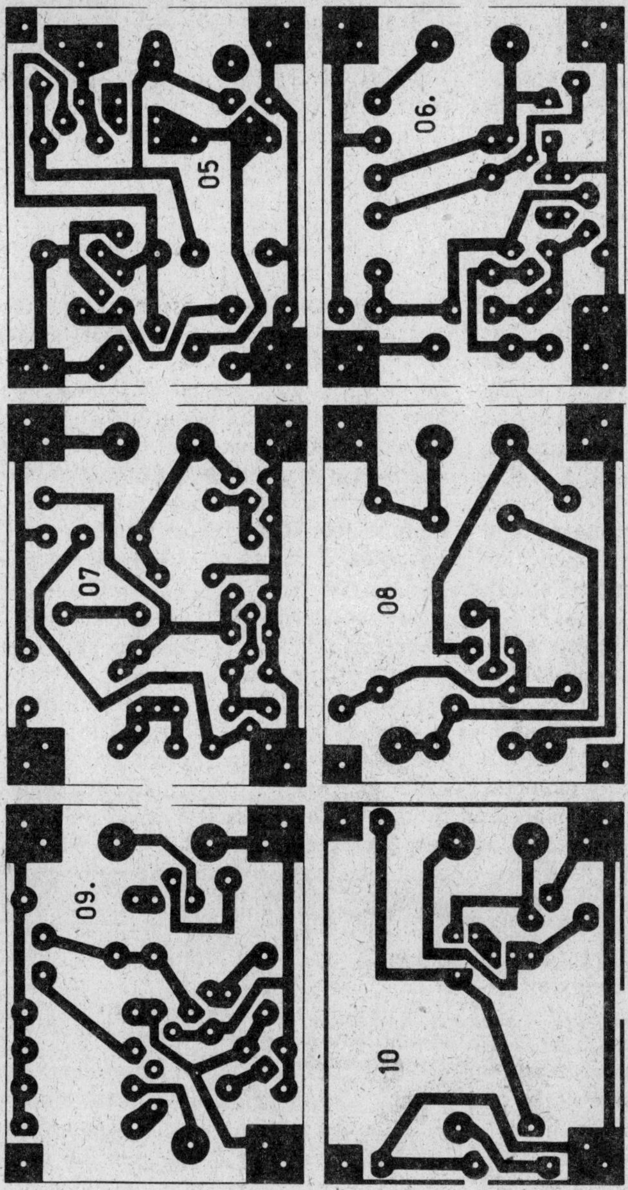
05
06.
07
08
09.
10

6. Objekte mit Analogschaltkreisen

Da dieses Buch nicht aus der Aneinanderreihung längst vergriffener Baupläne bestehen kann, enthalten auch andere Abschnitte Schaltungen mit Analogschaltkreisen. Die Gesamtthematik ist schließlich so komplex, daß es kaum eine andere Möglichkeit gab, um dem Anliegen gerecht zu werden. Zu Operationsverstärkern beispielsweise befinden sich wichtige Grundlageninformationen themengemäß (hauptsächlich ihr «Gleichsignal»-Verhalten betreffend) bereits in Abschnitt 4. bei den analogen Zeigermeßgeräten, also bei den «Bauplanhilfsmitteln». In Auswertung z. B. von Bauplan 42 fielen jedoch noch weitere Anwendungen des *A 109 D* an, die nun im Abschnitt 6. folgen. Sie werden ergänzt durch neue, noch nicht in Bauplänen behandelte kleine Objekte. Es schien angemessen, noch etwas näher auf das Wechselsignal-Verhalten einzugehen, ähnlich der Art aus Bauplan 42 bzw. auch der Broschüre *Empfänger für Anfänger,* die teilweise Analogschaltkreisen für diesen Leserkreis gewidmet war.

Sind Operationsverstärker innerhalb des vorliegenden Abschnitts also hauptsächlich als Kleinsignal-Wechselspannungsverstärker im Spiel, so wird die Verarbeitung größerer Signalpegel bis zum Lautsprecher wieder bestimmungsgemäß den beiden Leistungsverstärkertypen *A 210 E/K* und *A 211 D* überlassen. (Sicherlich werden künftig auch Typen wie der *A 2030 H/V* Bauplangegenstand sein.) Solange nur der *A 109 D* greifbar war, konnte z. B. manchmal ein anspruchsloses NF-Verstärkerproblem leichter mit einem bei nur wenig über 4 V betriebenen *A 211 D* gelöst werden, als daß man die erfahrungsgemäß wenigstens 2 × 6 ... 9 V für einen *A 109 D* hätte bereitstellen müssen. Das dürfte sich künftig entscheidend ändern. Dieses Buch war bereits weitgehend fertiggestellt, als das interessante neue Spektrum an Operationsverstärkern aus dem Kombinat *Mikroelektronik* «massenwirksam» zu werden begann. Die im Vergleich zum *A 109 D* teilweise extrem niedrigen Betriebsspannungen vieler dieser Typen oder auch die Mikroleistungstechnik, die etwa der programmierbare *B 176 D* erlaubt, dürften sich auch in der Schaltungstechnik des Amateurs bald entscheidend auswirken! Einzelne Anregungen dazu konnten noch in das Buchmanuskript eingebaut werden; der große Einfluß dieser Bauelemente auf künftige Baupläne steht außer Zweifel.

6.1. NF-Schaltungen

Lediglich in Bauplan 42 wurde bisher ein «OPV» als NF-Verstärker angeboten. In diesem Zusammenhang wurden einige Erläuterungen zum Wechselspannungsverhalten des *A 109 D* gegeben, die sich auch auf andere Typen sinngemäß anwenden lassen. Wer hier zu lesen begonnen hat, sollte sich aber zunächst in Abschnitt 4. über das Bauelement «OPV» vorinformieren. Im Interesse einer guten Übersicht sind einige Aussagen von dort in Kurzform und etwas anderer Darstellung im folgenden Abschnitt enthalten.

6.1.1. Einiges zum Operationsverstärker *A 109 D*

Der Operationsverstärker *A 109 D* ist ein bipolarer Verstärker mit hoher Spannungsverstärkung und großem Eingangswiderstand. Er befindet sich in einem 14poligen Plastgehäuse. Der *A 109 D* hat, wie für die OPVs üblich, einen bezüglich der Phase der Ausgangsspannung invertierenden und einen nichtinvertierenden Eingang, d. h., steigende Spannung am nichtinvertierenden Eingang gibt steigende Ausgangsspannung, steigende Spannung am invertierenden Eingang aber fallende Ausgangsspannung.

Bild 6.1 zeigt das Schaltsymbol und die Anschlußbelegung. Der Hersteller gibt zum *A 109 D* folgende Anwendungshinweise:

- Es ist zweckmäßig, die positive und die negative Versorgungsspannung U_{S+} und U_{S-} mit je einem Kondensator von 0,01 ... 0,1 μF gegen 0 V abzublocken.
- Eventuelle Schwingneigung in der positiven Halbwelle der Ausgangsspannung wird durch einen Widerstand von 51 Ω am Ausgang vermieden.
- Es ist zu beachten, daß der Schaltkreis auch beim Betrieb in offener Schleife (ohne äußere Gegenkopplung) bereits frequenzkompensiert werden muß. Dazu sind zwei Kondensatoren mit den Werten $C_{K1} = 10$ pF und $C_{K2} = 3$ pF erforderlich.
- Beim Betrieb in geschlossener Schleife richten sich die Werte für die Frequenzkompensationsglieder nach der geschlossenen Schleifenverstärkung $[V_g]$.
- Für Verstärkungen $[V_g] > 30$ dB ist eine Offsetkompensation vorzusehen, um die Ausgangsruhespannung auf 0 V bei fehlender Eingangsspannung einstellen zu können (Bild 6.2).
- Für eine minimale Temperaturdrift müssen die von den Anschlüssen der Eingänge in die Schaltung hineingemessenen Widerstände gleich groß sein. Daraus resultiert die Bedingung $R3 = R1 // R2$.
- Beim Betrieb als Spannungsfolger (das ist ein nichtinvertierender Verstärker mit $V = 1$, hohem Ein- und kleinem Ausgangswiderstand) kommt der Einhaltung des maximalen Gleichspannungsbereichs eine besondere Bedeutung zu.
- Der maximale Gleichtakteingangsspannungsbereich darf auch nicht kurzzeitig überschritten werden, da es sonst zum «latch up» (Festfahren oder Hängenbleiben der Ausgangsspannung) kommen kann. Man muß deshalb beim Betrieb des *A 109 D* als Spannungsfolger in die Rückführung vom Ausgang auf den invertierenden Eingang einen Widerstand von 10 kΩ einschalten. Zwischen Ausgang und Anschluß *12* wird eine Diode gelegt (Katode an *12*, vergleiche Bild 4.36 in Abschnitt 4.!)
- Sofern in der angewendeten Schaltung die Möglichkeit einer Spannungsdifferenz zwischen dem invertierenden und dem nichtinvertierenden Eingang größer 5 V besteht, sind die Eingänge besonders zu schützen. Entweder werden zwei in Reihe liegende, gegensinnig geschaltete Z-Dioden oder zwei antipa-

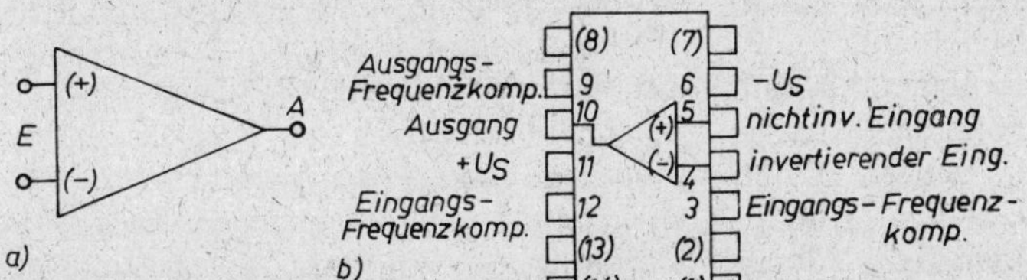

Bild 6.1
a – «Minimal»-Schaltsymbol eines Operationsverstärkers und
b – Anschlußbelegung des *A 109 D*

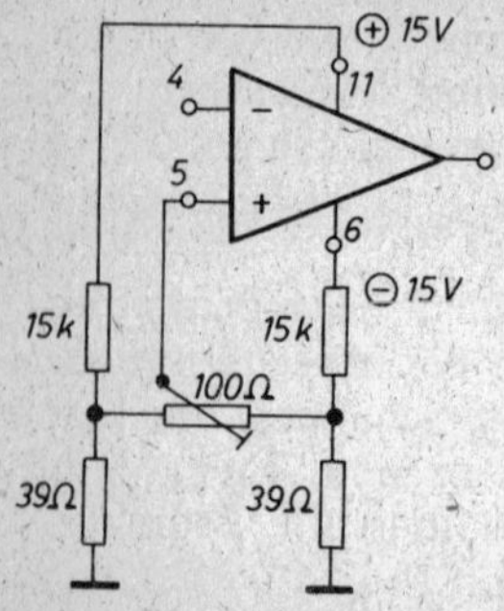

Bild 6.2
Offsetkompensation am *A 109 D* für 0 V Ausgangsspannung

rallel geschaltete, schnelle Siliziumdioden verwendet. (Vergleiche z. B. Bild 4.44 in Abschnitt 4.)

– Bei Brettschaltungsaufbauten mit dem *A 109* kann zum Schutz gegen unbeabsichtigtes Verpolen der Betriebsspannungen vor die Anschlüsse U_{S+} und U_{S-} je eine Diode geschaltet werden. Diese Dioden sperren bei falscher Polung und verhindern die Zerstörung des Schaltkreises.

Dem Neuling wird der Begriff Operationsverstärker meist wenig sagen. In der Analogrechentechnik waren früher aus vielen Transistoren zusammengesetzte Spezialverstärker wichtige Bausteine zum Addieren, Subtrahieren, Differenzieren, Integrieren usw. Ähnlich wie in der Digitaltechnik brauchte man von ihnen viele gleichartige, möglichst kleine und bezüglich Energiebedarf sparsame Einheiten. Nachdem die Mikroelektronik (Bauelemente-Industrie) diesen Wunsch erfüllt hatte, interessierten sich auch die Elektroniker anderer Fachrichtungen für sie. Denn: Operationsverstärker sind Schaltungen mit einer recht hohen Verstärkung, die man durch geeignete äußere Beschaltung nicht nur «bändigen» kann, damit sich brauchbarer Betrieb ergibt, sondern deren Größe sich vom Höchstwert an beliebig und noch dazu höchst einfach von außen durch eine Gegenkopplung über Widerstand einstellen läßt. Einziger Nachteil: Die meisten Typen sind nicht besonders «schnell». Die hohe Verstärkung bei tiefen Frequenzen nimmt mit steigender Frequenz rasch ab.

Der steile Abfall der extrem hohen Verstärkung des nicht gegengekoppelten Operationsverstärkers läßt sich bei einem kleineren Anfangswert mit der auf den invertierenden Eingang üblichen Gegenkopplung nach höheren Frequenzen hin verschieben. Die Verstärkung verringert sich dabei gegenüber der «offenen Schleife» um mehrere Zehnerpotenzen (z. B. von 10^5 auf 10^2, wenn das Verhältnis der Gegenkopplungswiderstände 100 : 1 beträgt – siehe Bild 4.35 in Abschnitt 4.!).

Erst in dem Bereich, wo die «innere» Verstärkung auf Grund der Frequenz in die Größenordnung dieses Werts gelangt ist, folgt die Amplituden-Frequenz-Kurve wieder der ursprünglichen. Nun hat aber ein solcher Verstärker einen beträchtlichen Phasengang. Eine zum Verringern der Verstärkung eingeführte «negative Rückkopplung» (also Gegenkopplung) kann sich dadurch schnell in der Phase so weit verändern, daß sie zur positiven Rückkopplung wird. Dadurch schwingt dann der Verstärker. Man greift mit sogenannten Frequenzkompensationsgliedern ein, um diesen Effekt zu verhindern. Es gibt Typen, in die solche Maßnahmen bereits integriert worden sind. Sie lassen sich daher mit minimaler Außenbeschaltung verwenden, haben dafür aber im allgemeinen weniger gute Eigenschaften bei höheren Frequenzen. (Näheres dazu siehe unter dem Begriff «Slew rate» am Ende von Abschnitt 4.1.7.2.!) Der *A 109 D* kann je nach vorgesehener Verstärkung optimal extern frequenzkompensiert werden. Bild 6.3 zeigt als Beispiel den Vergleich der Kurven für die Verstärkung in Abhängigkeit von der Frequenz bei einer vorgegebenen, für die gewählte Gegenkopplung günstigen Frequenzkompensation (R_K, C_{K1}, C_{K2}) ohne

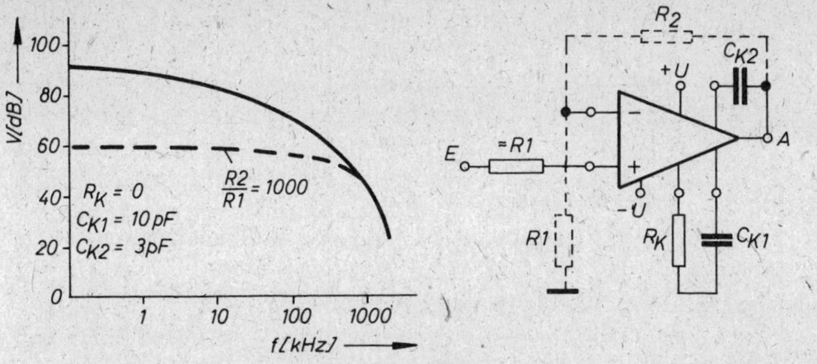

Bild 6.3 Frequenzabhängigkeit der Verstärkung eines *A 109 D* mit und ohne Gegenkopplung

Tabelle 6.1. Bauelemente für die Frequenzkompensation beim *A 109 D* in Abhängigkeit von der eingestellten Verstärkung (R_K, C_{K1}: Serienschaltung zwischen Anschluß 3 und 12, C_{K2}: Kondensator zwischen 9 und 10)

Verstärkung	Entspricht	R_K	C_{K1}	C_{K2}	$R2$ für $R1 = 10\,k\Omega$
1000	60 dB	0	10 pF	3 pF	10 MΩ
316	50 dB	1,5 kΩ	27 pF	3 pF	3,16 MΩ
100	40 dB	1,5 kΩ	100 pF	3 pF	1 MΩ
31,6	30 dB	1,5 kΩ	270 pF	10 pF	316 kΩ (330 kΩ)
10	20 dB	1,5 kΩ	470 pF	20 pF	100 kΩ
3,16	10 dB	1,5 kΩ	2700 pF	100 pF	31,6 kΩ (33 kΩ)
1	0 dB	1,5 kΩ	4700 pF	200 pF	10 kΩ

und mit Verstärkungseinstellung (über die Widerstände *R* 1 und *R* 2 zur Gegenkopplung, im Beispiel 1000fache Verstärkung oder 60 dB). Der Hersteller gibt in Abhängigkeit von der gewünschten Spannungsverstärkung für die Kompensationsbauelemente die in Tabelle 6.1. enthaltenen Werte an. Die beiden Schaltungsarten «invertierender» und «nichtinvertierender» Verstärker mit der jeweiligen Anordnung der verstärkungsbestimmenden Gegenkopplungswiderstände sowie Aussagen zum Eingangswiderstand sind bereits im Abschnitt 4. enthalten.

Der *A 109 D* darf am Ausgang nicht kurzgeschlossen werden. Dagegen hilft auch der Vorwiderstand am Ausgang nicht – er soll nur Schwingneigung unterdrücken. Lastwiderstände zwischen 2 und 10 kΩ dagegen sind üblich. Der *A 109* vermag bei entsprechender Betriebsspannung (man bleibe innerhalb ± 15 V!) also durchaus eine Leuchtdiode oder den Eingang eines Leistungstransistors zu steuern. Daraus ergeben sich viele Anwendungsmöglichkeiten in allen Bereichen der Elektronik und damit auch bei der Verstärkung von Niederfrequenzen.

6.1.2. NF-Verstärkerbaustein mit *A 109 D*

Mit einer fest eingestellten Verstärkung von 100, die sich durch Verkleinern des 1-MΩ-Widerstands bei Bedarf verringern läßt, und mit der Möglichkeit, ihn direkt

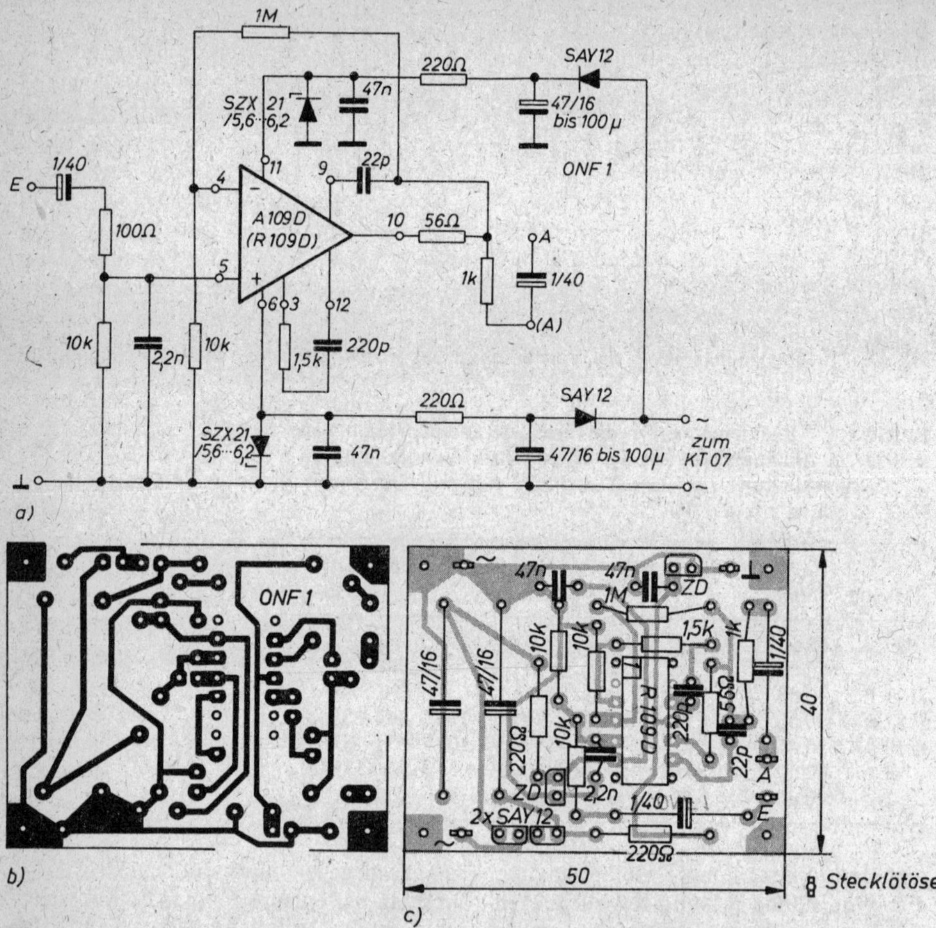

Bild 6.4 NF-Verstärker mit *A 109 D* (eingestellte Verstärkung: 100) mit eigener Stromversorgung zur Speisung aus Klingeltransformator: a – Stromlaufplan; b – Leiterbild; c – Bestückungsplan (Achtung – in der Bauplanveröffentlichung war 100 Ω nach Eingangskoppelkondensator 1/40 versehentlich als 10 kΩ angegeben worden!)

aus einem Klingeltransformator zu speisen, ist der Baustein nach Bild 6.4 vielseitig einsetzbar. Durch die Transformatorspeisung (bei 6 V Nennspannung allerdings an der unteren Betriebsspannungsgrenze, auch wenn die Leerlaufspannung wesentlich höher ist) ergibt sich z. B. die Möglichkeit, den Baustein für Überwachungszwecke zu benutzen. In Verbindung mit einem Mikrofon und einem *A 211 D* als NF-Endverstärker hat man einen praktischen «akustischen Wächter». Dem Verwendungszweck gemäß sind hinter dem gleichstromfreien Eingangsanschluß keine größeren Spannungen zu erwarten, so daß auf spezielle Schutzmaßnahmen des Eingangs verzichtet werden konnte. Die C-Kopplung legte es nahe, den bezüglich Offsetberücksichtigung mit 10 kΩ gegen Masse relativ niederohmig abgeschlossenen nichtinvertierenden Eingang zu benutzen.

Im Unterschied zur Schaltung im nächsten Abschnitt hält die Gegenkopplung die eingestellte Verstärkung aber auch für Gleichspannung. Man kann also die Leiterplatte (vgl. Bild 6.4b, Bestükkung Bild 6.4c) auch für ganz andere Aufgaben benutzen, so auch für Gleichspannungszwecke. Auf Grund der fehlenden Offsetspannungskompensation hat das aber nur bei relativ kleinen eingestellten Verstärkungen Sinn, wenn die Ausgangsspannung ohne Ansteuerung bei Null bleiben soll. Gegebenenfalls ist diese Korrektur aber eingangsseitig mit wenigen externen Bauelementen möglich (vgl. Abschnitt 4.).

6.1.3. Vorverstärker mit OPV und wählbarer NF-Verstärkung

Die Vorzüge bestimmter Beschaltungsarten von Operationsverstärkern bezüglich Offseteinfluß wurden bereits in Abschnitt 4. angedeutet. Es ging dabei um die getrennte Einstellung von Wechsel- und Gleichspannungsverstärkung durch einen kleinen Trick: Hochohmige Widerstände im Eingang und im Gegenkopplungszweig werden auch bei bipolaren OPVs besser beherrschbar, wenn die Gleichspannungsverstärkung auf dem unteren Grenzwert 1 des nichtinvertierenden Verstärkers gehalten werden kann. Dies geschieht durch Serienschalten eines Kondensators zum Widerstand zwischen invertierendem Eingang und Masse. Wählt man den Wert dieses Kondensators bezüglich der gewünschten unteren Grenzfrequenz groß genug, so ergibt sich für den Widerstandswert ein großer zulässiger Bereich zwischen kleinster einstellbarer Verstärkung (größter Wert) und größter (bei kleinstem Widerstandswert). Da er dabei gegen Masse verändert werden kann, bleiben Brummeinstreuungsprobleme u. ä. in beherrschbaren Grenzen.

Bild 6.5a zeigt eine Schaltung für einen nach diesem Prinzip entworfenen Verstärker mit einem der neuen Operationsverstärker. Diese Betriebsspannung darf in einem dem vorgesehenen Zweck gemäßen und relativ großen Bereich gewählt werden. Außerdem wurde auf Grund des wiederum gleichspannungsfreien Eingangs, der an den nichtinvertierenden OPV-Eingang angekoppelt ist, die Versorgung mit einer einzigen Betriebsspannung möglich. Dazu wird der nichtinvertierende Eingang an einen 1 : 1-Spannungsteiler gelegt. Damit ist dieser $U_B/2$-Punkt der OPV-eigene «Nullpunkt», auf den durch die Gegenkopplung auch Ausgang und invertierender Eingang gelegt werden. Es hängt von der

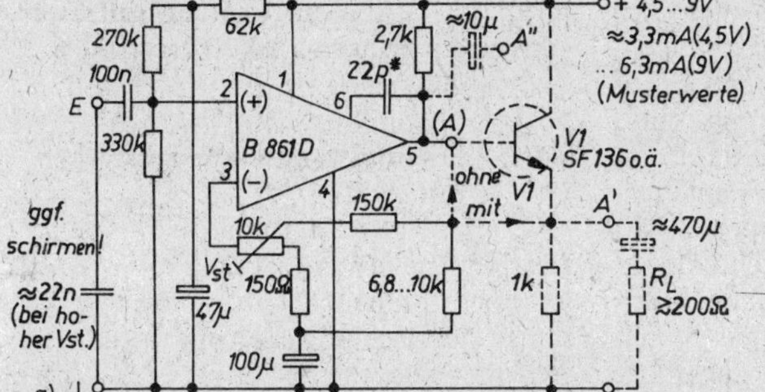

Bild 6.5
NF-Verstärker für eine einzige Betriebsspannung mit einstellbarer Verstärkung und schneller Betriebsbereitschaft: a – Stromlaufplan; b – Leiterbild; c – Bestückungsplan für zwei Einheiten nach a; d – Frequenzabhängigkeit der Verstärkung für zwei Kompensations-C-Werte bei $V_u = 700$; e – desgl. bei $V_u = 100$

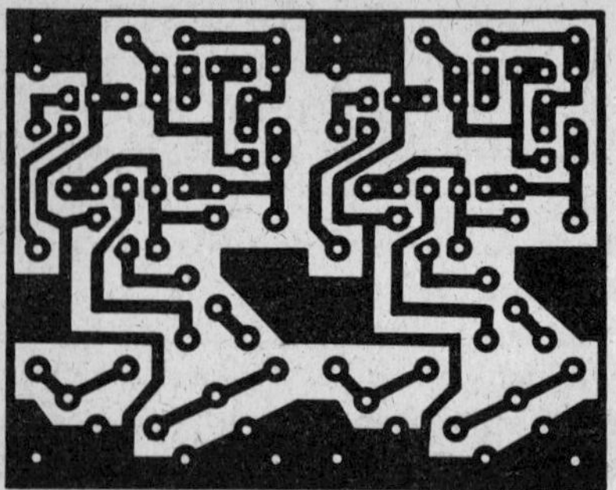

b)

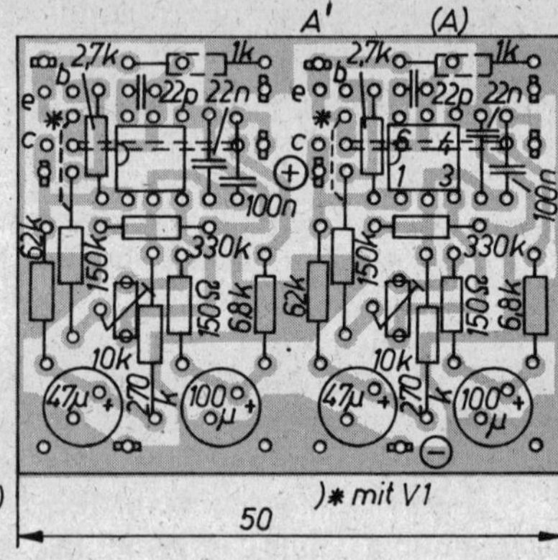

c)

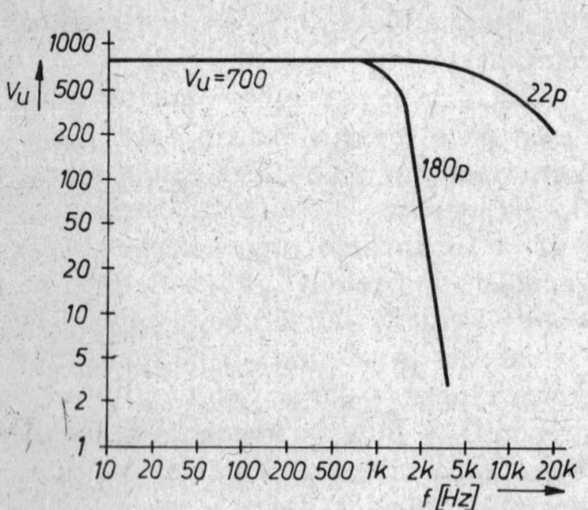

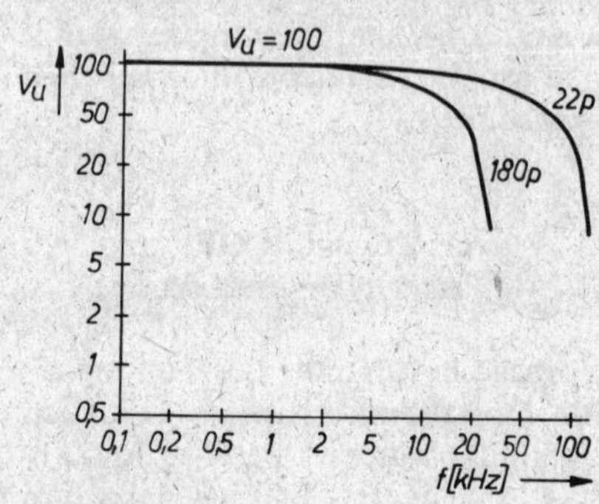

Folgeschaltung ab, ob deren Eingang mit einer sich um diese $U_B/2$-Spannung ändernden Eingangsspannung gespeist werden kann oder ob der Ausgangs-Koppelkondensator sinnvoll ist. Da die Offsetgrößen nur mit $V = 1$ am Ausgang erscheinen, werden sie ja in solchen Einsatzfällen kaum noch eine Rolle spielen. (Praktische Werte: U_A weicht um einige Millivolt vom Wert des Spannungsteiler-Mittelpunkts am nichtinvertierenden Ausgang ab, da der invertierende gleichspannungsmäßig voll gegengekoppelt ist.) Die Schaltung nach Bild 6.5a enthält zusätzlich einen Ausgangstransistor (wahlweise einsetzbar), der die Eigenschaften bei Belastung verbessert. Die Schaltung wurde auf einer Leiterplatte vom Format 40 mm × 50 mm gleich zweimal untergebracht (Bild 6.5b, Bestückung Bild 6.5c). Dadurch ergibt sich die Möglichkeit, einen sehr empfindlichen 2stufigen Verstärker für Adapterspulen u. ä. zu realisieren, der dennoch relativ geringen Klirrfaktor aufweist. (Einstufige Schaltungen mit derart hohen eingestellten Einzelverstärkungen bringen starke Verzerrungen.)

6.1.4. Kleinleistungsstereoverstärker mit *A 211 D*

Der NF-Endverstärkerschaltkreis *A 211 D* ist noch immer beliebter Bastelgegenstand. Inzwischen wurde die für die Leiterplattenbearbeitung etwas ungünstige Bauform mit Kühlflügeln durch Einzelanschlüsse ersetzt; die Belegung blieb aber selbstverständlich unverändert. Leiterbilder mit der alten Bauform lassen sich, wie bereits in Abschnitt 5. erwähnt, leicht durch je drei *typofix*-Lötaugen über den im *typofix*-Bild enthaltenen Schlitzen anpassen, wenn diese neuere Bauform eingesetzt werden soll.

Die folgenden Informationen aus Bauplan 42 bzw. aus *Der Junge Funker* 28 nennen bewußt noch die Kühlflügelausführung, da sie die wohl noch weiter verbreitete sein dürfte.

Der *A 211 D* ist ein NF-Leistungsverstärker mit hohem Eingangswiderstand, der durch ein externes Gegenkopplungsglied aus *R* und *C* leicht in der Verstärkung eingestellt werden kann. Er hat eine Anschlußbelegung gemäß Bild 6.6. Die Kühlflügel der älteren Ausführung sind also Teil dieser Schaltung und dürfen beim Anschluß weder vergessen noch auf ein unzulässiges Potential gelegt werden. Der Hersteller gibt folgende Anwendungshinweise:

- Biegen der Kühlfahnen (bei der älteren Ausführung) in die Horizontale ist nicht zulässig.
- Die Leiterplatte ist so zu gestalten, daß die Leiterzüge von Betriebsspannung, Masse und Lautsprecheranschluß kleinstmögliche Impedanzen aufweisen.
- Die Betriebsspannung U_S ist mit einem Elektrolytkondensator 100 µF so dicht wie möglich am Schaltkreis abzublokken.
- Die angegebene maximale Ausgangsleistung wird nur dann erreicht, wenn der Innenwiderstand der Versorgungsspannungsquelle $R_i \leqq 50\,m\Omega$ ist.
- Die maximale Eingangswechselspannung sollte $U_{ieff} = 250\,mV$ nicht überschreiten.
- Wird der *A 211* aus einer hochohmigen Quelle angesteuert, sind gegebenenfalls Maßnahmen gegen Brumm- und Störspannungseinstreuung anzuwenden (Abschirmung, günstige Leitungsführung zum Eingang, kurze Leitungslänge).
- Als Koppelkondensator zum Eingang des *A 211 D* (Anschluß *8*) sollte kein Elektrolytkondensator verwendet werden.
- Ein Kurzschluß des Ausgangs (Anschluß *6*) gegen Masse oder gegen die Betriebsspannung zerstört den Schaltkreis und ist deshalb zu vermeiden.
- Die Standardbeschaltung der Frequenzkompensation ist 56 pF zwischen Anschluß *13* und *14*, 150 pF zwischen Anschluß *14* und *6*, 100 nF zwischen Anschluß *6* und Masse.
- Die untere Grenzfrequenz des *RC*-Gliedes am Anschluß *6* muß kleiner sein als die des *RC*-Gliedes von Anschluß *9* nach Masse.

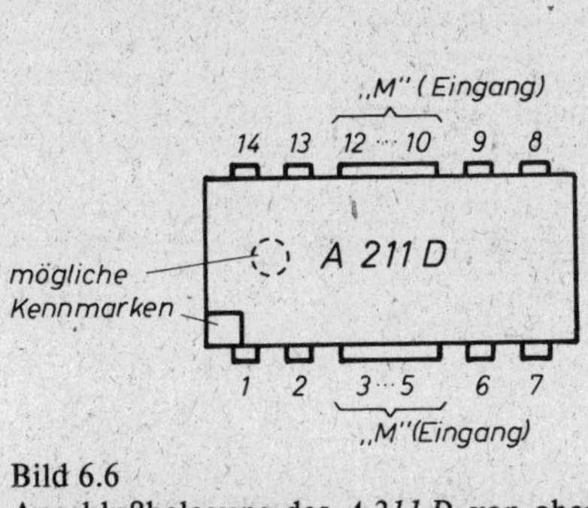

Bild 6.6
Anschlußbelegung des *A 211 D*, von oben, bisher mit Kühlflügel, neu: statt Kühlflügel je 3 Anschlüsse!

Zum Begriff «Bootstrap» bei solchen Schaltungen: Bei Aussteuerung einer Gegentaktendstufe, wie sie auch im *A 211 D* zum Einsatz kommt, gibt es einen Zeitbereich, bei dem der Treibertransistor des oberen Endtransistors keine ausreichende «Oberspannung» für den Endtransistor hat, weil dieser die Betriebsspannung gerade «voll» auf den Ausgangswiderstand durchschaltet. Mit einem kleinen Trick gewinnt man die nötige Spannung für diesen Bereich durch einen *RC*-Zusatz (*R* kann der Arbeitswiderstand sein). Die Spannung des Kondensators zwischen *1* (dem Bootstrapanschluß) und *6* (dem Ausgang des Schaltkreises) steht dann als

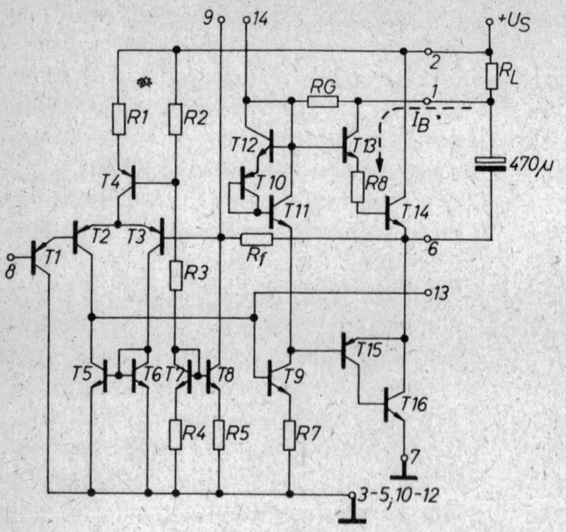

Bild 6.7
Innenschaltung des *A 211 D* mit «Bootstrap»-Einzelheit (gekennzeichnet) und zugehöriger Teil-Außenbeschaltung

Oberspannung für den Treibertransistor zur Verfügung, dessen Kollektor an *1* liegt und der mit seinem Emitter die Basis des oberen Ausgangstransistors treibt, dessen Emitter an *6* liegt (vgl. Bild 6.7). Es handelt sich um eine Maßnahme, die sinngemäß auch bei geregelten Netzteilen genutzt wird: Die Treiberstufe erhält eine höhere Kollektorspannung, und über dem Leistungstransistor wird nur noch die für seine einwandfreie Funktion nötige Mindestspannung (z. B. um 1 V) gebraucht, so daß in ihm die Verlustleistung klein bleibt.

Bild 6.8 zeigt zunächst eine typische Anwendungsschaltung des *A 211 D* für Betrieb mit Netzteil. Auf Grund der inneren Verknüpfung des Schaltkreises ist die Unterdrückung des Netzteilrestbrumms (Restwelligkeit am Elektrolytkondensator im Netzteil) am größten, wenn der Lastwiderstand (Lautsprecher) an Masse liegt. Die Schaltung zeigt die Größenordnungen der nötigen Bauelemente. Der Eingangswiderstand ist relativ hoch, daher auch der recht große Basiswiderstand des Eingangstransistors (es handelt sich um eine Kollektorstufe!) an *8*. Die Gegen-

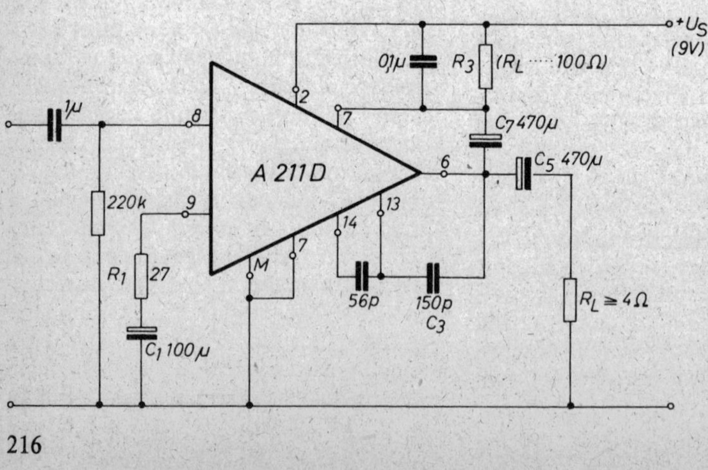

Bild 6.8
Typische Anwendungsschaltung des *A 211 D* nach Herstellerempfehlungen für Geräte mit Netzteilspeisung

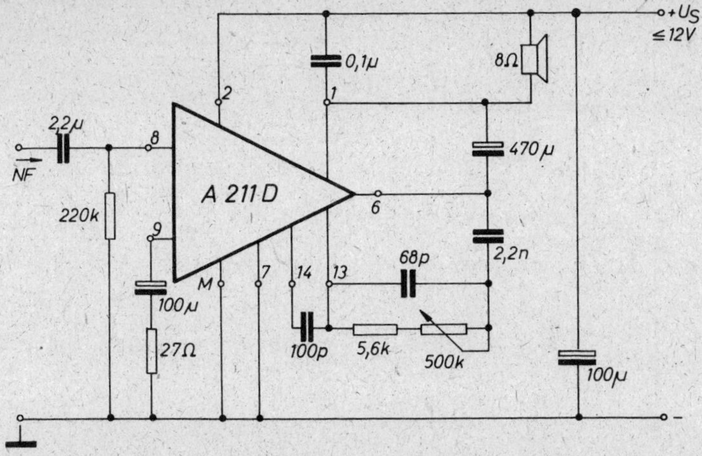

Bild 6.9
Frequenzbeeinflussung am *A 211 D*

kopplung zwischen *9* und Masse verringert die Verstärkung um so mehr, je größer der Widerstand ist. Weiterhin muß man wissen, daß es sich bei den (in den Kühlflügeln der älteren Ausführungen zusammengefaßten) Anschlüssen *3, 4, 5, 10, 11, 12* um den Masseanschluß des Eingangs handelt, während *7* der Emitter des unteren Ausgangstransistors ist, also die Ausgangsmasse. Der die Betriebsspannung abblockende Elektrolytkondensator, wie ihn der Hersteller fordert, muß daher mit Minus dicht an *7* liegen und mit Plus an *2.* Die Eingangsmasse darf nicht mit 7 zusammen über einen gemeinsamen schmalen Leiter zum Kondensator geführt werden, sondern über einen getrennten Leiterzug. Nur so kann man Schwingerscheinungen, die sich manchmal erst bei großer Aussteuerung auf einem Teil des Kurvenzugs oszillografisch erkennen lassen und sonst nur den Klangeindruck «unerklärlich» verschlechtern, wirksam vermeiden. Eine Schaltung für kleinere Ansprüche an die Qualität einer einstellbaren Frequenzgangbeeinflussung nutzt die Gegenkopplung am Punkt *13* des Schaltkreises aus. So entsteht die Beschaltung nach Bild 6.9. Die für den Anfänger wohl interessanteste Schaltung für Experimente vom Kopfhörer bis zum Lautsprecher gibt Bild 6.10a wieder. Dafür entstand ein Leiterbild auf *typofix* zu Bauplan 42 (Bild 6.10b) mit der Bestückung nach Bild 6.10c. Die Schaltung nach Bild 6.10a ist darauf sogar zweimal enthalten. So gewinnt man einen Kleinstereoverstärker für die üblichen 400-Ω-Kopfhörer (vgl. Zusatz nach Bild 6.11). Bei kleineren Lastwiderständen (man kann z. B. auch 15-Ω-Lautsprecher anschließen!) sind die 22-µF-Kondensatoren entsprechend (im Sinne der Proportionen von Bild 6.8 oder Bild 6.9) zu vergrößern. Bei nicht allzu hohen Ansprüchen an den Rauschpegel erweist sich die Gesamtplatte z. B. als recht empfindlicher Verstärker für dynamische Mikrofone (Bild 6.12), der bereits mit drei Rundzellen *R 6* oder *R 14* als Spannungsquelle auskommt. In die Leiterplatte nach Bauplan 42 (dort Bild 32) hatte sich ein kleiner Fehler eingeschlichen, der bei diesem speziellen Einsatz deutlich wird. Erst dabei wird nämlich der «Vorlast»-Widerstand von 680 Ω gebraucht (sonst liegt dort ja schon der Hörerwiderstand als Gleichstrompfad). Der linke Anschluß des linken 680-Ω-Widerstands muß eine Rastereinheit weitergelegt werden.

Spezielle Hinweise für den Einsatz:

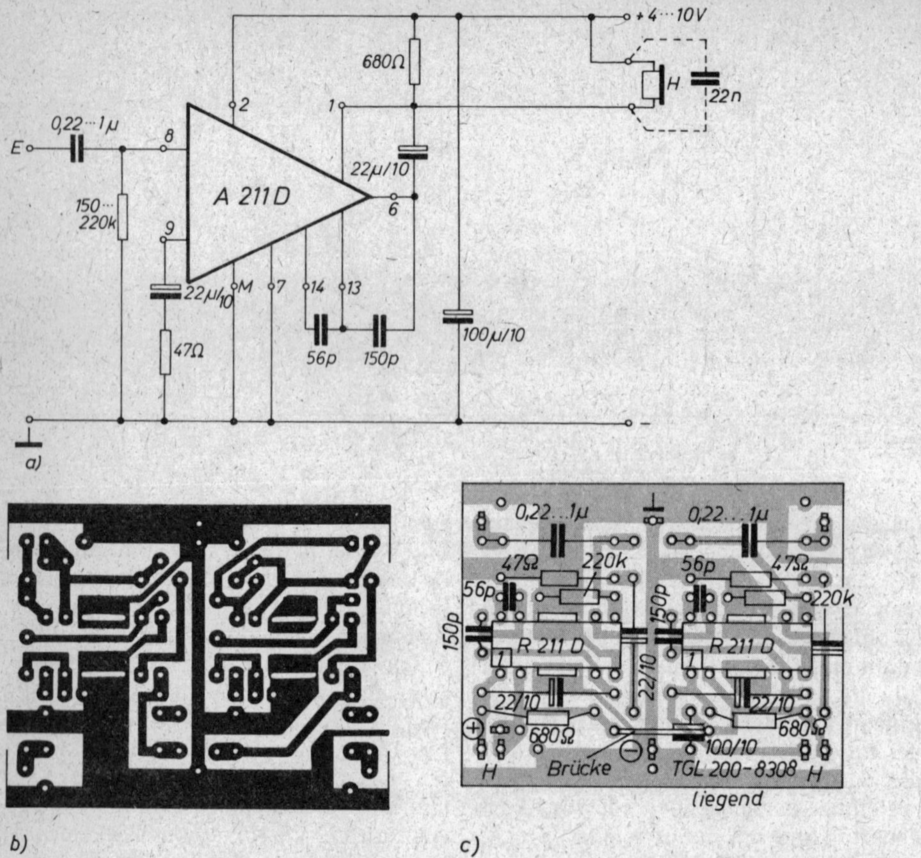

Bild 6.10 Vielseitige Experimentierstufe mit *A 211 D*: a – Stromlaufplan; b – Leiterbild; c – Bestückungsplan für 2 Einheiten von a

Nach Zersägen der Platte erhält man zwei winzige Monoverstärker hoher Verstärkung und verhältnismäßig großer Ausgangsleistung; der Siebkondensator von 100 µF wurde für den Stereofall nur einmal eingezeichnet. Die Eingangsspannung soll 250 mV nicht überschreiten. Je nach den Daten der Quelle (Plattenspieler, Tuner, Bandgerät) muß daher das außerhalb der Platte montierte Lautstärke-Stereopotentiometer (R_p) mit einem Vorwiderstand (R_V) je Kanal versehen werden. Richtwerte: 1,5 R_p für 0,5 V, 4 R_p für 1 V maximal möglicher Quellenspannung; R_V entfällt für weniger als 0,25 V maximaler Quellenspannung. Für R_p können auch zwei gleiche Einzelpotentiometer benutzt werden (etwa 100 kΩ). Dadurch läßt sich mit ihnen auch die Balance einstellen, die sonst für höhere Ansprüche ein weiteres Potentiometer zwischen den Eingängen erfordern würde. Sein Schleifer liegt an Masse. Die Verstärkereingänge sind hochohmig und darum brummempfindlich. Man baut das Gerät in ein kleines Gehäuse aus kupferkaschiertem Hartpapier ein. Die Kupferfolie ist an Masse zu legen. Im Gehäuse

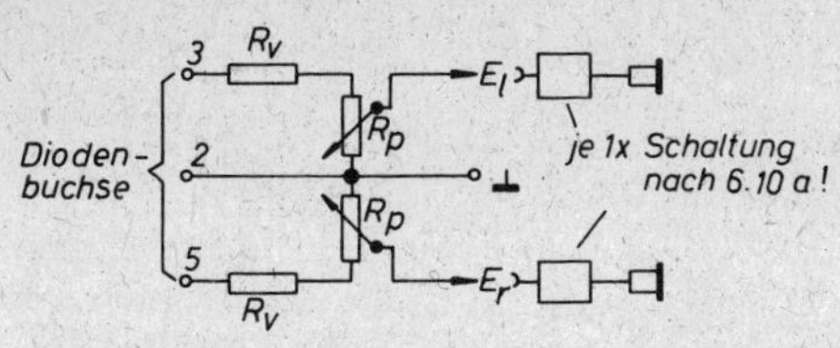

Bild 6.11
Anschluß für 2 Einheiten nach Bild 6.10a (Stereowiedergabe) an Tonquelle über Diodenkabel (R-Werte s. Text)

werden Potentiometer und Buchsen für Ein- und Ausgang montiert. Die geringe Stromaufnahme (Muster: 2,5 mA bei 4,5 V) und die niedrige Betriebsspannung (Datenblatt: 4,2 V, Muster sogar nur 2,9 V) gestatten Batteriebetrieb, z. B. auch aus drei *RZP2*-Akkumulatoren. Ebenso kann man aus dem Klingeltransformator *KT 07* mit 1-Weg-Gleichrichtung 1000 µF/ 16 V und 100 Ω Vorlastwiderstand (wegen der 10-V-Kondensatoren) speisen.

6.1.5. Leistungsverstärker mit *A 210 D/E* und Vorstufe

Über den Rahmen der Anwendung als Verstärker in einer Sprechanlage mit gleichberechtigten Hauptstellen nach Bauplan 50 hinaus ist ein solcher Leistungsbaustein vielseitig einsetzbar. Doch zunächst Informationen zum *A 210* nach Herstellerangaben. Der *A 210* ist mit waagerechten Kühlflügeln als *A 210 D* (jetzt *E*) und mit Kühlkörper als *A 210 K* erhältlich. Während man für den Grundtyp *A 210 D/E* nur mit 1,3 W rechnen kann, gestattet der Kühlkörper des *A 210 K* mindestens 5 W verfügbarer Leistung.

Der *A 210* ist ein gegen thermische Überlastung intern geschützter Leistungsverstärker in Plastgehäuse mit Kühlflügeln. Seine alte und die bereits der neuen Zuordnung entsprechende Anschlußbelegung (Kühlflügelpunkte nicht mehr mitgezählt) gehen aus Bild 6.13 hervor.

Für den *A 210* gibt der Hersteller die folgenden Applikationhinweise: Die Leiterplatte ist so zu gestalten, daß die Leiterzüge von Betriebsspannung, Masse und Lautsprecheranschluß kleinstmögliche Impedanzen aufweisen.

- Die Betriebsspannung U_S für den *A 210* muß mit einem Elektrolytkondensator von 1 000 µF so dicht wie möglich am Schaltkreis abgeblockt werden (Anschluß *1*).
- Die angegebene maximale Ausgangsleistung bei $k = 10\,\%$ wird nur dann erreicht, wenn der Innenwiderstand der Spannungsquelle $R_i \leqq 50\ \mathrm{m}\Omega$ ist.
- Wird der Schaltkreis aus einer hochohmigen Quelle angesteuert, sind gegebenenfalls die aus der Röhrentechnik bekannten Maßnahmen gegen Brumm- und Störspannungseinstreuung anzuwenden (Abschirmung, günstige Leitungsführung zum Eingang, kurze Leitungslänge).
- Als Koppelkondensator zum Eingang

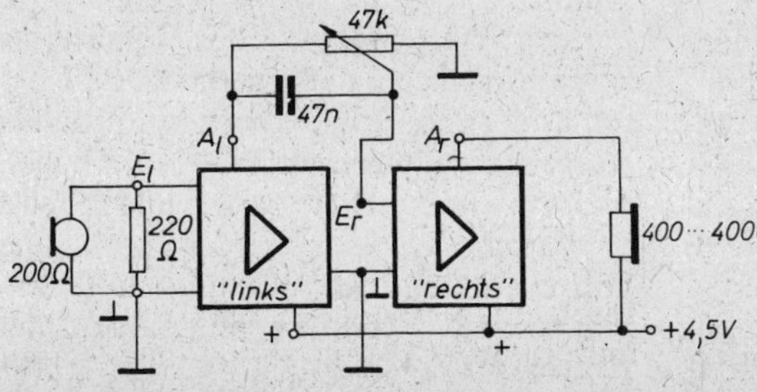

Bild 6.12
Einsatzfall der Baugruppe nach Bild 6.10c als empfindlicher Verstärker für dynamische Mikrofone im Sprechverkehr

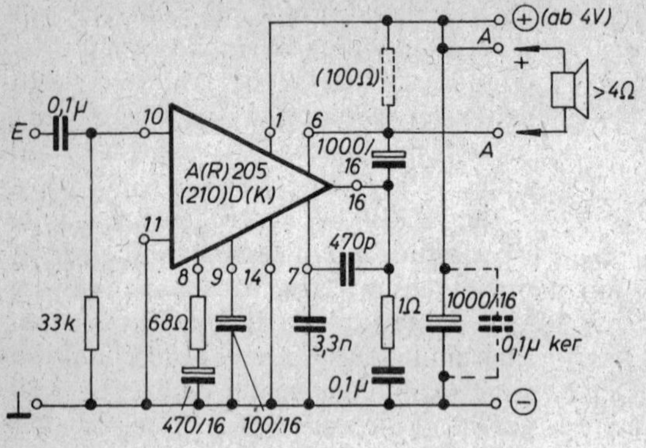

Bezifferung

neu	alt
1	1
2	2
3	3
–	4
–	5
4	6
5	7
6	8
7	9
8	10
9	11
–	12
–	13
10	14
11	15
12	16

Bild 6.13
Standardbeschaltung des *A 210 K* (mit Kühlkörper) und des *A 210 E* (mit Kühlfahnen bisher als *A 210 D* bezeichnet), alte Numerierung am Schaltkreis, neue und alte daneben zum Vergleich

(Anschluß *8*) sollte kein Elektrolytkondensator verwendet werden.

- Die maximale Eingangsspannung sollte $U_{\text{ieff}} = 200$ mV nicht überschreiten. Der Gegenkopplungswiderstand R_f für die maximale Eingangsspannung beträgt daher 220 Ω für $U_S = 12$ V und 150 Ω für $U_S = 16$ V.
- Ein Kurzschluß des Ausgangs (Anschluß *12*) gegen Masse oder gegen die Betriebsspannung $+U_S$ zerstört den Schaltkreis und ist deshalb verboten.
- Einstellung der oberen Grenzfrequenz bei $R_f = 56\,\Omega$ (Werte für 20 kHz/10 kHz): *C5* (zwischen Anschluß *5–12*) 820 pF/1 500 pF, *C7* (zwischen Anschluß *5* – Masse) 4,7 nF/5,6 nF.
- Die untere Grenzfrequenz des RC-Gliedes zwischen den Anschlüssen *12* und *1* muß kleiner sein als die des RC-Gliedes vom Anschluß *6* gegen Masse.
- Um bei kleinen Werten der Versorgungsspannung ($4{,}0 \leqq U_S \leqq 6{,}0$ V) auch die maximal mögliche Ausgangsleistung zu erhalten, ist die Beschaltung folgendermaßen zu ändern:

• Der Lastwiderstand wird zwischen Anschluß *4* und Anschluß *1* geschaltet.

• Der Kondensator zwischen den Anschlüssen *12* und *4* wird auf 1 000 μF erhöht.

Bei dieser Schaltungsausführung ist jedoch der Einfluß einer der Versorgungsspannung überlagerten Störspannung größer.

Der Stromlaufplan nach Bild 6.14a ist in der Dimensionierung der Gesamtverstärkung und der frequenzbestimmenden Bauelemente auf Sprachübertragung mit Lautsprecher als Ein- und Ausgangsschallwandler zugeschnitten. Wie weit gegebenenfalls die Werte der Elektrolytkondensatoren demgegenüber zu erhöhen sind, richtet sich nach der gewünschten unteren Grenzfrequenz, wenn Musikwiedergabe angestrebt wird. Notfalls legt man dazu je zwei Kondensatoren elektrisch parallel und mechanisch übereinander. Das als *typofix*-Folie zu Bauplan 50 erhältliche Leiterbild (Bild 6.14b, Bestückung nach Bild 6.14c) bietet jedenfalls eine gute Ausgangsbasis für den Leistungsschaltkreis *A 210 D/E.* Das gilt auch für den mit Kühlstern versehenen *A 210 K,* wenn die Anordnung der übrigen Bauelemente darauf Rücksicht nimmt.

Der Vielseitigkeit des Bausteins kommt entgegen, daß im Bereich kleinerer als der vom Schaltkreis her möglichen Ausgangsleistungen ein 6-V-1-A-Klingeltransformator unmittelbar als Spannungsquelle angeschlossen werden kann. Die nötige Gleichrichter-Kondensator-Kombination befindet sich bereits mit auf der Leiterplatte.

6.2. Empfänger mit Schaltkreisen

Ein Transistoraudion mit NF-Schaltkreis als Endverstärker ist bereits in Abschnitt 5. enthalten. Mit den neu verfügbaren, modernen Operationsverstärkern stoßen auch auf diese Art modernisierte Taschenempfängervarianten einfacher Schaltungstechnik wieder auf ein gewisses Interesse. Ein solches «Spielobjekt» soll daher diesen Abschnitt einleiten. Ihm schließen sich dann Anwendungen zum seit Bauplan 42 verfügbaren Empfängerschaltkreis *A 244 D* an.

6.2.1. OPV-«Detektor»

Wie der Name schon vermuten läßt, setzt zufriedenstellende Funktion der im folgenden vorgestellten Schaltungsvarianten einen nahen Mittelwellensender voraus, oder man braucht eine Antenne. Es gibt Operationsverstärker, die auch für Frequenzen des Mittelwellenbereichs noch eine deutlich über 1 liegende «offene Schleifenverstärkung» haben. Mit ihnen sind recht reizvolle Audionversuche möglich. So entstand z. B. bei einem *741* am Eingang offenbar ein negativer Widerstand, der den angeschlossenen Schwingkreis entdämpft, wenn die Schaltung nach Bild 6.15a benutzt wird. Das über C parallelgeschaltete Potentiometer bestimmt den Grad der Entdämpfung, die bis zum Rückkopplungseinsatz reicht.

Da solche Schaltungen nur richtig interessant sind, wenn ihre Betriebsspannung (aus Gründen des Volumens) nicht allzu hoch liegt, wurde aus einer einzigen 4- bis 4,5-V-Batterie gespeist. Daher erhielt der nichtinvertierende Eingang einen Spannungsteiler zur Arbeitspunkteinstellung. Er ist hochohmig und beeinflußt damit den Schwingkreis auch bei kleiner Entdämpfung kaum.

Der Operationsverstärker ist gleichspannungsseitig über den Teiler 1 MΩ/2,2 MΩ stark gegengekoppelt. Die Wechselspannungsverstärkung läßt sich gegen Masse einstellen. Der OPV ist hier gleichzeitig HF-Verstärker und Demodulator sowie NF-Verstärker.

Eine Variante dieser Empfängerschaltung, diesmal mit eigener Gleichrichterdiode, aber ohne Entdämpfungseffekt, gibt Bild 6.15b wieder. Die Diode liegt zwischen den beiden Eingängen, die de-

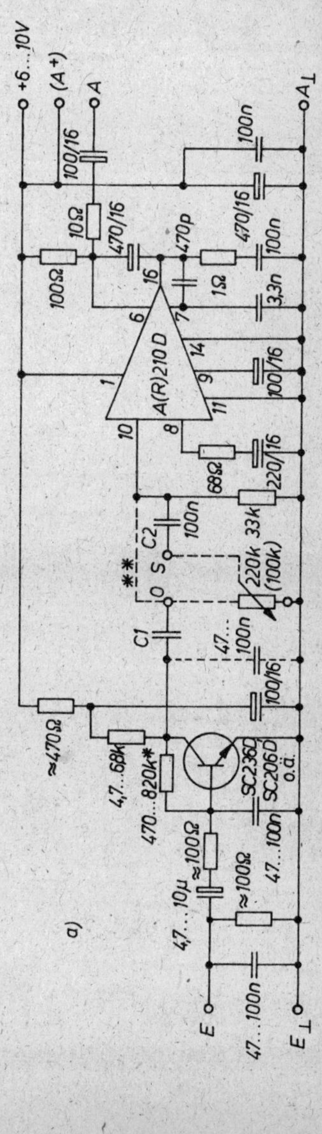

Bild 6.14 Vielseitiger Leistungsverstärker mit Vorstufe: a – Stromlaufplan; b – Leiterbild; c – Bestückungsplan; d – Aufbaubeispiel

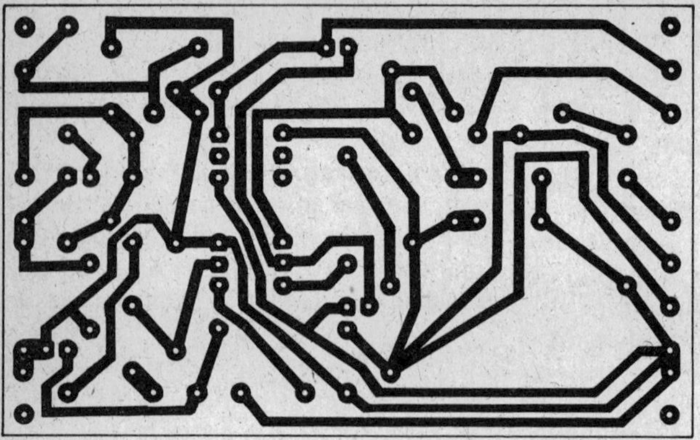

b)

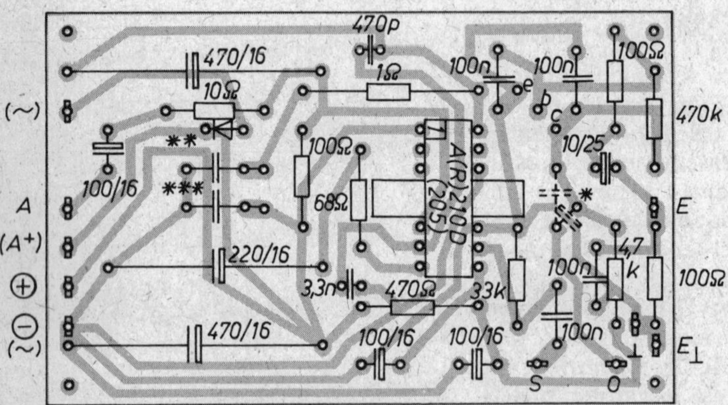

c)

*) wahlweise 0,1µ Ker. oder 10µ

**) SY 360/1 (bei Bedarf)

***) 2 × 0,1µ Ker. oder MKL 3

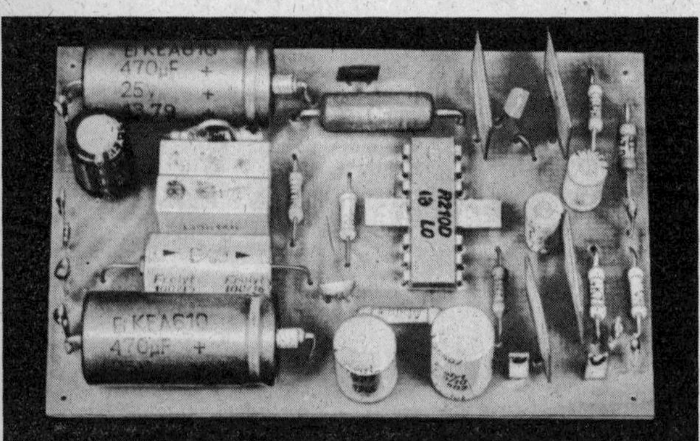

Bild 6.14b, c, d

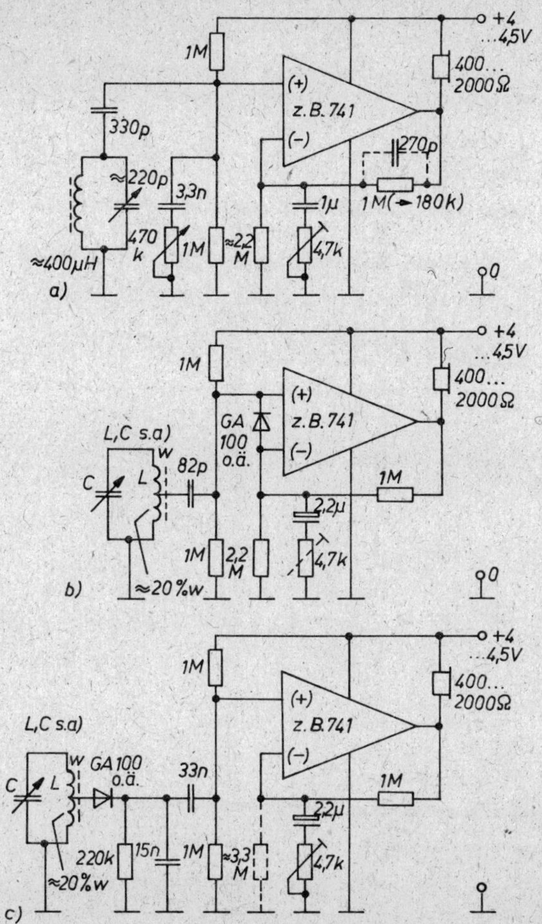

Bild 6.15
AM-Empfängerexperimente mit Operationsverstärkern: a – mit Entdämpfung; b – mit Demodulatordiode; c – OPV nur als NF-Verstärker für Dioden-«Detektor»

modulierte NF bildet an ihr sozusagen die zu verstärkende Differenzspannung. Aus Gründen der Trennschärfe (und auch der Amplitude!) muß die Eingangsspannung einer Anzapfung der wie bei a auf einen Ferritstab gewickelten Spule entnommen werden. Unterschiedliche OPV-Typen liefern in dieser Schaltung ganz unterschiedliche Ergebnisse. Wiederum erwies sich der *741* als optimal.

Die «sauberste» Lösung einer Detektorschaltung mit NF-Verstärkung (Bild 6.15c, Varianten sind möglich) besteht darin: Der OPV arbeitet hinter einem Koppelkondensator wirklich nur noch als NF-Verstärker. Seine Verstärkung kann aber in weiten Grenzen bereits an der Gegenkopplung eingestellt werden.

6.2.2. Audion mit Empfängerschaltkreis

Der vorrangig für AM-Überlagerungsempfänger entwickelte *A 244 D* wurde in Bauplan 42 auch in dieser etwas am Rande liegenden Anwendung getestet.

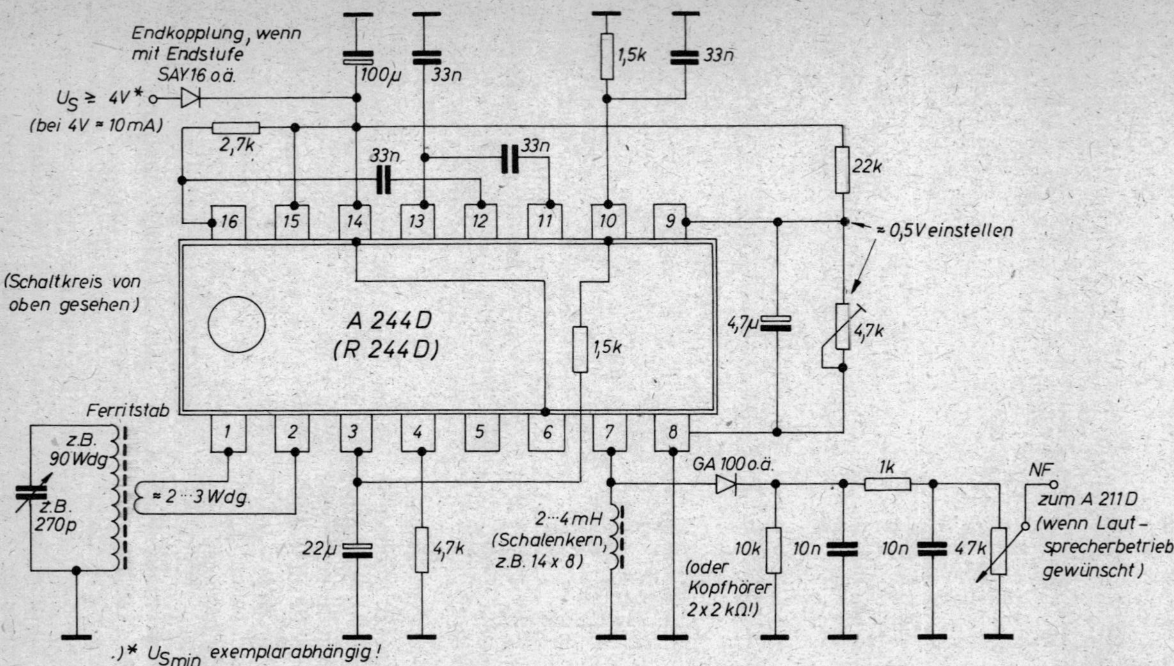

Bild 6.16 «Geradeaus»-Empfänger mit *A 244 D* (halbsymbolisch dargestellt, daher leicht auf Universalplatte zu realisieren)

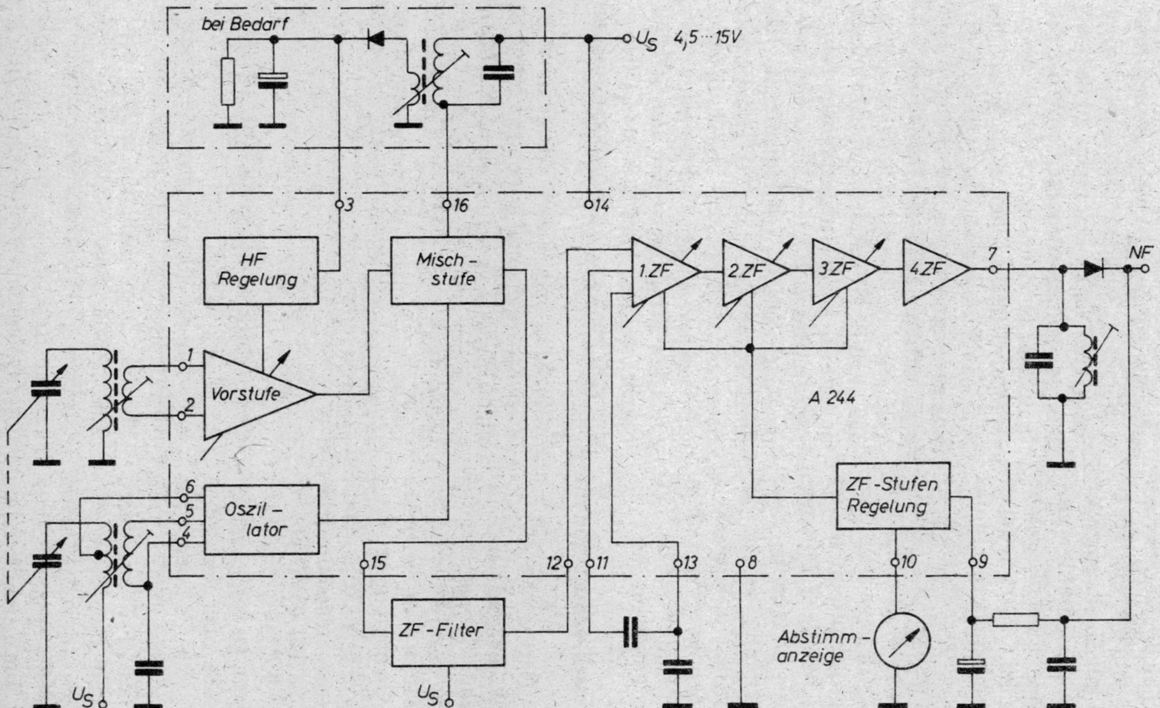

Bild 6.17 Innenschaltung des *A 244 D* in Übersichtsdarstellung einschließlich prinzipieller Außenbeschaltung

Bei den folgenden Erläuterungen offenbleibende Fragen dürften sich aus der daran anschließenden Schaltkreisbeschreibung im Rahmen seines Haupteinsatzes beantworten. Während ein Super mit dem *A244D* mindestens vier Schwingkreise hat (Eingangskreis, Oszillator, ZF-Kreis zwischen Oszillator und ZF-Verstärker, ZF-Gleichrichterkreis am Schaltkreisausgang), arbeitet die Schaltung nach Bild 6.16 mit einem einzigen, dem Eingangskreis. Ausgangsseitig wurde zur Verbesserung der Ergebnisse eine kleine, aus Gründen der Sicherheit gegen Selbsterregung in einem Schalenkern untergebrachte Drossel vorgesehen. Sie ist aber – wie der eingangsseitige Ferritstab – leicht zu wickeln. Die äußeren Bauelemente am Schaltkreis sind zum Festlegen bestimmter Arbeitspunkte und zur wechselspannungsmäßigen Entkopplung des Schaltkreises notwendig. Eine Regelung der Verstärkung sowohl der HF-Vorstufe als auch des ZF-Verstärkers wurde nicht vorgesehen; es erwies sich in dieser Anwendung als günstiger, auf sie zu verzichten. Am Potentiometer zwischen *9* und Masse werden etwa 0,5 V eingestellt. Statt Messen genügt notfalls auch ein Einstellen auf günstigste Betriebseigenschaften. Die Mischstufe erhält durch den Widerstand an Anschluß *4* eine feste Bezugsspannung (Mischung mit einer Konstanten). Sie verstärkt somit nur das vom Ferritstab über eine sehr lose Ankopplung am Kreis (bei Mittelwelle mit etwa 90 Wdg. Kreiswicklung, abhängig von Stabgröße, Stabmaterial und der Kapazität des Drehkondensators, nur etwa 3 Wdg.!) symmetrisch eingespeiste HF-Signal. Dadurch arbeitet auch der ZF-Verstärker über den vollen Eingangsfrequenzbereich hinweg, bei Mittelwelle also zwischen 525 und 1625 kHz. Statt eines ZF-Filters wurde mit 2,7 kΩ und 33 nF eine reine *RC*-Kopplung vorgesehen (*16* auf *12*). Am Ausgang liegt die bereits erwähnte Drossel von etwa 2 bis 4 mH, realisiert auf einem Schalenkern. Es genügt die Größe 14 × 8 (Durchmesser mal Höhe). Die Windungszahl berechnet sich aus $w = \sqrt{\frac{L}{A_L}}$, A_L ist der aufgedruckte Kernbeiwert: 250 z. B. heißt $250 \cdot 10^{-9}$ H. Bei diesem Wert wickelt man, je nachdem, was die vorhandene Drahtdicke erlaubt, zwischen 90 und 130 Wdg. auf den Spulenkörper. Zwischen Schaltkreis und Spule sind lange Leitungen zu vermeiden, bei auftretenden Pfeiftönen ist die Spulenlage hinsichtlich des Ferritstabs zu verändern. Beide sollen nicht dicht nebeneinanderliegen. Das ist eigentlich das einzige Problem, was bei dieser Schaltung auftreten kann. Bei Betrieb mit NF-Verstärker ist ebenfalls dafür zu sorgen, daß keine HF-«Reste» durchkommen und zu Rückkoppelerscheinungen führen können. Das verhindern die Kondensatoren nach Masse zusammen mit dem 1-kΩ-Widerstand in der NF-Leitung zum Potentiometer. Für den Anschluß eines NF-Verstärkers kann eine der weiter vorn gezeigten Schaltungen mit dem *A 211 D* benutzt werden. Man kann den Ortssender aber auch gut mit Kopfhörer empfangen.

Rechnet man dieses Gerät als reine Zwischenstufe zum Super, so lohnt es nicht, allzuviel Arbeit in eine Leiterplatte zu stecken, auf der (bei Bedarf) auch gleich der NF-Verstärker mit untergebracht wird. Das Muster wurde daher nicht allzu eng auf einer Punktraster-Universalleiterplatte aufgebaut.

6.2.3. Mittelwellensuper mit *A 244 D*

Hauptanwendung dieses interessanten Schaltkreises sind AM-Empfänger bis 30 MHz. Der Schaltkreis enthält neben Vor-, Misch- und Oszillatorstufe einen 4stufigen ZF-Verstärker und zwei unabhängige Regelkreise. Neben drei Stufen des ZF-Verstärkers wird die Vorstufe ge-

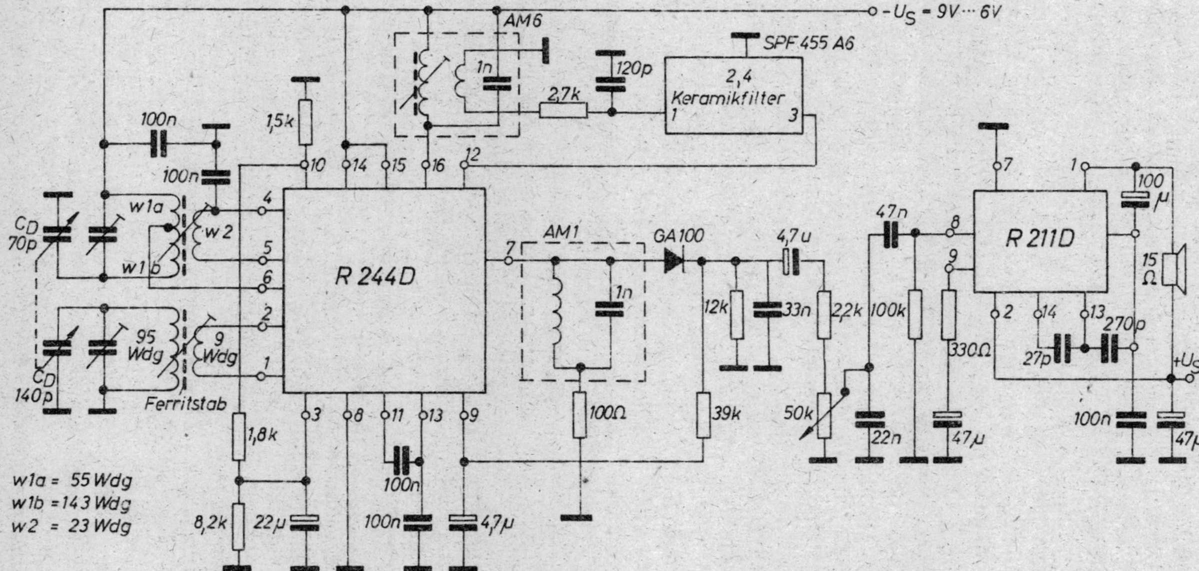

Bild 6.18 Mittelwellenempfänger mit *A 244 D* nach Herstellerempfehlungen

regelt, wodurch man eine sehr gute Großsignalfestigkeit erreicht. Eine interne Spannungsstabilisierung ermöglicht es, Betriebsspannungen von 4,5 bis 15 V anzulegen. Der Mischer arbeitet multiplikativ. Dadurch entstehen sehr wenig Oberwellenmischprodukte und Pfeifstellen. Der vom Mischer getrennte Oszillator ist für den KW-Bereich geeignet. Der symmetrische Aufbau des *A 244D* erlaubt eine hohe Stabilität und einen Regelumfang von etwa 100 dB.

Anwendungshinweise des Herstellers:

- Die Leiterplatte ist so zu gestalten, daß maximale Masseflächen vorhanden sind.
- Die Betriebsspannungszuführung muß zur Verhinderung von Störungen mit einem Kondensator von 10 bis 100 nF gegen Masse möglichst dicht am Schaltkreis abgeblockt werden.
- Der Oszillatorkreis ist so zu dimensionieren, daß am Anschluß *5* eine Oszillatorspannung U_{eff} von etwa 150 mV anliegt.
- Es ist vorteilhaft, eine erdfreie Ansteuerung an den Anschlüssen *1* und *2* vorzusehen, da so Gleichtaktstörungen besser unterdrückt werden.
- Der Mischerlastwiderstand (ZF-Selektion) am Anschluß *15* bzw. *16* soll bei etwa 7 kΩ liegen.
- Der ZF-Spannungsübertragungsfaktor von Anschluß 15 bzw. *16* zum Anschluß *12* soll etwa −18 dB betragen.
- Alle HF-Abblockkondensatoren sollen den Wert 100 nF haben.
- Bei Betrieb mit Ferritantenne ist auf eine ausreichende Entkopplung von Ferritstab und Oszillatorspulen zu achten.
- Es ist vorteilhaft, die gesamte Schaltung durch eine Blechhaube abzuschirmen.

Der Mittelwellenempfänger entsprechend Bild 6.18 (nach Herstellerangaben) ist ein Kleinempfänger mit den Schaltkreisen *A 244D* und *A 211D.* Selektiert wird mit einem *LC*-Kreis und einem Piezofilter. Die Empfindlichkeit ist stark von der effektiven Antennenhöhe des Ferritstabs abhängig. Als Drehkondensator wurde ein mit Kunstfolie isolierter Miniaturtyp verwendet. Dazu gelten die in Bild 6.18 eingetragenen Wickeldaten. Die genauen Werte der Ferritstabwicklung richten sich nach dem benutzten Stab. Der Flachstab etwa aus dem früheren *Mikki* benötigt mehr Windungen als der des *Sternchen (8 × 100).* Man beachte die Hinweise in Abschnitt 5.!

Für die ZF-Kreise wurden die noch bisweilen im Handel erhältlichen Kleinfilter *AM 6* und *AM 1* bzw. Nachfolgetypen verwendet. Zusammen mit einem Keramikfilter *SPF 455 A 6* («blau», Anschlußbelegung: *1* unter Kennmarke, *3* diagonal dazu, auf der anderen Diagonale liegen *2* und *4*) ergibt sich ausreichende Selektion. Für den Oszillatorkreis enthält der Stromlaufplan Angaben, die sich auf die ebenfalls im Handel erhältlichen größeren «Standardfilter» mit Einzelfuß beziehen (Kerngewindefarbe orange). Sie haben zwei Kammern und eine Wickellänge von 7,5 mm; alle Wicklungen werden symmetrisch auf beide Kammern verteilt. Auf diesen Spulenkörpern lassen sich auch ZF-Filter selbst wickeln. Der Hersteller gibt zu seiner im wesentlichen nur wenig von der Schaltung nach Bild 6.18 abweichenden Meßschaltung folgende Daten an:

ZF-Auskopplung – Filter 2: (liegt an *15*, in der Anwendungsschaltung gleichberechtigt an *16*)

f_{ZF} = 455 kHz, Kern rot, Ferrithülse
$w1$ = 65 Wdg. 0,15 CuLS (Kreiswicklung)
$w2$ = 8 Wdg. 0,25 CuLS (Koppelwicklung – sie wurde unmittelbar, ohne Piezofilter, über 10 nF an *12* gelegt)

ZF-Demodulatorkreis – Filter 3: (liegt an *7*)

f_{ZF} = 455 kHz, Kern rot, Ferrithülse
w = 65 Wdg. 0,15 CuLS

Regelspannungsauskopplung für Eigenregelung der Vorstufe – Filter 4 (in der Anwendungsschaltung nicht benutzt, liegt in

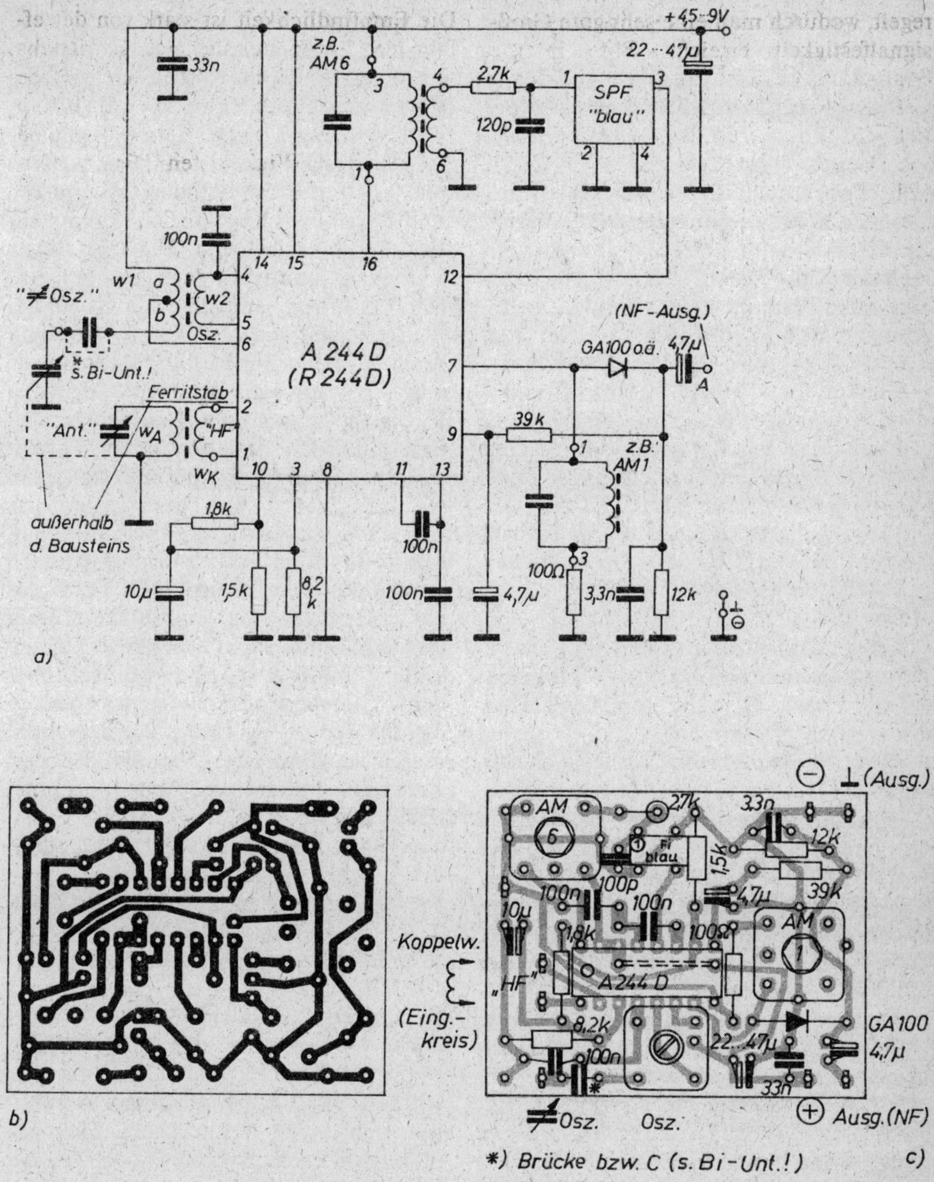

Bild 6.19 Empfängerbaustein mit *A 244 D*: a – Stromlaufplan; b – Leiterbild; c – Bestückungsplan

der Meßschaltung als Koppelwicklung mit Diode)

f_{ZF} = 455 kHz, Kern rot, Ferrithülse
$w1$ = 65 Wdg. 0,15 CuLS (Kreiswicklung)
$w2$ = 32 Wdg. 0,15 CuLS (Koppelwicklung)

Die Kreiskapazitäten dieser Filter sind 1,5 nF (in der Anwendungsschaltung mit *AM 1* und *AM 6*: 1 nF)

Dynamische Daten der Filter (ohne Schaltkreis)

Filter 2: Mit R_{p2} (parallel zu Filter 2 legen) wird ein Leerlaufresonanzwiderstand R_{p0} von 7 kΩ eingestellt. $w2$ wird so angekoppelt, daß bei Belastung von $w2$ mit 3 kΩ ein Übersetzungsverhältnis von Anschluß *15* zu Anschluß *12* von – 18 dB erreicht wird. (Das ist ein Spannungsverhältnis von 8 : 1.)

Filter 3: Mit R_{p3} (parallel zu Filter 3 legen) wird ein Leerlaufresonanzwiderstand R_{p0} von 10 kΩ eingestellt (Leitung zum Gleichrichter aufgetrennt).

Zum Spulenselbstbau siehe auch Abschnitt 5.

Für den Aufbau von AM-Empfängern beliebiger Frequenzbereiche von 100 kHz bis 30 MHz und im Zusammenspiel mit NF-Verstärkerbausteinen der in diesem Buch beschriebenen Art entstand schließlich der Empfängerbaustein nach Bild 6.19a, an den am Eingang die Auskoppelwicklung des Antennenstabs bzw. -kreises und der Oszillatorteil des Drehkondensators anzuschließen sind, während ausgangsseitig die Niederfrequenzspannung gleichspannungsfrei gegen Masse entnommen werden kann. Der Baustein ist ab etwa 4,5 V betriebsfähig. Für die ZF-Filter wurde in Anlehnung an den vom Hersteller empfohlenen Stromlaufplan nach Bild 6.18 eine Kombination von Spulen- und Piezofilter benutzt, die beim Abgleich vorteilhaft ist.

Die Spulenfilter sind übliche Typen aus dem Ersatzteilsortiment des Kombinats *Stern-Radio* (*AM 1* und *AM 6* bzw. Nachfolgetypen), doch erlaubt die von ihnen beanspruchte Fläche, auch andere Filtertypen unterzubringen, z. B. die im Text erwähnten nach Herstellerempfehlungen. Dabei beachte man, daß *AM 1* und *AM 6* nicht im üblichen 2,5-mm-Raster liegen, sondern 4 bzw. 8 mm Anschlußabstand haben. Auch die Filterhaubenanschlüsse sind zu berücksichtigen. Bei Einsatz anderer Filter ist bei der Plattenherstellung am besten schon im *typofix*- oder Zeichen-Decklackentwurf auf deren geringfügig andere Abstände Rücksicht zu nehmen. Bild 6.19b zeigt das Leiterbild im bewährten Format 40 mm × 50 mm, die Bestückung ergibt sich aus Bild 6.19c. Diese Leiterplatte kann von der inzwischen erschienenen *typofix*-Folie zu Bauplan 54 abgerieben werden! Die Oszillatorspule ist im Muster ein Eigenbau. Sie wurde aus einer *TBT-800*-Spule «6» gewonnen (fünf Anschlüsse im Raster); wegen des gegenüber dem Standardfilterkern abweichenden Kernbeiwerts (gelbes Kerngewinde) mußte in die oberen beiden der drei Kammern (untere frei lassen) symmetrisch verteilt 0,15-CuL-Draht mit folgenden Windungszahlen gewickelt werden:

Plus – *6*: 85 Wdg. («1a»),
6 – Drehkondensator: 32 Wdg. («1b»),
5 – *4*: 15 Wdg. (0,25 CuL).

(Der Drehkondensator hatte 215 pF für Oszillator und 285 pF für Eingangskreis als C_{max}.)

Bei Irrtümern in der Anschlußfolge (wickelsinnabhängig) sind nur die Anschlüsse der Koppelwicklung (15 Wdg.) miteinander zu vertauschen. Man berücksichtigt das am besten schon bei der Spulenherstellung durch zwei um die Anschlußbeine gelegte 0,6-mm-Schaltdrahtstückchen, die dann auch bei eingebauter Spule als Anschlußpunkte noch zugänglich sind.

Wird ein Standardfilter mit nur vier Anschlußstiften eingesetzt, so ist sinngemäß zu verfahren, d. h., man steckt ein dann unter dem Spulenkörper herausragendes Schaltdrahtstück in das nach Plus führende Lötauge. Achtung! – Die Oszillatorspule erhält keine Schirmhaube!

Natürlich können auch die ZF-Filter selbst gewickelt werden (siehe z. B. Herstellerangaben weiter vorn). Unbekannte Kerne bestimmt man nach der in diesem Abschnitt beschriebenen Methode. Im übrigen hängen die Windungszahlen der Kreiswicklungen (also der zum Drehkondensator führenden) von Oszillator und Eingangskreis nach *Thomson* von den Kapazitätswerten des benutzten Drehkondensators ab. Da einige unterschiedliche Typen im Angebot sind, können keine detaillierten Angaben dazu gemacht werden.

Bei der Inbetriebnahme wird zunächst ermittelt, ob der Baustein eine normale Stromaufnahme zeigt. Es muß in der Größenordnung von 8 mA gemessen werden, wenn man versuchsweise mit einer (möglichst frischen) 4,5-V-Flachbatterie als Spannungsquelle arbeitet. Nun ist der Oszillator zu testen. Bei angeschlossenem Drehkondensator muß sich beim Durchdrehen ein Punkt finden lassen, bei dem (wenn Mittelwelle empfangen werden soll) ein auf etwa 1,2 MHz eingestellter beliebiger Mittelwellenempfänger einen Pfeifton wiedergibt. Zu diesem Zweck ist dieser mit seiner Ferritantenne nahe und achsenparallel an die Oszillatorspule zu halten. Bei einem Empfänger mit Antennenbuchse wird eine kurze Leitung in diese Buchse eingeführt und ebenfalls in die Nähe der Oszillatorspule gelegt. Der Oszillator soll 455 kHz über der Eingangsfrequenz schwingen, bei Mittelwelle also zwischen etwa 980 und 2 080 kHz. 1,2 MHz liegen damit – vom Drehkondensator her gesehen – relativ weit «unten» (nahezu eingedrehte Plattenpakete). Das untere Bereichsende läßt sich daher recht gut am Vergleichsgerät finden. Bei Bedarf sind, wenn der Kern schon Rechtsanschlag hat, noch einige Windungen aufzubringen, anderenfalls nimmt man einige ab. So läßt sich auch die Oszillatorspule einem unbekannten Drehkondensator mit relativ geringem Aufwand anpassen.

Die genaue Eingangskreiswindungszahl ist dabei ebenfalls zunächst unkritisch – man beginnt beim Stab *8 × 100* am besten mit 80 bis 90 Wdg., 1lagig und auf Papprohr verschiebbar (mit Alleskleber gesicherte Wicklung, z. B. Volldraht 0,4 mm). An den Baustein wird nun ein NF-Verstärker oder auch nur ein hochohmiger Kopfhörer angeschlossen. Bei nicht allzu stark verstimmten ZF-Kreisen, funktionierender Oszillatorspule (wovon man sich mit dem beschriebenen Test ja bereits überzeugt hat) und einwandfreier Gesamtbestückung wird man nun beim Abstimmen in vielen Fällen bereits den Ortssender empfangen. In dieser Lage genügt es, die beiden ZF-Filter auf maximale Wiedergabelautstärke abzugleichen, da die exakte ZF vom Piezofilter vorgegeben ist. Anschließend wird die Ferritstab- oder Eingangskreiswicklung mit Hilfe eines am unteren Bereichsende liegenden Senders optimiert (Verschieben auf dem Stab, Ab- oder Zuwickeln einiger Windungen). Unter der heute bei reinen Mittelwellengeräten meist gegebenen Voraussetzung eines speziellen Drehkondensators mit «frequenzgangoptimierten» Kapazitätswerten (für die in der Frequenz höher liegende Oszillatorspule kleinere Endkapazität) entfällt der früher gefürchtete mehrfache 3-Punkt-Abgleich. Man sucht vielmehr einen Sender am oberen Bereichsende und «optimiert» an den am Drehkondensator meist angebauten Trimmkondensatoren ebenfalls die Wiedergabelautstärke. Abschließend wird «unten» eventuell nochmals geringfügig an der Eingangsspule korrigiert. (Es ist ein sinnvoller Kompromiß bezüglich der Abweichungen zwischen den Kapazitätsverläufen der beiden Plattenpakete anzustreben; es wird also nie für jeden Sender ein Maximum an Übereinstimmung geben!)

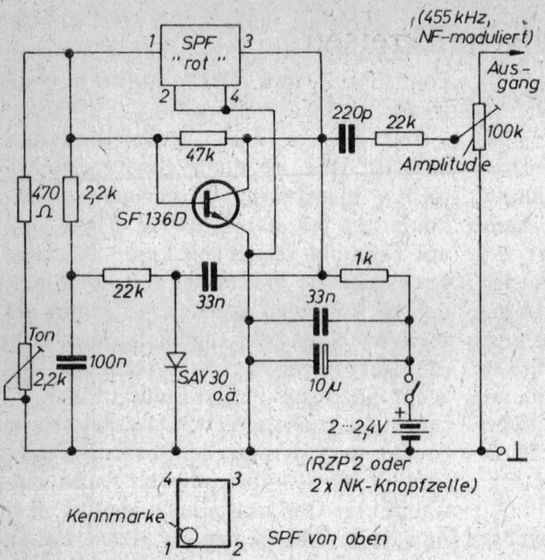

Bild 6.20
Tonmodulierter ZF-Prüfgenerator mit Piezofilter als Abgleichhilfe

Sollte die erste Inbetriebnahme trotz schwingenden Oszillatorteils keinen empfangswürdigen Sender liefern, legt man den Oszillator zunächst durch 47 nF parallel zum Oszillatorkreis «tot» und führt Anschluß *4* des Schaltkreises über etwa 2,7 kΩ die positive Betriebsspannung zu. Der *A 244* arbeitet nun – wie beim ersten Experiment – als Geradeausempfänger. Als nächstes braucht man einen Prüfgenerator. Wer keinen *TB 2* oder *TBT 800* bzw. *900* (vergleiche z. B. das erste *Bauplan-Bastel-Buch*) hat, verwendet vorteilhaft einen 455-kHz-Piezogenerator mit Tonmodulation. Dazu braucht man, wie Bild 6.20 zeigt, nicht viel. Als Baugrundlage genügt ein Stück Punktrasterplatte, als Spannungsquelle ein *RZP2*-Akkumulator oder ähnliches. Abgeglichen wird am Basispotentiometer so, daß in einem hochohmigen Kopfhörer ein «runder» (angenehmer) Pfeifton zu hören ist. Das Ausgangspotentiometer wird zunächst auf Maximum gestellt. Masse des Generators verbindet man mit Masse des Bausteins und speist am letzten AM-Filter ein. Im Kopfhörer oder im NF-Verstärker muß nun die niederfrequente «Unterbrecher»-Frequenz des 455-kHz-Testgenerators zu hören sein. Man gleicht den Filterkern auf Tonmaximum ab und nimmt dabei auch die Generatoramplitude entsprechend zurück. Dann wird das Piezofilter im Baustein eingangsseitig (also Ausgang des ersten Spulenfilters) auf «Durchlaß» getestet. Anschließend erhält der Eingang des ersten Filters (Ausgang Schaltkreis) das Signal, und auch dieses Filter wird auf Maximum gestellt. Schließlich speist man noch in einen der beiden symmetrischen HF-Eingänge ein (Koppelwicklung vom Eingangskreis ablöten) und testet damit die Schaltkreisfunktion. Außerdem können nochmals beide Filter zur Kontrolle nachgezogen werden.

Nach Entfernen der beiden Hilfsbauelemente (*R* und *C*) im Oszillatorteil und Anlöten der Eingangskoppelwicklung muß nun der Baustein empfangen. Der weitere Abgleich verläuft wie bereits beschrieben.

7. Objekte mit Digitalschaltkreisen

Digitaltechnik in Bauplänen war bisher vorwiegend der TTL-«Familie» gewidmet. Daneben fand die im Handel ebenfalls erhältliche Hochvolt-MOS-Serie zumindest in einem Bauplan (Nr. 43) Berücksichtigung. Erste Ansätze zum Einsatz von CMOS-Technik nahmen auf die bisher noch nicht ständig gesicherte Verfügbarkeit für Amateure Rücksicht.

Unter den TTL-Objekten nahm mit Bauplan 40 und seiner (erweiterten) Fassung von Bauplan 44 eine spezielle Digitaluhr eine besondere Stellung ein. Sie ist offensichtlich trotz ihres Umfangs häufig nachgebaut worden. Das beweisen Anfragen zu unterschiedlichen Details aus allen Teilen der DDR. Dennoch wurde dieses Objekt nicht in das vorliegende Buch aufgenommen. Wie alle TTL-bestückten größeren Geräte, so hatte diese Uhr einen relativ großen Strombedarf, trotz der in der Anzeige benutzten, gegenüber LED-Ziffern in der Energiebilanz etwas günstigeren Ziffernanzeigeröhren. Sie ließen sich wiederum nur durch den Einsatz von zusammengesetzten Schieberegisterzählern *(D195, D274)* zur 1-aus-10-Dekodierung günstig nutzen.

Die *klassische* TTL-Uhr dagegen baut auf der Kombination von *D 192* (oder *MH 7490*), *D 147* und LED-7-Segment-Anzeige auf. Eine solche Zähleinheit war Bestandteil der genannten Baupläne. Man kann sie vielseitig einsetzen, auch für Uhrenzwecke. Daher wurde sie in das vorliegende Buch mit aufgenommen, zusammen mit zahlreichen anderen, kleineren Einheiten für unterschiedlichste Anwendungen. Somit wird dem Charakter dieses Buches, von den wichtigsten Grundinformationen zur jeweiligen Thematik stets schnell überzuleiten zur Stromlaufplan-Leiterplatten-Kombination bausteinartiger Einheiten mit vielseitiger Nutzung, auch für die Digitaltechnik «unterhalb des Mikrocomputers» Rechnung getragen. Eine gute Basis dafür war auch die Broschüre «Digitale Schaltkreise für Anfänger», in der zwischenzeitlich viel Bauplaninformation gespeichert war.

7.1. Das Wichtigste zur digitalen Technik

7.1.1. Logische Funktionen

Unsere übliche 2wertige Digitaltechnik basiert auf der Verarbeitung der Zustände «Ja» und «Nein» bzw. «Signal (bestimmter Höhe) vorhanden» oder «Signal nicht vorhanden». Zunächst durch Schaltkontakte, z. B. durch Relais, später mit Röhren- und dann mit Transistorkippschaltungen wurden solche Signale verarbeitet. Die Mikroelektronik brachte dann die Möglichkeit, diese Grundschaltungen auf kleinstem Raum und – bezogen auf eine «Elementarschaltung» – mit kleinstem relativem Aufwand herzustellen und einzusetzen. Enthielten die ersten Schaltkreise «nur» einzelne Gatter (kleiner Integrationsgrad), so sind heute 100 000 Elemente auf einem Chip keine Utopie mehr.

Ob mit Schalter oder mit integriertem Flip-Flop realisiert – stets bedient man sich bei der Behandlung digitaler Systeme der Schaltalgebra.

Grundlage der Schaltalgebra sind die logischen Funktionen UND (AND), ODER (OR) und NICHT (NEGATION). Man nennt sie auch logische Verknüpfungen. Mit diesen lassen sich bereits alle kombinatorischen Schaltungen der digitalen Signalverarbeitung zusammensetzen. Mit der Kombination von UND und NICHT, dem NAND (im Übergang zur angelsächsischen Schreibweise), oder der von ODER und NICHT, dem NOR, sind darüber hinaus jeweils alle anderen Funktionen zu realisieren.

Kombinatorische Schaltungen geben stets den Schaltzustand wieder, der durch Anlegen der jeweiligen Signale an die Eingänge der Schaltung zu erwarten ist. Der Einbau von Speichern als weiteres Element von Digitalschaltungen führt dazu, daß die Ausgänge der Schaltung vom vorhergegangenen Zustand abhängige neue Zustände einnehmen, wenn die Eingangssignale wechseln. Das führt zu sequentiellen Schaltungen («Folgeschaltungen»). Vom zufälligen, sich beim Einschalten ergebenden Zustand der einzelnen Flip-Flop (oder auch von ihrer gewollten Vorprogrammierung) einer Zähldekade z. B. hängt es ab, welche Ziffer gerade angezeigt wird. Daher braucht man in solchen Schaltungen «Setz»- bzw. «Rücksetz»-Möglichkeiten, um einen definierten Anfangszustand zu erreichen.

Für die Beschreibung logischer Funktionen gibt es eine Reihe von Möglichkeiten, von denen einige erst für den Fortgeschrittenen wesentlich sind. Für die Gruppe der Bauplaninteressenten sei hauptsächlich auf die symbolische Darstellung eingegangen, da sie für die Wiedergabe digitaler Schaltungen im Stromlaufplan wichtig ist, und auf die zu ihr gehörende Wertetabelle, aus der die Reaktionen des Ausgangs auf die angelegten Eingangsvariablen zum Ausdruck kommen. Diese Symbolik gilt für beliebige Realisierungen von Logikschaltungen. Ebenso allgemein ist die mathematische Formulierung. Entsprechend den Funktionen UND, ODER und NICHT benutzt man für die Verknüpfung der Eingangsvariablen in den jeweiligen Realisierungen der logischen Funktionen die Zeichen $\wedge$ für UND (häufiger $\cdot$, der meist auch noch weggelassen wird) und $\vee$ (*vel* heißt lateinisch oder, daher das $\vee$)bzw. – wenn $\cdot$ für UND – das Zeichen + für ODER. Die Negierung («NICHT») wird durch einen waagerechten Strich über der Variablen gekennzeichnet: $\bar{x}$. Die Funktion UND heißt auch Konjunktion, und für ODER ist auch die Bezeichnung Disjunktion gebräuchlich. Ein NICHT realisierendes Bauelement nennt man Negator.

Das Signal 1 wird über einem Negator zum Signal 0. Schon eine einfache npn-Transistorstufe in Emitterschaltung stellt einen Negator dar. Als «UND»- oder «AND»-Glied bezeichnet man eine Grundschaltung, an deren Ausgang nur dann eine 1 erscheint, wenn alle Eingänge 1 erhalten. Hat auch nur einer 0, so ist der Ausgang ebenfalls 0. Werden nun UND-Glied und Negator hintereinandergeschaltet, so bedeutet das: Am Ausgang erscheint (nur dann) die «negierte 1» (also 0), wenn alle Eingänge 1 erhalten. Anderenfalls führt der Ausgang 1 («negierte 0»). In der Schreibweise der Schaltalgebra heißt die Funktion des NAND-Glieds $Y = \overline{A \cdot B}$. Der Negator allein verkörpert die Funktion $Y = \overline{A}$ und das UND-Glied $Y = A \cdot B$, sprich Y = A und B, d. h., $Y = 1$ ist erst gegeben für $A = 1$ und $B = 1$, sonst ist $Y = 0$. Ein UND-Glied nach Bild 7.1 hat die ebenfalls im Bild dargestellte Funktionstabelle.

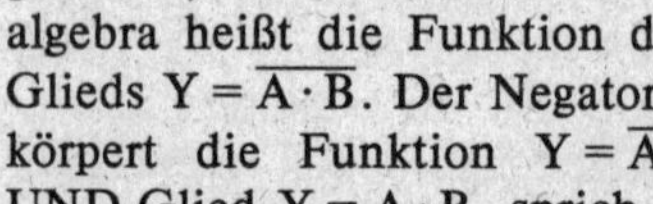

A	B	y
0	0	0
0	1	0
1	0	0
1	1	1

Bild 7.1
AND (UND) mit Schalternachbildung und Funktionstabelle

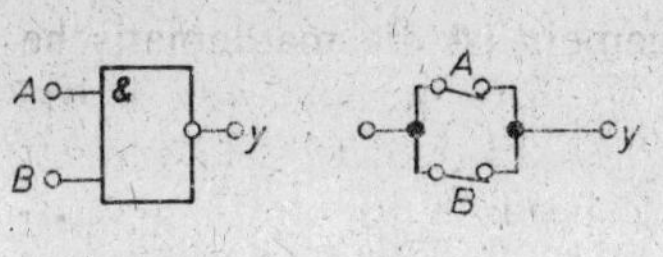

A	B	y
0	0	1
0	1	1
1	0	1
1	1	0

Bild 7.2
NAND (Nicht-UND) mit Schalternachbildung und Funktionstabelle

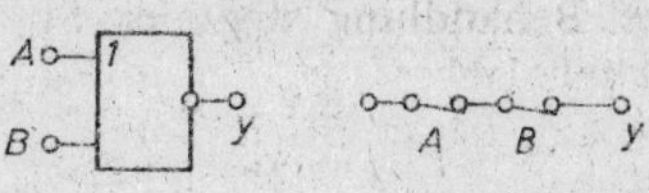

A	B	y
0	0	1
0	1	0
1	0	0
1	1	0

Bild 7.4
NOR (Nicht-ODER) mit Schalternachbildung und Funktionstabelle

Zum besseren Verständnis von elektronisch realisierten logischen Grundfunktionen zieht man häufig den mechanischen Kontakt heran, wie das auch entsprechend Bild 7.1 geschah. Als UND-Glied ergibt sich die Serienschaltung von Arbeitskontakten, die im geöffneten Zustand die 0 und im geschlossenen die 1 darstellen. (Die Zuordnung stammt aus der Relaistechnik: Ist ein Relais mit Ruhe- und Arbeitskontakten stromlos, so sind die Ruhekontakte geschlossen und die Arbeitskontakte geöffnet.) Liegt am Eingang dieser Kette 1, so gelangt diese 1 also erst zum Ausgang, wenn alle (Arbeits-)Kontakte geschlossen sind. Während dieses UND-Glied mit (in Serie geschalteten) Arbeitskontakten realisiert werden kann, ergibt sich dazu die Negation über (parallelgeschaltete) Ruhekontakte (Bild 7.2) Die Negation wird durch den Punkt • im Gattersymbol angegeben. Ein Negator allein (also mit nur einem Eingang) entspricht damit einem Ruhekontakt, der sich öffnet, wenn das zugehörige Relais Strom erhält (wenn man den Schalter für den Relaiskreis schließt). A und B gehören in beiden Fällen zu verschiedenen Relais.

Die durch ein UND-Glied erzielte logische Verknüpfung von Signalen heißt

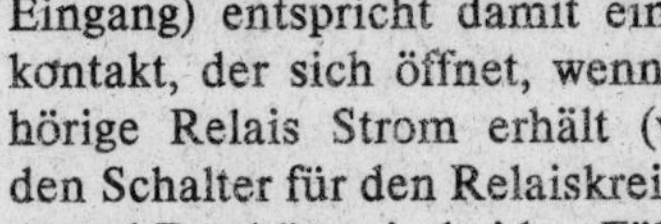

A	B	y
0	0	0
0	1	1
1	0	1
1	1	1

Bild 7.3
OR (ODER) mit Schalternachbildung und Funktionstabelle

Konjunktion. Als weitere Möglichkeit gibt es die Disjunktion, dargestellt durch die ODER-Schaltung (engl. OR, eine ODER-Schaltung mit anschließender Negation heißt daher NOR-Schaltung oder NOR-Glied). «ODER» bedeutet: Hat auch nur einer der Eingänge A, B usw. den Zustand 1, so erscheint auch am Ausgang die 1 (Bild 7.3). In der Relaistechnik erzielt man dieses Verhalten durch die Parallelschaltung von Arbeitskontakten. Umgekehrt ist die NOR-Funktion gemäß Bild 7.4 durch die Serienschaltung von Ruhekontakten gegeben. Logische Verknüpfungen gelingen im allgemeinen allein mit den beiden Funktionen «UND» und «NICHT» bzw. mit «ODER» und «NICHT», da man sowohl die ODER-Funktion auch mit entsprechend verknüpften UND-Gliedern bzw. die UND-Funktion mit ODER-Gliedern erreichen kann (Bild 7.5). Verknüpft man logische Grundschaltungen in der Weise, daß der Zustand der Ausgangsvariablen nur vom augenblicklichen Zustand der Eingangsvariablen abhängt, so spricht man – wie schon erwähnt – von kombinatorischen Verknüpfungen. (Einfaches Beispiel: Überwachungsschaltung mit einem NAND-Gatter). Sequentielle Verknüpfungen enthalten daher Speicherelemente. Sieht man von speziellen Langzeitspeichern ab, die unabhängig vom Betriebszustand der Einrichtung Informationen über längere Zeiten hinweg speichern, so kommen hauptsächlich der bistabile Multivibrator («Flip-Flop») und der monostabile Multivibrator («Monoflop») in Frage, die ihre Informationen aber nur während des Betriebs der Anlage

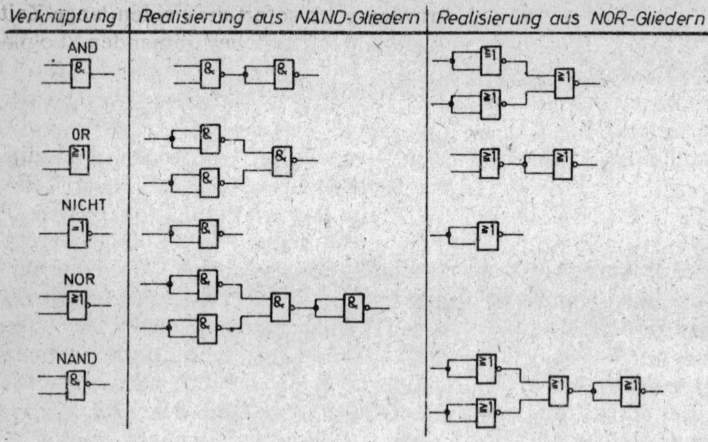

Bild 7.5 Realisierung von Grundfunktionen entweder nur mit NAND- oder nur mit NOR-Gliedern

speichern können, also nur bei eingeschalteter Betriebsspannung. Der erstgenannte Speicher gilt als Speicher für beliebige Zeiträume (bis zum vom System gegebenen Umschaltbefehl), der letztgenannte ist ein Kurzzeitspeicher, dessen Speicherzeit vom Wert seines Speicherkondensators abhängt. Mit einem Monoflop formt man u. a. auch aus kurzen Eingangsimpulsen (z. B. Nadeln) Rechteck-Ausgangsimpulse definierter Breite. Auch diese Schaltungen lassen sich z. B. aus NANDs zusammensetzen.

Sequentielle Schaltungen brauchen einen Zeitmaßstab, durch den der Ablauf der logischen Operationen bestimmt wird. Bei «asynchronem Betrieb» steuert der Signalablauf selbst die Signalaufnahme der Speicherelemente; bei «synchronem Betrieb» wird der periodische Wechsel der Zustände 0 und 1 von einem astabilen Multivibrator bestimmter «Taktfrequenz» vorgegeben. Beispiele sequentieller Schaltungen sind Register und Zähler.

Zu den logischen Funktionen gibt es eine Reihe von Rechenregeln, die man vor allem dazu nutzt, Schaltfunktionen zu vereinfachen («Aussagenlogik»); dabei ist 1 das Symbol für «vorhanden», «ja», «Ein»; 0 das für «nicht vorhanden», «nein», «Aus»:

$\bar{0} = 1$, $\bar{1} = 0$ (die binären Werte sind immer invers, d. h. komplementär zueinander);

$\bar{\bar{0}} = 0$, $\bar{\bar{1}} = 1$, $\bar{\bar{x}} = x$ (bei einer doppelten Negation ergibt sich wieder der ursprüngliche Wert der Variablen);

$x + \bar{x} = 1$ (die Disjunktion zueinander inverser Variablen ist 1);

$x \cdot \bar{x} = 0$ (die Konjunktion zueinander inverser Variablen ist 0);

$x + 1 = 1$ (eine Disjunktion von 1 mit einer Variablen wird 1);

$x \cdot 1 = x$ (in einer Konjunktion kann 1 entfallen);

$x + 0 = x$ (in einer Disjunktion kann 0 entfallen);

$x \cdot 0 = 0$ (Konjunktion einer Variablen mit 0 wird 0);

$x1 + x2 = x2 + x1$, $x1 \cdot x2 = x2 \cdot x1$ (Kommutatives Gesetz: die Reihenfolge der Variablen innerhalb einer Verknüpfungsart ist beliebig);

$(x1 + x2) + x3 = x1 + (x2 + x3)$,
$(x1 \cdot x2) \cdot x3 = x1 \cdot (x2 \cdot x3)$
(Assoziatives Gesetz: Einklammern von Gruppen von Variablen ist innerhalb einer Verknüpfungsart möglich);

$(x1 + x2) \cdot x3 \neq x1 + (x2 \cdot x3)$
(in gemischten Verknüpfungen hat die Konjunktion Vorrang vor der Disjunktion, daher können hier nicht beliebig Klammern gesetzt werden);

$\overline{x1 + x2} = \overline{x1} \cdot \overline{x2}$,
$\overline{x1 \cdot x2} = \overline{x1} + \overline{x2}$
(Dualitätsprinzip, de Morgansche Gesetze: eine Schaltfunktion ändert ihren Wert nicht, wenn man sämtliche Variablenwerte und Verknüpfungen umkehrt, also 1 in 0, 0 in 1, x in $\bar{x}$, $\bar{x}$ in x, + in ·, · in + verwandelt).
$(x1 \cdot x2) + (x2 \cdot x3) = x1 \cdot (x2 + x3)$,
$(x1 + x2) \cdot (x1 + x3) = x1 + (x2 \cdot x3)$
(Distributives Gesetz: gemeinsame Variable können ausgeklammert werden).
Diesen logischen Aussagen werden in der technischen Realisierung bestimmte Pegel zugeordnet; s. Abschnitt 7.1.2. Alle Aussagen der Tabelle sind durch einfache Experimente nachzuweisen.

7.1.2. Digitale Schaltkreissysteme

Im Sprachgebrauch hat sich der Ausdruck «Gatter» (englisch «Gate», auch «Tor») eingebürgert. Dazu sei folgender einprägsamer, wenn auch recht drastischer Vergleich wiederholt: Man denkt an eine grüne Wiese mit vielen freundlichen Kühen: Gatter geschlossen – die Kühe bleiben auf der Koppel; Gatter auf – sie laufen auf die Weide. Hat das Gatter z. B. zwei Riegel übereinander, so müssen Riegel 1 und Riegel 2 geöffnet werden, bevor das Gatter «durchläßt». Ist das Gatter so beschaffen, daß es sich links oder rechts öffnen läßt, so genügt jeweils ein Riegel. Damit sind praktisch Sinnbilder für ein UND- und für ein ODER-Gatter gegeben. Von ähnlichen Überlegungen mag auch *Boole* seinerzeit ausgegangen sein. Er hat solche Aussagen formalisiert, mit entsprechenden Symbolen versehen, und so entstand die Aussagenlogik (lat. Prädikatenlogik).

Welcher Grundbaustein für ein Logiksystem als Basis der Realisierung benutzt wird, hängt von der Technologie ab. So lassen sich in p-MOS-Technik (ohne Beweis) leichter NORs herstellen und in TTL-Technik leichter NANDs. Damit wurden auch sofort die beiden lange Zeit die Digitaltechnik bestimmenden «Logikfamilien» genannt. Von beiden ist die TTL-Technik die weiter verbreitete. MOS-Schaltungen war Bauplan 43 gewidmet, da sie im Handel oft recht preisgünstig angeboten werden und eine Reihe durchaus auch für ihre Technik spezifischer interessanter Anwendungen zulassen. Man beachte die zu TTL in der «Logik» bestehenden Unterschiede (s. u.!).

TTL heißt Transistor-Transistor-Logik und ergibt sich aus der Zusammensetzung eines solchen Gatters auf einem Siliziumscheibchen, auch «Chip» genannt (Bild 7.6).

Die an eine «eisenlose» Endstufe erinnernde Ausgangsschaltung liefert an Y einen Pegel, der – je nach Aussteuerung der Eingänge – bei Belastung entweder mindestens 2,4 V beträgt oder höchstens 0,4 V. Den ersten Zustand nennt man bei den in «positiver Logik» arbeitenden Schaltkreisen dieser Serie «logische 1» (hoher Pegel, engl. «high», H), den zweiten «logische 0» (niedriger Pegel, engl. «low», L). (Achtung – früher war auch die Schreibweise «L» für logische 1 und «0» für logische 0 gebräuchlich.) Der Ausgangspegel wird durch den Zustand des Treibertransistors bestimmt. Ist er gesperrt, so sperrt auch der untere Ausgangstransistor, da er keinen Basisstrom erhält. Der obere dagegen ist «durchgeschaltet», denn er bekommt über den 1,6-kΩ-Widerstand Basisstrom. Damit er-

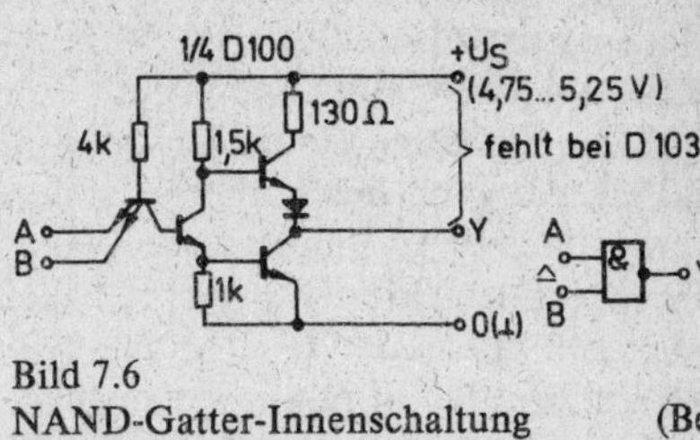

Bild 7.6
NAND-Gatter-Innenschaltung (Beispiel *D 100*) T1: Mehremittertransistor, T2 folgt auf T1, T3 unterer und T4 oberer Ausgangstransistor

scheint an Y H-Pegel. Bei leitendem Treibertransistor dagegen wird der untere Ausgangstransistor ebenfalls leitend. Damit kann er einen in Y z. B. vom folgenden Gattereingang einfließenden Strom nach Masse ableiten. Seine Restspannung liegt dabei so lange unter 0,4 V (L-Pegel, Zustand: logische 0), solange nicht mehr als 10 folgende Gattereingänge der gleichen IS-«Familie» angeschlossen werden («Ausgangslastfaktor» $N_0 = 10$). Der Zustand des Treibertransistors hängt nun wiederum von dem des Mehremittertransistors ab. Sind seine Eingänge (die Emitter) offen oder liegen an Plus, also an «H», so erhält der Treiber über den 4-kΩ-Widerstand und die Basis-Kollektor-Diode des Mehremittertransistors Basisstrom. Damit werden der Treiber sowie der untere Ausgangstransistor durchgeschaltet, d. h., H-Pegel (1) an den Eingängen bedeutet Zustand 0 am Ausgang, schaltalgebraisch ausgedrückt $Y = \overline{A \cdot B}$ (sprich «A und B invertiert»). Legt man jedoch einen der Eingänge an «0» (L-Pegel, für Eingänge weniger als 0,8 V), so fließt der Strom über den 4-kΩ-Widerstand und diese Basis-Emitter-Diode nach Masse ab. Dadurch erscheint am Ausgang sofort H-Potential («0 und 1 gleich 0» – nach diesen Regeln! – «0 invertiert gleich 1»). Daran ändert sich auch nichts mehr, wenn der zweite (oder ein weiterer eventuell vorhandener) Gattereingang «0» erhält: $\overline{0 \cdot 0} = 1$. Erst $\overline{1 \cdot 1} = 0$ ergibt wieder den Ausgangszustand der Betrachtung.

Das wesentlichste an dieser Schaltungstechnik ist also: Um in einer Verknüpfung solcher Gatter das jeweils folgende zu beeinflussen, muß der auf «0» geschaltete Ausgang des vorhergehenden vom angeschlossenen Eingang des folgenden Gatters einen Strom aufnehmen (bei den «Markentypen» der D-10-Reihe sind das maximal etwa 1,6 mA). Bei hochliegendem Ausgang dagegen fließt nur ein Strom von einigen zehn Mikroampere aus dem Ausgang in den (dann gesperrten) Eingang. Je höher der bei «0» in den Ausgang fließende Strom, um so höher steigt auch die «Nullspannung». Sie erreicht – typenabhängig – die zulässige obere Grenzspannung für den Zustand «0» oberhalb einer bestimmten Anzahl angeschlossener Gatter. Man darf also im allgemeinen jeden Ausgang mit höchstens 10 Gattern belasten bzw. muß ein Leistungsgatter vorsehen. Solche Gatter sind in der DDR in der Schaltkreisreihe *D 10 (D 100, D 110, D 120, D 130, D 140)* zusammengefaßt. Außer den beiden beschriebenen logischen Zuständen «L» und «H» am Ausgang gibt es noch ein typisches Übergangsverhalten der Schaltung, das in Bild 7.7 dargestellt ist. Der Knick zwischen etwa $U_I = 0{,}5$ V bis 1,2 V ergibt sich durch die Stromübernahme des Basisstroms von T4 durch den Kollektor von T2, wobei T3 noch nicht leitet. Erst dann, wenn U_I weiter erhöht wird, kommt T3 in den leitenden Zustand und erreicht bei etwa 1,5 V die Sättigung. Praktisch wird diese Kurve auf Grund der erforderlichen geringen Anstiegs- und Abfallzeiten der Eingangssignale und der geringen gespeicherten Ladungen im Schaltkreis in einer sehr kurzen Zeit durchlaufen. Durch den in TTL-Schaltkreisen häufig eingesetzten Vielfachemittertransistor ergeben sich relativ kurze Schaltzeiten der Schaltungen und rück-

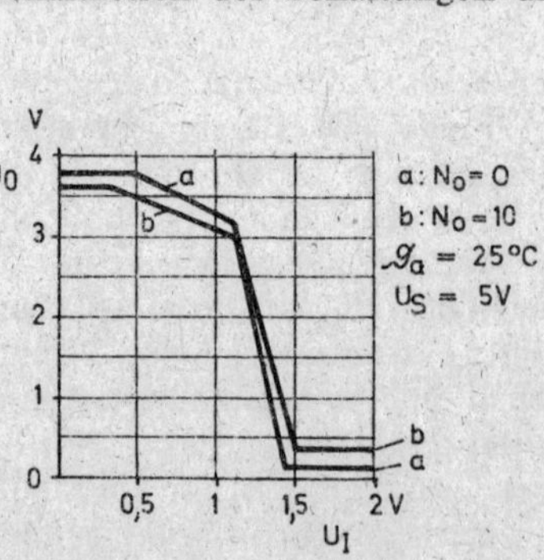

Bild 7.7
Übergangsverhalten eines Gatters: Ausgangsspannung U_O als Funktion der Eingangsspannung U_I

wirkungsarme Verknüpfungen der Schaltkreiseingänge.

Werden in einem TTL-Gatter die Widerstandswerte verringert, so sinken die Schaltzeiten weiter. Man erhält auf diese Weise die «schnelle» Reihe, deren Strombedarf bei gleichbleibender Versorgungsspannung (5 V ±5 %) entsprechend höher liegt. Umgekehrt ergibt sich die «Kleinleistungsreihe» («Low power») durch Erhöhen der Widerstandswerte. Damit ist aber auch die Tatsache verbunden, daß man an ihre Ausgänge weniger Schaltkreise der Standardreihe anschließen kann. Typischer Low-Maximalstrom am Ausgang: 3,6 mA gegenüber 16 mA der Standardreihe. Die Schaltkreise dieser Reihe sind langsamer als die Standardtypen, haben jedoch im Durchschnitt nur etwa 10 % von deren Leistungsbedarf. Der Einsatz von Schottky-Dioden (ihre Durchlaßspannung ist niedriger als die normaler Siliziumdioden) zum Verhindern der Übersättigung in den Gattertransistoren verringert wiederum die Schaltzeiten, so daß schließlich die Kombination in Form der «LS»-Reihe (Low-Power-Schottky) als die vernünftigste Weiterentwicklung der TTL-Technik bezüglich möglicher Arbeitsfrequenz und niedrigen Leistungsbedarfs gelten kann (I_{OL} = 7 mA, 20 % Leistungsbedarf von TTL bei etwa gleichem Frequenzbereich).

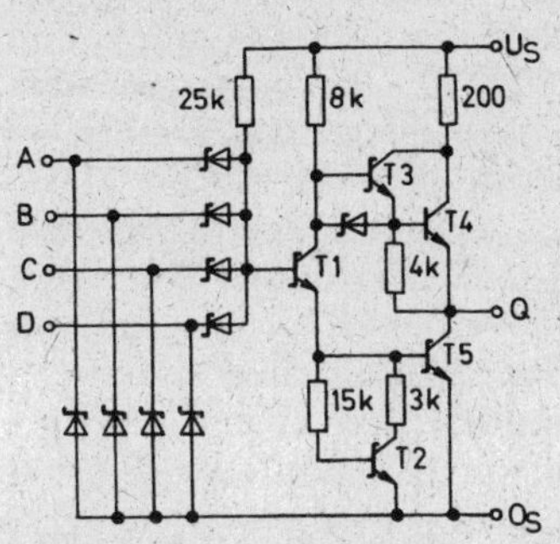

Bild 7.8
Low-Power-Schottky-NAND, Innenschaltung (Beispiel: *74 LS 20*)

Bild 7.8 zeigt ein NAND in LS-Technik. Schaltkreise dieser «energiefreundlichen» Logikfamilie werden auch dem Amateur zunehmend zur Verfügung stehen. Viele in «normaler» TTL-Technik angebotenen Objekte werden durch diese anschlußkompatiblen neueren Schaltkreise vorteilhaft zu wiederholen sein. Man muß natürlich stets auf von den technischen Unterschieden bedingte Überraschungen gefaßt sein, d. h., solche Übernahme muß stets kritisch mit Datenvergleich vorgenommen werden!

Abschließend zur TTL-Technik gibt Bild 7.9 nochmals anschaulich die Toleranzfelder für die Zustände EIN und AUS wieder. In Werten heißt das, auf ein Standardgatter bezogen: U_{IHmin} 2 V, U_{ILmax} 0,8 V, $-I_{ILmax}$ 1,6 mA; U_{OHmin} 2,4 V, U_{OLmax} 0,4 V, I_{IHmax} 40 µA.

Ein je nach Betriebsspannung anderes Toleranzfeld gilt für den ernsthaftesten «Konkurrenten» der TTL-Technik, die CMOS-Technik (komplementäre MOS-Schaltung, die dadurch bei Gleichspannung fast ruhestromfrei ist und sich nahezu leistungslos steuern läßt). Bild 7.10 zeigt die von der Betriebsspannung abhängige Übergangskennlinie eines CMOS-Gatters. Bei ihrer Weiterentwicklung, der gepufferten CMOS-Technik, sind die Übergänge nicht mehr verrundet, sondern nähern sich einer idealen rechteckigen Form. Übliche CMOS-Schaltungen sind «langsamer» als TTL, was jedoch in vielen Anwendungen nicht von Bedeutung ist. Ihre erst bei höheren Frequenzen merkliche, sonst jedoch äußerst

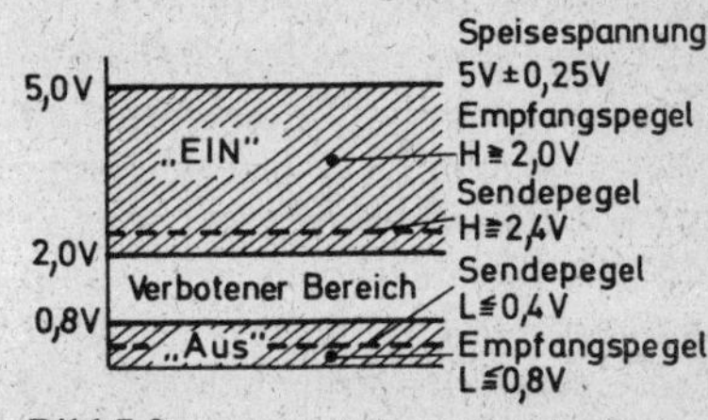

Bild 7.9
Toleranzfelder der TTL-Technik

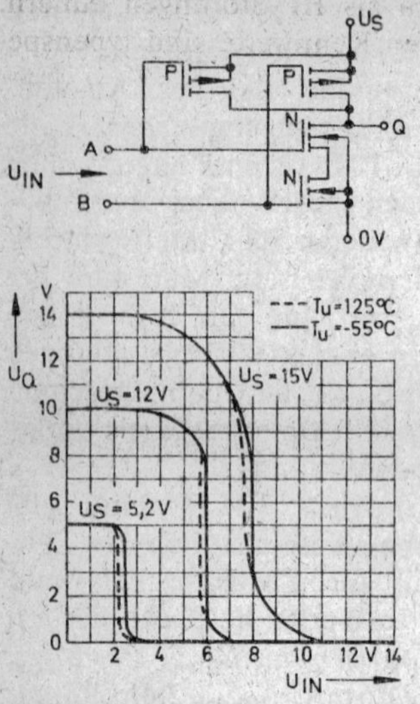

Bild 7.10
CMOS-Gatter mit Übergangskennlinien, ungepufferter Typ

niedrige Verlustleistung und die Möglichkeit, moderne Typen je nach Notwendigkeit mit Betriebsspannungen von (3) 5 bis 15 (18) V betreiben zu können, zählen zu den wichtigsten Vorteilen. Der Umgang mit ihnen erfordert einige Vorsicht, damit nicht durch elektrostatische Aufladungen entstehende hohe Spannungen die extrem dünne isolierende Schicht der Steuerelektrode zerstören.

Ähnliche Bedingungen gelten auch für die u. a. in der DDR für maschinelle Steuerungen, aber auch für spezielle Zwecke der Konsumgüterelektronik (z. B. Programmwahl mit Sensoren) benutzte Hochvolt-MOS-Schaltkreisreihe. Sie benötigen allerdings Leistungen, die nur wenig unter denen von TTL-Schaltungen liegen, dafür jedoch in Form kleinerer Ströme bei höherer Betriebsspannung (13 V und 27 V mit relativ engen Toleranzen) zugeführt werden. Im Gegensatz zur «positiven Logik», nach der sowohl alle TTL-Schaltkreisreihen wie auch CMOS-Schaltkreise arbeiten, benötigen diese MOS-Schaltkreise vom p-Kanal-Anreicherungstyp gegen Masse (Bulk) negative Spannungen. Damit ist die kleinste negative Spannung (im Grenzfall also 0 V) dem logischen Pegel «H» zugeordnet; sie hat dabei die binäre Wertigkeit «0». Auf Masse liegende Ein- und Ausgänge führen damit bis zu einer Spannung von −2 V H-Pegel (H = high = hoch). «L» ist definiert als der Spannungsbereich ab −9 V nach negativen Spannungen hin. Das ergibt sich aus der relativ hohen notwendigen Gatespannung, von der an erst ein Strom im Kanal fließt. Dieser Pegel hat dabei die binäre Wertigkeit 1. Symbolik und Arbeitsweise aller MOS-Schaltkreise beziehen sich damit auf die folgende Zuordnung: «L» (Signal-Pegel): −9 V, «H» (Masse-Pegel): −2 V, oder anders ausgedrückt: Eingangsspannung «L» $-U_{eL} \geqq 9$ V, «H»: $-U_{eH} \leqq 2$ V; minimaler statischer Störabstand: 1 V.

Zur praktischen Bedeutung dieser Tatsachen ein Beispiel für alle, die die positive TTL-Logik gewöhnt sind: AND in positiver Logik bedeutet, daß der Ausgang nur dann «H» führt, wenn alle Eingänge «H» erhalten, wobei «H» in positiver Logik der binären Wertigkeit 1 entspricht. Schon ein einziger auf «L» liegender Eingang erzwingt «L» am Ausgang. («L» entspricht der Wertigkeit «0» in der positiven Logik.) Ein AND in negativer Logik dagegen führt nur dann am Ausgang «L», wenn beide Eingänge auf «L» liegen. «H» auch nur an einem Eingang erzwingt «H» am Ausgang. Man merke sich: In beiden Logikfamilien ergeben an Masse (bzw. an den der Masse am nächsten liegenden Pegel) geschaltete Eingänge eines AND diesen Pegel (mit der binären Wertigkeit 0) auch am Ausgang. Nur wenn alle Eingänge auf «1» liegen, erscheint «1» am Ausgang. Also: negative Logik bei MOS-IS: H $\hat{=}$ 0 $\hat{=}$ $U = 0$ bis −2 V, L $\hat{=}$ 1 $\hat{=}$ U ab −9 V;
positive Logik bei TTL-IS: H $\hat{=}$ 1 $\hat{=}$ U ab +2,0 V, L $\hat{=}$ 0 $\hat{=}$ $U = 0 \ldots +0{,}8$ V (genauer zu TTL siehe Bild 7.9).

7.2. Allgemeines zu TTL-Schaltkreisen

7.2.1. Technische Daten von TTL-Schaltkreisen

Zu jedem Schaltkreis gibt es eine technische Dokumentation, aus der seine Einsatzbedingungen und seine Funktionen hervorgehen. Der Militärverlag der DDR gibt auch zu integrierten Schaltkreisen (so, wie sie schon für Transistoren und Dioden existieren) umfangreiche Datensammlungen heraus. Zu TTL-Schaltkreisen wurde auf dieses Thema erstmals in Bauplan 37 im Zusammenhang mit Amateurschaltkreisen der P-20-Reihe eingegangen. Die in IS-Dokumentationen angegebenen Grenzwerte dürfen – unter Beachtung aller möglichen Einflußgrößen – nicht überschritten werden. Einzelne Grenzwerte sind auch dann einzuhalten, wenn man andere nicht voll nutzt. Die unter den Grenzwerten aufgeführten Spannungsbereiche dürfen auf keinen Fall – auch nicht kurzzeitig! – überschritten werden. Bei der Schaltungsdimensionierung sind deshalb alle Einflüsse auf die Betriebs- und Signalspannung (Netzspannungsänderungen, Störspannungen, Lastschwankungen, Temperatureinflüsse usw.) zu berücksichtigen. Die Grenzwerte sind die vom Hersteller angegebenen möglichen Einflußgrößen, geben jedoch keine Aussage zur eigentlichen Funktion der Schaltkreise! Demgegenüber ist unter Betriebswerten bei Beachtung der in den folgenden Abschnitten gegebenen Hinweise die ordnungsgemäße Funktion der Schaltkreise gewährleistet. (Ein Betrieb der Schaltkreise außerhalb der Betriebswerte, z. B. bei Spannungen unter 4,75 V, ist in gewissem Maße möglich, wird jedoch vom Hersteller nicht garantiert.) Besonders bezüglich des Durchfahrens des Übergangsbereichs zwischen den beiden erlaubten Zuständen kann es dann Probleme geben, so in Form von Schwingerscheinungen, die sich als HF-Störungen äußern. Die statischen Kennwerte sind typenspezifisch garantierte Eigenschaften unter festgelegten Meßbedingungen.

Informationskennwerte sind die vom Hersteller des Schaltkreises aus einer großen Anzahl gleichen Typs ermittelten typischen Werte (Mittelwerte) bei Nennbetriebsspannung und bei einer Umgebungstemperatur von 25 °C. Diese Werte können deshalb von Exemplar zu Exemplar streuen und werden nicht garantiert.

7.2.2. Zusammenschaltungsbedingungen

Der Ausgangslastfaktor N_0, eine für jeden Schaltkreistyp spezifische Größe, bestimmt, wieviel Lasten an einen Schaltkreisausgang angeschlossen werden können. Dabei ist folgendes zu beachten:

- Die äquivalenten Ausgangsströme für $N_0 = 1$ sind bei den Typenreihen *D 10* und *D 20* unterschiedlich, d. h., die Typenreihe *D 20* ist bei gleichem N_0 um 25 % höher belastbar.
- Die Eingänge R, S und T der Flip-Flop-Typen und die Eingänge des Typs *D 240* stellen das 2- bis 3fache einer Eingangslast dar, was bei der Belastung des treibenden Gatters zu berücksichtigen ist.
- Bei Belastung von Gattern und Flip-Flop mit MSI-Schaltkreisen sind die Eingangsströme zu beachten (s. technische Daten). Die Parallelschaltung mehrerer Ausgänge ist nur bei den Typen *D 103, D 126* und *D 201* zulässig.

7.2.3. Beschaltung unbenutzter Gatter und unbenutzter Eingänge

Die Eingänge unbenutzter (!) Gatter (oder Inverter) sind an Masse («L») zu legen. Unbenutzte Eingänge von Schaltkreisen sind – entsprechend ihrer logischen Funktion – an L- oder H-Potential zu legen. Unbenutzte Eingänge von benutzten (!) NAND-Gattern können verbunden werden:

- mit benutzten Eingängen desselben Gatters;
- mit dem Ausgang eines unbenutzten Gatters, dessen Eingänge an L-Potential liegen;
- mit einer Spannungsquelle von etwa 3 V oder
- über einen Widerstand > 1kΩ mit U_S.

Unbenutzte J-, K-, R- und S-Eingänge von Flip-Flop sind an ein stabiles H-Potential zu legen. Sie können direkt mit U_S verbunden werden, wenn die Spannung < 5,5 V ist.

7.2.4. Kurzschließen von Ausgängen

H-Potential führende Ausgänge von Schaltkreisen sollten nicht gegen Masse kurzgeschlossen werden. Nur ein kurzzeitiges Kurzschließen jeweils eines Ausgangs ist im Ausnahmefall zulässig.

7.2.5. Versorgungsspannung

Der Netzteil bzw. die Schaltung zur Versorgung der Betriebsspannung sollte eine stabile Betriebsspannung gewährleisten, da sich beim Umschalten digitaler Schaltkreise (insbesondere bei Gattern) und unter anderem in Abhängigkeit von der Ausgangsbelastung (z. B. beim *D 147C*) sowohl statisch als auch dynamisch wesentliche Schwankungen in der Stromaufnahme ergeben. Bei Gattern ist weiterhin zu beachten, daß die Stromaufnahme in Abhängigkeit von der Eingangsfrequenz bei hohen Betriebsfrequenzen um so stärker ansteigt, je höher die kapazitive Belastung der Ausgänge ist.

7.2.6. Dynamische Probleme

Außerordentlich wichtig für eine ordnungsgemäße Funktion von TTL-Schaltkreisen ist die Kenntnis einiger Grundsätze zur Vermeidung dynamischer Probleme. Da eine eingehende Erklärung der Zusammenhänge den Umfang dieses Abschnitts sprengen würde, sollen nur einige sinnvolle Maßnahmen kurz aufgeführt werden:

- Alle Zuleitungen zu und auf den Leiterplatten, insbesondere die Masseleitungen, sind möglichst kurz bzw. niederohmig und induktionsarm auszuführen. (Die Masseleitung auf den Leiterplatten ist großflächig zu gestalten.)
- Die Betriebsspannung ist direkt an der Leiterplatte mit einem Elektrolytkondensator (10 µF) abzublocken.
- Die Signalleitungen sind so kurz und kapazitätsarm wie möglich auszuführen. Bei Signalleitungen mit Längen über etwa 0,5 m, auf denen Sprungfunktionen übertragen werden, sind besondere elektrische Maßnahmen erforderlich. (Flip-Flop eignen sich nicht als Leitungstreiber!)
- Die Ausgänge der Schaltkreise sollte man möglichst gering kapazitiv belasten.
- TTL-Schaltkreise erfordern zur einwandfreien Funktion bestimmte Anstiegs- und Abfallzeiten der Eingangssignale, damit Schwingungen während des Umschaltvorgangs vermieden werden. Die Anstiegs- und Abfallzeiten sollen möglichst klein sein:
  < 1 µs bei Gattern und MSI-Schaltkreisen mit Gatterfunktionen (z. B. *D 147C*);
  < 500 ns bei Master-Slave-Flip-Flop und MSI-Schaltkreisen mit derartigen Schaltungen (z. B. Schieberegister und Zähler);
  < 200 ns bei flankengetriggerten Flip-Flop und MSI-Schaltkreisen mit derartigen Flip-Flop (Speicherschaltkreise).

Diese Forderungen sind besonders wichtig, wenn TTL-Schaltkreise von systemfremden Schaltungen angesteuert werden. In diesen Fällen ist unter Umständen ein steilerer Impuls (z. B. durch vorgeschaltete Schmitt-Trigger) zu erzeugen. In «reinen» TTL-Verknüpfungen sind die genannten Bedingungen meist automatisch erfüllt.

7.2.7. Einbau

Mechanische und thermische Überbeanspruchung gefährden den Schaltkreis. Deshalb ist beim Einsetzen des Schaltkreises in Leiterplatten oder Einsteckfassungen Vorsicht geboten. Die Anschlüsse dürfen nicht verbogen oder einer Torsion ausgesetzt werden. Außerdem sind dauernde Zug- und Druckkräfte unzulässig. Die Anschlüsse sind höchstens bis zur Aufsetzkante in die Bohrungen der Leiterplatte einzusetzen. Beim Einlöten ist ein Lötkolben mit einer Leistung von 10 bis 20 W zu verwenden, der ordnungsgemäß geerdet sein muß. Je Anschluß darf nur einige Sekunden lang gelötet werden. Als Flußmittel beim Löten eignet sich Kolophonium. Verunreinigungen vom Lötprozeß beseitigt man mit Spiritus oder Äthanol als Waschmittel. Dieses darf dabei nur auf die Anschlüsse einwirken. Mehrfaches Ein- und Auslöten ist zu vermeiden. (Beim Auslöten sind nach Möglichkeit alle Anschlüsse gleichzeitig zu erwärmen, wobei schnell gearbeitet werden muß.)

Das Auslöten eines Schaltkreises gelingt, wenn kein Speziallötkolben zum gleichzeitigem Lösen aller Verbindungen vorhanden ist, auch recht einfach und ohne große Erwärmung des Schaltkreises mit in flüssiges Lötmittel getauchtem Kupfergeflecht-Abschirmschlauch zwischen Lötstelle und Lötkolben («Lotsauglitze»!).

7.3. TTL-Schaltkreise für Bauplanobjekte (Auswahl)

Die folgenden Informationen betreffen vorrangig TTL-Schaltkreise, die in Bauplänen benutzt wurden. Damit stehen dem Leser «Mindestunterlagen» zur Verfügung, die den Einsatz der behandelten Schaltkreise besser überschaubar machen als die speziellen Stromlauf- und Bestükkungspläne allein.

Bedingt durch die Arbeitsteilung in den Ländern des RGW, wird in der DDR nur ein ausgewähltes Spektrum an TTL-Schaltkreistypen produziert. Neben einem Sortiment von Gattern, Flip-Flop u. ä. gehören dazu Dekoder für 7-Segment-Anzeigen, voreinstellbare Vor-/Rückwärtszähler und Schieberegister. Weitere Typen werden aus der UdSSR (Vorsatz *K 155*, dann Typ-Buchstaben-Nummern-Code) und aus der ČSSR (Vorsatz *MH 74* ...) importiert. Sie alle sind kompatibel (d. h. austauschbar) mit der international eingeführten Reihe mit der Vorsatzzahl *74*, hinter der bei Low-Power, Schottky und bei Low-Power-Schottky die jeweiligen Buchstaben folgen (L, S, LS) bzw. (bei der Standardreihe, die unserer D-10-Reihe entspricht) sofort die 2- oder 3stellige Kennzahl steht. Der Buchstabe H schließlich kennzeichnet die «high-speed»-Reihe (höhere Schaltgeschwindigkeit), die mit unserer D-20-Reihe verglichen werden kann. DDR-Schaltkreise beginnen mit einem Buchstaben (D für digital, A für Analog, P für Amateurtyp digital, R für Amateurtyp analog, S für neuere MOS-Amateurtypen, E für erweiterten Temperaturbereich, U und V für Unipolare – MOS oder CMOS), tragen dann eine 3stellige Kennzahl und geben mit einem abschließenden D oder C darüber Auskunft, ob sie Plast(D)- oder Keramik(C)-Gehäuse haben. Der Buchstabe C ist für den Amateur meist uninteressant, da die damit verbundene höhere Temperaturfestigkeit bei ihm kaum eine Rolle spielt.

7.3.1. Gatter der Reihe *D 10/D 20*

Für Arbeitsgemeinschaften und Amateure werden gegenwärtig vor allem Schaltkreise der Reihe *D 10* und sogenannte P-Schaltkreise der Reihe *D 10* und *D 20* (P steht für Punkt oder Stern als Kennzeichnung) sowie Flip-Flop, Zähler und Schieberegister angeboten. Bei den Typen IS 1 bis IS 5 (entsprechend *D 100* bis *D 140*) aus dem *Bastelbeutel 8* wurde der Ausgangslastfaktor auf 5 gegenüber 10 der Markentypen eingeschränkt; für IS 5 *(D 140)* gilt daher 15 statt 30.

In den Anschlüssen gibt es zwischen der *D-10-* und der *D-20*-Reihe bei vergleichbaren Typen keine Unterschiede. Eine Übersicht über die Anschlußbilder der wichtigsten Gatterschaltkreise wurde in Bild 7.11 zusammengestellt. Bemerkenswert sind die Typen *D 103* (*D 126* für 15 V) und *D 201*. Sie haben nicht den sonst üblichen Gegentaktausgang (im Angelsächsischen wegen der optischen Ähnlichkeit auch als «Totempfahl»-Ausgang bezeichnet), sondern einen sogenannten offenen Kollektor, also einen bei Low nach Masse durchschaltenden Transistor. Solche Ausgänge trifft man auch in vielen anderen Schaltkreisen an. Sie haben bisweilen Einsatzvorteile. High erreicht man bei einem solchen Ausgang erst durch einen zwischen Ausgang und Plus gelegten Widerstand. Nur solche Ausgänge dürfen miteinander verbunden werden – eine für manche Verknüpfungsaufgaben gewünschte Maßnahme. Gegentaktausgänge würden sich jedoch gegenseitig gefährden, da z. B. ein auf «H» liegender Ausgang von einem anderen

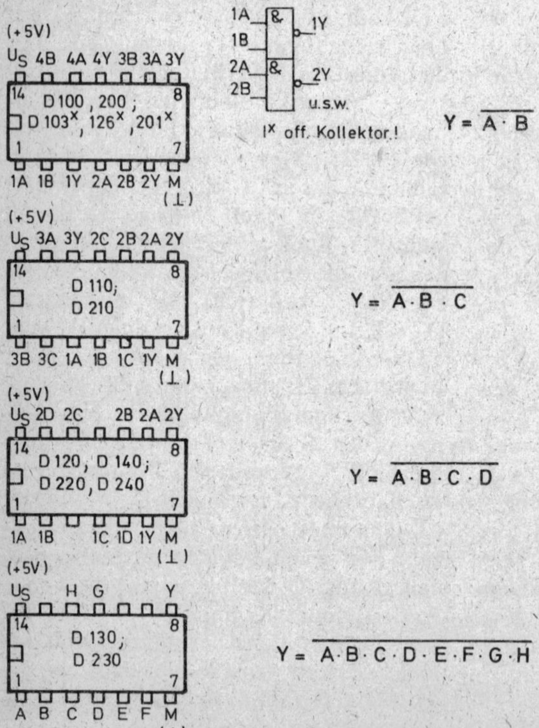

Bild 7.11
Anschlußbilder der wichtigsten Gatterschaltkreise

auf «L» liegenden «gewaltsam» heruntergezogen wird, wobei meist der auf «H» liegende eine unzulässig hohe Leistung im betroffenen Zweig umsetzt.

7.3.2. Flip-Flop (Trigger)

Man kann zwar mit einfachen Gattern nahezu «alles» zusammensetzen, doch entfernt man sich dabei sehr schnell vom Sinnvollen. Auch sind bestimmte Kombinationen gegenüber ganz in integrierter Technik gelösten «Äquivalenten» meist im Nachteil, sei es im Funktionsbereich, sei es wegen der zusätzlichen äußeren, notwendigen Bauelemente. Das trifft auch weitgehend auf bistabile Kippschaltungen, «Flip-Flop», heute auch «Trigger» genannt, in ihren möglichen Realisierungen zu (RS-, JK-, D-Flip-Flop als Beispiele; s. Bild 7.12 bis 7.14).

7.3.2.1. JK-Master-Slave-Flip-Flop *D172*

Der Schaltkreis *D172* hat einen Eingabeteil (Master) mit den J- und K-Eingängen für die Informationseingabe und einen Ausgabeteil (Slave) mit einem Standardausgang Q und einem invertierten Standardausgang $\bar{Q}$. Beide Teile der Schaltung bestehen aus getakteten RS-Flip-Flop mit Rückführungen. Die Informationseingabe vom Master- zum Slaveteil wird

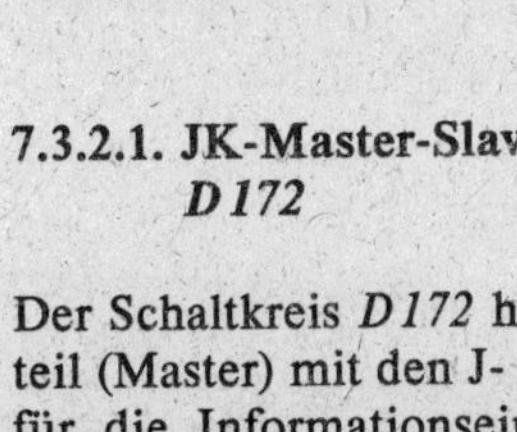

S	R	Q	$\bar{Q}$
L	L	H	H
L	H	H	L
H	L	L	H
H	H	keine Änderung	

(- - -) = nicht zugelassener Betriebsfall

Bild 7.12
RS-Flip-Flop mit Gattern

durch den Taktimpuls an T in mehreren Phasen gesteuert. Für die beiden Zeiten t_n (Zeit vor dem Taktimpuls) und t_{n+1} (Zeit nach dem Taktimpuls) gilt die Funktionstabelle zu Bild 7.13. Da die J- und K-Eingänge durch eine AND-Schaltung verknüpft sind, gelten die logischen Funktionen $J = J1 \cdot J2 \cdot J3$ und $K = K1 \cdot K2 \cdot K3$.

$Q(t_n)$ ist der logische Pegel am Ausgang Q vor dem Taktimpuls, $\bar{Q}(t_n)$ der logische Pegel am Ausgang $\bar{Q}$ vor dem Taktimpuls. Der *D172* hat außerdem die Setzeingänge R und S, die unabhängig vom Taktimpuls ein bestimmtes Setzen der Ausgänge ermöglichen: L-Signal an S bringt den Ausgang Q auf «H» bzw. den Ausgang $\bar{Q}$ auf «L»; L-Signal an R bringt den Ausgang $\bar{Q}$ auf «H» bzw. den Ausgang Q auf «L». Aus der Funktionstabelle ist zu erkennen, daß bei J = K = «H» durch jeden Taktimpuls abwechselnd das logische Niveau der Ausgänge geändert wird. Dadurch ergibt sich ein Frequenzteiler 2:1 ohne äußere Bauelemente (mehr dazu siehe Abschnitt 7.4!)

7.3.2.2. Zweifach-D-Flip-Flop *D174* und *D274*

Diese beiden Schaltkreise bestehen jeweils aus zwei gleichen, taktflankengetriggerten D-Flip-Flop (Bild 7.14). Beide Typen sind in ihrer Funktion und in der Anschlußbelegung völlig gleich und unterscheiden sich nur geringfügig im inneren Aufbau. Der wichtigste Unterschied ist die maximale Taktfrequenz. Während der *D174* typisch bis etwa 20 MHz zu verwenden ist, beträgt dieser Wert beim *D274* etwa 45 MHz. Schaltungstechnisch hat der *D174* TTL-Standardausgänge und der *D274* die leistungsfähigeren Ausgänge z. B. des *D200*.

Bei jeder positiven Flanke des Taktimpulses wird die am Eingang D bereits anliegende Information («L» oder «H») in das Flip-Flop eingespeichert und er-

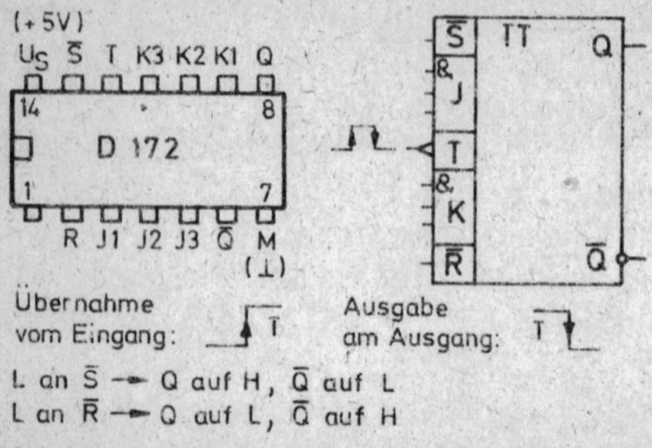

t_n J	t_n K	t_{n+1} Q	t_{n+1} $\bar{Q}$	Erklärung
L	L	$Q(t_n)$	$\bar{Q}(t_n)$	keine Veränd. an d. Ausg.
L	H	L	H	Eingabe bestimmter
H	L	H	L	logischer Niveaus
H	H	$\bar{Q}(t_n)$	$Q(t_n)$	bistabiles Verhalten

Bild 7.13 JK-Master-Slave-Flip-Flop *D 172*; Anschlüsse, logische Schaltung, Funktionstabelle

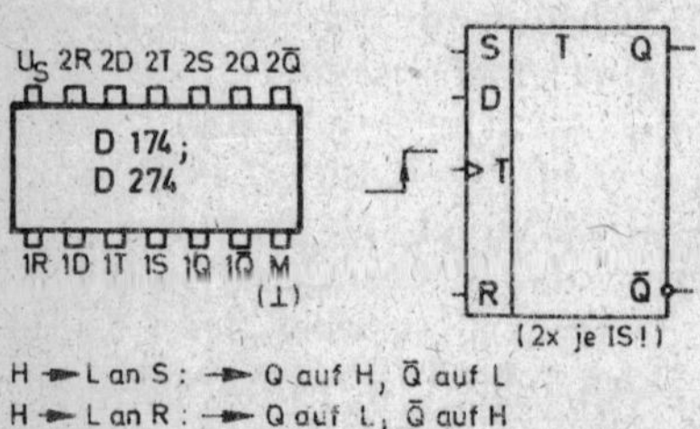

D	$Q(t_n)$	$Q(t_{n+1})$
L	L	L
	H	L
H	L	H
	H	H

Bild 7.14 D-Flip-Flop *D 174 (D 274)*; Anschlüsse, logische Schaltung, Funktionstabelle

scheint am Ausgang Q ohne Veränderung des ursprünglich am Eingang D anliegenden logischen Pegels. Auf Grund dieser Eigenschaften nennt man diese Flip-Flop, die unter anderem in Ringzählern und Schieberegistern verwendet werden, auch Verzögerungs- oder Speicher-Flip-Flop. Am Ausgang $\bar{Q}$ läßt sich das invertierte Signal entnehmen. Für das D-Flip-Flop gilt damit die Funktionstabelle zu Bild 7.14. Sie zeigt den logischen Pegel an Q vor und nach der positiven Taktflanke an. Außerdem hat das D-Flip-Flop noch zwei vom Taktimpuls unabhängige Setzeingänge. Mit «L» an S kann Q auf «H» gesetzt werden, während «L» an R Q auf «L» setzt. Solange «L» an S bzw. an R stehenbleibt, bleibt der Takt wirkungslos.

Mit dem *D 174 (D 274)* können u. a. Frequenzteiler mit beliebigem ganzzahligem Teilerverhältnis und Schieberegister beliebiger Stufenzahl realisiert werden.

7.3.3. Monoflop (monostabile Kippstufen)

Ein Monoflop verharrt normalerweise in einem stabilen Zustand. Wenn man es durch einen «Triggerimpuls» aus der Ruhelage kippt, kehrt es nach einer von der Zeitkonstante der äußeren Beschaltung mit *R* und *C* vorgegebenen Zeitspanne wieder in diese Ruhelage zurück. Beides geschieht «schaltend», also mit TTL-gerecht schnellem Übergang. Monoflop können z. B. aus schmalen Impulsnadeln Impulse wählbarer Breite (vorzugsweise im Nano- bis Millisekundenbereich) formen oder können als Verzögerungsglieder innerhalb von Ablaufsteuerungen u. ä. eingesetzt werden.

Von den integrierten Monoflop ist der *74121* relativ weit verbreitet, der Äquivalenztyp aus der UdSSR z. B. ist bisweilen im Handel erhältlich (Bild 7.15). Seine

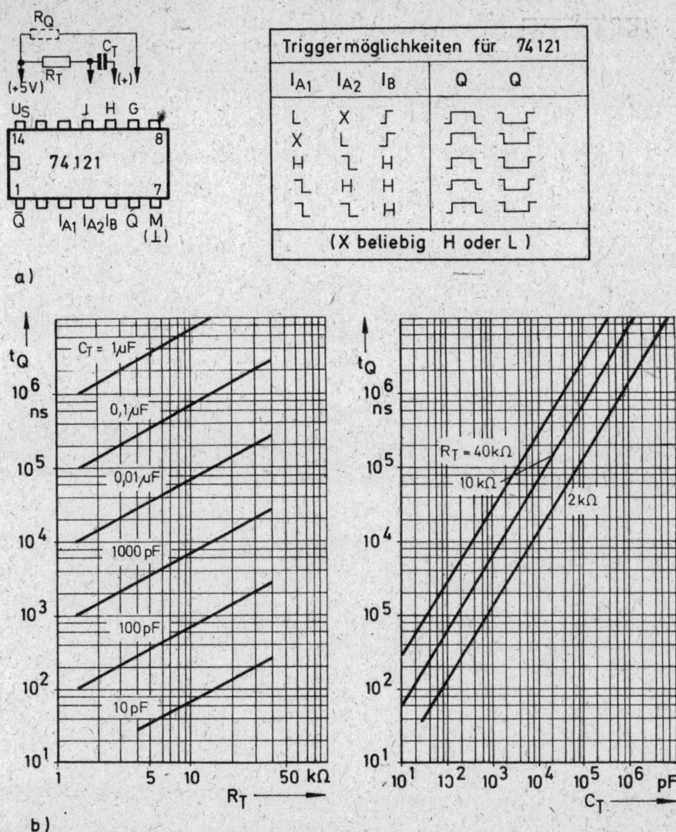

Bild 7.15
Integriertes Monoflop 74121; a – Anschlüsse, Außenbeschaltung, Triggermöglichkeiten; b – Variationsmöglichkeiten für die Ausgangsimpulsdauer in Abhängigkeit von C_T und R_T

wichtigsten Daten am Beispiel des *TL 74121 N* enthält Tabelle 7.1. zu Bild 7.15. Inzwischen gibt es diesen Typ als *D 121 D* auch aus DDR-Produktion.

Bild 7.15b zeigt die Variationsmöglichkeiten für die Ausgangsimpulsdauer in Abhängigkeit vom Wert von C_T (zwischen Anschluß *10* und Anschluß *11*) und R_T (zwischen *11* und *14*).

Ein aus Grundgattern zusammengesetztes Monoflop ist in Abschnitt 7.4. enthalten.

7.3.4. Zähler und Teiler

Zähler (auch als Teiler einsetzbar) gehören zu den interessantesten Schaltkreisen. Sie sind von «mittlerem Integrationsgrad», wobei man zur Zeit je nach Anzahl der integrierten Funktionselemente zwischen IG 1 (bis 10), IG 2 (11 bis 100), IG 3 (101 bis 1000) und IG 4 (über 1001) unterscheidet. Unsere Zähler rechnen zum IG 2. Binärzähler sind «Serienschaltungen» von Flip-Flop, deren einzelne Ausgänge herausgeführt sind (Bild 7.16). Die im Bild enthaltene Tabelle der Zählschrittfolge zeigt die jeweiligen Ausgangszustände. Als Binärteiler vorgesehene Flip-Flop-Kombinationen haben meist nur Ein- und Ausgang. Zum Beispiel teilt der bereits veraltete Uhrenschaltkreis *D (A) 921* im Verhältnis $2^{22}:1$ (Bild 7.17).

Es liegt nahe, vorhandene Flip-Flop (s.

Tabelle 7.1. Betriebsdaten des integrierten Monoflop *74121*

Betriebsdaten		min.	typ.	max.
Anstiegs-Abfallzeit				
am Eingang I_{A1}, I_{A2}	t_r, t_f			1 V/µs
am Eingang I_B	t_r, t_f			1 V/µs
Eingangsimpulsdauer	t_I	50		ns
Widerstand				
zwischen Anschluß 11 und 14	R_T	1,4		kΩ
zwischen Anschluß 9 und 14	R_Q	0		40 kΩ
Kapazität				
zwischen Anschluß 10 und 11	C_T	0		1000 µF
Ausgangsimpulsdauer	t_Q			40 s
Tastverhältnis				
R_T = 2 kΩ				67 %
R_T = 40 kΩ				90 %
Speisestrom				
U_S = 5,25 V				
bei Q = L	I_{SL}		13	25 mA
bei Q = H	I_{SH}		23	40 mA
Schaltzeiten bei U_S = 5 V,				
t_{amb} = 25 °C:				
Signal-Laufzeit				
von I_{A1} oder I_{A2} nach $\bar{Q}$	C_L = 15 pF	30	50	80 ns
von I_B nach $\bar{Q}$	t_{PHL}	20	40	65 ns
von I_{A1} oder I_{A2} nach $\bar{Q}$	C_T = 80 pF	25	45	70 ns
von I_B nach $\bar{Q}$	t_{PLH}	15	35	55 ns
mit internem Widerstand				
(Anschluß 9 und 14 verbunden)	t_Q	70	110	150 ns
C_L = 15 pF, C_T = 80 pF, R_T = ∞				
mit Kapazität C_T = 0	t_Q	20	30	50 ns
(Anschluß 10 und 11 offen,				
9 und 14 verbunden)				
C_L = 15 pF, R_T = ∞				
mit externem Widerstand	t_Q	600	700	800 ns
C_T = 100 pF, C_L = 15 pF,				
R_T = 10 kΩ				
(Anschluß 9 offen)	t_Q	6	7	8 ns
C_T = 1 µF, C_L = 15 pF,				
R_T = 10 kΩ				
minimale Eingangsimpulsdauer	t_I		30	50 ns
C_L = 15 pF, C_T = 80 pF,				
R_T = ∞ (9 und 14 verbunden)				

Abschnitt 7.3.2.) bis zum gewünschten Teilerfaktor zusammenzuschalten, doch ist das eine flächen- und auch stromaufwendige Angelegenheit. Man wird es also nur für kleine Faktoren bei Bedarf tun. Interessanter wird die Sache durch spezielle Verknüpfungen, so daß aus dem Binärteiler ein Teiler mit – je nach Aufwand – in großen Grenzen beliebigem Teilerverhältnis wird. Dazu mehr in Abschnitt 7.4.6.! Die wohl am häufigsten verwendete und darum innerhalb eines

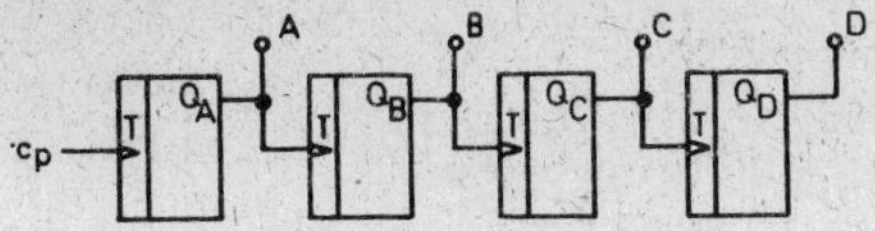

	A	B	C	D
0	L	L	L	L
1	H	L	L	L
2	L	H	L	L
3	H	H	L	L
4	L	L	H	L
5	H	L	H	L
6	L	H	H	L
7	H	H	H	L
8	L	L	L	H
9	H	L	L	H
10	L	H	L	H
11	H	H	L	H
12	L	L	H	H
13	H	L	H	H
14	L	H	H	H
15	H	H	H	H

Bild 7.16
Binärzähler aus 4 Flip-Flop mit Funktionstabelle

Schaltkreisgehäuses auf einem einzigen Chip verknüpfte Kombination von vier Flip-Flop ist die des Dekadenzählers. Seine «höchste Vollendung» bezüglich seiner Möglichkeiten erreichte er im voreinstellbaren Vor-/Rückwärtszähler *D192* (Bild 7.18). Seine vier Flip-Flop sind über eine Reihe «chipinterner» Gatter so verknüpft, daß alle genannten Funktionen

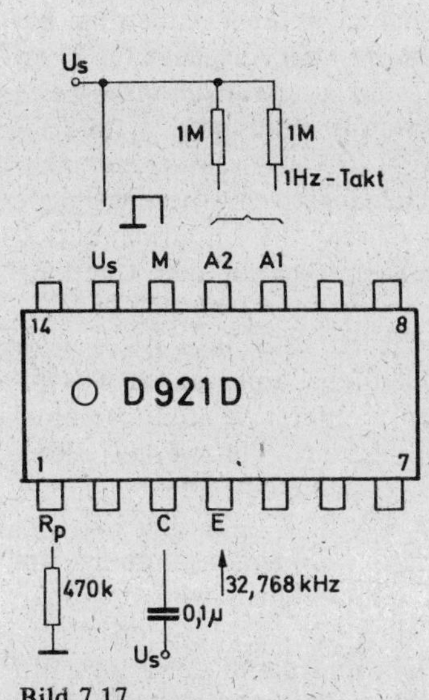

Bild 7.17
Binärteiler 2^{22}:1 – *D 921 D* (U_S nur 1,5 V!)

wähl- und einstellbar sind. Damit wird zunächst verständlich, warum unsere TTL-Reihe nur ihn und den bis 16 zählenden Binärzähler *D 193* mit gleicher Anschlußbelegung enthält. Jedes Gatter aber braucht Energie. Darum stehen, vorwiegend aus ČSSR-Importen, bei Bedarf auch die einfacher organisierten *MH7490* als «einfache» Vorwärts-Dezimalzähler mit geringem Strombedarf zur Verfügung. Künftig wird der LS-Typ *DL 090 D* aus DDR-Produktion großen Zuspruch haben. Die Tabelle in Bild 7.18 zeigt, welche Ausgangszustände den einzelnen Zählschritten am Takteingang zugeordnet sind. Es handelt sich um eine Ausgabe in einer «4 bit breiten» binär kodierten Dezimalzahl, also BCD-Kodierung, für die Dekoder auf dezimal- oder 7-Segment-organisierte Anzeigen oder Verarbeitungseinrichtungen zur Verfügung stehen (s. Abschnitt 7.3.5.). Zum Binärzähler *D 193* (Tabellenteil ab 10) gibt es außerdem einen 1-aus-16-Dekoder, so daß die 16 möglichen Zählschritte dieses Schaltkreises auch ausgangsseitig wieder z. B. 16 Aufnehmern zugeführt werden können, wie etwa bei einem Melodiegenerator. Die beiden Zählertypen lassen sich weitgehend gemeinsam beschreiben. Diese Beschreibung stammt im wesentli-

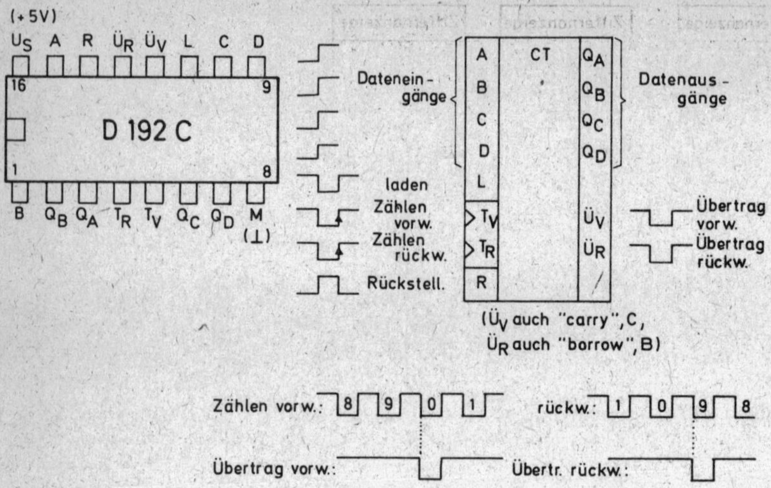

	Q_A	Q_B	Q_C	Q_D
0	L	L	L	L
1	H	L	L	L
2	L	H	L	L
3	H	H	L	L
4	L	L	H	L
5	H	L	H	L
6	L	H	H	L
7	H	H	H	L
8	L	L	L	H
9	H	L	L	H

Bild 7.18 Dekadischer Vor-/Rückwärtszähler *D 192 C*; Anschlüsse, logische Schaltung, Funktionstabelle

chen aus Bauplan 37. Der genannte Melodiegenerator wurde in das 1984 in 3. Auflage erschienene Buch *Elektronikbasteln im Wohnbereich* aufgenommen. Das trifft auch im wesentlichen auf alle anderen das Thema «Wohnbereich» berührenden Baupläne zu!

Zählen

D 192 und *D 193* haben für Vorwärts- und Rückwärtszählen getrennte Eingänge, wobei grundsätzlich (!) jeweils nur einer von beiden Eingängen gleichzeitig Zählimpulse erhalten darf. Im Ruhezustand muß an beiden Zähleingängen (Z_V und Z_R) H-Eingangsspannung anliegen. Durch jeden negativen Zählimpuls, der kurzzeitig an einem Zähleingang L-Eingangsspannung hervorrufen kann, wird der Zählerstand entsprechend der Zählerschrittfolge und der Zählrichtung (vorwärts und rückwärts) um eine Ziffer verändert. Die Vorderflanke des Zählimpulses (Sprung von «H» nach «L») bewirkt zunächst das Einspeichern des neuen Zählerstandes in den Masterteil eines jeden JK-Flip-Flop, während infolge der Rückflanke des Zählimpulses (Sprung von «L» nach «H») der neue Zählerstand an den Ausgängen Q_A, Q_B, Q_C und Q_D in kodierter Form gemäß Tabelle «Zählerschrittfolge» erscheint. Durch eine entsprechende Dekodierschaltung und ein Anzeigebauelement kann, wie schon erwähnt, der Zählerstand sichtbar gemacht werden. Außerdem hat jeder Schaltkreis zwei Ausgänge für Übertragsignale, und zwar für Übertrag beim Vorwärtszählen den Ausgang $Ü_V$ und für Übertrag beim Rückwärtszählen den Ausgang $Ü_R$. Die negativen Übertragsignale liegen nur während der Impulsdauer desjenigen Zählimpulses an den Übertragausgängen an, der den Übertrag bewirkt. Durch die Übertragausgänge ist es möglich, höherstellige Zähler durch Zusammenschalten mehrerer Schaltkreise ohne aufwendige externe Netzwerke aufzubauen (z. B. gemäß Bild 7.19).

Rücksetzen

Durch einen H-Spannungsimpuls am Eingang R (Rückstellen) wird der Speicherinhalt aller vier JK-Flip-Flop gleichzeitig gelöscht und damit der Zähler auf Null zurückgestellt. Das Rückstellsignal hat gegenüber allen anderen gleichzeitig

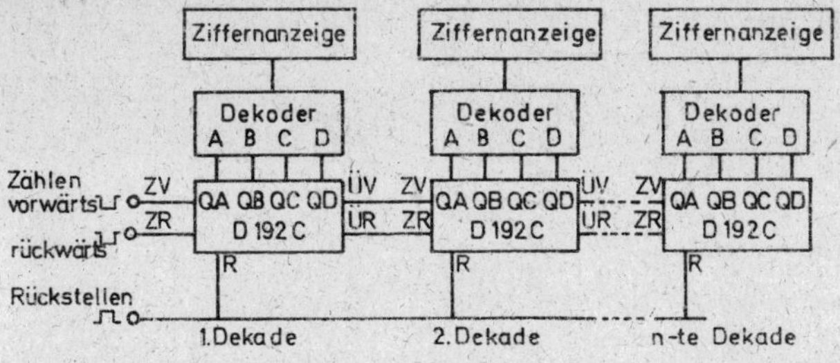

Bild 7.19
Prinzip eines mehrstelligen dekadischen Vor-/Rückwärtszählers mit *D 192 C*

an anderen Eingängen anliegenden Signalen Vorrang!

Voreinstellen

Die Zähler *D 192* und *D 193* weisen gegenüber einfacheren Zählerbausteinen noch einen wichtigen Vorzug auf: Vor Beginn eines Zählvorgangs lassen sich die vier JK-Flip-Flop mit jedem möglichen Zählerstand voreinstellen. Dazu erhalten die Dateneingänge A, B, C, D diejenigen Pegel («H» oder «L»), die zu den zugehörigen Ausgängen (A zu Q_A, B zu Q_B usw.) übertragen werden sollen. Ein negativer Spannungsimpuls am Eingang L (Laden) bewirkt mit seiner Vorderflanke («H» nach «L») das Einspeichern der gewählten Pegel in die den Dateneingängen zugeordneten Flip-Flop, und die Daten erscheinen an den Ausgängen Q_A bis Q_D.

Die Typen *D192* und *D193* sind damit sehr vielseitig für Zählschaltungen aller Art, für Frequenzumsetzer bzw. -teiler usw. anwendbar. Besonders der *D192* eignet sich vorteilhaft für Digitaluhren. Durch spezielle elektronische Schaltungen kann der Zählbereich beider Typen verkürzt werden.

Anders ist der *MH 7490* von Tesla (ČSSR) organisiert (Bild 7.20). Er besteht aus zwei zunächst voneinander unabhängigen Teilern (2:1 und 5:1). Sie können extern in Serie geschaltet werden, doch läßt sich bei Bedarf auch mit einem Teiler allein arbeiten. Auch der *MH 7490* gibt an seinen vier Ausgängen, als dekadischer Zähler geschaltet, im 8-4-2-1-Kode aus. Der Anschluß eines Dekoders, z. B. zur Ziffernanzeige, unterscheidet sich daher nicht von dem beim *D192* bzw. *D193*. In beiden Fällen stehen dafür die Ausgänge Q_A bis Q_D zur Verfügung. Im Unterschied zu jenen Typen kann der *MH 7490* jedoch auf 0 oder 9 (rück-)gesetzt werden (Eingänge R_{01} bis R_{92}), während Voreinstellen oder Rückwärtszählen nicht möglich sind.

Ein weiterer wichtiger Unterschied besteht darin, daß der *7490* asynchron betrieben wird, der *D 192* dagegen synchron. «Synchrone» Zähler sind «schneller», da ihre Flip-Flop gleichzeitig schalten, asynchrone sind einfacher aufgebaut. Bild 7.21 zeigt die Unterschiede in der Betriebsart. Der *7490* zählt mit der HL-Schaltflanke, im Unterschied zum *D192*, bei dem die LH-Flanke das Umschalten in den nächsten Zählerzustand bewirkt. Im Zählbetrieb muß beim *7490* mindestens je einer der Stelleingänge (R_{01}oder R_{02} und R_{91} oder R_{92}) an «L» liegen. Bei R_{01} und R_{02} auf «H» erscheint an den Ausgängen die 0 im Dualkode, d. h. in der Reihenfolge D C B A: L L L L, bei R_{91} und R_{92} auf «H» erhält man die 9: H L L H. Aus der in Bild 7.20 enthaltenen Tabelle ist die jeweilige Beschaltung besser zu erkennen. Bild 7.22 zeigt die Vielseitigkeit des *7490* bezüglich des Zählumfangs. Er kann entsprechend den wiedergegebenen Verbindungsmöglichkeiten zwischen 2:1 und 10:1 teilen bzw. – je nach Aufgabe – bis 2, 3, 4, 5 usw. oder bis 10 zählen. Das interessiert u. a. beim «klassischen» TTL-Projekt Digitaluhr. Die Stromaufnahme des *7490* liegt

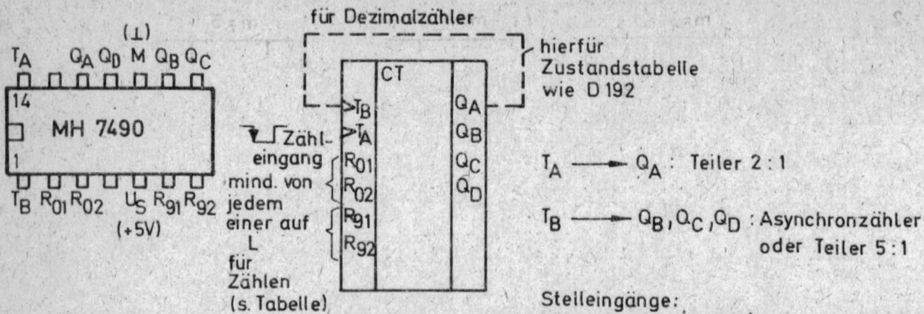

Stelleingänge:

R_{01}	R_{02}	R_{91}	R_{92}	Q_A	Q_B	Q_C	Q_D
H	H	L	X	L	L	L	L
H	H	X	L	L	L	L	L
X	X	H	H	H	L	L	H
X	L	X	L	Zählen gemäß Tabelle wie 192			
L	X	L	X				
L	X	X	L				
X	L	L	X				

X = beliebig L oder H

Bild 7.20
Dekadischer Zähler (Teiler) *MH 7490*; Anschlüsse, logische Schaltung, Funktionstabelle

bei 5 V Betriebsspannung bei etwa 40 mA (Grenzwerte 35 bis 58 mA bei 5,25 V Betriebsspannung). Man beachte den wesentlich «genügsameren» *DL 090 D* aus DDR-Produktion!

7.3.5. Dekoder

Dekoder sind eigentlich genauer «Kodeübersetzer». Die interessantesten Dekoder setzen «Kodeworte» (das sind z. B. die an den vier Ausgängen eines Dezimal- oder Binärzählers parallel stehenden Binärzeichen «L» oder «H», auch «Bit» genannt) im BCD-Kode in die Form «1 aus 10» um (zur Anzeige mit bezifferten Lampen oder Leuchtdioden oder über die 10 Ziffernkatoden einer Anzeigeröhre) oder in die 7-Segment-Form, z. B. für LED-, LCD- oder Digitronziffernanzeigen. Außer dieser unmittelbaren Umsetzung in die optische Anzeige gibt es auch viele andere Einsatzbereiche besonders für «1 aus n»-Dekoder, z. B. für den weiter vorn erwähnten Melodiegenerator mit «1 aus 16»-Dekoder, vor allem aber auch für die Computertechnik.

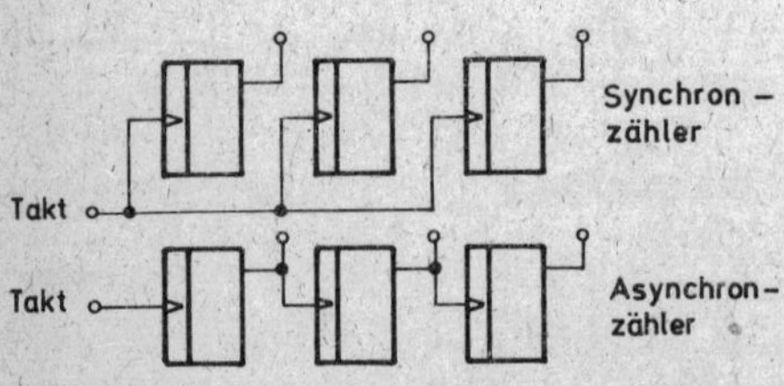

Bild 7.21
Zum Vergleich: Synchron- und Asynchronzähler

Der Wortbreite von 4 bit, wie sie von Binärzählern vorgegeben ist, entspricht damit die Zahl der Eingänge der für uns interessanten Dekoder. Die Bilder 7.23, 7.24 und 7.25 enthalten die wichtigsten Informationen zu diesen Typen. Während der *MH 74141* die direkte Ansteuerung von dekadischen Ziffernanzeigeröhren gestattet, liefert der *D 147* 7-Segment-Ansteuerpegel mit dem erforderlichen Ausgangsstrom an LED-Anzeigen mit gemeinsamer Anode. Bei beiden Typen sind die jeweils aktiven Ausgänge auf «L» geschaltet. Der Typ *7448* hat umgekehr-

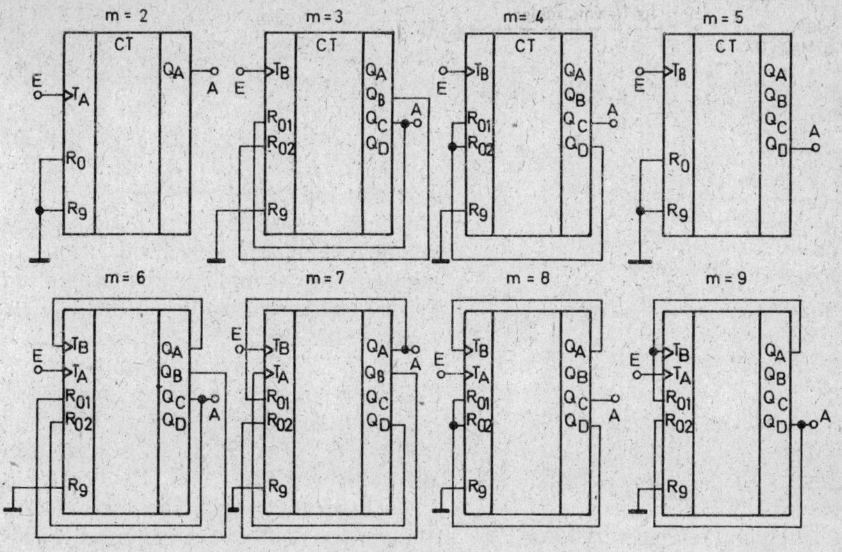

Bild 7.22 *MH 7490* als Teiler von 2:1 bis 9:1

tes Verhalten. Das ist für die Ansteuerung von Anzeigen mit gemeinsamer Katode günstiger. Mit dem in der DDR produzierten *D 147* können also die Ausgangssignale der Schaltkreistypen *D 192* oder *D 193* als Ziffer oder Zeichen dargestellt werden (Bild 7.26). (Die Größe der Strombegrenzungswiderstände R_V hängt von den technischen Parametern des verwendeten Anzeigeelements ab; außerdem ist es in vielen Fällen möglich, dessen zulässige Ströme bei kleineren Umgebungshelligkeiten noch erheblich zu unterschreiten, was – wie eigentlich stets – zu einer Erhöhung der zu erwartenden Lebensdauer des Bauelements führt. Man sollte daher den Wert von R_V dem Anwendungsfall anpassen; Größenordnung: 150 Ω bei *VQB 71* und 5 V.) Die Tabelle in Bild 7.26 zeigt den Zusammenhang zwischen dem Eingangssignal am *D 147* und der Darstellung an einem 7-Segment-Anzeigebauelement. Zur Darstellung der Ziffern 0 bis 9 benötigt man also nicht alle Kombinationen der vier Eingangsvariablen an den Eingängen A bis D.

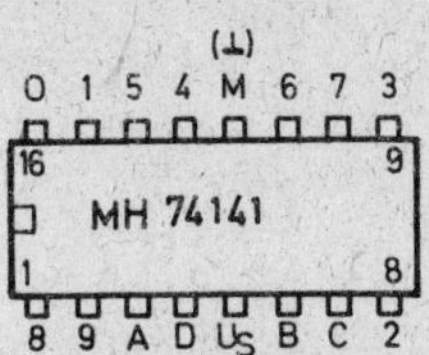

Ziffern: Ausgänge
Buchstaben: Eingänge

Eingang A	B	C	D	L an Ausgang
L	L	L	L	0
H	L	L	L	1
L	H	L	L	2
H	H	L	L	3
L	L	H	L	4
H	L	H	L	5
L	H	H	L	6
H	H	H	L	7
L	L	L	H	8
H	L	L	H	9

Bild 7.23
BCD-zu-1-aus-10-Dekoder *MH 74141* für Ziffernanzeigeröhren; Anschlüsse und Funktionstabelle

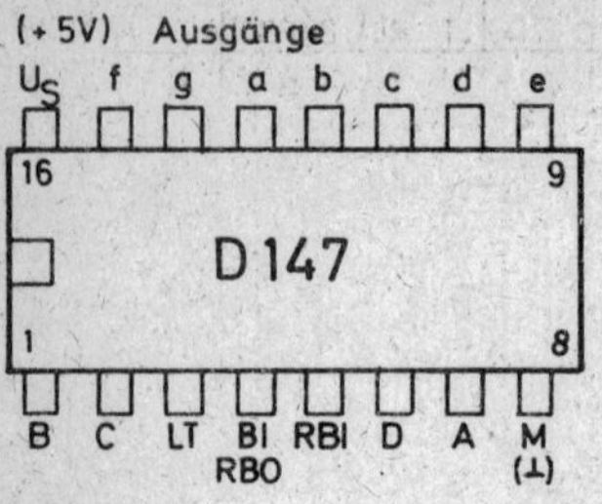

Bild 7.24
BCD-zu-7-Segment-Decoder *D 147*; Anschlußbild

Der *D147* hat drei Anschlüsse für Sonderfunktionen.

Lampentest (LT): Am Anschluß LT muß im Normalfall «H» anliegen. Bei Pegel «L» leuchten, unabhängig vom Zustand an den Eingängen A bis D, zu Prüfzwecken alle sieben Segmente der Anzeige. (Das gilt nicht, wenn am Anschluß BI «L» anliegt!)

Dunkelsteuerung der Anzeige: Der Anschluß BI/RBO kann sowohl als Eingang BI als auch als Ausgang RBO benutzt werden. «L» an BI bewirkt, unabhängig vom Zustand an den Eingängen A bis D, eine Dunkelsteuerung der Anzeige mit Vorrang vor dem Pegel an LT. Dunkelsteuerung der Null: Liegt gleichzeitig mit einer Ziffer 0 an den Eingängen A bis D (d.h. A = B = C = D ≙ «L») ein Pegel «L» an RBI, so wird die Null nicht angezeigt. Der Ausgang RBO nimmt auch «L» an.

Die Anschlüsse RBI und RBO werden in Verbindung mit einer Steuerlogik z.B. zur Dunkelsteuerung von Führungsnullen mehrstelliger Anzeigen oder zum periodischen Ausblenden bei sogenannten Zeitmultiplexschaltungen benutzt. Die Typen *D345 D* bis *D 348 D* sind die vorteilhaften Ablösemuster zum *D 147 D*. Künftig werden auch sie in Bauplänen eine Rolle spielen.

Für den von TESLA produzierten *MH 74141* gilt Bild 7.27. Der *74141* hat 10 hochsperrende Ausgänge, die zum Ansteuern von Ziffernanzeigeröhren benötigt werden. Die Katoden sind direkt an den Schaltkreis anzuschließen. An den Ausgängen befinden sich Z-Dioden, die zum einen die Sondenspannungen der Röhre auf etwa 70 V abbauen und zum anderen die Katoden in dem gewünschten Spannungsbereich U_{kk} von 60 bis 100 V (bzw. 115 V) halten. Über die Ausgänge können bis zu I_{OL} = 7 mA fließen. Die Stromaufnahme der IS beträgt bei U_S = 5 V: $I_S \leqq 42$ mA (typisch 21 mA).

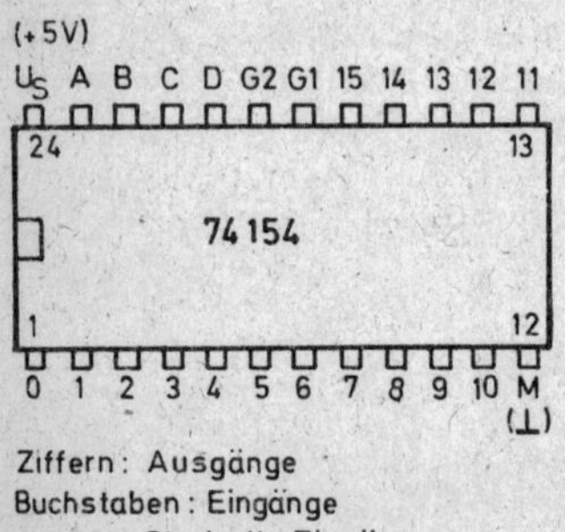

Eingang A	B	C	D	L an Ausgang
L	L	L	L	0
H	L	L	L	1
L	H	L	L	2
H	H	L	L	3
L	L	H	L	4
H	L	H	L	5
L	H	H	L	6
H	H	H	L	7
L	L	L	H	8
H	L	L	H	9
L	H	L	H	10
H	H	L	H	11
L	L	H	H	12
H	L	H	H	13
L	H	H	H	14
H	H	H	H	15

Bild 7.25
BCD-zu-1-aus-16-Decoder *74154*; Anschlüsse und Funktionstabelle

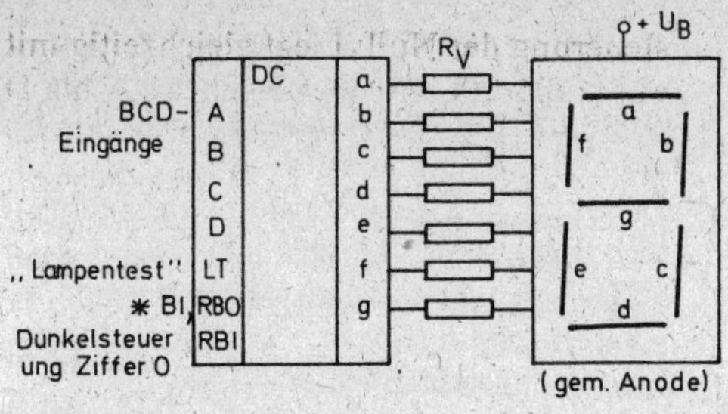

* Eingang Dunkeltastung, Ausgang zur Nullausblendung (Dunkelsteuerung der 0)

$$R_{V/k\Omega} \geq \frac{(U_B - U_{LED})\,V}{20\,mA}$$

1	2							3
	a				b			
	A	B	C	D	LT	RBI	BI(RBO)	
0	L	L	L	L	H	H	H	
1	H	L	L	L	H	X	H	
2	L	H	L	L	H	X	H	
3	H	H	L	L	H	X	H	
4	L	L	H	L	H	X	H	
5	H	L	H	L	H	X	H	
6	L	H	H	L	H	X	H	
7	H	H	H	L	H	X	H	
8	L	L	L	H	H	X	H	
9	H	L	L	H	H	X	H	
10	L	H	L	H	H	X	H	
11	H	H	L	H	H	X	H	
12	L	L	H	H	H	X	H	
13	H	L	H	H	H	X	H	
14	L	H	H	H	H	X	H	
15	H	H	H	H	H	X	H	
LT	X	X	X	X	L	X	H	
BI	X	X	X	X	X	X	L	
RBI	L	L	L	L	H	L	L	

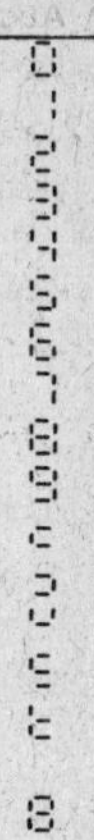

Bild 7.26 7-Segment-Anzeige mit gemeinsamer Anode, angesteuert von *D 147*: 1 – Dezimalzahl oder Funktion; 2 – Eingangszustände (a – Zahl im BCD-Code, b – Sonderfunktionen); 3 – Zeichen der angeschlossenen 7-Segment-Anzeige. X – beliebiger Pegel (L oder H); LT – Lampentest (Prüfung aller Segmente); BI – Dunkelsteuerung der Anzeige; RBI – Eingang Dunkelsteuerung der Ziffer 0; RBO – Ausgang Dunkelsteuerung der Ziffer 0

Dieser Wert muß bei der Auslegung der Stromversorgung berücksichtigt werden. Dem vorgestellten Typ entsprechen weitgehend andere gelegentlich im Handel erhältliche IS mit folgenden Bezeichnungen: K 155ИП 1 (SU), SN 74141 (NSW-Firmen).

7.3.6. Schieberegister aus Flip-Flop

Führt man n hintereinandergeschalteten Flip-Flop synchron (also jedem Flip-Flop gleichzeitig) einen Takt zu, so kann eine an den Eingang dieser «Kette» gelegte Information mit jedem Taktimpuls um ein Flip-Flop weitergereicht werden, bis sie schließlich nach n Takten am Ausgang

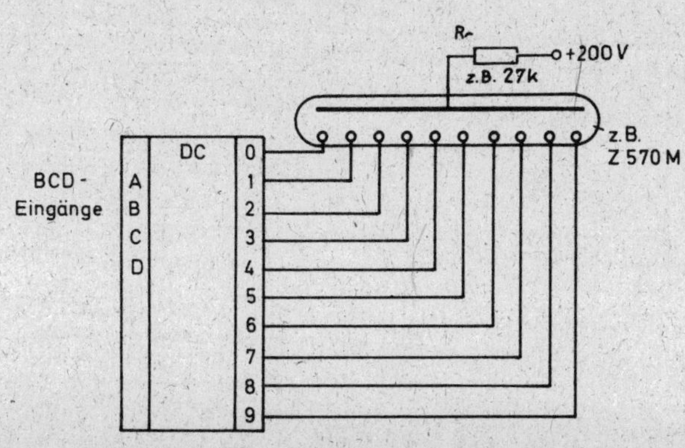

Bild 7.27
Dekadische Ziffernanzeige mit Ziffernröhre *Z 570 M*, angesteuert von *MH 74141*

erscheint. Man nennt diese Verknüpfung Schieberegister. Häufig tritt bei einer solchen Einrichtung folgender Betriebsfall auf: Zum Beispiel wird ein einziges «L» (das also nur während der ersten «aktiven» Taktflanke – beim *D172* ist das z.B. die HL-Flanke, beim *D 174* die LH-Flanke – anliegt) durch die Kette geschoben und, wenn es am Ausgang auftaucht, von dort wieder dem Eingang zugeführt. So entsteht ein «Ringzähler», bei dem ein «L» umläuft, also nacheinander, vom Takt gesteuert, an jedem Flip-Flop-Ausgang eine Taktperiode lang erscheint.

Bei Schieberegistern ohne herausgeführte Ausgänge der einzelnen Flip-Flop erscheint dieses «L» nach so viel Takten am Ausgang, wie das Schieberegister «lang» ist (ausgedrückt in der Anzahl der Flip-Flop). Zum einwandfreien Betrieb eines Schieberegisters ist Voraussetzung, daß die zu übertragende Information am jeweiligen Eingang schon (und noch!) anliegt, wenn der Takt am Takteingang erscheint. Flip-Flop ohne Verzögerungszeit (die es – für diesen Fall glücklicherweise! – nicht gibt) könnte man daher nicht ohne Zwischenspeicher zu einwandfrei arbeitenden Schieberegistern zusammensetzen! Beispiele für die «Eigenmontage» von Schieberegistern zeigt Bild 7.28.

Rein serielle Schieberegister ohne Zwischenausgaben lassen sich am leichtesten in großen «Längen» integrieren. Interessant sind solche, die man sowohl seriell wie (durch «Laden» mit vorgegebenen Informationen) parallel, auch als Zwischenspeicher, einsetzen oder deren Schieberichtung man umkehren kann. Zum TTL-Typenangebot aus DDR-Produktion gehören derzeit zwei Schieberegistertypen: *D191* und *D195*.

7.3.7. 8-Bit-Schieberegister *D191*

Der *D191* (Bild 7.29) ist ein 8-Bit-Schieberegister für serielle Datenein- und -ausgabe und besteht im wesentlichen aus acht RS-Master-Slave-Flip-Flop. Die Eingangsinformation liegt an den beiden Eingängen A und B eines NAND-Gatters an, dessen Ausgang einerseits direkt und zum anderen über einen internen Inverter das 1. Flip-Flop ansteuert. Mit der negativen Flanke des Taktimpulses wird die Eingangsinformation in dieses erste Flip-Flop übernommen, und mit der positiven Flanke (Rückflanke) des Impulses erscheint diese Information am internen Ausgang des ersten Flip-Flop. Durch jeden Taktimpuls wird die Information um ein Flip-Flop weitergeschoben und liegt nach acht Taktimpulsen an den Ausgängen Q bzw. $\bar{Q}$ des Schieberegisters an (s. in Bild 7.29).

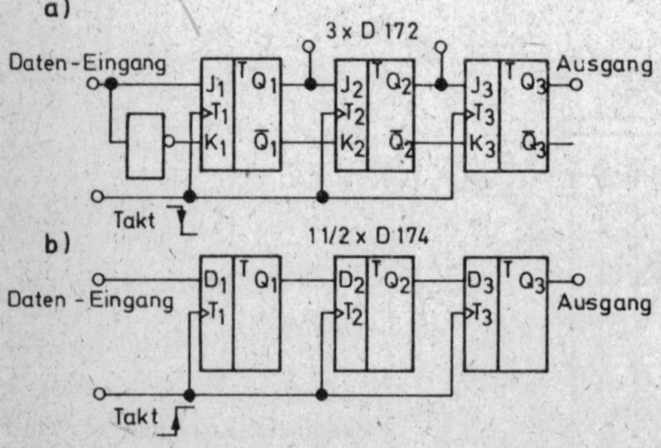

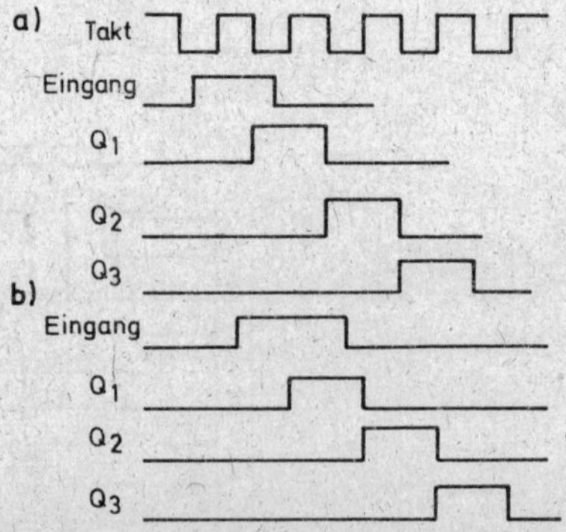

Bild 7.28
«Eigenmontage» von Schieberegistern: a – mit *D172*; b – mit *D174*

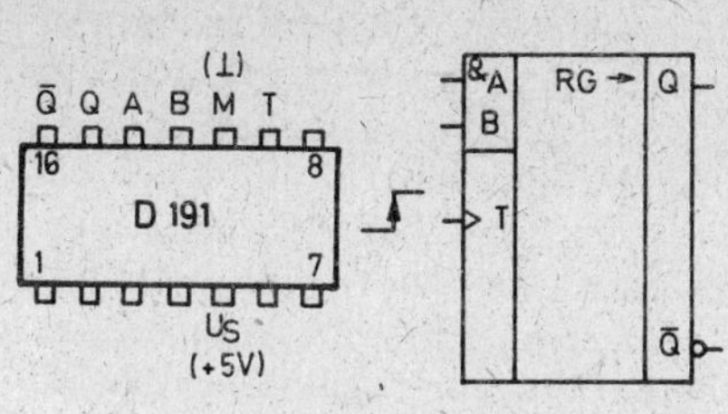

t_n		t_{n+8}	
A	B	Q	Q̄
L	L	L	H
L	H	L	H
H	L	L	H
H	H	H	L

Bild 7.29
8-Bit-Schieberegister *D 191*; Anschlüsse, logische Schaltung und Funktionstabelle

Neben seiner eigentlichen Funktion als serielles Schieberegister kann der *D 191* unter anderem als Schieberegisterzähler, als Frequenzteiler (s. Abschnitt 7.4.7.) sowie allgemein zur Verzögerung und Speicherung von Daten verwendet werden.

7.3.8. 4-Bit-Links-Rechts-Schieberegister *D 195*

Der *D 195* (Bild 7.30) ist ein 4-Bit-Links-Rechts-Schieberegister für serielle oder parallele Datenein- und -ausgabe. Der Schaltkreis besteht aus vier RS-Master-Slave-Flip-Flop mit einer für den universellen Einsatz erforderlichen Ansteuerelektronik. Folgende drei Hauptanwendungen sind möglich:

Serielle Dateneingabe, Rechtsschieben
Dateneingang: ES; Takteingang: T1; Datenausgang: Q_D.
Am Steuereingang MC liegt «L», wodurch die Eingänge A bis D und der Takteingang T2 verriegelt sind. Die Eingangsinformation wird während der negativen Taktflanken übertragen und erscheint nach vier Taktimpulsen am Ausgang Q_D.

Serielle Dateneingabe, Linksschieben
Dateneingang: D; Takteingang: T2; Datenausgang: Q_A.
In diesem Fall sind Ausgang Q_D mit Eingang C, Q_C mit B und Q_B mit A zu verbinden. Am Steuereingang MC liegt «H». Nach vier Taktimpulsen erscheint die Eingangsinformation an Q_A.

Parallele Dateneingabe
Eingänge: A bis D; Takteingang: T2; Ausgänge: Q_A bis Q_D.
Am Steuereingang MC liegt «H», wodurch der Takteingang T1 und der Eingang ES verriegelt werden. Die Eingangsinformation muß vor dem Taktimpuls am Flip-Flop anliegen.

Allgemeiner Hinweis: Da der jeweils nicht benutzte Takteingang durch das Signal am Steuereingang MC verriegelt ist, kann man beide Takteingänge verbinden, wenn z.B. beide Schieberichtungen benötigt werden! Bild 7.31 faßt die Betriebsarten und ihre entsprechenden Beschaltungen augenfällig zusammen.

Der *D 195* kann für Schieberegister, Schieberegisterzähler, Frequenzteiler, Parallel-Serien- und Serien-Parallel-Wandler, Mehrphasentakt- und Pseudozufallsgeneratoren sowie allgemein zur Verzögerung und Speicherung von Daten verwendet werden. Er eignet sich im Parallel-Daten-Betrieb auch als Zwischenspeicher zwischen *D 192/D 193* und *D 147* bei der flimmerfreien Anzeige in Zählern und Digitalvoltmetern. Eine für Arbeitsgemeinschaften interessante Anwendung ist in Abschnitt 7.5.2. enthalten.

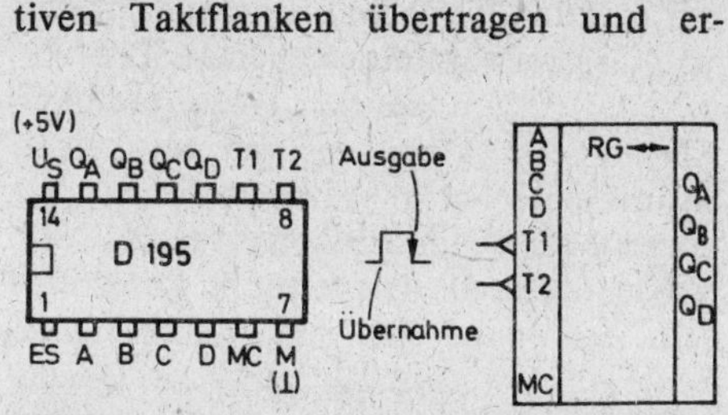

Bild 7.30
4-Bit-Rechts-Links-Schieberegister *D 195*; Anschlüsse und logische Schaltung

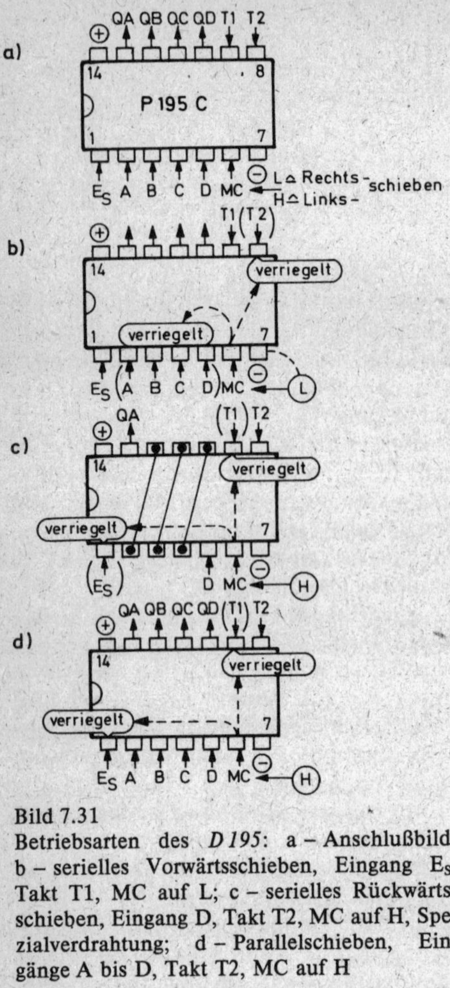

Bild 7.31
Betriebsarten des *D 195*: a – Anschlußbild; b – serielles Vorwärtsschieben, Eingang E_S, Takt T1, MC auf L; c – serielles Rückwärtsschieben, Eingang D, Takt T2, MC auf H, Spezialverdrahtung; d – Parallelschieben, Eingänge A bis D, Takt T2, MC auf H

7.4. TTL-Grundbausteine

Die Digitaltechnik ist heute beliebtes (und auch durchaus volkswirtschaftlich nützliches) Tätigkeitsfeld besonders von Elektronikarbeitsgemeinschaften. Eine über längere Zeit gemeinsam tätige Gruppe von Elektronikenthusiasten vermag – nicht nur MMM-Ausstellungen beweisen es – zu respektablen Ergebnissen zu gelangen.

Eine erfolgreiche Tätigkeit in der Arbeitsgemeinschaft erfordert besonders in der Digitaltechnik eine größere Anzahl von Grundverknüpfungen, mit denen bestimmte Effekte, auf Leiterplatten «eingefroren», erzielt werden. Anläßlich der bisher wichtigsten größeren Angebote an verbilligten Amateurschaltkreisen der Digitaltechnik entstanden dafür eine Reihe von Leiterplatten, deren Leiterbilder auf der *typofix-electronic-special*-Folie zum Original-Bauplan 37 («Digital-Mosaik II») auch zum Erscheinungszeitpunkt dieses Buches über den Amateurbedarfshandel erhältlich sind. Der *Grafische Spezialbetrieb* Saalfeld ist nämlich in der Lage, auf Anforderung von einer gewissen Mindestbestellmenge an für Einzelhandel oder für größere Pionierhäuser diese Folien jederzeit neu herzustellen, wenn sie im Handel vergriffen sein sollten. Besonders in Verbindung mit preisgünstigen «P»-Schaltkreisen ist damit eine gute Basis gegeben. Für Amateurzwecke sind austauschbar: IS 1, 2, 3, 4, 5 aus dem alten Bastelbeutel 8 gegen *P 200, 210, 230, 240* bzw. gegen *P* oder *D 100, 110, 120, 130, 140*!

Die Reihe *D 20 (P 20)* hat auf Grund ihrer kleineren Schaltzeiten lediglich einen höheren Strombedarf. Im folgenden ist daher, wenn nicht anders vermerkt, der jeweils (von der «Entstehungsgeschichte» des jeweiligen Bausteins her) angegebene Typ nach den eben genannten Zuordnungen austauschbar.

Die vorgestellten Bausteine sind in den bekannten Formaten 20 mm × 25 mm und 25 mm × 40 mm gehalten. Die Anschlüsse liegen an der einen breiteren Kante beim kleineren und an beiden Schmalseiten beim größeren Format. Sie können als 1-mm-Steckerstifte, als Stecklötösen oder als Drahtstücke ausgeführt sein. Im ersten Fall sind Kontaktfederpaare in Lochleistenträgern als Gegenkontakte erforderlich, im zweiten lassen sich die Platten freizügig und auch relativ leicht wieder lösbar durch Drähte mitein-

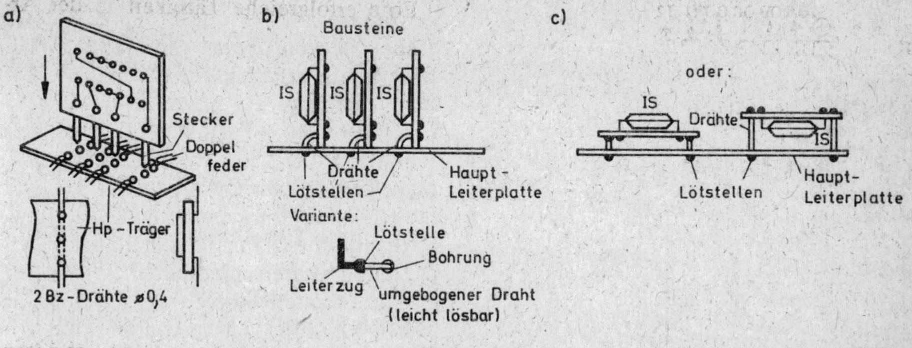

Bild 7.32 Montagemöglichkeiten von IS-Bausteinen; a – steckbar; b – Kantenlötung; c – Flachmontage

ander verbinden, und im dritten Fall bietet sich eine Leiterplattenmontage an. Man wird nach Hauptanwendungszweck entscheiden, wie zu verfahren ist. Bild 7.32 faßt solche Varianten zusammen. Schließlich wird die von der *typofix*-Folie gegebene Möglichkeit zunehmend interessant, die benötigten Leiterbilder als «Mosaikteilchen» einer größeren Gesamtschaltung zu benutzen und in einer im übrigen mit *typofix-electronic-universal*-Elementen oder Zeichendecklack gestalteten Leiterplatte unterzubringen. Es folgen nun Kurzbeschreibungen der auf dem genannten *typofix-electronic-special*-Blatt 2369 teilweise mehrfach enthaltenen Schaltungen. Es handelt sich dabei sozusagen um die nächste Stufe zu Abschnitt 5.

7.4.1. «Prellfreier» Schalter

Wer sich in die Technik digitaler Schaltungen einarbeiten will, möchte gewissermaßen Zeitlupeneffekte erzeugen können. Aber auch bei der Fehlersuche ist ein beliebig langsam von Hand eingebbarer Takt einem Taktgenerator vorzuziehen. Digitale Schaltkreise brauchen relativ «steile» Impulsflanken und reagieren außerdem äußerst schnell. Übliche elektromechanische Kontakte haben aber eine in dieser Hinsicht sehr unangenehme Eigenschaft: Nach der ersten Kontaktgabe beim Betätigen federn die beiden Kontaktpunkte wieder kurz auseinander, berühren sich erneut usw., bis das System zur Ruhe kommt. Beim direkten Schalten z. B. einer Lampe merkt man das nicht, denn es ist in Bruchteilen einer Sekunde beendet. Der Schaltkreis reagiert aber auf jeden dieser Schaltimpulse. Abhilfe schafft erst das bewußte Ausnutzen dieser Tatsache.

Mit der Schaltung nach Bild 7.33 läßt sich das System «überlisten»: Das aus zwei Gattern gebildete RS-Flip-Flop reagiert bereits auf die erste Kontaktberührung und kippt durch sie in den entsprechenden stabilen Zustand. Weitere Impulse stören nicht mehr. Rückstellen läßt sich nur, wenn der Umschalter auf die andere Seite zurückgeschaltet wird. Wiederum kippt das Flip-Flop bereits beim ersten Impuls und verharrt in diesem Zustand trotz Prellen des Kontaktes. Im allgemeinen ist für einen solchen «Hand-Taktgeber» ein Mikrotaster zweckmäßig, der von selbst beim Loslassen in die Ruhelage zurückspringt. Soll dagegen der jeweilige Schaltzustand erhalten bleiben, so ist ein rastender Umschalter notwendig.

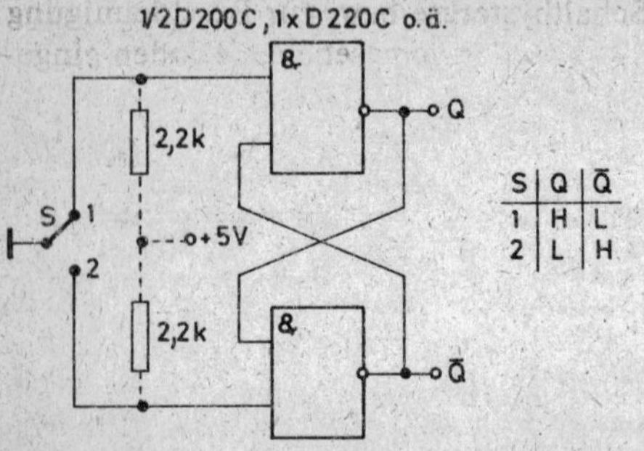

Bild 7.33
«Prellfreier» Schalter für Eingabe von Einzelimpulsen

7.4.2. Taktgeber

Ein *D210* ist das «Herzstück» eines Taktgebers, dessen Tastverhältnis zwar in der Grundschaltung nicht symmetrisch 1:1 beträgt, der dafür aber in der Frequenz über einen großen Bereich hinweg variiert werden kann, nämlich von weniger als 1 Hz bis zu einigen hundert Kilohertz. Dabei gilt etwa $f = 1/(2\,RC)$. *R* darf zwischen 300 Ω und etwa 1,5 kΩ liegen. Er beeinflußt mit seinem Wert das Tastverhältnis. Außerdem läßt sich der Taktgeber beliebig starten oder stoppen. Soll der Generator von der zu speisenden Schaltung völlig unabhängig werden, so muß man allerdings auf einen *D 200* übergehen, also ein «Puffergatter» zwischenschalten (Bild 7.34). Der Baustein wurde so gestaltet, daß sowohl intern auf eine etwa 1:4 variable Frequenz eingestellt als auch durch externes Beschalten mit Kapazitäten unterschiedlicher Werte ein großer Frequenzbereich ausgewählt werden kann. Eine Zusatzkombination von Diode und Potentiometer würde die Einstellung eines Tastverhältnisses von 1:1 gestatten, wenn das erforderlich ist (Bild 7.35).

Eine interessante Variante dieses Taktgebers (vor allem, wenn er im Tonfrequenzbereich arbeitet) besteht in der Schaltung nach Bild 7.36. Der um den im *C*-Zweig liegenden Widerstand erweiterte Generator erlaubt es, am bezeichneten Punkt gegen Masse (!) mit externen Widerständen eine Frequenzvariation von mehr als zwei Oktaven zu erreichen. Das eröffnet zahlreiche Möglichkeiten für automatische Melodiegeneratoren und ähnliche Anwendungen, die z. B. von Schieberegistern angesteuert werden.

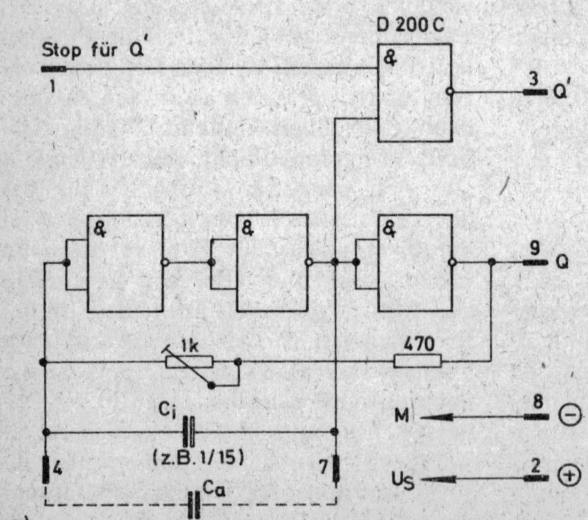

Bild 7.34
Taktgenerator-Baustein mit *D 100* o. ä. für veränderbare Frequenz; a – Stromlaufplan; b – Leiterbild; c – Bestückungsplan

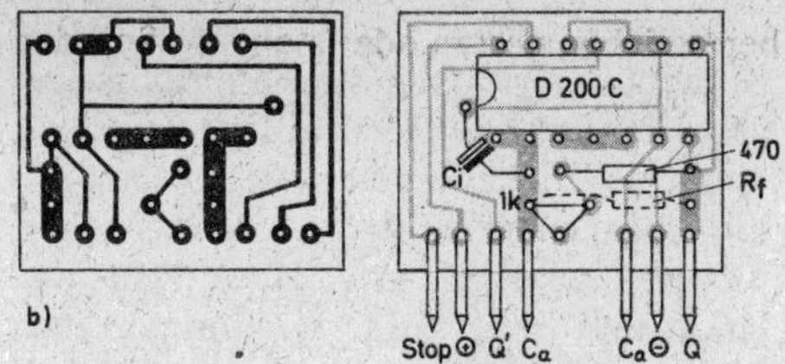

b)

Rf: statt 1k und 470Ω bei Festfrequenz

c)

7.4.3. Schwellwertschalter

Beim Übergang von «TTL-fremden» Signalquellen auf TTL-Schaltungen besteht nicht nur das bereits beschriebene Problem, daß die TTL-Schaltung z. B. auf Kontaktprellen anspricht. Sehr langsame Spannungsänderungen im «verbotenen» Bereich der Eingangsspannung zwischen den Zuständen «L» und «H» führen oft zu nach außen dringenden Störschwingungen in den Gattern. Ein sauberes Ansprechen auf eine sich langsam ändernde Eingangsspannung, wenn sie den jeweiligen TTL-Pegel erreicht hat, kann man mit Schwellwertschaltern erzielen, die sich ebenfalls aus Gattern realisieren lassen. Bild 7.37 und Bild 7.38 zeigen mögliche Ausführungen. Während der Schalter gemäß Bild 7.37 in zwei Varianten angeboten wird, erkennt man, daß sich die Schaltung nach Bild 7.38 praktisch aus dem prellfreien Schalter nach Abschnitt 7.4.1. ableiten läßt, wenn die zur (meist erwünschten) Vergrößerung der Schalthysterese bzw. zur Beschleunigung des Kippens vorgesehenen Dioden eingefügt werden.

7.4.4. Monostabile Kippschaltungen

Monostabile Kippschaltungen (Monoflop) werden z. B. zur Verbreiterung schmaler Impulse benutzt. Im Ruhezustand führt die Schaltung nach Bild 7.39 H-Potential. Ein schmaler Eingangsimpuls, der den Eingang wenigstens etwa 50 ns lang auf L-Potential legt, läßt das Monoflop kippen. Am Ausgang erscheint ein um die Haltezeit von etwa 0,8 *RC* verbreiterter L-Impuls. Randbedingungen: Der Eingangsimpuls muß schmaler als der Ausgangsimpuls sein, und die nächste Ansteuerung kann erst nach einer Erholzeit von mindestens 3 *RC* geschehen. *R* darf zwischen 100 Ω und etwa 700 Ω liegen. Für C zwischen 1 nF und 100 µF ergeben sich Verzögerungszeiten von etwa 0,1 µs bis 50 ms. Die Verzögerungszeit läßt sich bei Bedarf über herausgeführte Anschlüsse zum Kondensator *C* durch eine externe Kapazität erhöhen.

7.4.5. Bistabile Kippschaltungen

Eine einfache bistabile Kippschaltung (Flip-Flop, FF) ist bereits das RS-FF zum Kontaktprellen in Abschnitt 7.4.1. Eine Beschaltung mit *R* und *C* ergibt nach Bild 7.40 die oft als Frequenzteiler 2:1

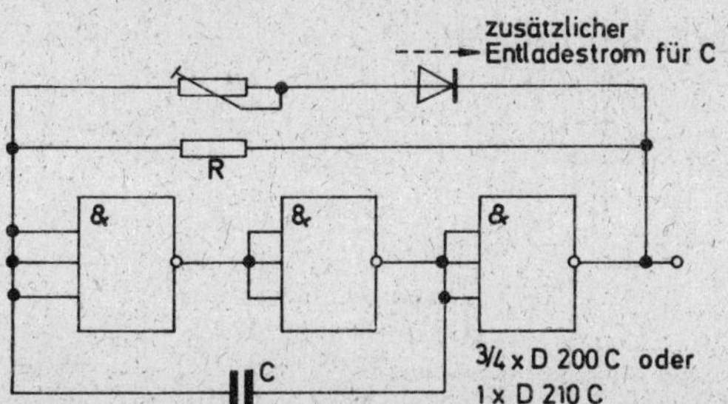

Bild 7.35
Taktgenerator für symmetrisches Tastverhältnis

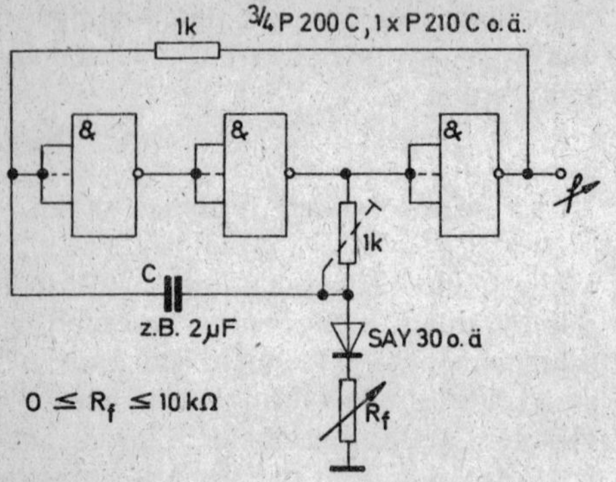

Bild 7.36
Taktgenerator mit Frequenzbeeinflussung durch Widerstand gegen Masse (z. B. für Ansteuerung durch *D 195* oder *74154* geeignet!)

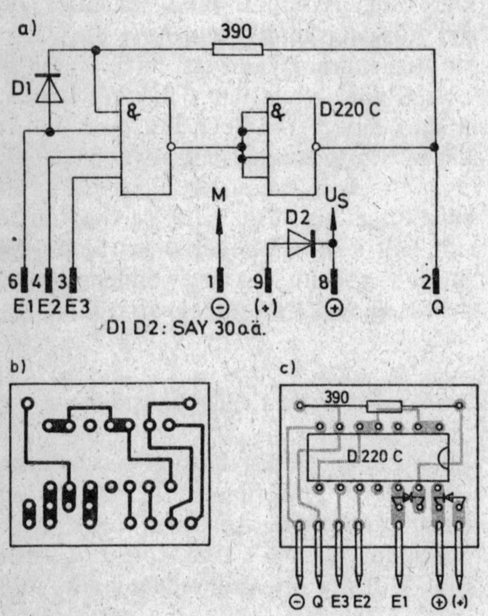

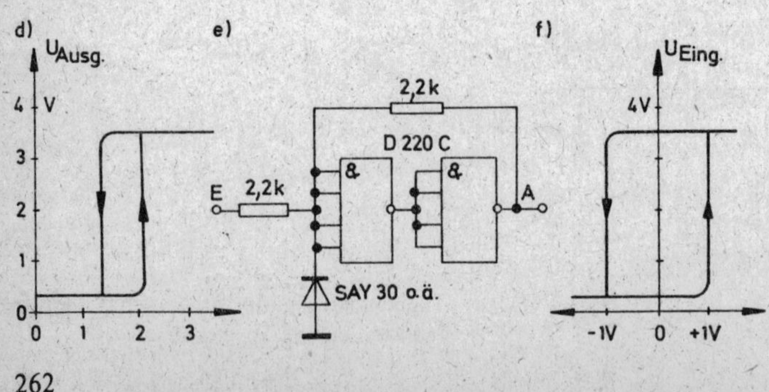

benutzte Schaltung, die allerdings relativ störanfällig ist. Andere Flip-Flop, z. B. das JK- und das D-Flip-Flop, liegen als komplette Schaltkreise vor, so daß nur die ebengenannte Art noch als Leiterplatte vorgegeben wird. Nach Bild 7.41 läßt sich auf einem Format von 25 mm × 40 mm eine wahlweise als 4:1- oder als (2 ×) 2:1-Teiler verwendbare Einheit mit einem einzigen *D 200* o. ä. realisieren.

7.4.6. Frequenzteiler mit integrierten Flip-Flop

Die erwähnten kompletten Flip-Flop-Schaltkreise sind ihrerseits ebenfalls Ausgangsbasis für (aus mehreren integrierten Flip-Flop auf einem Chip zusammengesetzte) Frequenzteiler mit größerem Teilerverhältnis, z. B. *D 192* und *D 193*. Zwischen dem mit dem Binärteiler nach Abschnitt 7.4.5. nur mit externen Bauelementen realisierbaren Verhältnis 2:1 (bzw. 4:1) und den MSI-Kreisen für Teiler bis 10:1 bzw. 16:1 liegt der sinnvolle Einsatzbereich von integrierten Einzel-Flip-Flop (ein oder zwei FF auf einem

Bild 7.37
Schwellwertschalter-Baustein in 2 Varianten: a – Stromlaufplan für Schwellwertschalter mit *D 120* o. ä.; b – Leiterbild; c – Bestückungsplan; d – Schaltverhalten; e – Variante für Einspeisen von Wechselspannungen bis 5 V; f – Schaltverhalten von e

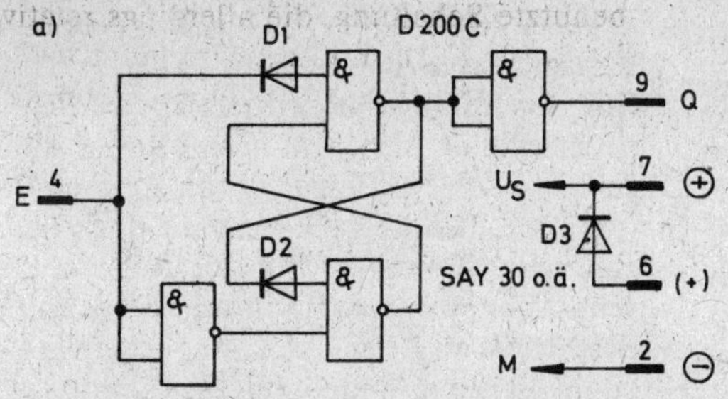

Bild 7.38
Schwellwertschalter-Baustein, aus Flip-Flop abgeleitet: a – Stromlaufplan; b – Leiterbild; c – Bestückungsplan

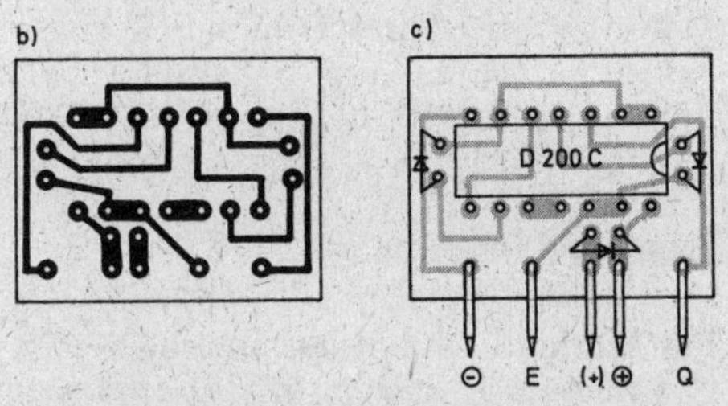

Chip; *D 172*, *D 174*, *D 274*). Durch bestimmte Zusammenschaltungen lassen sich mit ihnen Frequenzteiler mit beliebigem Teilerverhältnis von 2:1 bis zur gegenwärtig sinnvollen Grenze von 10:1 (aber auch darüber hinaus) aufbauen, z.B. 3:1, 4:1, 5:1 usw. Bild 7.42 faßt solche Möglichkeiten zusammen, über die teilweise z. B. im *Handbuch Integrierte Schaltkreise* von Kühn und Schmied ausführlich mit Impulsdiagrammen usw. berichtet wird. Da die Typen *D 174* und *D 274* gut erhältlich sind (sowie auf Grund des Vorteils von zwei Flip-Flop in einem Gehäuse), entstanden die in Bild 7.42 enthaltenen steckbaren Teiler 3:1 und 2 × 2:1 (auch als 4:1 einsetzbar) mit 1 × *D 174* (*D 274*) auf dem Format 20 mm × 25 mm sowie auf 25 mm × 40 mm der Teiler 10:1 (aus 1 × 2:1 und 1 × 5:1 zusammengesetzt) mit 2 × *D 274*. Man beachte, daß diese Teiler unterschiedliche Tastverhältnisse liefern.

7.4.7. Frequenzteiler mit Schieberegister

Das 8-Bit-Schieberegister *D 191* eignet sich unter anderem als Frequenzteiler 16:1, wenn die zu teilende Frequenz als Takt eingespeist wird. Zwei *D191*, von denen der Ausgang des ersten den Takt für den zweiten liefert, ergeben damit ein Teilerverhältnis von 256:1 (Bild 7.43). Diese Einheit gestattet es z. B. – praktisch ohne zusätzliche Bauelemente wie große Kondensatoren u. ä. –, aus der Netzfrequenz eine langsame Blinkfrequenz von etwa 5 s Periodendauer (2,5 s

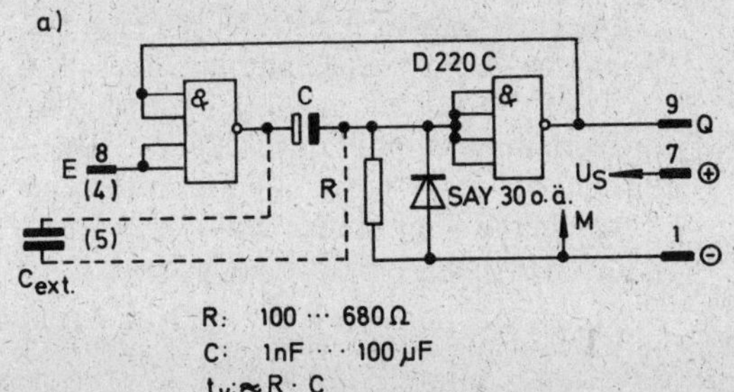

Bild 7.39
Monoflop-Baustein mit *D 120* o. ä. mit extern veränderbarer Verzögerungszeit: a – Stromlaufplan; b – Leiterbild; c – Bestückungsplan

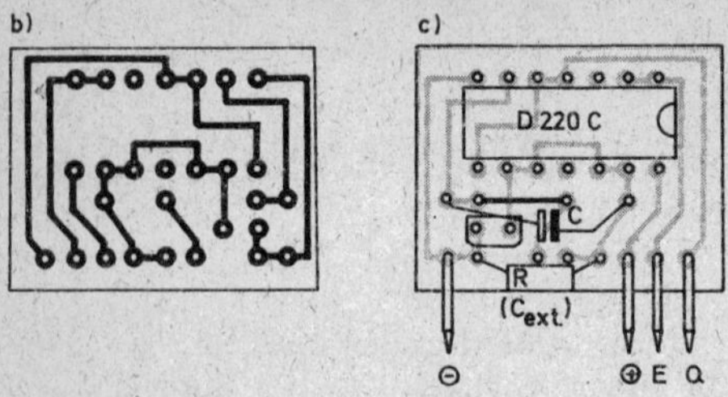

ein, 2,5 s aus) zu gewinnen. Von größter Bedeutung ist dabei die erforderliche Ansteuerflankensteilheit. Sie läßt sich z. B. mit einem Schmitt-Trigger nach Bild 7.37 realisieren. Größere Schaltzeiten erhält man, wenn statt der Netzfrequenz und ohne den Schmitt-Trigger ein Taktgeber nach Bild 7.34 mit größerem Kapazitätswert benutzt wird. Soll ein definierter Anfangszustand erreicht werden, so empfiehlt sich ein kurzzeitiges Anschalten des Takteingangs von Register 2 (prellfrei, also über Gatter!) an den Eingangstakt. Damit wird auch Register 2 sehr schnell «ausgeräumt», wenn die Schaltung, an Betriebsspannung angelegt, zunächst einen undefinierten Anfangszustand eingenommen hat. Diese Ergänzung – erweiterbar auf weitere Registerstufen – ist in der Schaltung nach Bild 7.43 bereits enthalten.

7.4.8. Zähldekade mit *D 192*

Für den noch am leichtesten erhältlichen Zählschaltkreis, den *D 192*, entstand eine Zähldekade mit Anzeige *(VQB 71)*. Das bedeutet zwangsläufig Dekodierung über einen *D 147*. Diese Zähldekade ist Bestandteil des in Abschnitt 7.5.1. vorgestellten Rundenzählers nach Original-Bauplan 40/44, und die ätzfesten Leiterbilder dazu gibt es auf einem *typofix-electronic-special*-Blatt. Mehr dazu in Abschnitt 7.5.1.

Zähldekaden mit Zwischenspeichern eines Ergebnisses erfordern außer *D 192* und *D 147* noch ein als 4-Bit-Parallelspeicher geschaltetes Schieberegister *D 195*. Solche Schaltungen sind dort am Platz, wo sich ein Meßwert schnell ändert, so daß es zweckmäßig ist, im Interesse einer flimmerfreien Anzeige nur jeweils in bestimmten Zeitabständen den neuen Wert anzuzeigen. (Uhren benötigen diesen Zwischenspeicher nicht!) Durch eine entsprechende Steuerschaltung (über MC des *D 195*) wird dabei jeweils der im Übernahmezeitpunkt gegebene Zählerstand in das Register übernommen, gespeichert und gleichzeitig über den Dekoder permanent zur Anzeige gebracht.

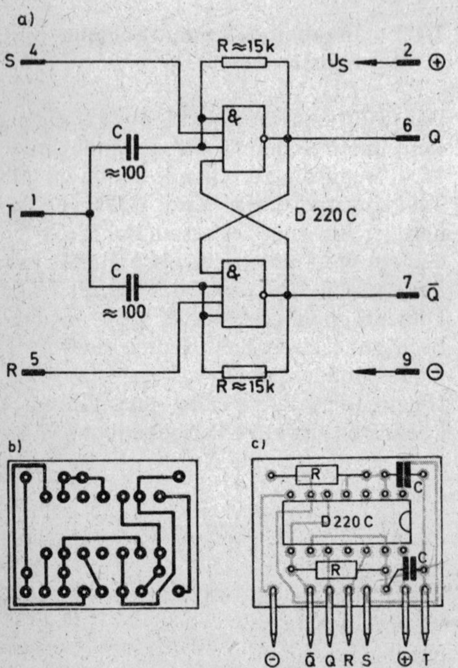

Bild 7.40
Bistabiler Multivibrator-Baustein (Flip-Flop) mit *D 120* o. ä.: a – Stromlaufplan; b – Leiterbild; c – Bestückungsplan

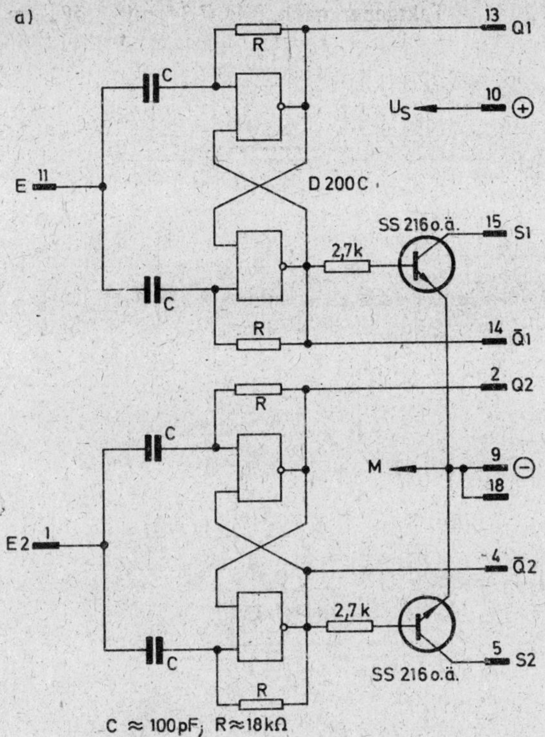

Bild 7.41
Frequenzteiler-Baustein 4:1 aus 2 Flip-Flop nach Bild 7.40 mit Transistorausgängen für größere Ströme; a – Stromlaufplan; b – Leiterbild; c – Bestückungsplan

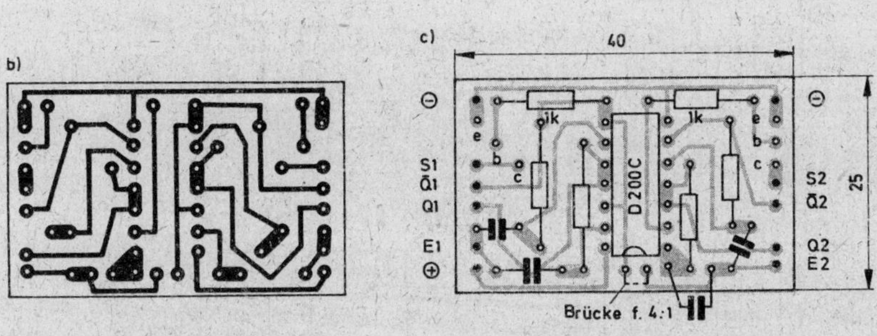

7.4.9. Ein- und Auskoppelschaltungen

Digitalschaltungen arbeiten meist mit einer «Peripherie» zusammen. Abgesehen von der Auskopplung zur Ziffernanzeige über Dekoderschaltkreise besteht daher die Aufgabe, Steuerbefehle, Signale in die hier vorwiegend behandelten TTL-Schaltungen ein- und auszukoppeln. Beim Einkoppeln sind vor allem zwei Dinge zu berücksichtigen: die Impulsform und die Belastung der Steuerschaltung durch den Eingang. Bestimmte Mindestanstiegszeiten (im allgemeinen unter 1 µs, siehe Datenübersichten zu den einzelnen Schaltkreisen!) sind Vorbedingungen für einwandfreies Schalten. Wo sie nicht gegeben sind, kann man oft «TTL-intern» auf Schwellwertschaltungen zurückgreifen, die einen beliebig langsamen

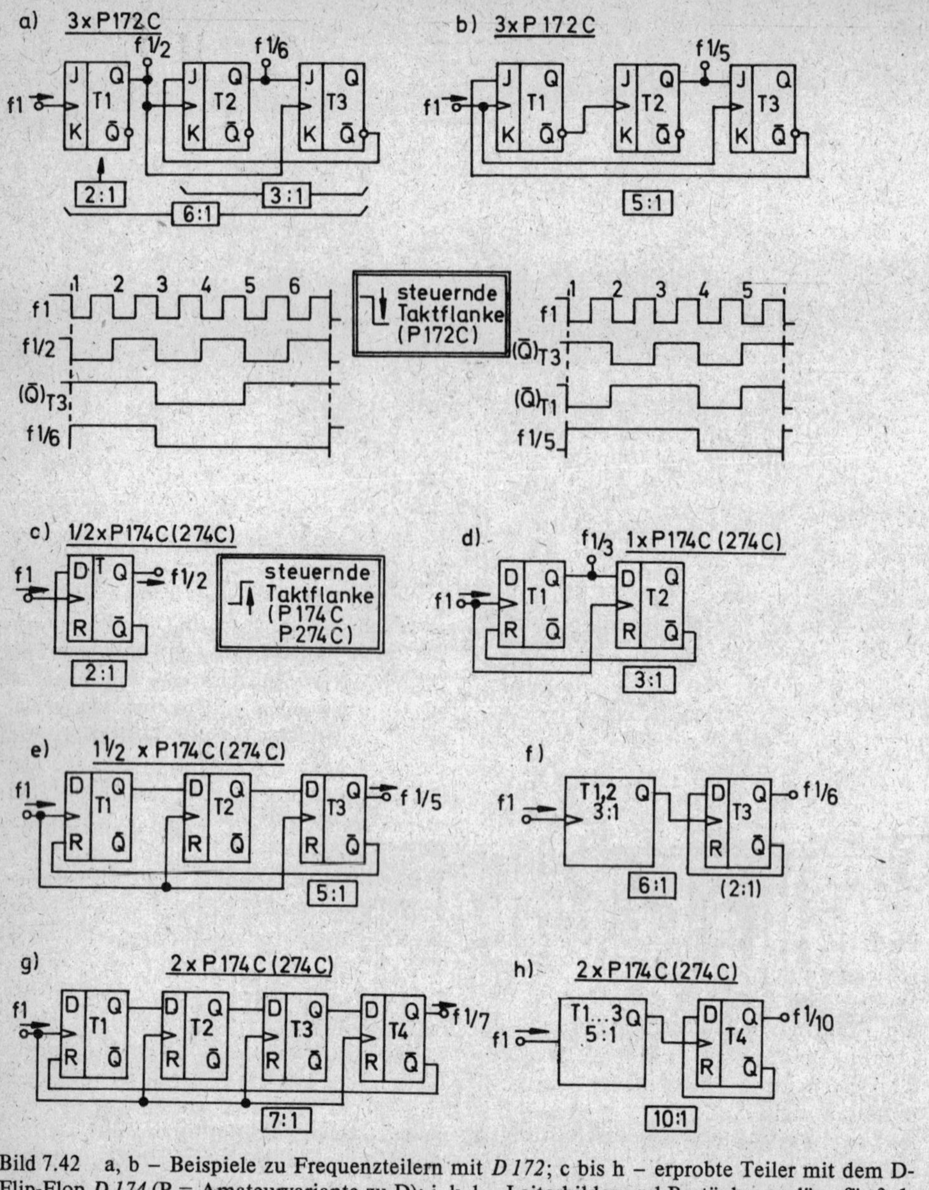

Bild 7.42 a, b – Beispiele zu Frequenzteilern mit *D 172*; c bis h – erprobte Teiler mit dem D-Flip-Flop *D 174* (P = Amateurvariante zu D); i, k, l – Leiterbilder und Bestückungspläne für 3:1, 2× 2:1, 10:1 (2:1 und 5:1)

Spannungsanstieg bei der Umschaltspannung in einen genügend steilen Schaltimpuls umwandeln. In einer solchen Eingangsschaltung ist im allgemeinen auch eine TTL-Anpaßstufe enthalten, die die zweite wichtige Bedingung für ein sauberes Einkoppeln realisiert: Wenn man einen Gattereingang auf «L» zieht, so

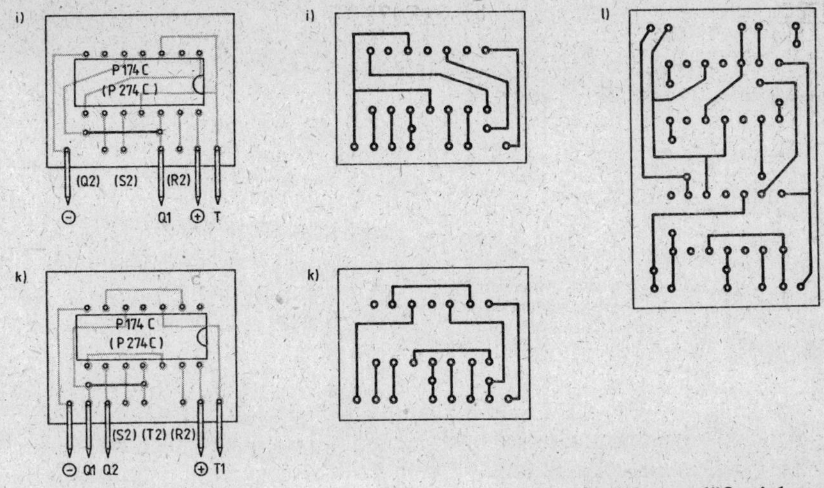

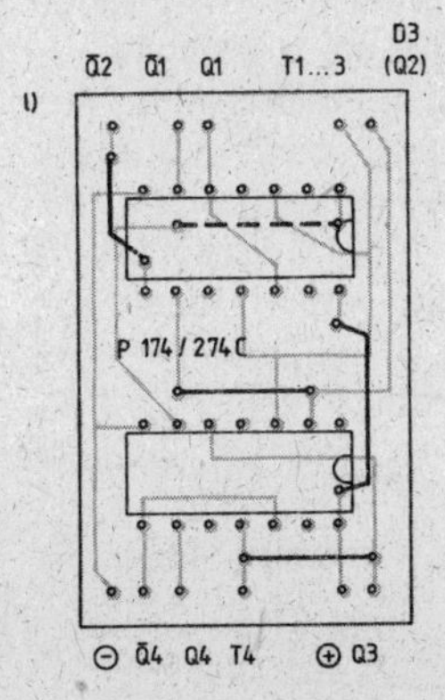

fließt aus dem Eingang ein Strom in der Größenordnung von 1,5 mA (genaue Werte siehe Datenblätter), und bei «H» am Eingang fließen in ihn etwa 40 µA hinein. Beide Ströme müssen von der Koppelschaltung aufgebracht werden, ohne daß dabei die maximal bzw. minimal zulässigen Werte für «L» bzw. «H» überschritten werden. Bei $U_{\mathrm{IL max}} = 0{,}8$ V darf also ein Widerstand nach Masse nicht größer als $0{,}8\,\mathrm{V}/I_{\mathrm{IL}}$ sein, und damit bei $I_{\mathrm{IL}} = 1{,}6$ mA 500 Ω nicht überschreiten. Umgekehrt wird ein Gattereingang nur dann sauber nach «H» gezogen, wenn der Widerstand nach $+U_{\mathrm{S}}$($U_{\mathrm{Smin}} = 4{,}75$ V) nicht größer ist als $(U_{\mathrm{Smin}} - U_{\mathrm{IHmin}})/I_{\mathrm{IHmax}}$, also (4,75 − 2) kΩ/0,04, d. h. 68 kΩ.

Diese Bedingung läßt sich meist relativ leicht erfüllen. Man beachte jedoch (in beiden Fällen!), daß n an diesem Punkt parallelgeschaltete Gattereingänge entsprechend verlangen, daß diese beiden Widerstände auf 1/n reduziert werden. Nun ist die H-Bedingung nicht mit 68 kΩ zu erfüllen, wenn gleichzeitig ein passives «L» mit z. B. 470 Ω am Gattereingang realisiert wird. Dann muß eine Quelle, die «H» erzeugen soll, mindestens einen Strom von 2 V/470 Ω + 40 µA in diesem Steuerpunkt einspeisen.

Bild 7.44 gibt einige Schaltungsinformationen zu diesen Problemen. Bei der Auskopplung von Steuersignalen aus TTL-Schaltungen sind zwei Fälle zu berücksichtigen: Müssen am Ausgang weiterhin saubere H- und L-Bedingungen gegeben sein (etwa, weil von dort in andere Teile der TTL-Schaltung eingekoppelt wird), oder kann der Ausgang stärker belastet werden?

Im ersten Fall ist die Auskoppelbelastung als Teil der Gesamtbelastung zu sehen, was z. B. für Gatterausgänge einen Lastfaktor von zehn Gattereingängen bedeutet. Anders ausgedrückt: Bei «H» am Ausgang dürfen insgesamt 0,4 mA aus dem Gatter herausfließen und bei «L» 16 mA hinein, wenn weiterhin unter den ungünstigen Bedingungen $U_{\mathrm{OHmin}} = 2{,}4$ V

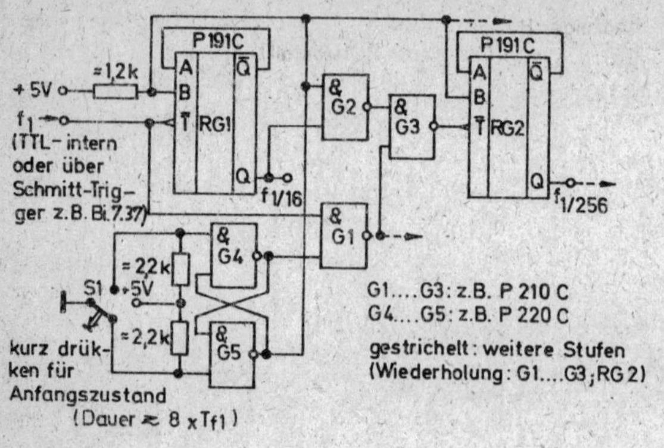

Bild 7.43
Frequenzteiler 256:1 mit $2 \times$ *P 191 C* und Rückstellmöglichkeit

bzw. $U_{OLmax} = 0{,}4$ V gewährleistet sein sollen. Ist der Ausgang bereits mit z.B. fünf Gattern belastet, kann man ihm noch 0,2 mA H- und 8 mA L-Strom zumuten. Handelt es sich – was meist anzustreben ist – dagegen um ein «Puffergatter», das nur das Signal auskoppeln muß, so kann man wesentlich mehr «abfordern». Allerdings sollte man auch dabei nicht zu sorglos sein. Wird innerhalb eines *D 100* z. B. ein Gatter als Puffer verwendet, dann kann es nur mit dem Prozentsatz der gesamten zulässigen Gatterverlustleistung beaufschlagt werden, den die Belastung der übrigen Gatter noch zuläßt. Insofern ist es stets günstig, für Auskoppelschaltungen ein Leistungsgatter zu benutzen (z. B. *D 140*, Lastfaktor 30 statt 10).

In Bild 7.45 wurden am Beispiel einer Lampenanzeige Auskoppelschaltungen mit ihren Bedingungen dargestellt. Besonders günstig für viele Zwecke ist die indirekte H-Anzeige im Sinne von Bild 7.45, die den Schaltkreis bei «H» nicht belastet. Allerdings fließt durch R_V dann sowohl bei «H» wie bei «L» ein Laststrom.

Weitere wichtige, teilweise über die

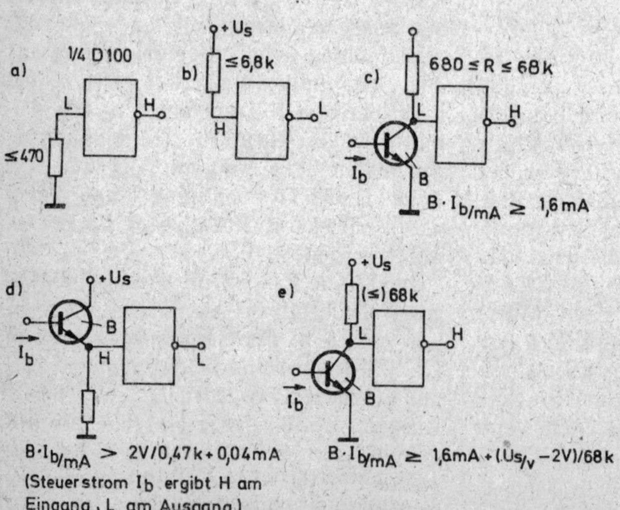

Bild 7.44
Bedingung für H- und L-Pegel an Gatter-Ein- und Ausgängen; a – «L» durch Widerstand nach Masse; b – «H» durch Widerstand nach Plus; c – «L» durch angesteuerten Transistor, Kollektor am Eingang; d – «H» durch angesteuerten Transistor, Emitter am Eingang; e – «H» bei gesperrtem Transistor nach c

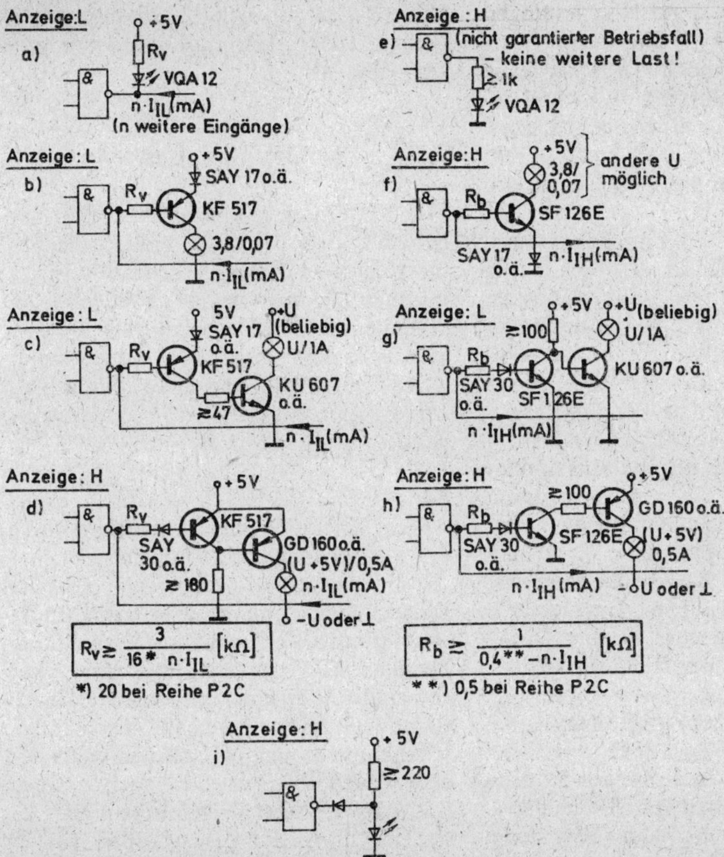

Bild 7.45 a bis i – Anschlußmöglichkeiten für Anzeige von Betriebszuständen («L» oder «H»)

Aufgabe «Auskopplung» hinausgehende Einsatzinformationen für TTL-Schaltkreise findet man im Katalog *Bipolare digitale Schaltkreise* des VEB Kombinat *Mikroelektronik*. Einige daraus lauten:

- Um Störungen und Überlastungen der Endstufe der Schaltkreise zu vermeiden, dürfen die Ausgänge nur mit einer maximalen Lastkapazität beschaltet werden:
  a) Serie *D 10, E 10* außer *D 126*
  $C_L < 1$ nF;
  b) für den *D 126, E 126*
  $C_L < 250$ pF;
  c) Serie *D 20*
  $C_L < 1$ nF.
- Die Eingänge der Gatter können durch zusätzliche Klemmdioden vor negativen Eingangsspannungen geschützt werden, soweit diese nicht bereits in der Schaltung enthalten sind. Die Serie *D 20* hat an allen Eingängen Klemmdioden. (Diese Dioden begrenzen in Verbindung mit dem Innenwiderstand der vorhergehenden Schaltung für den Eingang schädliche Spannungen, die negativer als etwa 1 V sind.)
- Anschluß von Leitungen:

a) Verbindungen ohne Rückleitungen sollten 30 bis 50 cm nicht überschreiten und möglichst in der Nähe von Masseleitungen verlegt werden.
b) An den Ausgang eines Schaltkreises, der eine Leitung treibt, sollte kein weiterer Schaltkreis angeschlossen werden.
c) Zum Eingang des Empfängerschaltkreises, der über eine Leitung getrieben wird, sollten keine Eingänge weiterer Gatter parallelgeschaltet werden. Die nicht benutzten Eingänge des Empfängerschaltkreises sind wie unbenutzte Eingänge anzuschalten.
d) Flip-Flop sind als Leitungstreiber ungeeignet, da sie, verursacht durch die reflektierten Spannungen, unter Umständen zurückkippen.
e) Die Impedanz Z_O der Übertragungsleitung soll in einem vorgegebenen Wertebereich liegen:

E 10, *D 10*-Serie, außer *D 140*, *E 140*
$90\,\Omega < Z_O < 190\,\Omega$;
D 140, *E 140* $80\,\Omega < Z_O < 130\,\Omega$;
D 20-Serie $50\,\Omega < Z_O < 80\,\Omega$.

Am günstigsten im Interesse der Störfreiheit einer Digitalschaltung ist eine galvanische Trennung von der Peripherie. Diese Aufgabe übernehmen z. B. Optokoppler. Aber auch der Einsatz eines Schwellwertschalters in Verbindung mit einem Zeitglied vermag von Zuleitungen aufgefangene Störungen wirksam zu unterdrücken. Beispiel: Man schaltet 10 µF vom Eingang nach Masse und einen Serienwiderstand R_S zur Zuleitung von 47 Ω. Es ist jedoch $R_S < U_{IL}/I_L$ zu beachten, denn wenn der Schwellwertschalter durch «L» von der Leitung gesteuert wird, darf der von seinem Eingang nach Masse als I_L fließende Strom an R_S plus Leitungswiderstand nicht mehr als U_{IL} abfallen lassen! Wird der Schwellwertschalter mit «H» geschaltet, dann erfordert wiederum der im Ruhezustand den Eingang auf «L» haltende Widerstand R_E (zwischen Eingang und Masse), daß $U_S/(R_V + R_E)$ an R_E auch U_{IH} erzeugt (wenn nicht mit einer höheren Steuerspannung gearbeitet wird).

7.5. TTL-Bauplanobjekte

Mit den Einschränkungen bezüglich der Schieberegister-Uhr (vgl. einleitende Bemerkungen zu diesem Abschnitt) und der im Buch *Elektronikbasteln im Wohnbereich* enthaltenen TTL-Bauplangeräte werden nun Bausteine vorgestellt, die entweder allein einsatzfähig sind oder die als Teil komplexerer Geräte genutzt werden können.

7.5.1. Zweistelliger Zählbaustein («Rundenzähler» bis 99)

Dieses Gerät kann «Ereignisse» (Stückgut, Impulse usw.) zählen. Die dafür zu Bauplan 40/44 geschaffenen Zähldekaden sind relativ universell gestaltet, d. h., es sind alle Steuereingänge der Zählerschaltkreise zugänglich, so daß auch andere Betriebsarten möglich sind. Bild 7.46 zeigt den Stromlaufplan der Gesamtschaltung für Zählaufgaben von 0 bis 99.

Als Beispiel für eine Mengenzählung ist die Aufbereitungsschaltung bereits als «prellfreier Schalter» ausgelegt. Diese Möglichkeit der Stückzählung wird alle interessieren, die zu Hause mit einer Autorennbahn spielen; sie ist aber gleichzeitig vielfältig für Zählaufgaben in Schule und Betrieb zu nutzen. In der Schaltung nach Bild 7.46 sind auch die Rückwärts-Zählanschlüsse mit berücksichtigt, und bei Bedarf kann die Leiterplatte um Voreinstellungsanschlüsse ergänzt werden. Damit wird der Zähler noch vielseitiger. Aus Platzgründen enden die Beschreibung und die Realisierung beim Ausgangsimpuls nach 9 (bei 1 Dekade) bzw. 99 (bei 2 Dekaden) gezählten Impulsen. Bei der Autorennbahn kann dieser Im-

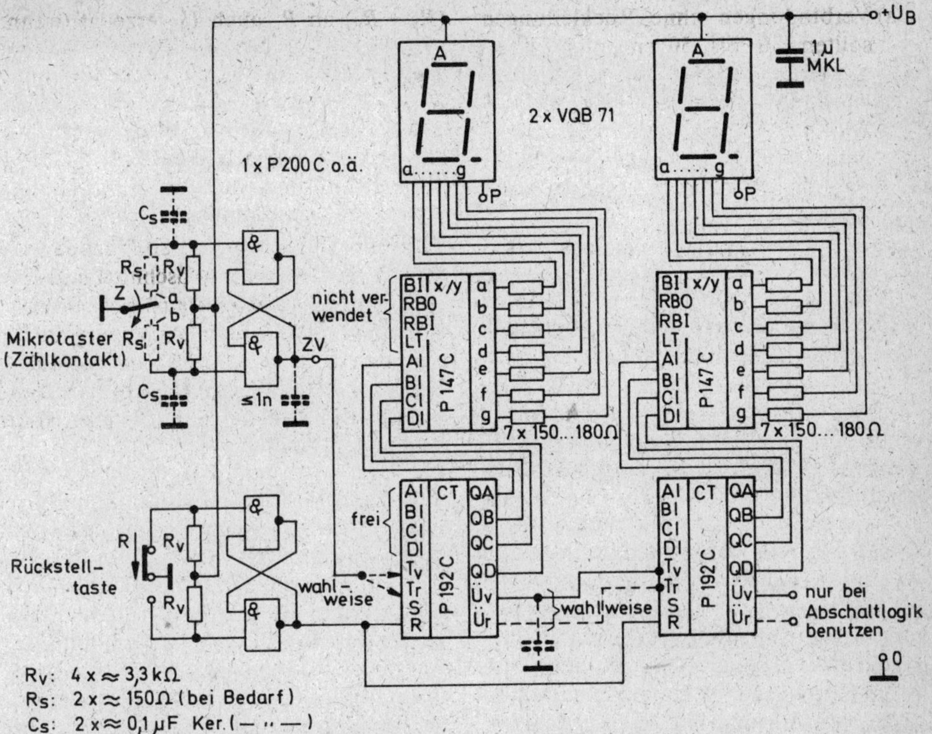

Bild 7.46 Zähler bis 99, Stromlaufplan. R_S und C_S sind unbedingt notwendig, wenn der Zählkontakt über eine Leitung angeschlossen wird

puls z. B. ein selbsthaltendes Relais hinter einem Treibertransistor ansteuern, mit dem über einen Tongenerator (z. B. mit *D110* realisiert) ein Haltesignal gegeben wird und das außerdem die anderen Bahnen (der «Verlierer») abschaltet. Für jede einzelne Bahn muß ein solcher Zähler vorhanden sein. Der Vorteil der gut ablesbaren elektronischen Ziffernanzeige gegenüber dem in der Standardausrüstung solcher Rennbahnen enthaltenen kleinen mechanischen Zähler dürfte auf der Hand liegen. Der Vorzug elektronischer Zählerschaltkreise, daß sie recht schnell zählen können, bringt für den praktischen Einsatz allerdings einige Probleme. Schmale Störimpulse, die man normalerweise nicht wahrnimmt (höchstens auf Spezialoszillografen oder durch Impulsverbreitungsschaltungen mit Monoflop), veranlassen den Zähler bereits zu reagieren. Es gibt kein Patentrezept gegen dieses Ärgernis. Da die Stromversorgung eine beliebte «Hintertür» für solche Impulse ist, empfiehlt sich für diesen Zähler, wenn er nur kurzzeitig benötigt wird, die Speisung aus einer eingebauten Batterie. Bei dem zwar nicht verbotenen, vom Hersteller aber nicht mehr bezüglich Funktion und Störabstand garantierten Betrieb unterhalb von 4,75 V ergibt sich wieder die Möglichkeit, 2 × RZP 2 (4 V) oder 3 × R6 (4,5 V) zu benutzen. Schaltkreise und Anzeige nehmen bei dieser Spannung wesentlich weniger Strom auf, so daß man Rennen bis zu zwei Stunden

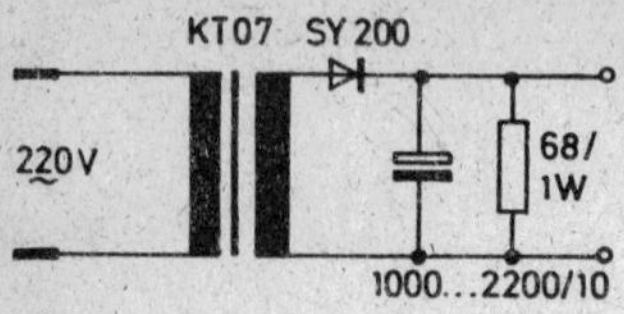

Bild 7.47
Einfaches Netzteil für die Schaltung nach Bild 7.46; die Vorlast legt die Betriebsspannung in den TTL-Bereich

fahren kann. Danach müssen die Akkumulatoren kontrolliert aufgeladen werden, d. h. mit etwa 20 mA über ungefähr 30 Stunden, wobei die Ladespannung nicht über 2,3 V steigen darf (Bauchbildung!). Der Zähler wird mit dieser Batterie zusammen in ein Gehäuse aus kupferkaschiertem Hartpapier gesetzt, dessen Kupferfolie mit der Schaltungsmasse zu verbinden ist. Die andere kritische Stelle ist der Eingang der Aufbereitungsschaltung. Eine verdrillte, gegebenenfalls abgeschirmte Leitung führt zu dem vom vorbeifahrenden Objekt betätigten Mikrotaster (Ausführung mit Hebel). In hartnäckigen Fällen ist auch der Mikrotaster zu schirmen. Schließlich erwies sich noch eine RC-Kombination (ebenfalls in Bild 7.46 eingetragen) als nützlich, besonders gegen die Auswirkungen von Funken zwischen Stromabnehmer und Fahrbahn. Sie gestattete eine einfache Stromversorgung nach Bild 7.47.

Für diesen Zähler entstanden die Leiterplatten nach Bild 7.48 bis 7.50. Sie wurden relativ klein gehalten. Jede Dekade hat auf der einen Seite alle notwendigen Ein- und Ausgangs- sowie Versorgungsanschlüsse (auch weitere, für diese Anwendung nicht benötigte, wurden herausgeführt, soweit der Platz reichte). Auf der anderen Seite enden die Leiterzüge so an der Kante, daß sie unmittelbar auf die Anzeigeplatte gelötet werden können (Bild 7.50c). Auf der Anzeigeplatte befindet sich außerdem die Schalterplatte mit dem 2teiligen Tastenschalter für Einschalten der Batterie und Rückstellen des Zählers sowie mit dem *D100* bzw. *D200*, der zu einer Hälfte den prellfreien Eingangsschalter und zur anderen Hälfte das Rückstell-Flip-Flop bildet. Die ätzfesten Leiterbilder zu diesen Leiterplatten sind im *typofix-electronic-special*-Blatt Nr. 2594 («Digitaluhr und Rundenzähler, Blatt 2») enthalten. Sie entstanden zu Bauplan 40/44 und sind bei Bedarf vom *Grafischen Spezialbetrieb* Saalfeld zu beziehen. Bild 7.51 zeigt den fertigen Zähler.

7.5.2. Lauflicht

Von der Schaltung nach Abschnitt 7.4.7. gesteuert oder auch aus einem anderen TTL-Taktgenerator versorgt, können 1 und 2 4-Bit-Schieberegister z. B. für dekorative Zwecke einen wandernden Leuchtpunkt erzeugen. Die Schaltung nach Bild 7.52a ist für zwei *D195* optimal ausgelegt, da dann der zur Verknüpfung der Ausgänge notwendige *D130* maximal genutzt werden kann. Für kleinere Einheiten empfehlen sich Leuchtdioden. Bei größeren gewünschten Lampenleistungen, gemäß den Prinzipien von Abschnitt 7.4.9., sind Transistoren bzw. Transistorkombinationen erforderlich, die auch die auftretenden Lampen-Kaltstromstöße aufnehmen können. Beispiel: *GD160* eignet sich für Kaltstromstöße bis 3 A, also z. B. für 12-V-/5-W-Kfz-Lampen. Je nach Transistorverknüpfung entsteht ein umlaufender Dunkel- oder Hell-

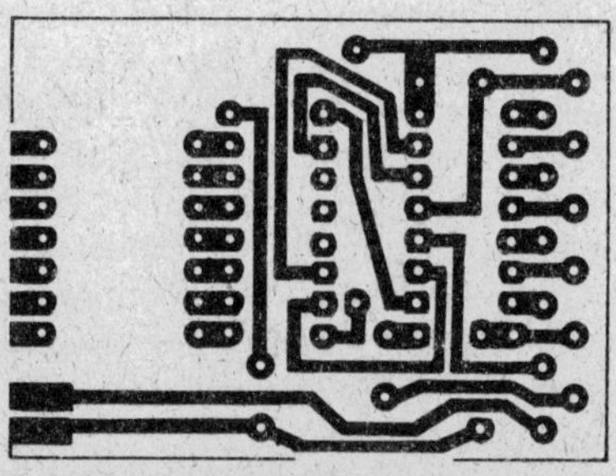

a)

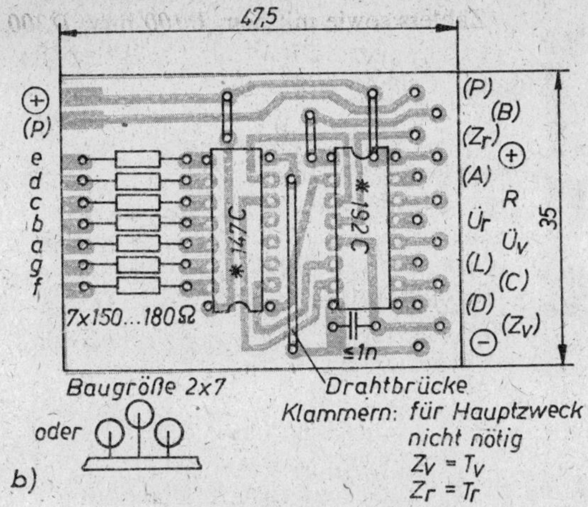

Bild 7.48
a – Leiterbild; b – Bestückungsplan für eine der beiden Zähldekaden nach Bild 7.46

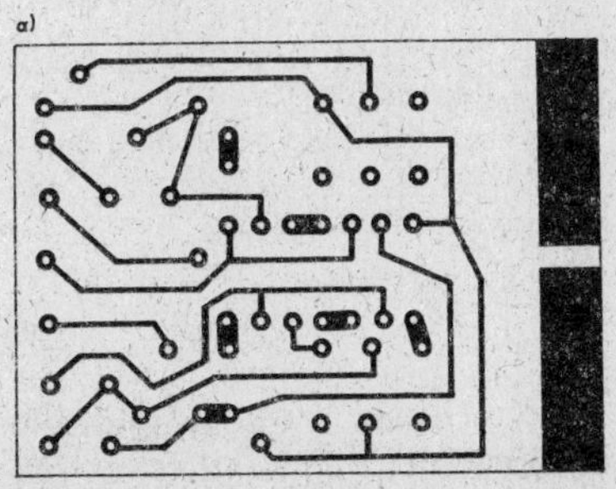

Bild 7.49
a – Leiterbild; b – Bestückungsplan für Ansteuer-, Entprell- und Siebteilplatte mit Tastenumschalter für EIN und Rückstellen auf 00

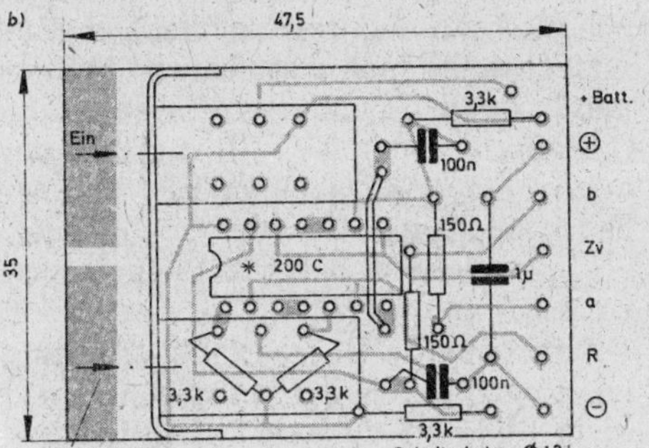

punkt. Diese z.B. für Ausstellungszwecke recht interessante Schaltung wurde um einen Taktgenerator ergänzt (Bild 7.52a) und auf einer Leiterplatte vom Format 35 mm × 50 mm untergebracht (Bild 7.52b und 7.52c). Sie wurde zunächst mit *typofix-electronic-universal*-Elementen hergestellt. Der Generator liefert etwa Sekundenimpulse. Die Leiterplatte kann jetzt – erweitert um ein für jenen Bauplan spezifisches Detail – von der typofix-Folie zu Bauplan 56 gewonnen werden, in dem diese Schaltung für einen ganz anderen Zweck neu eingesetzt worden ist.

7.5.3. Überwachungsschaltungen

Zu diesem Thema hält das schon mehrfach genannte Buch *Elektronikbasteln im Wohnbereich* wesentlich mehr Informationen bereit, die nicht nur auf TTL-Schaltkreise begrenzt sind.

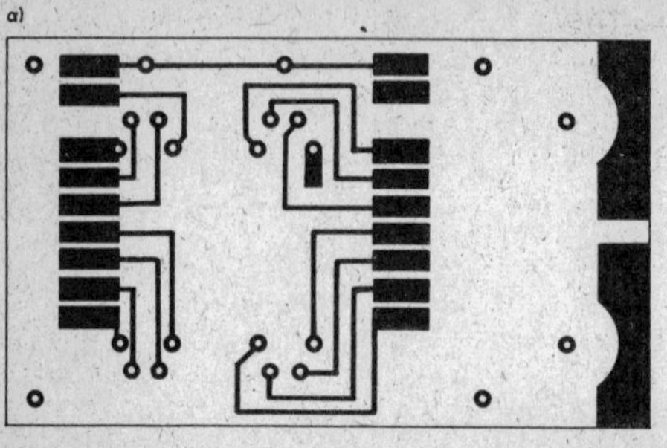

Bild 7.50
a – Leiterbild; b – Bestückungsplan für die Anzeigeplatte nach Bild 7.46; c – Montage der Platten nach Bild 7.48 und 7.49 auf der nach Bild 7.50

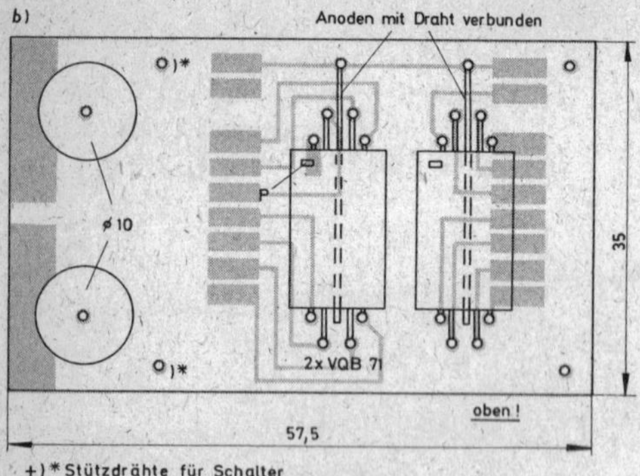

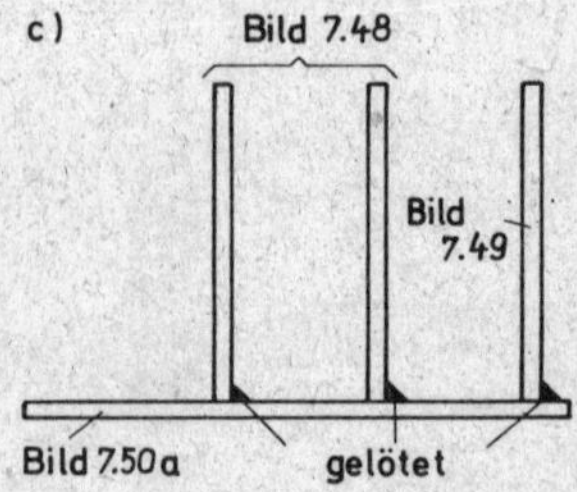

Sowohl innerhalb von Geräten (zur Fehlerlokalisierung) wie auch für Überwachungszwecke etwa auf Ausstellungen oder von Türen oder Fenstern lassen sich TTL-Gatter als «Wächter» einsetzen. Dabei können mehrere Überwachungsstellen zu einer Gruppe zusammengefaßt und an die Eingänge eines Gatters gelegt werden. Längere Zuleitungen müssen dabei unbedingt verdrillt werden; manchmal wird auch Schirmen erforderlich. Zusätzlich sollte man eingefangene Störimpulse durch Kondensatoren an den Eingängen ableiten. 1-µF-Lackfilmkondensatoren sind dabei im Fall von Arbeitskontakten in den Überwachungskreisen bezüglich Kontaktbelastung noch zulässig.

Bild 7.51
Ansicht des Zählers 0 bis 99

Eine einfache Überwachungsschaltung mit Signalisierung durch Lampenanzeige ist in Bild 7.53 dargestellt. Die Lampen zeigen dabei den Ort an, an dem sich der Überwachungskontakt durch Fremdeinwirkung geschlossen hat. Den Alarmfall «an sich» signalisiert der dabei eintretende Übergang «L» – «H» am Gatterausgang. Man kann dieses «L» zum Steuern eines akustischen Signalgebers benutzen (Bild 7.54). Bei dieser einfachen

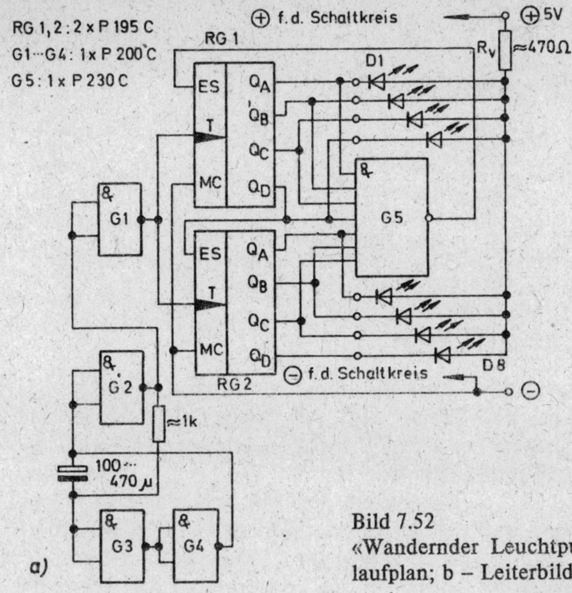

Bild 7.52
«Wandernder Leuchtpunkt» mit Taktgenerator: a – Stromlaufplan; b – Leiterbild; c – Bestückungsplan

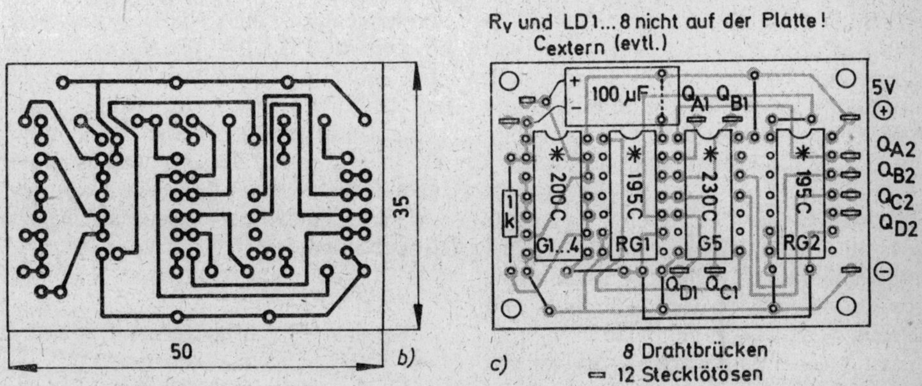

Signalschaltung ist von Vorteil, daß einerseits jeder Kontakt gleichberechtigt den Alarmgenerator startet, während andererseits jedoch – durch Blick auf die Kontrollampen – sofort festgestellt werden kann, ob sich der Alarm auf nur eine oder auf mehrere Schaltstellen bezieht.

Während in der soeben beschriebenen Schaltung der Alarm nur so lange anhält, wie der jeweilige Kontakt geschlossen ist, hat die Schaltung nach Bild 7.55a Speicherverhalten. Das wird durch Einsatz eines RS-Flip-Flop bewirkt. Nach diesem Prinzip ist eine Kleinstüberwachungsanlage mit zwei Überwachungsstellen auf der Digitalseite mit einem einzigen Gatterschaltkreis (*D 100* o. ä.) zu realisieren. Mit dem Übergang von «L» auf «H» (bei erstem Einschalten definierten Zustand durch kurzes Drücken von R erzwingen) läßt sich ein Tongenerator anschalten. Soll auch bei kurzzeitiger Betätigung

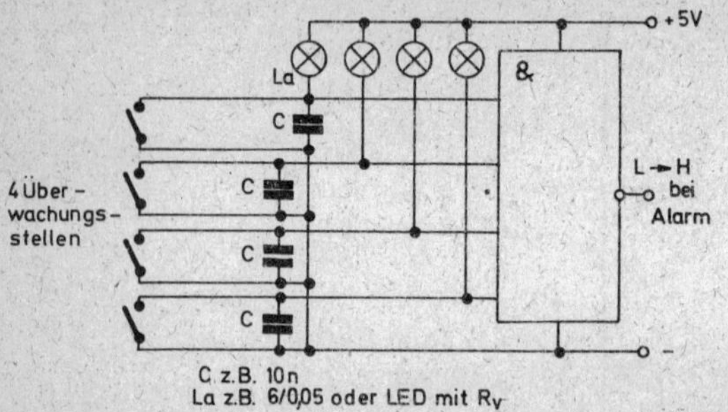

Bild 7.53
Überwachungsschaltung mit Lampensignal

eines Überwachungskontakts nicht nur Daueralarm ausgelöst, sondern auch der Alarmort ständig angezeigt werden, so ist jeder Überwachungsstelle ein Flip-Flop zuzuordnen. Man kann auch direkt Gatter mit mehreren Eingängen zu einem Flip-Flop verknüpfen und mit dem oberen Gatter mehrere Meßstellen überwachen (Bild 7.55b), doch sind Flip-Flop bezüglich längerer Zuleitungen sehr störempfindlich. Die Maßnahme in Bild 7.55b bezüglich der Tiefpässe an den Eingängen ist in dieser Hinsicht ein Kompromiß, denn der Schutzwiderstand muß zusammen mit dem Leitungswiderstand noch die L-Bedingung sicherstellen (s. Abschnitt 7.4.9.).

Bild 7.56 zeigt noch eine besonders sparsame «Minianlage». Ein einziger *D 110* überwacht nicht nur drei Stellen, sondern signalisiert (mit allerdings sehr geringer Lautstärke) den Alarmfall durch einen eigenen Generatorteil, der von der

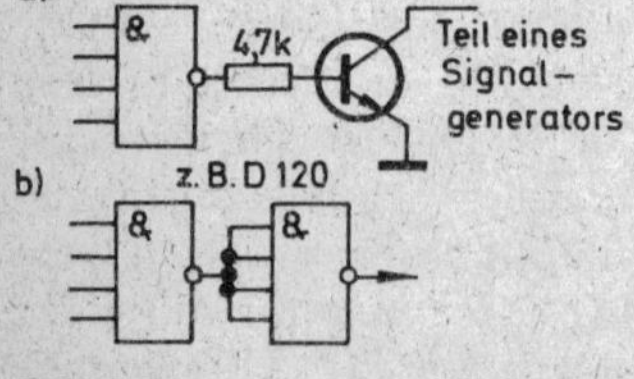

Bild 7.54
a – Ansteuern eines akustischen Signalgebers mit der Schaltung nach Bild 7.53; b – Umkehren des Steuersignals, wenn für Generator nötig (Pfeil: zum Generatorsteuerpunkt)

Überwachungsseite her gestartet bzw. gestoppt wird. Allerdings läßt sich hier der Alarmfall nicht speichern; das Signal ertönt nur für die Dauer des Alarmfalls. Mit r kann gelöscht und gleichzeitig der Alarmkreis festgestellt werden. Abschließend zeigt Bild 7.57a noch eine Variante dieser Anlage, mit der über drei verschiedenfarbige Leuchtdioden noch der Fehlerort angezeigt wird. Für diesen kleinen «optoakustischen Wächter» entstand ein Leiterbild (Bild 7.57b), das allerdings noch nicht in einem Bauplan enthalten war. Bild 7.57c zeigt, wie bestückt wird.

Das Gerät enthält als Signalgeber eine 400-Ω-Hörkapsel, die im eingestellten Frequenzbereich bei geringem Strombedarf (die Leuchtdioden brauchen mehr!) ein gut hörbares Schallsignal liefert.

7.5.4. 4-Bit-Tonsignalgeber

Eine Aufmerksamkeit erregende Signalschaltung, die man nicht ganz ernst nehmen sollte, ist dieser Signalgenerator, bei dem mit einem 4-Bit-Zähler ein Tonsignal periodisch verändert wird und außerdem noch in der Lautstärke variiert. Er entstand als «Zugabe» zu den verschiedenen Leiterplattentechnologien, die in Bauplan 51 beschrieben worden sind.

Dieser einfache «Melodiegenerator» liefert vier aufeinanderfolgende Töne mit periodischer Lautstärkeänderung: Vier laute Töne folgen vier leisen usw., so, als

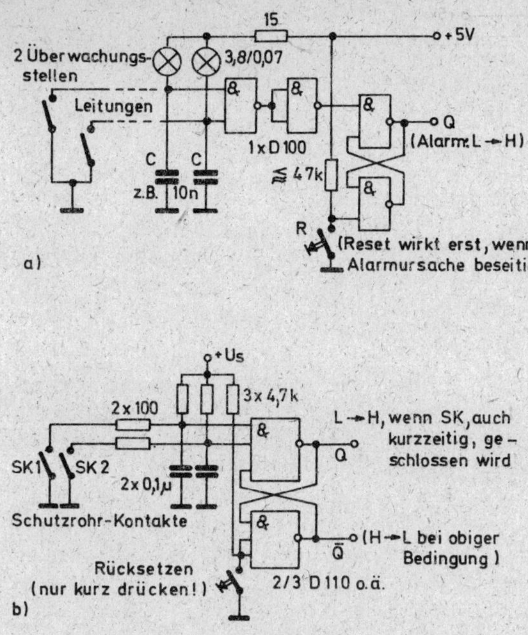

Bild 7.55
a – Alarmschaltung mit Speicherverhalten; b – Mehrstellenüberwachung mit einem Flip-Flop mit mehreren Eingängen

ob sich die Schallquelle «drehen» würde. Diese Tonfolge muß nicht bei einem bestimmten Ton beginnen und enden, wenn es nur um den Signaleffekt geht. Daher genügt zum Betrieb eine Batterie, die für die gewünschte Zeit eingeschaltet wird. Als zweckmäßige Quelle bieten sich drei 2-V-Taschenlampenakkumulatoren an und eine Diode in Serie, so daß aus 6 V etwas mehr als die nötigen 5 V werden.

Wie Bild 7.58a zeigt, besteht dieser «Viertöner» hauptsächlich aus einem Dekaden-Zählschaltkreis, dem Basteltyp *P 192*, und fünf Gattern, die im Beispiel aus einem «Hexinverter» *P 204* (Sechsfachinverter) gewonnen werden. Jede andere Lösung braucht einen dritten Schaltkreis, oder die Tonfolge klingt weniger gut. Das fünfte Gatter sorgt nämlich dafür, daß die vom Taktgenerator (1 und 2) gelieferten Impulse die Tonendstufe jeweils für die «High»-Zeit des Takts sauber sperren. Dadurch werden die sich mit jedem Taktimpuls in der Höhe ändernden Töne gut voneinander getrennt. Der Tongenerator (die beiden unteren Inverter) wird in seiner Frequenz durch die beiden Potentiometer verändert, sofern eines von ihnen (oder beide) vom jeweiligen Zählerausgang an Masse («Low») gelegt werden. Anhand einer Zählschritt-Tabelle kann man leicht zeigen, wie die Zählerausgänge Q_A bis Q_D (im Bild nur

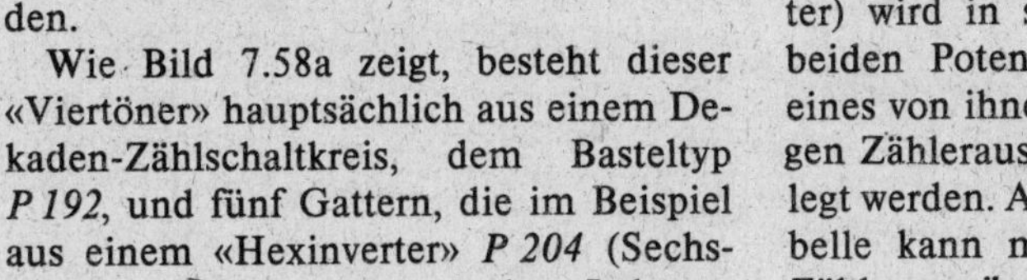

Bild 7.56
«Mini»-Wächter mit 1 × *D 110* für 3 Meßstellen mit Signalton (im Ausgangskreis fließt Ruhestrom, besser Bild 7.57!)

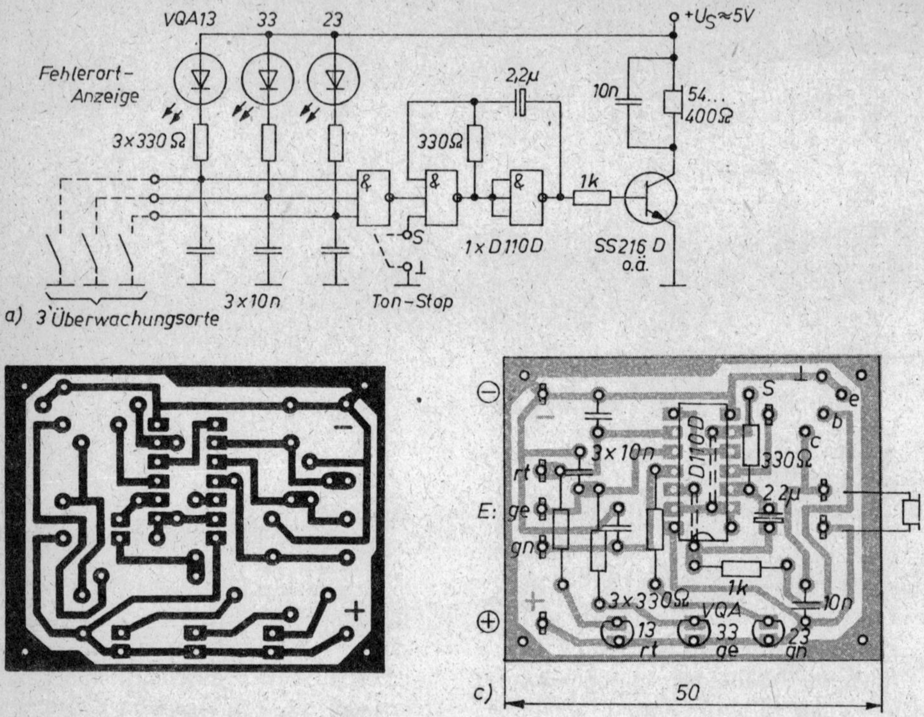

Bild 7.57 «Mini»-Wächter mit optischer Anzeige des Fehlerorts: a – Stromlaufplan; b – Leiterbild; c – Bestückungsplan

mit A bis D bezeichnet) schalten. Q_A und Q_B schalten vier unterschiedliche Töne. Q_C dämpft jeweils für vier Töne über das dritte Potentiometer die Lautstärke, was den «Kreisel»- oder auch «Echo»-Effekt bringt. Die Wirkung hängt von der Einstellung ab. Q_D schließlich sorgt dafür, daß aus dem Dekadenzähler ein Zähler bis 8 (d.h. 0 bis 7) wird, denn beim nächsten Schritt erhält R «High» und stellt den Zähler automatisch auf 0 zurück. Das gibt dann wieder 8 Schritte lang Low an R und damit ungehinderten Durchlauf.

Durch Wahl anderer frequenzbestimmender Kondensatoren lassen sich Takt (also «Geschwindigkeit») und Tonlage beeinflussen. Man kann auch am Punkt t das Potentiometer von Q_C eingreifen lassen. Dann ändert sich jeweils nach vier Tönen die «Geschwindigkeit» der Tonfolge. Die kleine Schaltung ist neben der «netzfreien Datschenklingel» auch ein effektvolles Spielzeug fürs Kinderzimmer – ähnlich dem bekannten mechanischen Tonkreisel, nur vielseitiger. Für die Bestückung mit P192/P204 wurde eine Leiterplatte im Format 40 mm × 50 mm entworfen (Bild 7.58b). Die Widerstände sind stehend zu montieren. Ihre Werte können je nach erreichtem Effekt auch etwas variieren. Sollte kein *P204 (D204, D104)* zu haben sein, muß die Leiterplatte in diesem Teil selbst entworfen werden. Dazu gibt es eine Reihe möglicher Schaltkreiskombinationen.

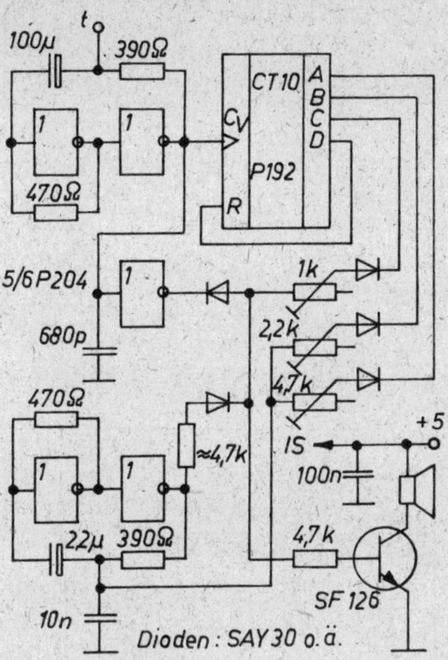

Bild 7.58
4-Bit-Tonsignalgeber: a – Stromlaufplan; b – Leiterbild; c – Bestückungsplan

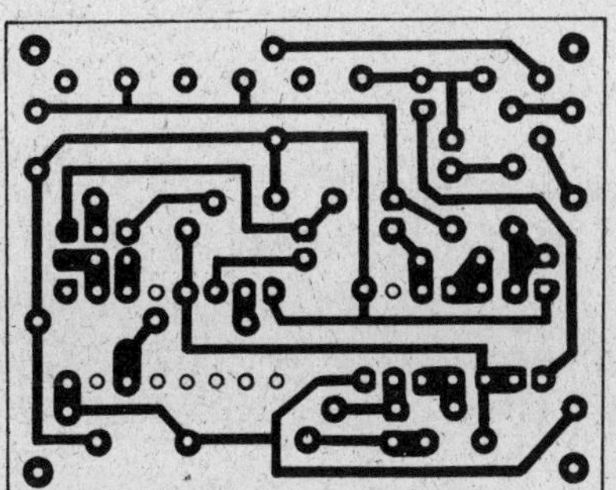

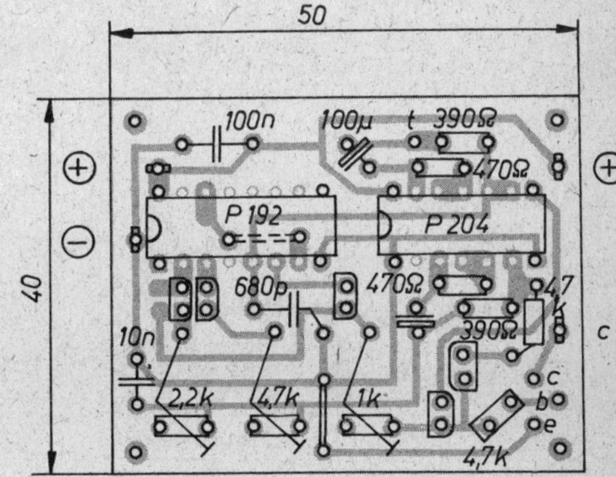

7.5.5. Quarzgeneratoren und Teiler

Als Teilschaltungen von Digitaluhren, aber auch in der Meß- und Prüftechnik sind quarzstabile Frequenzerzeuger wichtige Bauobjekte. Je nach Einsatzfall interessiert dabei erst der Sekunden- oder gar Minutentakt (Uhrenbetrieb), oder man wünscht dekadisch gestufte, stabile Frequenzen (Meßtechnik). Das Ziel bestimmt heute weitgehend die Konzeption. Einen 1-MHz- oder 100-kHz-Quarztakt über fünf bzw. vier Dekaden-Teilerschaltkreise *MH7490* oder gar *D192D* zu teilen, nur um dadurch einen 1-s-Uhrentakt zu gewinnen, ist sowohl vom Material wie vom Strombedarf her unökonomisch. Es geschah wohl «letztmalig» und auch nur noch als eine Variante in Bauplan 44. Die dort gebotenen Leiterbilder (auf *typofix* greifbar) sind jedoch für das «fortgeschrittene» Amateurlabor sicherlich noch einige Zeit interessant. Sie werden daher im folgenden kurz vorgestellt.

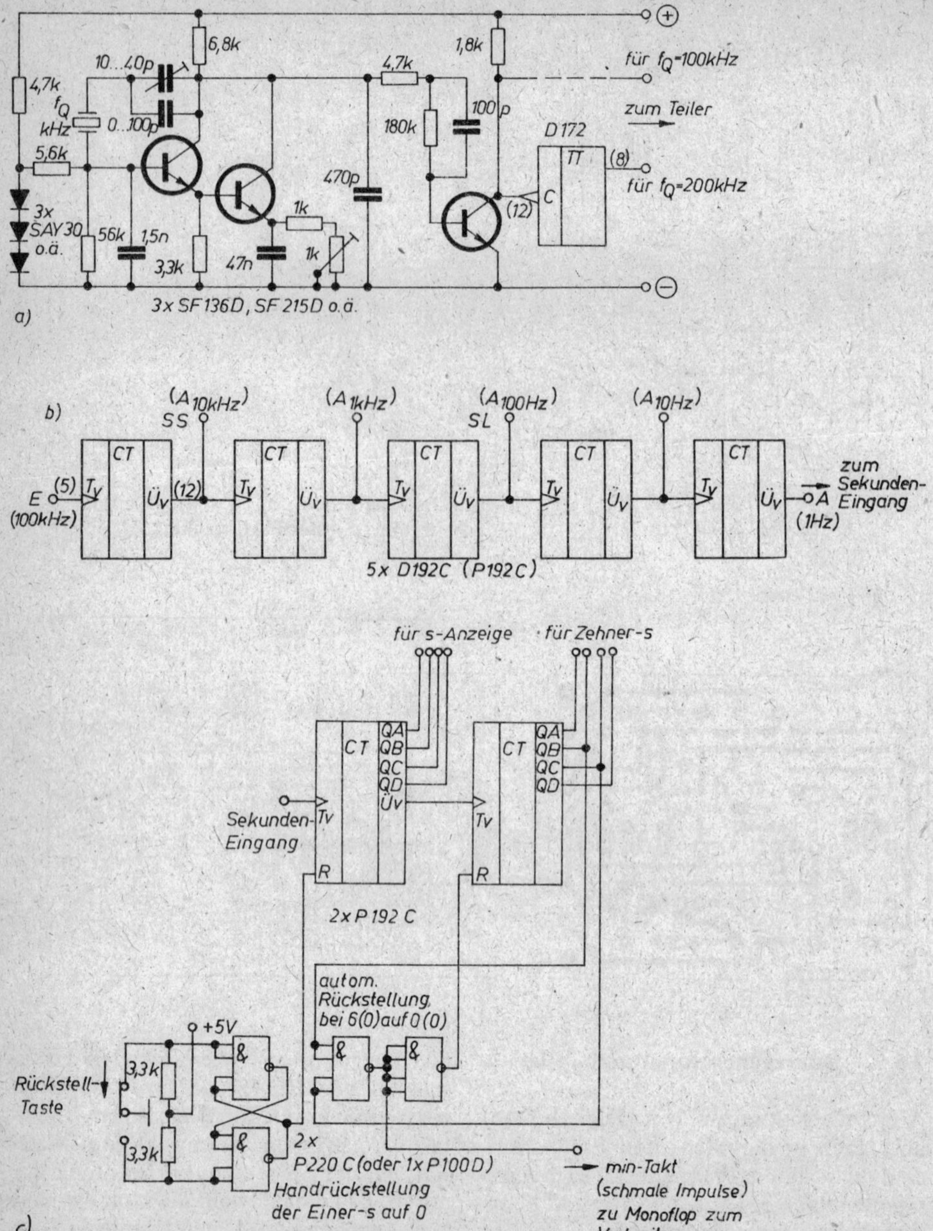

Bild 7.59 a – Quarzgenerator für 100 bzw. 200 kHz mit TTL-Ausgang 100 kHz; b – Weiterverarbeitung zum Sekundentakt; c – Minuten- und Stelleinheit für Uhr nach Bauplan 44; d – Leiterbild; e – Bestückungsplan. Für Meßtechnikeinsatz kann bei Bedarf längs der strichpunktierten Linie abgetrennt werden (nur bis Sekundenausgang bestücken). «Rückstellen» galt nur für Bauplan-Zähleinheit

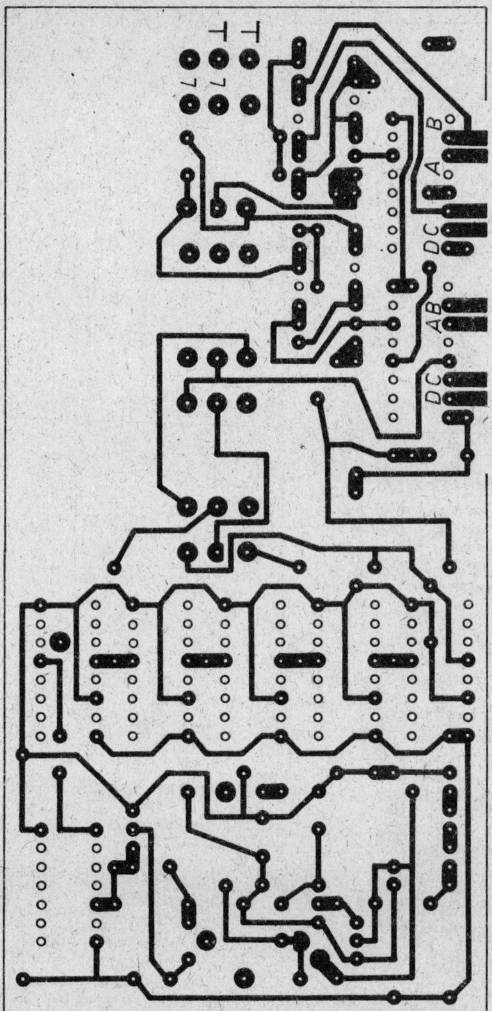

d)

7.5.5.1. TTL-Teiler mit konventionellem Quarzgenerator

Nach Bild 7.59a besteht der Inhalt der ersten Schaltung aus einem bewährten Transistor-Quarzgenerator, dem ein dekadischer Teiler mit TTL-Schaltkreisen folgt (Bild 7.59b). Der Rest der Leiterplatte kann mit einem vierteiligen Tastenschalter mit je zwei Umschaltkontakten bestückt werden. Außerdem enthält dieser Teil einen weiteren Teiler, der ge-

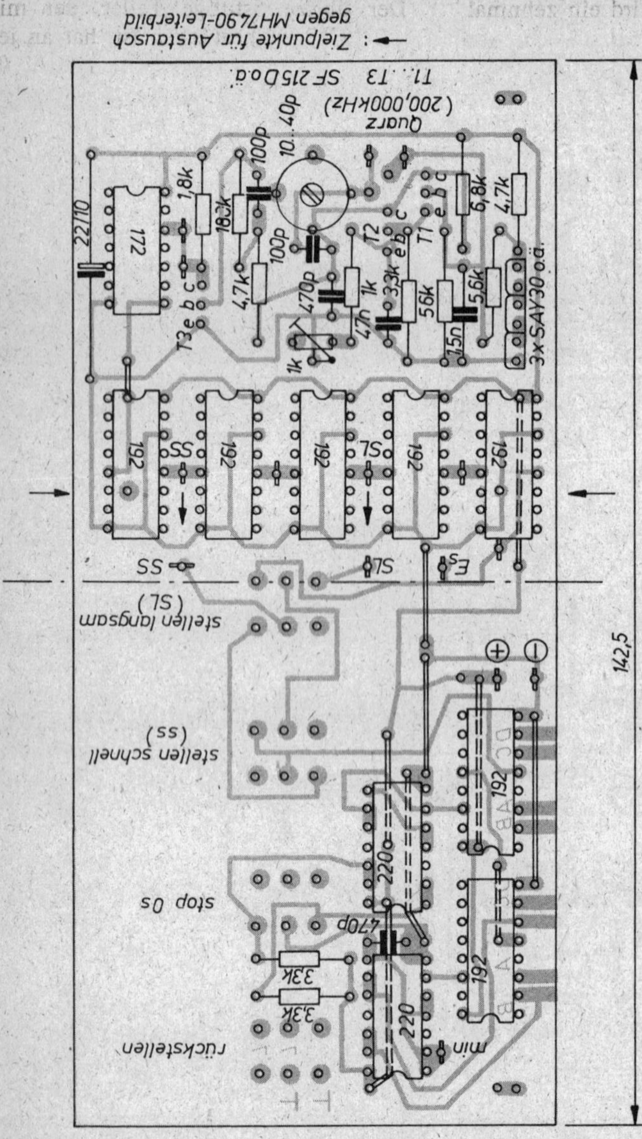

e)

mäß Ursprungsbestimmung 10:1 und 6:1 teilt, und die dafür erforderlichen Gatterschaltkreise (Zählweitenbegrenzung auf 0 bis 5 – siehe Bild 7.59c). Mit diesen Gattern läßt sich außerdem der Einerteiler der in Bauplan 44 beschriebenen Uhr auf 0 rücksetzen. Die BCD-Ausgänge dieser beiden Zählschaltkreise sind an die Plattenkante herausgeführt. Von da aus kann eine Anzeigeschaltung mit zweimal *D 147* und zweimal *VQB 71* o. ä. angesteuert werden. Bei Uhrenbetrieb ist das die Sekundenanzeige. Wird ein zehnmal oder hundertmal so schneller Takt zugeführt (z.B. durch Überbrücken von zwei Dekaden des vorhergehenden Frequenzteilers), und entfernt man die Zählweitenbegrenzung, so kann diese Schaltung auch Zehntel- oder Hundertstel-Sekundensprünge zählen und anzeigen. Weitere Kombinationsmöglichkeiten und Einsatzfälle ergeben sich, wenn man diese Schaltung (Leiterbild siehe Bild 7.59d) mit der zweistelligen Zählereinheit koppelt, die auf dem *typofix*-Blatt 2 zum Bauplan enthalten ist. Dieses Blatt (Nr. 2594, Format A 5) trägt außerdem das Leiterbild der zweistelligen Anzeigeeinheit für die Sekundenanzeige zur Kopplung mit dem 60er Teiler von Blatt 3.

Neben den vielen Möglichkeiten, die soeben beschriebene Platte – ihre Bestükkung im Ursprungssinn geht aus Bild 7.59e hervor – als Zähler einzusetzen (wofür auch die Ansteuerart nach Blatt 2 interessant ist), wird sie im Amateurlabor sowohl als quarzgenauer Festfrequenzgeber wie auch als Frequenzteiler für beliebige Eingangssignale mit TTL-Pegel von großem Interesse sein. Man bedenke auch, daß sich der Transistorteil, also der sonst als Quarzgenerator wirkende Verstärker, ohne Quarz als empfindlicher Vorverstärker einsetzen läßt, der «systemfremde» Signale auf TTL-Pegel bringt! Für Fälle, wo die erreichbare Flankensteilheit (amplitudenbedingt) den Eingangsforderungen der Teilerschaltkreise nicht genügt, kann ein Schmitt-Trigger zwischengeschaltet werden. Für ihn ist der Platz nutzbar, den sonst bei Einsatz eines 200-kHz-Quarzes der *D 172 D* als 2:1-Vorteiler einnimmt. Er wird ohnehin überbrückt, wenn man von einem 100-kHz-Quarz ausgeht oder z.B. von 1 MHz. (1 MHz bedeutet Teilung bis 10 Hz oder – wenn der Platz des *D 172* für einen weiteren, dann handverdrahteten *D 192 D* genutzt wird, 1-s-Takt von 1 MHz aus.)

Der übrige 5stufige Teiler, der mit 5 × *D 192 D* zu bestücken ist, hat an jedem Übertragausgang einen Anschluß. Dort können in Sprüngen von jeweils 10:1 quarzgenaue Festfrequenzen entnommen werden. Das Problem am Übertragausgang besteht nun allerdings darin, daß die Pulsbreite nur der Taktpulsbreite entspricht. Das Tastverhältnis ist also sehr ungünstig (z. B. auch bei Nutzung innerhalb einer Uhr als Wecksignal). Auf 1:1 wird es jedoch am jeweiligen Q_A-Anschluß des nächsten Schaltkreises verbreitert, allerdings bei gleichzeitiger Frequenzhalbierung. Geht man nun z.B. von einem 200-kHz-Quarz aus und läßt den *D 172 D* weg (bzw. setzt dort einen weiteren *D 192 D* ein und läßt den *D 172 D* als letzte IS folgen), so ergibt sich wieder die Stufung 100 kHz – 10 kHz – 1 kHz – 100 Hz – 10 Hz – 1 Hz an den Q_A-Anschlüssen bei einem Tastverhältnis von 1:1. Auch dies unterstreicht die Vielseitigkeit der in dieser Platte enthaltenen Möglichkeiten.

D 192 D stehen gegenwärtig und sicherlich auch künftig als relativ preiswerte Amateurtypen *(P 192 D)* ausreichend zur Verfügung. Ihr Nachteil liegt in ihrem hohen Strombedarf. Daher bietet das Teilleiterbild im unteren *typofix*-Blattteil eine Alternative für den Fall, daß z.B. die bisweilen erhältlichen *MH 7490* aus der ČSSR benutzt werden sollen. Dieser Leiterbildstreifen – künftig auch für *DL 090 D* interessant – kann selbstverständlich auch für sich als platzgünstiger 10^5:1-Teiler eingesetzt werden, ebenso beliebige Teile davon. Seiner ursprünglichen Bestimmung gemäß paßt er aber auch genau an die Stelle des *D-192*-Teilers auf der Grundplatte. Er kann also statt dieses Teilbildes dort «aufgerieben» werden. Andererseits läßt sich auch der *D-192*-Streifen ganz oder im gewünschten Teilerumfang auch teilweise getrennt innerhalb anderer Geräte verwenden. Alle Informationen zum *7490*-Streifen gibt Bild 7.60 wieder.

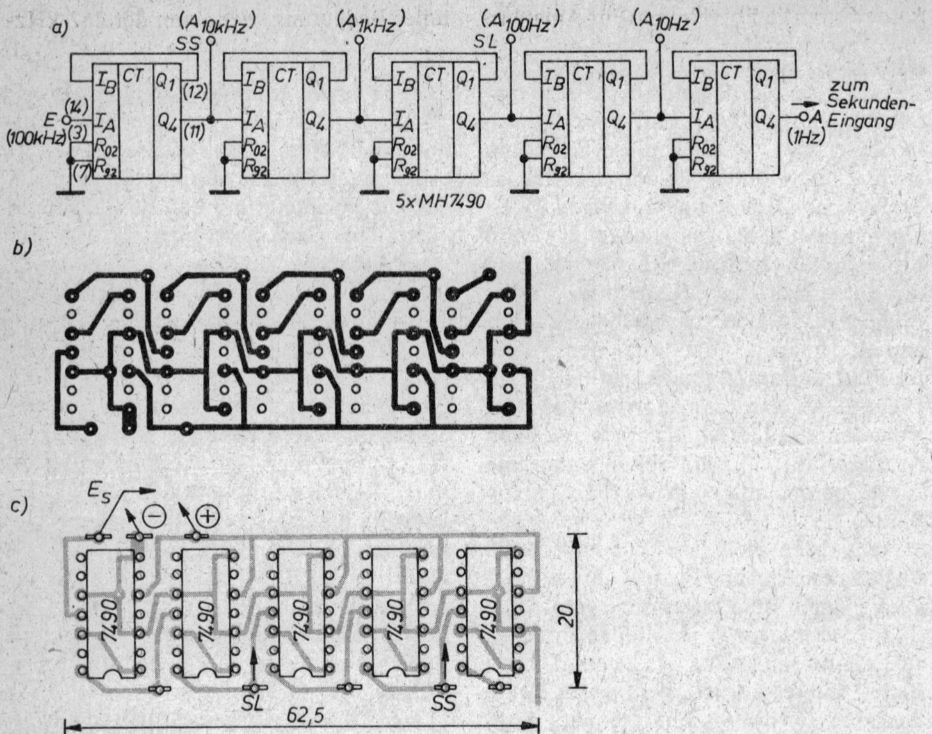

Bild 7.60 a – dekadischer Teiler mit *MH 7490* (voll austauschbar mit *D 192 D*-Teiler innerhalb von Bild 7.59!); b – Leiterbild; c – Bestückungsplan

7.5.5.2. CMOS-Quarzgenerator und Frequenzteiler

Der sehr energieintensiven Lösung mit TTL-Schaltkreisen steht – diesmal mit Uhreneinsatz als Hauptzweck – die folgende Möglichkeit gegenüber. Für Quarz-Analog-Uhren wird der CMOS-Schaltkreis *U 124 D* gefertigt, der u. a. als Amateurtyp mit der Bezeichnung *S 114 D* oder *S 124 D* in den Handel gelangte, ebenso wie Schaltkreise vom Typ *U 124 D*. Der Schaltkreis erzeugt in Standardbeschaltung mit einem Quarz von $f = 2^{22}$ Hz (etwa 4,19 MHz) eine Schwingung dieser Frequenz und teilt diese um den Faktor $1:2^{23}$. An beiden Ausgängen erscheinen dadurch um eine halbe Periode versetzte Impulsfolgen von 0,5 Hz Folgefrequenz. Über die für Uhrenmotoren gebräuchliche Ansteuerschaltung ergibt sich daraus ein 1-s-Takt. Elektronisch kann man durch eine Schaltung im Sinne von Bild 7.61a aus 4,19 MHz ebenfalls einen 1-Hz-Takt gewinnen. Untersuchungen an einer Reihe von Exemplaren des *U 124 D* haben folgendes gezeigt: Ein relativ großer Prozentsatz dieser Schaltkreise arbeitet auch noch bei Frequenzen, die weit unterhalb der vorgesehenen 4,19 MHz des anzuschließenden Quarzes liegen. Es muß jedoch betont werden, daß eine solche Betriebsart vom Hersteller nicht vorgesehen wurde, so daß er dafür auch keine Garantie übernimmt. Für Amateurzwecke hat sie jedoch Bedeutung, wenn kein geeigneter 4,19-MHz-Quarz vorhanden ist (vgl. dazu Abschnitt 7.5.5.3.!).

Für Bauplan 44 wurden daher im VEB Kombinat NARVA zwei im Fertigungsprogramm leichter zu realisierende Quarze mit den Frequenzen 139.81013 kHz (Glasgehäuse) und 262.144 kHz (Metallgehäuse) hergestellt, die mindestens 1980/81 im *Konsum-Elektronik-Versand* Wermsdorf erhältlich waren. Der 139-kHz-Quarz, mit dem noch ein hoher Prozentsatz der verfügbaren Schaltkreise funktionierte, liefert am Ausgang der bereits entsprechend dargestellten Schaltung nach Bild 7.61a Minutenpulse. Dazu ist nur eine der beiden Transistorstufen erforderlich. Denn: $(2^{23})/60 = 139.810{,}13$ Hz.

Mit diesen Minutenimpulsen läßt sich, da am Kollektor des Transistors TTL-Bedingungen gegeben sind, unmittelbar eine vierstellige Uhrenzähl- und Anzeigeschaltung ansteuern. Man kann aber auch – etwa für Kurzzeitzwecke – z. B. den sonst als Sekundenzähl- und Anzeigeteil wirkenden zweistufigen Zähler (Teiler 60:1 mit Anzeigeteil 2 × *D 147* und 2 × *VQB 71*, vgl. erste Platte!) damit betreiben. Dieser Zählerteil ist übrigens auch auf der für *U-124*-Einsatz vorgesehenen Leiterplatte nach Bild 7.61b (Bestückung siehe Bild 7.61c) enthalten. Bei der 139-kHz-Variante braucht man ihn im normalen Uhrenbetrieb allerdings nicht. Er hat jedoch weiter als Sekundenteiler Bedeutung, wenn von der 262-kHz-Variante Gebrauch gemacht wird (vgl. ebenfalls Bild 7.61a): Der *U 114/124 D* verfügt über einen Testeingang. Legt man ihn an Masse, so werden intern vier Teilerstufen übersprungen. Dadurch teilt der Schaltkreis nur noch 2^{19}. Nun ergibt sich folgende Rechnung: $2^{19} = 524\,288$. Mit einem Quarz dieser Frequenz würden sich also in Stellung «Schnellgang» Sekundenimpulse am Ausgang ergeben. Dieser Frequenzbereich ist jedoch technologisch ungünstig. Dagegen läßt sich $f = 2^{18}$ Hz $= 262\,144$ Hz gut fertigen, sogar im volumengünstigen Blechgehäuse. Durch den zweiten Transistor am Ausgang, wie er auch bei 4,19 MHz gebraucht wird, ist mit einem solchen Quarz wieder ein Sekundentakt erreichbar (Frequenzverdopplung am Ausgang durch die beiden Transistoren). Für Kontrollzwecke eignen sich die entstehenden Impulse allerdings nicht. An Q_A des nachgeschalteten Zehnersekundenteilers steht aber die halbe Frequenz mit Tastverhältnis 1:1 zur Verfügung und kann – etwa beim Abgleich – mit LED gut überwacht werden.

Eine solche Einheit, bei der außer den Sekundenimpulsen keine höheren Frequenzen (im Tonfrequenzbereich) zur Verfügung stehen, hat zunächst zwei Nachteile: Sie gibt keine Stellfrequenzen ab, und es fehlt ein Weckton. In der nach Bauplan 44 realisierten Lösung wurden diese beiden Funktionen daher von einem umschaltbaren Gatteroszillator

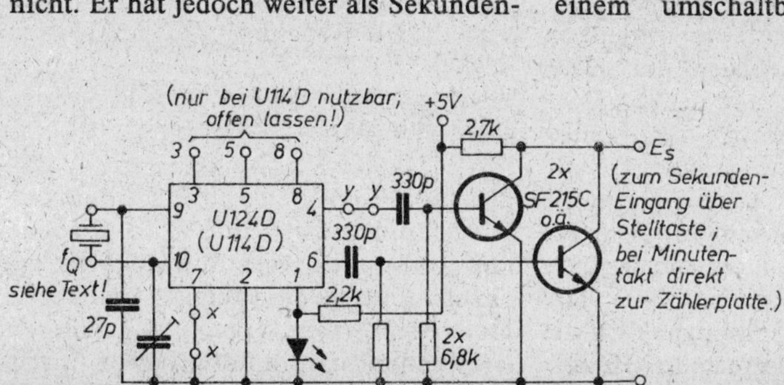

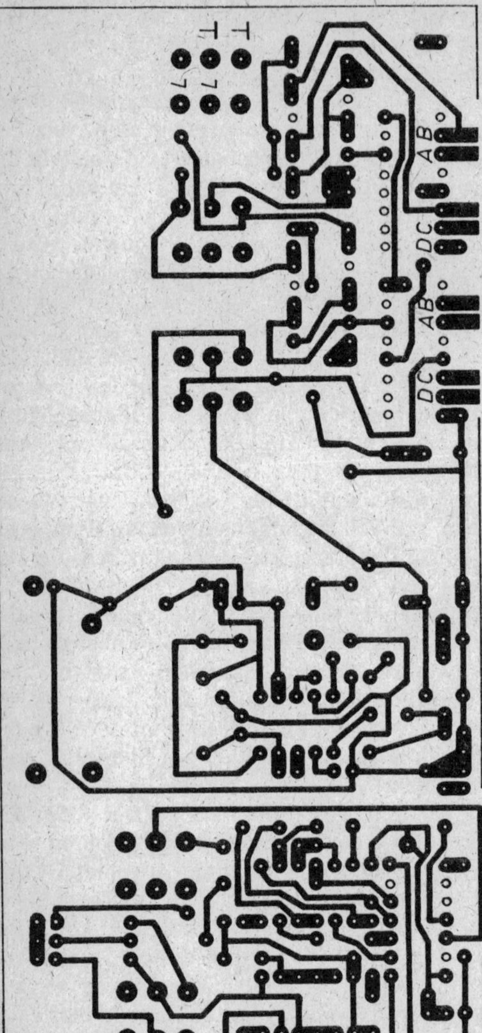

b)

Bild 7.61 a – Gewinnung eines 1-s-Taktes mit einem *U 124 D* durch eine Frequenzverdopplerstufe und Variationsmöglichkeiten je nach Quarzfrequenz (2,2 kΩ vor LED, bei 5-V-Betrieb nur 1 kΩ); b – Leiterbild nach Bauplan 44; c – Gesamtbestückung der Leiterplatte mit CMOS-Generator und -teiler sowie Weck- und Stellteil, «Rückstellen» galt nur für Bauplan-Zähleinheit; d – Stell- und Weckteilschaltung der Platte nach Bauplan 44 für Uhren mit 1-aus-10-Ausgabe; e – Vorschlag für Einsatz in Hochvolt-MOS-Uhren: 1 kΩ vor LED in 2,2 kΩ, 2,7 kΩ in 6,8 kΩ, Zusatzstufe an «E_s» (TTL-Takt) anschließen, neue Spannungsversorgung beachten!

übernommen. Auf Grund des geringen Platzbedarfs des Oszillatorteils konnte er noch mühelos mit auf der Leiterplatte untergebracht werden. So ergab sich die bereits in Bild 7.61c dargestellte Gesamtbestückung, für die der Vollständigkeit wegen nun noch in Bild 7.61d die Schaltung des Stell- und Weckteils nachgereicht wird. Diese Taktplatte hat im wesentlichen zwei Haupteinsatzfälle: in Verbindung mit einer 2-Stellen-Anzeige am auf ihr enthaltenen zweistufigen TTL-

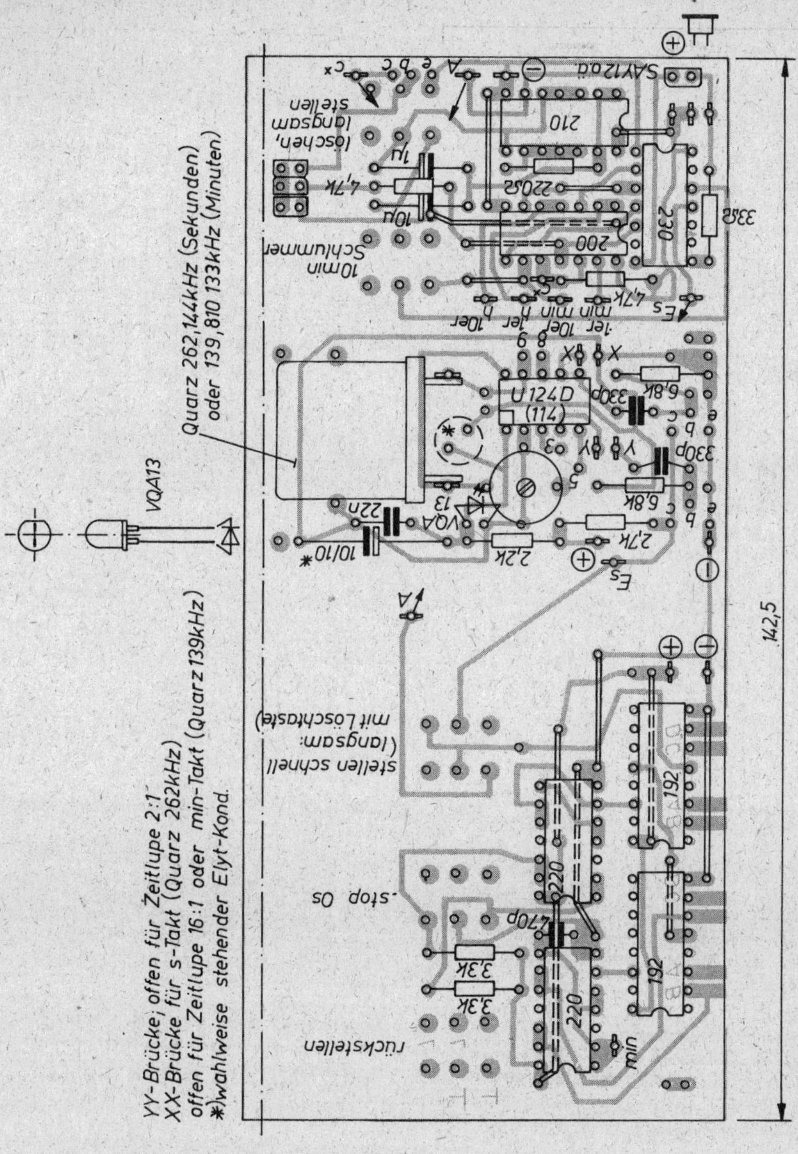

c)

Teiler als Kurzzeituhr bis 60 Minuten, wie schon erwähnt, und als Steuerteil einer Uhrenzähl- und Anzeigeeinheit. Da der ausgegebene Minuten- bzw. Sekundentakt «neutral-TTL» ist, bleibt ihr Einsatz dabei nicht auf die Schieberegister-Zähler-Uhr des Bauplans 44 beschränkt, sondern ist auch für die beliebte *192-147-VQB-71*-Kombination zu empfehlen.

Mit dem äußerst genügsamen CMOS-Schaltkreis (wenige Mikroampere und

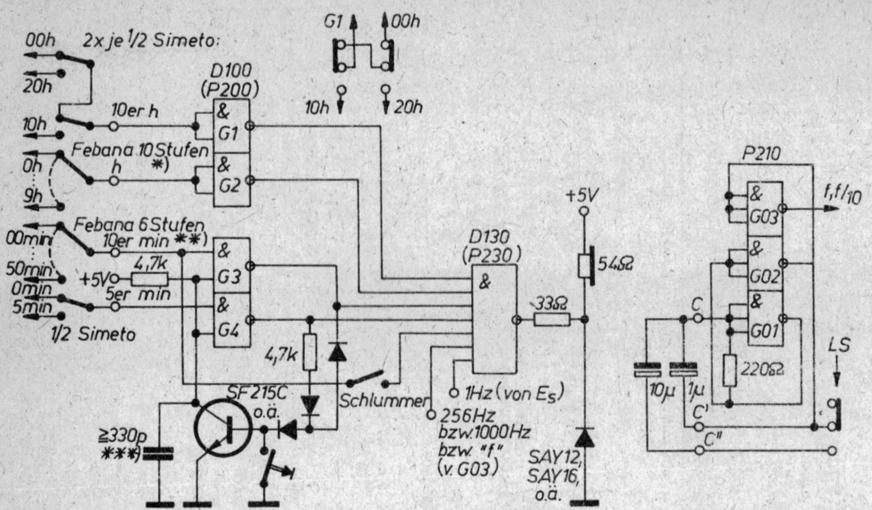

*) oder Bu-Leiste "h"
**) oder Bu-Leiste "10min"
***) leiterseitig montiert

d)

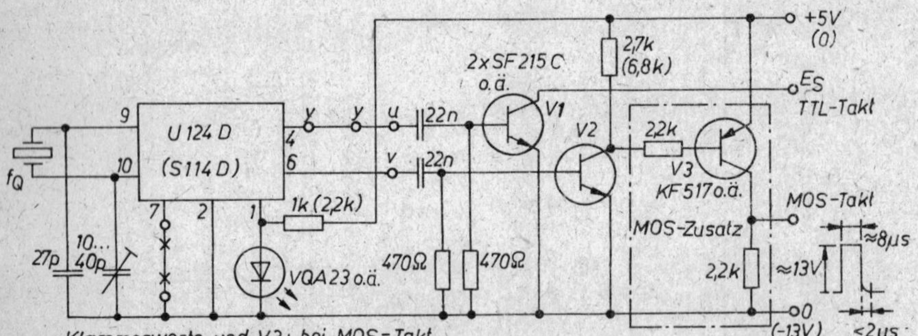

Klammerwerte und V3: bei MOS-Takt

e) f_Q s. Text xx offen bei min-Takt (139 kHz)

nur etwa 1,5 V Betriebsspannung) steht damit ein sehr ökonomischer Taktgeber für beliebige Zählerzwecke zur Verfügung. Einschränkend für den Einsatz der Minutentaktvariante mag besonders bei Kurzzeituhren gelten (da diese ja jeweils neu gestartet werden), daß der Schaltkreis keine Rückstellmöglichkeit hat. Man müßte ihn also vor dem Start jeweils durch eine «Schnellgang»-Schaltung an den Zeitpunkt der Ausgabe des ersten Taktimpulses heranführen.

7.5.5.3. 4,19-MHz-Quarze in Serienresonanz

Daß es beim Einsatz von Quarzen der Nennfrequenz – beachtet man die übrigen Lieferdaten nicht – am *U124D* Probleme geben kann, zeigen die folgenden Zeilen.

1981 waren im Handel Quarze mit der Aufschrift 4194.304 kHz im Angebot. Diese Angabe bezog sich jedoch offenbar auf die Serienresonanzfrequenz (minimaler Scheinwiderstand). Der Inverter des *U 124 D* (und auch die benutzte «diskrete» Schaltung der TTL-Variante) läßt jedoch nur Selbsterregung auf Parallelresonanz zu. Diese liegt um einige hundert Hertz über der Serienresonanzstelle. Ergebnis: Bereits nach einer Betriebsstunde merkbare Abweichungen der Zeitanzeige – die Uhr geht vor. Um diese Quarze zu «retten», wurde eine konventionelle Transistorschaltung aufgebaut, die ebenfalls noch mit der Betriebsspannung des *U 124 D* (und mit nur etwa 5 mW!) auskommt und damit zu ihm «voll kompatibel» ist. Bild 7.62 zeigt diese Schaltung, die rein empirisch entstand. Sie erwies sich jedoch auf Grund der Spannungsstabilisierung und der Maßnahmen im Signalweg (Heißleiter – diese Dimensionierung muß noch nicht optimal sein!) als den meisten praktischen Bedürfnissen gewachsen. Eine Heißluftdusche z. B. vermochte die Realzeit des 1-s-Taktes nur um einstellige Mikrosekundenbeträge zu erhöhen. Die Schaltung befindet sich auf einer 35 mm × 80 mm großen Lochrasterplatte einschließlich der in Bild 7.62a nicht mit dargestellten Frequenzdoppler- und Anpaßstufe gemäß Bild 7.61a. Trimmer und Parallel-*C* wurden so ausgewählt, daß das 100-Ω-Potentiometer etwa auf Mitte steht. Zwischen Maximalwert und Schwingungsabriß sind ±40 µs Frequenzvariation beobachtet worden (daher die Wirksamkeit des Thermistors bei Temperaturänderungen, die sich vor allem über den zweiten Transistor auf die Frequenz auswirkten.)

Selbstverständlich dürfte es sinnvoller sein, von vornherein einen Quarz zu beschaffen, der in der Parallelresonanzschaltung des *U-124-D*-Inverters am Ausgang der Gesamtschaltung Sekundenimpulse genauer Frequenz liefert, als drei Transistoren und diverse weitere Bauelemente aufzuwenden.

Schließlich sei noch ein 1982 aktuell gewordener Hinweis gestattet: Ein kompletter Quarzwecker mit Analoganzeige ist seit einiger Zeit recht preisgünstig erhältlich. Quarz plus IS allein kamen 1982 den Amateur kaum billiger. Damit ist das Innenleben dieses Weckers – wenn das auch ein wenig unkonventionell sein mag – genau richtig für die Gewinnung des 1-s-Taktes für die Eigenbau-Digitaluhr. Es ist lediglich wieder an die IS-Ausgänge die Frequenzverdoppler- und Anpaßstufe gemäß Bild 7.61 anzufügen! Dazu noch eine abschließende Empfehlung für Hochvolt-MOS-Uhren: Wird der Baustein nach Bild 7.61a statt zwischen +5 V und 0 an 0 und −13 V gelegt, und erhöht man den Arbeitswiderstand von 2,2 kΩ auf 6,8 kΩ (sowie den 1 kΩ vor der LED auf 2,2 kΩ), so braucht man nur noch einen *KF517* u.ä.: Emitter an 0, Basis über 2,2 kΩ an bisherigen TTL-Aus-

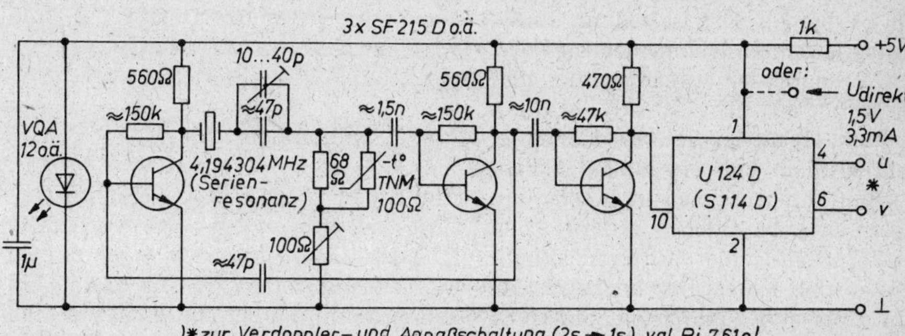

Bild 7.62 Quarzgeneratorschaltung für 4,19-MHz-Quarze, die in Serienresonanz arbeiten

gang, Kollektor über 2,2 kΩ an −13 V. Nun stehen am Kollektor gegen −13 V MOS-gerechte Sekundenimpulse zur Verfügung (vgl. Bild 7.61e!).

7.6. Funktionstests an TTL-Schaltkreisen

Am Beispiel der Prüfung von Gatterschaltkreisen sollen einfache Testmöglichkeiten für noch nicht eingesetzte bzw. ausgelötete Schaltkreise erläutert werden. Der Test läßt sich besonders rationell gestalten, wenn man eine Schaltkreisfassung benutzt.

7.6.1. Erster Prüfschritt («H-Test»)

Bild 7.63 zeigt, wie einfach man testen kann, ob ein Gatter funktioniert. Die Voraussetzung erscheint etwas gewagt, denn der Gatterausgang wird in dieser Schaltung in der Richtung belastet, die eigentlich nur für 0,4 mA bei der *D-10*-Reihe vorgesehen ist. Die (nur kurzzeitig zu empfehlende) höhere Belastung des oberen Zweiges der Ausgangsstufe ist jedoch für Prüfzwecke zulässig, solange nicht die Erwartung besteht, daß nun am Ausgang noch deutlich «H» erscheint.

Die Spannung an der (roten) Leuchtdiode wird, ihrer Kennlinie entsprechend, unter 2 V liegen, wobei maximal etwa 15 mA fließen können, wenn U_S nach Vorschrift 5 V beträgt. Das ist bedingt durch den integrierten Kollektorwiderstand des oberen Zweiges der Ausgangsstufe, der dabei schon mit etwa 30 mW belastet wird. Vom Hersteller besteht daher die Vorschrift, daß bei einem möglichen Kurzschluß am Ausgang nur jeweils ein einziges Gatter betroffen sein darf.

Bei der *D-20*-Reihe darf darüber hinaus ein solcher Kurzschluß höchstens 1 s dauern. Dort ist der Widerstand auch wesentlich kleiner, so daß in ihm erheblich mehr Wärmeleistung entsteht. In der Testschaltung nach Bild 7.63 kann man aber den Schaltkreis weiter entlasten, wenn die Leuchtdiode einen Vorwiderstand erhält, etwa 270 Ω, so daß im Widerstand des Schaltkreises nur noch etwa 10 mW umgesetzt werden. Verzichten sollte man auf diesen Test jedenfalls nicht, denn er sagt – zumindest qualitativ – aus, ob die «Oberseite» der Ausgangsschaltung in Ordnung ist. Beim Gatterschaltkreis *D 103 (D 126, D 201)* allerdings bleibt die Leuchtdiode dunkel. Das zeigt jedoch keinen Fehler an – in diesem «open-collector»-Schaltkreis fehlt die obere Seite, was für spezielle Zwecke von Nutzen ist. Während man nämlich Gatter *D100* ausgangsseitig nicht verbinden darf, da dann ein auf «H» liegendes Gatter im Ausgang eines auf «L» liegenden einen Kurzschluß vorfindet, passiert dabei beim *D103* nichts. Um seinen Ausgang (wenn der untere Transistor von der übrigen Schaltung gesperrt wird) auf «H» zu ziehen, braucht man einen Widerstand, der zwischen Ausgang und Plus zu löten ist.

7.6.2. Zweiter Prüfschritt («L-Test»)

Nach Bild 7.63b kann nun getestet werden, ob auch der untere Ausgangstransistor des Gatters funktioniert. Jetzt ist der Vorwiderstand für Schaltkreis und Diode «lebenswichtig». Er sollte zwischen 470 Ω und 1 kΩ betragen. Anderenfalls liegt nur die Kollektor-Emitter-Strecke des unteren Transistors im Stromkreis!

7.6.3. Prüfaufbau

Bild 7.63c zeigt eine Gesamtprüfschaltung und ihre möglichen Reaktionen. Sparsamer ist – und auch wegen der Gesamtbelastung sinnvoll – ein Test in Einzelschritten. Man kommt dann mit einer einzigen Fassung und mit einer Leuchtdiode aus, benötigt aber lösbare Verbin-

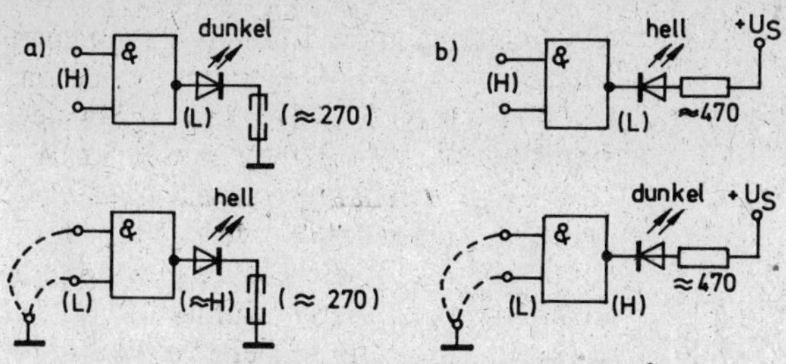

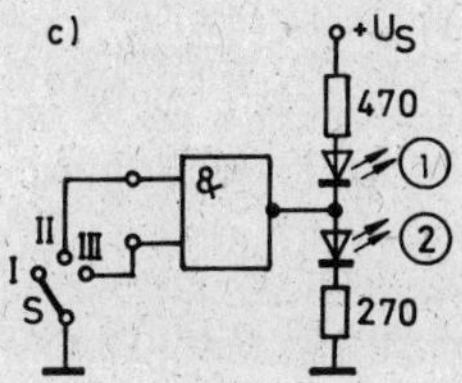

S	LED①	LED②	Aussage
I	leuchtet	—	unterer Zweig i.O.
II (III)	—	leuchtet	oberer Zweig i.O.
I oder II (III)	leuchtet	leuchtet	Defekt
I	—	leuchtet	Defekt
I (III)	leuchtet	—	Defekt

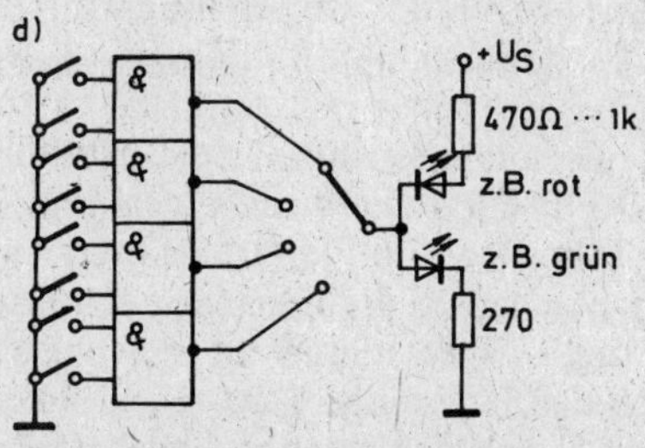

Bild 7.63
Gattertests: a – LED leuchtet bei «L» am Eingang; b – LED leuchtet bei «H» am Eingang; c – kombinierter Test, s. Tabelle im Bild; d – kombinierter Test mit Gesamtbeschaltung für die 4 Gatter eines *D 100*

dungen oder Prüfschnüre und Taster (Bild 7.63d). Arbeitsgemeinschaften mit größerem IS-Bedarf bauen sich für die «gängigsten» Typen jeweils eine Prüfvorrichtung. Bild 7.64 zeigt am Beispiel des *D 100* eine mögliche «komfortable» Prüfanordnung, die man für andere Typen sinngemäß variieren kann. Verwendet werden entweder für «L» und «H» verschiedenfarbige Leuchtdioden, oder man setzt die ins 2,5-mm-Raster passenden *VQA 15* direkt an den Schaltkreisausgängen ein. Mit einem langsamen Taktgenerator lassen sich die Gatter sogar automatisch umtasten.

7.6.4. Prüfung mit Meßinstrument

Bild 7.65 zeigt, wie ein Gatterschaltkreis reagiert, wenn man ihn mit einem Vielfachmesser (z. B. 20 kΩ/V) «befragt» (im Beispiel wieder *D 100*). Sind also alle (!) Eingänge eines Gatters unbeschaltet, so mißt man an ihnen etwa 1,5 V. Bei «L» hat der betreffende Ausgang (wenn er ebenfalls nirgends angeschlossen ist) meist nur einige zehn Millivolt, und bei «H» mißt man etwa 3,5 V. In der Schaltung kann «L» ohne weiteres – je nach Belastung – bis z. B. 0,4 V «hochgehen», und «H» darf auf 2,4 V sinken, ohne daß die Schaltung ausfällt.

Unerklärbar scheinende Effekte in Digitalschaltungen, d. h. plötzliches selb-

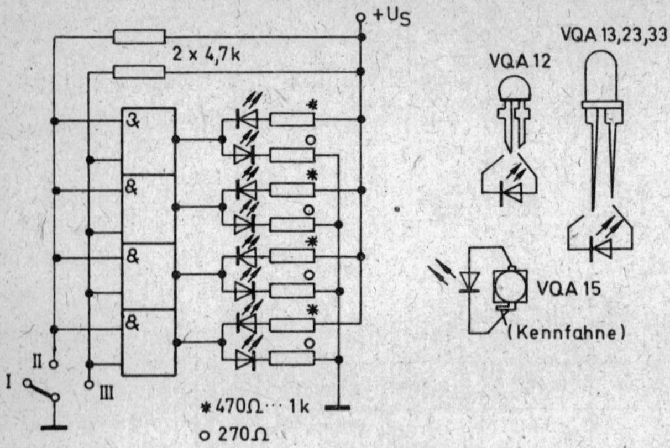

Bild 7.64
Für größere Mengen von *D 100* o. ä. sinnvolle Testeinrichtung

ständiges Ändern von Zuständen, sind meist auf Störimpulse zurückzuführen, die unbeschaltet gebliebene Gattereingänge aufgefangen haben. Daher empfiehlt es sich, in Schaltungen nicht benötigte NAND-Eingänge entweder mit benutzten oder über einen Widerstand von 4,7 kΩ mit $+U_S$ (5 V) zu verbinden.

Schaltkreise komplexerer Funktion, wie Flip-Flop, Zähler, Dekoder, prüft man am besten in einer Anwendungsschaltung. Es empfiehlt sich z. B., auf je eine der verschiedenen in diesem Buch vorgegebenen Leiterplatten eine Fassung zu montieren, in der der Schaltkreis vor dem endgültigen Einbau getestet werden kann. Es ist aber auch möglich, eine universelle Prüfeinrichtung anzufertigen, für die man mit Hilfe von gelochten Prüfkarten schnell die erforderlichen Verbindungen herstellen kann. Eine solche Einrichtung sollte auf jeden Fall einen möglichst in der Frequenz noch einstellbaren Taktgenerator sowie eine (mit Flip-Flop) entprellte Taste für einen «Handtakt» enthalten. Mit einem Umschalter wird die jeweils gewünschte Betriebsart eingestellt.

Als Beispiel zeigt Bild 7.66 die Prüfung des D-Flip-Flop *D 174* mit einem langsamen Takt. Das Flip-Flop ist als Frequenzteiler geschaltet; die Eingänge R und S sind über Widerstände an Plus gelegt. Durch den langsamen Takt zeigen die an Q und $\bar{Q}$ angeschlossenen Leuchtdioden (man kann die aufreihbare *VQA 15* direkt an der Fassung an den betreffenden Anschlüssen anordnen) die einwandfreie Funktion des Prüflings durch eine «erwartungsgemäße» Blinkfolge. Sie bleiben bei «L» bzw. «H» stehen (also die $\bar{Q}$ oder Q zugeordnete Diode leuchtet dauernd), wenn man gemäß Funktionstabelle jeweils einen der Eingänge R und S vorübergehend an Masse legt.

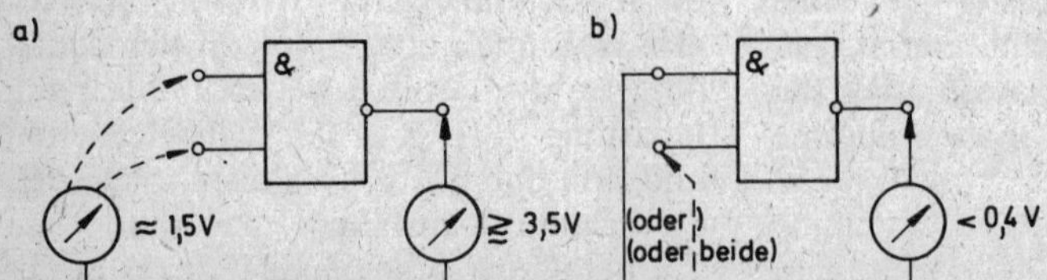

Bild 7.65
Gattertest mit Instrument

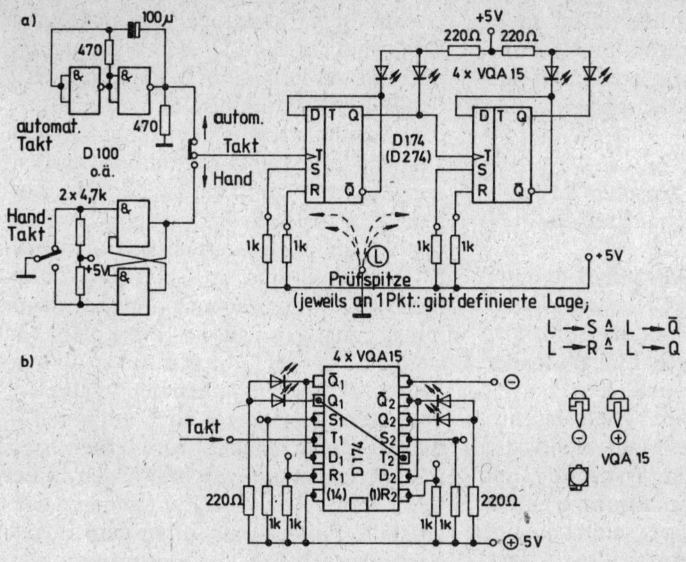

Bild 7.66
Testschaltung für *D 174 (D 274)*:
a – Gesamtstromlaufplan der Schaltung mit wahlweisem Handtakt (Einzelschritte) oder Taktgenerator; b – Sokkelbeschaltung mit *VQA 15* direkt an den Anschlüssen

7.7. Allgemeines zu MOS-Schaltkreisen

7.7.1. Unterschiede zwischen TTL- und MOS-Schaltkreisen

Hochvolt-MOS-Schaltkreise für digitale Zwecke arbeiten nach «negativer» Logik (vgl. Abschnitt 7.1.2.). Ein Zusammenspiel etwa mit TTL-Schaltkreisen erfordert darum Pegelumsetzer. Die fast leistungslose Steuerung und der relativ kleine Ausgangsstrom von MOS-IS führen zu anfangs ungewohnt hohen Widerstandswerten in den Schaltungen. Die Empfindlichkeit gegen Spannungen zwar kleiner Energie, aber mit hohem Spannungswert, bedingt, daß einige Behandlungsvorschriften zum Schutz vor statischen Aufladungen beachtet werden (vgl. Abschnitt 3.9.2.). Den relativ hohen Betriebsspannungen (für MOS-Digitalschaltkreise wurden −13 V und −27 V festgelegt) stehen erfreulich kleine Ströme gegenüber. Insgesamt ist der Leistungsbedarf der MOS-Schaltkreise kleiner als der vergleichbarer TTL-Typen. Beispiel: Ein 2-NOR-Schaltkreis mit je drei Eingängen *(U 102 D)* braucht etwa 1 mA bei 27 V, also je Gatter 13,5 mW. Dem stehen 11,6 mA (für L am Ausgang) bei 5,25 V für einen *D 110* mit drei NAND mit je drei Eingängen gegenüber, also etwa 20 mW je Gatter (allerdings im ungünstigsten Betriebsfall). Man sollte sich einerseits von den relativ hohen Spannungen nicht beeindrucken lassen, andererseits aber auch nicht die kleinen Ströme allein sehen, da sich dahinter doch Leistungen verbergen, die besonders bei Transverterbetrieb aus kleinen Spannungen zu entsprechend höheren Eingangsströmen führen.

Gegenüber TTL-Schaltkreisen sind MOS-Schaltkreise wesentlich «langsamer». Die Arbeitsfrequenzen liegen meist höchstens im Bereich einiger hundert Kilohertz. Für ihr Haupteinsatzgebiet – industrielle Steuerungen – ist das ohne Bedeutung. Im Gegenteil, wenn man sich bei TTL-Technik oft über Effekte wundert, deren Ursache schmale Nadelimpulse sind, die zwar oszillografisch nicht, in der Auswirkung dagegen um so stärker bemerkt werden, so reagiert eine MOS-Schaltung darauf weit weniger.

7.7.2. Unterschiede zwischen MOS- und CMOS-Schaltkreisen

Haben MOS- und CMOS-Typen einerseits die Empfindlichkeit gegen elektrostatische Aufladungen und dafür als Vorzug den extrem hohen Eingangswiderstand gemeinsam, so unterscheiden sie sich doch andererseits in vielen wesentlichen Punkten. Zwei der wohl wichtigsten sind der Betriebsspannungsbereich und das Ausgangs- und Ruhestromverhalten. Bezüglich ihrer Einsatzbereiche sind (TTL- und) MOS-Schaltkreise vorwiegend an stationäre Stromversorgung gebunden. Dann fällt der Umstand auch weniger ungünstig aus, daß der Betriebsspannungshub nur klein sein darf und daß merkliche Speiseleistung erforderlich ist. Angesichts der Tatsache, daß viele MOS-Schaltungen in ohnehin netzbetriebenen Geräten eingesetzt werden (und deren Gebrauchswert bestimmen oder erhöhen), läßt sich das nicht als schwerwiegender Nachteil ansehen.

CMOS-Schaltungen bedürfen – für sich betrachtet – keiner Spannungsstabilisierung; die meisten von ihnen sind zwischen wenigstens 5 V und maximal 15 V einsetzbar. Einschränkungen treten jedoch sofort auf, wenn bestimmte, an eine Mindest-Betriebsspannung gebundene Wirkungen erzielt werden sollen. Da die Ausgangsstrecken von CMOS-Schaltkreisen (ähnlich denen auch anderer MOS-Technologien) als (steuerbare) Widerstandskanäle angesehen werden können, wächst der verfügbare Ausgangsstrom mit der Betriebsspannung. Da gleichzeitig auch die Schaltkreisbelastung mit der Betriebsspannung (und vor allem mit der Frequenz!) wächst, bedeuten aber größere Betriebsspannungen auch sorgfältigere Gesamtdimensionierung der Schaltung. Und wenn gar mit 15 V Betriebsspannung operiert werden muß, so hat man zum Schutz der Schaltkreise Sorge zu tragen, daß Spannungsschwankungen nicht den zulässigen Maximalwert überschreiten. Umgekehrt – und einige der für Bauplan 43 realisierten Baugruppen beweisen das – kann auch «normale» (Hochvolt-)-MOS-Technik durchaus bisweilen unterhalb der vorgegebenen Betriebsspannungsgrenzen mit gutem Erfolg betrieben werden. Zwar setzt die Mindestspannung, bei der der «Kanal» überhaupt erst leitet, eine absolute Grenze, doch enthalten ja die Herstellerangaben zum einen stets mit Rücksicht auf die Streuungen in der Serie einige Reserven. Zum anderen aber sind alle Einsatzvorschriften dem Hauptanwendungszweck untergeordnet. Das heißt aber, daß eine Kombination von beliebig vielen MOS-Digital-Schaltkreisen in einem digitalen System die für diesen vorgeschriebenen Logikpegel unter allen zugelassenen Umständen (Betriebstemperatur, Lastfaktor, Frequenz und Betriebsspannung) einhalten und verarbeiten können muß. Für Einzelanwendungen dagegen können diese Vorschriften in mancher Hinsicht übertreten werden, solange man den Schaltkreis dadurch nicht gefährdet. Aus diesem Blickwinkel gesehen bietet selbstverständlich die CMOS-Technik erst recht vielfach eine zunehmend vorteilhafte Alternative zu jeder anderen Schaltkreistechnik – «zunehmend» im Sinne ihrer auch für den Amateur wachsenden Verfügbarkeit. Bis dahin aber bietet die Hochvolt-MOS-Technik noch manchen interessanten Aspekt, vor allem in Gestalt einiger höher integrierter Typen, wie es die beiden Zähler-Dekoder-Schaltkreise oder die Programmwahl-Schaltkreise sind. Mit ihnen «systemintern» zu arbeiten bedeutet dann eben auch Nutzung des weniger hoch integrierten «Zubehörs» in Form von Gattern u. ä. Wenn dabei noch einige selbständig nutzbare Objekte entstanden

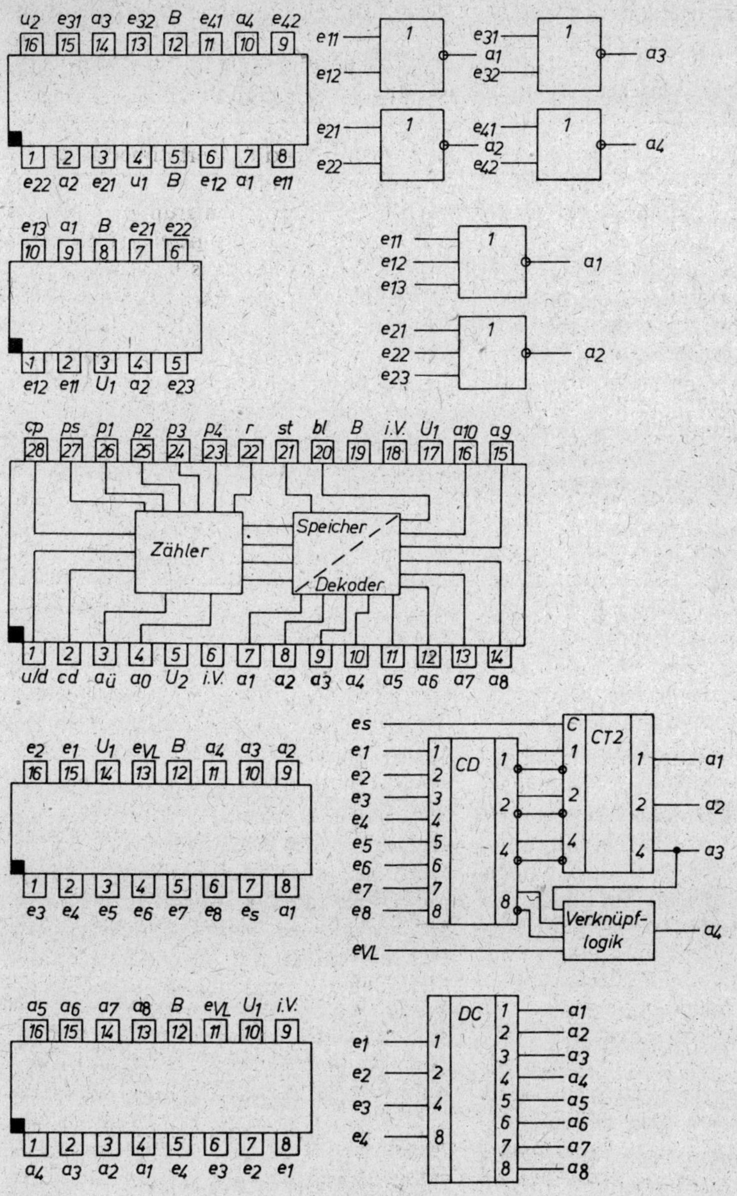

Bild 7.67 Anschlußbelegung und logische Schaltbilder von Hochvolt-MOS-Schaltkreisen
U 102 D – 3-Eingangs-NOR-Gatter (2fach)
U 106 D – 2-Eingangs-NOR-Gatter (4fach)
U 121 D – 4-Bit-BCD-Vor-/Rückwärtszähler
U 122 D – binärer 4-Bit-Vor-/Rückwärtszähler
U 710 D – 8-Kanal-Sensor-Schaltkreis
U 711 D – Dekodierschaltkreis

Tabelle 7.2. Spannungs- und Strombedarf der im Bauplan 43 benutzten MOS-Schaltkreise ($-U_1 = 27\,V \pm \frac{1}{2}\,V$, $-U_2 = 13 \pm {}^{0,5}_{1}\,V$; L-Eingangsspannung: $-U_{eL} \geqq 9\,V$, H-Eingangsspannung: $-U_{eH} \leqq 2\,V$, min. statischer Störabstand: 1 V)

Typ	−U1	−U2	−I1	−I2
U 102 D 3-Eingangs-NOR-Gatter (2fach)	×	–	1 mA	–
U 103 D RST-Flip-Flop	×	–	2 mA	–
U 104 D Äquivalenz-Antivalenz-Gatter (2fach)	×	–	2,6 mA	–
U 106 D 2-Eingangs-NOR-Gatter (4fach)	×	×	1,5 mA	0,1 mA
U 107 D 2-Eingangs-AND-Gatter (3fach) und 2-Eingangs-AND/NAND-Gatter	×	×	2 mA	0,7 mA
U 108 D J-K-Flip-Flop (2fach)	×	×	7 mA	3 mA
U 112 D Frequenzteiler mit sieben 1:2-Teilerstufen	×	–	10 mA	–
U 121 D 4-bit-BCD-Vor-/Rückwärtszähler	×	× }	10…	1,5…
U 122 D 4-bit-binär-Vor-/Rückwärtszähler	×	× }	18 mA	3 mA
U 311 D Statisches 5-bit-Schieberegister	1)	×	1)	0,8 mA
U 700 D Programmwahlschaltkreis (6 Kanäle)	×	–	1 mA	–
U 710 D 8-Kanal-Sensorschaltkreis	×	–	2,4 mA	–
U 711 D Dekodierschaltkreis	×	–	0,6 mA	–

1) $-U_{cpL} = 26 \pm 2\,V$, $-I_{cp2} \approx 1\,mA$

sind, so hat Bauplan 43 eigentlich nur gezeigt, daß im Bezugssystem Verfügbarkeit – Preis – Einsatzmöglichkeiten auch MOS-Schaltkreise per Erscheinungszeitraum des vorliegenden Buches auch noch amateurgerecht sinnvolle Produkte der Mikroelektronik sind.

7.8. Auswahl von MOS-Schaltkreisen

Bauplan 43 enthielt zu diesen vom VEB *Funkwerk* Erfurt (jetzt: VEB *Mikroelektronik «Karl Marx»*) produzierten Schaltkreisen folgende Informationen, die als Basis für entsprechende Bausteine und Objekte genutzt wurden.

Die Anschlußbelegungen dieser Schaltkreise ersieht man aus der zusammenfassenden Übersicht Bild 7.67, das in dieser Form ebenfalls aus dem genannten Bauplan stammt. Tabelle 7.2. gibt eine ebenso konzentrierte Übersicht über die nötigen Betriebsspannungen und die zu erwartenden Ströme. Während sich der größte Teil der erhältlichen TTL-Schaltkreistypen einheitlich in DIL-Gehäusen mit 7,5 mm Reihenabstand und 14 bzw. 16 Anschlüssen befindet, variieren die Gehäusebreiten und Anschlußzahlen der MOS-Schaltkreise nahezu «von Typ zu Typ».

7.8.1. NOR-Gatter *U 102 D* und *U 106 D*

Der *U 102 D* enthält in einem 10poligen DIL-Gehäuse (7,5 mm Reihenabstand) zwei NOR-Gatter mit je drei Eingängen; der *U 106 D* vier NOR-Gatter mit je zwei Eingängen in einem 16poligen DIL-Gehäuse im Reihenabstand von 7,5 mm. Der *U 102 D* benötigt nur eine Betriebsspannung ($-U_1 = 27\,V$), während für den

U 106 D zwei Betriebsspannungen ($-U_1$ = 27 V, $-U_2$ = 13 V) erforderlich sind. Beide Schaltkreise haben Gegentaktausgangsstufen. Als maximaler Ausgangsstrom zum Treiben einer Bipolar-Transistorstufe steht 1 mA zur Verfügung. Dabei wird jedoch nicht mehr der geforderte Pegel für die Hochvoltserie garantiert. Dafür ist ein minimaler Lastwiderstand von 100 kΩ zugelassen. Als Richtwerte können für die Einschalt- bzw. Ausschaltverzögerungszeit 400 bis 600 ns angenommen werden. Eine wesentliche Rolle spielt die Lastkapazität, denn die MOS-Ausgangswiderstände liegen im Kiloohmbereich. Maximal sind 60 pF erlaubt, wenn die Schaltzeiten nicht überschritten werden sollen. Aus all dem folgt die Empfehlung, nicht mehr als 10 Eingänge an einen solchen Ausgang anzuschließen. Bei Beachtung der Erläuterungen in Abschnitt 7.1.2. werden die Funktionstabellen (Tabelle 7.3a und Tabelle 7.3b) verständlich: Invertiertes «L» (also «H») am Ausgang erscheint, sobald auch nur ein Eingang «L» erhält. Nur dann, wenn alle Eingänge «H» führen, erscheint «L» am Ausgang.

Tabelle 7.3. Funktionstabellen der NOR-Gatter-Schaltkreise *U 102 D* (a) und *U 106 D* (b)

(a)				(b)		
e_1	e_2	e_3	a	e_1	e_2	a
H	H	H	L	H	H	L
L	H	H	H	H	L	H
H	L	H	H	L	H	H
L	L	H	H	L	L	H
H	H	L	H			
L	H	L	H			
H	L	L	H			
L	L	L	H			

7.8.2. Zählerschaltkreise *U 121 D* und *U 122 D*

Zum MOS-Schaltkreissortiment gehören zwei Zählerschaltkreise: der *U 121 D*, ein 4-Bit-BCD-Vor-/Rückwärtszähler, und der *U 122 D*, ein binärer 4-Bit-Vor-/Rückwärtszähler. Beide Schaltkreise werden in einem 28poligen DIL-Plastgehäuse mit einem Reihenabstand von 15 mm gefertigt. Die Anschlußbelegung beider Schaltkreise ist bis auf funktionsbedingt unterschiedliche Ausgänge gleich. Beide Schaltkreise benötigen die Betriebsspannungen $-U_1$ = 27 V und $-U_2$ = 13 V. Der *U 121 D* zählt von 0 bis 9 und gibt im 7-Segment-Kode aus; er verfügt außerdem über die Binärausgänge 2^0, 2^1, 2^2, $a_o(2^3)$.

Der *U 122 D* zählt von 0 bis 15, er gibt binär aus (direkt und negiert). In beiden Schaltkreisen ist ein Speicher enthalten, mit dem sich (unabhängig vom Zählteil) 4 Bit speichern lassen.

Über die Paralleleingänge *p1* bis *p4* kann durch p_s eine Information direkt in den Zähl- bzw. Speicherteil übernommen werden. Mit dem Rücksetzeingang R läßt sich der Zähler zu jeder Zeit auf Null zurücksetzen. Durch die Trennung von Zähl- und Speicherteil über den Eingang *st* kann man z. B. den Zählerwert abspeichern, abschließend den Zählteil rücksetzen und, unbeeinflußt vom Speicherteil, einen neuen Zählvorgang realisieren.

Durch entsprechende Signalbelegung des Eingangs *bl* (Blanking) schalten die Ausgänge *a1* bis *a7* des *U 121 D* auf «L» (Anzeige wird bei «H» aktiviert), während die Ausgänge *a1* bis *a10* des *U 122 D* auf «H» schalten. Dadurch kann der *U 121 D* sehr günstig in Multiplexschaltungen eingesetzt werden. Die maximale Zählfrequenz für beide Schaltkreise beträgt 500 kHz. Für den Zählbetrieb ist nur die synchrone Betriebsweise zugelassen, d. h., alle Zähler erhalten den Takt gemeinsam und gleichzeitig. Bild 7.68 zeigt synchrone Zählschaltungen mit beiden Schaltkreisen. Alle Ausgänge des *U 121 D* sind 1-Transistor-Ausgangsstufen, alle

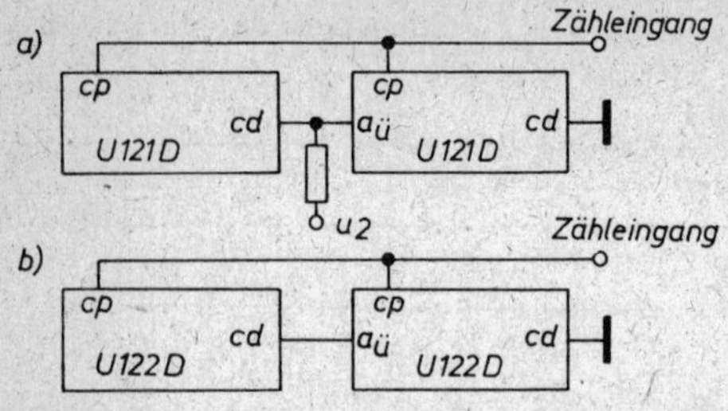

Bild 7.68
Synchrone Zählerschaltungen: a – mit *U 121 D*; b – mit *U 122 D*

Ausgänge des *U 122 D* dagegen Gegentakttransistorausgangsstufen. In Tabelle 7.4. werden die Schaltungsmöglichkeiten der Zählerschaltkreise anschaulich dargestellt.

Eine Uhr mit MOS-Schaltkreisen ist in den Bauplänen nicht enthalten. Dazu sei auf die 3. Lieferung der *Schaltungssammlung für den Amateur* verwiesen, die 1982 erschienen ist.

7.8.3. 8-Kanal-Sensorschaltkreis *U 710 D*

Der *U 710 D* wird in einem 16poligen DIL-Plastgehäuse mit einem Reihenabstand von 7,5 mm gefertigt. Er enthält einen 3-Bit-Binärzähler. Über acht Paralleleingänge können mit «L» an den drei Binärausgängen *A1, A2, A3* die Zahlen 0 bis 7 dargestellt werden. Den Ausgang *A4* benutzt man im wesentlichen zur Zusammenschaltung mit einem zweiten *U 710 D* zum 16-Kanal-Betrieb. Der *U 710 D* wird in der Sensorelektronik von Rundfunk- und Fernsehgeräten als Eingangsschaltkreis im Zusammenwirken mit dem Dekodierschaltkreis *U 711 D* für 8- oder 16-Kanal-Betrieb eingesetzt. Die Zählerfunktion spricht auf die H/L-Flanke des Taktimpulses am Anschluß e_s an (serieller Betrieb). Wie beim *U 700 D* muß auch beim *U 710 D* der Taktimpuls eine Länge von 60 bis 200 µs haben. Ebenso gilt für die Flankensteilheit des Taktimpulses $t_1 \leqq 10$ µs. Die Information wird über Gegentaktausgangsstufen ausgegeben, die maximal mit 1 mA belastet werden dürfen. Beim Einschalten der Betriebsspannung wird der Zähler in die Vorzugslage, den Zustand 1 (H, H, H), gesetzt. In dieser Grundbetriebsart liegen die Anschlüsse e_{VL} auf dem Potential von U_1; *a4* liegt auf Bulkpotential. Bild 7.69 zeigt den Übersichtsschaltplan des *U 710 D*.

Die Realisierung eines 4-Bit-Zählers ist durch die Verknüpfung von zwei Schaltkreisen *U 710 D* möglich. Dabei erfüllt der Anschluß *a4* eine kombinierte Ein- und Ausgangsfunktion. Seine Pegeländerung steuert das Zusammenwirken beider Zähler. DieAbschaltung eines der beiden Schaltkreise wird jeweils über eine interne Verknüpfungslogik bewirkt. Dabei liegt der Anschluß e_{VL} des ersten Schaltkreises (1 bis 8) auf U_1-Potential und der des zweiten Schaltkreises (9 bis 16) auf Bulkpotential. Die jeweiligen Ausgänge *a1* bis *a4* und die Eingänge e_s der beiden Schaltkreise werden zusammengeschaltet.

7.8.4. Dekodierschaltkreis *U 711 D*

Der *U 711 D* wird in einem 16poligen DIL-Plastgehäuse mit einem Reihenabstand von 7,5 mm gefertigt. Er enthält einen Binär-zu-1-aus-8-Dekoder. Den *U 711 D* benutzt man vorwiegend in der Sensorelektronik als elektronischen Kanalschalter im Zusammenwirken mit dem *U 710 D* für 8- oder 16-Kanal-Betrieb. Die binäre Eingangsinformation über die Eingänge *e1, e2, e3* wird über eine Matrixschaltung in einen 1-aus-8-Kode umgesetzt, wobei immer nur die entsprechende Ausgangsstufe auf «H» schaltet. In dieser Betriebsart ist der Eingang *e4* auf Bulkpotential zu legen, e_{VL} erhält U_1-Potential.

Die Zusammenschaltung von zwei Schaltkreisen *U 711 D* zu einem Binär-zu-

1-aus-16-Dekoder wird durch die unterschiedliche Belegung des Eingangs e_{VL} realisiert. Dabei liegt der Anschluß e_{VL} des ersten Schaltkreises (1 bis 8) auf U_1-Potential und der des zweiten Schaltkreises (9 bis 16) auf Bulkpotential. Die jeweiligen Eingänge *e1* bis *e4* werden zusammengeschaltet.

Tabelle 7.4. Bedeutung der Anschlüsse der Zählerschaltkreise *U 121 D* und *U 122 D*

Anschluß	Erläuterung	*U 121 D*	*U 122 D*
1 u/d	Zählweise	rückwärts H vorwärts L	L H
2 cd	Freigabe Zähleingang	H	H
3 $a_ü$	Übertrag	H vorwärts bei LHHL rückwärts bei HHHH	H vorwärts bei LLLL rückwärts bei HHHH
4 a_o	Erfassung Zählerstand	L bei LHHH und LHHL	L bei HHHH
7 a1		a	2^0
8 a2		b	$\bar{2}^0$
9a3		c	2^1
10 a4		d	$\bar{2}^1$
11 a5		e	2^2
12 a6	Ausgänge	f	$\bar{2}^2$
13 a7		g	2^3
14 a8		2^2	$\bar{2}^3$
15 a9		2^1	Pseudotetrade
16 a10		2^0	Paritätsbit auf ungerade Anzahl ergänzend
20 bl	Sperrung der Ausgänge	H a1 bis a7 schalten auf L, andere Ausgänge ohne Einfluß	L a1 bis a10 schalten auf H
21 st	Speicherübernahme	L	L
23 p4			
24 p3			
25 p2	Dateneingänge		
26 p1			
27p_s	Daten einschreiben	H	L
28 cp	bei Zähleingang		
Ausgänge		Eintransistor	Gegentakt
Zählende Flanke		HL	LH
Impulsanstiegszeit für Zähleingang		$\leqq$ 2 µs	
Impulsanstiegs- bzw. -abfallzeit für alle übrigen Eingänge		$\leqq$ 20 µs	
Impulsbreite		$\geqq$ 1 µs	
Verzögerungszeiten etwa $\leqq$ 4 µs			
Ausgangsstrom der Ausgänge $\leqq$ 1,5 mA			

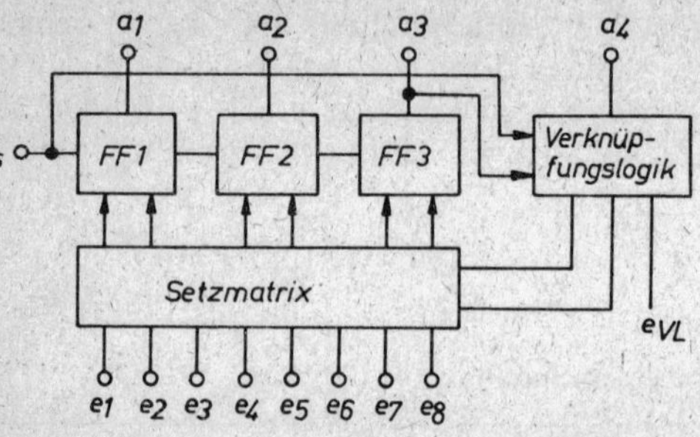

Bild 7.69
8-Kanal-Sensorschaltkreis *U 710 D*, Übersichtsschaltplan

7.9. MOS-Bauplanobjekte

Komplexere Anwendungen der MOS-Technik erfordern größere Leiterplatten. Es gelang, die im Bauplan vorgestellte Bausteinauswahl durchweg auf das bauplanübliche Format von 40 mm × 50 mm hin auszulegen. Zwei kleinere Hilfsplatten sind als Zubehör zu betrachten, denn sie werden mit einer der Hauptplatten zusammengelötet und bilden mit ihr kompakte, vielseitig einsetzbare Bausteine. (Im konkreten Fall ist das auf Grund des Gesamtwerts von Anzeige- und Zählerbaustein durchaus noch von Vorteil!)

7.9.1. Zählbausteine

Der *U 121 D* ist gegenwärtig unter den für Amateure zugänglichen Digitalschaltkreisen noch immer interessant. Wer sich nicht «systemrein» in der 5-V-TTL-Technik zu betätigen entschlossen hat, der wird den Umstand der höheren Versorgungsspannungen bald angesichts der übrigen Vorteile akzeptieren. Daß LED-Anzeigebauelemente (außer in dem noch zu besprechenden interessanten Spezialfall!) dabei einer Leistungsstufe je Segment bedürfen, unterscheidet den *U 121 D* von modernen CMOS-Versionen, siehe z. B. den neuen CMOS-7-Segment-Dekoder *U 405 11*. Der *U 121 D* enthält einen wahlweise vor- oder rückwärts zählenden Dekadenzähler und verfügt über einen Zwischenspeicher und eben eine 7-Segment-Ausgabe.

In Anlehnung an Bauplan 43 wurde für den im folgenden beschriebenen Baustein nicht einfach der schon aus der Anschlußbelegung ableitbare Stromlaufplan angegeben. Bild 7.70 a zeigt vielmehr bereits eine mögliche Anwendung seiner «kompletten» Variante mit Treibertransistoren und der im Handel per Manuskriptzeitpunkt noch vielerorts erhältlichen *VQB 71*. Das macht gleichzeitig deutlich, wie die einzelnen Eingänge je nach Anwendung zu beschalten sind. Der Baustein bietet jedenfalls «neutral» Einzelzugriff zu jedem Schaltkreisanschluß. Damit steht in Form der Leiterplatte nach Bild 7.71 ein Zählbaustein zur Verfügung, der sowohl für Zähler wie für Digitalvoltmeter oder Uhren genutzt werden kann – bei Bedarf auch mehrmals hintereinander ohne ernsthafte Gefährdung in mechanischer Sicht!

Die Komplettierung mit der Anzeigeeinheit nach Bild 7.72 oder Bild 7.73 geschieht nach Bild 7.70c. Dabei bietet Bild 7.72 eine große, weithin lesbare Anzeige. Für zwei Zählbausteine gemeinsam nutzbar wird künftig die Anzeigeeinheit *VQB 24*. Allerdings setzt die Kombination wegen der um 90° gedrehten Anschlußhauptlagen etwas mehr Aufwand beim Adaptieren voraus. Der komplette Baustein mit Transistorausgangs-

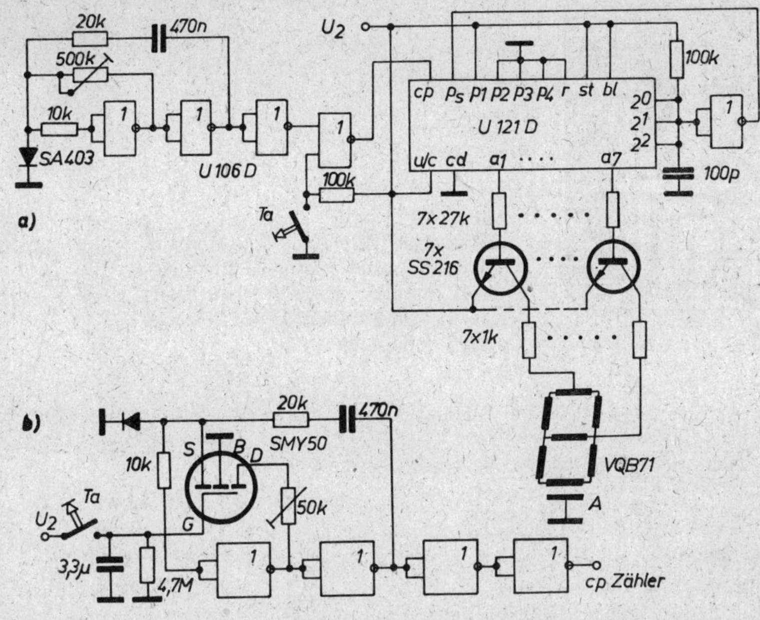

Bild 7.70 a – elektronischer Würfel mit Taktgenerator; b – Generator mit kontinuierlich kleiner werdender Frequenz («Trudelgenerator»)

stufen ist als die den Herstellerschriften entsprechende Ausführung in jedem Fall verwendbar. Für die Anzeigespannung gibt es einen getrennten Anschluß, so daß dort auch eine kleinere Spannung als U2 angelegt werden kann. Eine unkonventionelle Variante erwies sich jedoch für Amateurzwecke als ebenfalls recht brauchbar, wenn sie auch keinesfalls außerhalb der Sphäre des experimentierfreudigen Amateurs benutzt werden sollte – allenfalls wieder mit strombegrenzenden Vorwiderständen. Steht die *VQB 71* nicht zur Verfügung, so kann ohne die sieben Transistoren eine oft leichter beschaffbare und zudem billigere *VQB 37* eingesetzt werden. Sie ist zwar kleiner, kommt aber noch mit 1,5 mA Segmentstrom aus. Diesen Strom liefern – wenn die Anzeigespannung, ggf. mit Z-Diode, entsprechend klein gehalten wird – die Ausgänge des *U 121 D* ohne Schaden. Im konkreten Fall sollte das am Objekt kontrolliert werden, zumal alle sieben Ausgänge, gleichzeitig belastet, zusammen nur höchstens 15 mA vertragen. Auf diese Weise entstand die Leiterplatte nach Bild 7.73 für die Anzeige. Die Zählerleiterplatte ist durch Absägen oder gleich durch Aufreiben nur dieses Teils von Bild 7.71a von der *typofix*-Folie zu gewinnen, wobei die Randbohrungen entfallen. Korrekt, wenn auch dann wieder 50 statt 30 mm lang, wird die Zähldekade beim Einsatz von sieben Vorwiderständen auf der Leiterplatte nach Bild 7.71b. Die Einsparung beträgt immer noch sieben Widerstände und sieben Transistoren, und auf Tischentfernung ist diese Anzeige noch sehr gut lesbar. Durch die schmalen Anzeigeplatten lassen sich die Dekaden dicht nebeneinander anordnen. Der Attraktivität dieser beiden Dekadenvarianten entsprechend, befinden sich auf der zugehörigen *typofix*-Folie vier von ihnen, ausreichend z.B. für eine 4stellige

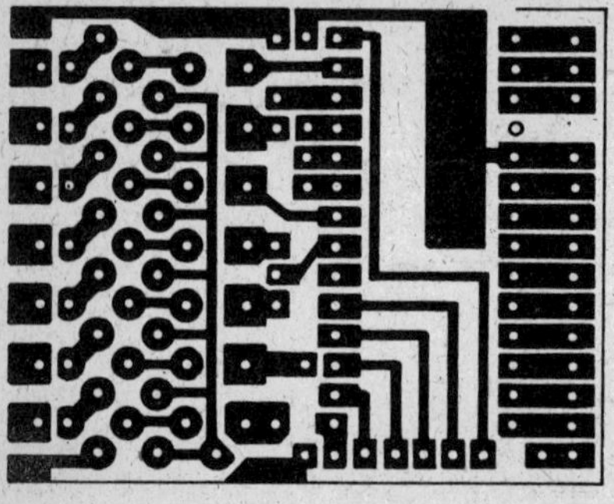

a)

Bild 7.71
Zähldekade mit *U 121 D* (Stromlaufplan in Bild 7.70a enthalten!): a – Leiterbild; b – Bestückungsplan; c – so wird Zähldekade mit Anzeigeplatte verbunden

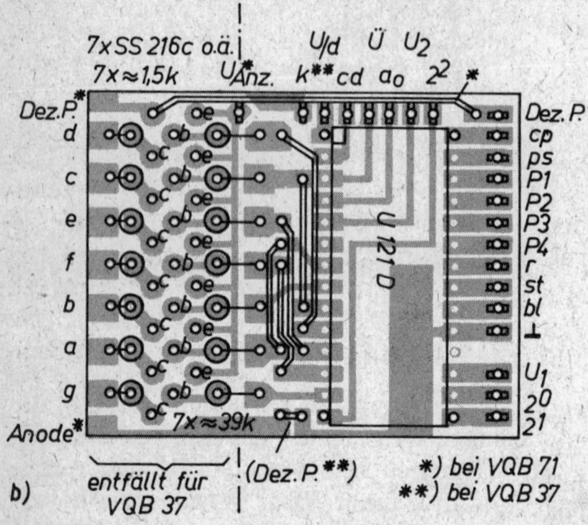

b)

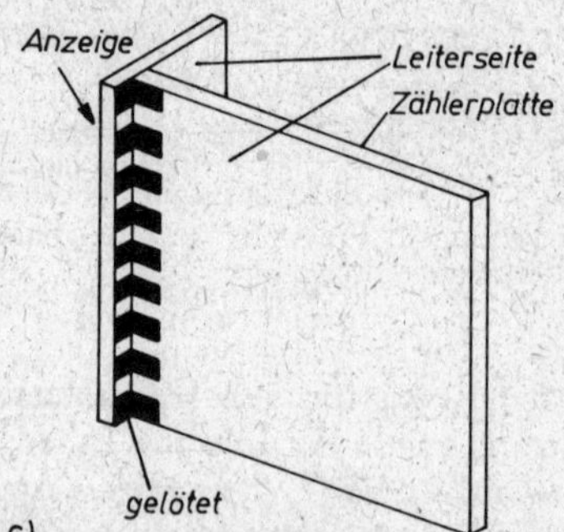

c)

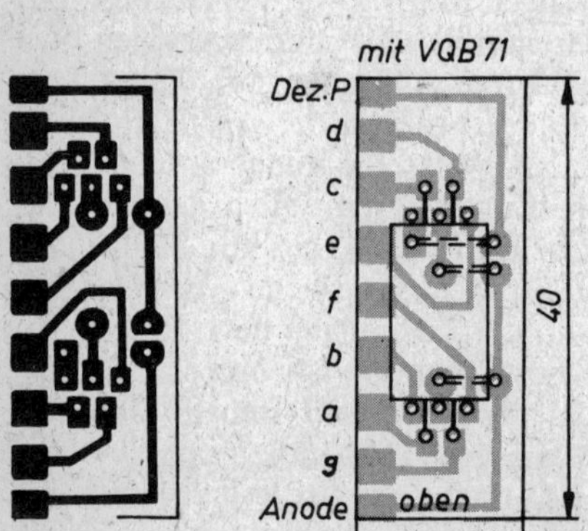

a) b)

Bild 7.72
Anzeigeplatte mit *VQB 71* zur Zähldekade nach Bild 7.70: a – Leiterbild; b – Bestükkungsplan

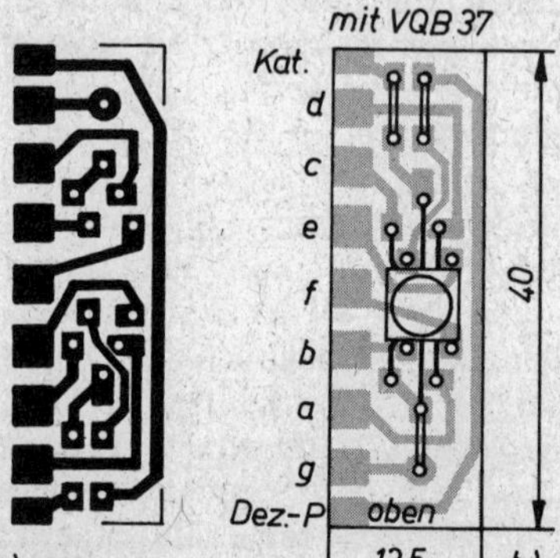

a) b)

Bild 7.73
Anzeigeplatte mit *VQB 37* für direkte Ansteuerung von der gekürzten Zähldekadenplatte aus (Text beachten!): a – Leiterbild; b – Bestükkungsplan

MOS-Uhr, deren Gesamtaufwand durch diese Zähldekade relativ klein wird (vgl. die bereits genannte 3. Lieferung der *Schaltungssammlung für den Amateur*).

Mit einem solchen Zähler- und Anzeigebaustein und einem *U 106 D* läßt sich also auch ein elektronischer Würfel bauen, der das jeweilige Ergebnis über eine 7-Segment-Anzeige *VQB 71* angibt (vgl. Bild 7.70). Von den vier NOR-Gattern des *U 106 D* werden zwei zu einem frei schwingenden Generator verknüpft. Frequenzbestimmend sind der Stellwiderstand von 500 kΩ (470 kΩ) und der Kondensator von 470 nF. Da die Ausgänge der MOS-Schaltkreise nur mit maximal 10 nF belastet werden dürfen, wurde ein Schutzwiderstand von 22 kΩ in Reihe zu diesem Kondensator geschaltet. Mit dem 500-kΩ-Stellwiderstand läßt sich die gewünschte Würfelfrequenz einstellen. Die nachgeschalteten beiden NOR-Gatter bewirken eine Flankenversteilerung, die für den Zähleingang *cp* des Zählerschaltkreises *U121D* benötigt wird. Durch Beschalten eines Eingangs des letzten NOR-Gatters mit 100 kΩ gegen U_2 wird der Durchgang der Zählerimpulse zunächst gesperrt. Erst dann, wenn die Taste gedrückt wird, erhält der Eingang H-Potential, und die Zählimpulse gelangen zum Zähler. Mit *u/d* an U_2 ist der Zähler auf die Betriebsart «vorwärts» geschaltet. Der Anschluß *cd* liegt an Masse. Dadurch wird der Zählereingang freigegeben. Da die Paralleleingabe beim *U121D* nicht genutzt wird, sind die im Bild eingetragenen Beschaltungen von *ps* und *p1* bis *p4* nötig. (Im Gegensatz zur TTL-Technik dürfen Eingänge von MOS-Bauelementen nicht unbeschaltet gelassen werden!) Da beim Würfel nur 1 bis 6 gezählt wird, wurden die Ausgänge 2^0, 2^1 und 2^2 des Zählschaltkreises verbunden und über 100 kΩ an U_2 geschaltet. Wenn der Zähler auf 7 schaltet, wird an *ps* H-Potential wirksam und eine Eins eingeschrieben. Dadurch blendet man die Null aus, wenn der Zähler auf 7 schaltet. Das Zusammenschalten der Ausgänge ist gestattet, da der *U 121 D* Open-Drain-Ausgänge (1-Transistor-Ausgänge) hat. Mit den Ausgängen a1 bis a7 wird über beliebige Siliziumtransistoren die *VQB 71* angesteuert. Für die Stromverstärkung der Transistoren reicht ein $\beta \geqq 20$ aus, da die Basiswiderstände von 27 kΩ einen Basisstrom von etwa 0,5 mA bereitstellen. Der Segmentstrom wird mit 1 kΩ auf etwa 10 mA begrenzt. Die Anode der *VQB 71* legt man direkt an Masse. Bei gedrückter Taste gelangen die Zählimpulse auf den Zähler. Die Frequenz des Generators sollte so eingestellt werden, daß die Anzeige flimmert. Nach dem Loslassen der Taste steht die Anzeige, und die gewürfelte Zahl kann abgelesen werden. Die für viele MOS-Schaltkreise nötigen beiden Betriebsspannungen ($-U_1 = 27$ V, $-U_2 = 13$ V) lassen sich für Amateurzwecke vielfach zu einer zusammenfassen. Dazu muß man den Widerstand von 100 kΩ an den Ausgängen des Zählers (2^0, 2^1, 2^2) auf 220 kΩ erhöhen (bei $U_1 = U_2 = -27$ V) und die sieben Widerstände der VQB 71 von 1 kΩ auf 2 kΩ bis 2,2 kΩ vergrößern. Die übrige Schaltung kann unverändert bleiben. Versuche haben ergeben, daß diese Schaltung sogar in den meisten Fällen bis $-U_1 = -U_2 = 12$ V noch einwandfrei funktioniert.

Wer einen langsam «austrudelnden» Würfel wünscht, kann den Generator nach Bild 3.70b verwenden, der eine kontinuierlich kleiner werdende Frequenz erzeugt. An Stelle des 500-kΩ-Stellpotentiometers im ursprünglichen Generator wird ein MOS-Transistor *SMY 50* eingesetzt (als veränderbarerWiderstand). Bei geöffnetem Taster liegt das Gate des *SMY 50* auf Massepotential, und der Transistor sperrt. Damit ist der Widerstand zwischen Drain und Source so groß, daß der Generator nicht schwingen kann. Bei gedrückter Taste erhält das Gate U_2-Potential, und der Transistor wird voll geöffnet. Mit dem Stellwider-

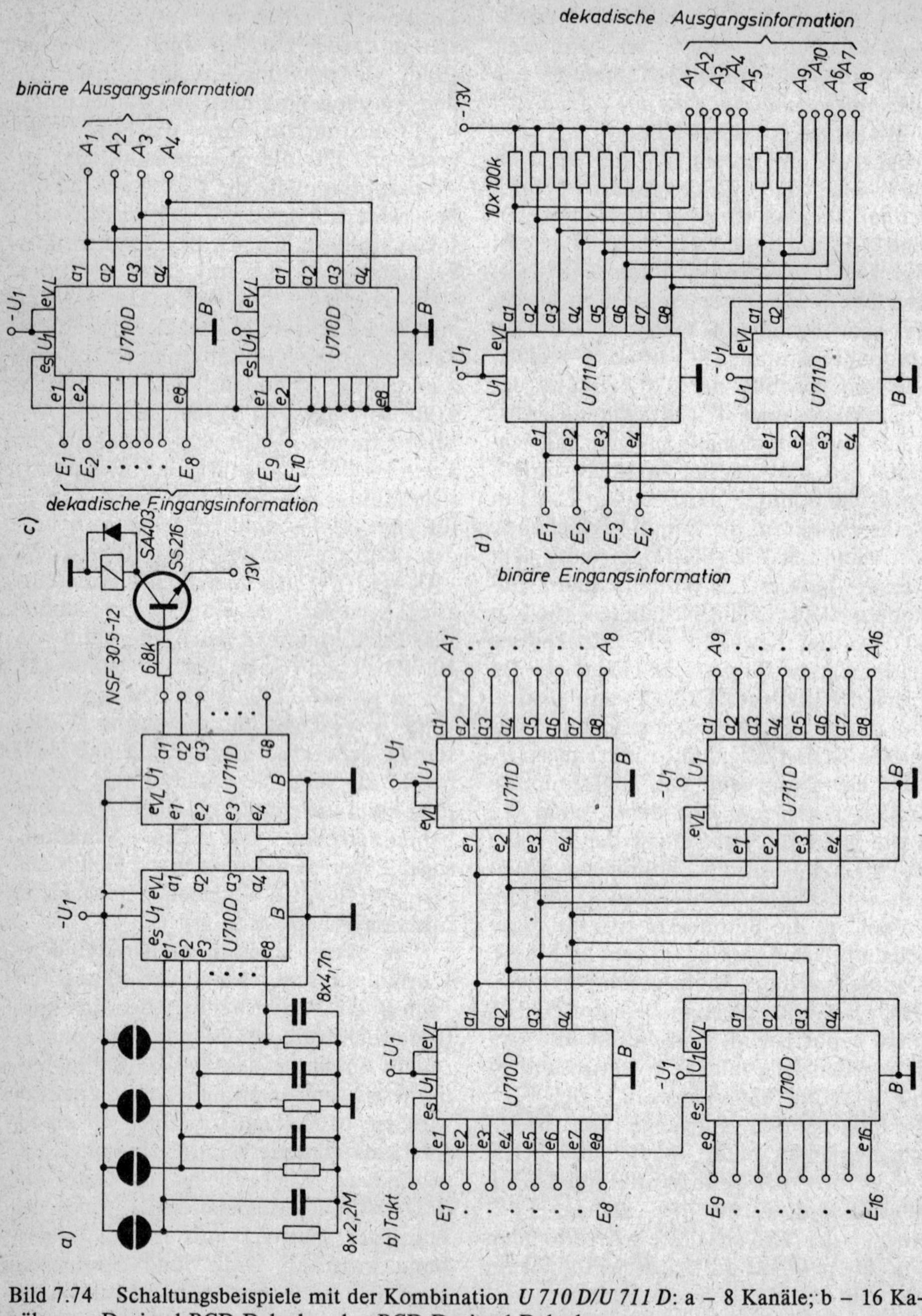

Bild 7.74 Schaltungsbeispiele mit der Kombination *U 710 D/U 711 D*: a – 8 Kanäle; b – 16 Kanäle; c – Dezimal-BCD-Dekoder; d – BCD-Dezimal-Dekoder

stand kann die gewünschte Frequenz eingestellt werden. Nach dem Loslassen der Taste wird der Kondensator von 3,3 µF über den Widerstand 4,7 MΩ langsam entladen. Damit ändert sich auch die Gatespannung des MOS-Transistors; sie wandert langsam von U_2 gegen 0 V. Der MOS-Transistor wird nun zunehmend gesperrt und damit die Drain-Source-Strecke immer hochohmiger. Nach Unterschreiten der Schwellspannung ist der Durchlaßwiderstand wieder so groß geworden, daß der Generator nicht mehr schwingt. Auf der Anzeige ergibt sich nach Loslassen der Taste ein immer langsamer werdendes Flimmern, bis schließlich nach einigen Sekunden eine Zahl stehenbleibt. Durch Änderung des *RC*-Glieds beim Taster lassen sich entsprechende «Trudelzeiten» einstellen. Für diesen Würfel wurde keine spezielle Leiterplatte angefertigt.

7.9.2. Einsatzmöglichkeiten der Kombination *U 710 D/U 711 D*

Die Schaltkreiskombination *U 710 D/U 711 D* ist eine Weiterentwicklung des *U 700 D*. Eingangsseitig wird der *U 710 D* genauso beschaltet wie der *U 700 D*. Ebenso verhält es sich mit den Ausgängen des *U 711 D*.

Der Notwendigkeit, zwei Schaltkreise einzusetzen, stehen die Vorteile einer dennoch insgesamt günstigeren Flächenausnutzung, des Gewinns von zwei Schaltkanälen und der leichten «Kaskadierung» gegenüber. Bild 7.74a zeigt eine 8-Kanal-Sensorschaltung mit *U 710 D/U 711 D*. Der Ausgang *a4* muß in der 8-Kanal-Variante fest mit dem Bulk verbunden werden. Wie beim *U 700 D*, so besteht auch hier über den Eingang e_s des *U 710 D* die Möglichkeit des seriellen Betriebs.

Durch eine Belegung $e_n = U_1$ und *e4* = «L» oder e_{VL} = Bulk und *e4* = «H» beim *U 711 D* werden die Ausgänge gesperrt (ähnlich *Blanking* bei den Zählern *U 121 D, U 122 D*). Von den Ausgängen des *U 711 D* werden über Siliziumtransistoren Relais vom Typ *NSF 30.5-12* o. ä. angesteuert. In der Schaltung nach Bild 7.74b wurden je zwei Schaltkreise *U 710 D* und *U 711 D* zu einer 16-Kanal-Variante verknüpft. Die Beschaltung der Eingänge entspricht der nach Bild 7.74a. Eine Leiterplatte für Bild 7.74a, die auch für Bild 7.74b verwendbar ist (geänderte Verbindungen anbringen, Leiterplatte ist entsprechend vorbereitet!), zeigt Bild 7.75a (Bestückung für acht Kanäle nach Bild 7.75b).

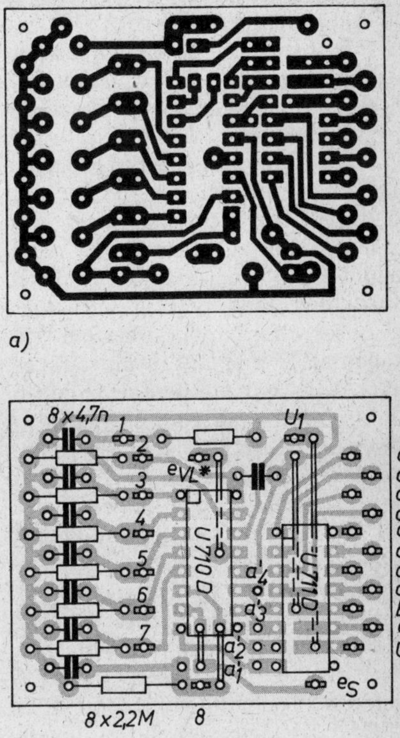

Bild 7.75
a – Leiterbild zu Bild 7.74a; b – Bestückungsplan zu a. Die Leiterplatte ist «kaskadierbar» zur Variante nach Bild 7.74b. e_{VL} ist für 1 bis 8 an *U*1, für 9 bis 16 an B zu legen!

8. Spezielle Bauplanobjekte

Es gibt Schaltkreise, die man nicht einfach den beiden Hauptlinien «digital» und «analog» zuordnen kann. Und es gibt das Hauptanliegen der Baupläne, praktische (zunehmend Mikro-) Elektronik zu bieten, bei der im Vordergrund Anwendungen stehen, die ebenfalls nicht in jedem Falle an das gebunden sind, wofür die Industrie die benutzten Bauelemente einsetzt. Ein ganz typisches Beispiel dafür war Bauplan 46. Einer der dort behandelten Schaltkreise, der *A 910 D*, wird inzwischen nicht mehr produziert, und industriell bestand auch für einen Nachfolger kein Interesse. Man kann aber davon ausgehen, daß – angesichts der erheblichen Mengen, in denen er 1981 in den Handel gelangt war – viele Leser dieses Buches noch über ein oder auch mehrere Exemplare davon verfügen. Das läßt sich schon aus dem recht günstigen Preis folgern, zu dem er angeboten worden war. Es wäre schade, die in ihm steckenden Möglichkeiten ungenutzt zu lassen. Darum hat der folgende Abschnitt 8.1. sicherlich noch seine Berechtigung.

Günstiger steht es um den anderen, damals in gleicher Weise gehandelten Typ. Auf den *A 902 D* folgte inzwischen der in vielen Parametern verbesserte *A 302 D*. Abschnitt 8.2. ist damit auf jeden Fall aktuell, denn mit dem Wissen um die Unterschiede werden die in Bauplan 46 gebotenen Beispiele und Leiterplatten wieder neu anwendbar. Eine in gewissem Sinne umgekehrte Situation in der Verfügbarkeit moderner CMOS-Technik bestand bei den jüngeren Bauplänen. Sie begannen gerade erst in die Amateursphäre einzudringen. Das geschah zunächst durch Importschaltkreise vorwiegend aus der UdSSR und in Form der ungepufferten, sozusagen «klassischen» Serie *K 176*. Einige Einsatzmöglichkeiten (dort noch ohne Leiterplatten) wurden darum schon in Bauplan 47 mit aufgenommen, an Beleuchtungsschaltungen gekoppelt.

Eine Fülle weiterer Anregungen hat der Autor dieses Buches inzwischen im Abschnitt *CMOS-Praxis* des 2. Bandes der *Mikroelektronik in der Amateurpraxis* zusammengetragen. Bei der Manuskripterarbeitung zum vorliegenden Buch schließlich standen – der Situation bei den modernen Operationsverstärkern vergleichbar – die ersten DDR-CMOS-Typen für Experimente zur Verfügung. Es schien daher gerechtfertigt, über Bauplan 47 hinaus zu diesen Schaltkreisen einige Bauinformationen anzufügen – (noch) nicht im Abschnitt «Digitaltechnik», denn als geschlossene «Logikfamilie» konnte man diese ersten Typen noch nicht ansprechen, aber voll gerechtfertigt im vorliegenden Rahmen, vgl. Abschnitt 8.3.

Eine Fülle weiterer interessanter Schaltkreise wartet auf den Einsatz auch durch den Amateur. Man denke z. B. an den Leuchtdioden-Ansteuerschaltkreis *A 277 D* (vgl. auch Bauplan 53), an den energiesparsamen I²L-Teiler *D/E 351 D* oder an die Timerschaltkreise *B 555 D* und *E 355 D*! Es kommt der Vielseitigkeit eines Bauplan-Bastel-Buchs über den augenblicklichen Arbeitsstand hinaus zugute, wenn solche künftigen Bauplanobjekte ebenfalls erwähnt werden, soweit Informationen und Erfahrungen darüber schon vorliegen.

8.1. Einsatzbeispiele für den *A 910 D*

8.1.1. Informationen zum Schaltkreis

Der *A 910 D* enthält in einem 14poligen DIL-Gehäuse (Bild 8.1.a) neben drei Widerständen eine Reihe von Transistoren bzw. Transistorkombinationen, die teils als pnp-, teils als npn-Transistoren wirken (Bild 8.1b). An der Plusleitung *(14)* liegen die (pnp-) Emitter der Kombination T2/T2′ und T3/T3′ sowie die Widerstände *R*1 und *R*3. Die weiteren Anschlüsse sind so belegt: *1* (npn-) Emitter von T3 und *R*2; (pnp-) Basis von T3′; *3* Basis des npn-Transistors T4, *4* Emitter T4 und andere Seite von *R*2; *5* Kollektor T4 und andere Seite von *R*1; *6* Kollektor T6 (npn); *7* Emitter von T6 (kann als «Masse» des Ausgangskreises betrachtet werden); *8* Kollektor T1 (npn; dieser Transistor ist mit keinem anderen verbunden); *9* Basis T1, *10* Emitter T1; *11* Basis T5 (T5, ein npn-Transistor, treibt mit seinem Emitter die Basis von T6); *12* (pnp-) Basis der Kombination T2/T2′; *13* Emitter (npn) von T2; *14* s. o. Durch die unterschiedlichen Zonenfolgen sind mit dem *A 910 D* interessante, im Ruhestrom sehr sparsame Schaltungen möglich. Tabelle 8.1. faßt die auf Grund der zahlreichen Kombinationsmöglichkeiten der Elemente des *A 910 D* umfangreichen Daten zusammen. Abschließend sei nochmals darauf hingewiesen, daß es zum *A 910 D* nach Produktionsauslauf keinen Nachfolgetyp gibt, da die an ihm interessierte Industrie inzwischen auf seinem Einsatzgebiet zu anderen Lösungen gelangt ist. Für den Amateur dürfte er jedoch – schon angesichts der zuletzt relativ großen Stückzahlen im Handel – noch eine gewisse Zeit nützlich sein.

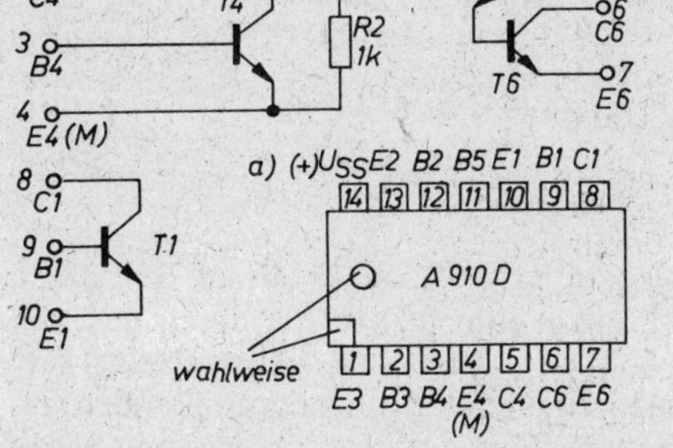

Bild 8.1
Transistorkombination *A 910 D* (per 1982 noch im Angebot): a – Anschlußbelegung; b – Innenschaltung

8.1.2. Ruhestromfreier Signalgenerator

Schaltungen fast ohne Ruhestrombedarf, die also ständig auf Bereitschaft an eine Batterie auch kleinerer Kapazität, jedoch möglichst großer Lagerfähigkeit angeschlossen sein können, lassen sich durch die CMOS-Technik technisch ohne Schwierigkeiten realisieren. Von besonderem Vorteil gegenüber CMOS-IS ist beim *A 910 D* die relativ hohe Strombelastbarkeit der Ausgangsstufe. Der Grundtyp des Komplementärmultivibrators für Signalfrequenzen im Blink- und Hörbereich nach Bild 8.2. stellt bei entsprechender Dimensionierung des Rückkopplungsgliedes R_1C_1 im Sinne eines kleinen Puls-Pause-Verhältnisses bereits einen sehr ökonomischen Signalgenerator dar, verglichen etwa mit dem in beiden Zuständen «stromaktiven» symme-

Tabelle 8.1. **Transistorkombination** ***A 910D*****: a – ausgewählte Kenngrößen; b – Grenzkennwerte**

a)

Transistorelement 1
$h_{21Emin} = 50$ bei $I_E = 3$ mA,
$U_{CE} = 3$ V
$U_{CEsat} \leqq 0{,}5$ V bei $I_C = 10$ mA,
$I_B = 1$ mA
$U_{CEO(BR)min} = 6$ V bei $I_C = 100$ µA
Transistorkombination 2 (3)
$h_{21Emin} = 50$ bei $I_B = 20$ µA,
$U_{CE} = 3$ V
$U_{CEsat} \leqq 1{,}2$ V bei $I_C = 3$ mA,
$I_B = 0{,}2$ mA
$U_{CEO(BR)min} = 6$ V bei $I_C = 100$ µA
Transistorelement 4
$h_{21E} = 30$ bis 180 bei $I_E = 120$ µA,
$U_{CE} = 0{,}8$ V
$U_{CEsat} \leqq 0{,}5$ V bei $I_C = 10$ mA,
$I_B = 1$ mA
Transistorkombination 5 (6)
$h_{21Emin} = 900$ zwischen $I_{E6} = 1 \ldots 100$ mA,
— $U_{CE6} = 0{,}4$ V
$U_{CEsat} \leqq 0{,}4$ V bei $I_{C6} = 100$ mA,
$I_B = 0{,}5$ mA
$U_{SS} = 2{,}8$ V, $R_L = 110\,\Omega$
$U_{CEO(BR)min} = 6$ V bei $I_{C6} = 100$ µA
Widerstandselemente
$R1 = 21 \ldots 39$ kΩ bei $I_R = 0{,}1$ mA
$R2 = 0{,}7 \ldots 1{,}3$ kΩ bei $I_R = 1$ mA, $U_{SS} = 3$ V
Mittlerer Temperaturkoeffizient
$T_{K(R)} = 2{,}5 \cdot 10^{-3}$/K bei $I_{R1} = 0{,}1$ mA bzw. $I_{R2} = 1$ mA

b)

$U_{SS} = 0 \ldots 6$ V	$I_{C4} = 20$ mA
$U_{CE} = 6$ V	$I_{B4} = 15$ mA
$I_{C1} = 20$ mA	$I_{C6} = 200$ mA
$I_{B1} = 15$ mA	$I_{B5} = 20$ mA
$I_{C2}, I_{C3} = 40$ mA	$P_V = 300$ mW
$I_{B2}, I_{B3} = 20$ mA	$\vartheta_S = -40 \ldots +125$ °C

trischen Multivibrator. Er ist jedoch bezüglich der Stromverstärkung seiner beiden Transistoren recht toleranzempfindlich – eine Schaltung dieses Typs schwingt nicht ohne weiteres sicher an; daher auch die in Bild 8.2 gestrichelt dargestellte Abgleichmöglichkeit.

Einen Ausweg bringt der Einsatz eines dritten Transistors. In dieser Schaltung (Prinzip: Bild 8.3) wurde durch den zusätzlichen Transistor sichergestellt, daß alle Transistoren im aktiven Bereich arbeiten. Wird die Betriebsspannung angelegt, arbeiten zunächst nur T1 und T2 in der gewohnten Verknüpfung, wobei sich über R_L erst eine Spannung aufbaut, aus-

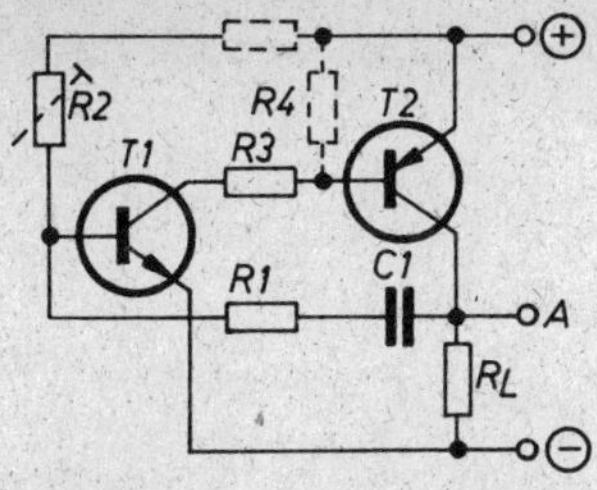

Bild 8.2
Üblicher 2-Transistor-Komplementärmultivibrator (toleranzempfindlich)

gelöst durch den von *R*2, *R*2′ her in T1 fließenden Basisstrom. Sobald die Spannung über R_L den Schwellwert der Basis-Emitter-Spannung von T3 überschreitet, zweigt T3 einen Strom vom Basisstrom für T1 ab, was zum Sperren von T1, T2 führt. Damit wird aber auch T3 wieder gesperrt, und der Vorgang wiederholt sich. Bild 8.4a zeigt eine von mehreren möglichen Grundschaltungen, die das Transistorangebot des *A 910 D* berücksichtigt. Bei ihr wurden praktisch alle Transistorelemente des Chips ausgenutzt, was gleichzeitig zu Funktionserweiterungen sowohl ein- wie ausgangsseitig führt. Dieser Generator, dessen Arbeitsfrequenz durch entsprechende Wahl des Rückkopplungskondensators in weiten Grenzen variiert werden kann, hat mindestens zwei Besonderheiten: Zum einen geht die Ausgangsbelastung so gut wie nicht in die Eigenschaften des Generatorteils ein. Die Strombelastbarkeit des Ausgangs bietet mit 200 mA dabei eine große Zahl von Anwendungen. Für eine maximale Betriebsspannung von 5,6 V ergibt sich R_{Lmin} zu 28 Ω. Bei Einsatz eines 15-Ω-Lautsprechers z. B. sind bei 5 V etwa 15 Ω Vorwiderstand sinnvoll; bei Lampenlast sollte man bei der Dimensionierung des R_V vom Lampenkaltwiderstandswert ausgehen.

Zum anderen bot sich für einen solchen Generator – eingesetzt z. B. in Überwachungssystemen vielfältiger Art – durch die Schaltkreiselemente die interessante Möglichkeit des ruhestromfreien Betriebs. Dazu wird die Transistorkombination T2, T2′ eingesetzt. Hochohmiger «Sensor»-Eingang der Gesamtschaltung ist damit der Anschluß *12*. Gesteuert wird von Masse her. Damit lassen sich z. B. Fotowiderstände, möglichst hochohmige Heißleiter-Widerstandskombinationen (für kleinen Querstrom dieses Meßzweigs, der dann einziger permanenter «Verbraucher» ist) sowie einfache Sensorelektroden oder auch ein Arbeitskontakt anschließen, je nach Aufgabenstellung.

Die Schaltung enthält mit dem zwischen Kollektor des npn-Multivibratortransistors und Eingang liegenden 1-MΩ-Widerstand außerdem noch eine Selbsthaltemöglichkeit. Das bedeutet Dauersignal auch bei nur kurzzeitiger externer Aktivierung des Eingangs. Wer das nicht wünscht, wird diesen Widerstand weglassen. Andererseits bietet sich so aber eine weitere interessante Möglichkeit einer Ein-Aus-Steuerung. Infolge der Größe dieses Widerstands ist sie wiederum auch mit einer Sensorelektrode (nur gegen Plus statt gegen Masse) realisierbar. Das könnte auch ein brauchbarer Einsatzfall für kleine, relativ selten benutzte Beleuchtungseinrichtungen sein.

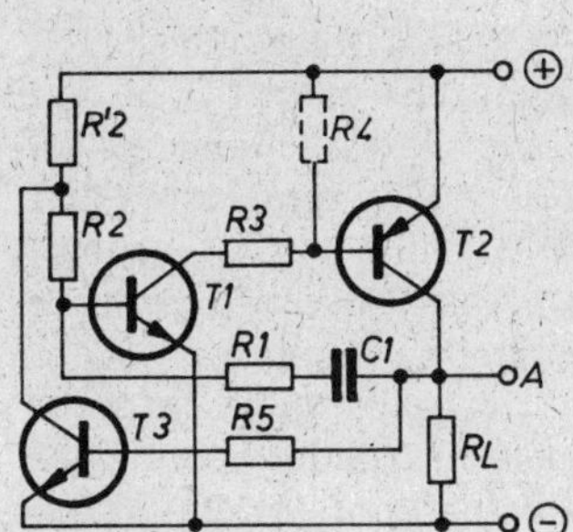

Bild 8.3
Toleranzunempfindlicher 3-Transistor-Multivibrator in Komplementärschaltung, auch bei vertauschten Zonenfolgen und dann umgedrehter Polarität der Stromversorgung verwendbar

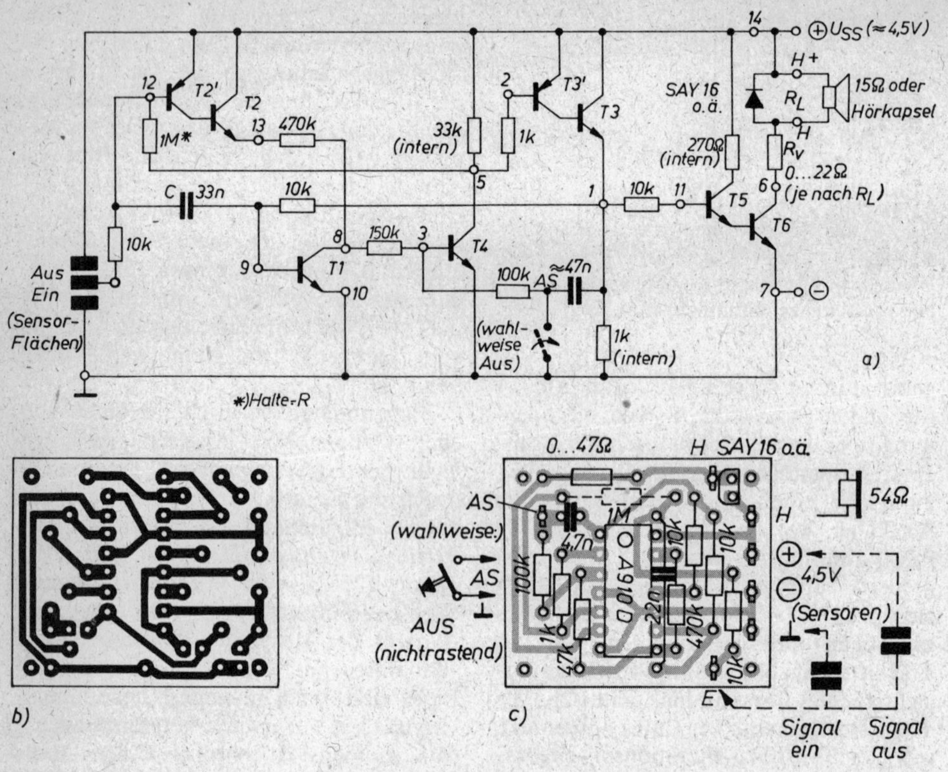

Bild 8.4 Ruhestromfreier Signalgenerator mit *A 910 D* mit hochohmigem Start-Stopp-Eingang und Leistungsausgang (I_{max} ≈ 200 mA), Arbeitsbereich 2,8 V bis 5,6 V, zum besseren Verständnis mit Innenschaltung dargestellt: a – Stromlaufplan; b – Leiterbild; c – Bestückungsplan

Dabei und auch für akustische Signalisierungen bringt die Variante ohne 1 MΩ und mit einem wesentlich über 33 nF vergrößerten, für diesen Effekt zeitbestimmenden Kondensator *C* noch die Möglichkeit, eine monoflopartige selbsttätige Abschaltung nach der von *C* bestimmten Zeit zu realisieren.

Mit dieser Schaltung kann eine ganze Reihe von Aufgabenstellungen gelöst werden. Daher bot sich der Entwurf einer Leiterplatte an (Bild 8.4b, Bestückung Bild 8.4c). Mit dieser Leiterplatte als «Herzstück» entstand eine Alarmbox in einem Kunststoffgehäuse (*Polystyrol* oder *PVC*). Bild 8.5 skizziert eine mögliche Ausführung. Bild 8.6 zeigt Ansichten eines Mustergeräts. Es enthält u. a. drei thermisch in die Gehäusewand eingedrückte Drahtklammern zum Testen und zum Ausschalten mit dem (feuchten) Finger. Zum Anschluß verschiedener Sensoren wurde eine 5polige Diodenbuchse angebracht, an die auch der sonst auf der Leiterplatte zur Selbsthaltung des Alarmsignals befindliche 1-MΩ-Widerstand gelegt wird. Dadurch kann zwischen den Betriebsarten «Alarm mit Selbsthaltung» und «Alarm ohne Selbsthaltung» gewählt werden. All diese Einzelheiten gehen aus Bild 8.5 und Bild 8.7 hervor. Bild 8.7 zeigt außerdem mögliche

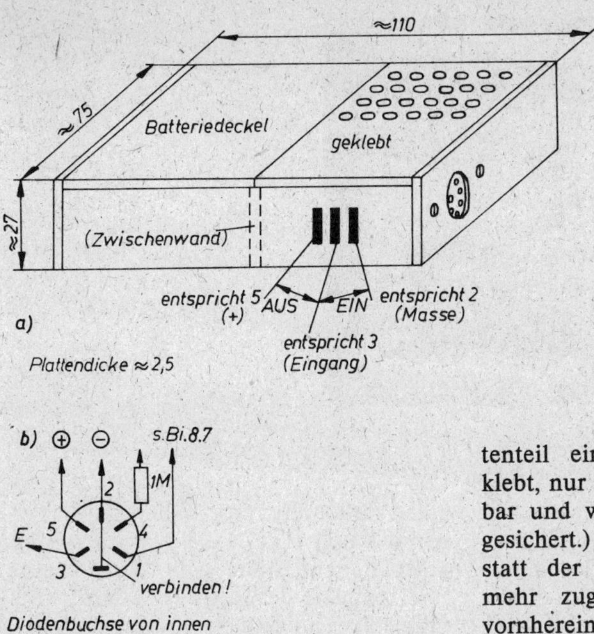

Bild 8.5
a – «Alarmbox» mit Generator nach Bild 8.4; b – Belegung der Eingangsbuchse für die in Bild 8.7 dargestellten Betriebsfälle

Einsatzfälle der Alarmbox, deren Batterie bei nicht zu häufigem Gebrauch doch etwa im Abstand einiger Monate vorbeugend gewechselt werden sollte, damit nicht auslaufender Elektrolyt trotz eingeklebter Zwischenwand Schaden in der Schaltung anrichten kann. (Im Muster wurde übrigens der gesamte Leiterplattenteil einschließlich Hörkapsel zugeklebt, nur der Batteriedeckel ist abnehmbar und wird durch einen Klebstreifen gesichert.) Beim Nachbau benutze man statt der für Neuentwicklungen nicht mehr zugelassenen Flachbatterie von vornherein z. B. drei Elemente vom Typ *R 6*.

Abschließend noch ein Hinweis: An einer größeren Anzahl von Schaltkreisen dieses Typs wurden toleranzempfindliche Werte überprüft. Ergebnis: Der Grundwert für C ist 22 nF. Meist genügen 10 nF, um (mit 1 MΩ) einwandfreie Selbsthaltung zu gewährleisten. Nur in einem Fall waren dazu 33 nF nötig. Andererseits durften bei einem anderen Exemplar nur

Bild 8.6
Mustergerät zu Bild 8.5:
a – Außenansicht; b – Schaltungsfach geöffnet

Bild 8.6b

10 nF eingesetzt werden, sonst ließ sich der Ton nicht löschen. Darauf ist also beim Nachbau zu achten. Gegenüber einer früheren Veröffentlichung zu dieser Schaltung wurde bereits im Bauplan 46 *C* von *1* nach *9* verlagert. Zusammen mit einer Erhöhung des Widerstands zwischen *3* und *8* auf 150 kΩ arbeiteten im geschilderten Sinne alle vorhandenen 10 Exemplare des *A 910 D* (aus verschiedenen Fertigungschargen!) einwandfrei.

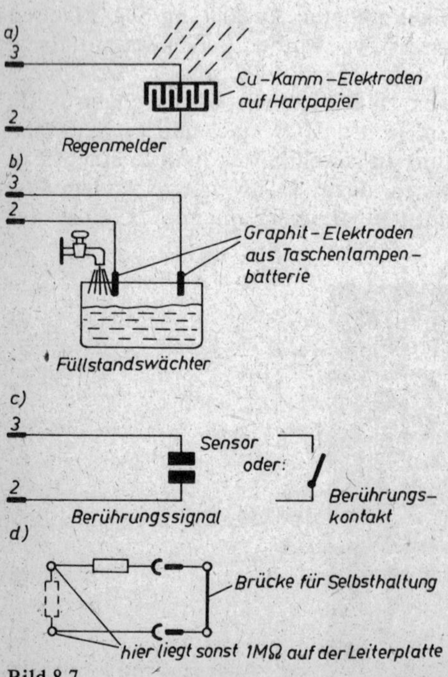

Bild 8.7
Mögliche Einsatzfälle der Alarmbox

8.2. Schwellwertschalter *A 902 D* und *A 302 D*

Der *A 902 D* – er wird nicht mehr produziert – und sein Nachfolgetyp, der *A 302 D*, sind analog ansteuerbare Schwellwertschalter, die ausgangsseitig TTL-Pegel abgeben. Der Ausgang hat einen offenen Kollektor. H-Pegel ergibt sich daher erst mit einem Widerstand nach Plus. Diese Typen können z. B. in der Peripherie von TTL-Digitalschaltungen eingesetzt werden, etwa als Zeitgeber, Dämmerungsschalter, zur Überwachung von Temperaturen usw. Die relativ große Ausgangsbelastbarkeit gestattet jedoch auch Anwendungen, die neben dem Schaltkreis und der Spannungsquelle nur noch eine Eingangssignalquelle (Fotowiderstand, Heißleiter o. ä.) und den Ausgangssignalgeber (z. B. Leuchtdiode, Kleinsignallampe, Schallgeber) bzw. zur Umsetzung auf Kreise größerer Schaltleistung ein Relais enthalten. Bild 8.8 zeigt die Innenschaltung des *A 902 D*.

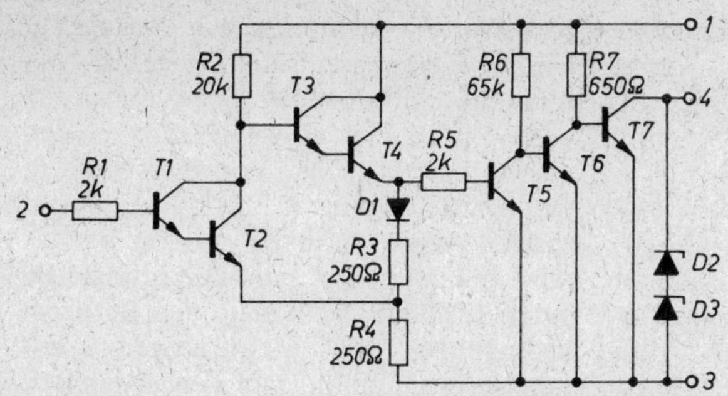

Bild 8.8
Innenschaltung des *A 902 D*

Die Schaltschwellen (zwischen denen eine gewünschte Hysterese besteht) sind temperatur- und spannungsabhängig. Die Spannungsabhängigkeit ist nur selten von Nachteil, da eingangsseitige Geber (etwa Spannungsteiler mit Heißleiterfühler) meist von der gleichen Spannungsquelle gespeist werden. In allen anderen Fällen hilft eine einfache Z-Dioden-Stabilisierung.

8.2.1. Daten des *A 902 D*

Die Daten des *A 902 D* sind im Bauplan 46 in der folgenden zusammengefaßten Form enthalten:

Betriebsspannung U_{SS} = 2,5 bis 5,6 V (Grenzwert 6 V)
Arbeitswiderstand R_F zwischen Eingang und U_{SS} 100 Ω bis 20 MΩ
Kapazität zwischen Eingang und Masse 1 nF bis 470 µF
Lastinduktivität maximal 100 mH
Ausgangsstrom I_O maximal 40 mA (Grenzwert 80 mA bei P_{vmax})
Betriebs-Umgebungstemperaturbereich −10 bis +55 °C
Obere Schwellspannung (von «L» nach «H») I_{IO} = 1,77 bis 1,97 V (typisch 1,85 V)bei U_{SS} = 4 V; 2,2 bis 3,1 V bei U_{SS} = 5,6 V
Untere Schwellspannung (von «H» nach «L») U_{IO} = 0,8 bis 1,55 V (typisch 1,25 V) bei U_{SS} = 5,6 V
L-Ausgangsspannung U_{OL} = 0,15 bis 0,4 V
(U_{IL} =0 V, I_{OL} = 40 mA, U_{SS} = 2,5 V)
Ausgangssperrstrom I_{OH} maximal 100 µA
Stromaufnahme I_{SS} = 10 mA (maximal 25 mA)
(U_{IL} = 0 V, U_{SS} = 5,6 V)
Ausgangssperrspannung (bei I_R = 100 µA) U_{BRmin} = 6 V
Anstiegszeit t_{rmax} = 5 µs
Abfallzeit t_{fmax} = 5 µs
(U_{SS} = 4 V, R_L = 120 Ω, C_L = 25 pF)
(alle Kennwerte bei 25 °C Umgebungstemperatur)
Lagerungstemperatur −40 bis +125 °C
Eingangsstrom I_{Imax} = 10 mA
Verlustleistung P_{Vmax} = 225 mW.

In Ablösung des *A 902 D* wird seit einiger Zeit der *A 302 D* gefertigt. Er hat gegenüber seinem Vorläufer einige vorteilhafte Eigenschaften. Beim Einsatz eines *A 302 D* in eine vorher mit *A 902 D* erprobte Schaltung wirkt sich das bisweilen aus.

Bauplan 46 enthielt eine Reihe von Anwendungsbeispielen für den *A 902 D.* Zu ihnen wurde als Nachbauhilfe ein *typofix-electronic-special*-Blatt mit den ätzfesten Leiterbildern von vier dieser Schaltungen geschaffen. Es ist als *Blatt 3266* im Amateurbedarfshandel zu haben. Bei Einsatz des *A 302 D* kann man sich dieser Leiterbilder ebenfalls bedienen. Bei ihrer auf den neuen Typ hin modifizierten Anwendung sollten die im folgenden gegebenen Hinweise beachtet werden. Die Neufassung des *typofix*-Blattes wurde überarbeitet.

8.2.2. Daten des *A 302 D*

Tabelle 8.2. faßt die wichtigsten Daten des *A 302 D* gemäß Herstellerinformationen zusammen. Im Vergleich zum *A 902 D* fallen besonders folgende Verbesserungen auf:

- Erhöhung der zulässigen Lastinduktivität auf das 20fache,
- typischer Betriebsstrom nur noch 2,7 mA (maximal 5 mA, also 1/3 des *A 902*-Maximalstroms),
- stark verringerte Schaltpegelhysterese (nur etwa 20% der *A 902*-Werte),
- damit liegen beide Umschaltpunkte in der Nähe von $U_1/2$,
- drastisch reduzierter Eingangsstrom sowohl bei «L» als auch bei «H» am Eingang (I_{IH} typisch 3 nA, maximal 25 nA gegen 10 μA beim *A 902 D*, also drei Zehnerpotenzen niedriger!).

Dagegen wird als maximaler Eingangsstrom nur noch 1 mA zugelassen. Ein solcher Fall ist zu beachten, wenn (u. U. ohne anliegende Betriebsspannung) am Eingang ein Strompfad in der in Bild 8.9b gezeigten Weise zustande kommt. An je einem *A 902 D* und einem *A 302 D* ohne Betriebsspannung gemessene Werte wurden in Bild 8.9b eingetragen. Man erkennt aus der Darstellung bereits die «primitivste» Schutzschaltung gegen zu hohen Eingangsstrom: einen Quellwiderstand (ggf. Vorwiderstand) *R*, der der Bedingung $R \geqq U_{max\,ein}/I_{einzul}$ entspricht. Ohne Betriebsspannung kommt tatsächlich ein beträchtlicher Eingangsstrom zustande, denn erst unter Betriebsbedingungen und im zulässigen Spannungsbereich erhält man den erwarteten hohen Eingangswiderstand!

Auf die Wiedergabe der gesamten, gegenüber dem *A 902 D* wesentlich komplizierteren Innenschaltung sei zugunsten der Übersichtsdarstellung nach Bild 8.9a verzichtet. Der Eingang wird durch einen Darlington-Differenzverstärker mit Stromquelle im Emitterzweig gebildet; der Ausgang ist eine «open-collector»-Stufe. Viele Anwendungen erfordern daher einen pull-up-Widerstand (also einen Widerstand zwischen Ausgang und positiver Betriebsspannung). Für übliche Anwendungen, bei denen die Betriebsspannung auch am Meßzweig liegt, ist die Eigenschaft von Vorteil, daß die Schaltschwellen von der anliegenden Spannung «geführt» werden. Daher sind in den Daten auch nicht die Absolutwerte vermerkt, sondern das Verhältnis $a = U_2/U_1$. U_1 ist die Betriebsspannung zwischen Anschluß *1* und Anschluß *3*, U_2 die Eingangsspannung zwischen *2* und *3*

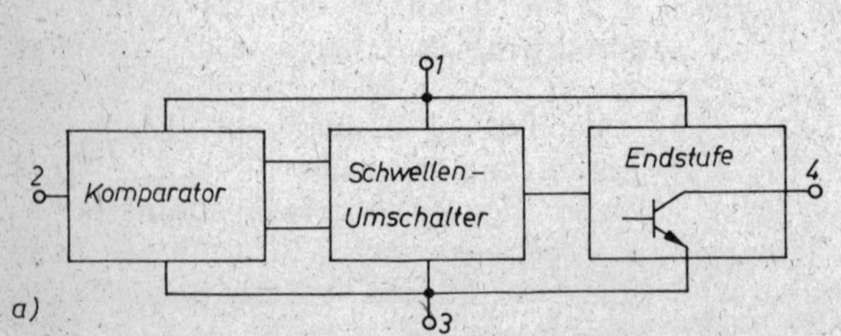

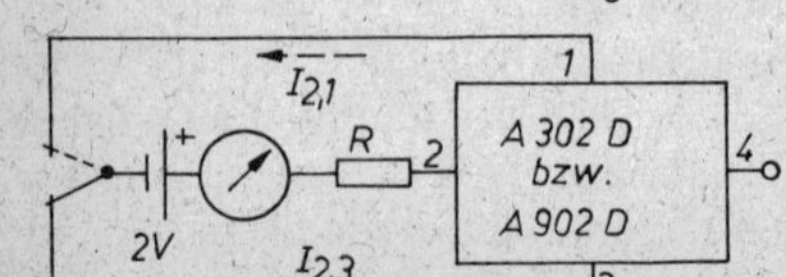

	A302 D	A902 D	
R	1,8k	100	Ω
$I_{2,3}$	0,39	1,87	mA
$I_{2,1}$	0,62	2,37	mA

Bild 8.9
a – Übersichtsdarstellung des *A 302 D*; b – Eingangsströme unter «betriebsfremden» Bedingungen, an Mustern ermittelt

Tabelle 8.2. Schwellwert-Schaltkreis *S 302 D*: a – Grenzwerte, gültig für den Betriebstemperaturbereich; b – dynamische Kennwerte; c – statische Kennwerte bei 25 °C ± 5 K

a)

		min.	typ.	max.
Betriebsspannung	U_S	2,3		6,3 V
Eingangsstrom	I_I			1 mA
Ausgangslaststrom	I_{OL}			60 mA
Lastinduktivität	L_L			2 H
Verpolte Betriebsspannung				
$R_L \geqq 100\,\Omega$				
$t \leqq 20$ min	U_S			−5 V
$t \leqq 10$ s	U_S			−6,3 V
Betriebstemperaturbereich	ϑ_a	−10 °C		−55 °C

b)

Dynamische Kennwerte für	$\vartheta_a = 25\,°C - 5\,K$, $U_S = 4\,V$, $U_{IL} = 0\,V$ $U_{IH} = 2{,}6\,V$ Rechteckimpulse, $t_p = 10\,\mu s$, $t_p/T = 0{,}2$ $R_L = 120\,\Omega$, $Z_O = 50\,\Omega$		
Ausschaltverzögerungszeit	t_{V1}	1,3	µs
Einschaltverzögerungszeit	t_{V2}	0,9	µs
Anstiegszeit des Ausgangsimpulses	t_r	45	ns
Abfallzeit des Ausgangsimpulses	t_f	45	ns

c)

		min	typ.	max.
Betriebsstrom				
$U_S = 4\,V$, $U_I = 0\,V$				
S_1 offen	I_S		2,7	5 mA
Schaltpegel «I_O aus»[2])				
$R_L = 120\,\Omega$, $U_S = 4\,V$				
S_1 geschlossen	a_a	0,57	0,587	0,6
$R_L = 120\,\Omega$, $U_S = 2{,}3 \ldots 6\,V$				
$\vartheta_a = -10 \ldots +55\,°C$				
S_1 geschlossen	a_a	0,559		0,612
Schaltpegel «I_O ein»				
$R_L = 120\,\Omega$, $U_S = 4\,V$				
S_1 geschlossen	a_e	0,5	0,518	0,535
L-Eingangsstrom				
$U_S = 4\,V$, $U_{IL} = 0\,V$				
$R_L = 120\,\Omega$				
S_1 geschlossen	$-I_{IL}$		1	25 nA
H-Eingangsstrom				

		min	typ.	max.
$U_S = 4$ V, $U_{IH} = 4$ V $R_L = 120\,\Omega$	I_{IH}		3	25 nA
Relative Schaltpegeländerung[3]) $U_S = 2{,}3 \ldots 6$ V, $R_L = 120\,\Omega$ $\vartheta_a = -10 \ldots +55\,°C$	$\frac{\Delta a_a}{a_a}$			0,02
L-Ausgangsspannung $U_S = 4$ V, $U_{IL} = 0$ V $I_{OL} = 40$ mA S_1 offen	U_{OL}		225	300 mV
Ausgangssperrstrom $U_S = U_{IH} = U_{OH} = 6$ V S_1 offen	I_{OH}		1,5	100 µA

[1]) Bei Unterschreiten Funktion nicht gewährleistet;
[2]) bezogen auf Betriebsspannung, S1 bezieht sich auf Meßschaltung zum *A 302 D*;
[3]) a_a bei $U_S = 4$ V und $\vartheta_a = 25\,°C$

für den definierten Fall (Schaltpegel I_4 «ein» bzw. «aus», mit pull-up-Widerstand «L» bzw. «H»).

Bild 8.10 zeigt die (geringe) Abhängigkeit beider Werte von der Betriebsspannung; Parameter: Betriebstemperatur. Im folgenden werden einige Anwendungen beschrieben, die teilweise aus Bauplan 46 abgeleitet worden sind. Dabei waren die Unterschiede im Verhalten gegenüber dem *A 902 D* zu berücksichtigen.

8.2.3. Optische Zweipunktinformation

In Anlehnung an Bild 5d aus Bauplan 46 wurde diese Schaltung (Bild 8.11) auf der *typofix*-Leiterplatte *USB 1* aufgebaut. Zum Einengen des vorwählbaren Ansprechpunktbereichs erhält das Potentiometer nach Plus bzw. nach Minus einen Begrenzungswiderstand. Er kann auch durch eine Brücke ersetzt werden. Der andere Zweig wird vom Meßfühler gebildet. Das kann z. B. (wie in Bild 8.11) ein Heißleiter oder ein Fotowiderstand sein. Je nach «Anzeigerichtung» legt man ihn

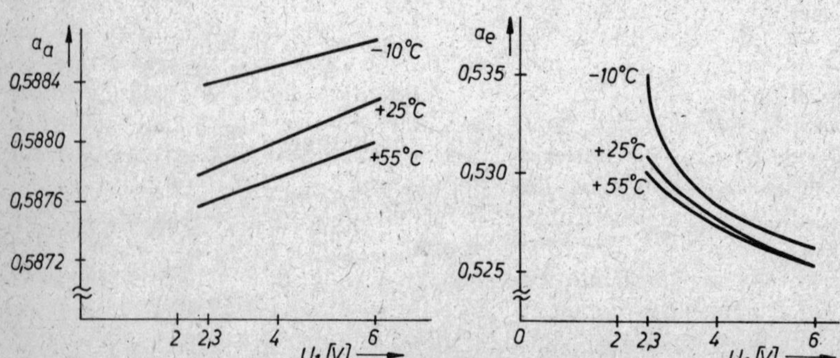

Bild 8.10 Schaltpegel für *aus* (a_a) und *ein* (a_e), bezogen auf die Betriebsspannung

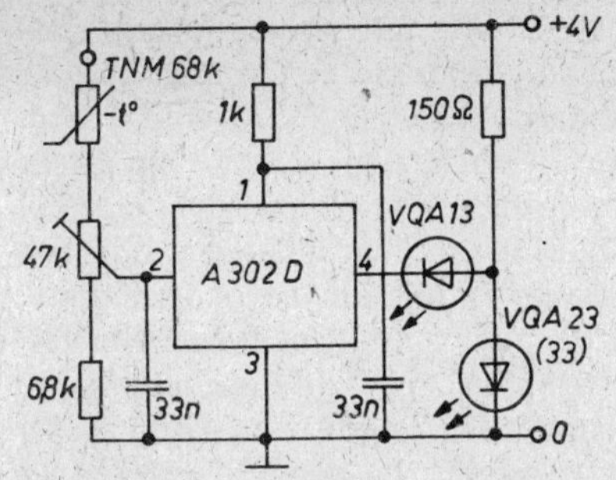

Bild 8.11
Optische Zustandssignalisierung mit eingeengter Hysterese

in den Plus- oder in den Minuszweig. Durch die Wahl von zwei Anzeigedioden unterschiedlicher Flußspannung zeigt die Schaltung Ausgangs-H als gelbes oder grünes, Ausgangs-L dagegen als rotes Leuchtsignal an. Im letztgenannten Betriebszustand liegt die rote Diode der anderen mit der höheren Flußspannung über den durchgeschalteten Ausgangstransistor parallel. Man kann also die Farben nicht vertauschen! Soll z. B. augenfällig Rot als *warm* und Gelb oder Grün als *kalt* angezeigt werden, muß der Ausgang bei warm auf «L» liegen. Da der *A 302 D* ein nichtinvertierender Trigger ist, bedeutet das – im Gegensatz zu Bild 8.11 – Heißleiter im Minuszweig. «Zu kalt» läßt dann die gelbe oder grüne Leuchtdiode ansprechen. Die Schaltung braucht dadurch stets etwa 15 bis 20 mA Betriebsstrom. Daher empfiehlt sich für Dauereinsatz ein Netzteil, z. B. mit *SZ 600/5,1* oder */5,6* stabilisiert. Tritt nur gelegentlich *warm* auf, worauf man dann sofort reagiert, so kann eine 4-V-Batterie interessant werden. Dann läßt man die andere Leuchtdiode weg, und der Ruhestrom bleibt meist unter 3 mA (im Muster: 1,4 mA). Eine mögliche Variante der Schaltung ist ein Differenzthermometer: Beide Zweige erhalten Heißleiter gleichen Widerstandswerts. Abgeglichen wird wieder mit dem Potentiometer. Dazu bringt man beide Fühler auf gleiche Temperatur. Voraussetzung für das «feinfühlige» Ansprechen ohne wesentliche Hysterese ist eine spezielle Maßnahme in der Schaltung nach Bild 8.11: Der Widerstand zwischen Anschluß *1* und Plus führt die interne Vergleichsspannung je nach Schaltzustand nach. Dabei wird die Tatsache ausgenutzt, daß die Stromaufnahme des Schaltkreises bei «H» kleiner ist als bei «L». Hat also die Eingangsspannung den Umschaltpunkt auf «H» erreicht, steigt hinter dem Vorwiderstand an Anschluß *1* die Spannung. Damit braucht die Eingangsspannung im inneren Vergleich mit ihr nur wenig zurückzugehen, damit der L-Punkt erreicht wird. Als praktische Auswirkung ergab sich bei etwa 1 kΩ Vorwiderstand im Muster die eindrucksvolle Verringerung der Hysterese auf etwa 15 % der sonst auftretenden, d. h., sie betrug nur noch etwa 40 mV. Das kann aber Probleme im Übergangsbereich bringen. So wirken sich z. B. Brummeinstreuungen stark aus, wenn sich die Schaltung im Triggerbereich befindet. Dann leuchten beide Dioden, und erst der Oszillograf gibt Auskunft, daß es sich um eine Ausgangsrechteckspannung von Netzfrequenz handelt. So hat der Vorwiderstand einen sinnvollen oberen Grenzwert, der noch unter dem liegt, bei dem die Schaltkreisbetriebsspannung zu klein wird.

Es empfiehlt sich daher, die Schaltung abgeschirmt aufzubauen und längere Zuleitungen wegen ihres Antenneneffekts am Eingang zu entstören. Ob der je nach Potentiometerstellung mehr oder weniger wirksame Eingangskondensator ausreicht oder ob außerdem der ursprünglich auf der Leiterplatte noch einfügbare Serienwiderstand vor dem Schaltkreiseingang erforderlich ist, muß erprobt werden. Ein weiterer Kondensator von *2* nach *3* ist in diesem Falle zu empfehlen. Bereits 33 nF brachten unter Mustereinsatzbedingungen genügend Entstörung. Den Umschaltbereich schnell zu durchlaufen, unterstützt der 33-nF-Kondensator von *1* nach *3* in Bild 8.11.

Am Muster wurden bei 4,2 V Betriebsspannung folgende Werte gemessen: Bei 1,540 V am Eingang wird auf Gelb («H») geschaltet, *U*1 wird 2,89 V. Bei 1,500 V schaltete die Anzeige wieder auf rot («L»), und *U*1 sank auf 2,61 V. Bei entsprechender Gesamtschaltung kann man auf diese Weise einen Thyristor für einen Thermostaten steuern. Das sei im Abschnitt 8.2.7. aus Gründen der geschlossenen Darstellung gemäß Bauplan 46 – noch in der Dimensionierung mit dem *A 902 D* – gezeigt.

8.2.4. Akustischer Signalgeber

Zum *A 902 D* als Temperaturgrenzwertmelder über ein akustisches Signal enthielt Bauplan 46 die in Bild 8.12 wiedergegebene Schaltung. Sie war für den *A 902 D* günstiger zu handhaben als die Herstellerapplikation. Für alle Schaltungen war eine gemeinsame Leiterplatte entworfen worden. Die variable «Maximalbestückung» geht aus dem Stromlaufplan nach Bild 8.13a hervor. Diese Leiterplatte enthielt einen «verdeckten» Fehler, der zumindest beim *A 902 D* ohne Konsequenzen blieb: Die zum prophylaktischen Schutz des Eingangs vorgesehene Diode liegt real am Ausgang, wo sie unnötig ist. Bild 8.13b zeigt die nun entsprechend korrigierte Leiterplatte mit der «Maximalbestückung» nach Bild 8.13c. Da ein Versuch, den *A 302 D* in dieser Schaltung zu betreiben (mit richtig gelegter Diode) u. a. auf Grund seiner höheren Gesamtverstärkung nicht voll befriedigte, wurde die auch zum *A 302 D* vom Hersteller angegebene Applikationsschaltung getestet und etwas modifiziert (Bild 8.14). Für die wieder in den Fühlerzweigen möglichen Aufnehmer wurden für den Test Ersatzwiderstände eingebaut. Man sollte solche Begrenzungswiderstände auch im praktischen Einsatz vorsehen, denn bei einer Eingangsspannung von etwa 1,02 V setzten die Schwingungen im Muster aus, und der Betriebsstrom stieg bei 4,2 V über 30 mA. Wo es auf das Einsparen von Bauelementen und Platz ankommt, läßt sich beim *A 302 D* (nicht beim *A 902 D*!) der Kondensator sogar direkt an *1* legen; man braucht dann nur noch einen Widerstand zwischen *1* und *4*. Der Hörer kann, wenn kleine Signallautstärke genügt, mit einem Widerstand von etwa 56 Ω in Serie geschaltet werden. Der frequenzbestimmende Kondensator darf, wenn die genaue Frequenz keine Rolle spielt, ein platzgünstiger Elektrolytkondensator sein (z. B. 2,2/80). Neu gegenüber der Applikationsschaltung ist die Klemmdiode zwischen *4* und Plus. Ohne sie traten bei 4,2 V Betriebsspannung positive Spitzen von etwa 10 V am Ausgang auf. Bei 5 V Betriebsspannung und mit dieser Diode dagegen ergibt sich z. B. für TTL-Schaltungen ein sogar durchstimmbarer Impulsgenerator mit recht guter, wenn auch in Tastverhältnis erst bei unterer Eingangsspannungsgrenze den Wert 1:1 erreichender Rechteckform mit Betriebsspannungsamplitude. Bild 8.15 zeigt eine am Muster ermittelte *U*/*f*-Kurve dieser gewissermaßen einen VCO darstellenden Schaltung, für die sich damit sicherlich noch weitere Einsatzfälle finden lassen. (VCO heißt spannungsgesteuerter Oszillator.)

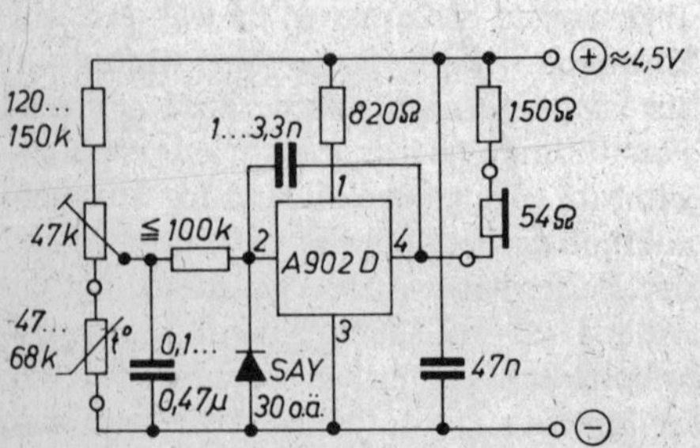

Bild 8.12
Akustische Signalisierung einer Temperaturunterschreitung mit kleiner Hysterese, speziell für den *A 902 D* geeignet

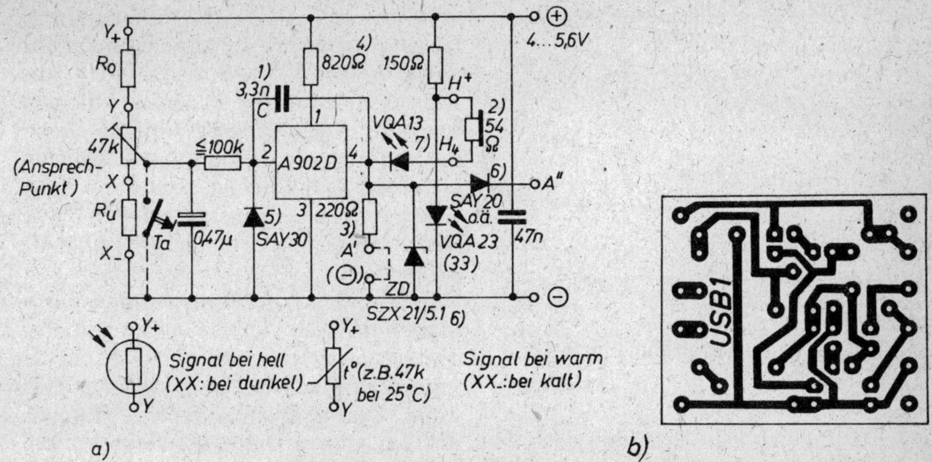

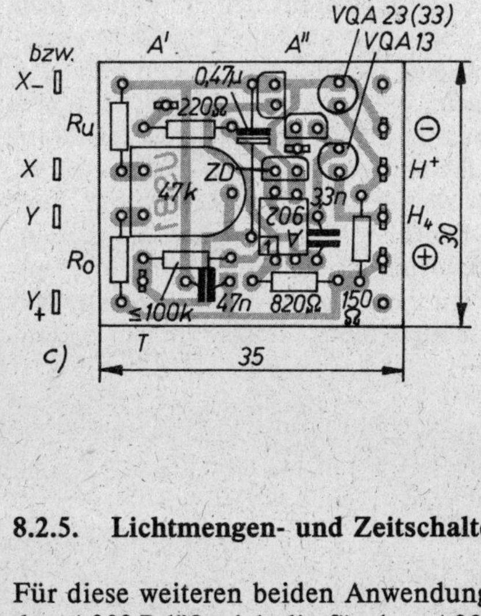

Bild 8.13
Universeller Schalterbaustein, entworfen noch für den *A 902 D*: a – gesamter möglicher Umfang gemäß Leiterplatte; b – Leiterbild; c – «Maximal»-Bestückung.
Hinweise zu a:
1) mit *C*: Ton, ohne *C*: «H» bzw. «L» am Ausgang,
2) entfällt, wenn ohne *C* (Brücke $H^+ - H_4$),
3) verringert Plusamplitude; entfällt, wenn ohne *C* (dann keine Brücke a–⊖),
4) für kleine Hysterese (s. Text)
5) schützt Eingang gegen negative Pulse,
6) nur, wenn Thyristor gesteuert werden soll,
7) nur ohne *C* (und ohne Hörer).

8.2.5. Lichtmengen- und Zeitschalter

Für diese weiteren beiden Anwendungen des *A 302 D* läßt sich die für den *A 902 D* entworfene Leiterplatte. *LZS1* aus Bauplan 46 verwenden. Die in Bild 8.16a wiedergegebene Schaltung mit ihren beiden Möglichkeiten wurde nicht speziell nochmals mit dem *A 302 D* getestet. Die *typofix*-Leiterplatte nach Bild 8.16b kann als Lichtmengen- oder auch als reiner Zeitschalter mit optischer Signalisierung oder zum Ansteuern eines Relais bestückt werden (Bild 8.16c).

8.2.6. Lauflicht

Schaltet man mehrere *A 302 D* mit Zeitgliedern an den Eingängen in Kette, so entsteht eine Art «Eimerkette». Man kann damit z. B. Lampen steuern (Bild 8.17a mit Korrektur der im Bauplan fehlerhaften Wertangabe zum ersten Widerstand links!). Auch für diese Schaltung gibt es ein Leiterbild auf der *typofix*-Folie zu Bauplan 46 (Bild 8.17b). Die im Stromlaufplan enthaltenen 47 nF mußten auf der Bauplanplatte leiterseitig eingelötet werden. Inzwischen ist auch das in der neuen Fassung durch Erweitern des Leiterbilds berücksichtigt wor-

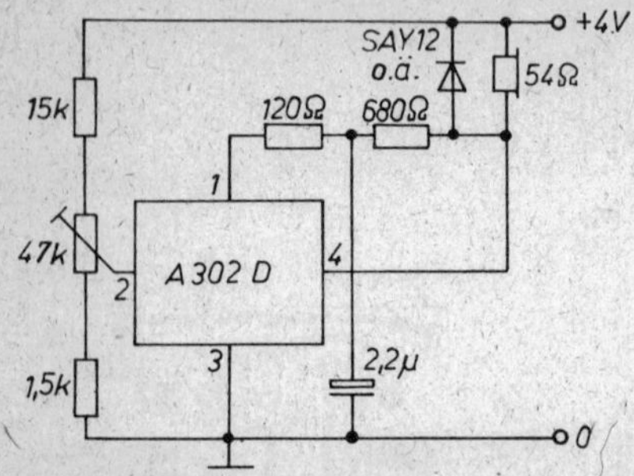

Bild 8.14
Modifizierte Generatorschaltung für *A 302 D*

den, und zwar wahlweise für jede einzelne Stufe. Bestückt wird nach Bild 8.17c. Man kann weitere Stufen sinngemäß in Kette schalten. Gemäß Bild 8.18 lassen sich auch größere Lichtquellen anschließen.

8.2.7. Modellthermostat

Eine teilbestückte Leiterplatte nach Bild 8.13b war Steuerteil eines noch mit dem *A 902 D* realisierten Kleinthermostaten (Bild 8.19a). Sinngemäß ist die Verwendung des *A 302 D* auf der Basis der bisherigen Erläuterungen möglich.

Da diese Anordnung gefahrlos mit Niederspannung arbeitet, wurde für den Leistungsteil ebenfalls eine Leiterplatte entwickelt. Bild 8.19b zeigt die Leiterseite, Bild 8.19c den Bestückungsplan. Sie eignet sich für Niederspannung bis 42 V, so daß damit Heizleistungen in der Größenordnung von 50 W geschaltet werden können. Die Versorgungsspannung für den Regelteil wird aus der «Heizspannung» durch einen von deren Höhe abhängigen Vorwiderstand und eine Z-Diode gewonnen. Der wegen des «offenen Kollektor»-Ausgangs von Plus her nötige Widerstand hat einen Kleinstwert, der sich aus U_B/I_{Amax} ergibt. Man sollte etwa 150 Ω möglichst nicht unterschreiten, wenn 5,6 V anliegen. Der damit bei H-Pegel in den Thyristor fließende Steuerstrom ist völlig ausreichend. Im konkreten Einsatzbeispiel bleibt die Belastung des Ausgangs kleiner, da der Widerstand nicht an Plus der Versorgungsspannung, sondern an der Thyristoranode liegt. Sobald der Thyristor gezündet hat, geht diese Spannung auf die Größenordnung von 1 V zurück. Wird nicht gezündet, begrenzt die Z-Diode U_{max}.

Übrigens ist die Kontrolle des Schaltzustands durch die beiden Leuchtdioden genauso weiterhin möglich wie bei der reinen optischen Überwachungsschaltung. Das ziemlich schwache Mitleuchten der grünen Diode bei dieser Anwendung bei geschalteter roter Leuchtdiode stört kaum. Gegebenenfalls müßte man ihr noch eine Plastdiode in Serie schalten, doch zwingt das zu einem kleineren gemeinsamen Vorwiderstand, der wiederum zu einer (unnötig) größeren Beanspruchung der roten Diode führen würde. Viel stärker stört dabei das Mitleuchten der roten Leuchtdiode, wenn die zur Unterdrückung dieses Effekts in Serie zum Thyristoreingang liegende Diode eingespart wird. Sie sollte also immer vorhan-

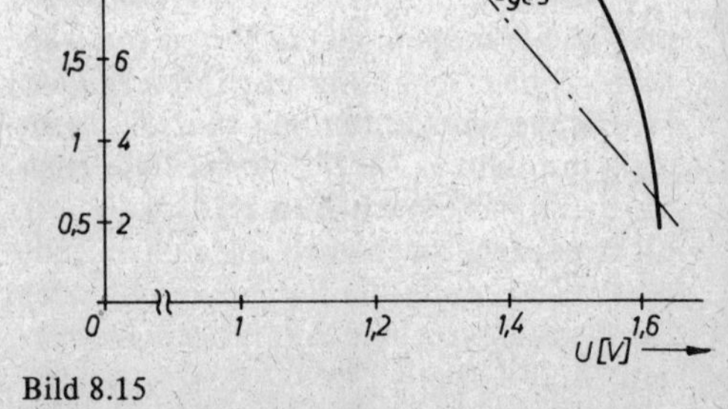

Bild 8.15
Frequenz und Stromaufnahme der Schaltung nach Bild 8.14

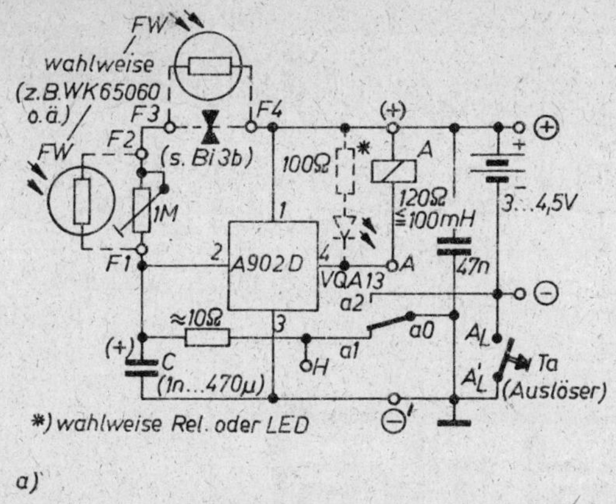

Bild 8.16
Wahlweise als Lichtmengen- oder als Zeitschalter einsetzbare Anordnung: a – Stromlaufplan; b – Leiterbild; c – Bestückungsplan

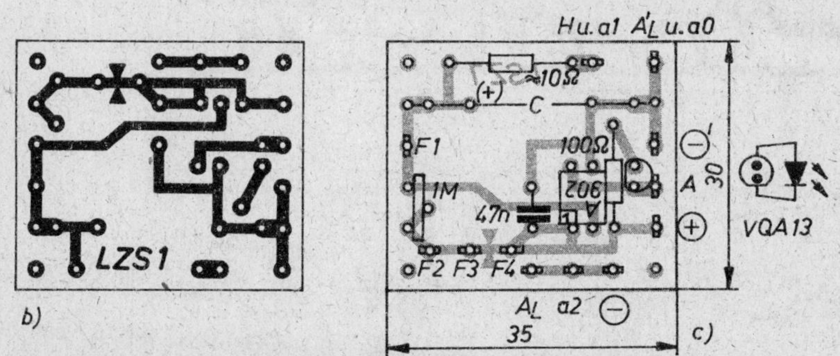

den sein; Rot bleibt dann eindeutig dunkel, wenn Grün leuchtet. «Einsparen» darf man auch keinesfalls die Elektrolytkondensatoren in der Versorgungsspannung und am *A 902*-Eingang. Anderenfalls ergibt sich durch den eingeengten Hysteresebereich ein unerwünschtes ständiges Umschalten in der Nähe der Schaltschwellen, das durch den Restbrumm auf der Versorgungsspannung bedingt ist. Nur für Spezialfälle wird man diesen Effekt ausnutzen (möglicher weiterer Einsatzbereich für *A 902 D* bzw. seinen Nachfolger). Zur besseren Ausnutzung der aus Sicherheitsgründen begrenzten Spannung wurde für den Thyristor von vornherein eine Vollwellensteuerung vorgesehen, d. h., der Thyristor schaltet, wenn sich der Ausgang des *A 902 D* auf «H» befindet, eine Gleichrichterbrücke in jeder Halbwelle an den Heizwiderstand. Für ihn kann man z. B. auch (wie im Muster) eine oder mehrere Niederspannungsglühlampen einsetzen. Da der Thyristor stets schon in der Nähe des Nulldurchgangs der (durch die Gleichrichterbrücke in 100-Hz-Halbwellen verwandelten) Wechselspannung gezündet wird, ist der Kaltstromstoß ungefährlich, auch wegen des hohen zulässigen Spitzenstroms des Thyristors. Die nahezu «Nullspannungsschaltung» führt zu relativ geringen Rundfunkstörungen. Bei Bedarf können – je nach den Bedingungen, unter denen der Thermostat betrieben wird – zwischen Thermostat und Transformator Entstörelemente (Drosseln und Kondensator) eingefügt werden. Die Wirksamkeit der

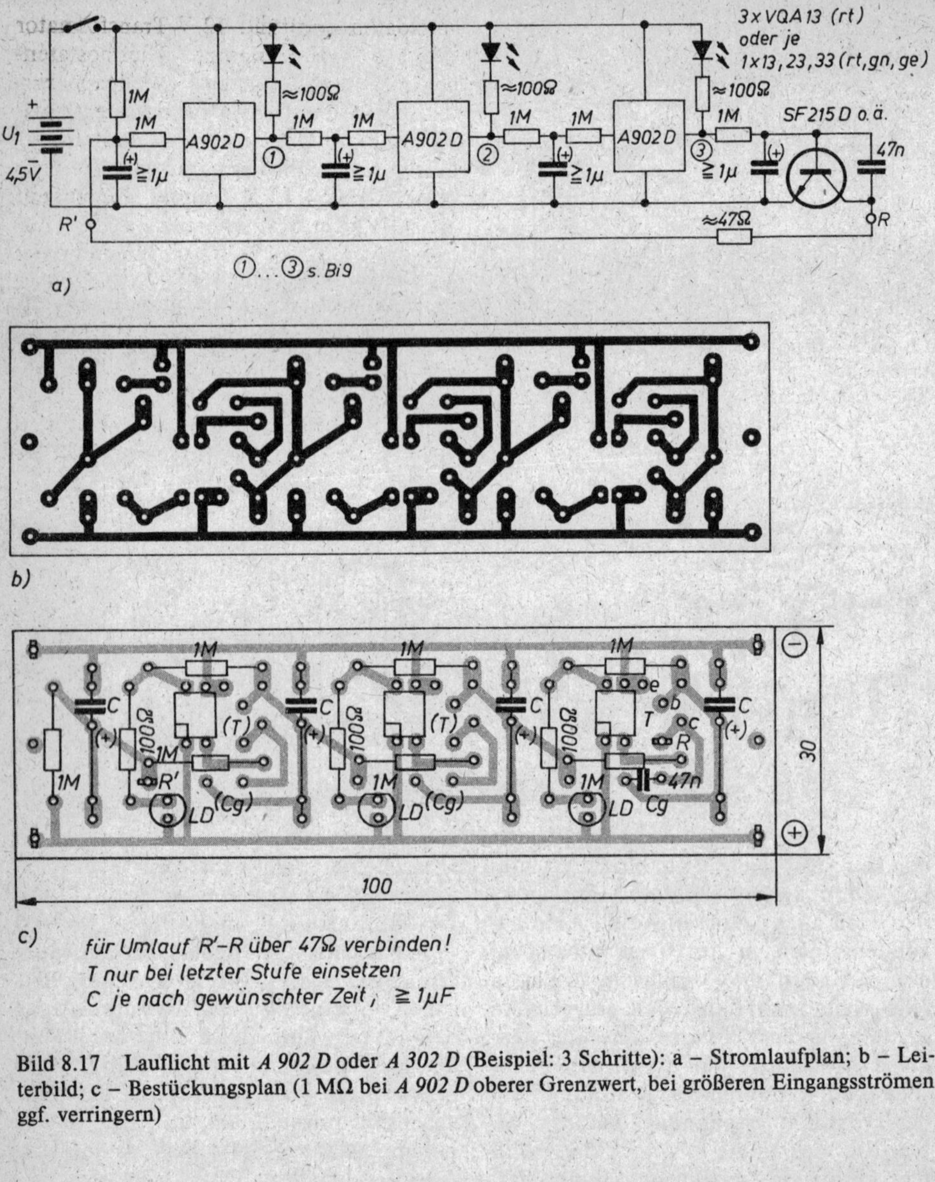

Bild 8.17 Lauflicht mit *A 902 D* oder *A 302 D* (Beispiel: 3 Schritte): a – Stromlaufplan; b – Leiterbild; c – Bestückungsplan (1 MΩ bei *A 902 D* oberer Grenzwert, bei größeren Eingangsströmen ggf. verringern)

Maßnahmen läßt sich am einfachsten mit einem Mittel- und Langwellenempfänger testen. Der Einsatzbereich des Thermostaten richtet sich u. a. nach dem Betriebsbereich des Heißleiters, der ja – und das trifft auch für seine Zuleitungen zu! – dort angebracht werden muß, wo die gewünschte Temperatur konstantgehalten werden soll.

Bei Einbetten in Cenusil und einen Silikongummischlauch – etwa im Sinne von Bild 8.19d – ist auch die Regelung von Flüssigkeitstemperaturen möglich.

Am Mustergerät wurden folgende Bei-

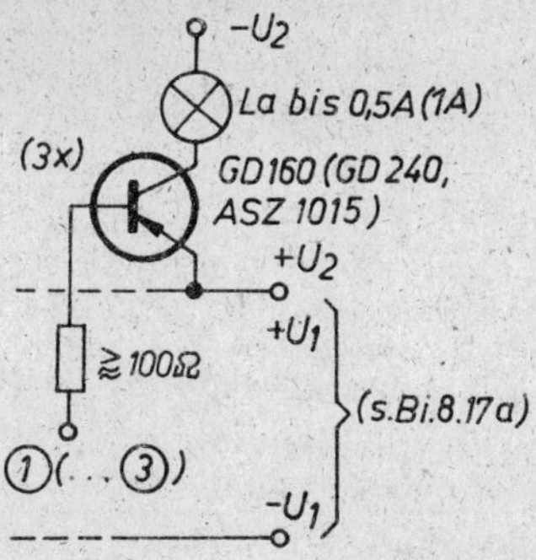

Bild 8.18
Vorschlag für das Schalten größerer Lampen. Für sie ist getrennte, genügend belastbare Stromversorgung vorzusehen

spieldaten ermittelt: 12-V-Transformator speist 5-W-Heizerlampe, Thermostatenvolumen etwa 2 000 cm^3 (Wellpappekarton in zweitem Karton zur besseren Isolation, nur zur Demonstration, da Brandgefahr!), Vergleichsthermometer in Heißleiternähe mit 1/10-K-Teilung, Einlaufzeit etwa 20 min, Solltemperatur 32 °C (Außentemperatur 21 °C), Schaltpunkte: 32,1 °C («zu warm», rote LED leuchtet, Lampe abgeschaltet) und 31,9 °C («zu kalt», grüne LED leuchtet, Lampe eingeschaltet). Die Solltemperatur wurde also mit einer Toleranz von nur ±0,1 K eingehalten. Um die gewünsche Temperatur zu erhalten, heizt man erstmals zunächst bei

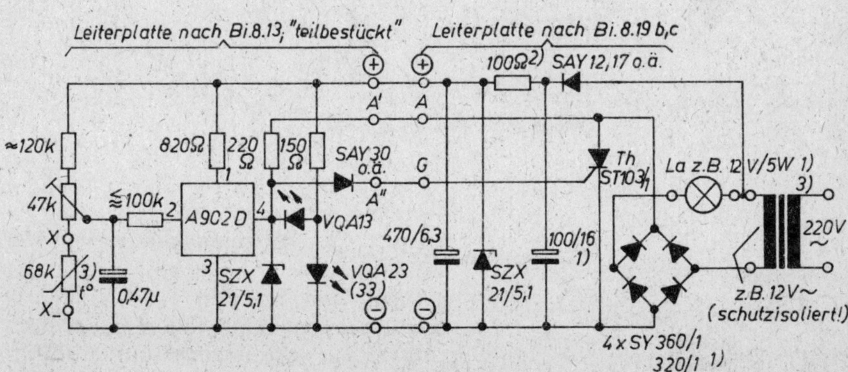

a)

Bild 8.19 Modellthermostat mit *A 902 D* und Thyristor: a – Stromlaufplan in Verbindung mit Bild 8.13 (Notwendigkeit von Entstörmaßnahmen am praktischen Objekt prüfen, s. Text)
1) *U* gemäß Transformatorspannung;
2) Wert nach Transformatorspannung;
3) für Thermostatzwecke in gemeinsamem, wärmeisoliertem Gehäuse; b – Leiterbild der Zusatzschaltung (rechter Bildteil); c – Bestückungsplan; d – Einbetten eines Heißleiters in Silikongummischlauch, wenn Flüssigkeitstemperaturen konstantgehalten werden sollen,
1 – zur Leiterplatte,
2 – Si-Gummischlauch,
3 – Lötstellen,
4 – Heißleiter,
5 – Cenusil,
6 – verdrillter, isolierter Draht;
e – für Fachleute: Steuern größerer Lasten, potentialgetrennt über Optokoppler (Schutzisolierung vorsehen!), Experimentiervorschlag, da Dimensionierung für Netz nicht erprobt. Werden die Kollektoren verbunden und wird 47 kΩ in 100 Ω verändert, so kann das Prinzip an 12 V Niederspannung getestet werden (Z-Diode entfällt dann, alle Bauelemente brauchen nur für Niederspannung ausgelegt zu sein)

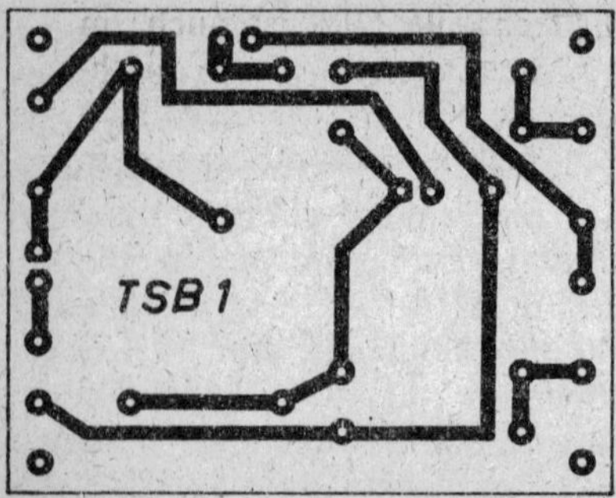

b)

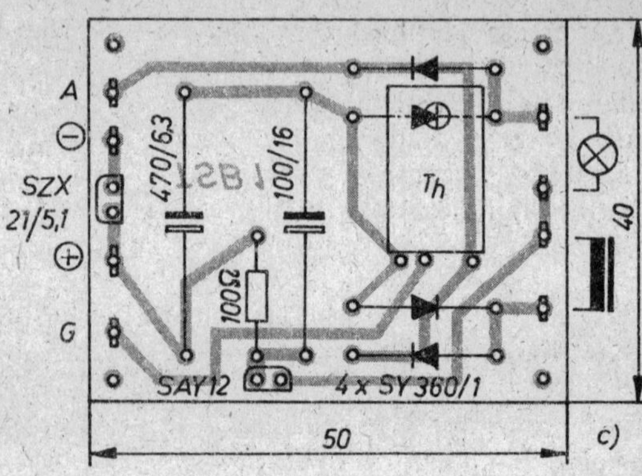

c)

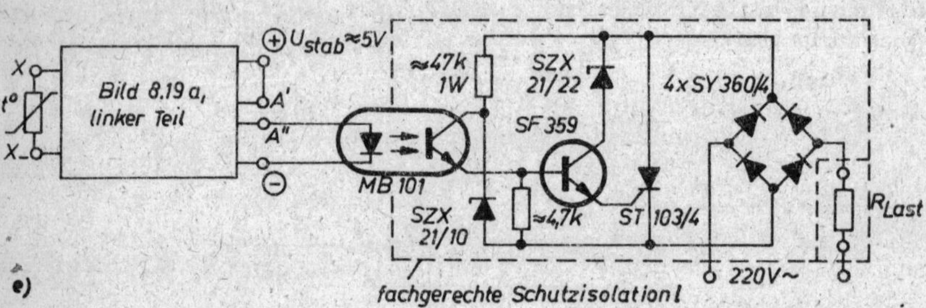

e)

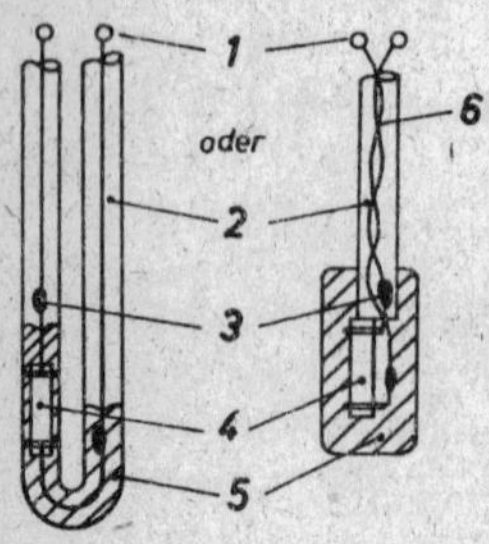

d)

eingeschaltetem Regler (d. h. Lampe ein) und kontrolliert am Fühlerort die Temperatur. Ist der gewünschte Wert erreicht, wird am Potentiometer der Umschaltpunkt eingestellt. Später kann bei Bedarf etwas korrigiert werden.

Für Fachleute in Sachen Netzanschluß sei noch die Möglichkeit angedeutet, mit einer «Sicherheits-Schnittstelle» über einen Optokoppler auch Netzkreise zu schalten, d. h. beispielsweise auch Raumthermostaten – etwa mit Heizlüfter gekoppelt – zu betreiben (Bild 8.19e). Der handelsübliche Optokoppler *MB 101* braucht zum Schalten eines Thyristors eine Nachverstärkung, die man am sinnvollsten als Darlington-Stufe ausführt. Die Z-Diode stellt wieder sicher, daß der Kopplerausgang nicht zu viel Spannung bei nichtgezündetem Thyristor erhält. Allerdings ist jetzt zusätzlich die hohe Spannung am Steuertransistor bei nichtgezündetem Thyristor zu berücksichtigen. Die ebenfalls jetzt handelsüblichen hochsperrenden *SF 359* mit $U_{CEO} = 300$ V erscheinen dafür geeignet, wie in Bild 8.19e dargestellt.

8.3. CMOS-Einsatzbeispiele

Gemäß Abgrenzung in der Einleitung zu diesem Abschnitt werden im folgenden – sozusagen zum «Einstimmen» – einige Beispiele für den Einzeleinsatz von jeweils nur einem oder höchstens zwei dieser zunehmend interessanter werdenden Schaltkreise gegeben. Die Reihenfolge ist zufällig. Kurzinformationen zur CMOS-Technik und Umgangshinweise (zu MOS allgemein) findet man in Abschnitt 7. Dazu noch einige Ergänzungen.

8.3.1. CMOS-Spezifisches

Ruhestrombedarf nahezu gleich Null, leistungslose Steuerung, großer Betriebsspannungsbereich, hohe Störsicherheit, Schaltschwelle etwa 50% der Betriebsspannung, zu betreiben bis zu einigen Megahertz Schaltfrequenz – das sind Stichworte, die heute bei Nennung des Begriffs CMOS (also complementäre MOS-Technik) sofort einfallen. Nicht alles davon stimmt in jedem Fall. So enthält die «klassische» Reihe *K176* aus der UdSSR noch die einschränkende Bedingung in ihren Daten, daß man sie nur bei 9 V ±5% zu betreiben hat. Allerdings betrifft das ihren Haupteinsatzzweck für digitale Systeme. Alle dort wichtigen anderen Parameter werden nur unter dieser Ausgangsbedingung gehalten. Auf diese Problematik ging ja schon Abschnitt 7. bei unserer Hochvolt-MOS-Technik kurz ein. Unter Beachtung der sich ergebenden Verhaltensänderungen (also geringere mögliche Ausgangsströme, kleinerer Störabstand u. ä.) haben sich *K 176*-Schaltkreise beim Einsatz in Schaltungen mit nur 4 bis 6 V Betriebsspannung als für die vorgesehenen speziellen Zwecke voll funktionsfähig erwiesen. Der durch die komplementäre Struktur mögliche minimale Ruhestrom von CMOS-Schaltkreisen wird schnell von den mit zunehmender Frequenz und wachsender kapazitiver Belastung steigenden Betriebsströmen überdeckt. Man darf also von einer «arbeitenden» CMOS-Schaltung nicht das Wunder erwarten, daß sie dies ohne Eigenleistungsbedarf tut!

Die Schaltschwelle 50% ist auch im Grunde (zumindest lange Zeit) Wunschdenken gewesen. Die ideal unendlich steile Übergangskennlinie mit scharfem Knick bei 0 V (Low) und U_B (High) ist bei den Ursprungstypen ziemlich «soft», und die unterschiedliche «Ergiebigkeit» von oberem und unterem Ausgangstransistor trägt ihr übriges bei. Doch gewöhnte man sich rasch an dieses Verhalten. Weder die steile Stromübergangsspitze noch die gefürchteten HF-Schwingungen im Übergangsbereich traten auf, und manch nachteiliger Effekt blieb dadurch aus.

Bei modernen Typen kann man das nicht mehr voraussetzen. Vielleicht läßt sich diese Situation mit jener vergleichen, als die «gemütlich langsamen» Germaniumtransistoren der ersten Jahre zunehmend von «schnellen», HF-tauglichen Typen abgelöst wurden. Es gab manche Überraschung bei dem Versuch, bewährte Schaltungen mit ihnen neu zu bestücken. In einer ähnlichen Lage befindet sich der Amateur, wenn er eine der in anderer Literatur ja schon reichlich vorhandenen CMOS-Schaltungen mit einem modernen, «gepufferten» Typ realisieren will.

Mit den technologischen Fortschritten der CMOS-Technologie konnte man auf der bei dieser Technik bisher relativ großen erforderlichen Fläche je Schaltungselement jetzt kleinere und damit (kleinere Kapazitäten!) «schnellere» Elemente realisieren. Außerdem bot sich die für das Gesamtverhalten entscheidende Möglichkeit, zwischen Anschlüsse und eigentliche Innenschaltung komplementäre «Puffer»-Stufen einzufügen. Die Vorteile dieser neuen Typen: wirklich sehr steile Übergangskennlinie infolge der wesentlich höheren inneren Verstärkung, näher bei 50% der Betriebsspannung liegender Umschaltpunkt, arbeitsfähig bei höheren Frequenzen. Neueste internationale Typen erreichen schon die Schaltzeiten der TTL-Technik! Relativer Nachteil für manchen Zweck: Das Übergangsverhalten erfordert mehr Beachtung, die Flanken der steuernden Impulse müssen steiler sein usw.

Zu den technologisch bedingten Fortschritten gehören inzwischen wesentlich verbesserte Ein- und Ausgangsschutzschaltungen. Für sie kann jetzt, löst man diese Maßnahmen in die Schaltsymbole diskreter Bauelemente auf, viel mehr Aufwand getrieben werden. Wer also einen solchen Schaltkreis nicht gerade völlig sorglos behandelt, wird kaum noch Verluste zu beklagen haben. Allerdings bringen Schutzdioden einen Effekt mit sich, an den man nicht sofort denkt: Übersteigt die Eingangsspannung die Werte der Betriebsspannung, beginnen sie zu leiten. Und allzuviel Energie vertragen sie auf Dauer nicht. Daher jede CMOS-Schaltung so auslegen, daß entweder dieser Fall gar nicht auftreten kann (die Betriebsspannung muß stets vor jeder Eingangsspannung anliegen und darf erst als letzte ausgeschaltet werden) oder daß mögliche Ströme auf wenige Milliampere (bei vielen Typen höchstens 10 mA!) begrenzt werden. Angesichts der im Normalbetrieb ja verschwindend kleinen Eingangsströme läßt sich das mit Schutzwiderständen meist problemlos realisieren.

8.3.2. Kleinspannungs-Beleuchtungssteuerungen

CMOS-Schaltkreise im «quasi-Ruhebetrieb» bieten die Möglichkeit, beliebige, im aktiven Zustand größere Energie beanspruchende Einrichtungen zu beliebiger Zeit zu beeinflussen. Der Steuerteil kann ständig an der Quelle bleiben, fast ohne diese zu belasten. (Wichtige Voraussetzung: Ruheeingangspegel muß U_B bzw. 0 V möglichst nahekommen, je nach Wirkung, sonst fließt u. U. relativ viel Ruhestrom!) Besonders an Bereitschaftsbatterien ist das ein großer Vorzug vor anderen möglichen Steuerschaltungen. Auch aus Gründen der Sicherheit wurden aus den vielen Möglichkeiten daher solche mit Kleinspannungsversorgung gewählt – teils eben für Batterieeinsatz, teils für Wechselspannung hinter Schutztransformator.

Geeignete Partner für den Übergang von der «Informationselektronik» zur «Leistungselektronik» sind u. a. Thyristoren, aber auch im Schaltbetrieb eingesetzte Leistungstransistoren.

Aus Bauplan 47 stammt ein kleines Sortiment von Steuerschaltungen, das für zahlreiche Einsatzfälle geeignet ist. Eine Besonderheit beim Thyristoreinsatz bestand dabei in der Lösung des Problems, einen an Gleichspannung liegenden, durch den ersten Schaltimpuls gezündeten Thyristor mit einem zweiten Impuls wieder zu löschen. Das wurde in Bauplan 47 zunächst an einer 1poligen Handsteuerung erläutert.

8.3.2.1. Ein-Aus-Taste für Thyristor im Gleichspannungsbetrieb

Bekanntlich läßt sich ein normaler Thyristor nicht einfach durch Öffnen des Steuerkreises löschen, sondern außerdem muß kurzzeitig die Anodenspannung zu 0 werden, bzw. der durch den Thyristor fließende Strom muß kleiner als sein Haltestrom werden. Schaltet man daher von Anode nach Katode einen vorübergehenden Kurzschluß ein, so ist diese Forderung erfüllt, während ein Dauerkurzschluß praktisch den Laststrom aufrechterhalten würde. Einen kurzzeitigen Kurzschluß erreicht man mit einem Kondensator ausreichender Kapazität (Haltestrom muß einige Mikrosekunden unterschritten werden). Soll nun die Abschalttaste nicht in diesem Kreis liegen, der nach dem Abschalten Betriebsspannung führt, benutzt man einen 2. Thyristor. Allerdings muß seine Spannung in gezündetem Zustand genügend unter der des Hauptthyristors bleiben. Daher ist es

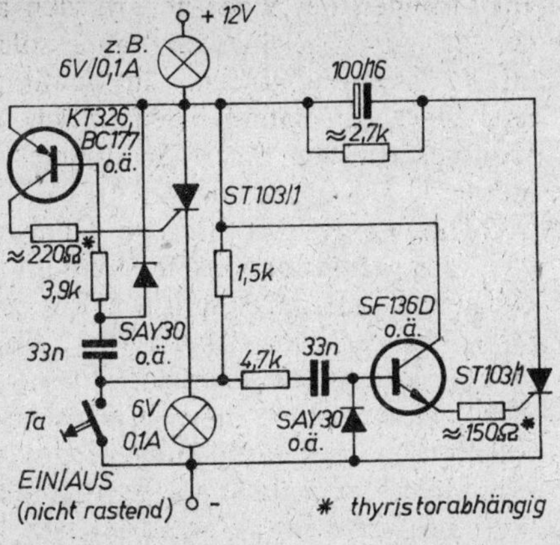

Bild 8.20
Löschthyristorschaltung für Gleichspannungsbetrieb mit Impulssteuerung EIN/AUS über eine einzige Taste

günstig, im Sinne vom Bild 8.20 den Lastkreis aufzuteilen. Der relativ hochohmige Widerstand parallel zum Löschkondensator sorgt für genügend schnelle Entladung, also neue Löschbereitschaft, ist aber so groß, daß man nicht in die Größenordnung des Haltestroms für den Löschthyristor kommt. Als praktische Anwendung enthält Bild 8.20 bereits eine erprobte Ansteuerschaltung für 12-V-Betrieb von zwei 6-V-Lampen, die bei erstmaligem (nicht allzu kurzem) Betätigen der nichtrastenden Taste die Lampen ein- und beim wenigstens 2 s späteren zweiten Betätigen wieder ausschaltet. Dioden und Widerstände der Schaltung sorgen dafür, daß die Zeitkonstanten dabei genügend klein bleiben. Ausgenutzt wird die Tatsache, daß die Thyristoren nur einen sehr kurzen Zündimpuls brauchen.

8.3.2.2. Lichtgesteuerte Ein-Aus-Schalter

Für die Schaltung nach Bild 8.21 wurde das soeben geschilderte Löschprinzip verwendet. Sie setzt allerdings zwei CMOS-Schaltkreise voraus. Der *K 176 TW1 (V 4027 D)* und das NOR *K 176 LE5 (V 4001 D)* werden in Bild 8.21 nur je zur Hälfte ausgenutzt. CMOS-Gatter schalten am Ausgang von nahezu voller Betriebsspannung auf fast 0 um, wenn am Eingang etwa die halbe Betriebsspannung erreicht wird. Die Zuordnung H–L oder L–H ist – wie allgemein gegeben – vom Gattertyp (invertierend oder nichtinvertierend) abhängig.

In Bild 8.21 genügt zum Umschalten des Schwellwertschalters aus zwei NOR-Gliedern bereits die lichtabhängige hochohmige Spannungsteilung des 330-kΩ-Widerstands mit dem Fototransistor. Beleuchten des Transistors heißt Übergang «H» → «L» an Ein- und Ausgang und Rückkehr zum Zustand «Dun-

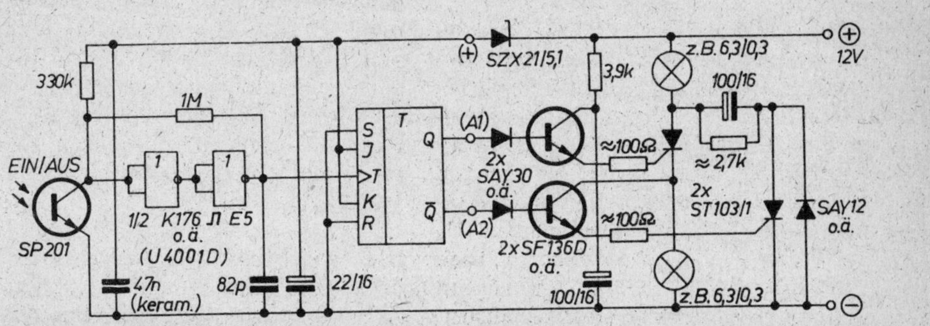

Bild 8.21 Ruhestromfreie CMOS-gesteuerte EIN/AUS-Gleichspannungslampe mit Reaktion auf Taschenlampen-Lichtimpuls. Umgeschaltet wird jeweils bei Verlöschen des Steuerlichts

kel» entsprechend «L» → «H». Das aber ist die Schaltflanke des als Frequenzteiler geschalteten JK-Flip-Flop aus 1/2 *K 176 TW1*. Q und $\bar{Q}$ wechseln in diesem Augenblick ihre Zustände («L» bzw. «H» und umgekehrt). Beim zweiten Dunkel-Hell-Dunkel-Sprung kehren sie in ihre Lage zurück. Das wird in Bild 8.21 dazu ausgenutzt, wechselweise Haupt- und Löschtransistor zu zünden. Praktisch gelingt es, den Fototransistor so anzuordnen, daß er auch bei eingeschalteten Lampen genügend dunkel bleibt. Eine gut gebündelte Taschenlampe schafft das Umschalten noch auf einige Meter Entfernung. Dabei stets daran denken: Nicht der auftretende Lichtstrahl, sondern erst sein Abschalten bewirkt den Schaltvorgang!

Für viele Anwendungen wird es genügen, mit einem Schalttransistor eine Lampe zu schalten. Ein Löschthyristor wird dann unnötig – die Lampe geht aus, wenn der Transistor keinen Steuerstrom erhält. Bild 8.22 zeigt eine an Bild 8.21 statt der Thyristoranordnung anschließbare Transistorkombination für eine Lampe bis zu 5 W bei 6-V-Betrieb. Die Komplementärschaltung stellt sicher, daß der Ruhestrom bei abgeschalteter Lampe nur wenige Mikroampere beträgt, abhängig von der den Fototransistor erreichenden Raumhelligkeit. (Sie darf natürlich noch nicht den kritischen Grenzwert für das Umschalten des Schwellwertschalters erreichen!)

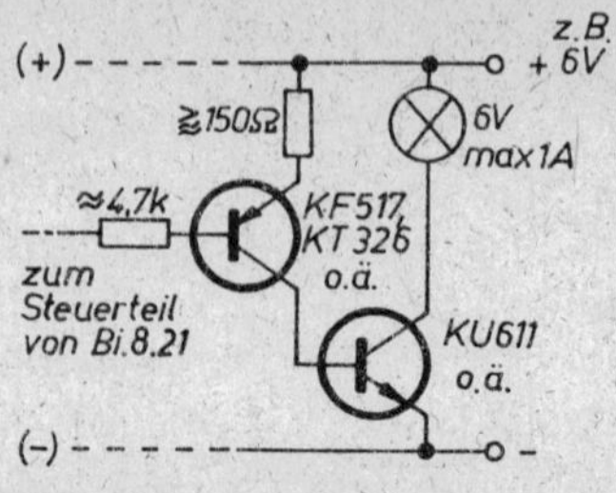

Bild 8.22
Dieser Leistungsteil läßt sich statt der Thyristorschaltung an A1 oder A2 von Bild 8.21 oder an A′ von Bild 8.23 anschließen

8.3.2.3. Minutenbeleuchtung ohne Ruhestrombedarf

Setzt man wieder voraus, daß man einen CMOS-NOR-Schaltkreis mit mindestens zwei NOR-Gattern zur Verfügung hat, so läßt sich eine in der nötigen Kapazität äußerst anspruchslose und nachtriggerbare Minutenbeleuchtung realisieren, die keinen Ruhestrombedarf hat. Bild 8.23 zeigt den Steuerteil. Die Taste leitet den Vorgang ein. Der vorher geladene Kondensator wird über den 1-kΩ-Sieb- und Schutzwiderstand in Bruchteilen einer Sekunde bis zur Schwellspannung der Diode entladen. Gleichzeitig zieht die Koppeldiode auch den Ausgang des Schwellwertschalters auf «L», und der Ausgang verharrt auf «L» nach Loslassen der Taste, bis sich C wieder auf etwa $U/2$ geladen hat. Man kann also von Plus her

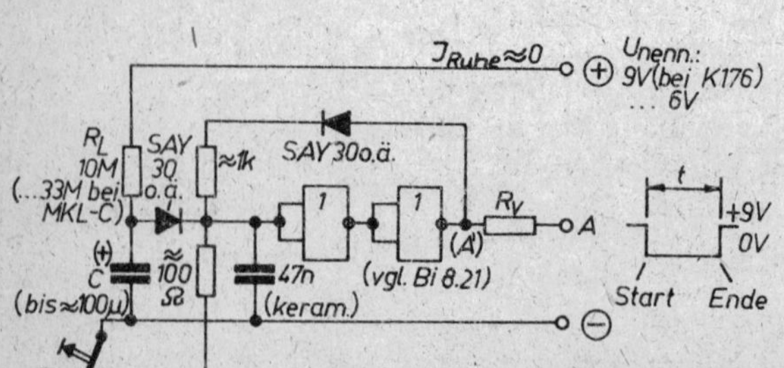

Bild 8.23
Ruhestromfreie CMOS-Zeitschalter, Steuerschaltung für «Minutenlicht», z. B. an Bild 8.22 oder an Bild 8.24 anschließbar

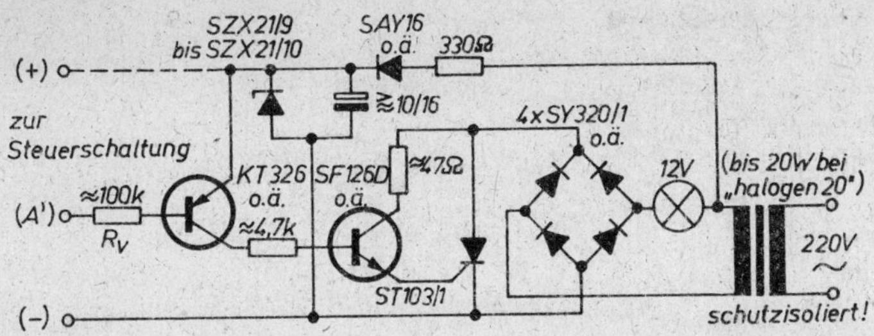

Bild 8.24 Wechselspannungsvariante für Lampenteil zu den Steuerschaltungen z. B. nach Bild 8.21 oder Bild 8.23, u. a. mit *halogen-20*-Transformator realisierbar

einen pnp-Transistor für die von R_L und C festgelegte Zeit öffnen, z. B. innerhalb der Schaltung nach Bild 8.22. Man kann aber auch einen mit 100-Hz-Halbwellen hinter einer Graetz-Brücke liegenden Thyristor (durch den pulsierenden Gleichstrom selbstlöschend) für diese Zeit steuern (Bild 8.24) oder gar mit der vorderen Pulsflanke einen Aus-Thyristor im Sinne von Abschnitt 8.3.2.1. zünden (Bild 8.25)

Es lohnt jedenfalls zuzugreifen, wenn CMOS-IS im Handel angeboten werden. Diese Schaltung kann damit sowohl vorteilhaft an einer beliebigen Gleichspannungsquelle von 6 bis 12 V (ggf. U für IS begrenzen) wie auch z. B. in Verbindung etwa mit einem *halogen* 20-Transformator für Wechselspannungs-Niederspannungsleuchten betrieben werden.

8.3.2.4. Dämmerungsschalter mit «Spartaste»

Ändert man die Schaltung nach Bild 8.23 am Eingang geringfügig, nämlich durch die Maßnahme gemäß Bild 8.26, so ergibt sich ein in bestimmter Hinsicht sparsamer Dämmerungsschalter: Er schaltet nicht zwangsläufig bei Einbruch der Dunkelheit ein, sondern erst bei Bedarf, wenn nämlich die Starttaste kurz gedrückt wird. Dann allerdings leuchtet er bis zum Morgen. Das hat zumindest den Spareffekt, daß z. B. bei Abwesenheit (Urlaub u. ä.) nicht dennoch jede Nacht eingeschaltet wird, nur weil man das Abschalten der Anlage vergessen hat.

8.3.3. Gepulster Signalgenerator mit CMOS-Invertern

Zu den ersten DDR-CMOS-Schaltkreisen gehört der *U 40098 D.* (Man beachte die beiden Nullen – in manchen Katalogen fehlte eine davon. Das führte zu Verwechslungen mit einem völlig anderen Typ der internationalen Reihe.)

Der *U 40098 U* enthält (Bild 8.27) in einem 16poligen DIL-Gehäuse sechs invertierende Treiber mit der logischen Funktion $0 = \bar{I}$. (Auch dieser Querstrich war in den ersten Katalogen nicht enthalten.) Außer dem dadurch erwarteten Verhalten von «L» am Ausgang bei «H» am Eingang und umgekehrt – bei CMOS unter Voraussetzung kleiner Belastung nahezu Massepotential bzw. Betriebsspannung – bietet dieser Schaltkreis noch einen dritten Zustand an. Werden nämlich die Steuereingänge *CE2* und *CE4* auf «H» gelegt, nehmen die ihnen zugeordneten Inverter ausgangsseitig einen hochohmigen Zustand an. Solche Pufferstufen benötigt man für Leitungsbussysteme, d. h., wenn – je nach Zustandsbefehl – eines der an einen solchen Bus angeschlossenen Systeme senden und die anderen empfangen sollen. Anders ausgedrückt: Dieses sogenannte Tri-State-Ver-

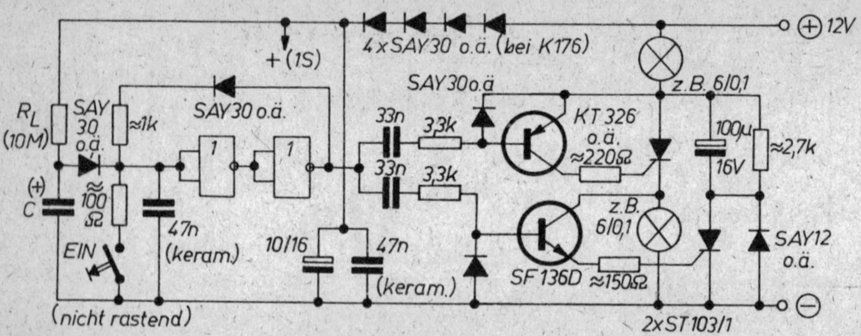

Bild 8.25 Ruhestromfreie Minutenbeleuchtung mit Impulssteuerung für Löschthyristorbetrieb an Klein-Gleichspannung (CMOS)

halten ist eine Voraussetzung für Richtungswechsel des Informationsflusses auf einem Leitungsbündel.

In der folgenden Anwendung nach Bild 8.28a wird nur das übliche Inverterverhalten ausgenutzt. *CE2* und *CE4* liegen daher an der negativen Betriebsspannungsseite (Masse). Für Bild 8.28a entstand die Leiterplatte nach Bild 8.28b. Bestückt wird nach Bild 8.28c.

Aus den sechs Invertern werden drei Generatoren gebildet. Die ersten beiden sind als reine Taktgeber (also im Tiefstfrequenzbereich schwingend) dimensioniert. Der letzte kann durch Wechseln des frequenzbestimmenden Kondensators von Takt auf Ton umgeschaltet werden. Die relativ kleinen nötigen Kapazitätswerte zeigen eindrucksvoll einen der Vorteile der CMOS-Technik, der durch die extrem hochohmigen Eingänge zustande kommt.

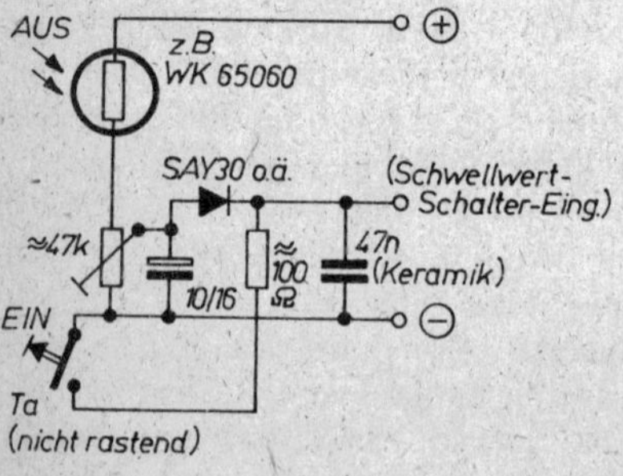

Bild 8.26
Dämmerungsschaltereingang im «Sparbetrieb» (Start am Abend von Hand, Ausschalten am Morgen automatisch) für die Steuerschaltung nach Bild 8.23 und für die verschiedenen, für dieses Bild genannten Lampenausgänge

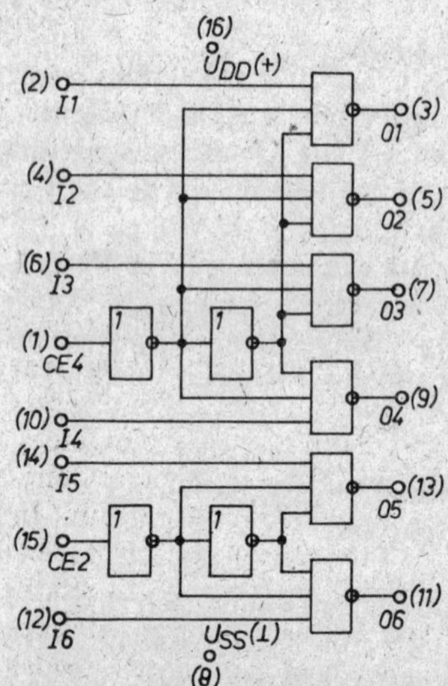

CE	Ausgang (O)
H	hochohmig abgetrennt
L	O = Ī (Inverterverhalten)

Bild 8.27
CMOS-Schaltkreis *U 40098 D* (6 invertierende Treiberstufen mit Tri-State-Ausgängen), Übersichtsdarstellung mit Anschlußziffern (16poliges DIL-Gehäuse) und Wahrheitstabelle

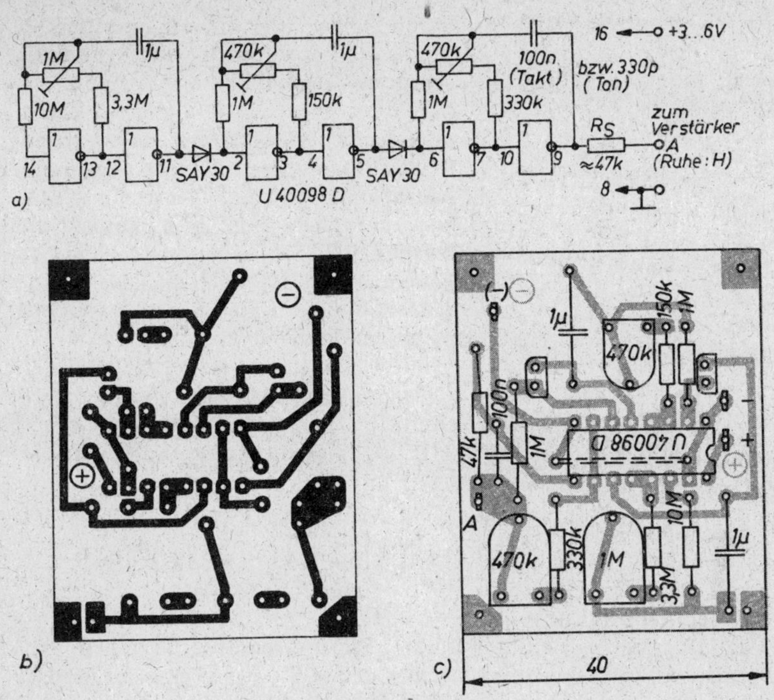

Bild 8.28 Impulsgruppen-Takt- und Tongenerator mit *U 40098 D* als normaler 6fach-Inverter (CE-Anschlüsse 1 und 15 an Masse): a – Stromlaufplan in einfacher Inverterdarstellung; b – Leiterbild; c – Bestückungsplan

Der Tiefstfrequenzgenerator mit den ersten beiden Invertern wechselt am Ausgang jeweils nach einigen Sekunden den Pegel. Ist er «H», wird damit der folgende Generator ebenfalls auf «H» festgelegt. «L» dagegen ist für diesen zweiten Generator infolge der Diode unwirksam. In dieser («L»-)Zeit kann er schwingen. Auch seine Frequenz liegt noch relativ niedrig. Er taktet im Zehntelsekundenbereich. Das eigentliche Tonsignal – oder eine Pulsfrequenz im Hertz-Bereich – entsteht im dritten Generator, je nach Wahl seines frequenzbestimmenden Kondensators. An diesem Punkt spalten sich also die möglichen Anwendungsbereiche erstmals auf: Gemäß einer Anregung aus «Elektor» H. 7/77 kann man tieffrequentes Knattern über einen kräftigen Endverstärker und einen robusten Lautsprecher MG-ähnlich in einen Kirschbaum schicken, den die unerwünschten Vögel dann (zumindest anfangs ...) fluchtartig verlassen. Da zwischen den in ihrer Folge und Dichte einstellbaren «Salven» immer einige Se-

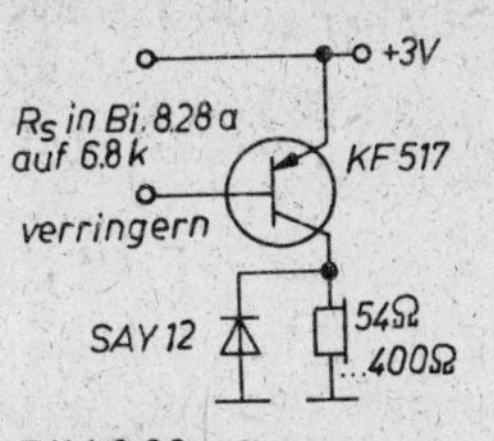

Bild 8.29
Einfache ruhestromfreie Endstufe für den Generator nach Bild 8.28

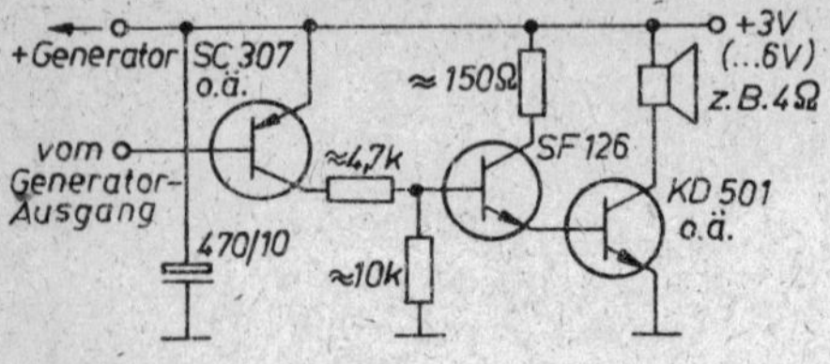

Bild 8.30
Verstärker für Bild 8.28 mit größerer Ausgangsleistung

kunden Pause eintreten, tritt der Gewöhnungseffekt nicht gar zu schnell ein. Vielleicht liegen aber bis dahin schon die ersten berechtigten Beschwerden aus der Umwelt vor.

Für Signalzwecke und nicht so lautstark empfiehlt es sich, den 100-nF-Kondensator auf z. B. 330 pF zu verkleinern. Man liegt dann voll im Tonfrequenzbereich eben jener Störenfriede aus dem ersten Beispiel. Das läßt sich in Verbindung mit einer relativ einfachen Endstufe nach Bild 8.29 noch besser nachahmen, wenn der Innenwiderstand der Spannungsquelle künstlich erhöht wird. 1 000 µF als Stützkondensator hinter z. B. 100 bis 220 Ω Quellwiderstand ergeben ein wunderschönes jaulendes Fiepen – eine Sache für Spaß-Vögel. Für «Vogelscheuchen» empfiehlt sich der etwas aufwendigere Verstärker nach Bild 8.30. Der Ruhestrom der Schaltung beträgt nur einige Mikroampere, wenn der Eingang des ersten Generators für die Ruhezeit auf «H» gelegt wird. Da das selbst noch mit 1 MΩ funktioniert, bietet sich damit sicherlich noch mancher interessante Einsatzfall.

8.4. Timer

Diese einprägsame Kurzform hat sich wohl allgemein durchgesetzt. Sie steht gleichermaßen für bestimmte Schaltkreise wie für deren Anwendungen in Zeitsteuerungen und -messungen im weitesten Sinne, vom einmalig nach Start verzögerten Auslösen oder Beenden eines elektronisch beeinflußten Vorgangs bis zur Ablaufsteuerung in digitalen Meßgeräten und Mikroprozessorschaltungen. Bei Entstehen dieses Buches wurden Timer-Schaltkreise dem Amateur gerade erst zugänglich, sieht man einmal vom bekannten TTL-Monoflop *74 121* ab. Als Bauplanobjekte rückten sie also gerade erst ins Blickfeld. Sie könnten damit erst in einigen Jahren in einem nächsten Bauplan-Bastelbuch eine Rolle spielen. Es erschien daher aus Gründen der Aktualität sinnvoll, einige Informationen schon jetzt in diesem Rahmen wiederzugeben.

8.4.1. Das Wichtigste zu *B 555 D* und *E(D) 355 D*

Zwei Timer-Grundtypen stehen zur Wahl: der «355» und der «555». Der *B 555 D* ist die DDR-Variante eines seit längerer Zeit weltweit produzierten Schaltkreises. Seine Vielseitigkeit läßt sich zumindest den älteren Lesern am kürzesten mit der Bezeichnung «die *P 2000* der Mikroelektronik» umschreiben, in Anlehnung an jene legendäre Miniaturröhre, mit der man in den späten 40er Jahren so ziemlich alles gemacht hat. Nun – jeder Vergleich hinkt. Die in der Reihe *electronica* erschienene Broschüre (213/214) über den *B 555 D* dürfte jedoch jedem Interessenten zeigen, welchen großen Anwendungsspielraum dieser Schaltkreis hat.

Auch der *E(D) 355 D* erfreut sich einer großen Einsatzbreite. Es handelt sich dabei um eine DDR-Eigenentwicklung mit hohem Gebrauchswert. Dem *E 355* und seinem Erweiterungsteiler, dem *E(D) 351 D*, wurde ebenfalls eine electronica-Broschüre (205/206) gewidmet.

Beide Timer arbeiten nach dem in Bild 8.31 skizzierten Prinzip: Von der Betriebsspannung U_S her wird der zeitbe-

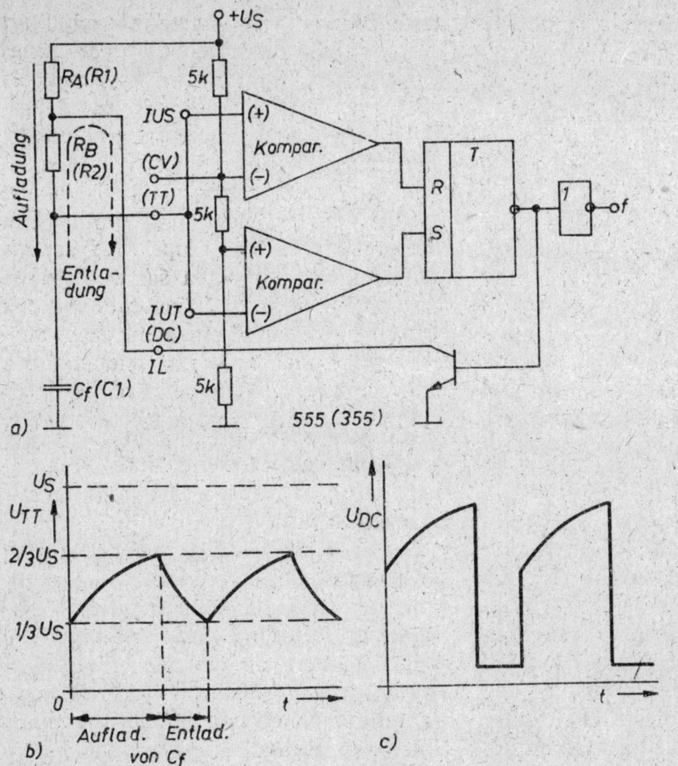

Bild 8.31
«Komparator-Oszillator» – das in den Schaltkreisen *E 355 D* und *B 555 D* verwendete Prinzip eines astabilen *RC*-Oszillators in einem großen Frequenzbereich:
a – Schaltungsprinzip; b – Lade- und Entladezyklen (eingeschwungener Zustand); c – Spannung an DC

stimmende Kondensator C_f über einen Widerstand ($R_A + R_B$) aufgeladen, bis die obere Schwelle von 2/3 U_S erreicht wird. (2/3 U_S ist der Nennwert, er unterliegt Streuungen.) Dann schaltet sich ein Entladetransistor ein, und der Kondensator wird – wiederum über einen Widerstandsweg – bis zur unteren Schwelle von 1/3 U_S entladen. Dort sperrt der Entladetransistor wieder, und das Spiel beginnt bei entsprechender Beschaltung von neuem.

Während also beim erstmaligen Start der Kondensator von 0 an auf 2/3 U_S geladen werden muß, beträgt danach der Spielraum nur noch 1/3 U_S. Die erste Periode der Schwingung ist immer länger als im eingeschwungenen Zustand. Damit wird die Betriebsart «astabiler Multivibrator» realisiert, deren Beschaltung aus Bild 8.32 hervorgeht.

Als Timer für einmalige Vorgänge, die immer wieder neu auszulösen sind, soll der *B 555 D* jedoch wie ein Monoflop arbeiten. Mit der Beschaltung nach Bild 8.33 ist das möglich. Jetzt mißt man nur den ersten Aufladezyklus aus, der der ersten (längeren) «H»-Zeit bei astabilem Betrieb entspricht.

Die Stärke des Timers liegt in der genauen Reproduzierbarkeit seiner Schaltpunkte. Mit zeitlich in ihren Werten stabilen *RC*-Beschaltungen gelangt man in Genauigkeitsgrößenordnungen, die für viele Einsatzfälle einen Quarz überflüssig machen. Allerdings kann man «echte» Quarzgenauigkeiten von dieser Schaltung auch nicht erwarten. Doch schon als

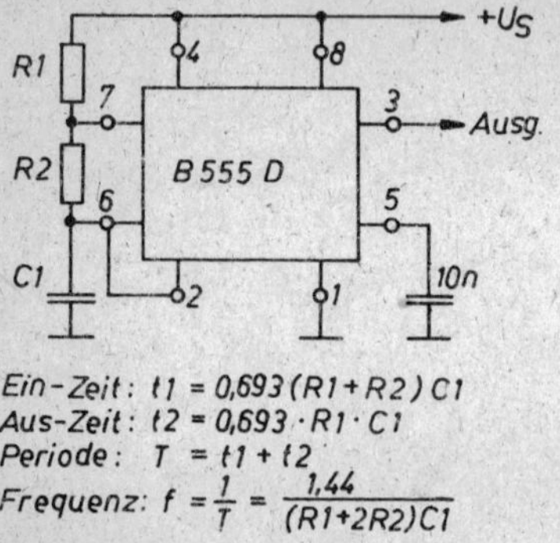

Bild 8.32
B 555 D in astabiler Beschaltung (übersichtliche Darstellung ohne Bindung an Logiksymbol)

Taktgeber einer vierstelligen Digitaluhr eingesetzt, kann man vom *555* unter günstigen Bedingungen erwarten, daß die Ungenauigkeit innerhalb 24 Stunden unter 1 Digit bleibt. Das Prinzip, den Kondensator stets auf einen festen Bruchteil der gerade verfügbaren Betriebsspannung aufzuladen, ist eines der Geheimnisse dieser Timer. Bildlich betrachtet: Je höher U, um so höher ist auch der Ladestrom. Die Schwelle liegt zwar absolut höher bei größerer Betriebsspannung, wird aber dafür durch den größeren Ladestrom in dieser konstant bleibenden Zeit erreicht. Das läßt sich mit einer einfachen Exponentialrechnung überprüfen. Sie liefert auch die Nennzeit für die jeweilige Beschaltung: $T = 1{,}1\,RC$ für monostabile Funktion gemäß Bild 8.33,

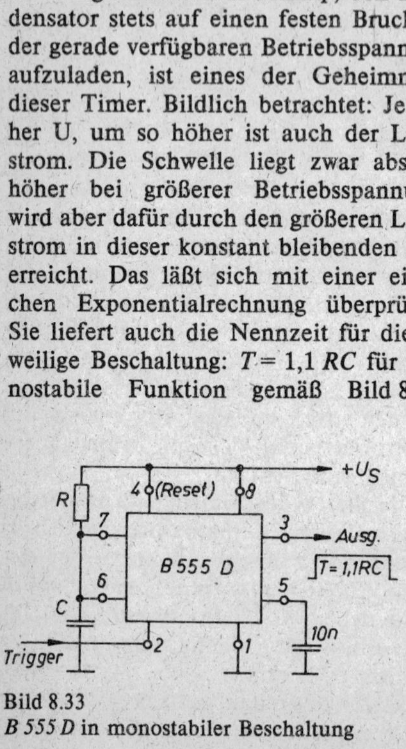

Bild 8.33
B 555 D in monostabiler Beschaltung

$f = 1/T = \dfrac{1{,}44}{(R1 + 2R2)C}$ im eingeschwungen Zustand für astabile Funktion nach Bild 8.32. Diese zweite Gleichung gilt auch für den *E(D) 355 D*. Seine Innenschaltung ähnelt im Oszillatorteil stark der des *B 555 D*. Dieser hat jedoch einen Schaltausgang, der unmittelbar die Schaltzustände für 1/3 U_S bzw. 2/3 U_S ausgibt: «L», wenn U_C 2/3 U_S erreicht, «H» nach dem Entladen auf 1/3 U_S. Bild 8.34 zeigt die vollständige Übersichtsschaltung des *B 555 D*, aus der noch eine zusätzliche Eingriffsmöglichkeit hervorgeht, nämlich der Rücksetz- oder Reset-Eingang des Flip-Flop hinter den beiden Komparatoren. Wird dieser Eingang nicht mit benutzt, ist er möglichst an U_S zu legen.

Der *E(D) 355 D* verfügt weder über diesen Reset noch über einen Leistungsausgang, der direkt der Timerfrequenz folgt. Zwischen Flip-Flop und (erstem) Ausgang liegt dort ein Frequenzteiler 2^{10}:1, also 1024:1. Erst danach läßt sich erstmals die entsprechend geteilte Frequenz abnehmen. Eine direkte Monoflop-Funktion ist also nicht möglich. Jedoch bietet das große Teilerverhältnis die Möglichkeit, wesentlich größere Zeitspannen bei relativ hohen Oszillatorfrequenzen zu überbrücken, bevor an einem der Ausgänge nach dem Start wieder «H» erscheint. Bei entsprechender Programmierung über die drei dafür vorgesehenen Eingänge reagiert dann der *E(D) 355 D* ebenfalls monoflopartig. Hinter der 2^{10}:1-Stufe liegen noch ein 6:1- und zwei 10:1-Teiler. Während der Oszillator ständig schwingt, wird über einen speziellen Starteingang oder auch durch Anschalten der Betriebsspannung gestartet. Im letztgenannten Fall ist dazu der Starteingang an «L» zu legen. Entsprechend der gewünschten Verzögerungszeit kann die Oszillatorfrequenz zwischen einigen Hertz und mindestens 100 kHz gewählt werden. Die Hauptlage wird aus Stabilitätsgründen und wegen der Relation zu

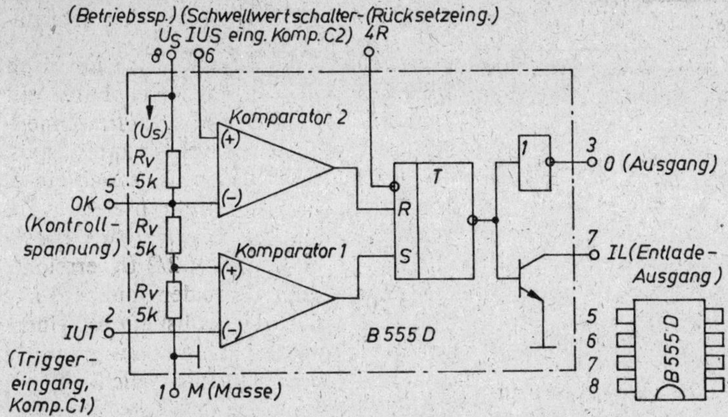

Bild 8.34 Anschlußbelegung und Innenschaltung des *B 555 D* in Übersichtsdarstellung

Tabelle 8.3. Wichtige Daten des *B 555 D* (zum Manuskriptzeitpunkt): a – Grenzwerte, gültig für den Betriebstemperaturbereich; b – statische Kennwerte ($\vartheta_a = 25\,°C \pm 5$ K, $U_S = 15$ V und $U_S = 5$ V, $U_4 = U_8$)

a)

		min.	max.
Betriebsspannung	U_S	4,5 V	16 V
Ausgangsstrom	I_0	−200 mA	+200 mA
Eingangsspannungen			
Kontrollspannung	U_2	0	$+U_S$ V
Rücksetzspannung	U_4	0	$+U_S$ V
Schwellspannung	U_5	0	$+U_S$ V
Triggerspannung	U_6	0	$+U_S$ V
Betriebstemperaturbereich	ϑ_a	0	+ 70 °C
Sperrschichttemperatur	ϑ_j	0	+150 °C
Lagerungstemperaturbereich	ϑ_S	−55 °C	+125 °C
Wärmewiderstand des Gehäuses	R_{thja}		140 K/W
Verlustleistung	P_{tot}		600 mW
Entladestrom	I_7		100 mA

b)

		min.	typ.	max.	
Stromaufnahme	I_S		10	15	mA
($I_3 = 0$, $U_2 = 0$)			3[1])	6[1])	mA
Kontrollspannung	U_5	9	10	11	V
($U_2 = 0$)		2,6[1])	3,3[1])	4,0[1])	V
Sättigungsspannung	U_{3LSat}		1,0	2,5	V
($U_6 = U_8$, $I_3 = 100$ mA)			0,1[1])	0,35[1])	V
($I_3 = 5$ mA)[1])					

		min	typ.	max.	
H-Ausgangsspannung	U_{3H}	12,75	13,3		V
($U_2 = 0$, $-I_3 = 100$ mA)					
($-I_3 = 5$ mA)		2,75[1])	3,3[1])		V
L-Ausgangsspannung	U_{3L}			0,4	V
($U_6 = 11{,}2$ V, $I_3 = 100$ µA)					
($U_6 = 4{,}2$ V[1]))					
H-Ausgangsspannung	U_{3H}	13			V
($U_6 = 8{,}7$ V)					
($U_6 = 2{,}3$ V[1]), $I_3 = 100$ µA[1]))		3			V
Schwellstrom	I_6		0,1	0,25	µA
($U_6 = 12$ V)					
($U_6 = 4{,}5$ V[1]))				0,25[1])	µA
H-Ausgangsspannung	U_{3H}	3[1])			V
($U_2 = 4{,}5$ V)					
($U_2 = 1{,}1$ V[1])), $I_3 = 100$ µA)					
L-Ausgangsspannung	U_{3L}			0,4	V
($U_2 = 5{,}7$ V, $I_3 = 100$ µA)					
($U_2 = 2{,}2$ V[1]					
Triggerstrom	I_2	−2,0	−0,5		µA
L-Ausgangsspannung	U_{3L}	0,4			V
($U_4 = 0{,}4$ V, $I_3 = 100$ µA)					
H-Ausgangsspannung	U_{3H}	13			V
($U_4 = 1{,}0$ V, $I_3 = 100$ µA		3[1])			V
Rücksetzstrom	I_4	−1,5	−0,4		mA
($U_4 = 0$)					
Entladereststrom	I_7		20	100	nA
($U_7 = 12$ V, $U_2 = 3$ V)					
($U_7 = 4{,}5$ V[1]), $U_2 = 0{,}7$ V[1]))					

[1]) gilt für $U_S = 5$ V

Minuten oder Stunden zwischen 1024 Hz und 10,24 kHz gelegt. Je nachdem, welche Teiler nun dem ersten Teiler nachgeschaltet werden und wie man die Frequenz wählt, ergibt sich die Gesamtzeit im Bereich von Bruchteilen einer Sekunde bis zu mehreren Stunden. Das Nachschalten eines *E(D) 351 D* verlängert die möglichen Zeiten in den Bereich bis zu Monaten. Jeder Teilerausgang führt für die erste Hälfte der Zeit, die der mit dem Teilerverhältnis multiplizierten Eingangsfrequenz entspricht, «L» und danach «H» usw. Der für die jeweilige Anwendung benutzte letzte Teilerausgang wird mit dem Eingang *IT* verbunden. Am Schaltausgang (offener Kollektor, belastbar mit 50 mA) erscheint dadurch für die gesamte Periodendauer L-Pegel. Der *E(D) 355 D* kann über die drei Eingänge I_A, I_B und I_C auf sieben unterschiedliche Arten programmiert werden. Für sechs davon trifft dieses Verhalten zu. Sie alle haben mehr oder weniger Monoflop-Charakter. Nur in der Betriebsart «astabiler Multivibrator» erhält man auch am Relaisausgang jeweils T/2 lang «L» bzw. «H».

Es kann nicht Aufgabe dieses Buches sein, erschöpfend über diese interessanten Schaltkreise zu informieren. Dazu sei auf die genannten Broschüren verwiesen. Gerade den *E(D) 355 D* umfassend zu beschreiben, erfordert viel Platz. Daher wur-

Tabelle 8.4. **Wichtige Daten des *E 355 D*: a – Grenzwerte; b – Betriebsbedingungen**

a)

Kenngröße	Kurzzeichen	Einheit	Kleinstwert	Größtwert
Betriebsspannung	U_{SS}	V	0	8
Eingangsspannung (außer TT, CV)	U_I	V	−0,8	7,25
Eingangsspannung an TT, CV	U_{TT}, U_{CV}	V	−0,5	U_{SS} + 0,5
Ausgangsspannung an ORs E 355 D D 355 D	U_O	V	−0,5	14,5
Ausgangsspannung an OA, OB, OC, OD, OS, $\overline{\text{ORs}}$, DC	U_O	V	−0,5	8
Verlustleistung	P_V	mW	–	400
Ausgangsstrom an CB	I_{OL}	mA	–	5
Kapazität an CB	C_{CB}	nF	0,03	100
Eingangsdauerstrom	$-I_I$	mA	–	2

b)

Kenngröße	Kurzzeichen	Einheit	Kleinstwert	Nennwert	Größtwert
Betriebsspannung	U_{SS}	V	4,75	6	7,25
Eingangsspannung	U_{IL}	V	0	–	0,8
an IA, IB, IC, IT, ISt	U_{IH}	V	2,4	–	5,5
Frequenzbereich des Oszillators (Hauptanwendungsfall)	f_u, f_o	Hz	1024	–	10240
Betriebstemperaturbereich E 355 D		°C	−25	25	85
D 355 D	ϑ_a	°C	0	25	70
Abgleichspannung an CV	U_{CV}	V	$0,6 \cdot U_{SS}$	$0,666 \cdot U_{SS}$	$0,75 \cdot U_{SS}$
Setzspannung an CV	U_{CVL}	V	0		0,8
Ausgangsstrom an OA	I_{OL}	mA			20
Ausgangsstrom an OB, OC, OD, OS, $\overline{\text{ORs}}$	I_{OL}	mA			4
Ausgangsstrom an ORs	I_{ORsL}	mA			50

den in den Tabellen 8.3. bis 8.5. wenigstens die wichtigsten Daten der beiden Timer zusammengefaßt. Bild 8.35 zeigt außerdem das Logiksymbol des *E(D) 355 D*, aus dem auch die Anschlußbelegung des 18poligen DIL-Schaltkreises hervorgeht. Die Belegung des *B 555 D* erkennt man bereits aus Bild 8.34.

8.4.2. Universal-Zeitsteuerung mit *E 355 D* und *B 555 D*

Es lag nahe, für möglichst viele unterschiedliche Schaltaufgaben eine gemeinsame Ausgangslösung zu schaffen. Gegenüber der *electronica*-Broschüre zum *E 355 D* war es inzwischen möglich ge-

Tabelle 8.5. **Betriebsarten des *E 355 D* und Programmierschema**

Funktions-Nr.	Belegung IC 18	IB 17	IA 16	Funktion
0	L	L	L	Teilerüberbrückung
1	L	L	H	Einschaltverzögerung
2	L	H	L	Addierende Einschaltverzögerung
3	L	H	H	Ausschaltverzögerung
4	H	L	L	Kippfunktion
5	H	L	H	Wischfunktion
6	H	H	L	Astabiler Multivibrator
7	H	H	H	unerlaubte Funktion

worden, Kurzzeit-Schaltaufgaben dem *B 555 D* zuzuweisen. Die in Bild 8.36 vorgestellte Schaltung verknüpft die Möglichkeiten von *E 355 D* und *B 555 D*. Der *E 355 D* wird mit langsamem Takt betrieben. Bei vielfach noch tragbarem Zeitfehler entsteht so ein «Tageszähler», der entweder periodisch am Ausgang für z. B. 12 Stunden auf «L» und (im astabilen Betrieb) für die nächsten 12 Stunden wieder auf «H» schaltet. Die Betriebsart wird in *IA* bis *IC* programmiert. Für die meisten Schaltaufgaben kommen nur zwei der sieben Möglichkeiten in Frage: Kippfunktion (*IA* auf «L», *IB* auf «L», *IC* auf «H») und astabiler Betrieb (*IA* auf «L», *IB* auf «H», *IC* auf «H»).

Man kann nun über den Relaisausgang des *E 355 D* jeweils für die gesamte Aktivzeit einen Vorgang steuern, z. B. eine Heizung oder Beleuchtung einschalten. Leistungsschalter mit Potentialtrennung sind in der genannten Broschüre enthalten.

Durch Koppeln eines *B 555 D* mit diesem Ausgang gibt es aber noch die Möglichkeit, vom Zeitraster des *E 355 D* gesteuert einen *B 555 D* im Monoflopbetrieb für Kurzzeitsteuerzwecke auszulösen. Weiterhin läßt sich ein anderer *B 555 D* als «problemlose» Signalquelle im astabilen Betrieb vom jeweils aktivierten Ausgang starten oder auch vom Kurzzeitschalter-555. Dadurch können «Ak-

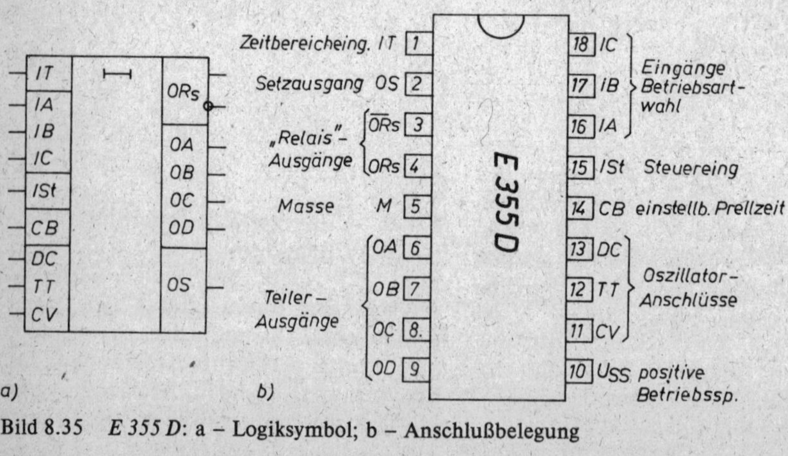

Bild 8.35 *E 355 D*: a – Logiksymbol; b – Anschlußbelegung

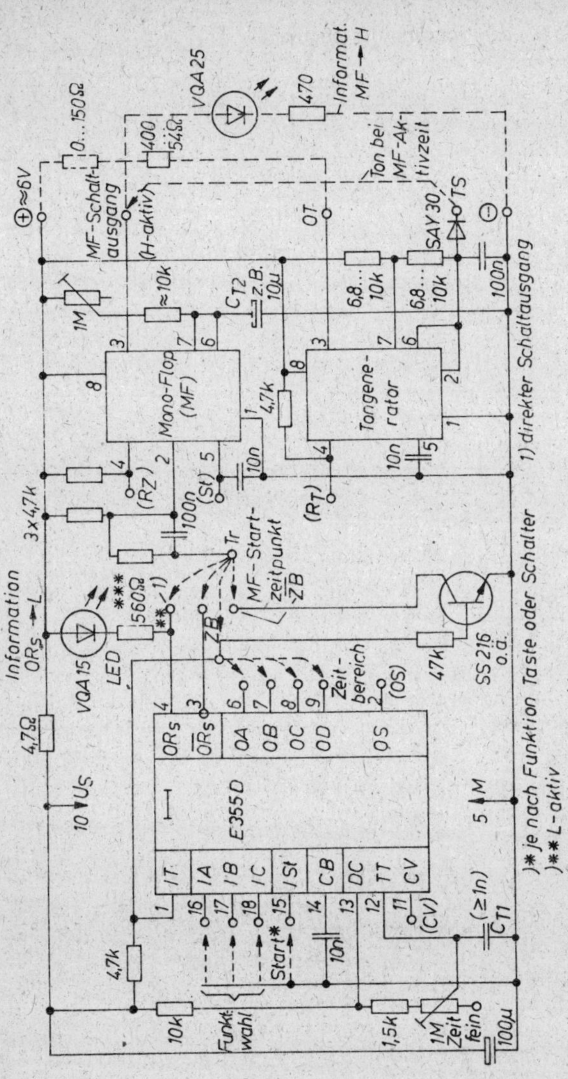

Beschaltungsbeispiele:

355-Funktion	I_{St}	IA	IB	IC	OR_S	$\overline{OR}_S$	IT	$\overline{IT}$	Tr	Monoflop 555 (Start: Ausg. 0 → H)
astab. Multiv.	L	L	H	H	o				↑	Start bei Start 555 (OR_S → L)
	L	L	H	H			o		↑	(Beginn L-Phase)
	L	L	H	H				o	↑	Start bei Ende L-Phase 355 (OR_S → H)
	L	L	H	H		o			↑	
Kippfunktion	L	L	L	H	o				↑	Start bei Start 355 (OR_S → L)
	od L	L	L	H		o			↑	Start bei Zyklusende 355 (OR_S → H)
	⊔ L	L	L	H			o		↑	Start bei Start und bei Zyklusende
	L	L	L	H				o	↑	Start nach 1/2 Zykluszeit 355 (OR_S nach H)

Bild 8.36 Universelle Zeitsteuerung mit *E 355 D* und *B 555 D*: Stromlaufplan

tivzeit-Signale» ausgegeben werden. All das sei hier nur angedeutet. Man betrachte die Lösung nach Bild 8.36 als niedere Form eines Mikroprozessors, den man auch gleichzeitig für die Steuerung mehrerer Vorgänge benutzen kann.

8.4.3. Kurztimer mit *E 351 D* und TTL-IS

Der *E 351 D* wurde vorrangig zur Erweiterung der Zeitbereiche des *E 355 D* geschaffen. Tabelle 8.6. gibt seine wichtigsten Daten wieder. In Tabelle 8.7. wurden die Möglichkeiten der Kombination 355/351 zusammengefaßt. Abgesehen von der ebenfalls sehr interessanten Mög-

Tabelle 8.6. Wichtige Daten des *E 351 D*: a – Grenzwerte; b – Betriebsbedingungen

a)

Kenngröße	Kurzzeichen	Einheit	Kleinstwert	Größtwert
Betriebsspannung	U_{SS}	V	0	8
Eingangsspannung	U_I	V	−0,8	7,25
Ausgangsspannung	U_O	V	−0,5	8
Eingangsstrom	I_I	mA	–	1
Verlustleistung	P_V	mW	–	400

b)

Kenngröße	Kurzzeichen	Einheit	Kleinstwert	Nennwert	Größtwert
Betriebsspannung	U_{SS}	V	4,75	6	7,25
Eingangsspannung	U_{IL}	V	0	–	0,8
	U_{IH}	V	2,4	–	5,5
Betriebstemperaturbereich	ϑ_a	°C	−25	–	+85
Eingangsfrequenz	f_{IT1} bis f_{IT4}	kHz	0	–	105
Ausgangsstrom der Ausgänge OE bis OK	I_O	mA	0	–	4,4
Setzimpulsdauer	t_{ps}	µs	10	–	–
Eingangsimpulsdauer	t_{pIT}	µs	5	–	–

Tabelle 8.7. Zeitbereiche der Kombination *E 355 D/E 351 D* bei Oszillator-Hauptlage und zugehörige Teilerverhältnisse

Bereich	Verbindung	Zeitbereich	Teilerverhältnis
1	IT mit OA	0,1 s ... 1 s	$2^{10}:1$
2	IT mit OB	1,0 s ... 10 s	$10 \cdot 2^{10}:1$
3	IT mit OC	10,0 s ...100 s	$100 \cdot 2^{10}:1$
4	IT mit OD	1 min... 10 min	$600 \cdot 2^{10}:1$
5	IT mit OE	10 min...100 min	$6000 \cdot 2^{10}:1$
6	IT mit OF	1 h ... 10 h	$36000 \cdot 2^{10}:1$
7	IT mit OG	10 h ...100 h	$36 \cdot 10^4 \cdot 2^{10}:1$
8	IT mit OH	1 d ... 10 d	$24 \cdot 36 \cdot 10^4 \cdot 2^{10}:1$
9	IT mit OI	2 d ... 20 d	$48 \cdot 36 \cdot 10^4 \cdot 2^{10}:1$
10	IT mit OK	4 d ... 40 d	$96 \cdot 36 \cdot 10^4 \cdot 2^{10}:1$

lichkeit, einen *B 555 D* in seinem Zeitspielraum über einen Teilerschaltkreis *E 351 D* zu erweitern, wird in Bild 8.37a zunächst eine erprobte Schaltung mit einem TTL-Taktgeber gezeigt. Sie ist in dieser Form in der genannten Broschüre zum *E 355 D/E 351 D* enthalten. Ihr Sinn leitet sich zum Teil aus bei der Manuskripterarbeitung noch leichteren Beschaffbarkeit des *E 351 D* gegenüber dem

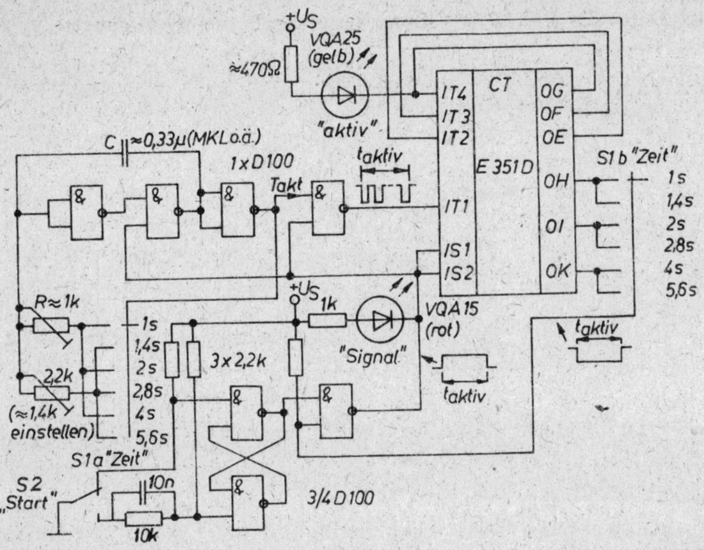

Bild 8.37 Optisch signalisierender Kurztimer mit Teiler-IS *E 351 D* und TTL-IS: Stromlaufplan (Zeitbereich für Dunkelkammerzwecke)

E 355 D ab. Das Beispiel ist als optisch signalisierender Timer vorrangig für die Dunkelkammer des Fotoamateur-Anfängers gedacht.

Der durch ein Gatter vom Eingang des *E 351 D* getrennte Impulsgenerator kann mit *R* zwischen etwa 470 Ω und 1,5 kΩ im Frequenzverhältnis 1:3 eingestellt werden. Höhere oder niedrigere Werte stellen bei TTL die Funktion in Frage. Man wählt daher für die nötige Taktfrequenz einen in diesem Bereich «passenden», möglichst reststromfreien und in der Kapazität stabilen Kondensator aus und gleicht mit *R* nur noch auf den genauen *f*-Wert ab. Der Generator kann über einen freien Gattereingang gestartet («H») und gestoppt («L») werden. Dieser Start-Stopp-Befehl wurde auch dem Trenngatter zugeführt, so daß sich am *IT1* ein nahezu unverzögertes «H» bei Stopp ergibt.

Der Start-Stopp-Befehl stammt aus dem Gatterausgang des Setzgatters. Sein Ausgang liegt also (auch) an den Eingängen *IS1* und *IS2*, und der Eingang wird sowohl vom angewählten Ausgang des *351* als auch vom Start-Entprell-Flip-Flop beeinflußt.

Bei Start (kurzes Drücken der Taste) gelangt «L» an den Gattereingang, und das dadurch an *IS1* und *IS2* erscheinende «H» gibt die Teiler frei. Da das «H» gleichzeitig auch den Taktgenerator anlaufen läßt und das Trenngatter «öffnet», kippt die nun folgende HL-Taktflanke die Teiler in die Arbeitslage, und der Vorgang des Teilens läuft ab. Alle Teilerausgänge sind bei Start auf «L» gekippt und liefern von da an die ihrem Teilerfaktor entsprechende geteilte Taktfrequenz an ihre Ausgänge. Der angewählte Ausgang (z. B. *OH*) führt also für eine halbe Periodendauer seiner Ausgangsfrequenz «L». Dann geht er auf «H». Da das Entprell-Flip-Flop längst wieder in Ruhestellung liegt (Taste S2 am oberen Kontakt, oberer Eingang des Rückführgatters hat also bereits «H»), liefert das Gatter «L» an Generator, Trenngatter und an die Eingänge *IS1* und *IS2*. Damit nimmt der Takteingang «H» an,

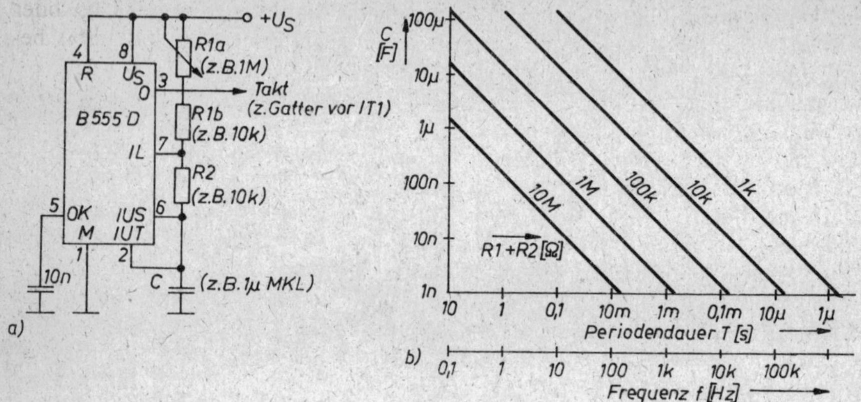

Bild 8.38 Takten des *E 351 D* mit einem *B 555 D* ergibt erheblich größeren Zeitspielraum

und die Setzeingänge gehen auf «L». Das bedeutet, daß der Timer seine Ruhe- bzw. Bereitschaftslage erreicht hat. Seit dem Start ist die Zeit t_{aktiv} verstrichen, die praktisch der halben Periodendauer der Taktfrequenz, multipliziert mit dem Zahlenwert des Teilerverhältnisses bis zum angeschlossenen Ausgang, entspricht. Eine von der Tastenbetätigungszeit unabhängige Aktivzeit läßt sich durch ein RC-Glied (10 kΩ/10 nF) im Arbeitskontaktzweig erreichen.

Die gewählte (in etwa) $\sqrt{2}$-Stufung der Belichtungszeiten im Bereich von 1 bis 5,6 s gestattet es, mit einer Ebene eines 12stufigen Febana-Schalters mit 2 × 6 Kontakten auszukommen und mit nur zwei einmalig auf die Toleranzen des Taktkondensators hin abzugleichenden Widerständen mit dem *R*-Verhältnis von 1:$\sqrt{2}$. Man gleicht sie am besten in den Stufen 4 und 5,6 s auf Sollzeit ab. Wird *C* etwa auf den 6fachen Wert gebracht, und schaltet man *IT3* zwischen *OE* als «kurzen» und *OF* als «langen» Zeitbereich um, so können in der längeren Zeitstufe noch Sprünge zwischen 6 und 33,6 s angewählt werden. Dunkelkammereinsatz legt für den Anfänger Batteriebetrieb nahe; die nur 25 mA durchschnittlicher Stromaufnahme des Mustergeräts sprechen ebenfalls dafür. Etwas unterhalb der garantierten Daten arbeitete das Mustergerät mit drei *R6*-Zellen (oder auch mit einer Flachbatterie) noch einwandfrei.

Eingeschalteter Zustand (gleichzeitig «Bereitschaft») wird durch die rote Signaldiode angezeigt, mit 1 kΩ Vorwiderstand der Schaltung genügend angepaßt. Sie ist einerseits hell genug im Dunkelkammerbetrieb, andererseits sind durch sie kaum Fremdbelichtungen zu befürchten. Noch weniger hell ist die bei Bedarf einsetzbare gelbe Taktdiode eingestellt. Drückt man den Taster kurz (und schaltet dabei auch gleichzeitig die Belichtungslampe ein), so geht die Signaldiode aus. Die Taktdiode zeigt, daß nun die am Schalter vorgewählte Zeitspanne in 12 Taktschritten zwischen *IT4* und *OH* (für 1 s und 1,4 s), in 24 zwischen *IT4* und *OI* (für 2 s und 2,8 s) und in 48 zwischen *IT4* und *OK* (für 4 s und 5,6 s) gezählt wird. Danach signalisiert die rote Signaldiode, daß die Fotolampe wieder abzuschalten ist. Sachkundige können natürlich besser die Signaldiode hinter einem Kleinleistungstransistor durch einen Optokoppler ersetzen und über seinen Ausgang in den Lampenkreis eingreifen.

Nun kann man seit Verfügbarkeit dieses Schaltkreises den 3-Gatter-Generator durch einen *B 555 D* ersetzen, der im astabilen Modus arbeitet. Da von der Entprellkombination ohnehin noch 1/4 *D 100* übrig ist, hat das keinen höheren Schaltkreisaufwand zur Folge. Man gewinnt jedoch erheblich an Zeitspielraum und kann dieses Gerät jetzt bei Bedarf extrem langsam takten. Zeitverlängerungen um den Faktor 1000 sind dadurch mühelos erreichbar. Damit rückt die Schaltung nach Bild 8.38 aus dem eng begrenzten Dunkelkammereinsatz mit Zeiten von Sekunden heraus in den Bereich von Stunden. Wird dann noch – nach Ablauf dieser Zeitspanne – vom *E 351 D*-Ausgang her der *B 555 D* auf Tonfrequenz umgeschaltet und dieses Signal von einem Schallwandler abgestrahlt, so hat man wieder einen recht vielseitigen Timer geschaffen.

8.5. Leuchtpunktanzeigen

Mit dem *A 277 D* steht ein Schaltkreis zur Verfügung, der optisch sinnfällige Anzeigen von Analogsignalen mit «Thermometer»- oder «Zeiger»-Effekt bietet. Je nach Beschaltung wird die Signalamplitude bzw. der Gleichspannungswert über die angeschlossenen Leuchtdioden als leuchtender Punkt bestimmter Lage oder als leuchtende Punktkette («Band») bestimmter Länge angezeigt.

8.5.1. Allgemeines zum *A 277 D*

Der *A 277 D* braucht eine Betriebsspannung von wenigstens 5,5 V für Punkt- und 10,5 V für Bandanzeigebetrieb. U_{max} beträgt 18 V. Ohne Anzeige werden dabei typisch 4,5 mA, höchstens aber 10 mA aufgenommen. An 2 × 6 nebeneinanderliegende Ausgänge (Bild 8.39) können Leuchtdioden angeschlossen werden – ohne jeden Vorwiderstand, denn der Schaltkreis (er selbst braucht etwa 5 mA) liefert konstante Ströme; je Ausgang etwa 10 mA. Nur wenn Anschluß 2 einen Vorwiderstand nach Masse erhält und wenn gegen Plus ein Fototransistor eingefügt wird, ändert sich das (Bild 8.40). Abhängig von der Außenhelligkeit werden dann zwischen 0 (nicht ganz 0, dafür sorgt der Widerstand parallel zum Fototransistor) und etwa 20 mA geliefert. Je dunkler es ist, um so schwächer leuchten dann die Dioden.

Neben den Betriebsspannungsanschlüssen (*1* Minus, Masse, *18* Plus) gibt es drei Beeinflussungsmöglichkeiten von außen: *16* für minimale und *3* für maxi-

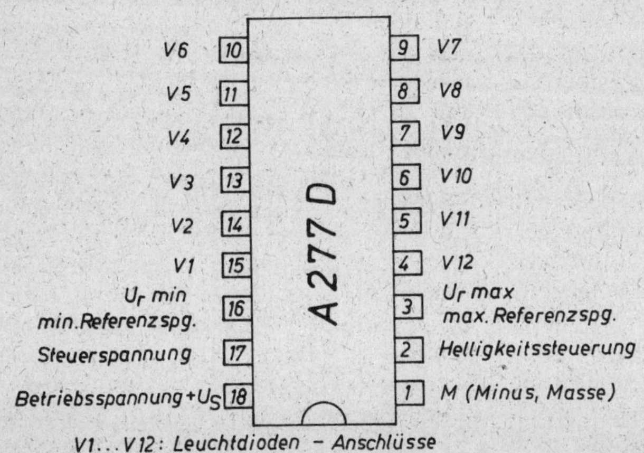

Bild 8.39
Anschlußbelegung des Ansteuerschaltkreises *A 277 D*

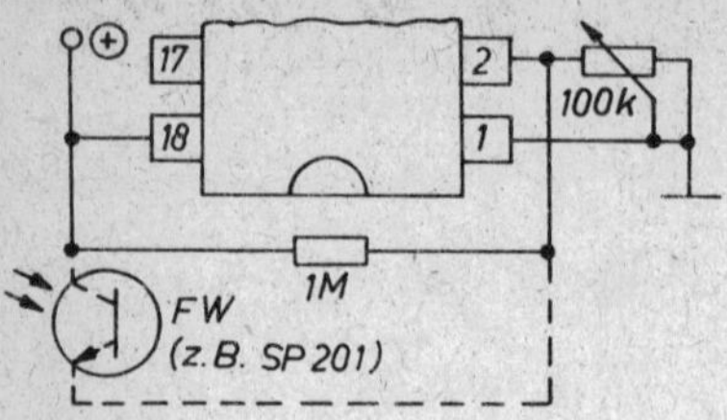

Bild 8.40
Helligkeitssteuermöglichkeit

male Referenzspannung, *17* für die Steuerspannung. Wenn die drei Anschlüsse entsprechend beschaltet werden, arbeitet der *A 277 D* in folgender Weise: Zwischen *16* und *3* wirkt die Differenz $U_{max} - U_{min}$ der beiden angelegten Bezugsspannungen. Sie darf maximal 6,2 V sein und bei Punktbetrieb einen Minimalwert von 1,4 V haben. Bei Bandbetrieb genügen 1,2 V. Legt man nun an Anschluß *17* eine Spannung U_{st} an (unterhalb Betriebsspannung, Arbeitsbereich aber wieder nur bis 6,2 V), so wird diese im Schaltkreis über eine Kette von Komparatoren mit den an einer Widerstandskette stehenden Teilspannungen der Referenzspannungsdifferenz verglichen. Es leuchtet nun die Diode, deren Stellennummer aus folgender Gleichung hervorgeht (ohne Stellen hinter dem Komma):

$n = 13 \frac{U_{st} - U_{min}}{U_{max} - U_{min}}$. Beispiel:
$U_{max} = 4\,V$, $U_{min} = 1{,}6\,V$,

$U_{max} - U_{min} = 2{,}4\,V$; $U_{st} = 3{,}0\,V$, $n = 7{,}58$ – es leuchtet Diode Nr. 7. Angezeigt werden bei dieser Einstellung Spannungen zwischen (etwa) 1,8 V und $\leq 4\,V$ in Sprüngen von $\approx 0{,}2\,V$. Der Übergang ist dabei nicht ganz hart; es können also auch zwei nebeneinanderliegende Dioden gleichzeitig leuchten. Die größte (zulässige – für einwandfreien Betrieb) Auflösung erhält man also für $U_{max} - U_{min} = 1{,}2\,V$ bzw. 1,4 V (s. o.). Das sind Sprünge von nur etwa 100 mV. Da U_{min} auch 0 sein darf, kann man auf solche Weise z. B. die Spannung einer Monozelle bereits recht genau kontrollieren.

Sehr wichtig für den vielseitigen Einsatz des *A 277 D* ist die Tatsache, daß die drei Eingänge nur maximal 2 µA Eingangsstrom benötigen (Darlinton-pnp-Transistoren mit Stromquellen im Emitterzweig), typisch jedoch nur Ströme im unteren Nanoamperebereich. Die zu überwachenden Quellen (z. B. die Abstimmspannung von Kapazitätsdioden im Rundfunkempfänger) werden also kaum belastet. So kommt man auch mit recht hochohmigen Spannungsteilern (Teilerstrom z. B. nur 100 µA) sehr gut aus.

Die sparsamste Beschaltung ergibt sich

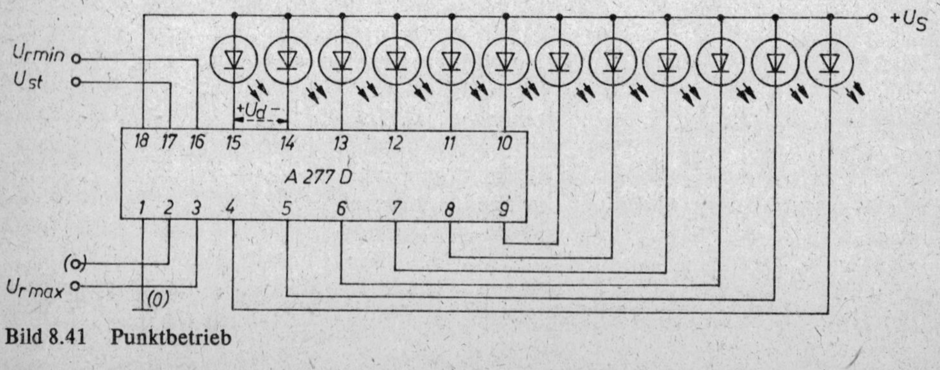

Bild 8.41 Punktbetrieb

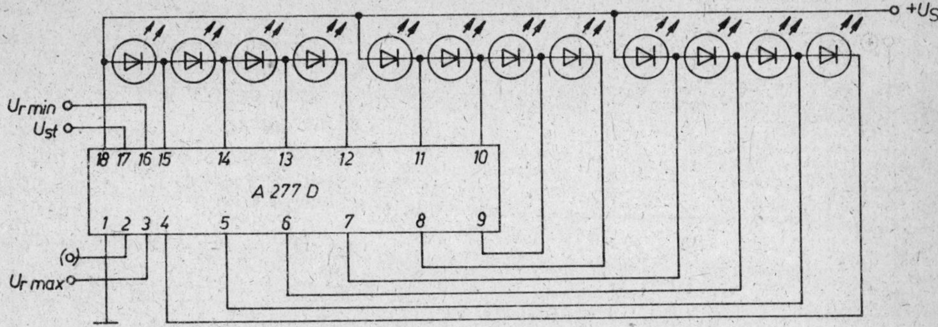

Bild 8.42 Bandbetrieb

so gemäß Bild 8.41. Die Steuerspannung wird entsprechend vorgeteilt, so daß ihr Größtwert die Referenzspannung des Teilers nicht überschreitet. (Bei Betriebsspannungen bis 9 V sollen U_3 und U_{17} wenigstens 3 V unter der Betriebsspannung bleiben.) Bild 8.41 zeigt eine Beschaltung für Punktbetrieb. Das heißt: Von der an *15* angeschlossenen Diode beginnend, wandert der leuchtende Punkt immer weiter bis zur an *4* angeschlossenen Diode, wo er auch bei weiterem Erhöhen der Steuerspannung bleibt. Keine Steuerspannung (was aber einen Widerstand nach Masse erfordert, sonst «sieht» der Stromeingang gewissermaßen eine hohe Spannung) heißt, daß alle Dioden dunkel sind.

Ein Leuchtband mit wachsender Länge bei steigender Steuerspannung bildet sich aus, wenn nach Bild 8.42 beschaltet wird. Der Schaltkreis «erkennt» gewissermaßen diese Absicht, indem er die Spannung zwischen den Anschlüssen *14* und *15* auswertet. Mehr als 1,3 V (bedingt durch die dann «querliegende» Leuchtdiode) führt automatisch zur Betriebsart Bandbetrieb.

Man beachte: Bei Bedarf können bei Punktbetrieb auch Schaltkreisausgänge offengelassen werden, wenn man mit weniger Dioden arbeiten will. (Beispiel: Nur Anzeige von Extremwerten.) Sie lassen sich aber auch zusammenschalten, so daß dann eine Leuchtdiode für mehrere Ausgänge anzeigt. Bei Bandskalen, die kürzer als 12 Dioden sind, müssen die weggelassenen Dioden durch Kurzschlüsse ersetzt werden. Vernünftiger Einsatz mit zuverlässigen Ergebnissen setzt voraus, daß man die Referenzspannungen stabilisiert. Schließlich empfiehlt es sich, wenn stärkere Fremdspannungseinkopplungen möglich sind, die für solches «empfänglichen», weil hochohmigen Eingänge mit 47- bis 100-nF-Keramikkondensatoren gegen Masse zu beschalten.

8.5.2. Fernthermometer

Bild 8.43 zeigt als Einsatzbeispiel zum *A 277 D* ein Fernthermometer. Die Temperatur eines Raumes kann innerhalb des zu erwartenden Zimmertemperaturbereichs per Knopfdruck oder ständig angezeigt werden. Andere Einsatzfälle und Temperaturbereiche sind möglich, Grenzwerte lassen sich durch Zusatzbeschaltung auch akustisch signalisieren. Das Thermometer löst bei entsprechendem Abgleich noch in etwa 1-K-Sprüngen auf, wenn man zwischen rund 14 °C (unterster Anzeigepunkt) und 26 °C (als Maximum) erkennen will. In solch kleinem Bereich ergibt die natürlich nichtlineare Thermistorkennlinie noch tragbar kleine Verfälschungen, wenn zwei Z-Dio-

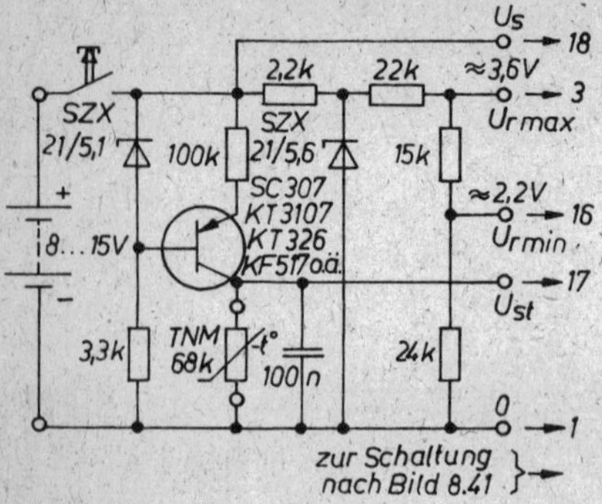

Bild 8.43
Fernthermometer für Zimmertemperaturbereich in Punktbetrieb, Steuerteil

den und ein pnp-Transistor zur Stabilisierung von Vergleichsspannungen und Meßstrom aufgewendet werden. Der Effekt ist dafür «augenfällig», auch bei kleiner Raumhelligkeit. Der tatsächliche Heißleiterwiderstand bei 20 °C bestimmt den Emitterwiderstand des «Stromgenerator»-Transistors; die Teilerwiderstände legen die beiden Referenzspannungswerte fest. Das sind die drei Punkte, an denen bei Bedarf korrigiert werden kann. Bei Knopfdruckabfrage genügen sechs bis neun *R6*-Elemente oder vier Taschenlampenakkumulatoren. Für Dauerbetrieb richtet man die Spannung eines Klingeltransformators gleich.

9. Stromversorgung

9.1. Grundsatzbetrachtungen

Die einwandfreie Funktion eines elektronischen Geräts ist nur gewährleistet, wenn seine Energieversorgung den Schaltungsbedingungen entspricht. Ein wichtiger Kennwert ist die Anschlußspannung. Sie unterliegt Toleranzen. Je nach Auslastung des Kraftwerks und auch durch die örtlichen Netzbedingungen (Transformatorstationen, Leitungswiderstände) sind an der Netzsteckdose bei 220 V Nennwert Spannungen zwischen etwa 187 V und 242 V zu erwarten. Das entspricht einem Hub von −15% bis +10% von 220 V. Bei batteriebetriebenen Einheiten ist der Entladekennlinie Rechnung zu tragen. Das Gerät muß in der Lage sein, noch bei 2/3 U_{nenn} zu arbeiten. Anderenfalls lassen sich Primärelemente nicht bis in die Nähe ihrer tatsächlichen Erschöpfung nutzen. Das wäre sehr unwirtschaftlich. Frühere Generationen von Elektronikamateuren brauchten die Konsequenzen schwankender Betriebsspannung wenig zu fürchten, solange es nur um den Betrieb von Rundfunkempfängern und NF-Verstärkern ging. Viele der heute mit Mikroelektronik erzielbaren Wirkungen sind jedoch an stabile Betriebsspannungen gebunden. Zum einen haben viele Schaltkreistypen nur einen relativ kleinen zulässigen Spielraum für ihre Betriebsspannung, zum anderen werden bestimmte Effekte (besonders in Meßgeräten) erst durch eine stabilisierte Versorgungsspannung nutz- und reproduzierbar.

Die Mikroelektronik, die diese Probleme brachte, bietet aber auch perfekte Lösungen dafür an. Außerdem gibt es schon viele Schaltkreise mit teilweise erheblichem Spielraum der Betriebsspannung. Man darf das aber nicht immer als zulässigen Hub für den gewählten Einsatzfall ansehen. Wenn z. B. ein CMOS-Schaltkreis der Reihe *V 4000* zwischen 3 V und 15 V funktioniert, so heißt das nicht, daß man ein mit ihm bestücktes Gerät heute mit 3 V und morgen mit 15 V speisen kann. Die konkrete Schaltung sorgt fast immer für Einschränkungen, z. B., weil bestimmte Pegel eingehalten werden müssen oder weil (selbstverständlich!) bei Betrieb an der oberen Spannungsgrenze weiterer Spannungsanstieg ausgeschlossen werden muß.

Eng verbunden mit der Betriebsspannung ist im allgemeinen die in den Bauelementen in Wärme umgesetzte Verlustleistung. Sie steigt mit dem Quadrat der Betriebsspannung, wenn das Gerät ohmsches Verhalten hat, d. h., wenn der aufgenommene Strom linear an die Spannung gebunden ist. Auch diese Eigenschaft half aber die Mikroelektronik verbessern. Wird nämlich die gewünschte stabile Spannung mit einem Serienstabilisator erzeugt, so heißt das: Hinter diesem Stabilisator erscheint eine von Betriebsspannungs- und Lastschwankungen unabhängige konstante Spannung. Ein den «Verbraucher» symbolisierender ohmscher Widerstand an dieser Stelle erhält also konstanten Strom. Eine zweite Gruppe elektronischer Spezialschaltungen wirkt auf gleiche Weise. Das sind die Stromgeneratoren. In einem gewissen Bereich der Eingangsspannung und bei endlichen Lastwiderständen bleibt der von ihnen bereitgestellte Strom konstant, auch bei Schwankungen des Lastwiderstandes. In beiden Fällen fließt also im Gerät ein von der Betriebsspannung nicht mehr abhängiger Strom, und eine Spannungserhöhung z. B. auf das Doppelte führt nur zur doppelten (lineares Verhalten) statt zur vierfachen Leistungsaufnahme.

Solche Stromgeneratoren sind beispielsweise Bestandteil von Ansteuerschaltkreisen, an die sich LED-Zifferanzeigen ohne Strombegrenzungswiderstände anschließen lassen. Besonders dann, wenn stabile Spannungen aus Batterien gewonnen werden müssen, kommt diesen Überlegungen zur Abhängigkeit der Verlustleistung von der Spannung erhebliche Bedeutung zu. Das soll am folgenden Beispiel gezeigt werden, dessen Schaltungen teilweise im Vorgriff auf die weiteren Ausführungen stehen.

Ein nach Bild 9.1 eingesetzter Transistor wirkt, solange die Betriebsspannung U_B wenigstens 1 bis 2 V über der Z-Dioden-Spannung liegt, als Konstantstromgenerator. Hinzu kommt der Spannungsbedarf des «Verbrauchers». Der entnehmbare Kollektorstrom entspricht bei genügend hoher Stromverstärkung (z. B. 200) praktisch dem Emitterstrom. Dieser ergibt sich aber aus der Spannung über dem Emitterwiderstand und dessen Wert R_E. Die Z-Diode stellt eine konstante Spannung bereit, solange U_B nicht zu stark schwankt und der Basisstrom für den Transistor klein bleibt. Der Transistor braucht eine Basis-Emitter-Spannung U_{BE}, die zwar temperaturabhängig ist – also Z-Diode bezüglich Temperaturverhalten günstig wählen! –, sie ändert sich aber mit dem fließenden Basisstrom nur wenig. Typischer Wert bei Zimmertemperatur: 0,6 bis 0,7 V. Das System ist im Gleichgewicht für $U_Z - U_{BE} = I_E \cdot R_E$, d. h. $I_E = (U_Z - U_{BE})/R_E$. Da alle strombestimmenden Größen Toleranzen haben, gleicht man R_E teilweise ab.

In Bild 9.2 wird für den «Verbraucher» R_L (das ist die zu speisende Schaltung) aus der von z. B. 9 V langsam auf 6 V abnehmenden Batteriespannung eine stabilisierte Spannung von etwa 5 V gewonnen. Der Kreis muß bei $U_B - U_Z = 1\,V = U_{Rmin}$ noch arbeiten. Das heißt, R_V darf nur den Wert U_{Rmin}/I haben, z. B. $U_{Rmin}/20\,mA$, das sind 50 Ω. I teilt sich auf in I_L (er soll konstant sein) und I_Z, der minimal, je nach Z-Diode, bei 3 mA liegt. Eine frische Batterie mit 9 V bedeutet für R_V aber den vierfachen Strom: $U_B - U_Z = 4\,V = U_{Rmax}$, d. h. $I = 80\,mA$. Da I_L zu 17 mA angenommen worden war, muß die Z-Diode jetzt $80 - 17 = 63\,mA$ aufnehmen und wird mit $5 \cdot 63 = 315\,mW$ belastet. Das wäre für eine Plast-Z-Diode schon zuviel. Ersetzt man R jedoch durch einen wegen der kleinen Mindestspannung gar nicht

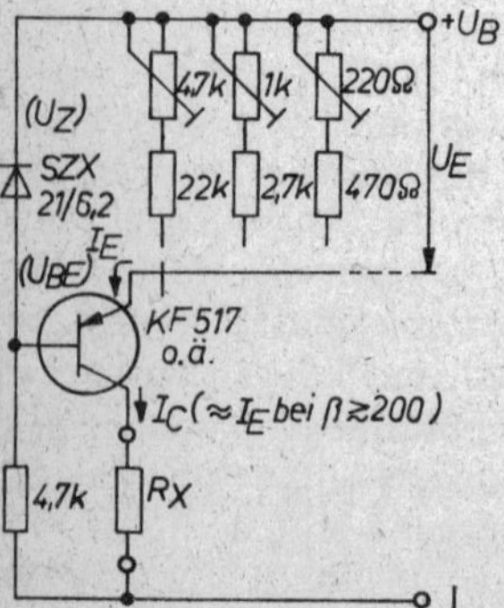

Bild 9.1
Stromgenerator, umschaltbar für 3 Konstantströme (dimensioniertes Beispiel)

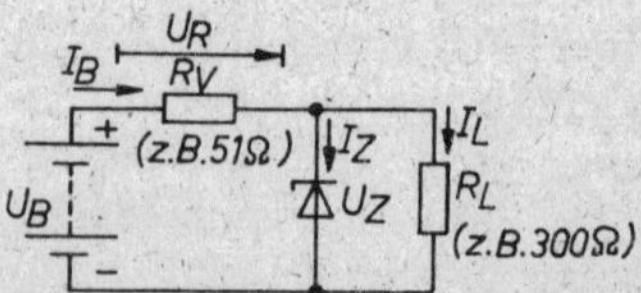

Bild 9.2
Für Batteriebetrieb ungünstige Stabilisierungsschaltung ($I \sim U_B$, $P_V \sim U_B^2$!)

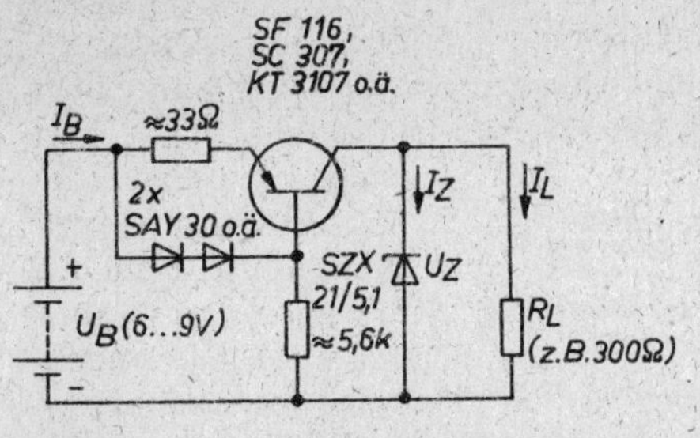

Bild 9.3
Ein Stromgenerator hält die Stromaufnahme (nahezu) konstant!

einmal sehr guten Stromgenerator gemäß Bild 9.3, so liefert dieser sowohl bei 9 V wie auch bei 6 V (etwa) den gleichen Strom. Die Verlustleistung in der Z-Diode bleibt also konstant 3 mA · 5 V = 15 mW, während im Transistor und im Emitterwiderstand zusammen bei 6 V etwa 20 mW und bei 9 V 80 mW in Wärme umgesetzt werden (zuzüglich maximal etwa 12,5 mW im Diodenzweig). Im Vorwiderstand der einfachen Schaltung gehen zwar bei 6 V ebenfalls nur 20 mW verloren, bei 9 V jedoch schon 320 mW. Und während die Z-Diode beim Stromgenerator (ideal betrachtet) bei 6 V wie bei 9 V nur 15 mW beansprucht, setzt sie bei 9 V in der einfachen Schaltung eine Wärmeleistung von (80 − 17) · 5 = 315 mW um. Gesamtbilanz bei 9 V:

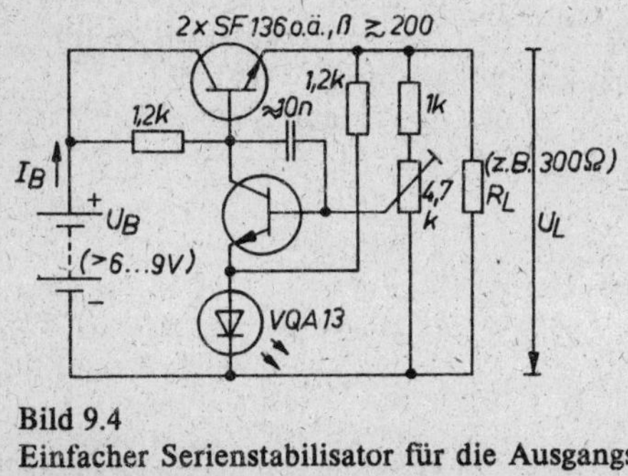

Bild 9.4
Einfacher Serienstabilisator für die Ausgangsspannung

Stromgenerator – 80 mW + 15 mW + 12,5 mW = 107,5 mW,
einfache R_V-Schaltung – 320 mW + 315 mW = 635 mW.

Erst bei 6 V sind beide mit je 35 mW Verlustleistung wieder vergleichbar. Für die Aufgabe gibt es auch andere Lösungen. Mit zwei Transistoren und – wegen der kleinen Spannungen – einer Leuchtdiode kann man für den gleichen Zweck einen einfachen Serienspannungsstabilisator gewinnen, der sogar noch in der Spannung eingestellt werden kann (Bild 9.4). Bild 9.5 zeigt das Verhalten der drei Schaltungen. Die Stromgeneratorschaltung erweist sich für dieses konkrete Beispiel als die zweckmäßigste.

Neben dem zulässigen Betriebsspannungsbereich ist auch die Ergiebigkeit der Spannungsquelle von besonderer Bedeutung. Alternde Batterien liefern nicht nur kleiner werdende Betriebsspannungen, sondern bringen dabei auch durch ihren wachsenden Innenwiderstand Probleme. Verkopplungen von Ein- und Ausgangsströmen über den Innenwiderstand zwingen zum Einbau von Speichern in Form von Elektrolytkondensatoren, und Vorstufen sind über Siebglieder von der Auswirkung wechselnden Strombedarfs einer Endstufe zu entkoppeln. Solche Maßnahmen finden sich daher in allen höher verstärkenden Schaltungen, wo sonst Mitkopplungen zu Fehlfunktionen führen würden.

Stabilisatorschaltungen sind ein Mittel, Innenwiderstände von Spannungsquellen zu kompensieren. Das funktioniert in dem Bereich, wo die «Rohspannung» durch die vom abgeforderten Strom bedingte Erniedrigung noch über dem Mindestwert der für den Stabilisator nötigen Eingangsspannung liegt. Daher ist ein solcher Stabilisator am Ausgang auch recht brummarm, wenn er von einer transformierten Wechselspannung aus dem 50-Hz-Netz gespeist wird (Bild 9.6). Dabei sei – das kann man nicht oft genug tun – aber auf die sinnvolle Ausle-

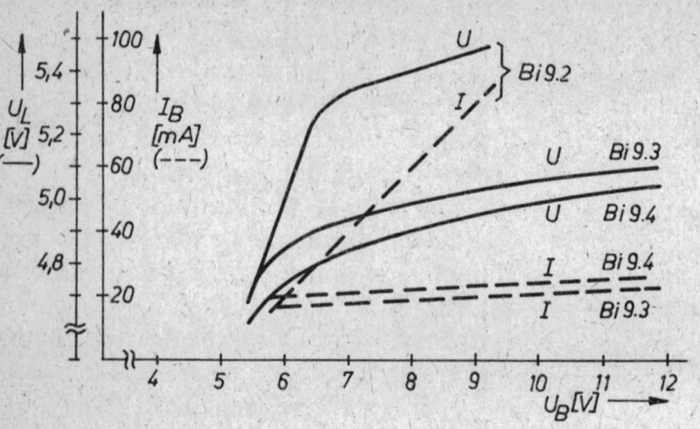

Bild 9.5
Stromaufnahme und Ausgangsspannung der Schaltungen nach Bild 9.2, 9.3 und 9.4 in Abhängigkeit von der Eingangsspannung U_B

gung des Leiterbilds geachtet. Kein noch so großer Ladekondensator und kein noch so gutes Regelteil können das «geheimnisvolle» Durchgreifen unangenehmer Impulsstörungen zum übrigen Gerät verhindern, wenn die Ladestromimpulse des Gleichrichterteils zum Ladekondensator mit der übrigen Schaltung ein Stück Leitung gemeinsam haben. Bild 9.7 zeigt die Ursache und ihre Beseitigung. Stets also sauber den Gleichrichterstrom getrennt zum Kondensator leiten und erst an dessen Anschlußpunkten mit neuen Leiterbahnen zur übrigen Schaltung gehen!

9.2. Stabilisierungsschaltungen

Im folgenden sollen am Beispiel der Versorgung von TTL-Schaltungen Möglichkeiten des Bereitstellens stabiler Versorgungsspannungen behandelt werden. Sie lassen sich auf andere Aufgaben modifizieren. Vielfach wird aus dem positiven schnell ein negativer Regler, wenn alle Polaritäten (Dioden, Transistorzonenfolgen, Elektrolytkondensatoren) umgedreht werden. Diese Ausführungen gehen auf die Nr. 29 der Broschürenreihe *Der junge Funker* zurück, denn das spezielle Thema *Stromversorgung* für sich allein war seit Bauplan 12, behandelt im ersten Bauplan-Bastel-Buch, noch nicht wieder Gegenstand eines Bauplans. Selbstverständlich enthalten aber alle Baupläne die für ihre Objekte erforderlichen Stromversorgungsinformationen.

Zwischen 4,75 V und 5,25 V liegt der garantierte Arbeitsbereich von TTL-Schaltungen. Die Spannung einer 5-V-Quelle muß also bei Eingangsspannungs- und Ausgangsstromschwankungen sowie im Einsatztemperaturbereich bis auf ±5% konstant bleiben. Das 220-V-Netz darf um 15% nach unten und um 10% nach oben von 220 V abweichende Spannungen liefern. Diese Änderungen muß das Netzteil auffangen, und die von seinem Innenwiderstand bedingte Span-

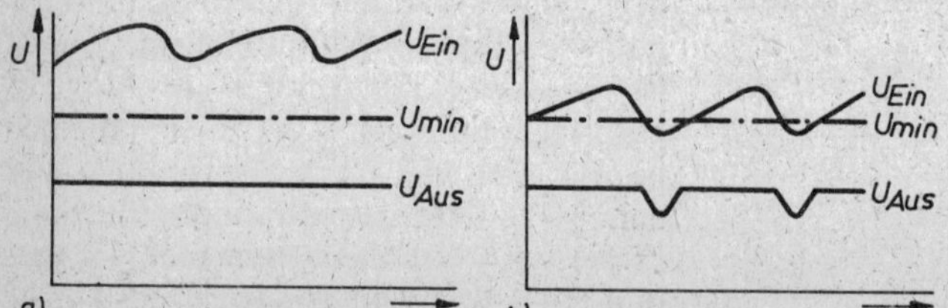

Bild 9.6
a – Solange die wellige Eingangsspannung U_{Ein} über U_{min}, der Mindest-Eingangsspannung des Stabilisators, bleibt, wird die Welligkeit unterdrückt; b – Ausgangsspannung U_{Aus} bei zu kleiner U_{Ein}

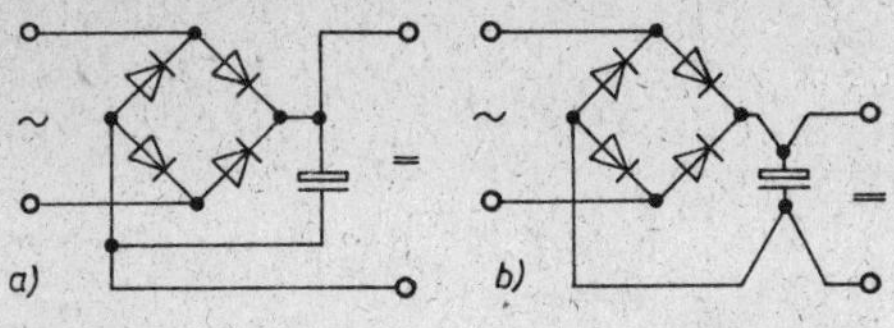

Bild 9.7
Leitungsführung in einem Stromversorgungsteil: a – ungünstig; b – günstig. Bei a ergeben die Ladestromimpulse für die Ausgangsspannung eine «Brummspannung», die weder durch größeres *C* noch durch bessere Stabilisierung beseitigt werden kann!

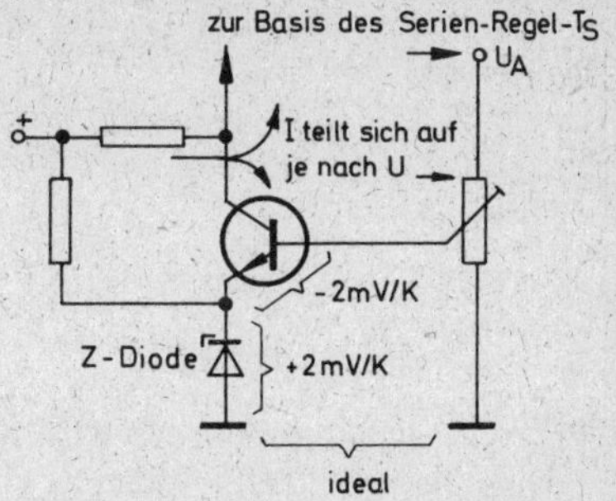

Bild 9.8
Übliche Schaltung des Verstärkertransistors für Serienregler: Der am Potentiometer abgegriffene Teil der Ausgangsspannung wird mit der Z-Dioden-Spannung verglichen. Je nach Größe der Abweichung zwischen Teilspannung von U_A und $U_Z + U_{BE}$ entzieht der Transistor dem Serientransistor Basisstrom

nungsschwankung bei Laststromänderung muß noch innerhalb der genannten Grenzen liegen. (Es empfiehlt sich, einen den kurzzeitigen Strombedarf der Schaltimpulsnadeln beim Umschalten eines Gatters zwischen «L» und «H» deckenden Keramikkondensator von wenigstens 10 nF dicht an jeden Schaltkreis zwischen Plus und Minus zu legen, wenn man nicht Opfer «unerklärlicher» Reaktionen der Schaltung werden will. Außerdem sollte man wenigstens je fünf Schaltkreisen einen Elektrolytkondensator von etwa 10 µF zuordnen, auch wenn das die vorgegebenen Schaltbilder infolge der Darstellungsweise ohne Stromversorgungsanschlüsse nicht enthalten!)

Schließlich ist der unter Amateurbedingungen allerdings meist relativ kleine Umgebungstemperaturbereich zu berücksichtigen, da besonders die Halbleiterbauelemente eines Regelteils temperaturabhängige Werte aufweisen. Man muß sie nach Möglichkeit kompensieren. Hat z. B. eine Bezugsspannungsquelle (Referenzdiode, Z-Diode) einen positiven Temperaturkoeffizienten (TK in mV/K ausgedrückt), dann sollte er gerade so liegen, daß man damit den negativen TK der Basis-Emitter-Spannung des mit ihr zusammengeschalteten Transistors ausgleichen kann (Bild 9.8). Es hängt stark vom Schaltungsumfang und vom Gesamtstrombedarf ab, welcher Aufwand getrieben werden muß. In der Reihenfolge nach Strombedarf der Schaltung bzw. auch nach Konstanz des Regelteils geordnet, sind folgende Fälle zu unterscheiden:

– Batteriebetrieb (Bild 9.9); für Ströme bis etwa 100 mA (Kurzzeitbetrieb); 3 × *RZP 2* mit Seriendiode zur Begrenzung auf etwa 5,2 V (bei konstanter Stromentnahme auch mit kleinem Vorwiderstand $R \approx \frac{U_B - 5\,V}{I}$, jedoch mit wenigstens 2 200 µF/6,3 V hinter diesem Widerstand gegen Masse) oder in Ausnahmefällen (außerhalb der Nennbedingungen) 4,5 V z. B. aus 3 × *R6* (früher mit Flachbatterie *3 R 12*) bei Strömen unter 100 mA; in Sonderfällen drei oder (mit Maßnah-

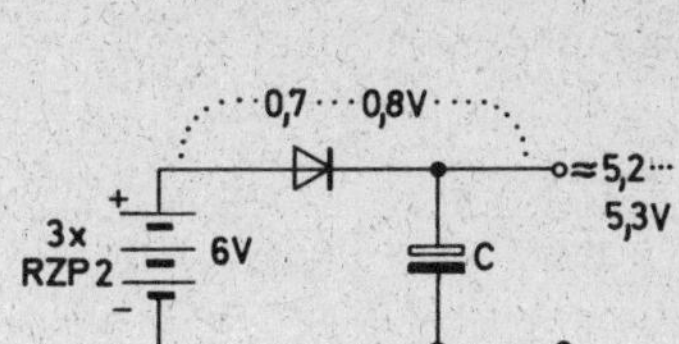

Bild 9.9
Einfache TTL-Speisung für Kurzbetrieb aus 6-V-Batterie (Nennbedingungen, von 6 V wenig abweichender Realwert!)

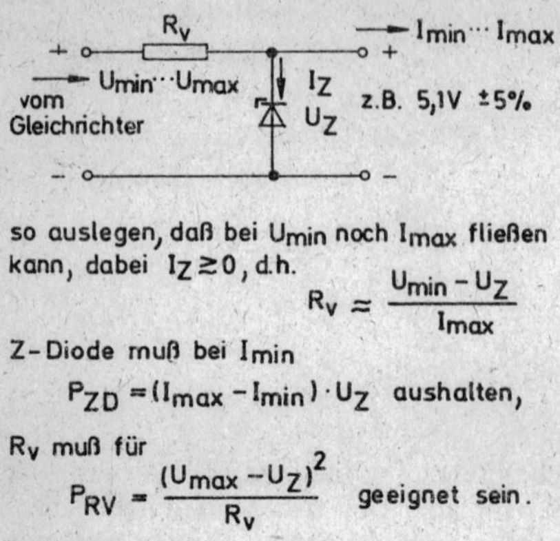

Bild 9.10
Z-Dioden-Stabilisierung

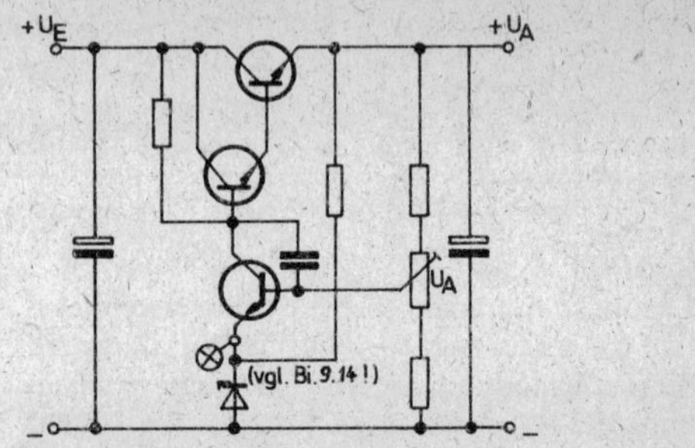

Bild 9.12
Typischer Serienregler mit Serien-«Kaskade» in Transistortechnik; Verbesserung durch stabilisierte Z-Diodenspeisung möglich (s. Bild 9.14; außerdem kann die dort erzeugte Spannung $U2$ für Speisung von Basis und Kollektor des Serien-Treibertransistors benutzt werden, dann sind kleinere U_E möglich)

men wie bei 3 × *RZP 2*) vier Monozellen.

- Netzbetrieb für Ströme bis Grenzbelastbarkeit der verwendeten Leistungs-Z-Diode aus einfacher Gleichrichterstrecke mit Kondensator und Stabilisierung (Bild 9.10); günstig sind auch hier etwa konstante Ströme (Z-Diode der Schaltung zuordnen, damit sie nicht allein am Gleichrichterteil liegen kann!). Transformatorspannung nicht unnötig hoch wählen!
- Verwendung eines Leistungstransistors zur Entlastung der Z-Diode (Bild 9.11) für mittlere Ströme (je nach Transistor bis Amperebereich).

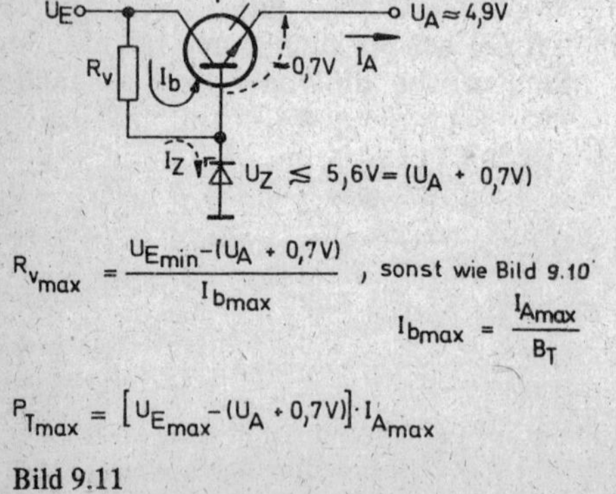

Bild 9.11
Z-Dioden-stabilisierter Serientransistor

- Einsatz eines Regelnetzteils mit Serientransistor (das Prinzip der meistverbreiteten Ausführung zeigt Bild 9.12: höhere Stromergiebigkeit bei guten Regeleigenschaften durch Transistorkaskade im Serienzweig); über dem Serientransistor sind 2 bis 3 V Mindestspannung für die Basis-Emitter-Spannung und den Basisstrom-Widerstand notwendig.
- Betrieb eines Regelteils mit integriertem Schaltkreis (Bild 9.13, ebenfalls durch Transistorkaskade für großen Strombereich geeignet; Strombegrenzung im Überlast- und sogar Stromverringerung bis zum Kurzschlußfall möglich). Da der *MAA 723* wenigstens etwa 10 V Eigenspannung benötigt, empfiehlt es sich, diese Hilfsspannung nicht direkt vom Hauptkreis, sondern durch eine Spannungsverdopplerschaltung oder aus einer zweiten Wicklung bereitzustellen. So benötigt der Hauptkreis minimal etwa 7,5 V am Ladekondensator (solange die Welligkeit nicht dazu führt, daß am Ausgang Spannungseinbrüche entstehen, die nur der Oszillograf zeigt!).

Das bedeutet genügend geringen Energie-

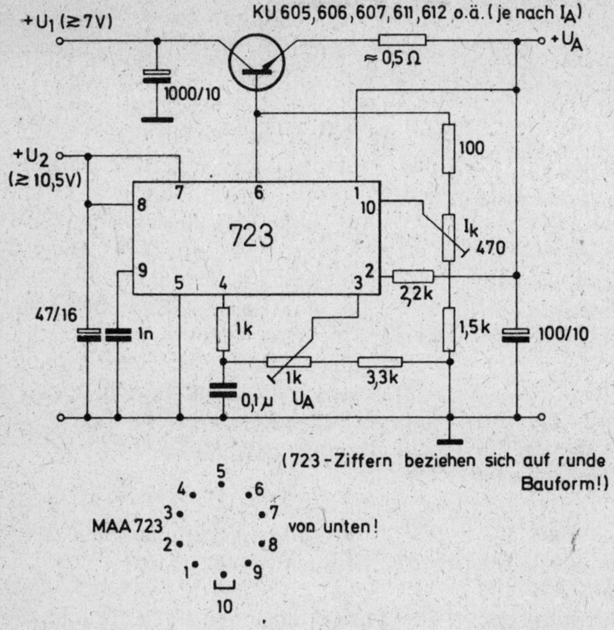

Bild 9.13
Serienregler mit Schaltkreis *MAA 723*, mit Beschaltung für *fold-back*-Überlastsicherung

bedarf und damit besseres Ausnutzen des Transformators. Diese Maßnahme bewährt sich auch bei anderen Regelschaltungen.

Eine spezielle Eigenschaft des *723* ist besonders für Experimentierschaltungen von großem Nutzen: Man kann durch «Abfragen» der vom Ausgangsstrom über einen Widerstand im Ausgangskreis (innerhalb des Regelkreises angeordnet!) entstehenden Spannung von jedem gewünschten Wert an diesen Strom begrenzen (Ansprechwert etwa 0,65 V, temperaturabhängig). Durch zusätzliches «Abfragen» der Ausgangsspannung schließlich läßt sich sogar erreichen, daß der Kurzschlußstrom wesentlich kleiner als der höchste Laststrom bei noch konstanter Spannung wird (*Rückfaltung*, engl. **fold back**, der I_A-U_A-Kennlinie). In Bild 9.13 wurde eine solche Maßnahme bereits vorgesehen.

Auch die Regeleigenschaften der mit Einzeltransistoren aufgebauten Netzteile verbessern sich, wenn die Referenzquelle (meist eine Z-Diode) mit einem möglichst konstanten Strom gespeist wird. Das heißt wegen der relativ stark schwan-

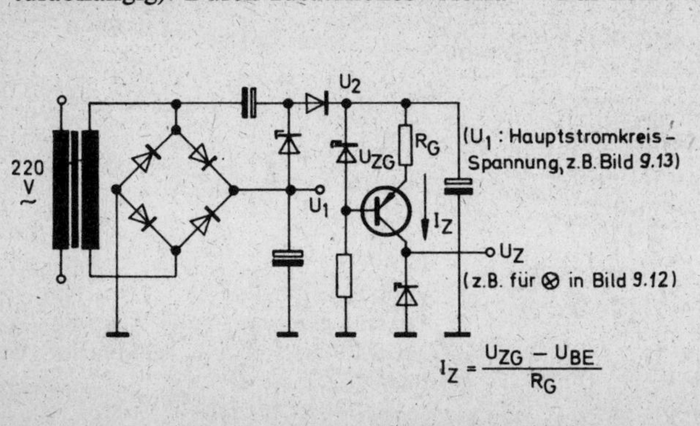

$$I_Z = \frac{U_{ZG} - U_{BE}}{R_G}$$

Bild 9.14
Hilfsspannung für stabile Referenz über Speisung der Z-Diode mit Stromgenerator

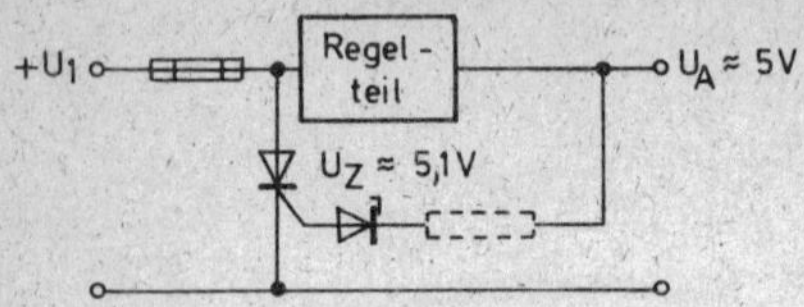

Bild 9.15
Thyristorsicherung bei Überschreiten der zulässigen Ausgangsspannung (Thyristoranode kann auch an U_A gelegt werden, wenn Regelteil selbst überlastsicher ist, etwa nach Bild 9.13; Sicherung entfällt dann gegebenenfalls)

kenden Eingangsspannung ebenfalls Verdopplung und eventuell sogar Speisen der Z-Diode durch einen Stromgenerator (Bild 9.14).

Abschließend noch ein wichtiges Detail sicherer Schaltungen (Bild 9.15): Ein Hochlaufen der Spannung auf 7 V und mehr bei Defekt des Serientransistors führt zum Ausfall wertvoller Schaltkreise. Ein von einer Z-Diode angesteuerter Thyristor vermag darauf rechtzeitig zu reagieren. Wenig später schmilzt die Sicherung durch den fließenden Kurzschlußstrom.

9.3. Spannungen für Hochvolt-MOS-IS

Digitale Hochvolt-MOS-Schaltkreise, wie sie in Abschnitt 7. behandelt worden sind, benötigen die verhältnismäßig hohen (negativen) Spannungen 13 V und 27 V. Auf Grund der zugelassenen Toleranzen (+1 V, −2 V für 27 V, +0,5 V, −1,5 V für 13 V) können 12 V und 26 V noch als brauchbare Werte angesehen werden. Ihre Bereitstellung erfordern entweder entsprechend hohe Transformatorspannungen oder spezielle Schaltungen. Über letztgenannte wurde in Bauplan 43 berichtet.

9.3.1. MOS-Versorgung aus dem Klingeltransformator

Der Klingeltransformator ist für alle, die keine ausreichenden Kenntnisse über das Selbstherstellen von Transformatoren haben, auch für MOS-Experimente eine geeignete Quelle. Der fortgeschrittene Amateur wird nach Entfernen der nur mit Lack gesicherten Kernbleche die Sekundärseite neu wickeln und damit sofort die richtigen Ausgangsspannungen haben (mit Zugabe für die Regelstrecken; die neue Windungszahl ist aus dem Verhältnis der neuen gewünschten Spannung zur

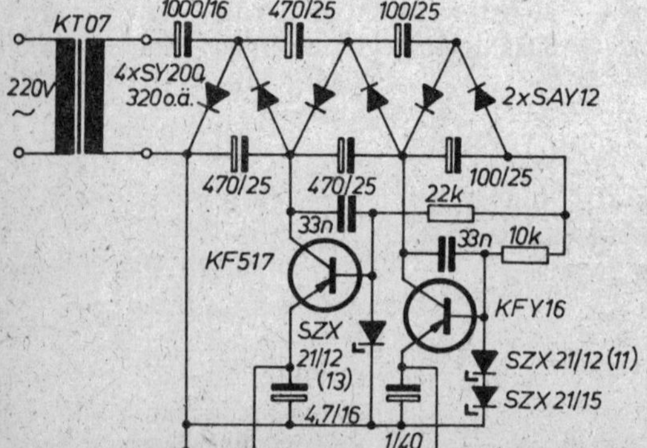

Bild 9.16
Grundschaltung einer geregelten Spannungsversorgung für Hochvolt-MOS-IS aus einem Klingeltransformator

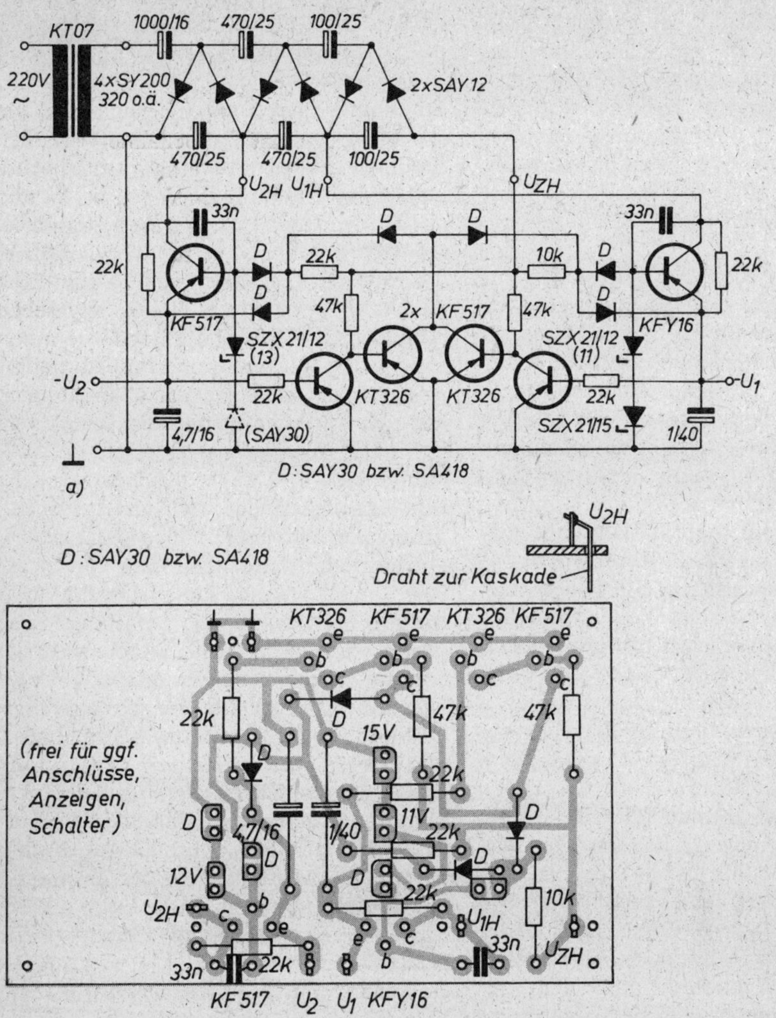

Bild 9.17 Vollständige Stabilisierungsschaltung entsprechend Bild 9.16 mit elektronischer Sicherung: a – Stromlaufplan; b – Bestückungsplan des Stabilisierungsteils

ursprünglichen, multipliziert mit der alten Windungszahl, zu ermitteln). Tauscht man den Aluminiumdraht gegen Kupferdraht aus, so wird dabei die entnehmbare Leistung sogar noch etwas höher, da geringere Widerstandsverluste auftreten. Der Anfänger erreicht die geforderten Spannungen aber auch ohne Eingriff. Bild 9.16 zeigt eine erprobte Schaltung, die im gesamten zulässigen Netzspannungsbereich zwischen etwa 187 V und 242 V für U_1 −26 V bis 18 mA Last und −12 V für U_2 bis 55 mA Last (für ein Relais oder eine *VQB 71* ausreichend) bereitstellt. Diese Werte sollte man durch Aussuchen der Z-Dioden möglichst gut nachbilden (notfalls besser etwas niedriger, bis 25 V und 11,5 V), denn davon hängt die Funktion bei kleinster Eingangsspannung ab. Bei zu kleiner Eingangs- und zu hoch gewählter Ausgangsspannung gelangen Ladeimpulsspitzen durch den Stabilisierungstransistor. Wenn sie (am Gleichspannungsmesser unbemerkt!) einige Volt erreichen, führt das zu «unerklärlichen» Schaltungsstörungen!

Wenn auch die vom Klingeltransformator zugeführte Leistung nicht groß ist, so kann sie doch für die beiden Transistoren gefährlich werden. Bei einem Kurzschluß von U_1 entstehen im betroffenen Transistor immerhin etwa 1,2 W. Außerdem ist es nicht für jede angeschlossene Schaltung günstig, wenn an ihr plötzlich nur eine der beiden Spannungen anliegt. Mit vertretbarem Mehraufwand läßt sich aber eine Kurzschluß-Abschalteinrichtung mit automatischem Start nach Aufhebung des Kurzschlusses realisieren, bei der stets auch die nichtbetroffene Strecke mit abgeschaltet wird. Bild 9.17a zeigt die komplette Stabilisierungsschaltung. Für den Kaskadenteil dieser Stromversorgungseinheit bot Bauplan 43 ein Leiterbild im Format 50 mm × 40 mm. Diese Platte kann ggf. auf dem Klingeltransformatorgehäuse montiert werden. Der Stabilisierungsbaustein hat das gleiche Format, beide Platten lassen sich daher über Steigdrähte stapeln. Die Stecklötösen wurden zu diesem Zweck neben Bohrungen angebracht, durch die die Steigdrähte nach oben ragen, so daß sie an den Lötösen bauelementeseitig angelötet werden können. Der relativ «lockere» Aufbau dieser zweiten Platte, wenn sie nur mit Stabilisierungsbauelementen bestückt wird, «verdichtet» sich bei Einsatz der Kurzschlußsicherung entsprechend.
Bei Bedarf kann auch das Folieblatt zu diesen beiden Leiterplatten – siehe Abschnitt 10 – noch bezogen werden. Für die wichtigere von beiden, den Stabilisierungsbaustein, enthält Bild 9.17 den Bestückungsplan.

9.3.2. MOS-Versorgung aus beliebigen Spannungsquellen

Transverter sind in der Lage, praktisch aus jeder angebotenen Gleichspannung eine oder mehrere Spannungen zu gewinnen. Eine Ausgangsspannung läßt sich auch im allgemeinen gut regeln, die übrigen haben dann einen größeren «Hub», der sich aus Eingangsspannungsbereich und Ausgangsbelastung ergibt. Die Schaltung nach Bild 9.18a geht auf eine Anregung von K.-H. Bläsing zurück (*radio fernsehen elektronik* H. 11/79). Einzelheiten der Funktion kann man eventuell dort nachlesen. Auf der Leiterplatte (Leiterbild nach Bild 9.18b, Bestückung nach Bild 9.18c) befindet sich der gesamte Transverter für eine in den MOS-Toleranzen stabilisierte Spannung von etwa 26 V (Wert durch die Z-Dioden bestimmt) bis zu einer Belastung von 20 mA. Eine zusätzliche Wicklung stellt eine Spannung von mindestens 4 V bei 40 mA Belastung bereit. Sie schwankt mit Last und Eingangsspannung bis zu einem maximalen Leerlaufwert von etwa 7,5 V. Das ist für den Zweck (Bereitstellen einer Mindestspannung z. B. für die Anzeige eines elektronischen Würfels) jedoch unwesentlich. Aus den 26 V des Transverters gewinnt man erst bei Bedarf U_2 über eine Z-Diode von 12 V mit einem Vorwiderstand von 6,8 bis 8,2 kΩ oder, noch einfacher, durch Serienschaltung einer 13- oder 14-V-Z-Diode zu U_1, denn meist liegt der Strombedarf bei Bauplanschaltungen für U_2 unter 2 mA.

Der Transverter kann aus einer Gleichspannung von 3,5 bis 9 V gespeist werden. Je höher sie ist, um so geringer wird der benötigte Strom. Zwischen 4,5 V und 6 V liegt der maximale Wirkungsgrad (Größenordnung etwa 50 bis 60%). Das heißt, daß bei 3,5 V maximal um 400 mA und bei 9 V etwa 160 mA fließen, wenn die angegebenen Sekundärströme entnommen werden. Damit läßt sich die Schaltung z. B. aus drei bis sechs Mono-

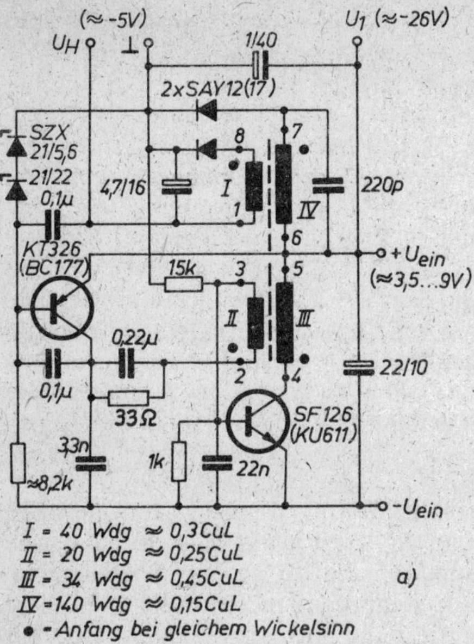

Bild 9.18
Transverterbaustein für kleinere Hochvolt-MOS-IS-Anwendungen, belastbar bis etwa 20 mA an *U*1; *U*2 wird über Serienschalten einer 13- bis 14-V-Z-Diode bei Strömen von einigen Milliampere gewonnen. Außerdem steht eine Hilfsspannung von etwa 5 V für LED-Anzeige-Bauelemente zur Verfügung, bis etwa 40 mA belastbar. Transistortyp je nach Gesamtlast (*SF 127 D; BSY 34* direkt eingelötet oder *KU 611* o. ä. auf Kühlblech 40 mm × 50 mm): a – Stromlaufplan; b – Leiterbild; c – Bestückungsplan

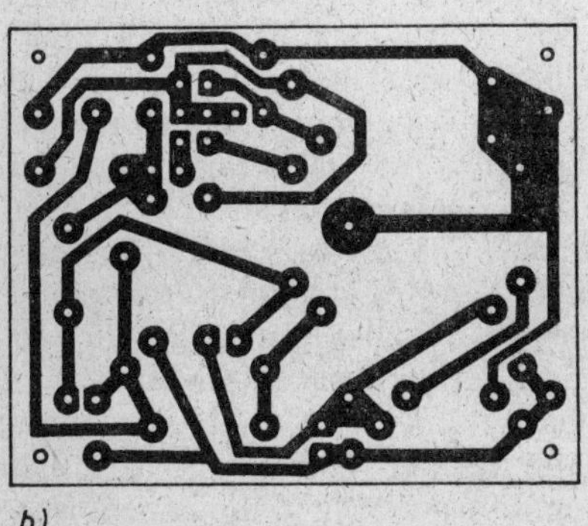

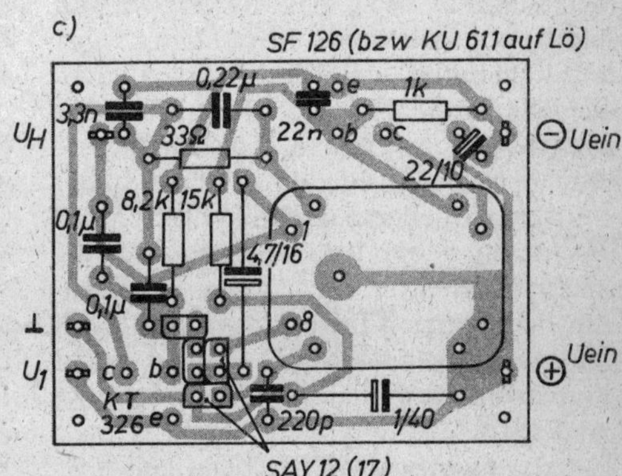

zellen, ebensogut aber auch aus einem Klingeltransformatornetzteil speisen. Der Kaskadenschaltung gegenüber ergibt sich der Vorteil, daß erheblich an Regeltransistoraufwand gespart wird.

Schwingfrequenz und Oberwellen des Transverters legen Einbau in ein schirmendes Gehäuse und kurze Leitungen zur Stromquelle nahe. Man wird sich in der Nähe eines Rundfunkempfängers auf Lang-, Mittel- und Kurzwelle von der Wirksamkeit dieser Maßnahmen überzeugen und in hartnäckigen Fällen mit weiteren Siebgliedern arbeiten müssen.

9.4. Transverter für Ziffernröhren

Moderne Großsicht-7-Segment-Zifferanzeigen auf LED-Basis haben industriell längst die Kaltkatoden-Ziffernan-

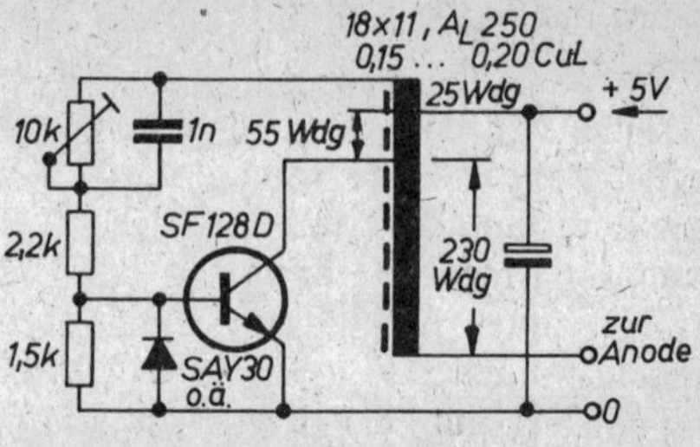

Bild 9.19
Sperrwandler ohne Gleichrichter für Kaltkatoden-Ziffernanzeigeröhren, ohne Anodenwiderstand (für Betrieb nur einer Röhre) nach radio fernsehen elektronik H. 13 (1977) S. 447

zeigeröhre mit 10 Einzelkatoden verdrängt. Beim Amateur muß das noch nicht so sein, wie sich gleich zeigen wird. Vorauszuschicken ist, daß man wegen der unterschiedlichen Ansteuerbedingungen (dort 4 Bit BCD, hier dekadisch 1-aus-10) nicht einfach eine Anzeige gegen die andere tauschen kann.

Im nicht mehr in dieses Buch aufgenommenen Bauplanobjekt **Digitaluhr** wurde mit Schieberegistern gezählt. Das ergab automatisch eine 1-aus-10-Ausgabe der Information und damit ideale Voraussetzungen für den Einsatz von Kaltkatodenanzeigen. Entsprechende BCD-zu-1-aus-10-Dekoder für den Anschluß an Zählschaltkreise sind nur aus Importen verfügbar, z. B. der *MH 74 141.* Setzt man nun eine solche Einheit aus Zählschaltkreis, Dekoder und Ziffernröhre einem üblichen 7-Segment-Anzeige-Baustein entgegen, so zeigt sich überraschenderweise, daß sie sich in der Energiebilanz kaum unterscheiden. Mit 1,5 mA und 150 V benötigt die Röhre ständig, d. h. für jede Ziffer, 225 mW. Die LED-Ziffer braucht je Segment z. B. 5 bis 10 mA, bei Anzeige einer 8 also 40 bis 80 mA. Sie müssen im allgemeinen aus der TTL-Spannung abgeleitet werden. 200 bis 400 mW gelten also unter den dargestellten Bedingungen für die 8 – für alle anderen Anzeigen allerdings weniger, da an diesen Ziffern weniger Segmente beteiligt sind.

Die wesentliche Hürde beim gelegentlichen Wunsch, eine im Amateurbedarfshandel derzeit bisweilen noch sehr preiswert erhältliche Ziffernröhre einzusetzen, ist zweifellos die hohe nötige Betriebsspannung. Dagegen hilft ein Transverter. Wiederum von K.-H. Bläsing stammt dazu folgender Vorschlag, der in Bauplan 36 enthalten ist. Die Röhre wird von einer Sperrwandlerschaltung nach Bild 9.19 versorgt. Der Transistor speichert in der Flußphase im Kern Energie, deren Größe u. a. vom Basiswiderstand bestimmt wird. Die Röhre ist (Betrieb von Einzelröhren ohne Vorwiderstand möglich) so angeschlossen, daß die Anode erst dann positive Spannung erhält, wenn der Transistor die Sperrphase erreicht hat. In diesem Falle liefert der Kern die in ihm gespeicherte magnetische Energie in den angeschlossenen Verbraucher, wobei die auftretende Spannung wesentlich über der in der Flußphase durch das Übersetzungsverhältnis bestimmten liegt. Durch geschickte Dimensionierung des Übertragers erreicht man bei Speisung aus TTL-üblicher Spannung (5 V ± 5%) z. B. folgende Werte: U_{CE} in der kritischen Sperrphase höchstens 60 V (also genügt ein *SF 128* durchaus!), *U* an der Röhre während der Flußphase weniger als 50 V (also keine Zündung in der verbotenen Richtung möglich; Einsparung des Gleichrichters!), Stromaufnahme nur etwa 30 mA (!). Die Röhre zeigt in der Sperrphase des Transistors, wenn sie (periodisch mit mehr als 50 kHz Folgefrequenz) gezündet wird, trotz eines oszillografisch ermittelten Spitzenstroms von nur etwa 3 mA bei einem Tastverhältnis von weniger als 1:3 eine helle, gleichmäßige Glimmbedekkung.

In Weiterführung des Gedankens (der eigentlich einen der Vorteile dieser Schaltung, nämlich die Verluste im Vorwiderstand zu vermeiden, aufhebt) können mit «optimierten» Vorwiderständen um oder über 10 kΩ auch mehrere Röhren sicher betrieben werden. Sowohl mit der Betriebsspannung wie auch mit dem Basiswiderstand läßt sich die Anzeigehelligkeit der Umgebung anpassen (z. B. bei entsprechender Erweiterung auch automatisch mit Fotowiderstand!). Der Übergang von 5 V auf 12 V Betriebsspannung brachte eine wesentlich geringere Steigerung der Sperrphasenspannung, solange die Röhre gezündet war. Selbst dabei ist also der Transistor noch nicht gefährdet. Übrigens ist eine versehentliche Berührung dieser durch fehlendes Lade-*C* charakterisierten, relativ hochfrequenten Spannung bei weitem nicht so gefährlich wie die Berührung der gleichen Spannung z. B. an der Sekundärwicklung eines Netztransformators für den Betrieb von Ziffernröhren! Für Experimente sei dieses Schaltungsprinzip daher sehr empfohlen.

9.5. Symmetrische Spannungsquellen

Vor allem die zunehmend benutzten Operationsverstärker – dieses Buch trägt dem Rechnung – finden die günstigsten Schaltungsbedingungen vor, wenn sie mit symmetrischer Betriebsspannung gegen Masse versorgt werden. Das Differenzprinzip ist, wie schon Abschnitt 4. zeigt, eine wesentliche Voraussetzung für störfeste Schaltungen. Die geringe Abhängigkeit der Daten von Änderungen der Betriebsspannung, der vielfach recht kleine Strombedarf und die Möglichkeit, schon mit einem oder mit wenigen Operationsverstärkern interessante Anwendungen dieser fortschrittlichen Bauelemente zu realisieren, sind Gründe für die Berechtigung einer einfachen Lösung im Sinne von Bild 9.20. Diese Schaltung ist altbekannt. Früher benutzte man sie vor allem, um aus einer gegebenen Wechselspannung eine wesentlich höhere Gleichspannung zu gewinnen. Dabei geriet zwangsläufig der Transformator auf das Potential $U/2$, was für empfindliche Schaltungen Störprobleme bringen könnte. Die einfache Maßnahme nach Bild 9.20 behebt diesen Nachteil. Jetzt findet wieder alles, was vom Netz an Störungen kommen kann, unmittelbar einen Massepunkt an der Transformatorwicklung. Bei gleicher Belastung beider Seiten und symmetrischer Kurvenform der Wechselspannung unterscheiden sich die Spannungswerte der positiven und der negativen Betriebsspannung kaum.

Das Nachsetzen einer Kombination aus Widerstand und Z-Diode (Bild 9.10b) schafft, wenn erforderlich, die für manche Anwendungen nötige Konstanz der Betriebsspannung, die hauptsächlich für die Steuergrößen erforderlich ist und weniger für den Verstärker selbst. Aus Abschnitt 9.2. geht hervor, worauf dabei hinsichtlich Belastung von Widerstand und Z-Diode zu achten ist. Abschnitt 9.1. enthielt bereits eine für solche Zwecke vielfach sinnvolle Möglichkeit der Leistungsverringerung. Bei Verwendung der unstabilisierten Spannung besteht meist das Problem des Restbrumms.

Die Restwelligkeit der gleichgerichteten Spannung am Ladekondensator ist prinzipbedingt. Der Effektivwert der zu erwartenden Brummspannung läßt sich aus der Faustformel $4 \cdot I/C$ abschätzen. Dabei ist I der entnommene Gleichstrom in Milliampere, und C stellt die Nennka-

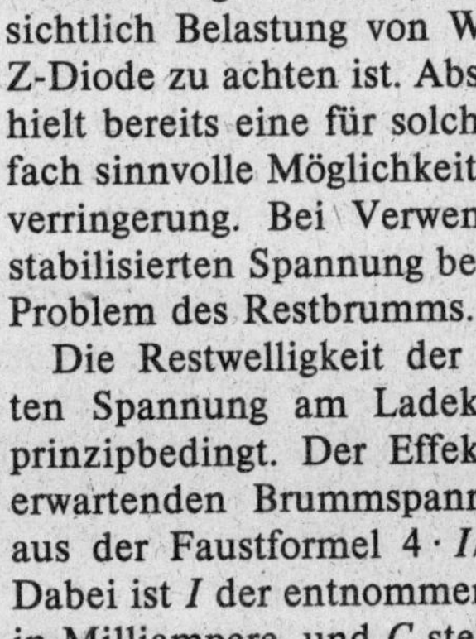

Bild 9.20
Symmetrische «Primitiv»-Stromversorgung für Operationsverstärker bei geringen Ansprüchen an die Schaltung

pazität des Ladekondensators in Mikrofarad dar. Die Formel gilt für Einweggleichrichter, also auch für Bild 9.20 (dort für jede Seite). Mit höchstens der Hälfte dieser Spannung rechnet man bei Zweiweg- und Brückengleichrichtern. Der mit einem Operationsverstärker bestückte Vielfachmesser aus Abschnitt 4. ist ein nützliches Hilfsmittel, solche Brummspannungen zu messen, besonders, wenn kein Oszillograf zur Verfügung steht.

Der kleine dynamische Innenwiderstand von Z-Dioden bewirkt, daß an ihnen nur noch wenige Millivolt Brummspannung übrigbleiben, solange der Kleinstwert der Eingangsspannung U_1 unter dem Wert $U_Z + I \cdot R_V$ bleibt. U_Z ist die Spannung des Z-Dioden-Exemplars, die innerhalb des Typs Streuungen unterliegt, und R_V bezeichnet den von ihr liegenden Widerstand. I ist die Summe des in den Verbraucher fließenden Stroms und des Stroms durch die Z-Diode.

Wie bereits in Abschnitt 9.2. erwähnt, gilt U_Z nur jeweils für einen bestimmten Strom. Innerhalb eines typabhängigen Bereichs bleiben die U_Z-Änderungen klein. Zu hohe Ströme zerstören die Z-Diode ($P_V = I_Z \cdot U_Z$), zu kleine ergeben – exemplarabhängig – bisweilen wesentlich niedrigere als die vom Nennwert her erwartete Spannung. Man muß also dafür sorgen, daß der aus $(U_1 - U_Z)/R_V$ ermittelte Strom I stets größer ist als der vom Verbraucher benötigte. Das trifft nicht mehr zu, wenn U_1 unter diesen kritischen Wert sinkt.

Größeren Spielraum für den entnehmbaren Strom und (oder) für die Eingangsspannung bei vernünftiger Energiebilanz schaffen Serienspannungsregler. Dafür sind sie – zunächst – gegenüber Ausgangskurzschlüssen gefährdet. Denn: Beim Kurzschluß einer Z-Dioden-Strecke kann höchstens der (billige) Widerstand R_V «sterben». Schließt man einen nicht speziell geschützten Serienregler aus Einzeltransistoren nach Abschnitt 9.2. kurz, so öffnet die Regelschaltung den Serientransistor soweit es geht. Der so erheblich höhere Kurzschlußstrom, multipliziert mit der bei dieser Belastung am Gleichrichterteil bei dessen Innenwiderstand noch verbleibenden Spannung, zerstört den Transistor. Schmelzsicherungen helfen da nicht viel. Sie sind zu träge. Integrierte Serienregler haben daher Schutzschaltungen gegen solche Kurzschlüsse. Man kann solche Schaltungen auch «diskret» nachbilden. Bild 9.21 zeigt die einfachste Form. Sie begrenzt aber nur den Maximalstrom, denn dieser muß ja weiterhin fließen, wenn die Begrenzung funktionieren soll. Sie besteht im Eingriff des «Überwachungs»-Transistors in den Basiskreis des Serientransistors und leitet einen Teil des Basisstroms ab, den der durch den Kurzschluß gesperrte Fühlertransistor sonst übernimmt. Wertet man mit einem Spannungsteiler zusätzlich noch die Ausgangsspannung aus, so ergibt sich im Kurzschlußfall ein kleinerer Strom als bei beginnender Überlast, und der Serientransistor wird thermisch geschont. Man nennt das «fold-back»-Verhalten. Diese Möglichkeit wurde bereits bei Bild 9.13 in der Beschaltung des *MA 723* genutzt. Leider gab es per Manuskriptzeitpunkt für den Amateur noch keine speziellen negativen Spannungsregler. Wer also ein größeres Netzteil für symmetrische Betriebsspannungen plante, mußte entweder

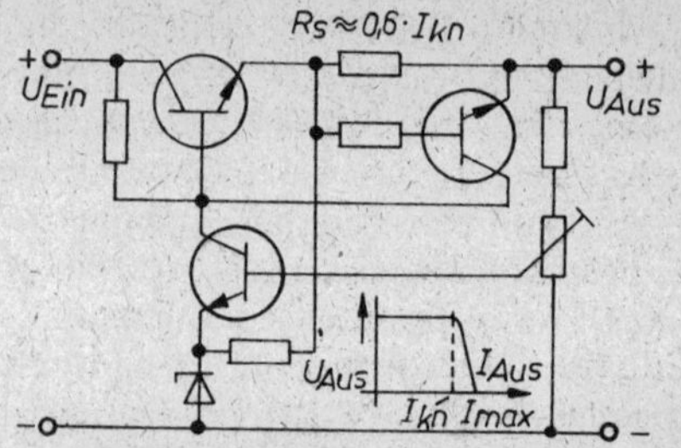

Bild 9.21
Strombegrenzungsschaltung für einen Serienspannungsregler («Abknick»-Kennlinie)

eine «diskrete» Transistorschaltung mit pnp-Transistoren aufbauen oder eine Spezialbeschaltung des *723* wählen. Dabei geht aber der Vorteil des Kurzschlußschutzes verloren. Werden andererseits zwei positive Regelstrecken aufgebaut und aus zwei getrennten Transformatorwicklungen gespeist, so kann man sie zu einer «quasi-symmetrischen» Spannungsquelle vereinen. Das wiederum hat den Nachteil, daß beim negativen Teil die Regelstrecke im Massezweig liegt. Schützt man beide nach dem **fold-back**-Prinzip, so bringt das einen anderen ungünstigen Effekt. Beim Einschalten kann nämlich der Strom aus der einen Strecke über den Überwachungstransistor der anderen Strecke diese in den **fold-back**-Bereich bringen, so daß sie sich am Ausgang wie kurzgeschlossen verhält. Das läßt sich vermeiden, wenn die Schutzschaltung auf eine reine Abknickkennlinie reduziert wird.

Das Problem bei dem vorliegenden Abschnitt bestand, wie sich erkennen läßt, in der noch fehlenden Basis von typischen Bauplanobjekten mit Operationsverstärkern. Daher sind diese Erläuterungen mehr als Überbrückung (vor allem für selbständig Schaltungen entwickelnde Leser) bis zum nächsten Bauplan-Bastel-Buch zu verstehen, wo sicherlich solche Fragen an konkreten Beispielen behandelt werden können. Wie sich die Aufgabe einer stabilen, symmetrischen Betriebsspannung «vom Operationsverstärker für den Operationsverstärker» lösen läßt (allerdings im Beispiel ohne Kurzschlußschutz), zeigt abschließend prinzipiell Bild 9.22.

9.6. Integrierte Spannungsregler

Bereits unter Abschnitt 9.2. wurde der *723*, der Stammvater der integrierten Spannungsregler, in einer Anwendungsschaltung behandelt. Etwas umfangreicher über seine zahlreichen Möglichkeiten informierte z. B. die 2. Lieferung der *Schaltungssammlung für den Amateur.*

In zunehmendem Maße verlagert sich die «genaue» Spannungsversorgung von einer getrennten Einheit auf die einzelnen Baugruppen des Geräts. Das hat zwei Vorteile: Jede Baugruppe kann einzeln betrieben werden (z. B. auch bei der Prüfung), vor allem aber entfallen Spannungsverluste und Verkopplungen auf der Leitung. Während früher meist nur mit Z-Dioden nachstabilisiert wurde, erlauben kleine integrierte Spannungsregler sozusagen die «perfekte» Versorgung der Einheit. Stellt man dann noch eine vorstabilisierte Spannung zur Verfügung, so kann der integrierte Regler in der Baugruppe bezüglich Strom wesentlich weiter ausgefahren werden, bevor seine Verlustleistungsgrenze erreicht ist. Ein einfaches Beispiel belegt das: Geht man von einer zulässigen Verlustleistung von z. B. 500 mW für den Schaltkreis aus, so können bei einer systembedingten Mindestspannung von 10 V am Eingang für 5 V Ausgangsspannung 100 mA entnommen werden. (150 mA sind der Grenzwert des *723*, darüber hinaus ist auf jeden Fall – vgl. Bild 9.13 – ein zusätzlicher Transistor nötig.) Schwankt nun aber die Eingangsspannung zwischen −15 % und +10 % ihres Nennwerts, so muß mit einer

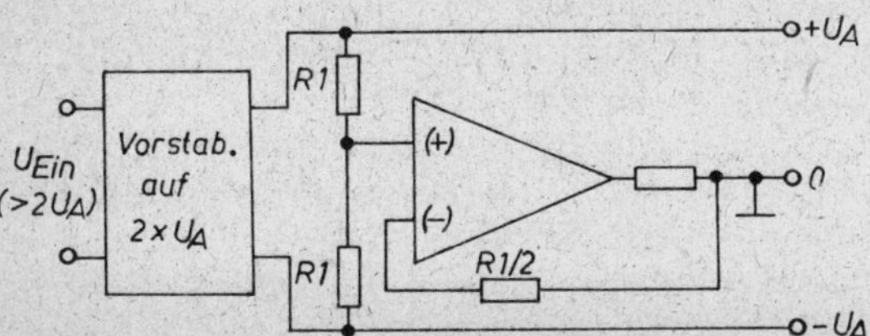

Bild 9.22
Symmetrische Regelschaltung für OPV-Versorgung, allerdings ohne Kurzschlußschutz

Maximalspannung von etwa 13 V gerechnet werden, damit auch bei −15 % der Nennspannung noch 10 V entstehen. Bei dieser Betrachtung wird der Einfachheit wegen die brummspannungsbedingte weitere Erhöhung der Mindest-Eingangsspannung am Schaltkreis vernachlässigt. 13 V − 5 V = 8 V heißt aber, daß nun bei 5 V nur noch 500/8 = 62,5 mA entnommen werden können. Stellt man dagegen eine auf z. B. 11 V konstante, d. h. vorstabilisierte Spannung zur Verfügung, so bedeutet das $I_{zul} = 500/(11 - 5)$ oder etwa 83 mA, ohne daß ein Zusatztransistor nötig ist. Das ergibt auch eine geringere Wärmeentwicklung in der Baugruppe.

Von TESLA (ČSSR) werden nun seit längerem integrierte Festspannungsregler der Reihe *MA 78xx* produziert, von denen inzwischen auch Exemplare in die Hand von Amateuren gelangt sind. Diese im Gehäuse von Leistungstransistoren untergebrachten Regelschaltungen erlauben die Entnahme von Strömen im Amperebereich und stellen stabilisierte Spannungen in den Stufen 5, 12, 15 und 24 V bereit. Allerdings unterliegen sie exemplarbedingten Streuungen von ±4 %. Umfangreiche interne Schutzmaßnahmen machen sie zu äußerst sicheren Bauelementen.

Ihre komplexe Innenschaltung bewirkt, daß unsachgemäßer Einsatz zu Selbsterregungserscheinungen führt. Erste Regel ist daher, Ein- und Ausgangsanschluß möglichst kurz über je einen Metallpapier- oder Lackfilmkondensator von etwa 1 µF an den Masseanschluß (das Gehäuse) zu legen. Als zweite Regel schalte man stets zwischen Eingang und Ausgang eine möglichst «schnelle» Leistungsdiode (z. B. *SY 345*) mit der Katode am Eingang. Anderenfalls kann der Schaltkreis zerstört werden, wenn eingangsseitig (!) ein Kurzschluß erzeugt wird und sich dabei ausgangsseitig (z. B. als Stützkondensatoren in der versorgten Schaltung) größere Kapazitäten «rückwärts» in den Schaltkreis entladen. Nähere Informationen findet man in der 3. Lieferung der *Schaltungssammlung für den Amateur.* In Bauplanobjekten wurden diese Typen auf Grund der damaligen Beschaffungslage noch nicht verwendet.

Als Kombination der Eigenschaften des einstellbaren *723* für kleinere Leistungen und der Festspannungsregler mit ihren Spannungstoleranzen ist eine Gruppe von «3beinigen» Leistungsspannungsreglern zu betrachten, die bis zum Erscheinen dieses Buches vielleicht auch schon dem Amateur zugänglich sein werden. Daher folgen einige Informationen zu diesem international unter der Typennummer *317* bekannten Schaltkreis, sozusagen im Vorgriff auf künftige Möglichkeiten (Bezeichnung in der DDR: *B 3170*). Mit der einfachen Außenbeschaltung von nur zwei Widerständen

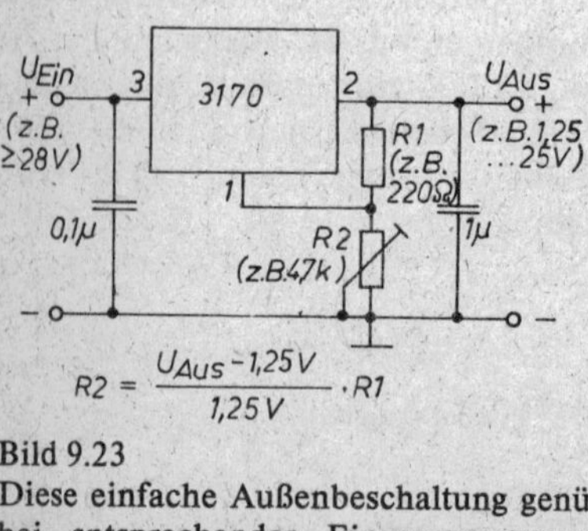

Bild 9.23
Diese einfache Außenbeschaltung genügt, um bei entsprechender Eingangsspannung den *3170* für stabilisierte Ausgangsspannungen zwischen 1,2 V und 37 V einzustellen

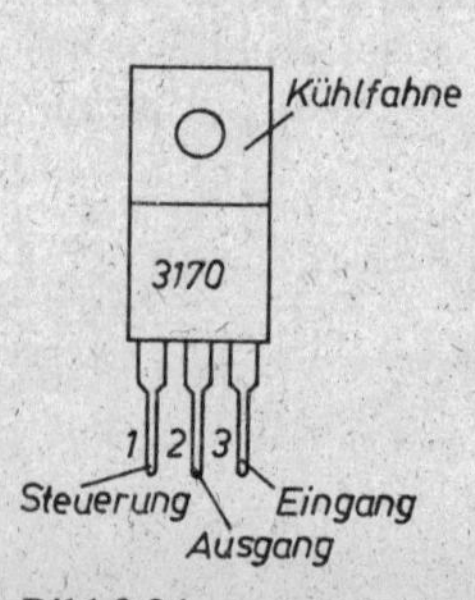

Bild 9.24
Anschlußbelegung des *3170*

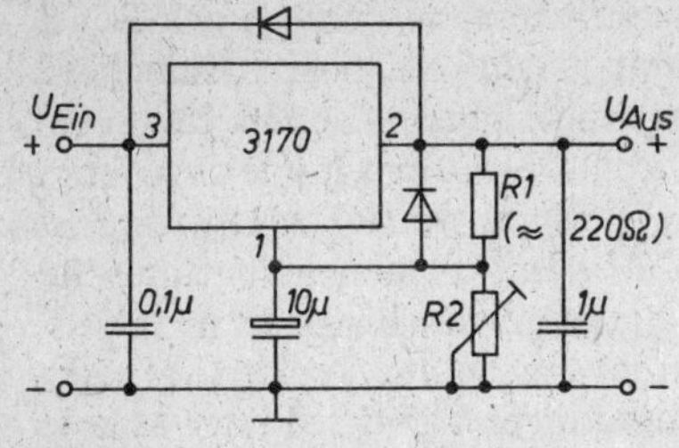

Bild 9.25
Gesamte empfohlene Beschaltung eines *3170*

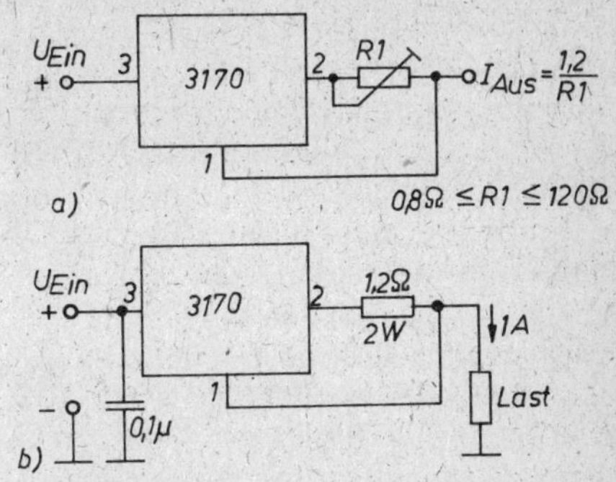

Bild 9.26
Konstantstromquellen mit dem *3170*: a – Präzisions-Strombegrenzer; b – Stromregelschaltung für 1 A

(Bild 9.23) läßt sich jede beliebige Ausgangsspannung von 1,2 V an aufwärts bis zu 37 V einstellen. Unter Beachtung der zulässigen Verlustleistung bzw. bei entsprechender Kühlung können Ströme bis zu 1,5 A entnommen werden. Die Bauform *TO 220* im Plastgehäuse mit Kühlmontageblech (einem Plastthyristor ähnlich) läßt sich gut auf größeren Kühlkörpern montieren. Bild 9.24 zeigt die Anschlußbelegung dieser Bauform. Für den *3170* gelten ähnliche Regeln wie für die *MA 78xx*-Reihe. Bild 9.25 faßt die dazu sinnvollen Maßnahmen zusammen. Auch der *3170* enthält umfangreiche Schutzmaßnahmen gegen Zerstörung durch Überlastung. Sie wirken auch, wenn der Steueranschluß unbeschaltet ist. Wird nun ein Widerstand von diesem Anschluß zum Ausgang gelegt, entsteht eine Konstantstromquelle (Bild 9.26). Liegt er ohne Widerstand an Masse, ergibt sich die kleinste mögliche Ausgangsspannung (1,2 V). Durch einen dort eingreifenden Transistor kann also für Schutzschaltungen die Ausgangsspannung automatisch auf diesen Wert gesenkt werden (Bild 9.27). Eine zwischen 1,2 V und 20 V Ausgangsspannung einstellbare Spannungsquelle zeigt Bild 9.28. Diese Schaltung arbeitet mit einem relativ hochohmigen Teiler, so daß dessen Strombedarf klein bleibt. Dafür muß der minimale Laststrom der Anordnung 4 mA betragen. (4 mA sind der minimale Arbeitsstrom des Reglers.) Wenn der Ausgangsstrom bis Null absinken kann, legt man die Widerstandskombination entsprechend niederohmig aus. Interessant ist die Möglichkeit, ein Labornetzgerät für 0...30 V Ausgangsspannung zu realisieren. Nach Bild 9.29 genügt dazu eine negative Hilfsspannung, die mit weniger als 15 mA belastet wird. Die Stabilität der «Null-Spannung» ist nur eine Frage der Konstanz der über zwei Dioden erzeugten Gegenspannung von 1,2 V. Durch Variieren ihres Flußstroms

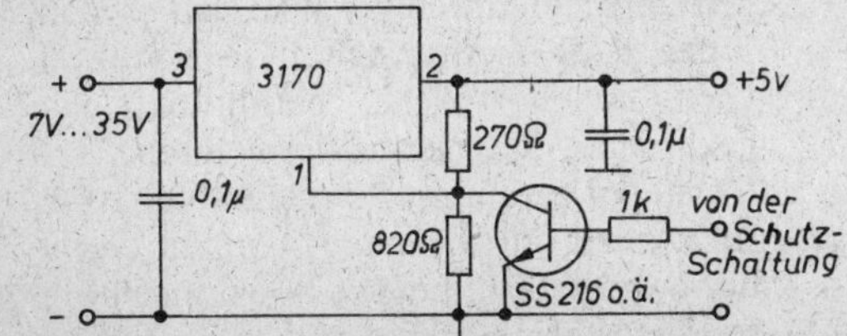

Bild 9.27
Diese Schutzschaltung senkt die Ausgangsspannung auf etwa 1,2 V ab, wenn von der gespeisten Schaltung ein Fehler «rückgemeldet» wird

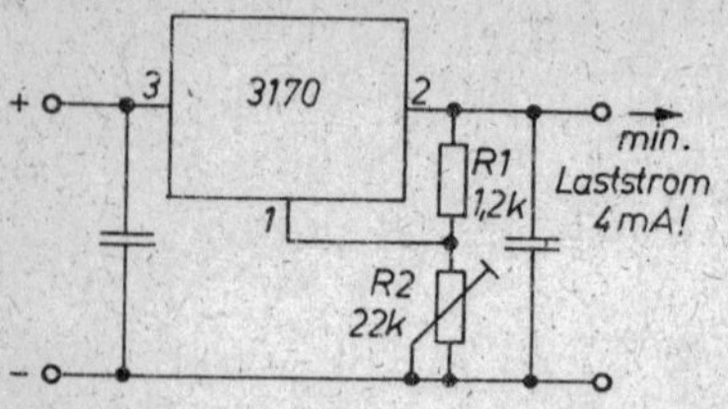

Bild 9.28
Einstellbares stabilisiertes Netzgerät für den Bereich von 1,2 V bis 20 V mit einem *3170*, Mindestlaststrom 4 mA

mit Hilfe des Vorwiderstands kann bei Bedarf der für den Schaltkreis erforderliche exakte Wert eingestellt werden, bei dem für unteren Anschlag des Potentiometers genau 0 V Ausgangsspannung zustande kommen. Wenn in dieser Ausgabe des *Bauplan-Bastel-Buchs* noch keine Leiterplatten für den Einsatz des *B 3170* angeboten werden, so trägt das der im Manuskriptzeitraum noch gegebenen Angebotslage Rechnung. In künftigen Bauplänen wird entsprechend reagiert werden können. Übrigens wird es als *B 3171* auch eine Ausführung für höhere Spannung und als *B 3370* bzw. *B 3371* negative Regler geben.

9.7. Transformatorprobleme

Die beste Regelschaltung ist wirkungslos, wenn sie bei Belastung nicht mehr genügend Eingangsspannung erhält. Diese triviale Weisheit muß ausgesprochen werden, weil gerade die Beschaffung eines für den angestrebten Zweck geeigneten Transformators in dem Maße schwieriger wird, wie die gewünschte Leistung zunimmt. Hinzu kommen meist offenbleibende Sicherheitsfragen, weil nicht jeder im Handel angebotene Typ den verschärften Bedingungen bezüglich der Prüfspannung und den Voraussetzungen für die beim Einbau nötige Einhaltung der Schutzklasseforderungen entspricht. Der Amateur steckt dabei in einer schwierigen Situation. Würde er einen Schutzkontaktanschluß vorsehen können, auf den sich alle berührbaren Metallteile seines Geräts beziehen (wozu auch die sekundäre Schaltung gehört, wenn sie mit der «Außenwelt» in Verbindung steht), so schützte ihn die Schukodose seines Netzanschlusses vor Gefahren im Fehlerfall. Geräte mit Schutzkontaktanschluß («Schutzklasse 1») dürfen jedoch nur vom Fachmann realisiert werden. Es gibt umfangreiche Vorschriften dazu zu beachten.

Ähnlich umfangreich sind die Regeln, nach denen ein Gerät der Schutzklasse 2 erst sicher wird. Nur solche Ausführungen sind aber dem Amateur gestattet. Es läuft darauf hinaus, ein vollisoliertes Gehäuse zu schaffen und im Innern den Netzkreis auch für den Fall eines sich lösenden Drahtes 3-kV-sicher von der Sekundärseite zu isolieren. Das ist zwar nur für Geräte mit nach außen führenden Wirkungen von Bedeutung (galvanische Kopplung), doch bilden diese den Hauptteil der Objekte. Glücklicherweise nehmen – zumindest aus der Sicht der Baupläne – jene mit nötigen Speiseleistungen im Bereich weniger Watt den größten Prozentsatz in Anspruch. Für sie aber reichen handelsübliche, berührungssicher gekapselte Klingeltransformatoren. Der Hersteller garantiert ihre Schutzfunktion, solange sie in trockenen Räumen betrieben werden. Die beiden Wicklungen dieser Transformatoren sind zur Einhaltung

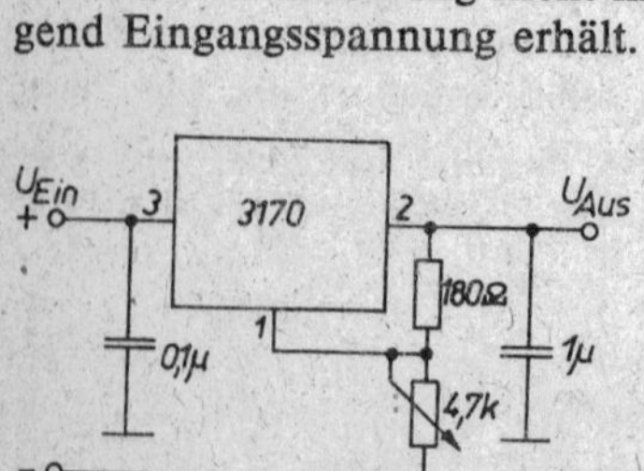

Bild 9.29
Mit einer negativen Hilfsspannung läßt sich mit dem *3170* ein bis 0 V herab einstellbares stabilisiertes Netzgerät realisieren

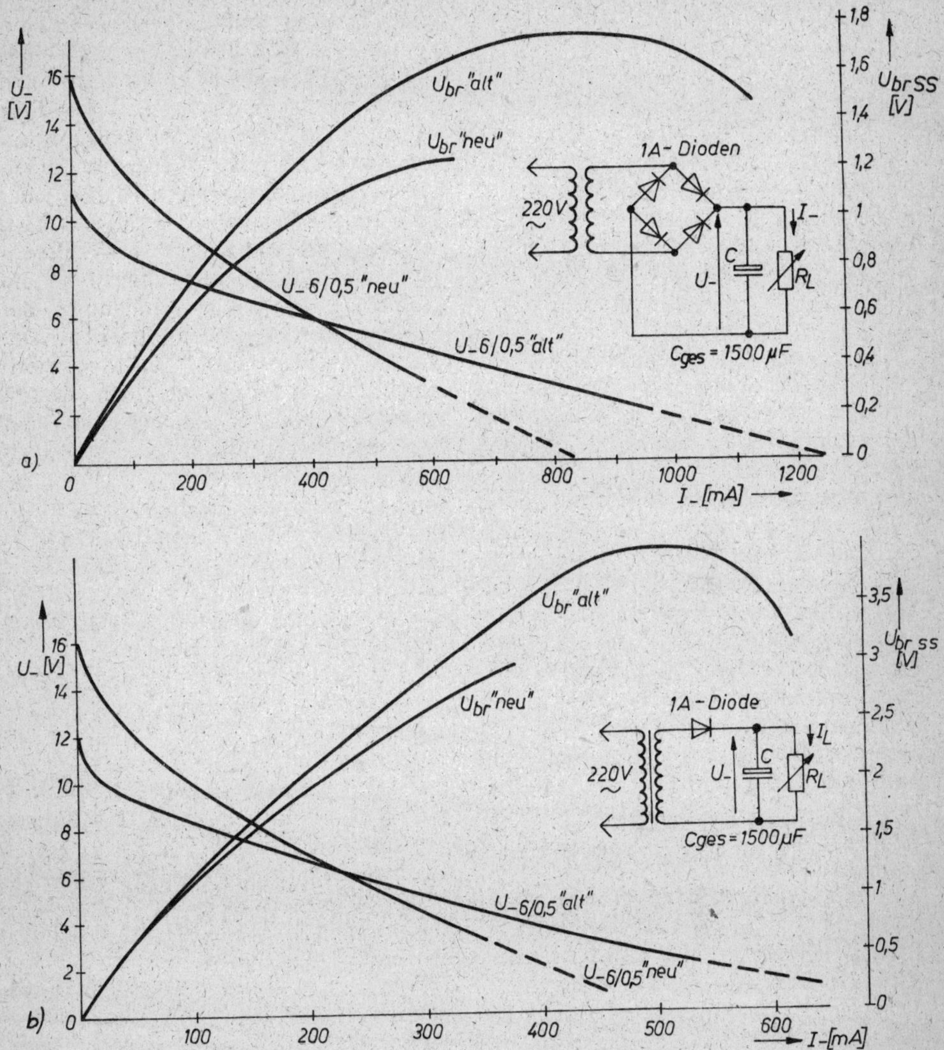

Bild 9.30 Belastungskurven von 0,5-A-Klingeltransformatoren in alter und neuer Ausführung: a – bei Brückengleichrichtung; b – bei Einweggleichrichtung; c – ohne Gleichrichter

der Schutzbestimmungen und – damit verbunden – zwecks Sicherheit gegen Kurzschluß auf getrennten Spulenkörpern untergebracht. Sie befinden sich auf je einem Schenkel des LL-Schnitt-Blechpakets. Diese Konstruktion führt zu einer verhältnismäßig großen Streuinduktivität. Das ergibt eine «weiche» Spannung. Das heißt, daß die anfänglich weit über Nennwert liegende Leerlaufspannung bei Belastung zusammenbricht. In den letzten Jahren wurde die Auslegung der Sekundärwicklung des 6-V-/0,5-A-Standardtyps verändert. Im Vergleich zu früheren Exemplaren erkennt man einen kleineren Drahtdurchmesser bei sicher-

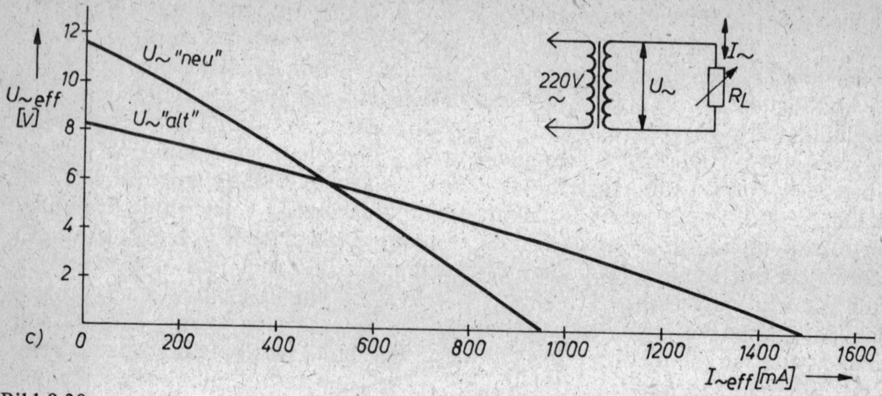

Bild 9.30c

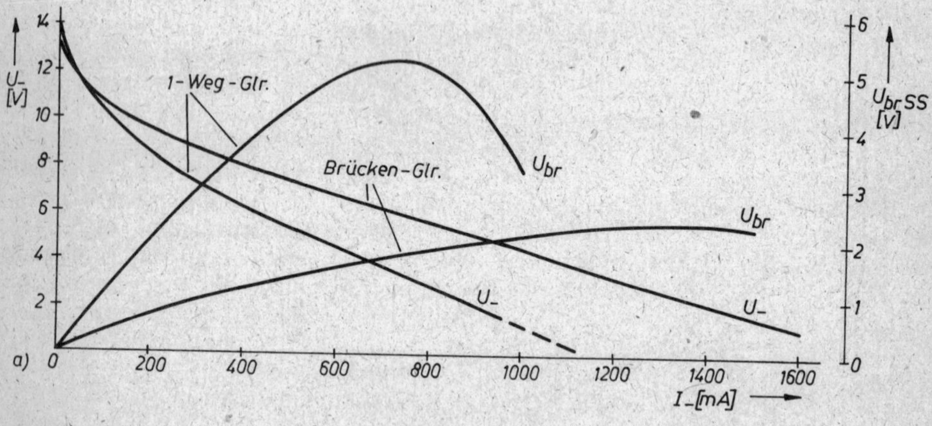

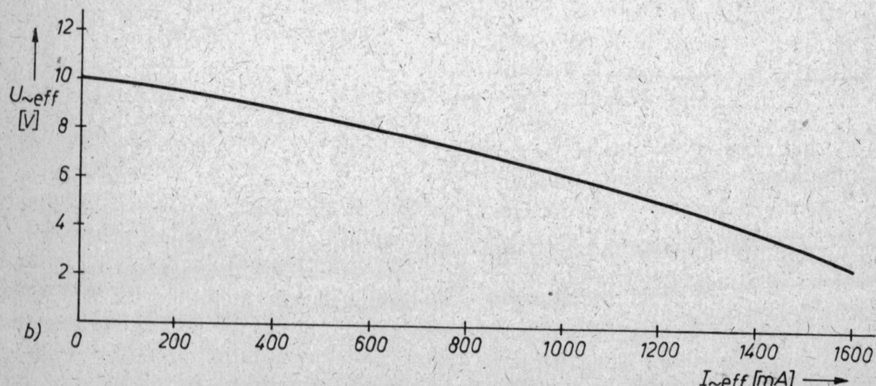

Bild 9.31 Meßergebnis an 1-A-Klingeltransformatoren: a – Einweg- und Brückengleichrichter wie in Bild 9.30; b – ohne Gleichrichter

lich höherer Sekundärwindungszahl. Sowohl an diesem neueren Typ *(KT 08)* als auch an der älteren Ausführung des *KT 07* wurden die in Bild 9.30a und b aufgenommenen Belastungskurven hinter den dargestellten Gleichrichterschaltungen bei Netz-Nennspannung ermittelt. Zusätzlich zeigt Bild 9.30c das Verhalten beider Ausführungen bei Belastung ohne Gleichrichten. Für den 6-V-/1-A-Typ gelten die Kurven nach Bild 9.31. Damit werden dem Amateur einige praktische Unterlagen geboten, die bei der Abschätzung der Einsatzmöglichkeiten eines dieser beiden Typen für das gerade vorliegende Versorgungsproblem helfen. Läßt man den Transformator in seiner Hülle und benutzt ihn im Sinne eines «Schnurnetzteils», so ergeben sich gleich mehrere Vorteile.

Zum ersten entfallen bei den versorgten Geräten alle Schutzprobleme. Sie erhalten nur Kleinspannung.

Zum zweiten werden diese Geräte dadurch kleiner und leichter. (Niemandem wäre es eingefallen, einen Taschenrechner der LED- oder Digitron-Anzeigegeneration mit einem Einbautransformator zu versehen!)

Zum dritten genügt oft ein einziger Transformator für mehrere Geräte. Entweder man nutzt sie ohnehin nur zeitlich nacheinander, oder ihr Einzelbedarf läßt den gleichzeitigen Anschluß mehrerer Einheiten zu. In diesem letztgenannten Fall ist es sinnvoll, eine zentrale Gleichrichtung mit Brückengleichrichter und etwa 2200-µF-Ladekondensator vorzusehen. Ein größerer Kondensator ist wegen des hohen Transformator-Innenwiderstands unnötig. Nur dann, wenn die Geräte mit Spannungsverdopplung arbeiten oder wenn – etwa wegen eines Operationsverstärkers – zwei gegen Masse symmetrische Spannungen erzeugt werden müssen, empfiehlt sich das Zuführen der Wechselspannung. Mehrere an einem Transformator betriebene Einheiten sind allerdings nur miteinander zu verkoppeln – z. B. ein Tongenerator mit einem aktiven Voltmeter – bei definierten Massepotentialen. Das setzt Kennzeichnen der Zuleitungen voraus, damit stets der gleiche Transformatorpol als Massepunkt benutzt wird. Es schließt außerdem den Einsatz von Brückengleichrichtern aus. Da sich über zwangsläufig entstehende Erdschleifen oder infolge der auf den Zuleitungen auftretenden Ladeimpulse jedoch vielfach Komplikationen einstellen werden, ist für solche Fälle besser jedem Gerät ein eigener Transformator zuzuordnen.

Eine positive Eigenschaft der benutzten «Streutransformatoren» sei noch genannt, sozusagen als Ausgleich der Nachteile, die das magnetische Streufeld in der Umgebung bringt (ein Grund mehr, Transformator und Gerät getrennt zu halten!): Der hohe Innenwiderstand kann bei jeder Aufgabe mit eingeplant werden. Er läßt sich besonders für Leistungs-Z-Dioden als Teil ihres Vorwiderstands betrachten. Bei Serienreglern ist im Kurzschlußfall die Verlustleistungsbegrenzung im Serientransistor willkommen. In solchen Netzteilen kann ein genügend großes Kühlblech jede weitere (elektronische) Kurzschluß- oder Überlastsicherung überflüssig machen. Genaueres läßt sich bereits aus den Diagrammen der Bilder 9.30 und 9.31 ablesen.

9.8. Batteriefragen

Je mehr Amateurgeräte auf Grund im Energiebedarf günstiger neuer Schaltkreise vorteilhaft netzunabhängig betrieben werden können, um so stärker interessieren Einzelheiten zum Verhalten der gebräuchlichen Mangan-Zink-Primärelemente. Wer die nötige Wartung nicht scheut, konnte bisher auch über einige Typen gasdichter Nickel-Kadmium-Zellen verfügen. Sie müssen aber im Interesse langer Lebensdauer periodisch definiert geladen werden. Das setzt Kenntnisse über den aktuellen Ladezustand

Tabelle 9.1. **Zur Anwendung empfohlene Typen von Primärelementen**

	R 6	R 14	R 20 As	R 20 A	R 20 B
h_{max} (mm)	50,5	48,5+	61,5	61,5	61,5
d_{max} (mm)	14,5	26 +	34,2	34,2	34,2
Masse (g)	16	+	90	90	90
Nennspannung (V)	1,5	1,5	1,5	1,5	1,5
Belastung (mA):					
kurzzeitig	...150	+	...400	...300	...300
tägl. mehrere Std.	... 40	+	...200	...150	...100
Entladedauer					
bei 4 h/Tag über *R* (Ω)	75	75	50 [10]	40	–
bis *U*/V	0,9	0,9	0,9 0,9	0,9	–
frisch (h)	30	128	150 [35]	150	–
nach 6 Monaten (h)	24		(–)	120	–
nach 12 Monaten (h)	(–)	(102)[1]	120 [28]	–	–
bei 30 min/Tag über *R* (Ω)	–	–	–	–	5
bis *U*(V)	–	–	–	–	0,75
frisch (min)	–	–	–	–	690
nach 6 Monaten (min)	–	–	–	–	552

[1]) bisher keine Katalogdaten

voraus. Tiefentladung ist jedoch unbedingt zu vermeiden.

Zwischen beiden Gruppen liegen die 2-V-Bleiakkumulatoren für 250 und 500 mAh, die bedingt mehrere Male geladen werden können, wofür ebenfalls bestimmte Regeln eingehalten werden müssen.

9.8.1. Primärelemente

Tabelle 9.1. gibt eine Übersicht über die zur Anwendung empfohlenen Typen. Die beliebte Flachbatterie *3 R 12* (4,5 V) dagegen, die Stabbatterie *2 R 10* (3 V) und die 9-V-Batterie *6 F 22* sind für den Neueinsatz nicht mehr zugelassen (GBl. Teil I Nr. 23 vom 22. 7. 81). Grundsätzlich ist für alle Typen dies zu beachten: Schon bei 0 °C ist mit nur noch 30 bis 70% der Betriebsdauer zu rechnen. Dafür bekommt ihnen kühle Lagerung ohne Energieentnahme bezüglich Lagerfähigkeit sehr gut. Bei 40 °C tritt verstärkte Selbstentladung ein, und über 50 °C ist ihr Einsatz nicht möglich. Und nicht vergessen: Batteriekammer wegen Auslaufgefahr öfter mal öffnen und nachsehen; Kontakte säubern! Zwischen 1,55 und 1,7 V kann die Anfangs-Leerlaufspannung einer Zelle liegen. Innere Prozesse, vor allem beim Entladen, senken sie. Als entladen gelten die Zellen je nach Einsatzzweck, wenn sie bei Belastung 0,9 V (Geräteeinsatz) oder 0,75 V (Beleuchtung) erreicht haben. Zwischendurch erholen sie sich immer wieder etwas, und so kommt z. B. für die *R 20-A* bei vier Stunden je Tag Entladung über 10 Ω die Kurve nach Bild 9.32 zustande, bei 5 Ω die nach Bild 9.33. Entladung mit größeren Entladewiderständen liefert die Kurven nach Bild 9.34 und 9.35, dargestellt ohne «Erholspitzen». Man beachte den unterschiedlichen Zeitmaßstab! Übrigens: Entladen mit längeren Pausen bringt gegenüber Dauerentladung Kapazitätsgewinne bis 50%.

Es hat nun schon viele Empfehlungen

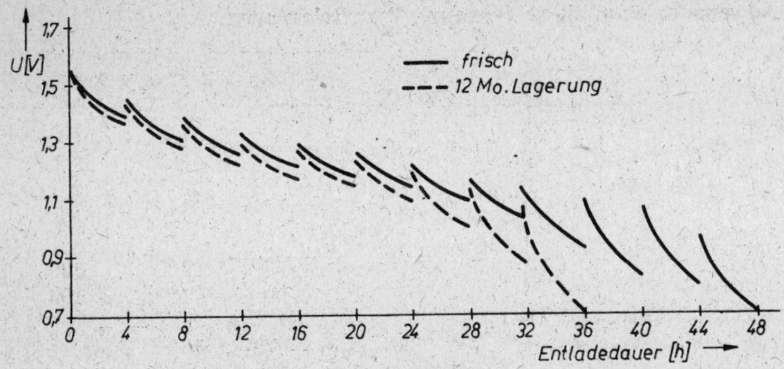

Bild 9.32 Entladung einer *R-20-A*-Primärzelle über 10 Ω täglich 4 Stunden

gegeben, die Kapazität von Primärelementen durch sinnvolles Regenerieren zu erhöhen. Das erweist sich jedoch als problematisch. Auch der Batteriehersteller hat solche Untersuchungen angestellt. Auf zwei Arbeiten sei verwiesen. Sie sind in den Heften 9/1980 und 4/1982 der Zeitschrift *radio fernsehen elektronik* erschienen. Auf einen Satz verdichtet, lautet die Aussage: «Die Regenerierung von Primärzellen ist recht umstritten und wird seitens der IEC grundsätzlich abgelehnt.» Die Begründung der IEC: «Primärzellen dürfen nicht geladen werden, da dies zu Explosionen führen kann.» Über Tests des Herstellers VEB *Berliner Batterie- und Elementefabrik* an *R-20-A-super*-Zellen wird folgendes berichtet:

1. Auch unter genau festgelegten Bedingungen lassen sich (besonders in Reihe geschaltete) Elemente schlecht reproduzierbar auffrischen.
2. Der günstigste Kapazitätszuwachs ergibt sich bei regelmäßiger Ladung mit geringen Strömen, beträgt aber unter realen Bedingungen nur um 20%. Der Erfolg hängt stark von den verwendeten Rohstoffen ab.
3. Die Selbstentladung regenerierter Zellen ist hoch. Fast 50% der Prüflinge wurden beim Regenerieren undicht, und ätzender Elektrolyt trat aus (Bildung von Kurzschlußbrücken aus Zinkkristallen im Innern). Das konnte auch mit unsymmetrischer Wechselspannungsregenerierung nicht verhindert werden.

Der Bericht folgert: Regenerieren der in

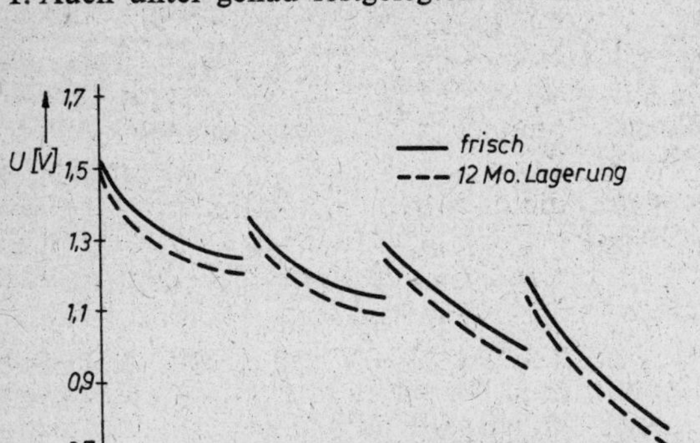

Bild 9.33
Entladung einer *R-20-A*-Primärzelle über 5 Ω täglich 4 Stunden

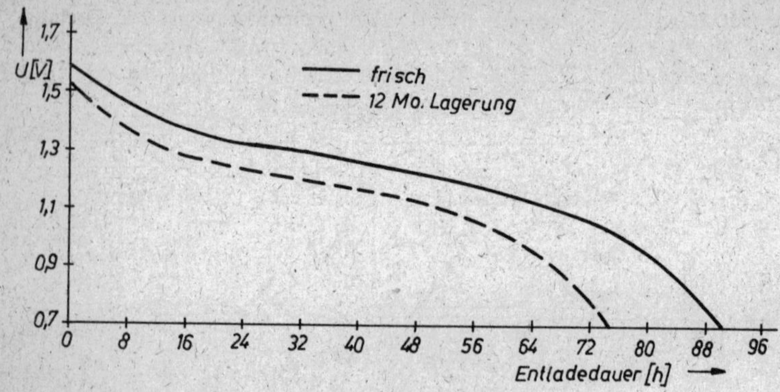

Bild 9.34 Entladung einer *R-20-A*-Primärzelle über 20 Ω (mit geändertem Zeitmaßstab)

unseren Geräten noch vorwiegend benutzten Leclanché-Zellen ist nicht wirtschaftlich und mit Betriebssicherheitsrisiko verbunden. Man sollte sich diesen Realitäten beugen, auch wenn mancher Versuch viel bessere Ergebnisse brachte.

9.8.2. Sekundärelemente (Akkumulatoren)

Zu den im Amateurbedarfshandel häufig angebotenen wiederaufladbaren Spannungsquellen gehören gasdichte Nickel-Kadmium-Knopfzellen, teils aus dem VEB Kombinat *Galvanische Elemente*, teils als Importe aus der UdSSR. Die für viele Zwecke auch in Bauplänen verwendete 8,4-V-Batterie *7Д-01* aus 7 Knopfzellen trägt ihre Behandlungsvorschrift aufgedruckt: Ladestrom 12 mA, Ladezeit 15 Stunden; Kapazität 115 mAh. Vor Gebrauch laden.

Auf Grund entsprechender Einsatzbestimmungen für NE-Metalle kommt gasdichten NK-Akkumulatoren auf dem Amateursektor keine allzu große Bedeutung mehr zu. Bei der Neuentwicklung von Geräten sollte man sich am aktuellen Sortiment orientieren (vorzugsweise *R6*-, *R14*- und *R20*-Primärelemente). Vorrangig Geräte mit überwiegend ortsfestem Einsatz arbeiten ohnehin wesentlich ökonomischer am Netz.

Die weite Verbreitung bisher verwen-

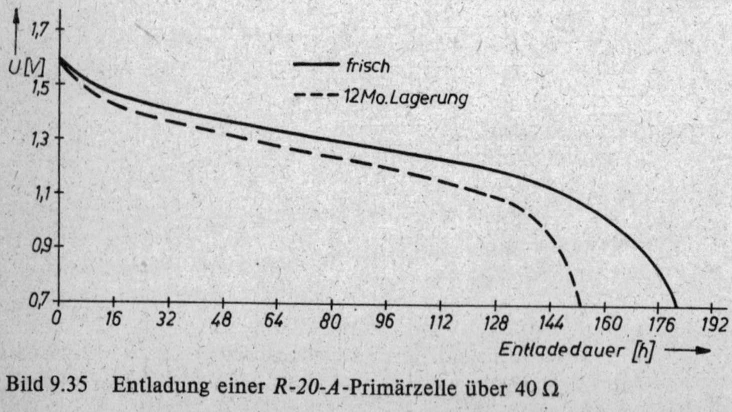

Bild 9.35 Entladung einer *R-20-A*-Primärzelle über 40 Ω

Tabelle 9.2. Typen gasdichter Knopfzellen: a – Einzelzellen; Nennspannung 1,2 V, Entladeschlußspannung (5stündige Entladung) 1,0 V, s – Starkentladetyp; b – Batterien; Nennspannung Zellenzahl × 1,2 V, Entladeschlußspannung Zellenzahl × 1,0 V (5stündige Entladung)

a)

Bezeichnung nach TGL 22 807	Masse (etwa) g	Nenn-kapazität K_5 mAh	Nennent-ladestrom I_5 A	Nenn-ladestrom 14 Std. $0{,}5\ I_5$ mA	max. Höhe mm	Ø mm
A 0,050 Ah	3,5	50	0,010	5	6,2	15,7
A 0,225 Ah	11	225	0,045	22,5	8,9	25,3
A 0,225 Ah-s-	11	225	0,045	22,5	8,9	25,3
A 0,450 Ah	30	450	0,090	45	7,2	43,3
A 0,500 Ah-s-	23	500	0,100	50	9,8	34,6

b)

Bezeichnung nach TGL 22 807	Masse (etwa) g	Nenn-kapazität K_5 mAh	Zellen-zahl	Nenn-ent-lade-strom I_5 A	Nenn-lade-strom 14 Std. $0{,}5\ I_5$ mA	max. Höhe mm	Ø mm
A 2,4 V 0,225 Ah	30	225	2	0,045	22,5	18,5	26,5
A 6,0 V 0,225 Ah	70	225	5	0,045	22,5	45,5	26,5
A 7,2 V 0,225 Ah-s-	82	225	6	0,045	22,5	54,5	26,5
B 4,8 V 0,450 Ah	130	450	4	0,090	45	32,0	45,0
B 6,0 V 0,450 Ah	160	450	5	0,090	45	40,0	45,0
A 3,6 V 0,500 Ah-s-	75	500	3	0,100	50	30,0	36,3

deter gasdichter Sekundärelemente auf NK-Basis rechtfertigt die folgenden abschließenden Informationen, zumal das vorliegende Buch vor dem Zeitpunkt entstanden ist, da diese Fragen aktuell geworden sind. Außerdem hat es als Sammelwerk bereits erschienener Baupläne entsprechende «Nachschlage»-Bedeutung. Nicht zuletzt ist eine solche Nachschlagemöglichkeit bisweilen auch für Nutzer außerhalb der Amateursphäre von Interesse.

In drei Durchmessern sind Knopfzellen des Inlandssortiments im Einsatz: 15,7 mm (50 mAh), 23,3 mm (225 mAh) und 43,3 mm (450 mAh). Die beiden letztgenannten sind mit einem, durch die Hülle bedingt, etwas größeren Durchmesser auch als Batterieeinheiten zusammengefaßt: die kleinere mit zwei fünf und sechs Zellen (diese für Starkentladung), die größere mit vier oder fünf Zellen. Ein Zwischentyp, für Blitzgeräte entwickelt, hat den Durchmesser 36,3 mm, enthält drei Zellen und hat 500 mAh Kapazität. Er ist für Starkentladung geeignet.

Tabelle 9.2. gibt eine Übersicht über alle bisher zum Sortiment zählenden Knopfzellentypen nach Herstellerunterlagen. Sie enthält auch die Lade- und Entladebedingungen sowie Angaben zur Entladeschlußspannung. Diese Spannung soll beim Gebrauch nicht unterschritten werden. Die moderne Elektronik verfügt über Möglichkeiten, dieser Gefahr mit automatischen Überwachungsschaltungen bei Bedarf zu begegnen. Aus den Herstellerinformationen stammen die folgenden, sinngemäß aufbereiteten Hinweise.

9.8.2.1. Laden von gasdichten NK-Akkumulatoren

Geladen wird mit konstantem Strom. Das ist also ein weiteres Einsatzgebiet für die in Abschnitt 9.1. behandelten Stromgeneratoren. Der Nennladestrom ist durch $0{,}5 \cdot I_5$ definiert. I_5 ist der Strom, der den Akkumulator in fünf Stunden entlädt. Das bedeutet, daß der Zahlenwert des Ladestroms in mA einem Zehntel des Zahlenwerts der Nennkapazität in mAh entspricht. Ein 225-mAh-Typ wird also mit 22,5 mA geladen.

Anfangs darf er höchstens um 10% größer sein, das wären $0{,}55 \cdot I_5$. Ein Teil der Ladeenergie deckt Verluste im Akkumulator, d. h., es wird nicht alle zugeführte Energie gespeichert. Daher ist der Akkumulator erst nach 14 und nicht bereits nach 10 Stunden geladen. Überladen darf man ihn nicht, dann sinkt seine Lebensdauer. Die Ladeschlußspannung einer Zelle liegt bei etwa 1,5 V. Bild 9.36 zeigt eine typische Ladekennlinie. Gasdichte NK-Akkumulatoren dürfen nicht mit Konstantspannung geladen werden. (Dann hätte der Anfangswert des Ladestroms einen wesentlich höheren als den zulässigen Wert, würde aber ständig kleiner.) Ständige Betriebsbereitschaft sichert man sich durch eine Erhaltensladung mit maximal $0{,}01 \cdot I_5$. Für die häufig verwendete 225-mAh-Typengruppe sind das $0{,}01 \cdot 45$ mA oder 0,45 mA. Die günstigste Ladetemperatur liegt bei +20 °C, zulässige Ladetemperaturen sind +15 °C bis +35 °C.

9.8.2.2. Entladen von gasdichten NK-Akkumulatoren

Die Kapazitätsangabe bezieht sich darauf, daß der Akkumulator innerhalb von fünf Stunden mit (in etwa) gleichbleibendem Strom entladen wird. Sein Rechenwert I_5 ist also für einen 225-mAh-Typ 45 mA. Sehr viele Bauplanobjekte kommen mit solchen oder deutlich kleineren Strömen aus. Wo mehr benötigt wird, ist ein größerer Typ erforderlich, sofern es sich nicht um Kurzzeitbetrieb handelt. In diesem Fall hat man oft «Starkentlade»-Typen eingesetzt. Doch auch die normalen Ausführungen können, wenn erforderlich, höher belastet werden. Bild 9.37 zeigt, welche Spannungen dabei zu erwarten sind. Am Bild 9.38 läßt sich die Abhängigkeit der Entladespannung von der entnommenen Kapazität erkennen. Allerdings soll bei einer derartigen

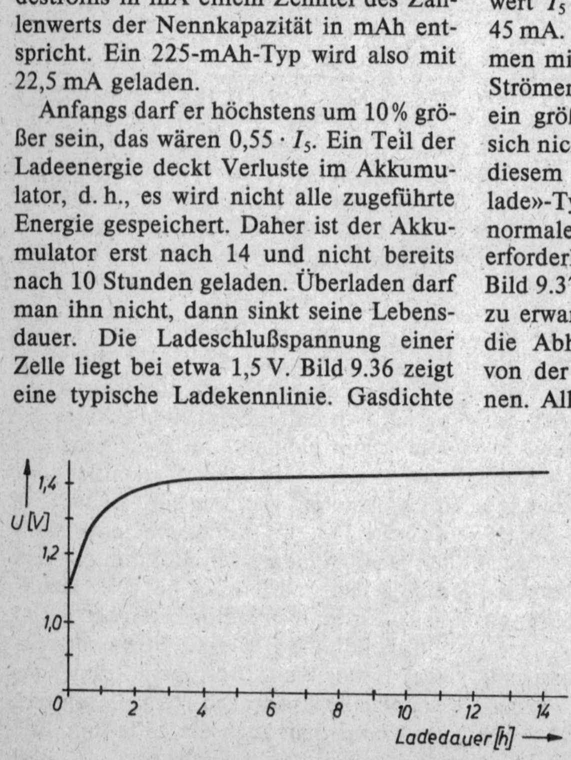

Bild 9.36
Typische Ladekennlinie eines gasdichten NK-Akkumulators bei Ladung mit $0{,}5\,I_5$

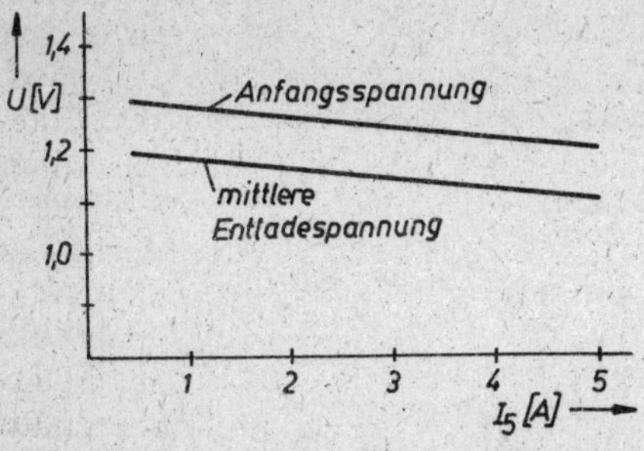

Bild 9.37
Anfangsspannung (obere Gerade) und mittlere Entladespannung (untere Gerade) bei Entladung einer Knopfzelle in Abhängigkeit von der auf I_5 bezogenen Entladestromstärke

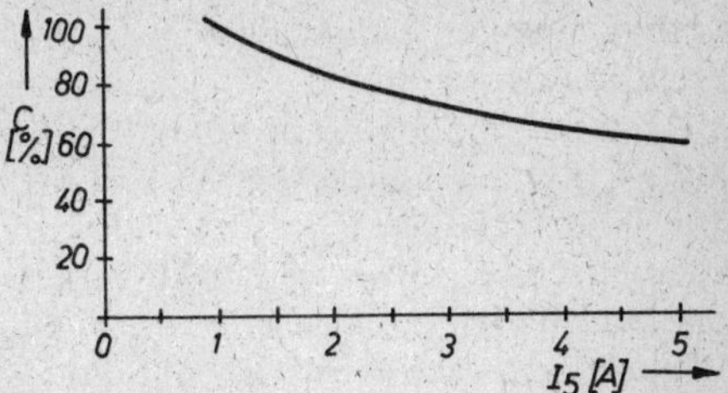

Bild 9.39
Zu erwartende Kapazität gasdichter Knopfzellen in Abhängigkeit von der auf I_5 bezogenen Entladestromstärke

Dauerentladung der Wert $2{,}5 \cdot I_5$ nicht überschritten werden, das bedeutet für das Beispiel von 225 mAh also 112,5 mA. Damit läßt sich schon einiges anfangen. Dieser Strom fließt dann aber bis zur zugelassenen Entladeschlußspannung von 1 V je Zelle, die keinesfalls unterschritten werden soll, nicht mehr für 225 mAh/112,5 mA = 2 h, sondern steht nur noch etwa $0{,}7 \cdot 2$ h = 1,4 h zur Verfügung. Die nutzbare Kapazität sinkt bei dieser Belastung auf etwa 70% ihres Nennwerts. Bei Entladeströmen unter I_5 kann dagegen mit mehr als 100% gerechnet werden. Bild 9.39 zeigt diese Abhängigkeit.

Das Verhalten einer 225-mAh-Starkentladebatterie für 7,2 V Nennspannung bei höheren Entladeströmen wird in den Bildern 9.40 bis 9.42 dargestellt.

All das gilt für Temperaturen um 20 °C. Nutzbar sind die Typen nach Tabelle 9.2. zwar zwischen −20 °C und +35 °C Umgebungstemperatur [Bild 9.43 zeigt die Abhängigkeit U (ϑ)], doch läßt sich I_5 dann nur noch für kürzere Zeit entnehmen. Sie beträgt etwa 30% (d. h. 1,5 statt 5 Stunden für I_5) bei −20 °C und 90% (also 4,5 statt 5 Stunden für I_5) bei +35 °C. Bild 9.44 informiert über dieses Verhalten. Außerhalb dieser Grenzen können Geräte aus solchen NK-Akkumulatoren noch betrieben werden. Bei tiefen Temperaturen unterliegen jedoch die verfüg-

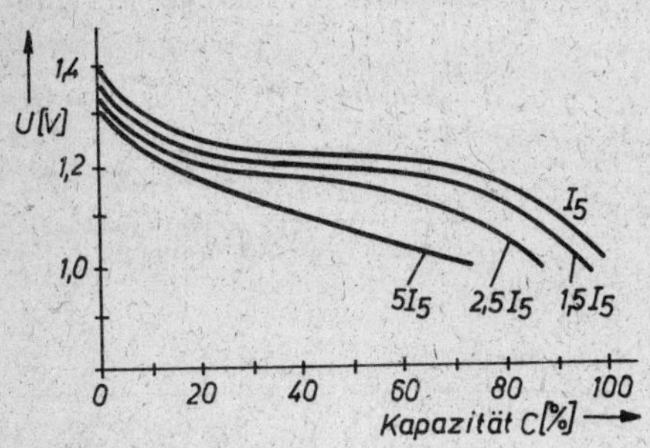

Bild 9.38
Spannungsverlauf über der entnommenen Kapazität bei gasdichten Knopfzellen für einige auf I_5 bezogene Entladestromstärken, von oben nach unten: (1, 1,5, 2,5, 5) · I_5

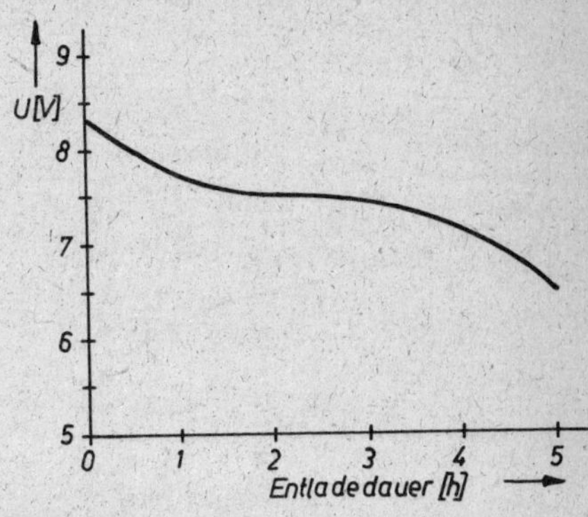

Bild 9.40
Starkentladebatterie 7,2 V/225 mAh: Entladung mit I_5

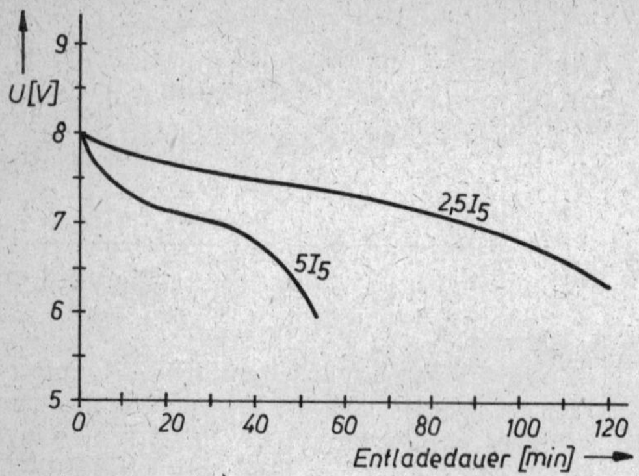

Bild 9.41
Starkentladebatterie 7,2 V/225 mAh: Entladung mit 2,5 I_5 (oben) und 5 I_5 (unten)

baren Kapazitäten vorher nicht bestimmbaren Schwankungen, und im Betrieb bei hohen Temperaturen sinkt ihre Lebensdauer.

Die zulässigen Lagertemperaturen haben einen größeren Spielraum: −30 °C und +40 °C sind dabei die Grenzen. Trockene und kühle Lagerung bekommt den Akkumulatoren am besten. Sie sollen vorher geladen worden sein (und werden auch so geliefert). Die unvermeidbare Selbstentladung erfordert nach etwa sechs Monaten Lagerung eine Normalladung von 14 Stunden mit $0{,}5 \cdot I_5$ oder nach drei Monaten von sieben Stunden mit ebenfalls $0{,}5 \cdot I_5$.

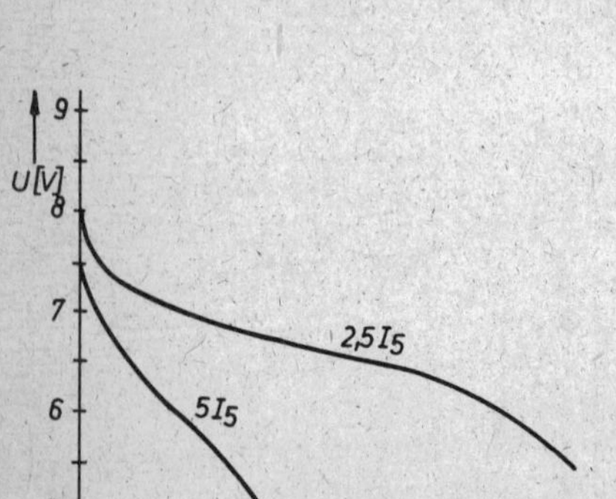

Bild 9.42
Starkentladebatterie 7,2 V/225 mAh: Entladung mit 10 I_5 (nicht 2,5) und 20 I_5 (nicht 5)

9.8.2.3. Kombinieren von gasdichten NK-Akkumulatoren

Unter «Kombinieren» soll Serien- und Parallelschalten verstanden werden. Beides unterliegt Beschränkungen. Das Parallelschalten wird durch diese Bedingungen nahezu ausgeschlossen. Es ist nur in Sonderfällen gestattet, wobei nicht nur Exemplare des gleichen Typs, sondern auch nur gleichen Herstellungsdatums, die noch nicht vorher einzeln benutzt worden waren, verwendet werden dürfen. Sie müssen gleichen Innenwiderstand und gleiche Ladeschlußspannung aufweisen. Die Verbindungen müssen kurz und so niederohmig wie möglich sein. Zu- und Ableitungen sind in der Mitte anzuordnen. Der höchste zulässige Entlade-

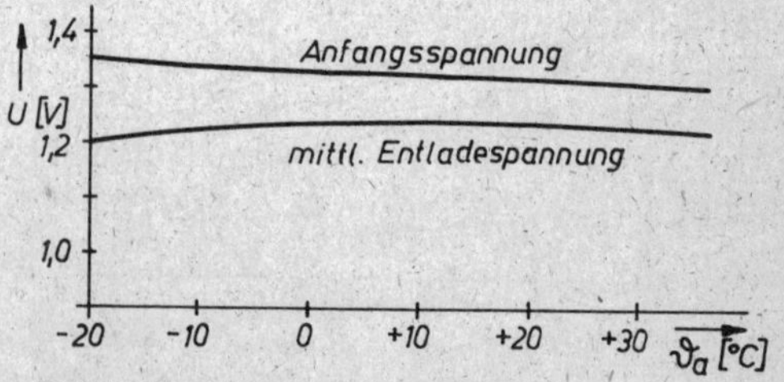

Bild 9.43
Temperaturabhängigkeit gasdichter Akkumulatoren bei Entladung mit 0,5 I_5: für Anfangsspannung (oben) und mittlere Entladespannung (unten)

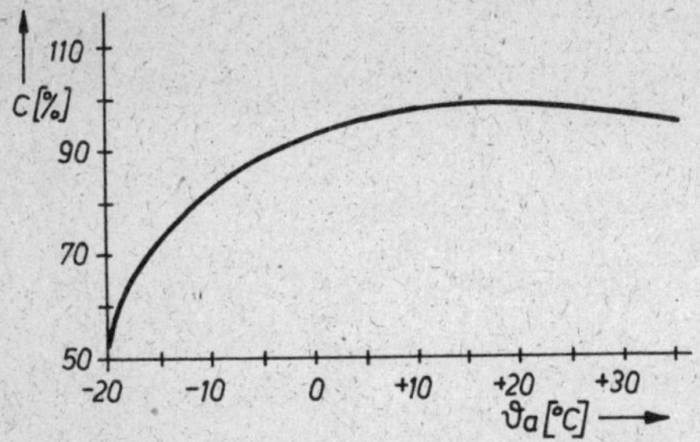

Bild 9.44
Temperaturabhängigkeit gasdichter Akkumulatoren bei Entladung mit 0,5 I_5: Kapazität

strom, bezogen auf die neue Gesamtkapazität, darf I_5 nicht überschreiten. Die Serienschaltung wird eingeschränkt durch die immer gegebene Gefahr, daß einer der in Serie geschalteten Akkumulatoren schneller altert als die anderen. Er entlädt sich damit früher und wird schließlich vom Laststrom, den die anderen noch liefern, gegenpolig geladen (und u. U. sogar durch Gasung ausgewölbt). Das läßt sich aber aus der Klemmenspannung der Batterie noch meßtechnisch erkennen, wenn die Zusammenschaltung auf 12 V Nennwert begrenzt wird.

9.8.2.4. Innenwiderstand gasdichter NK-Akkumulatoren

Je größer die Kapazität, um so kleiner ist der zu erwartende Innenwiderstand. Vollständige Einzelangaben werden im Katalog nicht aufgeführt. Bei der normalen 225-mAh-Zelle kann man nach dem Laden mit 300 mΩ und nach dem Entladen mit 1 100 mΩ rechnen. Der 2-Ah-Typ hat dagegen nur etwa 40 bis 100 mΩ. Die dabei fließenden hohen Ströme verbieten selbstverständlich eine Kurzschlußstrommessung. Es ist jedoch leicht, durch Messen der unbelasteten und der mit z. B. I_5 belasteten Akkumulatorspannung auf seinen Zustand zu schließen.

Nach einem solchen Verfahren arbeitet ein automatisches Ladegerät, das mit zwei Timern vom Typ *B 555 D* bestückt ist (*B 555 D* siehe Abschnitt 8.). Dieses Ladegerät soll daher abschließend vorgestellt werden.

9.8.2.5. Automatisches NK-Ladegerät mit *B 555 D*

Die Anregung zu diesem Gerät stammt aus der Zeitschrift *Electronic Engineering*, H. 12/75. Bild 9.45 zeigt zunächst die Schaltung eines einfachen Ladegeräts ohne Zustandskontrolle, das nur auf die Ladespannung reagiert. Die Ladestrombegrenzung über *R*1 führt allerdings zu einem nicht ganz konstanten Ladestrom. Da sich ja die Klemmenspannung von anfangs wenig über 1 V/Zelle auf schließlich 1,5 V/Zelle steigert, hängt es von der Zellenzahl der zu ladenden Batterie ab, wie stark sich die Differenz aus Betriebs- und Klemmenspannung ändert, die über *R*1 (und D) steht und damit für den Ladestrom verantwortlich ist.

Man achte also auf die Bedingung, daß der Anfangsstrom 0,55 · I_5 nicht übersteigt! Außerdem sind die Schaltungsdaten mit den Ladevorschriften des konkret vorhandenen Typs zu vergleichen, denn z. B. ständiges Puffern läßt nicht jeder Hersteller zu.

Umgekehrt sei der Hinweis gestattet, daß dieses Verfahren auch für Bleiakkumulatoren interessant sein dürfte. NK-Sammler des inländischen Marktes werden dagegen bekanntlich mit konstantem Ladestrom (0,5 · I_5) für eine vom Hersteller vorgegebene Zeit (14 h) geladen und dann abgeschaltet. Dieser Vorgabe würde also bereits eine Konstantstromquelle genügen, die durch einen ebenfalls mit *B 555 D* realisierbaren Langzeittimer einfach nach 12 bis 14 Stunden abgeschaltet wird. Dabei wird eine den Netzkreis schaltende Ausführung interessant. Bekanntlich sind auch Geräte verbreitet, die entweder NK-Sammler fest eingebaut

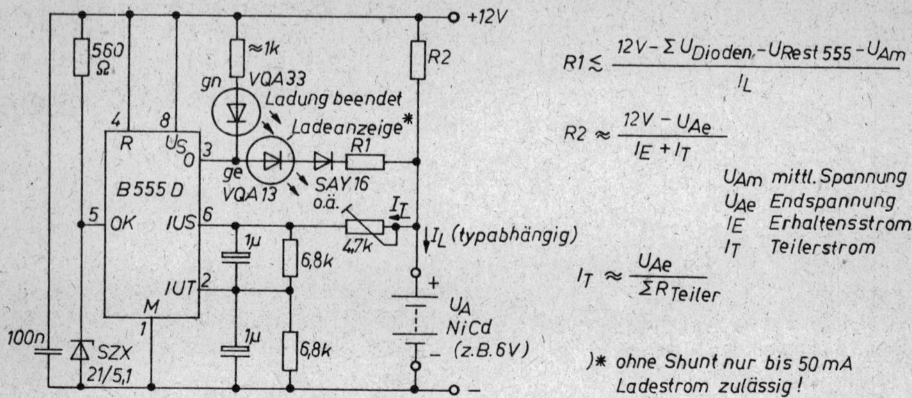

Bild 9.45 Einfaches Ladegerät für gasdichte NK-Akkumulatorbatterien mit Timerschaltkreis *B 555 D* (Ausnutzen des Komparatorteils)

enthalten und damit zwangsläufig «per Netzschnur» geladen werden oder für die es ein entsprechendes Ladegerät im Zubehör gibt. Das trifft z. B. für die beliebten *Walkmen* zu. In der vorliegenden Schaltung dagegen fragt der *B 555 D* die Spannung am Akkumulator ab.

Er unterbricht den Ladestrom aus Anschluß *3*, wenn die eingestellte Endspannung erreicht ist. Danach fließt nur noch ein geringer Strom, der in Verbindung mit den Teilerwiderständen am Akkumulator die Lade-Endspannung aufrechterhält, wobei in den Akkumulator ein kleiner Erhaltestrom fließt.

Ihr Wert wird von den Komparatoren des *B 555 D* überwacht, bezogen auf die an Anschluß *5* liegende Spannung. Dort befindet sich in Bild 9.45 eine Z-Diode mit dem Nennwert 5,1 V. Übersteigt die Spannung an Anschluß *6* diesen Wert, wird der Ladestrom abgeschaltet. Die Spannung an Anschluß *2* muß nun unter den Wert von 50% der «Kontrollspannung» an Anschluß *5* sinken, damit der Ladestrom wieder eingeschaltet wird. Auf Grund des Spannungsteilers an *6* oder *2* gegen Masse braucht die Klemmenspannung nur wenig abzusinken, um den Ladestrom wieder einzuschalten. Man erinnere sich: Normalerweise wird der Timer mit der Betriebsspannung U_S «geführt». Seine Teilerkette aus drei gleichen Widerständen bewirkt, daß der obere Schwellwert (Anschluß 6) bei 2/3 U_S und der untere (Anschluß *2*) bei 1/3 U_S liegt. Bezogen auf die Spannung an Anschluß *6* liegt also der Schaltpunkt für Anschluß *2* bei der Hälfte der Spannung von Anschluß *6*. Wird dem Kontrollspannungseingang *5* eine stabile Fremdspannung (eben die der Z-Diode) zugeführt, so entspricht eine um einen geringen Betrag (typisch um 100 mV) erhöhte Spannung an *6* dem «Aus»-Zustand (*3* auf «L»), während dicht unter U_Z Anschluß *2* bereits unter seinen Schaltpunkt gerät. Das heißt dann «Ein» (*3* auf «H»). Nach diesem Prinzip arbeiten die beiden Schaltungen.

Die 5,1-V-Z-Diode bestimmt die kleinste mit dieser Schaltung ladbare Zellenzahl. Der einstellbare Vorwiderstand gestattet es, Batterien höherer Endspannung zu laden. Es dürfte dabei aber sinnvoll sein, die Betriebsspannung höher zu wählen und *R*1 durch einen Stromgenerator zu ersetzen. Die Dimensionierung bezieht sich auf eine 5-Zellen-Batterie von 225 mAh. Ihre Endspannung liegt also bei etwa 7,25 V.

Die Schaltung nach Bild 9.46 fragt den

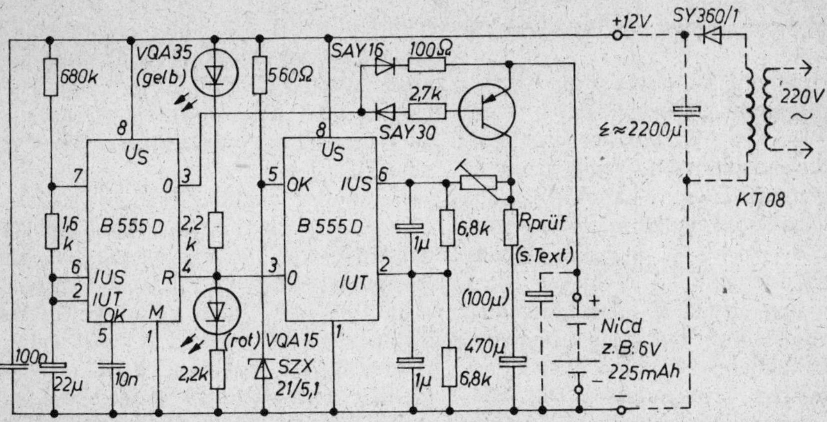

Bild 9.46 Ladegerät für gasdichte NK-Akkumulatoren mit periodischer Zustandskontrolle mit zwei Timerschaltkreisen *B 555 D*, dimensioniert für eine 6-V-/225-mAh-Knopfzellenbatterie: Stromlaufplan (Transistor *SD 336* o. ä., Steller 4,7 kΩ)

Akkumulator periodisch ab. Der erste Timer schaltet dazu für eine Zeit in der Größenordnung von 100 ms den Prüftransistor ein. In der vorliegenden Ausführung bleiben an seiner Kollektor-Emitter-Strecke weniger als 100 mV. Damit erscheint die Akkumulatorspannung nahezu vollständig am Kollektor. Dort wird sie im ersten Augenblick mit einem Strom belastet, dessen Größe vom Lastwiderstand abhängt und sich nach dem Batterietyp richtet. Ihre Klemmenspannung sinkt daher entsprechend ihrem Innenwiderstand ab. Der Laststrom wird jedoch infolge zunehmender Gegenspannung über dem in Serie zum Lastwiderstand liegenden Kondensator kleiner. Damit steigt die Spannung am Kollektor innerhalb der Prüfzeit an, bis der Transistor wieder gesperrt wird. Am Schwellwerteingang *6* muß also am Ende der Ladung innerhalb der Prüfzeit der obere Schwellwert des Komparators in Höhe der Z-Dioden-Spannung erreicht werden. Solange das nicht der Fall ist, wird anschließend an jeden Prüfimpuls etwa 20 s lang geladen. Schaltet jedoch Timer 2 schließlich am Ausgang *(3)* auf «L», so setzt er damit den Timer 1 zurück, so daß auch sein Ausgang auf «L» geht und dort verbleibt. Die bis dahin leuchtende rote Ladeanzeige-LED (sie signalisierte, daß der Ausgang von Timer 2 «H» führt) verlischt. Dafür leuchtet jetzt die gelbe «Ende»-Diode auf.

Nun bleibt allerdings der Transistor durchgeschaltet, und am Akkumulator liegt als Dauerlast der Spannungsteiler. Das bedeutet, daß nach einer relativ kurzen Zeit am Anschluß *2* die halbe Z-Dioden-Spannung U_Z unterschritten wird. Unter der Bedingung, daß an *6* ebenfalls (was die Auslegung des Spannungsteilers ja garantiert) weniger als U_Z steht, schaltet der Timer am Ausgang auf «H». Damit wird der Akkumulator nachgeladen. Er erreicht jedoch relativ schnell wieder die für Abschalten nötige höhere Spannung usw.

Eine Unterbrechung der Batteriezuleitung ergibt eine für die Signalisierung erwünschte Schwingerscheinung. Dadurch leuchten beide Dioden. Sollte dieser Effekt stören, läßt er sich durch 47 bis 100 µF parallel zu den Batterieanschlüssen beseitigen. Beim Einstellen der Schaltung muß die vorgeschriebene Endspannung des Typs bekannt sein, die sich unter den geschilderten Lastverhältnissen ergibt.

Das Mustergerät wurde auf 1,45 V/Zelle eingestellt. Dieser Abgleich kann mit einer an die Akkumulatoranschlüsse angelegten einstellbaren Fremdspannung vorgenommen werden. Es empfiehlt sich, die Klemmen so zu belasten, daß die vom Gerät an diesen Punkt gelangende Spannung (Ladestromzweig) nicht die Mindestspannung erreichen kann. Anderenfalls würde sich ein normales seriengeregeltes einstellbares Netzgerät nicht unter diese Spannung bringen lassen. Der Prüftransistor ist zweckmäßig für die Dauer des Abgleichs «zwangsweise» zu öffnen. Dazu wird der Verbindungspunkt Diode – Basiswiderstand an Masse gelegt. Nun stellt man die gewünschte Abschaltspannung ein und dreht den Stellwiderstand auf Maximum. Sofern die gelbe Signaldiode leuchtet, wird durch kurzes Verbinden der Anschlüsse *2* und *1* an Timer 2 auf rot umgeschaltet. Danach dreht man langsam den Vorwiderstand zurück, bis die gelbe Leuchtdiode aufleuchtet. Die Spannung des Netzgeräts wird ebenso langsam zurückgenommen (es geht um Bruchteile eines Volt!). Der Punkt, an dem die rote Leuchtdiode einschaltet, ist der untere Spannungswert, bis zu dem die Akkumulatorspannung nach dem Laden wieder absinkt, bevor erneut Ladestrom fließt.

Für diese Schaltung braucht man nur einen einfachen Gleichrichterteil mit Ladekondensator. Die relativ hohe Leerlaufspannung eines Klingeltransformators vom Typ *KT 07* oder *KT 08* liefert bei Netznennspannung an den Ladekondensator etwa 12 V. Folgt man der Dimensionierung nach Bild 9.46, so ergeben sich etwa 200 mV Spitze-Spitze-Wert an Brummspannung. Das wirkt sich auf das Schwellverhalten von Timer 2 jedoch nicht aus, da seine Kontrollspannung mit einer Z-Diode stabilisiert ist (Restbrumm < 10 mV). Diese Brummspannung ergibt eine gewisse Welligkeit des Ladestroms (etwa 20 % des Gleichstromwerts).

Für das Laden von nur einer oder zwei Zellen entstand schließlich die interessante Modifikation von Bild 9.45 (Bild 9.47). Diese Schaltung bewegt sich an der Grenze des mit dem *B 555 D* Möglichen. Das bezieht sich zunächst auf die Mindest-Abschaltspannung an *6*. Betrachtet man die Innenschaltung des *B 555 D*, so liegen hinter Anschluß *6* zwei npn-Transistoreingänge in Serie. Zwischen ihnen und Masse befindet sich noch ein Widerstand von 10 kΩ. 1,32 V war daher am Mustergerät die kleinste mögliche Spannung, für die Eingang *6* überhaupt ansprach und Ausgang *3* auf «L» schaltete. Der Kontrollspannungsanschluß *5* muß eine unter diesem Wert liegende Spannung führen, sonst kann über *6* nicht geschaltet werden. Dieser Punkt wurde daher mit zwei Dioden in Durchlaßrichtung belegt. Besser ist noch eine Leuchtdiode.

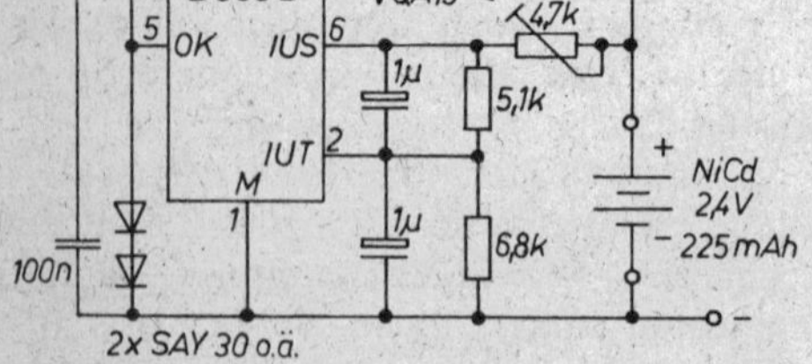

Bild 9.47
Modifikation von Bild 9.45 zum Laden von nur 2 in Serie geschalteten 225-mAh-Knopfzellen

10. Anhang: *typofix-electronic-special*-Folien

Die Tabellen 10.1. und 10.2. informieren (wenn auch aus Umfangsgründen leider ohne Bilder) über die bis Redaktionsschluß zu den Originalbauplänen und für weitere spezielle Objekte entwickelten Folieblätter.

Der Einzelhandel kann sie bei Bedarf jederzeit beim Hersteller, dem *Grafischen Spezialbetrieb Saalfeld*, neu beziehen.

Direkt zum vorliegenden Buch wurde auf eine feste Zusammenstellung dieser Folien dagegen verzichtet. Der Foliehersteller hat dafür ökonomische Gründe. Per Manuskriptzeitpunkt nahmen nur wenige Einzelhändler – diese allerdings mit stabilem Bedarf – das Risiko der Lagerung größerer Mengen von Folien auf sich, zumal der Verkaufserlös dieser Ware relativ gering ist. Dadurch stand zu diesem Zeitpunkt lediglich den Amateuren in 4 von 15 Bezirken ein lückenloses und aktuelles Sortiment an ätzfesten *typofix*-Leiterbildern zur Verfügung. Verlag und Autor können diese Situation leider nicht beeinflussen.

Tabelle 10.1. ***typofix-electronic-special*-Blätter mit ätzfesten Leiterbildern bzw. Lötaugen- und Lochgruppen zu Bauplänen**

Blatt-Nr.	Bauplan/ Ersch.-Jahr	Titel (Format)	Inhalt
1. 2369	37/78	Digital-Mosaik II (A5)	18 Leiterplatten für SSI- und MSI-Digitalschaltkreise, 2 Universal-IS-Platten, Lötaugen- und Leiterzuggruppen
2. 2432	38/78	Spiele mit Schall (A5)	7-Ton-Melodiegenerator, mini-Orgel
3. 2558	39/79	Wechselsprechanlage DIALOG 80 (A5)	Hauptstelle mit Transistoren, Hauptstelle mit IS, 3 Nebenstellen, 2 Filter, Lötaugen und Leiterzuggruppen; 1 Korrektur s. Bpl. 42!
4. 2593/2594	40/79	Digitaluhr und Rundenzähler (1 × A4, 1 × A5)	Zähl-, Takt-, Anzeige- und Netzteilplatte für Ziffernröhrenuhr mit Schieberegistern; Zählbausteine mit *P 192*, *P 147* und *VQB 71*
5. 2849/2850	41/79	Elektronik-ABC (2 Bl. A5)	10 Leiterplatten für 40 Schaltungen zum modifizierten *Polytronic-ABC*
6. 2962/2963	42/80	Analoge Bastelschaltkreise (2 Bl. A5)	NF-Sende-Empfänger, IS-Stereoverstärker, Operationsverstärker- und Empfängerschaltungen; IS-Lötaugengruppen; Korrektur zu Nr. 39
7. 3077/3078	43/80	MOS-Schaltkreispraxis	MOS-IS-Anwendungen: Grundschal-

Blatt-Nr.	Bauplan/ Ersch.-Jahr	Titel (Format)	Inhalt
		(2 Bl. A5)	tungen, Anzeige- und Zählbausteine, Lauflicht, Sensorschalter, MOS-Stromversorgung
8. 1 + 2 wie 40 3124	44/80	Digitaluhr und Rundenzähler (mit Quarzteil) (3. Bl. A5)	Quarzgeneratoren (1× mit Transistoren, 1× mit *U 124 D*, Teiler mit *P 192* und mit *7490*), austauschbar zu Bauplan 40
9. 3242	45/81	Spiele mit Schall (vgl. Nr. 38) (A5)	7-Ton-Melodiegenerator, mini-Orgel
10. 3266	46/81	Schaltkreis-Mosaik I (A5)	Berührungs-, Licht- und Thermoschalter, Lauflicht, Telefon-Zweitklingel, IS-Blinker, IS-Lötaugengruppen und kurze, gestufte Leiterzugstücken
11. 3181	47/81	Elektronische Lichtschalter (A5)	2× Thyristor-Lampensteller, 3 Platten für Niederspannungsschalter (Sensor-, Zeit-)
12. 3438/3439	48/82	Musik vom Chip (1× A4, 1× A5)	Melodiespeicher aus 5 Platten für 16 automatisch wiederholbare Melodien zu je 64 Takten; für 2 Leiterplatten bauelementeseitige Leiter; 5-W-Verstärkerbaustein, Lötaugengruppen
13. 3558/3449	49/82	Elektronik-ABC mit Transistortester (2 Bl. A5)	Leiterplatten wie bei 41, jedoch erweitert um IS-bestückten Transistortester mit LED-Anzeige und korrigierte Platte 10; Frontplatte mit Skalen
14. 3559	50/82	Wechselsprechanlage DIALOG 82 (A5)	Gleichberechtigte Hauptstellen mit *A 210* sowie Telefonverstärker mit *A 211*, Lötaugen- und Leiterzuggruppen, Beschriftung
15. 3590	51/83	Leiterplatten selbstgemacht (A5)	Lötaugen- und Leiterzuggruppen 1 : 1 zum Ätzen und 1,5 : 1 für Vorlagen, dazu Viertonkreisel mit *P 192* und *P 204*
16. 3647/3648	52/83	Passive und aktive Vielfachmesser (2 × A5)	Leiterplatten für einen passiven Gleichspannungs-Gleichstrom-Vielfachmesser sowie für ein mit OPV bestücktes Gleich-Wechsel-Spannungs- und Strom-Multimeter mit linearem Widerstandsmeßzusatz
17. 3680	53/83	Elektronische Leuchtanzeigen (A5)	Leiterplatten zum Einsatz des Ansteuerschaltkreises A 277 D in Aussteueranzeigen, als Fernthermometer und zur Signalisierung weiterer Ereignisse
18. i. V.	54/84	MW-Empfänger und Kurzzeitwecker (A5)	3 Baustein-Leiterplatten für einen AM-Empfänger und 2 Zusatzplatten für weiches Abschalten und Wecken; 1 Timer-Leiterplatte für 6 bzw. 60 min Maximalzeit mit akustischem Signal und Abschaltautomatik

Blatt-Nr.	Bauplan/ Ersch.-Jahr	Titel (Format)	Inhalt
19. i. V.	55/84	Digital-Minimeter – ganz einfach (A5)	Leiterplatten für ein batteriebetriebenes Kleinst-Digitalvoltmeter mit Strommeßbereich und hochohmigem Eingang (Meß- und Anzeigeplatte) sowie für ein stationäres Volt-Ohm-Meter mit Tastenwahl
20. i. V.	56/84	Spar-Zähler mit Variationen (A5)	Leiterplatte für einen mit B 555 D bestückten Gebührenzähler mit Gebührenzonenwahl; Varianten für Einsatz eines Rechnerteils (Schieberegister-Steuerplatte); dafür auch Blatt 3041 nutzbar (siehe Tabelle 10.2)

Tabelle 10.2. Weitere *typofix-electronic-special-* Blätter (außerdem sei auf das im *A4-* Format angebotene *typofix-electronic-universal-* Sortiment hingewiesen!)

Außerhalb der Baupläne existieren folgende Blätter
(Zahlengruppen: laufende Nr., Blatt-Nr., Erscheinungsjahr)

01. 3041 – 1980: Taschenrechner mit Stoppuhr (A5) (FUNKAMATEUR H. 7 + 8/1980) – für *U 821 D* Hauptplatte mit Anzeige, Takt- und Spannungserzeuger, Stoppuhrzusatz mit automatischer Zu- und Abschaltung der Versorgungsspannung

02. 3042 – 1980: Universal-Leiterbilder für Transistoren und IS (A5) (Der junge Funker H. 26 + 27)
Lötaugengruppen, Streifen- und Gittermuster, IS-Versuchsplatten für DIL und KME 3

03. 3079 – 1980: Elektronik-Spiel «Wissenstest 2 × 1 aus 4» (A5) (FUNKAMATEUR H. 3 + 4/1980)
Mit TTL-Schaltkreisen bestückte, tippschaltergesteuerte Auswerte- und Anzeigelogik mit zeitverzögerter Fortschaltung für Diabetrachtung u. ä.; von 2 × 4 Fragen sind die richtigen einzutippen. Fehler- und Trefferanzeige (rote und grüne LEDs)

04. 3330 bis 3335 – 1981: Elektronikbasteln im Wohnbereich (zum gleichnamigen Buch, Militärverlag der DDR, Berlin 1981 – unveränderte paperback-Ausgaben mit Korrekturhinweisen 1983 und 1984), 40 Leiterbilder (mit Verarbeitungshinweisen), geordnet nach den Gruppen
- Timer und Lichtschalter (1),
- Signalgeber, Wächter, Lampen,
- Elektronische Thermometer, Licht- und Schallschalter (2), NF (1),
- Blindenuhr, Hydrowächter, NF (2),
- Kleinlichtorgel, Wohnungswächter,
- 15-Ton-Melodiegenerator, 5-W-Verstärker, Klangsteller

05. 3344 – 1981: Digitaler Frequenzmesser (FUNKAMATEUR H. 12/1980 bis H. 2/1981)
11 Modulplatten für Zählen, Anzeige und Steuerung zum Bau eines Frequenzmessers mit TTL-Schaltkreisen

06. 3681 bis 3683 – 1983: Funktionsgenerator 1 Hz ... 100 kHz, 3 Leiterplatten mit «Zeibina»-Leisten für OPV-bestückten Funktionsgenerator

Sachwortverzeichnis